济青高速铁路开通仪式

济青高速铁路开通公司员工合影留念

一、路基工程

路基桩基施工

路基桩帽

路基填筑施工

路基堆载预压

路基水沟滑模施工

路基护坡绿化

二、桥梁工程

桥梁墩身养护

桥梁墩身养护后

箱梁提梁上桥架设

邹淄特大桥 144 m 简支拱桥

跨越高速公路连续梁施工

跨省道连续梁施工

三、隧道工程

青阳隧道二次衬砌施工

青阳隧道出口

四、轨道工程

CRTSⅢ型板式无砟轨道自密实混凝土施工

CRTSⅢ型板式无砟轨道

长钢轨铺设(一)

长钢轨铺设(二)

五、“四电”工程

方向盒配线

通信接地施工

接触网导线架设

岔区接触网

六、站房工程

济南东站——日出东方，山泉融合

章丘北站——泉昇白脉

邹平站——宏图展翼

淄博北站——高科未来

临淄北站——齐韵今风

青州市北站——秀冠九州

潍坊北站——鸢飞翼展

高密北站——稷峰文盛

胶州北站——胶海跃驿

红岛站——观海听涛

七、工厂化制造

箱梁预制施工

箱梁自动喷淋养护

轨道板智能流水作业

轨道板成品存放

小型构件生产

八、联调联试

综合检测列车逐级提速试验

16 辆编组“复兴号”列车运行试验

九、开通运营

列车即将驶离济南东站(起始站)

列车停靠红岛站(终到站)

十、工程奖项

潍坊北站荣获鲁班奖

博特大桥、临清特大桥分别荣获国家优质工程奖

工程建设科学技术进步奖

证 书

为表彰工程建设科学技术进步奖获得者，特颁发此证书。

项目名称：大型高铁站房钢结构施工综合技术研究与应用

奖励等级：二等

获 奖 者：济青高速铁路有限公司

2020年12月10日

证书号：2020-J-2-275-D03

科技进步二等奖

第六届“龙图杯”全国BIM大赛 综合组

一 等 奖

项目：济青高铁红岛站BIM综合应用

单位：济青高速铁路有限公司

中 国 图 学 学 会　　人力资源和社会保障部教育培训中心

2017年12月

龙图杯一等奖

新建济南至青岛高速铁路工程总结

（上　册）

济青高速铁路有限公司　编著

中国铁道出版社有限公司

２０２１年·北　京

内容简介

本书全面记录了济青高速铁路的建设历程，是济青高速铁路参建各方的广大建设者智慧与辛劳的结晶。该总结全面介绍了工程中的重点与难点；归纳了济青高速铁路的全新建设模式；提炼了“四新”技术在工程建设中的应用；从不同侧面映射出济青高速铁路在安全管理、质量控制、投资控制、工期保障、环境保护、科技创新、社会维稳等方面的经验及教训。

本书的形成进一步亮化了中国高铁这张“国家名片”，为今后高速铁路项目建设管理、工程施工、技术创新提供了详实的基础资料，具有较强的借鉴意义，对完善高速铁路建设技术标准、提高我国高速铁路建设水平、促进高速铁路高质量发展将起到重要作用。

本书可供从事铁路工程建设管理、工程设计、施工及相关人员借鉴。

图书在版编目(CIP)数据

新建济南至青岛高速铁路工程总结：上、下/济青高速铁路有限公司编著．—北京：中国铁道出版社有限公司，2021.12

ISBN 978-7-113-28254-7

Ⅰ．①新…　Ⅱ．①济…　Ⅲ．①高速铁路-铁路工程-总结-济南、青岛　Ⅳ．①U238

中国版本图书馆 CIP 数据核字(2021)第 162507 号

书　　名：**新建济南至青岛高速铁路工程总结**
作　　者：济青高速铁路有限公司

责任编辑：张　悦　　**编辑部电话**：(010)51873656　　**电子邮箱**：gstl163@163.com
封面设计：郑春鹏
责任校对：孙　玫
责任印制：高春晓

出版发行：中国铁道出版社有限公司(100054，北京市西城区右安门西街 8 号)
网　　址：http://www.tdpress.com
印　　刷：北京建宏印刷有限公司
版　　次：2021 年 12 月第 1 版　2021 年 12 月第 1 次印刷
开　　本：880 mm×1 230 mm　1/16　**印张**：50.25　**插图**：1　**插页**：24　**字数**：1 198 千
书　　号：ISBN 978-7-113-28254-7
定　　价：260.00 元(上、下册)

编　委　会

序

经过十多年的建设，我国高速铁路运营里程已超过3.83万km。快速、便捷、服务优良的高铁在改变人们出行方式的同时，也产生了巨大的经济效益和社会效益；在产业布局调整、城市群内部功能空间重塑、区域开发向纵深拓展和区域发展新轴线建设等方面，也起到了巨大的正向带动作用；同时在发挥我国超大规模市场优势和内需潜力、构建国内国际双循环相互促进的新发展格局方面也起着重要作用。

新建济南至青岛高速铁路（以下简称为济青高铁）作为国家《中长期铁路网规划》（2016年版）“八纵八横”高速铁路网中“一横”青岛至银川通道的重要组成部分，其建设实施具有突出的战略价值。对山东省而言，济青高铁的建成开通，打通了其聚内链外的循环通道。一是聚内成环，山东省提出推进省会、胶东、鲁南三大经济圈区域一体化发展，济南和青岛作为山东省会经济圈和胶东经济圈一体化发展的牵头城市，是山东三大经济增长核心的重要组成部分。济青高铁作为连通济南和青岛的重要通道，是山东省快速铁路网中的“脊梁骨”项目，与青（岛）荣（成）城际铁路、潍（坊）荣（成）铁路、潍（坊）烟（台）铁路、青（岛）连（云港）铁路等衔接，构成了连接济南、青岛间多个中心城市和通达山东沿海烟台、威海、日照等中心城市的快速客运通道，形成了省内“2小时”交通圈。对于更好地发挥济南、青岛两大核心城市的带动作用，加快山东省基础设施建设，推动沿线城镇化建设和区域经济发展，促进全省经济社会持续健康发展具有重要战略意义。二是链外成带，济青高铁西连济南枢纽，与京沪高速铁路和石济、石太、郑济铁路等客运专线相连，形成山东半岛到京津冀、中原城市群和长三角方向的快速客运通道，对沟通山东省与国家三大战略发展区域的联系，推进国家级发展战略实施具有重要意义。

济青高铁是全国第一条路省共建、省方控股的高速铁路，全长308 km，设计时速350 km,全线工程于2015年底全面开工,2018年12月26日较计划工期提前一年顺利开通运营,创造了业内公认的“济青高铁建设速度”和“济青高铁建设管理模式”,按照国家发改委要求,完成了“非控股非代建高速铁路示范线”的建设任务。在建设管理过程中,济青高速铁路有限公司针对项目前期工作、筹融资金、征地拆迁、建设管理、竣工验收、综合开发等模式进行了大量有价值的创新和探索。

《新建济南至青岛高速铁路工程总结》由综述篇、建设管理篇、勘察设计篇、工程施工篇、科技创新与质量创优篇组成,忠实且全面地记录了济青高铁工程的建设历程,是济青高铁参建各方的广大建设者智慧和汗水的结晶。该总结既记述了济青高铁全部建设过程,又重点介绍了工程建设的重点和难点;既归纳了济青高铁的全新建设模式,又提炼了“四新”技术在工程建设中的应用;从不同侧面凝练了济青高铁在安全管理、质量控制、投资控制、工期保障、环境保护、科技创新、社会稳定等方面的经验和教训。

本书的形成进一步亮化了中国高铁这张“国家名片”,为今后高铁项目建设管理、工程施工、技术创新提供了详实的基础资料,具有较强的借鉴意义;对完善我国高铁建设技术标准、提高高铁建设水平、促进高铁高质量发展起着重要作用。

济青高速铁路有限公司

2021年7月

目　　录

（上　　册）

第一篇　综　　述

第二篇　建设管理

第三篇　勘察设计

第一篇

综　述

第一章　项目决策

新建济南至青岛高速铁路(以下简称为济青高铁)是山东省综合交通网中的“脊梁骨”项目,对于更好发挥济南、青岛两大核心城市的带动作用,促进山东省经济社会持续健康发展具有重要战略意义。2013 年 4 月 17 日,山东省人民政府第 4 次常务会议决定启动建设济青高铁;2013 年 6 月 25 日,山东省委、省人民政府的主要领导与国家发展和改革委员会(以下简称为国家发改委)、国家铁路局、中国铁路总公司(以下可简称为铁路总公司,2019 年改制为中国国家铁路集团有限公司,简称为国铁集团)的主要领导进行工作会商,就加快推进山东铁路新一轮发展达成了共识,启动了济青高铁等项目前期工作。

第一节　项目规划

一、规划编制

根据山东省委、省人民政府的主要领导与国家有关部委达成的会商精神及工作安排部署,山东省发改委抓住国家“十二五”铁路规划中期评估的机会,多次牵头赴国家发改委、铁路总公司汇报沟通,一方面取得国家相关部门和单位的共识,争取将济青高铁纳入国家铁路网规划;另一方面,结合山东省“三纵三横”快速铁路网的规划建设构想,对国家发改委已批复的《环渤海地区山东半岛城市群城际轨道交通网规划》(发改基础〔2011〕1405 号)组织修编,将济青高铁纳入《环渤海地区山东半岛城市群城际轨道交通网规划(调整)》,以下简称《规划》(调整)。

根据山东省人民政府〔2013〕51 号会议纪要精神,按照山东省发改委的工作部署要求,山东铁路投资控股集团有限公司(原山东铁路建设投资有限公司,简称为山东铁投公司)组织铁道第三勘察设计院集团有限公司(简称为铁三院,2017 年改制为中国铁路设计集团有限公司,简称为中国铁设)开展了《规划》(调整)的相关研究。

2013 年 11 月 14 日,铁三院完成《规划》(调整)社会稳定性风险分析报告,12 月 27 日,山东省工程咨询院完成《规划》(调整)社会稳定风险评估报告并报山东省发改委,2014 年 1 月 3 日,山东省发改委将《关于报送环渤海地区山东省城际轨道交通网规划社会稳定风险评估结论的报告》上报国家发改委。

2013 年 12 月底,铁三院编制完成《规划》(调整)环境影响报告书送审稿,2014 年 3 月 11 日至 12 日,环境保护部组织了环评审查,于 3 月 27 日印发了《关于〈环渤海地区山东省城际轨道交通网规划(调整)环境影响报告书〉的审查意见》(环审〔2014〕71 号)。

二、规划批复

2013 年 8 月 21 日至 22 日,受国家发改委委托,中国国际工程咨询公司(简称为中咨公司)在青岛组织专家对《规划》(调整)进行了评估,于 2014 年 1 月 27 日出具《关于环渤海地区山东省城际轨道交通网规划(调整)报告的咨询评估报告》(咨交发〔2014〕200 号);2 月 19 日,国家铁路局在北京组织召开《规划》(调整)评审会，于 3 月 22 日出具了《关于对环渤海地区山东省城际轨道交通网规划(调整)意见的函》(国铁综科法函〔2014〕88 号)。

2014 年 4 月 28 日，国家发改委印发了《关于环渤海地区山东半岛城市群城际铁路规划(2014—2020 年)调整方案的批复》(发改办基础〔2014〕878 号)，将济青高铁项目正式纳入了国家规划，为项目立项创造了条件。《规划》(调整)获批后，山东省人民政府领导批示“山东省城际轨道交通规划在较短时间内获得顺利批复，为山东省抓住国家加快推进铁路建设新机遇创造了十分有利的条件。”

第二节 预可行性研究

一、前期准备

2013 年 5 月，山东省发改委、山东铁投公司组织铁三院在踏勘和资料收集基础上，开展了客运量预测、线站位方案、技术标准、两端枢纽引入方案、运营管理和融资方案等研究工作，编制完成专题技术研究报告，2013 年 7 月初，分别向山东省发改委、铁路总公司进行了汇报。2013 年 8 月底，铁三院编制完成预可行性研究。2013 年 9 月，铁路总公司在北京组织召开胶济客专规划方案及与地方城镇规划衔接情况研究会，山东省发改委在济南组织沿线地市召开线站位方案协调会。根据两次会议精神，铁三院 10 月 29 日编制完成项目预可研报告汇报稿并分别上报山东省发改委、铁路总公司。

2013 年 11 月 12 日、13 日和 12 月 4 日，郭树清省长、孙伟常务副省长分别主持会议，专题研究济青高铁项目规划建设问题，会后印发《省政府关于加快推进济南至青岛高速铁路项目规划建设专题协调会议纪要》(〔2013〕51 号)、《省政府关于济南至青岛高速铁路前期工作专题协调会议纪要》(〔2013〕54 号)，明确由山东铁投公司在项目法人公司正式注册设立前代行部分职能、负责开展项目相关前期工作，并在山东省发改委的领导下，成立济青高铁前期工作组。

2013 年 12 月 25 日至 26 日，铁路总公司组织专家在济南召开济青高铁预可研审查会，专家组充分肯定项目建设的必要性，同意项目技术方案，要求在项目建议书上报前，增加项目沿线土地综合开发方案研究论证。济青高铁是全国第一个开展高铁沿线土地综合开发研究的项目，山东省发改委充分发挥协调作用，积极协调组织设计单位、沿线各级人民政府，编制完成了《济青高铁综合开发研究报告》，及时向铁路总公司作了专题汇报，报告得到了铁路总公司的认可。

二、项目建议书

2014 年 3 月 12 日，完成了项目建议书及土地综合开发方案的签报；3 月 27 日，铁路总公司党组会通过了项目建议书与土地综合开发方案，并决定由路省双方联合上报济青高铁项目建议书。

2014 年 4 月 16 日，山东省人民政府(以下可简称为山东省)与铁路总公司向国家发改委联合上报了《关于报送新建济南至青岛高速铁路项目建议书的函》(铁总计统函〔2014〕414 号)；2014 年 4 月 28 日至 29 日，受国家发改委委托，中咨公司在北京组织召开济青高铁预可研报告专家评估会，5 月 21 日出具《关于新建济南至青岛高速铁路项目(建议书)的咨询评估报告》(咨交发〔2014〕656 号);2014 年 6 月 10 日,国家发改委印发了《关于新建济南至青岛高速铁路项目建议书的批复》(发改基础〔2014〕1247 号)正式批复立项。

第三节　可行性研究

按照山东省委、省人民政府确定的济青高铁建设任务目标,山东省发改委指导山东铁投公司及时进行了周密部署,成立了可研、支撑性文件和招商引资综合开发三个小组,制定了可研报告和 12 项支撑性文件编制报批工作详细推进计划方案。

一、可研报告编制报批

济青高铁项目可研工作于 2014 年 1 月初正式启动。铁三院 1 月 5 日开始初测工作,先后完成全线贯通方案 308 km 及各比较方案累计约 1 225 km 的现场调查、测绘、勘探、资料收集和线路方案研究等工作。4 月 25 日,初测验收完成,全面开始线站位方案研究、稳定和可研报告编制工作。

根据山东省领导对济青高铁线站位方案的批示精神和项目可研工作需要,山东省发改委于同年 5 月 15～16 日组织山东省直相关单位、山东铁投公司、铁三院和沿线地市等相关单位进行了全线现场踏勘,重点落实了引入济南站联络线、济南东动车所、滨州、淄博、潍坊境内线路等技术方案,研究了城市规划调整、穿越水源地保护区、穿越国家级湿地公园等问题的解决方案。

2014 年 7 月 16 日,郭树清省长主持召开济青高铁项目前期工作专题会议,对项目可研报告报批工作做出整体部署,明确了责任单位和完成时间,协调落实了部分线站位方案。根据本次会议纪要(〔2014〕41 号)精神,山东省发改委牵头向铁路总公司进行汇报沟通,与沿线地方人民政府进一步研究讨论,确定了贯通方案,基本稳定了线站位方案,并于 7 月 20 日编制完成了项目可研报告送审稿。

2014 年 7 月 21 日,山东省发改委在济南组织召开了济青高铁项目可研报告汇报会,于 7 月 24 日与铁路总公司协商了项目可研评审工作具体事宜,7 月 28 日至 8 月 1 日,铁路总公司工程设计鉴定中心组织了现场踏勘并召开了项目可研评审会,铁三院 9 月 9 日完成项目可研报告鉴修稿并报送铁路总公司。

鉴定中心收到鉴修稿后又先后五次组织召开项目可研鉴修内部审查会,根据鉴定中心要求,铁三院 9 月 17 日编制完成了土地综合开发研究报告,并根据 10 月 9 日铁路总公司组织召开的土地综合开发研究报告审查意见,修改完成了土地开发报告报批稿。

考虑到项目前期工作紧迫性,于 10 月 17 日起草完成济青可研上报文件,11 月 5 日完成铁路总公司会签流程,7 日完成山东省人民政府会签流程。11 月 15 日,铁路总公司、山东省人民政府以《关于报送新建济南至青岛高速铁路可研报告的函》(铁总计统函〔2014〕1621 号)联合上报国家发改委。

2014 年 11 月 19 日至 22 日,受国家发改委委托,中咨公司组织专家对项目沿线进行了现场踏勘,在青岛组织召开了可行性研究报告评估会。根据评估会专家组提出的意见,山东省发改委组织山东铁投公司、铁三院进一步与沿线人民政府对接,研究落实了济南枢纽、机场站等技术方案和征地拆迁、经济评价等问题，确定了公司组建方案、出资承诺函、贷款承诺函等需补充上报的相关资料。12 月 1 日，铁三院编制完成了可研评估后补充材料，并上报中咨公司和铁路总公司。12 月 3 日，山东省发改委组织铁三院和相关单位向中咨公司、铁路总公司就可研评估报告相关事宜进行了汇报。12 月 7 日，中咨公司出具了《关于新建济南至青岛高速铁路可行性研究报告的咨询评估报告》(咨交发〔2014〕2017 号)上报国家发改委。12 月 8 日，国家铁路局出具《关于对新建济南至青岛高速铁路项目意见的函》(国铁综科法函〔2014〕470 号)。

二、可研报告批复

2014 年 12 月 26 日，可研报告所需的 12 项支撑性文件全部完成并报国家发改委。2015 年 1 月 9 日，济青高铁项目经国家发改委主任办公会审议通过，1 月 12 日国家发改委印发《国家发展改革委关于新建济南至青岛高速铁路可行性研究报告的批复》(发改基础〔2015〕51 号)。

第二章　建设综述

第一节　建设目的和意义

济青高铁位于山东半岛，是《中长期国家铁路网规划》（2016年版）“八纵八横”青岛至银川客运通道的重要组成部分，西连济南枢纽，与京沪高速铁路和石济、石太、郑济铁路等客运专线衔接，构成了山东半岛至京津冀、东北方向和山东半岛与中原城市群、长三角城市群的快速客运通道；济青高铁东接青岛枢纽，与青荣城际、青连铁路等衔接，构成了连接济南、青岛间多个中心城市和通达山东沿海烟台、威海、日照等中心城市的快速客运通道，形成省内“2小时”交通圈。济青高铁的实施对加快山东省基础设施建设，沟通山东省与三大经济带联系，推进国家级发展战略实施具有重要意义。

第二节　建设项目总体目标

济青高铁工程以确保工程质量和安全为核心，以依法合规、科学有序为原则，全面落实国家相关职能机构和省人民政府关于质量、安全、工期、投资、节能、环水保和社会稳定等要求，全面实现设计功能，建成质量优良、绿色环保、效益一流的百年工程和国铁非控股合资高速铁路示范线。

一、质量目标

杜绝工程质量等级事故；工程质量达到国家现行验收标准，单位工程一次验收合格率100%；实车检测速度达到设计速度的110%。勘察设计创行业优秀设计奖，全线争创国家级优质工程。

二、安全生产目标

杜绝因工死亡事故，年重伤率控制在0.6‰以下，年负伤率控制在5‰以下；消灭责任等级火灾事故、爆炸事故、高空作业安全事故及大型施工设备安全事故等。杜绝营业线行车一般A、B类及以上事故。

三、工期目标

确保按照国家批复的建设工期48个月建成并投产运营。

四、投资控制目标

确保完成建设期各年度投资计划；确保总投资控制在批复的概算内。

五、环境保护、水土保持及节能目标

认真落实铁路建设项目环境保护“三同时”制度，实现环保零投诉，全面落实国家主管部门批复的环保、水保措施和要求，最大限度保护各生态功能区原生态系统，尽量减少对自然资源、水资源保护区和文物等环境敏感点的影响，确保土地复垦在静态验收结束前完成。

六、维护社会稳定目标

避免群体性上访事件发生，避免围堵、冲击地方人民政府、建设管理机构等事件发生，杜绝发生群体打架斗殴事件，杜绝刑事及犯罪事件的发生。

第三节　建设项目合规性

一、项目立项

2014 年 4 月 28 日，国家发改委发布《关于环渤海地区山东半岛城市群城际铁路规划(2014—2020 年)调整方案的批复》(发改办基础〔2014〕878 号)。

二、预可行性研究

2014 年 6 月 10 日，国家发改委发布《关于新建济南至青岛高速铁路项目建议书的批复》(发改基础〔2014〕1247 号)。

三、可行性研究

2014 年 12 月 22 日，山东省环保厅发布《关于新建济南至青岛高速铁路环境影响报告书的批复》(鲁环审〔2014〕194 号)。

2014 年 12 月 22 日，水利部发布《关于新建济南至青岛高速铁路水土保持方案的批复》(水保函〔2014〕444 号)。

2014 年 12 月 24 日，国土资源部发布《关于新建济南至青岛高速铁路项目建设用地预审意见的复函》(国土资预审字〔2014〕242 号)。

2014 年 12 月 25 日，国家发改委会办公厅发布《关于新建济南至青岛高速铁路项目节能评估报告的审查意见》(发改办环资〔2014〕3156 号)。

2015 年 1 月 12 日，国家发改委发布《关于新建济南至青岛高速铁路可行性研究报告的批复》(发改基础〔2015〕51 号)。

四、工程设计与施工

2015 年 7 月 3 日，铁路总公司、山东省人民政府发布《关于新建济南至青岛高速铁路先期开工段(青阳隧道)站前工程初步设计的批复》(铁总鉴函〔2015〕696 号)。

2015 年 7 月 7 日，铁路总公司工程管理中心发布《关于新建济南至青岛高速铁路先期开工段站前施工图审核报告审查意见的函》(工管施审函〔2015〕149 号)。

2015 年 9 月 28 日，国土资源部办公厅发布《国土资源部办公厅关于新建济南至青岛高速

铁路先期开工段(青阳隧道)站前工程先行用地的复函》(国土资厅函〔2015〕1295 号)。

2015 年 10 月 10 日,济青高速铁路有限公司(以下简称为济青公司)发布《关于核备新建济南至青岛高速铁路先期开工段(青阳隧道)站前工程开工的报告》(济青高铁办〔2015〕69 号)。

2015 年 10 月 23 日,铁路总公司工程管理中心发布《关于济南至青岛高速铁路工程指导性施工组织设计咨询意见的函》(工管工技函〔2015〕263 号)。

2015 年 10 月 28 日,铁路总公司、山东省人民政府发布《关于新建济南至青岛高速铁路初步设计的批复》(铁总鉴函〔2015〕1057 号)。

2015 年 10 月 29 日,铁路总公司工程管理中心发布《关于新建济南至青岛高速铁路济南东客站(不含)至胶州北站(不含)站前工程施工图审核报告审查意见的函》(工管施审函〔2015〕274 号)。

2015 年 11 月 13 日,铁路总公司工程管理中心发布《关于济南至青岛高速铁路济南东动车所、青岛枢纽站前工程施工图审核报告审查意见的函》(工管施审函〔2015〕319 号)。

2015 年 11 月 14 日,山东省发改委发布《关于新建济南至青岛高速铁路(不含先期开工段)站前工程施工及施工监理招标计划的批复》(鲁发改铁路〔2015〕1207 号)。

2016 年 6 月 9 日,济青公司发布《关于核备新建济南至青岛高速铁路工程开工的报告》(济青高铁办〔2016〕89 号)。

2016 年 7 月 7 日,铁路总公司工程管理中心发布《关于新建济南至青岛高速铁路“四电”及相关工程施工图审核报告审查意见的函》(工管施审函〔2016〕132 号)。

2016 年 9 月 6 日,济青公司发布《关于新建济南至青岛高速铁路青岛机场站等 6 座车站站房、雨棚及相关工程修改初步设计的批复》(济青高铁办〔2016〕135 号)。

2016 年 9 月 9 日,铁路总公司工程管理中心发布《关于新建济南至青岛高速铁路章丘北站等 5 站站房及相关工程施工图审核报告审查意见的函》(工管施审函〔2016〕176 号)。

2017 年 1 月 24 日,铁路总公司工程管理中心发布《关于新建济南至青岛高速铁路淄博北等 4 站站房及相关工程施工图审核报告审查意见的函》(工管施审函〔2017〕14 号)。

2017 年 8 月 17 日,铁路总公司工程管理中心发布《关于济青高速铁路剩余工程指导性施组及现场检查咨询意见的函》(工管工技函〔2017〕149 号)。

2018 年 1 月 10 日,铁路总公司办公厅发布《关于新建济南至青岛高速铁路胶州北站相关工程技术方案的复函》(铁总办鉴函〔2018〕26 号)。

2018 年 3 月 15 日,铁路总公司、山东省人民政府发布《关于新建济南至青岛高速铁路济南东站等 4 座车站站房、雨棚及相关工程修改初步设计的批复》(铁总鉴函〔2018〕173 号)。

2018 年 11 月 15 日,山东省水利厅发布《关于新建铁路济南至青岛高速铁路水土保持方案(弃渣场补充)审批准予行政许可决定书》(鲁水许字〔2018〕179 号)。

五、公司组建

济青公司严格按照现代企业制度规定组建,于 2015 年 6 月 19 日召开创立大会,完成第一次股东大会、董事会及监事会,选举产生董事、监事,确定了经营层高管人员。6 月 23 日进行工商登记,各股东认缴出资额、出资比例登记在册,同步完成税务登记、组织机构认证工作。经营范围为济青高铁建设和旅客运输、房地产投资开发等。

第三章　工程概况

第一节　工程自然特征和地质概况

一、地形地貌

济青高铁线路位于山地与平原交接地带，沿线所经地貌类形有平原区、低山丘陵区。济南东站至章丘(GSGDK426＋050.68～DK38＋500.00)为冲洪积平原区，地形平缓，地面高程在20～60 m之间；章丘至邹平(DK38＋500.00～DK53＋300.00)为低山丘陵区，地形起伏较大，地面高程在50～700 m之间，地形相对高差约650 m；邹平至潍坊(DK53＋300.00～DK215＋000.00)为冲洪积平原区，地形平缓，呈南高北低微倾，地面高程在10～50 m之间；潍坊至大沽河(DK215＋000.00～DK294＋000.00)为胶莱平原剥蚀堆积地貌，地形平缓，波状起伏，地势呈东北、西南两侧高，中间低，地面高程在0～40 m之间。大沽河至红岛(DK294＋000.00～JQDK24＋430.00)为滨海平原地貌，地形低平，地面高程一般小于20 m。

二、工程地质概况

(一)地层岩性

济青高铁沿线地层属华北地层系，主要分布新生界第四系松散沉积层，章丘附近出露三叠系下统凤凰山组、二叠系上统，下统沉积岩、侏罗系上统三台组、侏罗纪中下统坊子组沉积岩；章丘至邹平之间大面积出露白垩系青山组火山岩及燕山期侵入岩。昌邑、胶州至青岛出露白垩系王氏组沉积岩及青山组火山岩，昌邑东部潍河东岸出露下元古界粉子山岩组及古界花岗侵入岩。

(二)地质构造

济南至青岛区域属于华北地台中辽冀台向斜、鲁东地盾和鲁西台背斜三个二级构造单元，以昌邑—大店断裂(沂沭断裂东边界)为界，以东为鲁东地盾，以西为鲁西台背斜，广饶—齐河断裂以北为辽冀台向斜。沿线主要经过鲁中南隆起区北侧边缘、沂沭断裂带及胶莱凹陷三个三级构造区。

主要断裂构造有两个，一是北北东向断裂：沂沭断裂带由5条深大断裂组成，从东到西分别为昌邑—大店断裂、安丘—莒县断裂、白芬子—浮来山断裂、沂水—汤头断裂和鄌郚—葛沟断裂。二是东西向断裂：广饶—齐河断裂主要分布于济阳—桓台—广饶一线，为鲁西台背斜与辽冀台向斜分界断裂，该断裂走向NE65°～75°，局部地段略向东偏移，走向可达NE85°。从断裂所控制的岩浆活动来看，断裂形成于白垩纪早期，落差大，切割很深，断裂北侧中新生界总厚度3 400 m左右，测区内该断裂被第四系覆盖，为隐伏断裂。断裂走向与线位走向大体一致，线位位于该断裂南部，断裂对线位走向影响较小。

三、水文地质情况

(一)地 表 水

沿线跨越大小河流众多,属山东半岛诸河流域。主要有小清河、巨野河、绣江河、漯河、孝妇河、淄河、弥河、白浪河、潍河、北胶新河、五龙河、胶河、墨水河、大沽河等,分别流入渤海莱州湾和黄海胶州湾。河流水量随季节变化明显,旱季时多数河流水量较小,雨季河水暴涨。部分河水对混凝土结构具侵蚀性。

(二)地 下 水

第四系孔隙水:鲁北冲洪积平原区地下水赋存于第四系松散沉积层中,地下水类形为孔隙水,局部具承压性,主要含水层为碎石类土、砂类土和粉土。地下水水位埋深一般在 5～30 m。地下水主要由大气降水补给,个别河流附近由地表水补给,排泄以蒸发和抽取地下水为主。

基岩裂隙水:主要分布于第三系、白垩系、侏罗系、三叠系、二叠系及下元古界粉子山岩群地层中,岩性主要为粉砂岩、砂岩、泥岩、安山岩、玄武岩、凝灰岩及片麻岩、变粒岩、大理岩等,赋存于岩石裂隙水,其富水性和透水性受构造影响较大,一般渗透系数及水量较小,属弱裂隙水含水层;在断裂破碎带及影响带内,节理裂隙发育,其水量较大。

(三)沿线水质对混凝土侵蚀性评价

地下水对混凝土结构一般具硫酸盐侵蚀性,环境作用等级为 H1;具盐类结晶侵蚀性,环境作用等级 Y1～Y2;具氯盐侵蚀性,环境作用等级 L1～L2。地表水对混凝土结构一般具硫酸盐侵蚀性,环境作用等级 H1～H2;具盐类结晶侵蚀性,环境作用等级 Y1～Y3;具氯盐侵蚀性,环境作用等级 L1～L2;局部受污染地表水及近海部位地表水具硫酸盐、盐类结晶及氯盐侵蚀性,环境作用等级分别为 H2～H3、Y2～Y3 及 L2～L3。

四、地震动参数

(一)地震带概况

本区域属于华北地震区,为我国东部地震活动最强烈的地区,分布着一系列北北东向地震带。线位穿越郯庐地震带,该地震带是我国东部规模最大的地震带,包括郯庐断裂及附近的一系列与它平行和斜交的次级断裂,1668 年郯城 8.5 级地震就发生在本地震带。

(二)地震动峰值加速度和地震动反应谱特征周期

根据《新建济南至青岛高速铁路工程场地地震安全性评价报告》及国家标准《中国地震动参数区划图》(GB 18306—2015),对沿线的地震动峰值加速度进行了划分,大体分段里程见表 1-3-1。

表 1-3-1 地震动峰值加速度大体划分

里程段落			地震动峰值加速度	地震基本烈度	区域
正线	GSGDK426＋050	DK52＋000	0.05g	6 度	济南—邹平
	DK52＋000	DK107＋700	0.10g	7 度	邹平—淄博
	DK107＋700	DK202＋000	0.15g	7 度	淄博—潍坊

续上表

里程段落			地震动峰值加速度	地震基本烈度	区域
正线	DK202＋000	DK213＋900(短链后)	0.20g	8度	潍坊—昌邑
	DK213＋900(短链后)	DK236＋700	0.15g	7度	昌邑—高密
	DK236＋700	DK273＋750	0.10g	7度	高密—胶州
	DK273＋750	DK300＋700	0.05g	6度	胶州—红岛
	DK300＋700	JQDK24＋430	0.10g	7度	红岛
大郑庄联络线			0.05g	6度	济南
济南东动车存车场、济南东疏解线			0.05g	6度	济南
济青胶济、胶济济青联络线、胶济场进路联络线			0.05g	6度	胶州
红岛动车存车场、红岛站疏解线、济青青连联络线			0.10g	7度	红岛

五、气象特征

线路经过地区属暖温带大陆型季风气候区，四季分明，春季干旱少雨多风；夏季炎热多雨湿度大；秋季天气晴爽、旱涝不均；冬季干燥，雨雪稀少。根据气象统计资料，沿线多年平均降水量594～770 mm，年内降水集中在6～9月，占年降水量的70％～80％；多年平均蒸发量1 600～2 300 mm，3～6月占全年蒸发量的50％以上。按照对铁路工程影响气候分区为温暖地区。

沿线主要城市气象要素见表1-3-2。

表1-3-2 沿线各气象站气象资料统计表(2004—2013年)

项目名称	济南	淄博	潍坊	青岛
历年年平均气温(℃)	14.6	14.2	13.1	13.1
历年极端最高气温(℃)	42.5	42.1	41.4	38.9
历年极端最低气温(℃)	－19.7	－23	－21.4	－14.3
历年年平均降雨量(mm)	770.5	658.9	594.5	754.6
历年年平均蒸发量(mm)	2 212.9	1 640	1 871.1	1 736.7
日最大降雨量(mm)	188		188.8	167.3
平均相对湿度(％)	56	59	65	70
最小相对湿度(％)	6	10	10	9

续上表

项目名称	济南	淄博	潍坊	青岛
历年平均风速(m/s)	2.89	1.71	2.38	3.68
历年最大风速(m/s)	15.4	13.6	15.5	17.3
历年最多风向	SE	SW	S	SSE
历年年平均大风日数(d)	14.4	3.5	6.8	30.8
历年年平均雾日数(d)	10.8	7.2	21.5	58.4
历年年平均雷暴日数(d)	25	20.1	21	19.5
历年最大积雪深度(cm)	22	13	20	20

根据历年气象和调查资料，沿线土壤最大冻结深度划分见表 1-3-3。

表 1-3-3　土壤最大冻结深度表

里程段落			最大冻结深度(m)	行政区划
正线	起点	DK39＋000	0.50	济南
	DK39＋000	DK119＋350	0.55	淄博
	DK119＋350	DK274＋200	0.50	潍坊
	DK274＋200	终点	0.70	青岛
大郑庄联络线、济南东相关工程			0.50	济南
济南胶济联络线、济青青连联络线、红岛站相关工程			0.70	青岛

六、不良地质概况

(一)采　空　区

沿线采空区主要为开采硬质黏土矿、煤矿及铁矿所形成，主要集中分布于济南东部章丘、淄博桓台至临淄一线，零星分布于潍坊坊子、五图、朱刘店、饮马镇等地。距离设计线位较近的开采矿主要有章丘袁辛庄硬质黏土矿、新立庄铁矿、赶仙庄铁矿、杨家庄铁矿、戴家官庄洪秋铁矿等。

(二)地面沉降

沿线鲁北平原由于地下水超采，造成地下水水位埋深逐年加大，形成了淄博桓台、寿光市、潍坊市、寒亭区、昌邑市及高密市等地下水降落漏斗。由于各地取用水量逐年增加，各降落漏斗逐年加大、加深。区域分布较大的地下水降落漏斗有牛头镇—寿光、留吕、潍寒、昌邑及高密五个漏斗，前四个漏斗已发展成近东西向区域性漏斗群带。

(三)活动断裂

沂沭断裂带是郯—庐断裂带出露发育最齐全的区域，该断裂带是我国东部地区最显著的北北东向断裂构造带。线路横穿沂沭断裂带北段，自西向东分别穿越鄌郚—葛沟断裂、沂水—汤头断裂、安丘—莒县断裂及昌邑—大店断裂四条深大断裂。沂沭断裂带形成于前寒武纪，是经历多次长期活动的巨型构造带，断裂带主要的活动性表现在南部，北部活动性较弱，具有明显的南北分段的特点。其中与线路相交的安丘—莒县断裂为晚更新世晚期～全新世早期活动断裂；具有地震地表破裂危险性。

（四）地面塌陷

区内地面塌陷主要为采空区塌陷。济南东部、淄博、潍坊坊子、昌邑等地存在煤矿、铁矿采空区，地下矿层大面积采空后，矿层上部岩层平衡条件被破坏形成采空塌陷和地面变形。尤其淄博卫固镇西侧，朱台镇南侧集中分布大量铁矿及煤矿，采空区范围大，地面塌陷及变形严重。线位基本避开采空塌陷区，距离矿区较近段落采取控采措施，安全可控。

（五）崩塌落石

青阳隧道出口及斜井进出口，为第四系地层及全风化～强风化基岩，基岩节理裂隙、风化裂隙发育，且坡面可见碎石、块石分布，局部成堆，容易受降雨等因素影响诱发崩塌落石及坡面水石流等不良地质。

（六）海水入侵

在胶州、红岛站附近滨海平原，由于过量开采地下水，地下水位下降，改变了地下水的天然流场，形成了反向径流，使得海水入侵地下水。地下水具有硫酸盐侵蚀性，环境作用等级 H1；具有盐类结晶侵蚀性，环境作用等级 Y2；具有氯盐侵蚀性，环境作用等级 L2。水位以上环境土具有盐类结晶侵蚀性及氯盐侵蚀性，环境作用等级分别为 Y2、L3。由于海水入侵使得沿海地带环境土、环境水具有侵蚀性。

七、特 殊 土

（一）湿陷性黄土

第四系上更新统冲洪积层黏质新黄土，分布于济南至章丘段，黄褐色、褐黄色，硬塑～坚塑，垂直节理发育，具大孔隙，多具湿陷性，湿陷系数 δ_s＝0.015～0.069，为Ⅰ级（轻微）非自重湿陷性场地。

潍坊～昌邑局部段落分布第四系风积砂质新黄土，褐黄色，中密～密实，稍湿～潮湿，土质较均匀，含少量孔隙，具湿陷性，湿陷系数 δ_s＝0.015～0.035，为Ⅰ级（轻微）非自重湿陷性场地，需加强排水措施，路堑边坡需防护。

（二）盐 渍 土

沿线盐渍土主要分布于红岛站及其配套工程段落，为近海部位冲海积土层，受海岸变迁及海水入侵影响，水位以上环境土对混凝土结构具有盐类结晶侵蚀，环境作用等级 Y2；具有氯盐侵蚀，环境作用等级 L3。土层平均含盐量为 3.32，盐分比值大于 2，属于中等氯盐盐渍土场地。盐渍土对混凝土结构具有侵蚀性。

（三）膨胀性岩土

第三系（N）黏土具有中等～强膨胀性，分布于潍坊市寒亭区、昌邑市境内；下第三系（E）、白垩系王氏组（K_2^w）泥岩、泥质砂岩多具弱膨胀性，分布于胶州市胶东镇机场隧道段；安丘—莒县断裂带两侧白垩系青山组（K_1^q）流纹岩、流纹质凝灰岩及珍珠岩全风化层、强风化层多鹏润土化，具中等～强膨胀性，主要分布于昌邑市眉村镇东侧，潍河西岸 DK207＋809.83～DK213＋251.50 段路基。

(四)软土、松软地基

沿线软土呈零星分布，按成因主要分为两类，其一为分布于沟渠、水塘内软土，一般厚度仅为 0.3～0.5 m，个别可达到 1 m 左右，以淤泥和淤泥质土为主。由于其沉积时间非常短，固结程度很差，具流变性、触变性。二是分布于红岛站冲海积地层之中，该段上部普遍分布一层软土，灰黑色，灰褐色，软塑～流塑，有机质含量高，具腥臭味，厚度一般 4～7 m，以淤泥质粉质黏土、淤泥为主。

沿线松软地基广泛分布，厚度 5～25 m，上部黏性土及黏土承载力普遍低于 150 kPa，下部黏性土即使基本承载力高于 150 kPa，也多为中高压缩性土层。

其他自然情况参见第三篇第二章第一节。

第二节　主要技术标准

1. 铁路等级：高速铁路；
2. 设计行车速度：350 km/h，引入枢纽地区可适当降低；
3. 正线数目：双线；
4. 线间距：5.0 m；
5. 最大平面曲线半径：7 000 m；
6. 最大坡度：一般情况 20‰，困难地段 30‰；
7. 到发线有效长度：650 m；
8. 牵引种类：电力；
9. 列车种类：动车组；
10. 列车运行控制方式：自动控制；
11. 调度指挥方式：调度集中；
12. 最小行车间隔：3 min。

第三节　主要工程数量和工程特点

一、主要工程数量

(一)路基工程

路基工程总长 36.0 km，占线路全长 308.0 km 的 11.7%。其中区间路基长度 13.7 km，站场路基长度 22.3 km。区间路基桩基础 16 172 根，主要为管桩、水泥砂浆搅拌桩、螺杆桩、CFG 桩；站场路基桩基础 207 607 根，主要为管桩、水泥砂浆搅拌桩。路基土(石)方总量 1 106.27 万 m^3，其中区间挖方 30.25 万 m^3，填方 153.08 万 m^3；站场挖方 10.38 万 m^3，填方 912.56 万 m^3。

(二)桥梁工程

全线正线桥梁 22 座，共 254.7 km，占线路全长 308.0 km 的 82.7%；涵洞 106 座，共 14 287.8 横延米。框架桥 7 958 顶 m^2，预制架设箱梁 7 823 孔(其中单线箱梁 234 孔)，现浇简支梁 48 孔，现浇连续梁 108 联。全线正线与高速公路交叉 11 处，与国省道交叉 31 处，与县乡道路交叉 81 处，共计交叉 123 处。

(三)隧道工程

全线隧道共 2 座，分别为青阳隧道和机场隧道，长度共计 17 400 m，均为双线隧道。其中青阳隧道全长 10 100 m，为山岭双线隧道；机场隧道为城市双线隧道，全长 7 300 m。其中下穿胶济货线段为暗挖，暗挖段长度为 70 m，其余段落为明挖。

(四)车站工程

设置 11 座车站，其中新建车站 10 座、改建及并站 1 座。新建 6 个线路所。

(五)轨道工程

济青高铁铺轨共计 717.6 单线公里，其中正线铺轨 622.0 单线公里，站线铺轨 95.6 单线公里；铺设有砟道岔 344 组，无砟道岔 73 组；铺设无砟轨道 538.271 单线公里，其中正线 536.373 单线公里，到发线 1.898 单线公里。

(六)"四电"及相关工程

1. 通信工程

敷设各类通信光电缆 1 515.235 条公里；新设各种 GSM-R 无线通信铁塔 83 座；安装长途接入设备 246 台套；安装配线设备 133 台；安装数据网设备 45 台；安装会议电视设备 14 台套；安装调度通信设备 36 台、语音记录设备 15 台；安装开关电源设备 133 台、蓄电池 260 组、不间断电源设备 153 台、动环监控设备 177 台、防雷设备 153 台；安装 GSM-R 无线通信设备 89 台套；安装应急通信设备 80 台；安装视频服务器 109 台、存贮磁盘阵列 1 970 台、视频区域中心扩容 1 项。

2. 信号工程

敷设各类光电缆共计 1 528.273 条公里；ZPW-2000 轨道电路 911 区段；高压脉冲轨道电路 63 区段；25 Hz 轨道电路 188 区段；各类信号机 498 架；联锁道岔 330 组；应答器 1 791 台；各类机柜共 665 架；列控机系统 29 套；信号集中监测 29 套；计算机联锁系统 14 套；调度集中系统车站设备 14 套；智能电源屏 29 套；动车所 CCS 系统 1 套；青岛枢纽台设备 1 套；济青调度台设备 1 套；调车防护系统共 2 套。

3. 电力供电工程

敷设 35 kV 外电源电缆线路 35.8 km，10 kV 外电源架空线路 78.18 条公里，10 kV 外电源电缆线路 57.98 km，10 kV 贯通线路 19640 条公里，站场高压电缆 66 km，站场低压电缆 449 km，35/10 kV 变配电所 1 座，10 kV 配电所 6 座，10 kV 箱变 126 台，10/0.4 kV 变电所28 座。

4. 接触网牵引供电工程

接触导线 918.2 条公里，独立架空供电线路 262.74 条公里，高压电缆供电线路 132 条公里，回流线 66.4 条公里，正馈线 579.5 条公里，架空地线 599 条公里，避雷线 539.84 条公里。牵引变电所 5 座，分区所 7 座，开闭所 2 座，自耦所 12 座，电力调度所 2 所，网上开关站 16 座。

5. 防灾工程

济青高铁灾害监测系统采用路局中心系统(不在本工程范围内)及现场监测设备两级架构，由路局设备(调度所设备及监测终端等)，风、雨、雪、异物侵限、地震监测设备(监控单元及现场采集设备)，传输网络等组成。现场监测设备主要包括风监测点 50 处、雨量监测点 16 处、雪深监测点 10 处、异物侵限监测点 2 处以及地震监测点 12 处。

6. 信息工程

新建章丘北站、邹平站、淄博北站、临淄北站、青州市北站、潍坊北站、高密北站、青岛机场站、红岛站等9座车站信息系统(含客服系统),以及济南东动车所信息管理系统等。

7. 客服信息工程

路局中心扩容接入客票系统1项、客票安全系统1项、旅客平台1项、办公网系统1项;安装车站客票系统10套、客票安全系统10套、各种自动售票机245台、窗口售票机86台、窗口补票机19台、窗口对讲设备69台、自动检票机492台;安装车站级旅服集成平台10套;安装综合显示LCD显示屏86台、各种全彩LED显示屏1 574.1 m^2、到发通告终端84台;安装广播系统10套;安装硬盘录像机18台、视频监控终端24台、各种前端摄像机2 492台、视频接入交换机26台;安装各种不间断电源13台、配电柜(含防雷)49台、稳压电源13台、机房电源及环境监控分站设备(RTU)33套;安装车站办公管理系统10套;安装车站级时钟系统10套;安装车站入侵报警及门禁系统10套;安装公安办公管理系统10套;安装查询求助系统10套;安装安检仪46台;安装人工身份核验设备21台、自动身份核验设备20台;安装综合布线系统10站。

(七)房建工程

1. 站　　房

济青高铁沿线新建济南东站、章丘北站、邹平站、淄博北站、临淄北站、青州市北站、潍坊北站、高密北站、青岛机场站、红岛站等10个车站,改造胶州北站。站房的总面积38.54万 m^2,其中济南东站7.280 1万 m^2、红岛站7万 m^2。各站房规模见表1-3-4。

表1-3-4　济青高铁站房规模

序　号	车站名	站房 (m^2)	总建筑面积 (m^2)	站房布局形式	车站类形
1	济南东	72 801	205 505	高架站房	区域性枢纽站房
2	章丘北	9 999.6	24 508	线侧下式站房	一般站房
3	邹平	11 913.5	22 933	线侧平站房	一般站房
4	淄博北	34 471	55 717	高架站房	一般站房
5	临淄北	9 836.65	17 483.78	线侧下式站房	一般站房
6	青州市北	9 996	26 026.55	线侧下式站房	一般站房
7	潍坊北	60 000	81 963	高架站房	交通枢纽站房
8	高密北	9 995	22 579.95	线侧下式站房	一般站房
9	胶州北	9 999.99	9 999.99	线侧下式站房	一般站房
10	胶东机场	71 407.1	71 407.1	地下站房	交通枢纽站房
11	红岛	70 000	241 500	高架站房	区域性枢纽站房

2. 生产生活房屋

全线生产生活房屋223座(含"四电"房屋),规模17.5万 m^2,其中"四电"独立房屋114座。

3. 警务用房

全线警务用房 158 座，规模 4 946 m^2，其中派出所 3 座，区间警务区 10 座，沿线岗亭 145 座。

(八)站场设备

全线共 35 个站台，其中济南东站为 8 台 17 线，济南东站、淄博北站、潍坊北站和红岛站设城市通廊。济青高铁站场设备规模情况见表 1-3-5。

表 1-3-5 济青高铁站场设备规模

序 号	车站名	站台数量	旅客通道数量(个)
1	济南东	8 台 17 线	城市通廊 1
2	章丘北	2 台 4 线	旅客地道 1
3	邹平	2 台 4 线	旅客地道 1
4	淄博北	3 台 8 线	城市通廊 1
5	临淄北	2 台 4 线	旅客地道 1
6	青州市北	2 台 6 线	旅客地道 1
7	潍坊北	3 台 8 线	城市通廊 1
8	高密北	2 台 4 线	旅客地道 1
9	胶州北	3 台 9 线	旅客地道 2
10	胶东机场	2 台 4 线	旅客地道 1
11	红岛	6 台 12 线	城市通廊 1

二、工程特点

(一)路基工程

1. 工后沉降控制标准高。为满足无砟轨道工后沉降控制技术要求，路基工程施工须严格控制地基和路堤的工后沉降。

2. 与站后工程接口多。路基工程与综合接地、电缆沟槽、管线过轨、接触网支柱基础等站后工程的接口复杂，在施工中要注意控制对已填筑的路基工程的破坏和影响。

3. 竖向刚度出现突变处设置过渡段。为保证路基的纵向刚度均匀变化，在轨道基础竖向刚度出现突变的路基与涵洞、路堤与路堑、路基与隧道等分界处均设置了相应的过渡结构。

(二)桥梁工程

1. 桥梁数量多、分布密度大，特大桥所占比重高。

2. 桥跨型式有简支箱梁、连续箱梁、混凝土简支拱等多种桥梁结构。

3. 箱梁体量大、自重大，对运架设备要求较高。

4. 架设作业的时间集中，施工组织难度较大。因此，简支箱梁预制、运架是施工组织的关键环节。

5. 与公路、铁路交叉多。由于山东省境内公路、铁路发达，全线与高速公路交叉 11 处，与国省道交叉 31 处，与县乡道路交叉 81 处，共计交叉 123 处。

(三)隧道工程

1. 青阳隧道全长 10 100 m,为高风险隧道,主要有以下特点:

(1)隧道进口处分布多个采石场挖掘坑,DK39＋400～＋600 右侧有一大坑,坑深 25～30 m,岩体边坡陡立,坑底有积水,通过时应减少装药量,控制爆速,加强围岩量测和山体监测。

(2)隧道出口及 2 号斜井出口处,为强风化基岩,基岩节理发育,且坡面可见碎石、块石分布,局部成堆,容易受降雨等因素影响诱发落石等不良地质问题,施工时应该采取清方措施。

(3)DK43＋000～DK48＋900 段安山岩地层中,有发生轻微岩爆的可能,表现为洞壁岩体有掉块和剥离,无岩射。

(4)DK40＋850～DK43＋420 段为浅埋段且下穿居民区,易造成山体失水和居民房屋破坏。施工存在影响地表环境和居民生产生活用水风险,需制定预案,开展环境监测工作,对地面房屋和水源做好监测工作。通过该地区时严格按照设计文件采取微振动控制爆破措施,振动速度满足相关爆破振动规程要求。

2. 机场隧道全长 7 300 m,下穿胶济货线段为暗挖,其余段落为明挖。主要有以下特点:

(1)与机场地铁立体交叉

隧道自进口 DK286＋405～DK293＋250 段位于胶东国际机场范围,其中 DK286＋405～DK287＋400 段、DK290＋700～DK293＋250 段为机场一般区域,D287＋400～DK288＋400 段、DK290＋250～＋700 段为飞机停机位或跑道廊道区域,左线右侧约 28 m 为青岛地铁 8 号线左线中线,施工期间需协调好胶东国际机场和地铁 8 号线建设、设计、施工单位的关系,保证沟通、做到信息一致,减少施工中相互干扰。

(2)暗挖下穿胶济货运铁路

隧道在 DK292＋175～＋235 段下穿既有胶济货运铁路,隧道覆土厚 6.8～11.86 m(结构顶至地面),该段采用暗挖法施工,施工期间需保证上部铁路正常运行,隧道施工安全风险非常高。在隧道施工期间,对胶济货运铁路周边实施实时监测,监测的内容主要为地面及土体的沉降、倾斜及其水平位移。

(四)轨道工程

正线主要采用 CRTSⅢ型板式无砟轨道(其中机场隧道采用双块式无砟轨道),轨道工程具有以下特点:

1. 无砟轨道的高低调整能力有限,对线下基础的工后沉降及变形要求高。

2. 无砟轨道施工精密要求高,高精度的测量技术是保证高速铁路无砟轨道线路高平顺性的关键。

3. 路基、桥涵和隧道等线下工程质量,直接影响轨道工程的质量和平顺性。

(五)“四电”工程

牵引供电系统采用 AT 供电方式,具有以下特点:

1. 供电电压比直供方式高一倍,电能损失小,显示了良好的供电水平。

2. 牵引变电所的间距相应增大,减少了外部电源的工程数量和投资。

3. 牵引网回路是平衡回路,防干扰效果好,可改善电磁环境,减少了防干扰费用。

4. 接触网结构复杂,供变电设施较多。

（六）站场工程

1. 站房体量大。沿线地方人民政府对站房规模要求高，与其他高速铁路（客运专线）的站房相比，体量较大。

2. 与城市市政设施（道路、广场、暖通、给排水、环水保工程、消防等）衔接内容多，专业之间施工交叉多。

3.“四新”技术应用多。

（七）环水保工程

由于沿线绝大多数为平原地区，环水保工作压力大。主要特点：

1. DK292＋175～＋235 段有可能造成地表水渗漏，影响村民生活用水，必须严格按照设计要求采取封堵措施。施工期间应连续地对附近的井水、泉水进行观测，视观测情况采取相应措施。

2. 土地稀缺。本工程所处地区多位于平原地区，沿线土地资源稀缺，施工要尽量少占用土地，特别要尽量少占用耕地。临时设施采用永临结合、闲置利用等措施。

3. 施工及生活废水的排放要求高。

4. 易造成水土流失。由于土石方数量大，临时设施数量多，弃渣延续时间长，水土流失防治压力大。

三、控制工程及重难点工程

（一）青阳隧道

青阳隧道（DK39＋065～DK49＋165，全长 10 100 m）为全线的工期控制工程，同时也是难点工程。难点在于该隧道地质条件复杂，下穿村庄居民区，且存在失水、岩爆、掉块及塌方等风险。青阳隧道 2 号斜井施工段落斜井长 900 m，施工正洞 2 200 m，为青阳隧道的工期控制段落。

（二）机场隧道暗挖段

机场隧道全长 7 300 m，其中 DK292＋165～＋235 段，长度 70 m，下穿胶济货运铁路，采用暗挖法施工，为难点工程，隧道采用 CRD 法开挖，采用 70 m 长 ϕ299 mm 超前管幕支护，工程难点在于施工期间需保证上部铁路正常通行，隧道施工安全风险非常高。

（三）特殊结构物

1. 五里堂特大桥跨越温梁路（62＋112＋62）m 连续箱梁，跨度大，且处于架梁通道上，为重点控制性工程。

2. 淄博特大桥跨越济青高速公路 1-144 m 简支拱，跨度大，处于架梁通道上，且上跨济青高速公路，线形控制要求高，施工安全防护等级高，为重难点工程。

3. 淄博特大桥跨越 205 国道 1-128 m 简支拱，跨度大，且处于架梁通道上，为重难点工程。

4. 潍坊特大桥跨越 323 省道（62＋112＋62）m 连续箱梁，跨度大，且处于架梁通道上，为重点控制性工程。

5. 荣潍高速公路特大桥跨越 323 省道（64＋128＋64）m 连续箱梁，跨度大，且处于架梁通道上，为重点控制性工程。

（四）济南东和红岛站房

济南东站站房面积 7.280 1 万 m^2，红岛站站房面积 7 万 m^2，属于大型车站，结构相对复杂，施工工期较长，省、市人民政府及群众关注度高，为重点控制性工程。

（五）胶州北站改（扩）建工程

在原 2 台 4 线的基础上，新增到发线 4 条，改建站台 2 座，既有旅客地道接长。因防火间距的原因，将车站站房、牵引变电所、公安派出所、工务工区、信号楼等拆除还建，对车站咽喉区相应改建。该站场改造在保证既有胶济客专运营状态下进行，安全风险高，为本线的重难点工程。

第四章　主要建设过程

第一节　工程标段划分及负责单位

一、施工标段划分及承建单位

济青高铁工程共分 26 个施工标段。

(一)11 个站前施工标段

1. 站前施工 1 标,K36＋672.26～K48＋652.86,长 11.981 km,由中铁隧道局集团有限公司承建。

2. 站前施工 2 标,K0＋443.77～K36＋672.26,长 36.229 km,由中铁十局集团有限公司承建。

3. 站前施工 3 标,K48＋652.86～K79＋536.58,长 30.883 km,由中铁三局集团有限公司承建。

4. 站前施工 4 标,K79＋536.58～K111＋901.47,长 32.365 km,由中铁十一局集团有限公司承建。

5. 站前施工 5 标,K111＋901.47～K134＋396.44,长 22.495 km,由中铁五局集团有限公司承建。

6. 站前施工 6 标,K134＋396.44～K158＋165.27,长 23.769 km,由中铁上海工程局集团有限公司承建。设置临朐轨道板场,由中铁上海工程局集团济青高铁项目部与山东高速轨道设备材料有限公司以联合体模式建立,承担站前施工 1～8 标共 74 062 块 CRTSⅢ型轨道板的预制和运输工作。

7. 站前施工 7 标,K158＋165.27～K187＋601.00,长 29.436 km,由中国中铁航空港建设集团有限公司承建。

8. 站前施工 8 标,K187＋601.00～K209＋714.60,长 23.720 km,由中铁二十一局集团有限公司承建。

9. 站前施工 9 标,K209＋714.60～K250＋937.53,长 41.223 km,由中铁一局集团有限公司承建。

10. 站前施工 10 标,右线 K250＋937.527～K275＋956.17,左线 K250＋937.527～K275＋988.24,K282＋256.043～K284＋946.043,长 27.708 km,由中铁十二局集团有限公司承建。设置民权轨道板场:由中铁十二局集团济青高铁项目部负责站前 9、10 标 24126 块 CRTSⅢ型轨道板的预制和运输工作;同时承担 CRTSⅠ型双块式轨枕生产及运输任务。

11. 站前施工 11 标,K286＋796.043～K304＋253.511(下行),K286＋796.043～K304＋087.223(上行);动走 A 线 K0～K2＋472.987,动走 B 线 K0～K2＋257.284;K18＋977.71～K29＋530.05 青连正线,长 28.687 km,由中国建筑股份有限公司承建。

（二）2个“四电”集成标段

1.“四电”施工1标，负责全线接触网、电力、防灾工程施工，由中铁电气化局集团有限公司、中铁十局集团有限公司联合体承建。

2.“四电”施工2标，负责全线通信、信号、信息（客服）工程施工，由中国铁建电气化局集团有限公司、北京信息经纬技术公司、紫光软件系统有限公司联合体承建。

（三）7个站房施工标段

1. 站房1标，负责章丘北站的站房及标段范围内的其他房屋施工，由中铁十局集团有限公司承建。

2. 站房2标，负责邹平站的站房及标段范围内的其他房屋施工，由中铁三局集团有限公司承建。

3. 站房3标，负责临淄北站的站房及标段范围内的其他房屋施工，由中铁城建集团有限公司承建。

4. 站房4标，负责青州市北站的站房及标段范围内的其他房屋施工，由中铁五局集团有限公司承建。

5. 站房5标，负责高密北站的站房及标段范围内的其他房屋施工，由中铁十二局集团有限公司承建。

6. 站房6标，负责淄博北站和潍坊北站的站房及标段范围内的其他房屋施工，由中铁建工集团有限公司承建。

7. 站房7标，负责红岛站的站房及标段范围内的其他房屋施工，由中国建筑股份有限公司承建。

（四）委托中国铁路济南局集团有限公司（以下可简称为济南局）代建胶州北站相关工程

ZH-1标段，胶济客专K59＋700～K67＋110；济青高铁K275＋988.24～K282＋256.043，由中铁十局集团有限公司承建。

（五）委托济南局代建济南东站相关工程

1. SJJS-1标段，石济正线K307＋399至济青正线K0＋443.77，北辛店联络线正线K3＋350～K6＋332，由中铁十局集团有限公司承建。

2. ZF标段，济青正线JIK429＋155～＋854维修工区范围、JIK430＋064.46～＋364.46正线左侧、JIK430＋805.96～JIK431＋366.64东西站台雨棚及中心里程JIK431＋086中央站房、JIK431＋446.4右侧垃圾转运站一座，JIK432＋300TEDS探测站一座等相关工程由中国建筑股份有限公司承建。

3. SJSD-3标段，石济正线K307＋399～K310＋208；北辛店联络线正线K3＋350～K6＋332，由中铁电气化局集团有限公司与中国铁路通信信号股份有限公司联合体承建。

（六）委托石济铁路客运专线有限公司代建济南东站西疏解区工程

SJZ-9标段，北辛店联络上行特大桥K0＋143.72～K3＋237.49；北辛店联络下行特大桥K0＋191.65～K3＋236.41；动车走行Ⅰ线特大桥K2＋406.76～K4＋859.24；动车走行Ⅱ线特大桥K1＋204.33～K3＋603.67，由中铁四局集团有限公司承建。

（七）委托青岛国际机场集团有限公司代建机场站相关工程

K284＋946.043～K286＋796.043里程标段，由中铁建工集团、中国建筑股份有限公司承建。

二、监理标段划分及监理单位

全线共分27个监理标段。

(一)11个站前施工监理标段

1. 监理1标，中铁济南工程建设监理有限公司，负责站前1标K36＋672.26～K48＋652.86站前工程监理。

2. 监理2标，中铁济南工程建设监理有限公司，负责站前2标K0＋443.77～K36＋672.26站前工程监理。

3. 监理3标，铁科院(北京)工程咨询有限公司，负责站前3标K48＋652.86～K79＋536.58站前工程监理。

4. 监理4标，济南市建设监理有限公司，负责站前4标站前K79＋536.58～K111＋901.47工程监理。

5. 监理5标，北京瑞特工程建设监理有限责任公司，负责站前5标K111＋901.47～K134＋396.44站前工程监理。

6. 监理6标，天津市路安电气监理有限公司，负责站前6标K134＋396.44～K158＋165.27站前工程监理。

7. 监理7标，中铁华铁工程设计集团有限公司，负责站前7标K158＋165.27～K187＋601站前工程监理。

8. 监理8标，乌鲁木齐铁建工程咨询有限公司，负责站前8标K187＋601～K209＋714.60站前工程监理。

9. 监理9标，北京中铁诚业工程建设监理有限公司，负责站前9标K209＋714.60～K250＋937.53站前工程监理。

10. 监理10标，北京铁研建设监理有限责任公司，负责站前10标右线K250＋937.53～K275＋956.17、左线K250＋937.53～K275＋988.24、K282＋256.04～K284＋946.04站前工程监理。

11. 监理11标，上海天佑工程咨询有限公司，负责站前11标K286＋796.04～K304＋253.51(下行)、K286＋796.04～K304＋087.22(上行)、动走A线K0～K2＋472.99，动走B线K0～K2＋257.28、青连正线K18＋977.71～K29＋530.05站前工程监理。

(二)8个站房施工监理标段

1. 监理1标，中铁济南工程建设监理有限公司，负责站房1标济南动车所、章丘北站站房及相关工程监理。

2. 监理2标，济南市建设监理有限公司，负责站房2标邹平站站房及相关工程监理。

3. 监理3标，北京铁城建设监理有限责任公司，负责站房3标临淄北站站房及相关工程监理。

4. 监理4标，上海天佑工程咨询有限公司，负责站房4标青州市北站站房及相关工程监理。

5. 监理5标，北京瑞特工程建设监理有限责任公司，负责站房5标高密北站站房及相关工程监理。

6. 监理6标，北京中铁诚业工程建设监理有限公司，负责站房6标淄博北站站房、红岛站雨棚及相关工程监理。

7. 监理7标，中铁济南工程建设监理有限公司，负责站房6标潍坊北站站房及相关工程监理。

8. 监理8标，上海天佑工程咨询有限公司，负责站房7标红岛站站房及相关工程监理。

(三)2个“四电”施工监理标段

1. 监理1标，天津市路安电气监理有限公司，负责“四电”1标全线接触网、电力、防灾等相关工程监理。

2. 监理2标，北京中铁诚业工程建设监理有限公司，负责“四电”2标全线通信、信号及客服信息等相关工程监理。

(四)2个环水保监理标段

1. 北京国寰环境技术有限责任公司，负责全线环境保护专项监理。

2. 西安黄河工程监理有限公司，负责全线水土保持专项监理。

(五)4个代建工程监理标段

1. 中铁济南工程建设监理有限公司，负责济南局代建胶州北站相关工程监理。

2. 山东济铁工程建设监理有限责任公司，负责济南局代建济南东站相关工程监理。

3. 天津新亚太工程建设监理有限公司，负责石济铁路客运专线有限公司代建济南东客站西疏解区工程监理。

4. 上海建科工程咨询有限公司，负责青岛国际机场集团有限公司代建机场站相关工程监理。

三、设计标段划分

全线共1个设计单位。铁三院和杭州中联筑境建筑设计有限公司(联合体)负责全线的站前工程设计、“四电”集成设计和站房综合楼设计以及生产生活房屋、警用房屋(含值勤岗亭)设计。

四、咨询标段

全线共分2个咨询标段。

(一)设计咨询

中铁第四勘察设计院集团有限公司(简称为铁四院)负责全线(含联络线)初步设计咨询、施工图审核。

(二)测量咨询

铁三院负责全线范围内精密测量和沉降评估咨询。

五、第三方检测标段

全线共分8个检测标段。

(一)3个桩基检测标段

1. 桩基检测1标，山东广信工程试验检测集团有限公司，检测范围：站前2、3、4标K0+443.77～K111+901.47。

2. 桩基检测 2 标，山东铁正工程试验检测中心有限公司，检测范围：站前 5、6、7、8 标 K111＋901.47～K209＋714.60。

3. 桩基检测 3 标，中铁西北科学研究院有限公司，检测范围：站前 9、10、11 标 K209＋714.60～K304＋253.51(下行)、K209＋714.60～K304＋087.22(上行)，动走 A 线 K0～K2＋472.99、动走 B 线 K0～K2＋257.28，青连正线 K18＋977.71～K29＋530.05。

(二)1 个隧道检测标段

山东广信工程试验检测集团有限公司，负责先期开工段站前 JQGTSG-1 标段工程质量第三方检测：路基填筑、螺杆桩、二次衬砌、混凝土强度。

(三)1 个站房检测标段

上海同纳工程质量检测有限公司，检测范围：新建济南至青岛高速铁路淄博北站、潍坊北站、红岛站站房工程桩基检测及全线站房钢结构工程第三方检测。

(四)1 个水土保持监测标段

长江水利委员会长江科学院，负责全线初步设计批复范围内全部工程的水土保持监测及相关服务工作。

(五)2 个消防检测标段

1. 上海富士特消防安全咨询有限公司负责 JQGTXFJC-1 标段，包括章丘北站(含新增地下候车)、邹平站、临淄北站、济南东站(含城市通廊)、胶州北站、青岛机场站(包括宿舍)、“四电”独立房屋、生产生活房屋、青阳隧道及机场隧道等全部工程内消防设施，以及建筑电气安全、站房钢结构防火涂料检测等工作。

2. 郑州中铁安全检测有限责任公司负责 JQGTXFJC-2 标段，检测工作内容包括青州市北站、高密北站、淄博北站(含城市通廊)、潍坊北站(含城市通廊)、红岛站(含城市通廊)、生产生活房屋等全部工程内消防设施，以及建筑电气安全、站房钢结构防火涂料检测等工作。

六、征地拆迁、“三电”及管线迁改第三方审价标段

全线共分 6 个审价标段。

(一)3 个征地拆迁审价标段

1. 北京中路华会计师事务所有限责任公司，负责济南市、德州市、滨州市境内第三方审价咨询工作。

2. 中审华国际工程咨询(北京)有限公司，负责淄博市、潍坊市境内第三方审价咨询工作。

3. 天职(北京)国际工程项目管理有限公司，负责青岛市境内第三方审价咨询工作。

(二)3 个第三方审价标段

1. 山东龙达工程造价咨询有限公司，负责济青高铁站前 1～4 标段及对应区间范围内济南东站(含代建部分)章丘北、邹平、淄博北、临淄北站房及相关工程、全线“四电”及相关工程、济南东动车运用所房建及相关工程的审价、审计服务工作。

2. 山东德勤招标评估造价咨询有限公司，负责济青高铁站前 5～8 标段及对应区间范围内青州北、潍坊北(含代建部分)站房及相关工程的审价、审计服务工作。

3. 中联造价咨询有限公司，负责济青高铁站前 9～11 标段及对应区间范围内高密北、红岛站(含代建部分)站房及相关工程、胶州北站和机场站代建相关工程的审价、审计服务工作。

第二节 建设项目主要工程开、竣工时间

一、建设项目开、竣工时间

2015 年 10 月 1 日，济青高铁先期开工段(青阳隧道)开工建设;2015 年 12 月 10 日全线开工建设;2018 年 12 月 26 日全线开通运营。

二、重难点控制工程开、竣工日期

(一)2015 年施组确定的重难点控制工程

青阳隧道工程于 2015 年 10 月 1 日开工，2017 年 7 月 15 日贯通，2018 年 3 月 30 日完工。

(二)2016 年施组增加重难点控制工程

1. 济南特大桥跨温梁路(62＋112＋62)m 连续梁，于 2016 年 7 月 20 日开工，2017 年 2 月 26 日完工。

2. 荣潍高速公路特大桥跨 323 省道(64＋128＋64)m 连续梁，于 2016 年 9 月 5 日开工，2017 年 5 月 4 日完工。

3. 淄博特大桥跨 205 国道 1-128 m 简支拱，于 2016 年 9 月 20 日开工，2017 年 1 月 24 日完工。

4. 淄博特大桥跨济青高速公路 1-144 m 简支拱，于 2016 年 6 月 1 日开工，2016 年 12 月 28 日完工。

5. 潍坊特大桥跨 323 省道(62＋112＋62)m 连续梁，于 2016 年 9 月 5 日开工，2017 年 5 月 4 日完工。

(三)2017 年施组增加重难点控制工程

1. 济青左线红岛特大桥(60＋100＋60)m 连续梁，于 2017 年 2 月 1 日开工，2017 年 4 月 12 日完工。

2. 济青右线红岛特大桥(60＋2×100＋60)m 连续梁，于 2017 年 2 月 8 日开工，2017 年 4 月 25 日完工。

3. 青连红岛一号特大桥(66.5＋142＋66.5)m 槽形连续梁拱，于 2017 年 8 月 20 日开工，2017 年 11 月 17 日完工。

4. 红岛站，建筑面积 7 万 m^2，于 2017 年 11 月 1 日开工，2020 年 7 月 30 日完工。

(四)2018 年施组增加重难点控制工程

1. 济南东站，建筑面积 7.3 万 m^2，于 2016 年 6 月 10 日开工，2019 年 9 月 30 日完工。

2. 淄博北站，建筑面积 3.5 万 m^2，于 2016 年 11 月 8 日开工，2018 年 8 月 31 日完工。

3. 潍坊北站，建筑面积 6 万 m^2，于 2016 年 11 月 8 日开工，2019 年 9 月 30 日完工。

4. 机场站，建筑面积 7.15 万 m^2，于 2016 年 1 月 1 日开工，2020 年 7 月 30 日完工。

5. 胶州北站，建筑面积 1 万 m^2，于 2016 年 9 月 17 日开工，2018 年 10 月 30 日完工。

三、制梁、架梁日期

制梁于 2016 年 2 月 1 日开始，2017 年 4 月 30 日结束。

架梁于 2016 年 4 月 26 日开始，2018 年 1 月 23 日结束。

四、连续梁施工日期

跨 S242 省道(32＋48＋48＋32)m 连续梁，于 2016 年 8 月 14 日合龙；为全线第一座完成施工的连续梁。

跨青连济青下行联络线(40＋80＋40)m 连续梁，于 2018 年 8 月 31 日合龙；为全线最后一座完成施工的连续梁。

五、轨道板铺设日期

全线第一块 CRTSⅢ型轨道板，于 2016 年 11 月 15 日开始铺设。

全线最后一块 CRTSⅢ型轨道板，于 2017 年 11 月 30 日铺设完成。

机场隧道 CRTSⅠ型双块式无砟轨道板，于 2017 年 9 月 13 日开始铺设，2018 年 7 月 30 日铺设完成。

六、铺轨日期

济南至胶州北(不含)，于 2017 年 7 月 29 日开始铺轨，2017 年 12 月 31 日铺轨结束。

胶州北(含)至红岛正线，于 2018 年 7 月 10 日开始铺轨，2018 年 8 月 30 日铺轨结束。

第五章　综 合 评 价

济青高铁是全国首条以地方为主投资建设的高速铁路，是国家《中长期铁路网规划》（2016年版）“八纵八横”高速铁路网中“一横”青岛至银川（青岛—济南—石家庄—太原—银川）通道的重要组成部分。济青高铁建设以来，受到了沿线广大群众和社会各界的广泛关注。济青高铁开通后，地方人民政府和新闻媒体给予了高度评价，部分媒体报道内容摘录如下。

一、聚焦济青高铁“国内首条地方投资为主的高铁”建设的重要性

2015年8月13日，央视新闻频道以“国内首条地方投资为主的高铁开工”为标题报道了济青高铁开工，报道提到“我国首条以地方投资为主建设的高速铁路——济青高铁正式开工。济青高铁总投资600亿元，由山东省、铁路总公司分别出资80%、20%，建成后济南至青岛可实现1小时直达”。

央视新闻频道报道后，多家新闻媒体也相继作了报道，对济青高铁的重要性进行了阐述，“济青高速铁路是我国‘八纵八横’高铁网太青客运通道的重要组成部分，西连济南枢纽，与京沪高速铁路和石济、石太等客运专线相连，可形成山东半岛到京津冀、东北方向和山东半岛区中原城市群、长三角的快速客运通道；东接青岛枢纽，与青荣城际、青连铁路等衔接，构成了连接济南、青岛间多个中心城市和通达山东沿海烟台、威海、日照各中心城市的快速客运主通道。”

二、关注济青高铁“进入全面开工建设阶段”

2015年12月10日，济青高铁工程开工动员大会在山东济南召开，标志着济青高铁全线进入了全面开工建设阶段，央视新闻频道、山东新闻联播等对此进行了报道（图1-5-1）。

图1-5-1　济青高铁全线开工部分媒体报道截图

三、密切关注济青高铁建设过程

大众日报等媒体报道了 2016 年 3 月 18 日“山东省人民政府召开济青高速铁路现场推进会”的情况，山东省委常委、常务副省长孙伟到章丘市实地察看济青高铁制梁场等施工现场，主持召开济青高速铁路现场推进会，指出“建设济青高铁是省委、省政府作出的重大战略部署，全省人民期盼，社会各界关注。项目开工以来，各级各部门、各有关企业讲政治、顾大局，克服种种困难，做了大量卓有成效的工作，用 3 个月时间形成了全面开工的局面”，并要求各方“创新工作思路，突破制约瓶颈，妥善解决工程建设中遇到的困难和问题”。

2016 年 10 月 24 日，新华社以“济青高铁建设加速推进”为标题报道了中铁一局承担标段的线下施工情况，并报道了“项目部实施全过程考核监控，推动项目标准化建设”，通过“实行‘工程建设实名制’管理，实现对施工现场的有效管控”。

2018 年 7 月 15 日，山东新闻联播报道了济青高铁完成地质断裂带道床固化加固工作的情况，报道指出，“作为济青高铁的控制性节点工程，潍坊地质断裂带固化道床工程今天全部结束，这是国内首次在时速 350 公里的高铁线路采用聚氨酯道床固化技术，为 8 月份济南东至胶州北的联调联试提供了保证”。

2018 年 8 月 2 日，央视新闻频道报道了济青高铁的联调联试，报道称“济南到青岛高铁开始联调联试，预计年底正式通车后，青岛到北京的通行时间将由现在的 5.5 小时压缩到 3 小时以内”。

2018 年 8 月 9 日，齐鲁晚报专题报道了济青高铁济南东至胶州北区间正式开始联调联试逐级提速试验的情况，部分媒体报道截图见图 1-5-2。

图 1-5-2　济青高铁建设中部分媒体报道截图

四、高度评价济青高铁开通运营对经济社会发展的作用

2018 年 12 月 26 日，央视新闻频道报道了济青高铁正式开通运营，“从济南到青岛的旅客列车最快运行时间缩短至 1 小时 40 分左右，进一步优化了山东高铁的路网结构”(图 1-5-3)。

21 世纪经济报道 2018 年 8 月 7 日发文指出，“济青高铁建成后，济南到青岛之间将至少形成‘双向六车道’的客运线格局。分别是济青高铁、济青客专和原来的老胶济铁路。济青高铁将与既有的胶济铁路客运专线形成合理分工，其中济青高铁承担区域对外客运的中长途客流，胶济客专承担济南至青岛间的城际铁路功能，原胶济铁路承担区域间的货运功能，实现运

图 1-5-3　央视新闻频道报道济青高铁开通运营

力资源合理配置，大大提高胶济通道运输能力。”“济青高铁将更好发挥青岛作为陆上、海上‘一带一路’建设战略支点作用，带动区域经济发展，尤其是将进一步促进中国‘八纵八横’高铁网青岛到银川的高铁通道贯通。”

济南日报 2018 年 12 月 10 日报道称，“济青高铁对改善省内交通、促进省内城市间联动发展是很大利好。设计时速 350 公里将再次拉近济南、青岛、烟台、日照之间的时空距离，与青盐铁路、鲁南高铁、京沪高铁形成以济南、青岛为中心的高铁网，形成省内‘2 小时交通圈’，济南至烟台缩短到 2 小时左右，济南到日照仅需要 2 小时 40 分左右”“有利于提高济南、青岛的枢纽地位……有利于两个城市资源共享，互相促进”“从长远来看，济青高铁开通后能将客运能力大幅提高，甚至有望把原来的铁路更多的用来承载货运，释放出更多的货运能力，助力山东为‘一带一路’建设作出更大的贡献”“青岛至银川的货运大通道将拥有更好的资源，对沿线地区经济发展带动作用将更加明显。而随着经济的发展，对沿途城市的人口聚集也会有很大促进作用，进一步带动制造业的发展，将来甚至会打造新的北方城市群，形成集团效应实现快速发展。”

经济参考网在 2018 年 12 月 27 日报道称，“济青高铁是国家‘八纵八横’高铁网中‘一横’青岛至银川通道(青岛—济南—石家庄—太原—银川)的重要组成部分，是该通道的最东端一段，与该通道已经开通的石济高铁、石太高铁实现连通。这一高铁线路东连青荣城际铁路、青盐铁路，西接京沪高铁、石济高铁，为山东半岛新增一条高效便捷的大能力快速铁路通道。济青高铁与胶济铁路、胶济客专在济南至青岛间形成‘三线并行’的铁路交通运输格局，将极大提升济南至青岛间运输能力。这一高铁的开通运营，将进一步优化区域高铁路网结构，方便沿线群众出行，对密切山东半岛与北京、上海、石家庄、太原等地的人员往来和经贸交流，促进区域经济社会发展，具有十分重要的意义。

第二篇

建 设 管 理

第一章　建设管理模式

济青高铁是全国第一条路省共建、省方控股建设的高速铁路，是山东省委、省人民政府确定的重点交通基础设施工程，是山东省快速铁路网中的“脊梁骨”项目，对于更好发挥济南、青岛两大核心城市的带动作用，推动沿线城镇化建设和区域经济发展，促进全省经济社会持续健康发展具有重要战略意义。

在建设中，济青公司采用了以下管理模式。

一、路省合作，高效完成建设项目前期工作

2013 年 4 月 17 日，山东省人民政府第 4 次常务会议决定启动建设济青高铁；2013 年 6 月 25 日，山东省委、省人民政府主要领导与国家发改委、国家铁路局、铁路总公司主要领导进行工作会商，就加快推进山东铁路新一轮发展达成共识，启动了济青高铁等项目前期工作。

2014 年 4 月，山东省、铁路总公司联合向国家发改委报送新建济青高铁项目建议书；2014 年 6 月，国家发改委批复项目建议书，济青高铁正式立项。

在双方的共同努力下，高效完成了用地预审、环境影响评价、项目选址、地质灾害评估、穿越文物区、节能评估、压覆矿资源等前期工作，2015 年 1 月，国家发改委批复项目可行性研究报告。

2015 年 10 月，山东省、铁路总公司联合批复济青高铁初步设计。

二、依法共建，完善公司法人治理结构

2015 年 4 月 15 日，山东省人民政府批复了济青公司组建工作(鲁政字〔2015〕72 号)。根据批复精神，济青公司于 2015 年 6 月 23 日正式成立，注册资本金 300 亿元人民币，由山东铁路投资控股集团有限公司(作为山东省人民政府的出资者代表)、中国铁路发展基金股份有限公司(铁路方投资人)、中国铁路济南局集团有限公司(铁路方投资的实际管理人)与中建山东投资有限公司、中车青岛四方机车车辆股份有限公司、国开发展基金有限公司共同出资设立。按照《公司法》及有关规定，济青公司设立股东会、董事会、监事会及经理层。公司党委书记、董事长及其他高管由省方选派，总经理由铁路方推荐。其他管理人员由项目公司通过人才引进和公开招聘方式自主确定。济青公司遵守国家相关职能机构和铁路总公司有关铁路行业建设管理的规定、办法和要求，依法组织项目建设，确保济青高铁建设既符合铁路总公司有关技术标准和规范要求，涉及地方的事宜又能够有力协调、高效推进，最大程度发挥路地双方优势。

三、统筹谋划，部分项目委托代建

本着便于管理和实施的原则，济青公司对将济青高铁引入枢纽的济南东站及相关工程、涉及既有线改造的胶州北站及相关工程委托给济南局代建，对与石济客专相关的济南东西疏解工程委托给石济客专公司代建，对济青高铁机场站及相关工程委托给青岛机场集团公司代建。

四、发挥铁路运输企业技术和管理优势

为确保济青高铁工程施工质量，确保安全优质开通运营，按照铁路总公司有关规定和要求，在工程建设过程中，委托济南局提前介入工程建设，并在工程完工后，委托其进行竣工验收咨询。济南局在设计审查阶段即参与到项目建设中，提前介入工程施工过程，开展静态验收、动态验收、初步验收、安全评估咨询及开通达标评定等工作，在工程质量管控和设计优化等方面发挥了重要作用。济青高铁建成后，委托济南局进行运输管理，将济青高铁纳入全国铁路运输系统，执行国家相关行业管理的有关规定，服从全路运输的统一调度指挥。

五、创新筹融资新模式

按照山东省委、省人民政府提出的“省方为主、多方参股”“股权多元化”“双招双引”等要求，济青公司积极引入社会资本，探索高速铁路项目建设投融资新模式。

作为国家发改委确定的全国首批社会资本投资铁路领域 8 个示范项目之一，济青高铁成功引入中国建筑、中车四方机车、国开发展基金、中金资本、科威特投资局、农银投资及中银投资等战略投资者。特别是中金资本、科威特投资局等知名投资者的成功引入，是山东加快基础设施建设投融资改革的又一有益探索。

在债务融资方面，公司经与多家金融机构的多轮比选，通过银行贷款实现了低成本融资目标，大大节约了建设成本。

六、创新征地拆迁新模式

济青高铁途经济南、滨州、淄博、潍坊、青岛 5 市，总征地面积 1 104.6 公顷，全线共需拆迁 274.5 万 m^2。具体的征地拆迁模式为：由省人民政府直接与沿线各市人民政府签订工作目标责任书，各市县作为实施主体，济青公司作为责任主体，联合开展工作。沿线各市县负责全额筹集落实、管理、使用辖区内的补偿资金，实施具体拆迁工作。这种模式有效地调动了各市县的积极性，提高了工作效率，特别是在补偿资金方面，各县筹资并负责使用，避免了拆迁范围扩大、拆迁数量增加、抢建抢种等问题。同时，各市县在确定补偿标准时，严格控制在政府发布的标准以内，征地拆迁总体费用控制在概算以内。

七、创新综合开发新模式

实施铁路综合开发，以开发收益支持铁路发展，是国务院铁路投融资体制改革的重要内容。济青公司重点围绕“红线外土地开发、红线内土地经营、高铁关联产业、车站商业经营”做文章。特别是在土地开发方面，发挥济青高铁品牌优势、省管企业资源优势，全力开展“高铁产业园、高铁时代广场、高铁物流基地”等项目，为实现可持续发展打下基础。

八、创新工程档案管理模式

为有效实现竣工文件与工程施工同步进行，公司以档案管理为载体，将制度管理、过程培训、平时立卷、定期检查、典型交流、重点把控等贯穿工程施工全过程，建立了覆盖施工单位项目部、监理单位、咨询单位、委托代建单位等在内的全方位档案管理体系，形成了高效推进工程档案管理的有效体系。

第二章　建设管理机构

第一节　建设管理机构的设置

济青公司共设置工程管理部、安全质量部、计划合同部、财务部、征拆开发部、物资设备部、办公室、党群工作部、纪检监察室、胶州指挥部、淄博指挥部等11个部室(现场指挥部)。

第二节　公司主要管理职责

一、加强质量管理

1. 依法选择具有相应资质等级的勘察设计、施工、监理等单位,工程合同依法明确质量要求和质量责任。

2. 设立质量管理机构,配备专职质量管理人员,制定质量管理制度,落实质量责任,建立健全项目质量管理体系。

3. 在建设项目指导性施工组织设计中载明项目质量目标和工程质量管理措施,对工程质量进行监督检查并制作、留存检查记录。

4. 依据国家相关行业标准,结合项目实际情况,按照工程质量和安全生产要求,科学确定合理工期。

5. 按国家规定的铁路建设工程勘察、设计程序及规定,组织开展高速铁路工程地质勘察监理,组织检查勘察、设计工作质量,组织审查变更设计文件等。

6. 督促检查监理单位按照监理合同约定履行监理责任。

7. 按规定办理铁路建设项目工程质量监督手续。

8. 组织对施工单位采购的建筑材料、建筑构配件和设备质量进行检查;建设单位采购供应的建筑材料、建筑构配件和设备,其质量符合国家规定、设计文件要求和合同约定。

9. 对铁路建设所应用的新技术、新工艺、新材料、新设备进行检查。

10. 按规定对检验批、分项、分部工程施工质量验收情况进行检查,组织单位工程施工质量验收。

11. 按规定组织竣工验收,并将铁路建设工程竣工验收报告、公安消防、环保等部门出具的认可文件或者准许使用文件报送相关部门备案。

12. 严格按照国家有关档案管理规定,组织、协调勘察设计、施工、监理等单位收集、整理和归档工程质量技术资料,组织编制项目竣工文件,并按规定做好项目档案移交。

二、加强安全管理

1. 夯实安全生产基础。落实安全生产责任制,督促参建单位按合同约定设置现场安全管理机构、配备安全管理人员，组织开展安全教育，落实建设单位领导风险工点包保制度，督促参建单位落实领导包保和干部带班制度并加强检查；组织制定安全事故综合应急救援预案和专项应急预案并定期演练。

2. 强化安全风险管控。组织参建单位对风险事件、风险因素、风险成因进行识别分析，根据可能性、危害性及可预测性对风险程度作出判定；对列入风险清单的风险事件，细化应对计划，明确相关参建单位的风险管理责任和应对措施，对重大、复杂、高风险工程，督促施工单位编制专项安全施工方案并组织专家论证后实施；工程实施中，充分运用信息化手段，对已识别的风险进行跟踪、检查，记录其变化情况，并采取相应措施，消除和控制各类已知风险因素；风险消除后，综合评定风险管理成效，实施风险处置销号管理。

3. 强化安全隐患治理。认真开展"查标准、查管理、查现场"等专项治理活动，认真抓好开复工安全检查、季节性安全检查以及隧道、桥梁、深基坑、工程线施工、营业线施工、联调联试、火工品及驻地安全等专项安全检查，对检查发现的安全隐患开展专项治理，实行治理挂牌督办制度。

三、加强工期管理

1. 强化施组管理。提高指导性施组编制质量，严把实施性施组审批关，运用铁路工程管理平台信息系统，加强施组动态管理，强化工程计划节点目标兑现。

2. 有序推进征地拆迁。会同地方人民政府成立联合征地拆迁组织，定期梳理征拆进展及费用支付情况，研究工作推进措施。加强与地方人民政府相关部门的沟通协调，督促其及时实施征地拆迁，提供建设用地，满足工期进度要求。

3. 按期开通投产项目。落实项目开通相关规定，提前制定初步验收和项目开通工作方案并抓好落实，有序推进消防、环水保验收、电梯取证、声屏障和隔声窗安装、土地复垦等难点工作，协调地方人民政府有关部门加快推进地方出资落实、建设用地组卷报批、市政配套建设、外部环境整治等工作，组织参建单位抓好各类检查和验收发现问题的整改。项目初步验收合格后，要积极推进不动产登记、档案专项验收、资产移交等工作，尽快达到正式验收条件并上报正式验收申请。

四、加强投资控制管理

牢固树立全方位、全过程投资控制的观念，强化关键环节管控，确保建设标准适度，工程造价经济合理，投资控制各项措施落到实处。

1. 加强项目建设前期投资控制。落实项目建设前期工作有关规定，加强初步设计初审，重点核查大临工程设计、工程接口设计及引入既有枢纽、车站相关设计是否合理，征地拆迁数量和工程数量是否准确，工程投资是否合理等；加强施工图与现场的符合性以及施工图工程数量、征地拆迁数量审核，从设计源头上控制好投资。

2. 加强工程实施阶段投资控制。强化涉及投资事项集体决策，明确审批程序及审批权限，严格按程序开展变更设计，及时组织现场核对，严禁合并或拆分变更设计，严格控制变更设计费用，定期开展变更设计清理工作，统计、分析项目Ⅰ类、Ⅱ类变更设计及预备费、降造费使用情况；按规定在批准概算内自行做好材料价差调整工作；加强验工计价管理，严格按规定进行审查、计价、结算；加强建设资金管理，严格遵循建设资金专款专用原则，按批准的项目概算、合同、投资计划、建设资金预算和验工计价拨付建设资金。

3. 加强竣工验收阶段投资控制。在项目初步验收前6个月组织开展概算执行情况分析工作，制定问题整改计划，在项目初步验收合格后6个月内形成最终概算并办理竣工结算工作。

五、坚持依法建设

牢固树立依法建设理念，认真开展法治教育，严格执行国家法律法规，严格履行建设程序、铁路建设管理制度及标准，切实做到有法必依。

1. 加强招投标及合同管理。对施工、监理、物资设备、咨询服务等达到招标规模的依法开展招标；及时将国家相关职能机构和铁路行业有关要求纳入招标文件及合同文本，合理划分标段；加强对招标人代表的管理，督促其按规定履职；严格履行各类合同审签程序，防范合同风险；加强分包管理，督促施工单位按规定签订分包合同，分包工程完工后必须按规定组织验收；定期开展分包管理检查，及时查处转包和违法分包问题；定期组织合同履行情况检查，按合同约定及时追究相关违约方责任，并按规定纳入评价考核。

2. 加强节能环保工作。切实做好建设项目节约能源和生态环境保护全过程管理，做好节水、节材、节地和再生资源使用，推进铁路建设可持续发展。初步设计批复前按规定完成节能、环保、水保审批手续；实施过程中发生重大变动的，按规定履行相关程序后方可建设，组织落实节能、环保、水保措施与主体工程“三同时”制度；初步验收前按规定完成节能、环水保验收；开通前按规定完成相关信息公开、报备等手续。

3. 加强文明施工管理。制定项目文明施工总体规划和年度实施计划。督促参建单位编制并落实现场文明施工实施方案，配齐“五牌一图”，建设标准化工地；制定穿越自然保护区、风景名胜区、水源保护区、居民生活区的专项施工方案，妥善处理施工产生的弃渣、废水、扬尘；采取有效措施减少或屏蔽施工产生的振动、噪声，最大限度防止施工污染、施工扰民；加强对文物保护工作的组织领导，正确处理工程进度与文物保护的关系，落实文物保护相关规定，最大限度避免或减少施工对文物的影响。

第三节　部门职能

一、工程管理部职责

1. 认真贯彻国家相关职能机构、山东省、铁路行业的建设方针政策，执行有关铁路建设法规、技术政策、技术标准和集团公司管理办法，根据需要和领导安排制定相关管理办法。

2. 参与工程项目立项、可行性研究工作。组织设计单位完成初步设计、施工图设计，并组织完成报批工作。参与设计单位和设计咨询（施工图审核）单位的招标工作。

3. 负责对勘察设计和设计咨询工作（施工图审核）进行日常管理和考核，督促设计单位做好优化设计工作，及时组织设计咨询和施工图审核。对设计费、设计咨询费（施工图审核费）支付进行签认。

4. 负责牵头编制指导性施工组织设计，组织审批施工单位申报的实施性施工组织设计；

根据有关规定，优化指导施工组织设计。

5. 组织审查重要施工方案、专项施工方案、临时过渡方案。根据技术标准和规范，组织制定或审查特殊作业施工细则及工法。

6. 负责全线开工报告上报核备及施工单位标段开工报告及重要单位工程开工报告的审批工作。

7. 负责组织施工前的设计交桩和设计交底工作。

8. 负责牵头组织变更设计现场核实、五方会商工作；负责组织设计单位编制变更设计文件；负责牵头组织Ⅰ类变更设计和Ⅱa类变更设计的初审和报批工作；负责牵头办理Ⅱb类变更设计的批复工作。负责建立变更设计台账并动态管理。

9. 参与勘察设计、设计咨询、施工图审核、工程施工合同及其他相关合同的签订工作。参与物资招标工作，并提供相应的数量、型号及技术规格书。

10. 负责牵头工程建设标准化管理工作。牵头制定标准化管理办法，细化、量化考核标准，并牵头组织对参建单位进行标准化管理的检查、考核工作。

11. 负责组织建设项目环保、水保、地灾、防洪影响、地震安全性、文物保护评估及通航论证等项目批复前置性文件的编制和报批工作；并负责组织施工单位落实环境保护、水土保持和文物保护相关措施批复要求。

12. 负责施工、设计、咨询单位验工计价工程数量的审核工作。

13. 负责技术管理工作。负责技术文件、技术资料管理，组织做好设计文件、设计图纸和技术资料的分发登记、保管和移交归档工作。

14. 负责科技创新工作。负责科研项目立项、申报，并组织科研项目的实施及检查考核工作。负责节能减排措施的制定和落实。负责新技术、新工艺、新材料、新设备的推广和应用。

15. 负责工程调度工作。及时收集工程信息，编制工程周报，定期对建设情况分析总结。

16. 参与编制年、季、月生产计划。负责提出月、季、年度形象进度计划建议。

17. 负责工程进度管理。及时掌握施工进度情况，定期对施工进度进行分析，组织制定兑现工期的保证措施。

18. 牵头组织工程验收工作。组织编制联调联试及运行试验大纲，并负责组织审查批准工作；负责牵头组织静态验收、动态验收和初步验收工作；参与运营安全评估和开通达标评定工作；参与项目的国家验收工作。

19. 负责组织编制工程竣工文件和移交工作，参与固定资产的移交工作。

20. 负责牵头组织工程总结的编制工作。

21. 负责牵头项目工程创优工作。负责牵头制定创优目标、方案、措施，并负责牵头组织实施和创优申报工作。

22. 负责牵头组织对工程项目施工企业进行信用评价工作。

23. 参与工程的审计、审价及有关的检查工作。

24. 按照工程建设信息化管理的要求，负责本部门信息更新并汇总上报。

25. 按照公司安排，参与设计、施工、咨询等相关单位的招标工作。

26. 组织全线精测网维护和沉降观测。

27. 完成领导交办的其他工作。

二、安全质量部职责

1. 负责监督、检查各参建单位落实国家相关职能机构、山东省、铁路总公司安全生产及质量管理的有关法律、法规和政策;制定并执行公司有关管理制度,建立健全质量和安全管理体系。

2. 负责办理工程质量安全监督手续,配合质量安全监督机构的质量安全监督检查,及时做好监督部门检查问题的整改、回复。

3. 负责安全质量风险管理工作,组织相关部门对安全质量风险的辨识、评估及控制措施的制定、实施,落实盯控工作。

4. 负责定期组织工程安全质量检查和日常重点关键部位的巡查工作,及时通报和处理安全质量工作中存在的问题。

5. 负责监理单位绩效考核工作,按规定实施监理信用评价,对监理单位标准化管理达标、创优及绩效进行考核。

6. 负责第三方检测管理工作,对第三方检测工作情况进行考核,并督办第三方检测中发现的实体质量问题整改。

7. 负责组织施工单位绩效考核工作,按规定对施工单位安全质量部分信用评价考核。

8. 负责施工单位安全生产费的使用的管理工作。

9. 负责落实上级质量、安全有关要求,及时下达贯彻意见,并跟踪督办闭合。

10. 负责定期组织质量、安全管理专题会议,分析研究和部署质量安全工作。

11. 负责组织或参与质量、安全事故和举报问题的调查处理。

12. 负责岗位安全培训工作,并具体组织实施。

13. 负责建立项目质量安全信息平台、信息档案,负责工程质量安全档案管理。

14. 负责提前介入、运营安全评估和劳动卫生验收工作,参与工程建设静态、动态、初步验收工作。

15. 负责建立健全安全风险管理体系,完善安全考核激励机制,建设管理安全风险源库,对安全隐患制定整改推进计划,并对整改情况监督落实。

16. 负责监督受托方安全管理工作,加强安全监督队伍建设和制度建设,组织开展安全大检查,对安全情况进行评估。

17. 负责监督公司安全生产费使用情况,提报并组织落实本部门的安全生产费使用计划。

18. 负责推广应用有利于运营安全的新技术、新方法和先进经验,参与重大安全隐患整治的科研及攻关。

19. 负责健全与受托单位的安全沟通对接机制,及时掌握安全信息,配合铁路局做好应急处置,参与安全事故的调查、分析及处理。

20. 负责与地方沟通沿线安全环境治理和安保区的建设工作。

21. 负责公司安委会办公室日常工作。贯彻落实并督办安委会有关决议,具体管理和协调公司安全生产工作,履行安全生产综合监督职能。

22. 完成领导交办的其他工作。

三、计划合同部职责

1. 负责贯彻执行国家相关职能机构、山东省和铁路总公司关于计划、统计、合同、计价、招标等方面的法律法规和有关规定，负责公司前期工作、计划、统计、合同、计价、招标相关制度和管理办法的制定、修改和完善。

2. 牵头组织开展公司建设的铁路项目前期工作(预可研、可研阶段)，按照职责分工落实前期工作任务。

3. 负责公司投资计划管理工作。组织编制项目年度建设计划，下达年、季度、月计划，检查、考核计划执行情况，提出年度计划调整建议。

4. 负责公司统计管理工作。组织统计资料的编报、发布及统计调查等工作。

5. 负责公司概预算管理工作。组织编制项目招标概(预)算或标底，审核项目概(预)算、设计变更、价差等相关费用，组织概算调整清理，负责项目投资控制。

6. 组织项目验工计价工作。会同相关部门审查、汇总项目验工计价报表，配合办理工程价款结算手续。

7. 负责公司合同管理工作。完成相关主办合同的审核、签订工作，负责公司各类合同的审核、登记、备案及合同台账管理工作，参与有关合同的洽谈，负责组织检查、督促合同履行。负责合同专用章管理。

8. 负责公司招标采购管理工作。履行公司招标领导小组办公室职责，组织开展公司各项招标工作(不含物资设备及相关服务)，配合开展非招标采购工作。

9. 负责审核工程结算文件，参与竣工决算及固定资产移交工作。

10. 负责公司基本建设、更新改造、大修项目的计划管理。

11. 负责编制公司资产经营及综合开发规划。

12. 负责牵头委托管理协议签订工作，各部室按照职责分工负责监督协议执行情况。

13. 完成领导交办的其他工作。

四、财务部职责

1. 贯彻国家相关职能机构、山东省和铁路总公司出台的相关法规和方针政策，建立健全公司各项资金管理、费用审批、预算管理、资产管理及会计核算等财务管理制度。

2. 负责建设资金的筹集、支付、清算、结算工作，监控施工单位的建设资金流向，严防挪用、串用铁路建设资金等情况；负责定期检查、分析建设资金使用情况，保证建设资金安全。

3. 负责拟订公司年度财务预算及调整方案，并进行预算控制，定期开展预算执行情况分析，并提出分析报告；负责年度财务决算的组织、编制及报送等。

4. 负责公司及铁路沿线自管及移交资产价值管理工作，配合实物管理部门定期进行盘点，建立资产明细账，确保资产安全完整。参与固定资产、无形资产等采购、出售、报废业务，根据实际情况计提资产减值准备。

5. 负责营运资金管理，结合公司动车组客票、线路使用、商业开发等收入实际情况确定融资方案，拓宽融资渠道，降低融资成本，保持公司最佳资本结构；定期对公司盈利能力、偿债能力、营运能力及现金流量等进行分析，形成财务分析评价报告。

6. 负责办理基本建设、更新改造、大修项目的资金结算和竣工财务决算。

7. 配合审计中介对公司的年终财务决算进行审计，配合上级单位对公司财务检查工作。

8. 按照税收法律规定，依法申报税费及公司关联交易。

9. 根据山东省国资委的要求做好国有资产产权占有、变更登记等工作，在集团公司领导下，开展资产评估相关工作。

10. 根据集团公司相关规定，办理公司对外担保、对外捐赠业务。

11. 负责公司资金安全与正常运营，及时支付各类资金，做好日常费用报销工作。

12. 负责各类会计凭证填制、审核，记录账簿，编制报表，行使财务监督权利；加强财务档案的分类、整理和移交等管理工作；规范会计核算，真实反映各项经济事项，防范财务风险。

13. 负责监控应收款项账龄，及时清理各类应收款项。

14. 在集团公司指导下，负责开展公司资产证券化相关业务。

15. 负责办理基本建设、更新改造、大修项目的资金结算和竣工财务决算。

16. 对公司不良资产研究制定盈利方案。

17. 完成领导交办的其他工作。

五、征拆开发部职责

1. 认真贯彻国家建设方针政策，执行山东省、铁路总公司、济青公司有关铁路建设征地拆迁相关领域的法律法规、行业标准及规范；执行并落实公司相关管理办法。

2. 组织项目征地拆迁全面工作，建立分层次、全方位的征地拆迁协调机制，牵头制定《征地拆迁管理办法》《费用清理办法》等相关管理办法。配合签订《省、市人民政府征地拆迁工作目标责任书》，做好与沿线各市人民政府《征地拆迁（包干框架）协议》的谈判和签订工作。

3. 会同公司相关部门组织地方人民政府、设计单位共同开展项目前期征地拆迁数量调查，合理计列征地拆迁补偿概算（包干）费用，并提出调整建议。

4. 根据工程进度安排，负责向省、市主管部门提报征地拆迁推进计划，提供征地拆迁所涉及的批复文件、设计文件、图纸等资料。会同财务部门协调地方人民政府落实征地拆迁资金按进度到位。

5. 及时向上级单位请示汇报征地拆迁重难点问题，组织召开征地拆迁各类会议，协调处理征地拆迁工作中遇到的重难点问题。

6. 组织参建单位及审价单位配合地方人民政府进行附着物清点、建（构）筑物丈量（评估）等现场征地拆迁工作。

7. 在集团公司指导下，协调办理征地拆迁各项手续，办理规划、林地、建设用地组卷报批等许可手续，办理土地确权手续。配合综合部门组织征地拆迁竣工文件的验交归档。

8. 组织审价单位做好征地拆迁费用补偿审核及阶段性费用清理工作，在集团公司指导下，开展项目征拆资金监督检查工作，做好征地拆迁资金概算清理和费用确权工作。

9. 在集团公司指导下组织推进铁路项目预可研、可研阶段前期工作，重点做好用地预审、压覆矿等可研支撑性文件编制工作。

10. 在集团公司指导下，会同计划合同部依法合规选定用地预审、使用林地可行性报告编制、第三方审价、临时用地复垦方案编制等第三方中介服务机构。

11. 按照公司工程建设信息化管理的要求，负责本部门信息更新，并汇总上报。

12. 负责上跨下穿等占用土地项目的前期审查和手续办理。

13. 完成领导交办的其他工作。

六、物资设备部职责

1. 负责公司物资设备管理工作，建立物资设备采购供应管理体系和质量控制管理体系，降低采购供应成本，确保物资设备质量。

2. 负责编制物资设备管理的有关制度和办法，检查、指导各参建单位的物资设备管理工作。

3. 负责甲供物资设备的招标、采购、供应、验收、合同价款结算等工作。

4. 负责与物资代理公司签订委托协议，建立相应工作机制。

5. 负责参建单位自购物资设备的监督检查工作。监督、检查自购物资设备程序是否规范，管理是否达标。

6. 深入施工现场，调查了解物资使用方向、供求进度、供应质量、存在问题和现场物资管理等情况，加强和改进物资管理工作。

7. 负责对甲供物资设备供应商进行信用评价。

8. 负责物资管理信息系统的日常管理工作。

9. 完成领导交办的其他工作。

七、办公室职责

1. 负责组织公司董事长办公会议、总经理办公会议和年度工作会议等综合性会议。

2. 负责公司综合性会议材料的起草，政策研究、信息、调研等工作。

3. 负责上级文电、外部单位来文来函及公司公文流转。

4. 负责督查督办工作，对上级及公司重大决策部署、重要工作任务和领导批示事项督促限时办结。

5. 负责公司综合行政管理工作，包括业务接待、会议、值班、办公用品、公务用车、固定资产实物管理等工作。

6. 负责归口管理公司档案工作。

7. 负责归口管理公司规章制度制定实施和相关印鉴的管理。

8. 负责公司新闻宣传、舆情监测和管理，负责公司微信公众号等网络媒体平台日常维护和信息更新。

9. 负责公司内外协调及公共关系管理。

10. 负责公司领导活动安排、领导外出报备等工作。

11. 负责公司机要、保密工作。

12. 负责公司办公自动化建设。

13. 负责公司工程项目自动化平台建设。

14. 归口管理公司信访稳定工作，负责应急管理工作，参与处置突发事件。

15. 负责公司企业标准管理工作。

16. 负责办公资产实物管理。

17. 完成领导交办的其他工作。

八、党群工作部职责

1. 贯彻执行公司党委的指示、决定，做好上传下达工作；向领导传递综合信息和反馈各方面动态，为党委决策和指导工作提供可靠依据和有价值的咨询意见。

2. 掌握各部室、各支部贯彻执行党委决定事项的情况及进程，做好协调和督促工作。

3. 组织、安排党委各种会议、学习和重要活动，做好党群系统的接待工作。

4. 起草党委文件及文字材料，处理党内文件，做好机要、保密工作。

5. 制定党建工作规划并不断开展党建工作，做好党的组织、发展党员、党员教育与管理、党的纪律检查、党内监督、党的思想宣传、党的统战、党的群众路线等工作。

6. 公司人力资源规划、员二招聘、员工培训、技术职称、绩效考核、薪酬与社保、劳动关系等工作。

7. 公司干部考察、选拔、任免、调整以及干部聘期考核等工作。

8. 公司后备干部队伍建设、后备人才管理及后备人才库的建设、管理工作。

9. 公司人事档案管理工作。

10. 公司工会相关工作，包括工会组织建设、制度建设、会议组织、会员管理、职工活动组织、劳动模范评选表彰、工会经费收缴、使用与管理、劳动关系和劳动争议协调等。

11. 负责公司精神文明和企业文化建设。

12. 公司共青团、妇联、群众团体等相关工作。

13. 起草股东会、董事会、监事会、法律事务相关制度。审查公司拟签订的各类法律文件，协调法律服务机构提供法律咨询意见，协调处理日常法律纠纷。

14. 沟通协调公司与董事、监管部门、工商管理机构、投资人之间的相关事宜及事务处理。负责公司股东会、董事会、监事会会议召开组织与材料准备。

15. 完成领导交办的其他工作。

九、纪检监察室职责

1. 负责协助公司党委落实全面从严治党责任，严明党的纪律特别是政治纪律和政治规矩，推进党风廉政建设和反腐败工作；负责协助公司党委推进公司廉洁风险防控体系建设、提出纪检监察建议。

2. 贯彻执行集团公司党委、纪委和公司党委、纪委关于纪检监察工作的指示、决定。

3. 负责组织对各党支部遵守党章党规党纪、贯彻执行党的路线方针政策情况的监督；负责对各党支部履行职责、行使权力进行监督；负责对各部室人员依法履职、秉公用权、廉洁从政以及道德操守情况进行监督；开展党风廉政建设谈话提醒、约谈等。

4. 处理党员群众检举举报，集中管理问题线索；审查公司违纪违规案件；按照有关规定进行问责或提出党纪政纪责任追究建议；按照管理权限受理党员的控告和申诉；保障党员的权利。

5. 制定完善公司纪检监察工作规章制度；督促各部室建立健全权力运行制约监督机制。

6. 负责廉洁从业档案管理；负责纪检监察信访举报和问题线索的统计上报等工作。

7. 负责组织开展纪检监察工作创新。

8. 完成集团公司党委、纪委和公司党委、纪委交办的其他纪检监察任务。

十、现场指挥部职责（胶州指挥部、淄博指挥部）

1. 负责管段建设工程的现场组织和管理工作，协调处理现场工程建设中的有关问题，分专业及时解决职责范围内的问题，对重要问题及时上报公司。

2. 组织或参与公司组织的技术、施工方案审查会议，负责组织参建单位落实会议纪要。

3. 督促、落实公司下达的各施工标段月份、季度和年度施工计划。定期组织召开现场例会，及时掌握工程进展情况并分析总结，对存在的问题提出整改措施并组织落实。

4. 认真贯彻公司标准化管理要求，检查、督促现场相关参建各方开展标准化管理达标工作。

5. 监督设计、施工、监理、咨询、检测、测量评估、甲供物资供应等单位严格履行职责，参加公司组织的安全、质量、进度、文明施工、标准化管理等检查及考核工作，参加安全、质量事故或问题的调查处理。

6. 参与管段内变更设计管理，负责核实现场有关问题。

7. 会同公司相关部门协调管段沿线铁路、公路、市政、水利、电力等相关部门之间的关系，协助签订相关协议等。

8. 会同公司相关部门协调管段内沿线地（市）、县（区、市）人民政府的关系，推进征地、拆迁和迁改工作，督促相关单位（部门）认真、及时开展征地拆迁、迁改相关工作。

9. 负责按照铁路局及产权单位相关要求，做好营业线和邻近营业线施工的组织实施和现场管理工作，配合公司做好Ⅰ级施工的现场组织协调工作，负责Ⅱ级、Ⅲ级及邻近营业线施工的现场组织协调工作。

10. 组织或参与公司、铁路局组织的邻近营业线和营业线施工方案、施工过渡方案、安全措施、施工计划等审查会议，负责组织参建单位落实会议纪要，督促施工单位依据施工方案审查会议纪要，与设备管理单位和行车组织单位分别签订施工安全协议。

11. 负责组织上报营业线月度施工计划和邻近营业线施工安全监督计划，配合设备管理单位上报施工日计划，督促施工单位依据批准的施工计划组织现场施工。

12. 参加工程验收工作，协调管段内验收问题的整改落实。

13. 参加公司的相关会议，准备相应的资料，抓好会议精神的落实。

14. 组织或参与公司有关文电、会议材料的起草工作，负责以指挥部名义对外开展的公文、文档的收发、登记、催办、归档工作。负责本部门工程建设相关信息整理，及时反馈现场各类建设信息，重要信息随时上报。

15. 做好接待、会议、检查以及配合审计等工作。对指挥部办公、生活场所做好内部保卫和消防管理，维持正常的办公与生活秩序。加强指挥部内部人员、车辆管理，做好指挥部人员、各部门派驻人员的日常管理。

16. 建立突发事件应急处理机制，协助组织突发事件处理工作。

17. 完成领导交办的其他工作。

第三章　标准化管理

济青公司坚持“高标准起步、高效率推进、高质量达标”的管理理念，组织各参建单位以工程质量安全为核心，以机械化、工厂化、专业化、信息化为支撑手段，落实技术标准、管理标准、作业标准，建立“实施有依据、操作有程序、过程有控制、结果有考核”的标准化管理体系，全面实现了各项建设目标。

第一节　标准化管理体系总体构架

一、组织机构

为了更好地推进标准化管理工作，济青公司成立标准化管理领导小组，公司董事长、总经理任组长，公司副总经理、总工程师任副组长，各部室主要负责人担任组员。领导小组的职责如下。

1. 统筹公司各职能部门和各参建单位推进标准化管理的有关工作，宣贯标准化管理的意义和要求；

2. 根据标准化管理的有关要求，组织制定济青高铁标准化管理制度、办法，细化量化考核标准，完善检查、监督、考核、奖惩机制；

3. 动态掌控标准化管理中出现的问题并及时解决；

4. 及时总结经验和问题，推动标准化管理纵深发展。

领导小组下设办公室，办公室设在公司工程管理部和安全质量部，工程管理部部长兼任办公室主任，工程管理部和安全质量部各指定一名副部长兼任办公室副主任。办公室成员由工程管理部、安全质量部专业工程师组成。

各参建单位负责对济青公司标准化管理体系进行量化、细化，建立本单位的标准化管理体系，既保证管理界面的有效衔接，又充分发挥各自优势和创造性，实现管理体系协调统一运转。

二、各建设阶段标准化管理重点工作

为实现标准化管理的总体目标，济青公司在工程建设的不同阶段，重点实施了以下管理工作。

1. 在项目前期阶段，公司组织制定管理制度，制定标准，编写标准化管理文件；组织公司内部培训，提高公司员工对推进标准化管理的思想认识。

2. 在招投标中，在招标文件中明确提出实行标准化管理有关要求和投标单位相应的责任和义务。在与中标单位签订的合同中明确标准化管理的相关要求。

3. 在施工准备阶段，出台公司标准化管理办法，要求各参建单位提高标准化管理的宣传力度，树立“让标准成为习惯，让习惯符合标准，让结果达到标准”的理念；结合本单位承担工程项目的特点，编制标准化管理实施方案；认真落实管理制度和人员配备标准化，开展全员标准

化管理培训;树立样板项目部、样板监理站、样板试验室、样板拌和站、样板梁场、样板制枕场和样板钢筋加工场等标杆样板;在施工单位进场后 3 个月左右,组织召开第一次标准化管理现场会,推广创建样板单位的经验和做法,全线营造标准化管理的浓厚氛围,为在整个建设期间推行标准化管理打下厚实基础。

4. 在施工阶段,向各参建单位进一步宣贯标准化管理工作,重点讲清施工现场布置和过程控制标准化要求,确保每一个新开工工点按标准化要求进行施工作业控制,严格执行施工技术交底、安全专项交底、作业指导书以及作业要点卡片等控制制度;扎实推进"试验先行、样板引路、首件工程评估",鼓励施工单位创建第一段样板路基,第一个样板桥墩,第一段样板隧道等样板工程。开工半年左右,结合标准化管理达标检查,选择部分样板工程、样板场(站)召开第二次标准化管理现场会。此后,结合开展标准化管理创优检查,适时召开标准化管理推进会。

5. 在竣工验收阶段,重点检查施工资料与实体工程同步完成情况,检查河道清理、临时用地、复垦及绿化施工情况,组织各参建单位做好标准化管理工作总结。

第二节　管理制度标准化

在严格执行国家法律法规和强制性标准的基础上,济青公司系统性建立了目标明确、结构清晰、职责分明的项目管理制度,在建设过程中做到了实施有标准、操作有程序、过程有控制、结果有考核。

一、制定管理制度

1. 济青公司按照国家相关行业及项目所在地人民政府有关建设管理方面的法律、法规、规章、规范等,围绕实现建设管理目标,制定涵盖建设管理各阶段、各方面的制度和办法,对建设过程中的管理行为、作业行为进行约束。

2. 施工单位结合项目特点,按照济青公司标准化管理要求建立了全过程、全方位的施工现场管理、技术管理、质量管理、安全管理、物资管理等管理制度。在全面贯彻执行济青公司各项管理制度、办法的基础上,济青公司鼓励施工企业根据自己的技术和管理优势,制定更高标准的企业施工标准,在履行公司标准审批程序后允许实施。

3. 勘察设计单位按照现行铁路行业勘察设计管理办法和济青公司要求,完善项目管理制度,制定了配合施工管理实施办法、变更设计实施细则、配合人员责任和工作守则、配合施工考核办法等规章制度。

4. 监理单位按照监理规范、监理大纲和济青公司要求,制定了现场监理机构工作制度,明确了现场监理机构的工作内容、权限和岗位职责,规定了监理工作的详细程序,制定了相应的考核标准。

二、制定作业标准

作业标准主要包括施工作业指导书、施工技术交底和施工作业要点卡片、试验及测量作业标准、监理检查及审核作业标准等,由各参建单位根据各自工作实际进行编制。

1. 施工单位编制的作业指导书经监理单位审核后，发至作业人员执行。

2. 施工技术交底文档按照济青公司有关管理办法的规定，由施工单位进行编制，其后进行有针对性的逐级交底，做到人员全覆盖，交底有记录。

3. 施工作业要点卡片由施工单位编制，发至作业人员执行。

4. 对于无砟轨道等关键作业项目，由济青公司组织制定先进、通用的作业标准下发给各站前施工单位统一执行。

图 2-3-1 济青高铁建设管理制度标准化开展示意图。

第三节 人员配备标准化

人员配备标准化是标准化管理体系正常运转的基础和保证。人员配备标准化包括三项主要工作：一是明确岗位，二是明确数量，三是明确素质标准（资格、资历）。济青公司和参建各方根据各自管理范围和内容进行人员标准化配备，确保岗位设置满足管理需求，人员素质满足岗位要求。

一、济青公司

公司根据上级机构定员编制规定，按照专业化、职业化要求和精干高效原则，配备了具有一定铁路建设管理经验、有责任心、懂业务的建设管理人员，满足济青高铁工程建设管理需要。公司共有员工 74 人。按照职务层级划分，领导班子成员 9 人，中层人员 22 人，一般员工 43 人。按照部门归属划分，办公室 6 人，党群工作部 4 人，纪检监察室 3 人、计划合同部 6 人，财务部 4 人，工程管理部 16 人，安全质量部 5 人，征拆开发部 11 人，物资设备部 4 人，胶州指挥部 2 人，淄博指挥部 2 人。

二、勘察设计单位

设计单位按合同约定及时组建济青高铁勘察设计团队和现场设计配合机构，配足相应素质的现场配合人员，以及时解决现场的勘察设计问题。具体人员要求如下：

（一）主要管理人员资历要求

1. 项目负责人（指挥长），应具有高级职称，院副总工程师及以上职务，从事铁路设计工作 15 年及以上，担任过类似铁路工程项目负责人；

2. 项目技术总体（总工），应具有高级职称，从事铁路设计工作 15 年及以上，担任过类似铁路工程技术负责人。

（二）主要专业负责资历要求

工程设计各主要专业负责人，应具有高级职称，从事本专业设计工作不少于 8 年。

三、施工单位

施工单位按合同约定和标准化管理原则，根据工程规模、管理跨度、难易程度，选用“项目经理部—作业队”或“项目经理部—项目分部—作业队”管理模式。具体人员要求如下。

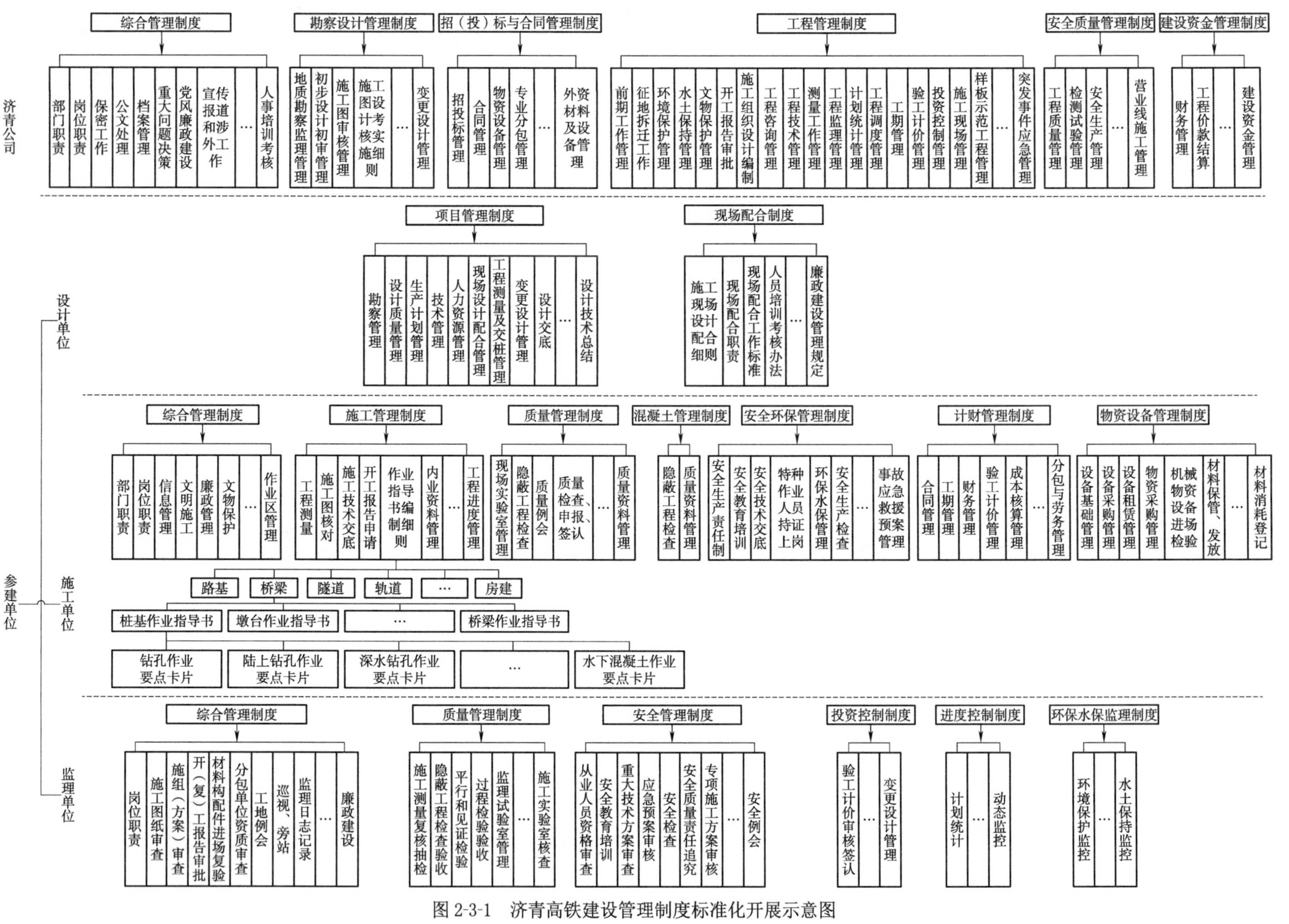

图 2-3-1　济青高铁建设管理制度标准化开展示意图

1. 项目经理：铁路专业一级注册建造师执业资格证书，高级工程师及以上、15 年以上铁路大中型或类似项目管理工作经验，现任副总经理及以上职务，具有有效的安全生产考核合格证书，5 年以上项目经理工作经验，担任过 1 项及以上已开通的 250 km/h 及以上无砟轨道铁路客运专线站前工程项目经理，具有良好的职业道德，且未在其他在建工程项目任职。

2. 总工程师：高级工程师及以上，从事铁路大中型或类似项目管理工作至少 15 年，主管项目技术工作 10 年以上，担任过 1 项及以上已开通的 250 km/h 及以上无砟轨道铁路客运专线总工程师，具有良好的职业道德，且未在其他在建工程项目任职。

3. 其他主要管理人员(专业技术)资历、资格要求见表 2-3-1。

表 2-3-1　站前施工主要专业人员数量表

人　　员	资历、资格要求	数量要求
项目副经理	铁路专业一级注册建造师执业资格证书，高级工程师及以上职称、10 年以上铁路大中型项目或类似项目管理工作经验，有良好的职业道德	3～4
安全总监	具有注册安全工程师执业资格证书，高级工程师及以上职称，省部级安全培训考试合格且无重大安全事故记录，8 年以上铁路大中型项目或类似项目相关工作经验，担任项目安全负责人 5 年以上，担任过 250 km/h 及以上铁路客运专线安全管理负责人，有良好的职业道德	1
财务负责人	具有会计从业资格、高级会计师职称，5 年以上铁路大中型项目或类似项目财务管理工作经验，负责财务工作 3 年以上	1
质量负责人	高级工程师及以上职称，8 年以上铁路大中型项目或类似项目相关工作经验，担任项目质量负责人 5 年以上	1
试验负责人	具有国家规定试验资格，高级工程师及以上职称，8 年以上铁路大中型项目或类似项目相关工作经验，担任项目试验负责 5 年以上	1
环水保负责人	中级工程师及以上职称，5 年以上铁路大中型项目或类似项目相关工作经验，从事环、水保管理工作 3 年以上	1
征拆负责人	中级工程师及以上职称，8 年以上铁路大中型项目相关工作经验，从事征地拆迁工作 5 年以上	1
物资设备负责人	中级工程师或中级经济师及以上职称，8 年以上铁路大中型项目或类似项目相关工作经验，担任铁路大中型项目物资设备负责人 5 年以上	1

四、监理单位

监理单位应按“监理站—监理组”管理模式组建现场监理机构，配备具有良好职业道德、专业技术水平、组织协调能力以及现场问题独立解决能力的专业监理工程师及其他监理人员；按监理规范和监理合同要求配备必要的设备、设施，具体人员要求如下。

(一)人员资历、资格要求

1. 总监理工程师：年龄不超过 55 岁，高级及以上技术职称，依法在本单位注册的注册监理工程师，且经过铁路总公司有关部门组织的总监理工程师岗前培训并取得培训合格证书。有 10 年以上类似工程监理经历，3 年以上总监职务，并担任过铁路客运专线 2 年以上副总监及以上职务，且为长期合同制（合同期不少于 8 年）员工，在本监理单位服务 2 年以上、合同终止期不早于本工程监理合同终止期，具有较高的技术水平和较强的组织管理能力。

2. 专业监理工程师：中级及以上技术职称，依法注册监理工程师，且有 3 年及以上监理工作经历，具有相应专业的监理工作经历，满足专业岗位要求，至少 60%的人员从事过铁路客运专线施工监理工作。

3. 监理员：初级以上技术职称，经监理上岗培训合格，且具有相关专业基础，有 3 年以上监理工作经验。

（二）主要管理人员和专业人员数量要求

1. 监理站设置总监 1 人；副总监不少于 2 人（其中分管质量、安全各 1 人），试验、测量、环水保专业工程师各 1 人，信息资料员 1 人。

2. 每个监理组设组长 1 人；信息资料员 1 人，按规定配足监理人员。

3. 监理人员中，专业监理工程师不少于现场监理总数的 60%，具有高级工程师技术职称人员不少于现场监理总数的 20%，监理员不超过现场监理总数的 40%，并且现场监理人员年龄不得大于 65 岁，其中 60～65 岁监理人员数量不超过现场监理人员总数的 10%，且身体健康能胜任现场工作。

4. 在施工过程中，现场监理人员配置还满足以下要求：桥梁不少于 1 人/km（营业线、上跨桥等重点部位适当增加人员）；路基不少于 1.5 人/km（桩基、过渡段、站场施工时应适当增加人员）；每个预制梁场不少于 2 人；每个混凝土拌和站试验监理不少于 1 人；隧道每个掌子面不少于 3 人；铺轨基地不少于 2 人。每个监理组安全工程师不少于 1 人。

图 2-3-2 为济青高铁建设人员配备标准化开展示意图。

第四节　现场管理标准化

施工现场管理标准化就是在工程施工和临时设施建设过程中，认真落实国家相关职能机构和铁路行业关于安全生产、文明施工、环保水保、节能降耗等方面的规定和要求，保证施工现场井然有序，施工结束工完料净。在现场管理标准化方面，济青高铁重点做了以下工作。

一、制定施工现场管理制度

济青公司根据国家相关职能机构、铁路行业以及地方人民政府对建筑工程施工现场（工地）的有关要求，制定了施工现场管理制度，包括现场布置和临时设施建设管理办法、文明施工管理办法、施工安全管理办法、节约能源管理办法、环境保护和水土保持管理办法等，明确针对各项管理工作提出了具体要求。

二、统筹全线工地现场布局和临时设施建设

济青公司要求各参建单位施工现场布设都必须满足以下基本要求。

1. 应遵循统筹规划、永临结合、少占耕地、节约成本的原则，以降低临时设施建造费用。

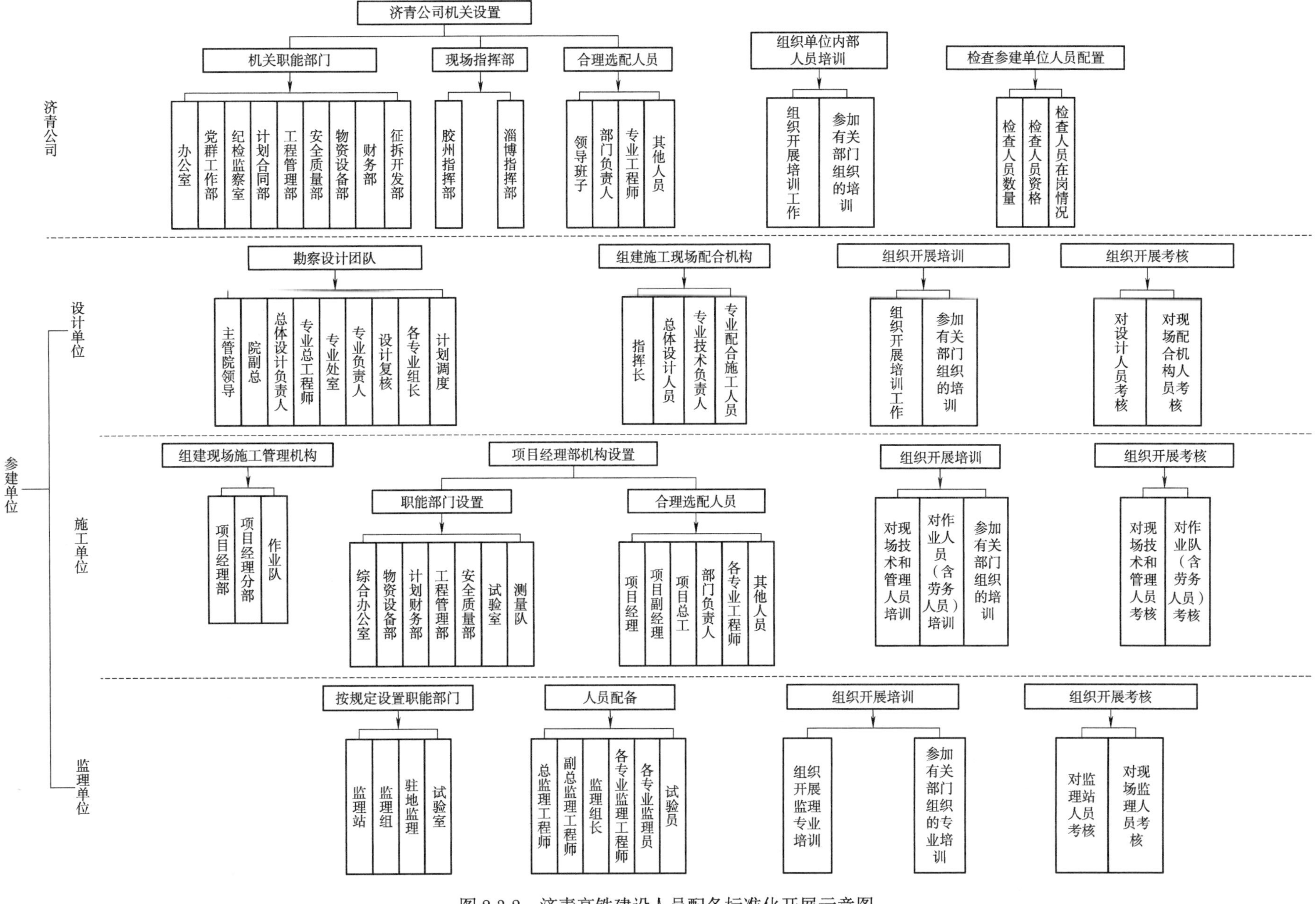

图 2-3-2　济青高铁建设人员配备标准化开展示意图

2. 施工现场要按照生产区、辅助生产区、办公生活区三个功能区分开布设。生产区应按照工序有效衔接、布局紧凑的原则布置；辅助生产区应邻近生产区布置；办公生活区应与生产区和辅助生产区分开设置，并采取隔离措施。平面布置应保证各项管理和施工活动互不干扰。

3. 各项临时设施要避免受洪水、泥石流、落石等自然灾害威胁，统筹现场水、电、道路及各种管线规划，设置畅通的排水设施；施工场地食堂和卫生设施应设在不受施工影响且易保持环境卫生的地点，满足职业健康、安全、环水保、消防、防爆、防自然灾害等要求。

4. 施工道路要尽量利用既有道路，并与现场仓库、料场等设施位置相协调；仓库宜利用既有闲置库房，并应满足消防要求。

三、做好现场安全生产

济青公司督促各参建单位始终把安全生产工作放在一切工作的首位，重点做好了以下9项现场安全管控工作。

1. 建立健全安全生产管理制度，设立各级安全生产管理机构，将各项安全责任落实到人，落实《铁路工程施工安全技术规程》(TB 10301—2003～TB 10306—2003)的要求。

2. 按照铁路工程建设安全生产管理规定，对所有工程项目实施安全风险管理，开展风险评估，制定切实可行的安全防范措施。

3. 按照应急管理的要求，建立应急管理制度，成立应急管理组织机构，明确人员职责，根据现场可能发生的紧急情况，编制应急预案，备足应急物资，施工前做好演练。

4. 始终保持现场施工机械设备安全可靠、运转正常，严禁带病作业，定期对机械设备进行维修、保养、清洗；特种设备经当地特种设备检验检测机构检测合格后使用；吊装作业遵守《起重机械安全规程》(GB 6067—2014)的规定。

5. 营业线施工严格执行铁路局有关安全管理的规定，严格根据批准的施工方案，落实施工安全措施，杜绝无计划施工(黑施工)。

6. 施工现场采用封闭式管理，大门出入口设置门卫。施工现场配备紧急医疗处理药品器材和必要的消防设施等。各类临时设施都符合《建筑工程施工现场消防安全技术规程》(GB 50720—2011)中临时用房防火的规定，并按照规定加设防雷设施。

7. 施工现场临时用电符合《施工现场临时用电安全技术规程》(JBJ 64—2005)的规定，并做到“三级配电、二级保护”和“一机一箱一闸一漏一锁”；临时用电定期检查，及时消除安全隐患。

8. 爆破作业前向所在地有关部门办理批准手续，由具备相应爆破资质的专业机构实施爆破作业，并采取相应的防护措施。

9. 在全面防范各类安全事故的同时，重点做好工程施工触电、坍塌、高处坠落、物体打击、机械伤害、火灾爆炸、场(厂)内专用机动车辆等七类常见事故的防范工作。

四、做好现场文明施工

文明施工是建设和施工单位在国家文明进步中应该担起的责任，济青公司敦促施工、监理单位重点做好了以下8项工作。

1. 施工现场采用封闭式管理，对于邻近城区、乡镇、人口密集区的施工工点采用砖砌围墙、隔板、栅栏等方式封闭，对于行人经常通行的一面，对墙面进行适当美化，在大门或醒目地方悬挂单位或工地铭牌。

2. 各种办公生活房舍干净、卫生、整齐划一，办公和生活用房配备通风、照明、保暖、隔热、降温设施。生活区内适当配备了员工休闲、娱乐设施。食堂及餐厅保持干净、卫生状态，餐厅面积满足职工就餐要求，餐具定期消毒。工地厕所全部为水冲厕所，并适当装修粉刷，设有洗手池，做好除蝇除臭；冬季配有取暖设施。

3. 办公区、生活区、主要道路、室内（含生活、生产、库房）地面、材料贮存区域、加工和预制场地面均进行硬化。保持环境卫生良好，施工现场垃圾、废物设专门堆放场地，定期处理。工地适度绿化，在办公区、生活区空地处栽植一些经济、耐候、绿化效果明显的乔木、灌木、花草，并设专人负责花草树木的绿化管理工作。生活污水处理达标后排放。

4. 工地显著位置设置"五牌一图"：工程概况牌、管理人员名单及监督电话牌、消防保卫制度牌、安全生产制度牌、文明和环保制度牌和施工总平面图布置图，牌、图规格、制作及安装符合《铁路建设现场安全文明标志》规定。施工现场按照《工作场所职业病危害警示标识》（GBZ 158）设置禁止标识、警告标识、指令标识、提示标识，并配以警示语句。岗位职责、主要管理制度、图表上墙，上墙文字图表统一规划，美观大方。

5. 施工便道采用泥结碎石路面，两侧（或一侧）设置排水沟，急弯陡坡地段设置安全护栏和醒目的安全警示标识，有通行限高的处所设置限高标志。施工便道设专人养护，做到雨天道路无积水，晴天洒水无扬尘。

6. 物料堆放整齐，施工现场材料、半成品和成品要分区贮存，堆码整齐，标识明显，标牌规格统一，一般存放在棚内。料棚结构统一、美观、牢固、安全。非料棚存放的物资采取"下垫上盖"措施。各类机械设备分区停放，摆放整齐。

7. 施工现场钻孔桩泥浆池、污水处理池、临时排水沉淀池等周边做好防护栏和设置警示标牌，施工产生的污水达到排放标准后，方可向外部排出。

8. 着装整齐划一，施工、监理单位统一着装，服装有单位标志，着装的颜色按管理人员、作业人员区分。统一安全帽颜色，安全帽上标有单位名称。管理人员和施工人员工作期间佩戴上岗证，上岗证内容包括单位名称、姓名、职务（岗位）、编号、照片，并加盖单位公章。

五、组织开展创建安全文明标准化工地活动

济青公司鼓励并组织施工单位参加由国家建筑业协会在全国范围内组织开展的"创建安全文明标准化工地"活动。通过活动开展，加强了现场安全生产管控，减少了安全质量事故的发生，文明施工水平得到了较大提升。

六、做好工程完工后土地复垦工作

工程完工后，济青公司及时组织施工单位按照批准的复垦方案自行完成或委托当地有资质的单位完成土地复垦，复垦完成后向当地人民政府土地管理部门申请复垦验收。

图 2-3-3 为济青高铁建设现场管理标准化开展示意图。

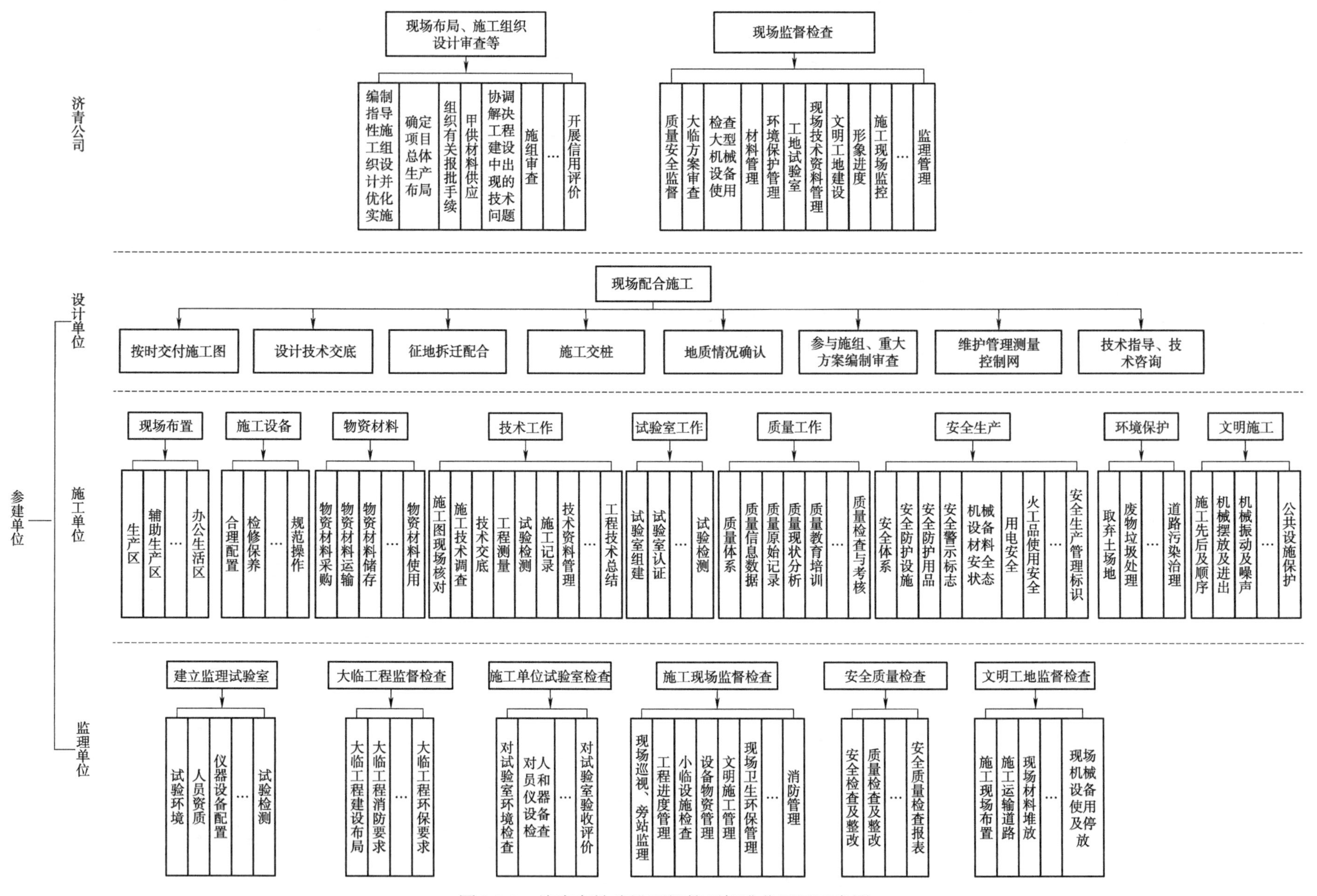

图 2-3-3　济青高铁建设现场管理标准化开展示意图

第五节　过程控制标准化

铁路工程施工过程控制标准化就是建立全过程的管理流程、作业流程，明确流程中各项工作（工序）所采用的标准，然后将标准落实到各项工作（工序）之中，保证每一项工作（工序）的质量达到规定标准，实现施工全过程的有效控制，最终实现铁路建设产品安全、优质。过程控制包括两方面，一是管理的过程控制，二是施工作业的过程控制。对于施工作业的过程控制，济青公司高铁重点做了以下工作。

一、组织编制工序作业指导书

按照《铁路建设项目施工作业指导书编制办法》（铁总建设〔2015〕188 号）要求，济青公司要求所有新开工建设的分部、分项工程，必须结合工程特点和现场实际情况，针对特殊过程、关键工序、新工艺、新工法、新材料的应用编制作业指导书。作业指导书要明确作业准备工作内容及要求、施工程序和作业流程、应达到的技术指标（技术标准）、分解说明作业方法、需要采取的措施及需要控制的项目和参数，明确劳动力组织和机械设备配置情况，明确作业项目的质量标准、控制要点、检验方法、验收程序及指标，明确施工安全方面的注意事项和卡控措施，明确文明施工要求和卡控要点，明确环水保措施和卡控要点。施工单位作业指导书编制完成后，报监理单位审核批准后执行。

二、强力推动执行作业指导书的执行

一丝不苟地将作业指导书落实到施工中，是过程控制标准化最重要、最困难的环节，济青公司在这方面加大了督导力度。一是组织施工单位将作业指导书向全体作业人员按照不同工作岗位、不同工种分别进行交底，并组织考试，考试合格方可上岗作业；二是要求每个作业工点由领工员、技术人员带班指导，及时纠正作业错误；三是加大现场检查处罚力度，济青公司组织的各种现场检查都把作业指导书的贯彻执行情况作为重要内容，检查人员手持作业指导书与现场作业实际情况对照，凡是不相符的，严格按照有关办法进行处罚；四是组织优秀工点现场观摩，通过观摩，推广优秀工点的经验做法，达到“样板引领”作用。

三、强化质量源头控制

济青公司要求施工和监理单位把好质量源头“四关”，即图纸关、工艺关、材料进场关、工序检查关。

1. 严把图纸关，施工、监理单位在施工前都进行了施工图现场核对，通过核对，消除差、错、漏、碰，未经核对的施工图不得用于施工。

2. 严把工艺关，对于关键工序、“四新”技术应用项目、质量通病作业项目和设计文件有特殊要求项目，组织施工单位认真进行工艺试验，通过试验，固化工艺流程和标准要求。

3. 严把材料进场关，济青公司对于铁路总公司明确的甲供物资严格实行市场准入制度；对水泥、钢材、外加剂、火工品等施工单位自购物资，列入重点监管范围，实行联合采购、驻场（厂）监造等制度；对砂、碎石等地材，要求施工、监理单位强化进场质量检验，杜绝不合格材料

进入工地。

4. 严把工序检查关，济青公司督促施工单位严格执行工程质量“三检”制度（自检、互检、交接检）。督促监理单位严格现场质量、安全把控，强化关键工序旁站监理，强化工序质量检查验收，杜绝上道工序不合格进入下道工序。

四、强化过程检测试验工作

济青公司高度重视施工、监理工地试验室建设，要求试验室人员、仪器设备配置必须满足现场检测试验需要，试验项目和检测频次满足验标和试验规程的要求；监理单位按照规定比例开展见证试验和平行检验。桥梁钻孔桩、路基CFG桩、隧道二次衬砌厚度等检测项目，委托有相应资质的第三方单位进行检测。

图2-3-4为济青高铁建设过程控制标准化开展示意图。

第六节　实名制管理标准化

为强化济青高铁工程现场施工和质量管控水平，公司邀请省内一流的科研院校山东大学，历时近一年，共同研发了适用于铁路工程建设管理的“建设实名制管理信息系统”，创造性地将信息技术、物联网、“互联网＋”与工程施工管理连接到一起，探索出一套信息化条件下的基于人员实名的工程管理方法。

一、人员实名注册

要求参与济青高铁工程施工的所有参建管理、施工人员使用身份证和指纹实名注册，构筑实名施工的信用保障。自人员实名注册制度施行后，项目参建单位和人员的实名注册数量累计近2万人，施工、监理单位人员实名率接近90％。

二、工序实名确认

在实体工程每道工序结束时，要求参与施工的施工、监理人员通过专用指纹平板完成指纹工序确认，以实现实体工程的质量追溯目标。桥梁（含连续梁）、隧道、制架梁、轨道板工程中累计确认工序近30万人次。

三、实体工程信息查询

在桥墩、隧道、路基、梁体以及接触网立柱等部位张贴带有二维码的施工标识，通过App扫一扫，将工程概况、质量责任信息、实名施工信息等有用信息通过简单便捷的途径分级反馈给社会大众和参建人员。全线8 600余座桥墩均张贴标识。

四、大数据管理

建立实名人员“大数据平台”，制定统一的实名信息数据调用接口，向各单位、各部门、各专业定向开放实名信息调用权限。实名信息均在进场人员身份甄别、人员应聘实名履历、上岗考试考务管理中发挥了积极作用。

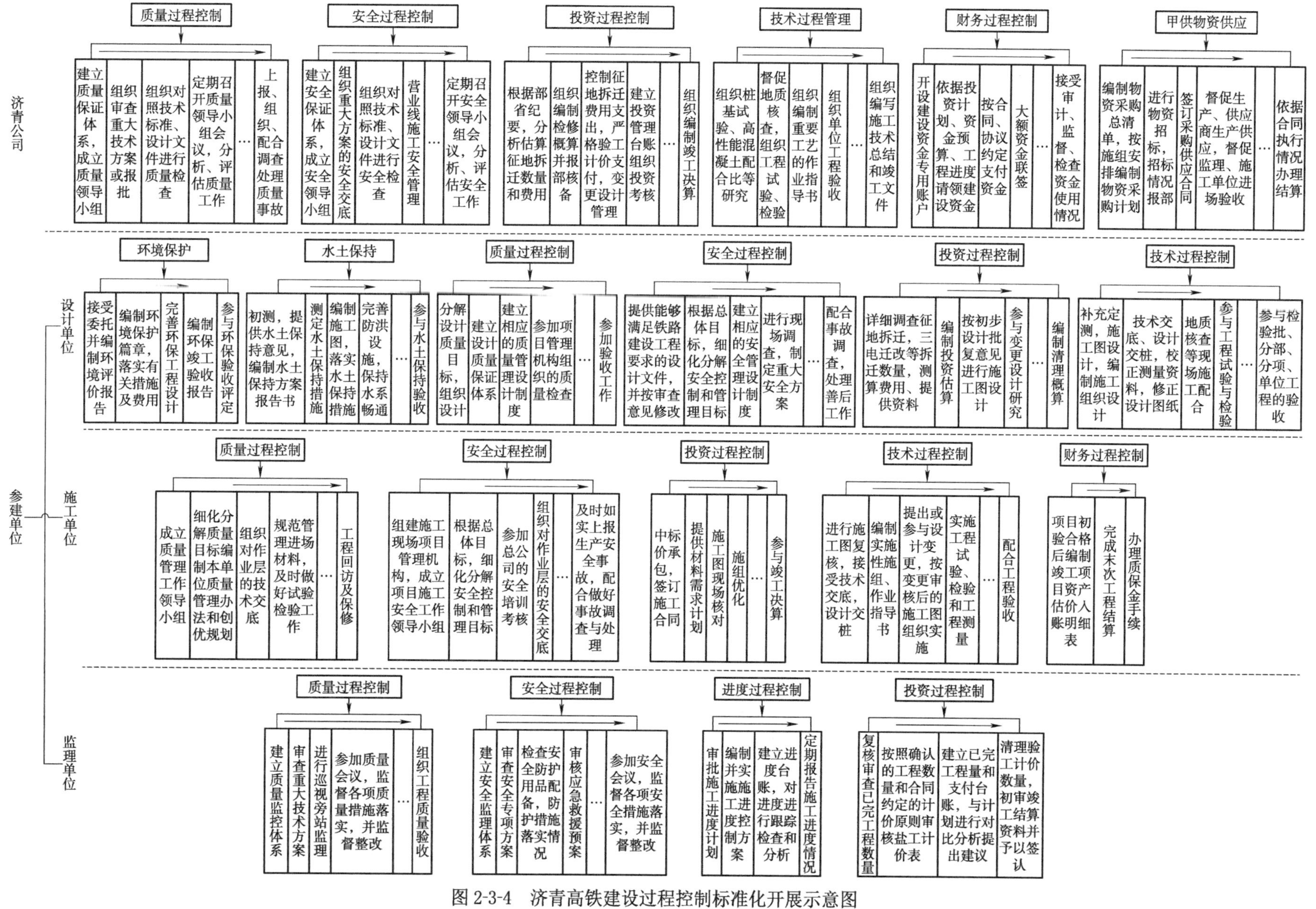

图 2-3-4 济青高铁建设过程控制标准化开展示意图

第七节　标准化管理绩效考评

标准化管理绩效考评包括标准化管理达标考评和标准化管理创优考评，其目的是通过定期考评推进标准化管理工作在项目建设全过程始终如一地贯彻执行。济青公司在标准化管理绩效考评方面主要开展了以下工作。

一、制定标准化管理绩效考评管理办法

济青公司在项目开工前依据《中国铁路总公司关于印发〈铁路建设项目标准化管理绩效考评实施办法〉的通知》（铁总建设〔2014〕280 号）要求，结合本建设项目实际情况，制定了建设项目"标准化管理绩效考评管理办法"，办法明确了考评组织、考评内容、考评程序及方法、考评标准、考评时间、结果的认定以及考评结果的应用。对考核内容进行了细化，制定了菜单式、表格化的考评打分表。

二、宣贯标准化管理绩效考评管理办法

通过宣贯使所有参建单位熟悉掌握考评办法的内容，明确考评工作的目的意义，提高了各参建单位参加活动的自觉性、主动性。

三、组织各参建单位制定标准化管理绩效考评实施办法

组织各设计、施工、监理单位，依据公司考评办法，结合本单位实际情况，制定了本单位的实施办法，将济青公司各项考评要求落实到具体单位、部门和对应人员。

四、组织启动标准化管理绩效考评活动

为使活动迅速在全线有序开展，济青公司在活动伊始组织召开活动启动会（动员会），由公司主要领导亲自进行动员，要求参建单位项目部、项目分部领导和有关人员均需参加，并邀请参建单位集团公司领导参与，营造活动的隆重气氛。

五、组织标准化管理达标考评（以下简称为达标考评）

参建单位进场半年内，济青公司考评领导小组组织对所有设计、施工、监理单位进行达标考评，达标考评严格对照考评办法附表（施工项目部标准化管理达标考评表、监理项目部标准化管理达标考评表、设计项目部标准化管理达标考评表）进行打分计分，具体按照以下步骤进行。

1. 达标考评分工，由领导小组组长或副组长带队，按照检查内容分成若干专业小组，指定小组负责人，明确考评分工。

2. 现场检查和内业检查，各考评专业小组对现场和内业资料进行检查，检查采用随机抽取的方法，现场检查发现问题及时形成"考评问题记录"，并经被检单位陪同人员签认。

3. 讨论形成考评结果，现场检查完成后，首先由各专业小组进行讨论，形成小组意见，然后由小组负责人向考评组汇报检查情况，提出考评意见和打分意见，并由考评组集体讨论，形

成考评结果。

4. 反馈考评意见和结果，考评组向被检单位反馈检查发现的问题，提出整改要求，同时反馈考评结果（打分情况）。

5. 制定整改措施，各参建单位根据考评组提出的问题和整改要求，制定整改措施和整改计划，明确责任单位（部门）、责任人、完成时间，报济青公司考评组办公室备查。

6. 考评结果公示，济青公司将考评结果在内部网上进行公示，公示期间公司纪检监察室接受相关各方投诉，考评结果公示结束后，以公司文件的形式公布施工、监理、设计单位考评结果。

六、组织标准化管理创优考评（以下简称为创优考评）

参建单位达标考评通过后，下一个半年考核期即进行创优考评。创优考评由济青公司考评领导小组组织，对通过达标考评的设计、施工、监理单位进行创优考评，创优考评具体步骤与达标考评相同。

七、运用达标和创优考评结果

根据《铁路建设项目标准化管理绩效考评实施办法》（铁总建设〔2014〕280 号）规定，济青公司对达标、创优考评结果运用如下。

1. 对于通过达标考评合格的施工、监理、勘察设计单位分别在当期信用评价和施工图考核中加 5 分。对于没有通过达标考评的单位，信用评价不加分，下一考核期继续进行达标考评。对没有通过达标考评的单位和项目负责人给予全线通报批评，对于连续两个考评期没有通过达标考核的单位，给予经济处罚，并建议施工单位将项目负责人调离或撤换。

2. 创优考评得分在 85 分（含）以上者为优秀等次，授予其年度标准化施工项目部、标准化监理项目部、标准化设计项目部称号；在当期信用评价和施工图考核中加 10 分。创优考评得分在 60 分（不含）以下者为不合格等次，下一评价期需重新开展达标考评，考评合格后方可进行创优考评；对于重新进行达标考评合格的，信用评价不加分。

八、建设全过程持续进行标准化管理考评工作

济青公司按照“先达标、后创优”的原则，在整个建设过程中始终持续开展考评工作，一直到工程完工为止，确保了标准化管理体系在整个建设期均能有效、正常运转。

第四章　设计管理

第一节　预可研与可研阶段

在项目预可研与可研阶段，济青公司积极推进规划选址、社会稳定评估、地质灾害评估、环境影响评价、水土保持方案、地震安全性评价、文物调查等前期工作。同时，针对地方人民政府非常关注的车站设置方案问题，组织设计单位一同听取地方人民政府对线路和车站设置方案的意见，其间重点协调组织了引入济南枢纽方案、邹平境内线站位方案、潍坊境内线站位方案、引入青岛枢纽方案等方案的研究，快速稳定了线站位方案，使得济青高铁建设项目预可研、可研顺利取得了国家发改委的批复。主要时间节点如下：

2014 年 4 月 28 日，国家发改委正式批复了《环渤海地区山东半岛城市群城际铁路规划(2011—2020 年)(调整)方案》，济青高铁正式纳入规划。

2014 年 4 月，铁路总公司和山东省人民政府联合报送了新建济南至青岛高速铁路项目建议书，2014 年 6 月 10 日，国家发改委以发改基础〔2014〕1247 号文批复了济青高铁项目建议书。

2014 年 1 月至 4 月，济青公司组织铁三院完成了现场初测工作，并于 2014 年 7 月完成可行性研究文件(送审稿)的编制。7 月 28 日至 8 月 1 日，山东省和铁路总公司在济南市对可行性研究文件(送审稿)进行了审查。

2014 年 8 月至 11 月，山东省人民政府、铁路总公司多次组织对可行性研究文件(送审稿)进行研究，铁三院对可行性研究文件进行了修编。2014 年 11 月，铁路总公司和山东省人民政府联合向国家发改委报送《新建济南至青岛高速铁路可行性研究报告》。

2014 年 11 月 19 日至 22 日，国家发改委委托中咨公司对《新建济南至青岛高速铁路可行性研究报告》进行了评估。2014 年 12 月，根据中咨公司评估意见，铁三院编报了《新建济南至青岛高速铁路可行性研究报告补充材料》。

2015 年 1 月 12 日，国家发改委印发了《国家发改委关于新建济南至青岛高速铁路可行性研究报告的批复》(发改基础〔2015〕51 号)。

第二节　初步设计阶段

初步设计阶段是设计工作的重要环节，是贯彻落实可行性研究批复意见、解决相关外部环境问题的重要过程。济青公司主动作为，及时解决勘察设计过程中的有关问题，同步推进设计咨询工作。

一、重点组织研究的设计问题

(一)主要技术标准

济青公司组织勘察设计单位根据沿线控制因素，考虑线路引入济南枢纽、青岛枢纽的综合影响，结合行车检算，合理选择适宜的速度目标值，相关专业按照不同的速度目标值区段选择对应的技术标准和设计规范，保证了设计工作统一、协调。

(二)土石方调配及取弃土(渣)场设计

济青公司组织勘察设计单位对移挖作填地段的土质作出评定，并对隧道弃渣可否作为骨料、填料进行分析，根据环评要求，合理布置取弃土场，并组织设计单位与地方人民政府签订取弃土场协议。

(三)地下管线迁改设计

济青公司组织设计对沿线地下管线资料进行系统梳理，对于主要干线管道和军用光缆，原则上按照跨越设计；对于其他地下光、电缆也尽可能调整跨度进行跨越，不能躲避的进行迁改。

(四)全线绿化及工点的景观设计

济青公司组织设计单位研究了全线绿化方案，确定了桥梁、路基、隧道区段的绿化设计原则，根据铁路总公司关于发布《铁路工程绿色通道建设指南》(铁总建设〔2013〕94 号)的要求，加强了站区及独立院落的绿化设计。

(五)涵洞及改移道路、沟渠设计

济青公司组织设计对沿线立交、排洪涵洞进行系统梳理，结合改移道路及沟渠设计，合理布设涵洞，尽量合并设置，减少过渡段。

(六)排水系统设计

济青公司对排水系统设计提出了“水路畅、能力足、利水保、利农业”的要求，组织设计单位的线路、站场、路基、桥梁、隧道、给排水、房建、“四电”等专业均参与排水系统研究，共同会审排水系统设计方案，共同会签排水系统设计图，保证排水系统设计的适宜性、完整性、可靠性和经济合理性。

二、优化设计

在济青高铁前期设计阶段，济青公司组织设计单位对设计方案进行了优化，节约工程投资约 6 亿元，缩短施工工期约半年。

(一)优化线路方案

1. 邹平境内线路方案优化

在邹平境内结合邹平城市总体规划、既有城市工矿企业布局、饮用水水源保护区以及沿线拆迁情况等控制因素，分别研究了穿越规划区的中线方案、北绕规划区方案以及南绕规划区方案。经综合分析采用南绕规划区方案，绕避了规划区及水源保护区，对城市规划影响小，符合地方意见。

2. 淄博至青州段线路方案优化

淄博至青州段线路方案影响因素主要有煤矿铁矿采空区、齐国古城等文物保护区，结合矿区分布、地质条件等因素研究了沿高速公路穿越矿区方案和北绕矿区方案。北绕矿区方案线路虽展长约 4.4 km，但绕避了采空区，降低了工程安全隐患，避免了高层小区的拆迁，符合地方意见，研究采用北绕矿区方案。

3. 淄博站点方案优化

针对淄博市城市布局，研究了济青高速公路南设站和高速公路以北设站方案。根据高新区和桓台县的总体规划与村镇、企业分布情况，高速公路以北设站重点研究了巨明路北方案和沿丁庄路方案。经过综合比选，沿丁庄路方案符合地方规划，且站位距主城区较近，符合地方意见。

4. 潍坊站点方案优化

结合城市总体规划、社会经济发展现状、综合交通规划、旅客出行便利条件，研究了食品谷北设站、沿济青高速公路北设站方案、沿北外环南设站方案以及北外环北侧方案。经比选研究，北外环北侧方案车站位于寒亭区，符合城市总体发展方向；车站周边地势较开阔，有利于综合开发；周边道路交通方便，利于旅客出行；避免了重大企业的拆迁。

5. 潍坊至青岛段方案优化

根据区域综合交通布局、山东半岛城际路网规划、既有铁路分布、区域经济发展规划，以及潍坊、青岛两市人民政府意见等，研究了经高密和经平度方案。经过方案比选、优化，选择经高密线路方案，较经平度方案线路长度短 15.5 km，工程投资少约 18.5 亿元，列车运行时分减少 3 min。

(二)优化枢纽方案

济青高铁可研阶段济青高铁正线 308 km，联络线长度约 94 km。铁路总公司鉴定中心在评审过程中提出，济青高铁联络线设置过多，联络线设置需考虑工程投资因素，无需做到线线联通。根据鉴定中心意见，济青公司组织设计单位对两端枢纽方案进行多次优化调整，如胶州北站，取消了原设计的济青胶济联络线、胶济场和济青场的平行进路联络线等，大大缩短了联络线长度，简化了车站布置，降低工程投资约 8.0 亿元。初步设计鉴修上报的联络线总长减少至 58 km，较初步设计减少了 38%。

(三)优化青岛新机场站设计方案

济青高铁下穿拟建青岛国际机场，设机场地下站与机场、地铁、快速路衔接。在可研审批、初步设计阶段，国家发改委、铁路总公司及中咨公司均对该站 2 台 6 线方案提出了意见和建议。济青公司对此高度重视，组织相关人员对中川机场、天河机场、首都新机场等同类车站进行了深入研究，并形成汇报材料向省发改委进行了专题汇报。济青公司委托中咨公司对青岛机场站进行专题技术评估，评估认为机场站 2 台 4 线方案可以满足远期运输需求，建议采用 2 台 4 线方案。对此方案济青公司又征求了铁路总公司和济南局意见，最终确定机场站采用 2 台 4 线方案，投资较 2 台 6 线方案减少 7.76 亿元。

(四)优化涉路、涉河桥梁孔跨

济青高铁涉河、涉路桥梁孔跨多达 60 处，既要控制投资又要满足交通和防洪评价要求，在设计中采取了以下措施。

1. 减小涉路桥梁孔跨

在初步设计评审过程中，铁路总公司鉴定中心对跨越青银高速公路 166 m 钢拱桥设计方案提出了意见，由于曲线桥无法设置钢轨伸缩调节器，采用 166 m 跨度将对后期养护维修带来较大影响，同时大跨度钢拱桥的施工将制约本项目施工工期，建议尽量缩小孔跨或采用其他特殊结构。为了进一步优化方案，济青公司邀请省内外铁路、公路桥梁专家进行商讨，优化为 144 m 提篮拱的设计方案，该方案无需设置伸缩调节器，施工工艺较为成熟，对公路、铁路的影响可以降到最低，工程投资较原 166 m 方案节省约 1.0 亿元，施工工期较原方案可缩短半年。

2. 减小涉河桥梁孔跨

济青高铁全线跨越52条河流，济青公司对全线影响较大的河流逐一进行了现场勘察，并与各地市河道主管部门一一进行了对接，对原方案根据现场实际和调查结果进行优化，形成初步意见后发函报省水利厅。经河道主管部门同意，跨越弥河由初步设计140 m钢梁方案优化为80 m连续梁方案，将跨越大沽河、潍河、淄河的40 m、50 m跨度简支梁方案优化为32 m简支梁方案。节省了工程投资，缩短了施工工期，降低了施工难度。

三、做好各项协议签订工作

济青高铁全线县乡道路及生产路涉及的产权单位共76个，涉及沿线地市交通局、规划局、水利局、街道办、乡镇等多个部门。济青公司按行程区域分三个小组，带领设计院分头与各产权部门联系，现场对道路逐条进行对接，根据对接结果调整设计方案，除6处立交协议受地方规划制约无法立即签署外，其他均在初步设计阶段与各产权单位签了立交协议。同时，三个区域小组与乡镇人民政府积极联系，寻找土源，经过多方努力，与沿线乡镇签订了81处取、弃土场协议，为后续初步设计、施工图设计创造了良好条件。

第三节 施工图设计与工程实施阶段

一、设计计划编制与进度控制

在济青公司的组织下，设计单位编制了济青高铁项目施工图供图计划，经咨询单位审核，由济青公司批准实施。设计单位定期向济青公司报告计划执行情况，济青公司周交班例会要求设计和设计咨询单位参加，对每周的设计工作进展情况进行调度，将各专业实际设计进度与计划进度进行对比分析，提出需要公司协调解决的问题。济青公司对设计单位提出的问题及时组织分析研究，提出解决方案，确保施工图设计进度满足现场施工要求。

二、做好地质补勘工作

施工单位快速进场后，面临的最大问题是图纸问题。由于沿线地区经济较为发达，民房、企业、养殖场、蔬菜大棚、果园、苗圃、经济林等在初步设计阶段无法进场勘探，全线遗留钻孔1 690孔，部分标段出现有地无图的现象。为此，济青公司先后组织召开了三次遗留地勘工作推进会，施工单位和设计院各负其责，施工单位负责提供钻机进场条件，安排专人负责地勘协调工作，设计单位配备足够的钻机，及时进场钻探。对影响工期的大跨连续梁补勘工作，要求施工单位想方设法提供进场条件，工程部专人负责督办，对不能按节点时间完成的加大考核力度，通过每周对设计和施工单位的考核，加快了补勘工作进度，两个月完成了大部分连续梁的补勘工作，稳定了桩基设计方案，为全面进地施工创造了条件。

三、认真做好施工图审核工作

根据《建设工程勘察设计管理条例》(国务院令第293号)及铁路总公司有关要求，济青公司通过招标选择具有铁路设计甲级资质的铁道第四勘察设计院(简称为铁四院)作为济青高铁施工图审核单位。铁四院按照《铁路建设项目施工图审核报告编制大纲》(工管施审函〔2014〕

240号)要求,编写了施工图审核大纲,报济青公司审定后作为施工图审核的纲领性文件。

1. 认真做好现场核对工作。在审核线路平纵断面之前,济青公司组织铁四院进行了第一阶段现场核对,主要是核对“三电”迁改的位置、数量以及重点工程、大型临时工程设计方案的可实施性;在审核专业设计文件前,组织铁四院进行了第二阶段现场核对,对本项目各工点逐一进行核对,核对各工点位置、数量、规模、功能及周边环境与设计内容的一致性以及设计工程地质与现场地质的一致性,并逐工点收集与审核工作有关的资料。

2. 按照规定程序开展审核工作。济青公司组织铁四院严格按照《铁路建设项目施工图审核管理办法》(铁建设〔2014〕299号)规定的程序开展审核工作。施工图审核的总体程序为:现场核对→施工图审核→投资检算审核;审核施工图的顺序为:施工图设计原则审核→线路平纵断面审核→内部通用图审核→专业施工图审核。

3. 妥善处理审核分歧意见。对于设计单位与施工图审核单位存在意见分歧的,济青公司鼓励双方协商解决,协商不成,由设计单位向济青公司书面报告,济青公司及时组织审核单位和设计单位共同研究,听取各方意见后作出决定;济青公司难以决定的,报铁路总公司工管中心决定。

4. 编制施工图审核报告。施工图审核工作完成后,济青公司组织施工图审核单位按照《施工图审核工作指南》的要求编制施工图审核报告,报铁路总公司工管中心审查。根据铁路总公司工管中心审查意见,组织施工图审核单位对施工图审核报告进行修改完善,组织设计单位对施工图进行修改完善,对施工图预算进行修改完善,修改完善后的施工图审核报告和施工图预算报铁路总公司工管中心核备。

第五章　质量与安全

第一节　质量体系的建立与运行

济青公司在质量管理过程中始终秉持"高标准起步、高效率推进、高质量达标"的管理理念，建立健全工程质量保证体系和质量责任制，抓源头质量控制，抓过程质量控制，创新管理模式，借鉴先进经验，发挥技术支撑作用，实现精细化管理，确保建设质量。

一、质量管理体系

（一）完善质量管理机构

济青高铁质量管理采用济青公司、现场指挥部两级管理组织机构；施工单位质量管理实行项目经理部、分部、作业队三级管理模式；监理单位质量管理实行监理站、监理组二级管理模式。各参建单位均建立了质量保证体系，按照投标承诺和合同约定，配备项目负责人、技术负责人和质量负责人，设置现场质量管理机构，配备质量管理人员，明确质量管理责任，完善质量管理制度，进行全面的施工质量控制，保证质量自控体系有效运行。

（二）科学制定质量方针和目标

质量方针：依法管理，系统控制；严格标准，落实责任；百年大计，质量第一。

质量目标：杜绝工程质量等级事故；工程质量达到国家现行验收标准，单位工程一次验收合格率100%；实车检测速度达到设计速度的110%，开通速度达到设计速度目标值。勘察设计创行业优秀设计奖，全线争创国家级优质工程。

（三）全员、全过程、全方位质量管理

坚持"百年大计、质量第一"的方针，实行全员、全过程、全方位的质量管理。济青公司与各施工单位签订质量包保责任状；施工单位项目部与分部、分部（工区）与作业队签订质量包保责任状，层层落实质量责任制。做到横向到边、纵向到底，层层分解目标、层层落实责任，形成事事有人管、件件有目标、人人有责任的全员、全过程质量管理体系。

（四）健全质量管理制度，强化贯彻落实

济青公司制定了一套完整的质量管理制度，包括以下21项。

1. 工程质量监督制度：开工前，济青公司向工程质量监督机构申请办理质量安全监督手续，接受质量安全监督部门的监督，对监督提出的问题严格落实整改。

2. 地质勘察监理制度。为确保地质勘察质量，规范地质勘察监理工作，满足设计需要，济青高铁项目在初测和定测阶段实行地质勘察监理制度。

3. 施工图审核制度。开工前，济青公司负责组织对施工图设计文件进行审核。未经审核或审核不合格的施工图，不得交付施工。

4. 技术交底制度。施工图设计完成后，济青公司组织设计、施工、监理各方进行设计交底。施工单位项目部、分部、作业队技术负责人分别对所属单位相关人员进行分级技术交底。

5. 施工图现场核对制度。接到施工图后，监理单位、施工单位各自独立负责施工图现场核对，按合同约定承担相应责任。

6. 施工组织设计编制与审核制度。济青公司组织编制指导性施工组织设计，并报铁路总公司工程管理中心审核；标段负责编制实施性施工组织设计和重难点工程专项施工方案，报济青公司审批。

7. 工程地质核实制度。施工、监理、勘察设计单位对已揭示的工程地质情况，与原设计文件进行核实，不符时，济青公司组织勘察设计单位负责处理。

8. 工程质量试验检测制度。施工单位按合同约定设立现场试验室，并经国家技术监督部门认可，按有关规定开展试验检测工作。

9. 第三方检测制度。济青公司委托第三方检测单位代替监理单位开展平行检测和试验工作。

10. 施工测量复核制度。济青公司明确要求施工测量执行复核制度。设计单位按照有关规定，定期对控制网进行复测；监理测量工程师对施工复测内外业工作进行抽查；施工单位编制复测成果书，报监理单位审核。

11. 开工(复工)报告审批制度。施工标段工程、重难点工程和控制性工程以及单位工程，在正式开工前都要按规定办理开工报告审批手续。工程停工，具备复工条件，办理复工审批手续。

12. 工程质量检查制度。济青公司根据工程进展情况，进行阶段或专项工程质量检查，加强过程质量控制。

13. 培训持证上岗制度。济青公司明确需培训上岗的专业、岗位、培训内容、考核标准及相关职责等，并按有关规定及合同约定对参建单位上岗人员进行监督检查。

14. 变更设计审批制度。济青公司严格执行变更设计报批程序，做好Ⅰ类变更设计初审、上报和Ⅱ类变更设计的审批工作。

15. 施工质量验收制度。严格执行隐蔽工程检查签认制度，检验批、分项、分部和单位工程质量验收制度，按照铁路总公司规定进行各阶段竣工验收。

16. 工程质量事故报告和调查处理制度。严格执行国家相关职能机构和铁路总公司有关工程质量事故报告制度，组织或参加质量事故调查、分析、处理，督促、检查施工单位按批准的事故处理方案进行整改和质量验收，确保整修质量。

17. 质量责任追究制度。对发生质量事故的责任单位和个人进行严格的责任追责和处理。

18. 质量检查日常考核办法。济青公司成立由总经理任组长的日常考核领导小组，领导小组下设办公室，办公室设在安全质量部，负责对全线各参建单位质量行为进行日常考核，考核结果纳入信用评价。

19. 技术资料管理制度。济青公司及各参建单位都建立了基础技术资料的收集、整理、建档的管理制度。

20. 质量安全管理可追溯制度。济青公司对施工单位的项目经理、副经理(安全总监)、总工程师、安全、质量负责人，以及各工点施工负责人、技术负责人、质量负责人、安全负责人实行实名登记备案，纳入合同履约管理。

21. 质量回访保修制度。明确了回访保修期限、回访保修责任、回访保修程序、修补质量缺陷的费用等内容，强化了保修期质量责任，确保了运营安全。

二、抓好质量源头控制

（一）组织多种方式的学习培训，提高施工质量管理水平

济青高铁采用进场培训、邀请专家培训及召开现场观摩会等多种学习培训方式，提高施工单位工艺水平，提升施工质量和管理水平。

1. 进场培训。开工之初，对施工单位、监理单位项目部主要管理人员进行培训，培训内容包括国家铁路局、铁路总公司新颁布实施的路基、桥梁、隧道、无砟轨道等专业的验收标准、施工技术规程等，使各参建单位“知标、懂标、用标”。

2. 对重点项目邀请专家培训。邀请院校和科研系统专家针对CRTSⅢ型板式无砟轨道施工技术、轨道板精调技术、高风险隧道施工技术等复杂技术进行授课，提高了施工、监理人员的业务水平。

3. 召开现场观摩会。济青公司对具有指导、引领意义，有助于提高施工质量的先进施工工艺、工法，组织全线施工、监理单位召开现场观摩会，先后召开了钻孔桩桩头机械环切、墩身自动喷淋养护、梁场自动喷淋养护、冬期施工、路基附属施工、无砟轨道施工等现场观摩会，有效地提高了施工质量。

（二）试验先行，样板引路

济青公司按照铁路总公司要求，实行首件认可制度，发挥以点带面的作用，组织施工单位在地基处理、路基填筑施工、路基过渡段、连续梁、无砟轨道及“四电”等工程中进行了工艺试验。通过工艺试验，实现了确定技术参数、固定工艺流程、明确质量控制标准等目的。

济青公司要求全线各无砟轨道施工单位在标段无砟轨道开工前必须在场外设无砟轨道工艺性试验段，公司组织设计、咨询、监理单位对工艺试验段进行工艺和质量评估，确保各项指标和标准满足要求后，方准许开始无砟轨道线上施工。

（三）以独立平检为依托，加强原材料源头控制

以往平检工作由监理单位中心试验室完成，由于多数监理单位不具备试验检测资格，只能由其他具备检测资质的母体单位授权后组建，效率及专业化程度不高。为解决此问题，济青高铁创新性地在国内铁路首次采用“监理平行试验由第三方专业机构代替完成、见证试验由监理单位自行完成”的试验质量管理体系。济青高铁全线组建了三个第三方检测项目部，试验质量管理体系运行顺畅，仪器设备、人员能力、检测环境满足高速铁路建设的需要，试验检测质量实现了全方位专业监控，检测频次比验标规定高出约3%；济青公司每月一次的盲样抽检工作均由第三方完成。独立平检的创新检验模式，加强了原材料的源头质量控制。

（四）认真落实“小四化”，为质量控制提供保障

机械化、工厂化、专业化、信息化是抓好施工质量的基础，济青高铁全线具备条件的工序一律实现“小四化”。

1. 机械化：钢筋加工、混凝土拌和、小型构件预制、水沟滑模施工、无砟轨道铺设等凡是能机械化作业的工序全部实现机械化。

2. 工厂化：箱梁预制、无砟轨道板预制、桥面遮板、步行板、桥梁混凝土栏杆、水沟盖板、级

配碎石及改良土拌和等凡是能工厂化生产的产品全部实现工厂化生产。

3. 专业化：隧道、路基、无砟轨道、大吨位桥梁制运架、混凝土连续梁、高速道岔、“四电”等符合专业化生产条件的项目全部实现了专业化队伍、专业化设备、专业化生产和专业化管理。

4. 信息化：参建单位均按要求统一配置硬件和信息管理人员，安装“铁路建设项目信息管理系统”；各工厂和重点工地均配置视频监控装置；全线混凝土拌和站及试验室压力机设备上均安装报警系统，实现了数据实时上传及报警功能，只要混凝土拌和材料误差超限、混凝土试件压力及钢筋拉伸试验不合格，济青公司就能及时接到报警；作业人员实行实名制信息化管理；采用条形码技术，制定统一的技术和接口标准；全线 8 600 余个桥墩上均张贴了带有实名施工信息的二维码标识，可通过扫描桥梁二维码信息实现追溯管理；隧道、站房均采用 BIM 技术为基础的协同管理平台，实现设计、施工、交付全方位一体化信息技术管理，满足施工过程中公司、设计单位、施工单位、监理单位、造价咨询单位等各参建单位的业务协同，实现全生命周期精细化管理，达到了提升管理水平，保障工程质量的目的。

三、高效率抓好过程质量控制

(一)扎实开展质量专项活动

济青公司开展了多项质量专项活动，持续整治质量问题，制定防范措施，以提高工程质量。

1. 组织开展“三保双过半”专项活动

2016 年 4 月份到 6 月份，济青公司开展了“保安全、保质量、保进度，确保实现时间过半，任务过半目标”的专项活动，对质量管理提出了明确要求，在现场得到了有效落实。通过认真落实实名制管理，配齐配足质量管理人员，从严进行质量考核，杜绝了工程质量等级事故，减少了质量通病问题，实现了 2016 年时间过半、任务过半的目标。

2. 开展质量通病整治活动

济青公司以现场问题为导向，全面整治质量通病，坚决遏制质量通病的发生。一是分析归纳施工中常见的质量通病，共总结归纳出 84 项质量通病(路基 16 项，桥梁 24 项，涵洞 5 项，隧道 14 项，无砟轨道 25 项)，分析了产生的原因，并分别制定了防治措施；二是成立 8 个专业检查组，坚持每月检查质量通病，对排查的问题，督促责任单位整改闭合并制定预防措施；三是济青公司召开正反面现场会，针对发现的问题和好的做法，先后组织召开了质量现场会 9 次，其中正面现场会 6 次(墩身自动喷淋养护，路基、小型构件场，箱梁自动喷淋养护，冬期施工，路基附属工程，无砟轨道及桥面系)，反面现场会 3 次(桥梁桩头破除和钢筋绑扎、桥梁墩身外观质量)，通过正面典型引导、反面典型惩戒，现场质量管控水平得到了显著提升；四是建立问题整改闭环管理机制，对于各级检查发现的质量问题，公司安全质量部由专人负责，建立问题库台账，问题整改完成后确认销号，形成闭环管理；五是对不能按要求完成整改的责任单位进行问责处罚，并进行跟踪督办，确保质量问题整改到位。

通过问题导向、问责处罚通报，促使各单位从领导层面到作业层面都高度重视质量问题整改、施工工艺控制和工序管理，有效减少了质量通病的出现。

3. 开展“管理达标及三项工程建设”活动

为提升精细化管理水平，实现工程实体质量优质目标，济青公司从 2017 年 3 月起，在全线组织开展了“管理达标及三项工程建设”活动，提出了“无砟轨道按工艺品工程建设，站房装饰装修按艺术品工程建设，‘四电’集成按绣花工程建设”三项管理工程的目标，制定了标准和考核办法，并按月对各单位进行考核，着力打造具有济青特色的优质精品工程。主要做法如下：

(1)无砟轨道工艺品工程方面：一是公司发文统一了工装设备、原材料质量及测量仪器配置标准，为施工质量提供基础保障；二是底座板采取机械化摊铺混凝土，消除了平整度问题；三是对底座板凹槽四角加网片，消除了四角裂缝；四是采用自动喷淋或渗漏养护，确保了混凝土养护质量。根据各站前标段无砟轨道施工情况，公司领导多次现场检查推进。公司工程部和安全质量部组织在站前 2 标进行无砟轨道底座板施工防裂纹控制经验交流会、站前 6 标进行底座板顶面平整度、线型控制和防护墙施工经验交流、站前 7 标进行无砟轨道底座板自动成型机施工观摩会、站前 8 标进行无砟轨道底座板移动式喷淋养护观摩会、站前 9 标无砟轨道及桥面系(防护墙)施工技术经验交流会等，确保无砟轨道施工质量。

(2)站房装饰装修艺术品建设方面：一是采用了 BIM 技术，减少了设计上差、错、漏、碰等问题，施工方案进一步得到优化；二是站房内外装饰采用实体样板间制度，样板间充分体现当地历史、文化，并经济青公司验收合格后实施，确保了装饰施工质量；三是站房大跨度钢桁架采用顶升、高空滑移等技术进行安装，确保了安装精度；四是红岛站钢结构雨棚屋面采用新型复合金属板，克服了沿海高腐蚀性问题，减少了维保费用，确保了使用年限。

(3)“四电”绣花工程建设方面：一是采用整体吊弦，通过采用高强度吊弦线和改进压接工艺，提高了吊弦耐疲劳强度，避免了接触网吊弦疲劳振动断线质量通病；二是针对沿线重污染、高腐蚀问题，在沿海地段采用防腐型接触网配件及线索，增强了接触网网件的防腐性能；三是建立了信号、通信、接触网、变电等“四电”各专业演练基地，对作业人员进行了实做培训，确保施工工艺标准；四是接触网预配中心采用了国内先进的一体化接触网预配设备，提高了接触网零部件工厂化预配精度，确保了接触网零部件预配效率和质量。

(二)以红线管理为底线，严厉查处违规行为

济青公司全面落实铁路总公司《铁路建设项目质量安全红线管理规定》(铁总建设〔2017〕310 号)的有关要求，将质量管理红线设置为工作底线，对触碰红线的问题始终以零容忍的态度对待：一是成立了以公司总经理为组长，分管副总经理为副组长，各部门负责人为组员的“红线”考核领导小组，全面负责对各参建单位的检查考核工作；二是完善制度办法，制定了《质量安全红线管理实施细则》，从工程实体、建设行为方面共制定 29 条质量安全红线，其中实体方面 26 条红线(隧道 5 条、路基 4 条、桥梁 5 条、房建 3 条、轨道 1 条、“四电”集成 1 条、营业线施工 5 条、监理及第三方 2 条)，违反建设行为方面 3 条红线，并明确了对责任单位红黄牌、清退、记入黑名单、禁止投标等处理标准；三是严厉查处，按照“五定、三统一、一查处”的检查制度，切实加强质量红线的日常过程控制和日常检查，每月组织开展有针对性的现场专项检查，对发现的问题及时制止纠正，抓好全面整改，建立问题库，落实销号管理，并抓好问题的举一反三；四是强化考核，对违规行为严格考核，让“红线”成为质量安全管理的“高压线”，从根本上加强了各参建单位对“红线”问题的重视。

(三)以监理“人月”管理为手段，促进监理作用的更好发挥

针对以往建设项目监理单位管理存在的问题，济青公司对监理单位采用“人月”方式进行管理，促进监理作用的更好发挥。一是监理单位进场人员都必须经公司组织考试，合格后方能进场，考试不合格不计“人月”，补考不合格必须退场，有效保证了现场监理人员的基本素质；二

是每月对监理单位上场人员进行审批，根据开工点的数量控制现场监理人数，上一个人清算一个人的费用，确保监理人员能够满足现场需要；三是加强过程履职检查，不定期对现场监理知标、用标情况进行检查，对技术能力不达标、失职渎职、不负责任的人员清退，过程中累计清退不合格监理人员 36 人。通过这些手段，促进了监理作用的更好发挥。

（四）加强试验管理，实现工程质量精确控制

1. 建立完善的质量检测机构

济青高铁试验检测工作管理机构分为公司、监理及平行检测单位、施工单位三级；另外质监站社会监督和工程质量专项检测单位也是重要的组成部分。

（1）公司试验管理。设立 1 名试验主管工程师，负责全线监理、平行检测及第三方、施工单位试验检测工作的日常管理指导和督促检查工作。

（2）监理、平行试验单位试验管理。济青高铁在国内铁路建设管理中首次采用“各监理平行试验由第三方单位代替完成、见证试验由监理单位自行完成”的试验质量管理体系。监理单位设立 1 名试验主管工程师及多名拌和站专业监理工程师，平行检测单位试验人员约 90 人，配备各类试验检测设备 300 多台套，负责日常见证及平行试验工作。

（3）施工单位试验管理。全线按施工标段共建立了 13 家中心试验室，下设 36 家工地试验室，配备试验检测设备 3 000 多台套，试验人员 600 多人；中心试验室负责本标段高性能混凝土配合比设计、报批，原材料性能检测、外委试验等试验检测工作，负责监督、检查、指导工地试验室试验工作；工地试验室负责原材料性能检测、混凝土成型试件制作、强度检测、混凝土拌和物性能测试、路基压实质量检测、骨料含水率测试、施工配合比换算等工作。

（4）第三方检测单位试验管理。全线共有 4 家工程质量专项检测单位，配有专项检测设备 20 多台套，检测人员 30 多人；负责各自所负责标段内的路基 CFG、桥梁、站房混凝土工程灌注桩桩身质量、完整性，隧道二次衬砌质量、钢结构焊缝等工程质量专项检测工作。

济青高铁各级试验检测机构全部具有国家认可的资质证书和计量证书；试验检测人员全部持证上岗；试验检测设备全部通过国家法定机构的计量检定。管理体系机构设置合理，各级试验室层次分明、职责清晰、任务明确、程序顺畅，整个试验检测体系运转有序高效，监控有力。

2. 创新工程试验检测管理方式

济青公司从程序管理工作入手，实行严格的监督管理，施工单位试验室接受监理单位监督管理，平检单位试验室接受济青公司、监理单位双重监督管理，监理单位接受公司监督管理，工程质量专项检测单位（第三方检测单位）接受济青公司的监督管理，整个管理程序线条清晰、分工明确、信息交流顺畅，使工程试验工作得以有序高效开展。从创新、优化管理模式入手，平行试验由济青公司招投标确认的第三方检测单位代替监理完成，见证试验由监理单位自行完成，从而实现了试验检测过程仪器设备配置合理化，试验管理程序规范化，业务能力专业化。

3. 强化工程试验检测工作管理

（1）全方位监控、多元化管理

济青公司定期组织开展全线拌和站原材料、钢筋加工场钢材及焊件、路基填料质量抽检，组织开展施工、平检单位试验室，监理单位试验工作专项检查；不定期组织开展（自密式混凝土、RPC 盖板、小型预制构件厂等）试验专项检查，混凝土（无砟轨道施工、附属工程、站场站房）、路基工程实体质量试验量抽检；组织开展各类基桩、隧道二次衬砌、站房钢结构焊缝质量

检测工作检查；利用信息化管理平台实时监控施工单位拌和站混凝土施工生产情况，施工单位、平检第三方试验室试验检测情况，督促混凝土拌和站高级报警及试验室强度报警整改闭合。通过这些检查活动掌握全线试验检测工作开展的基本状况，发现问题及时解决，确保了试验检测工作处于有序可控状态。

(2)各级试验检测机构高度重视试验检测原始数据信息的收集、整理、分析和上报工作，将其作为一项基础管理工作做细做实，保证各项原始数据的可溯性；各级试验检测机构都建立了完整的试验检测机构信息和资料档案管理制度；按时完成试验检测周报、月报的汇总、分析上报工作；随着工程施工的进展对积累的试验检测数据及时进行整理分析；并整理分析的结果(不合格出现频率、不合格率、不合格发展趋势等)为依据，对下一步工作进行指导和调整；同时，提早对各项试验检测资料进行收集整理，也为工程验收和竣工文件的编制夯实了基础。

(3)工程试验检测工作考核

济青公司对各级试验检测机构和试验检测人员实行分类管理、定期考核、奖优罚劣的管理模式。对施工单位试验室重点考核其人力物力投入、原材料检测、施工过程试验检测和工程实体质量检测情况；对工程质量专项检测单位重点考核其检测方法的科学性和适用性、检测结果的准确性和可靠性、检测工作的及时性和独立性；对平检试验室重点考核其工作能力和工作业绩；对监理单位重点考核对施工现场的监控力度；对在考核过程中发现触碰红线的管理现象，发现一起，查处一起，决不手软。

4. 试验检测工作成效

济青高铁试验体系自建立以来，开展了大量扎实有效的工作，取得了显著成效，共开展各项试验检验 100 多万组次，为工程质量控制提供了及时、详实的试验数据，为济青高铁工程质量保驾护航作出了突出贡献。主要表现在：

(1)高性能混凝土配合比设计

济青高铁全线各级试验检测机构共进行高性能混凝土配合比设计 800 多组次，有力保证济青高铁高性能混凝土工程的施工质量。

(2)原材料试验

济青高铁全线各级试验检测机构对进场材料的出厂质量证明书及进场材料的规格、型号、数量、生产日期、标识、储存等进行了严格的检查核对，对材料生产厂家进行了实地考察；共进行原材料检测 20 多万组次，清退不合格材料 100 多组次。以上措施为原材料质量控制工作提供了有力的数据支持，从源头上确保了进场材料质量满足要求，杜绝了不合格原材料在工程中使用。

(3)工程施工过程试验检测

济青高铁全线各级试验检测机构在桥梁、路基、隧道、无砟轨道、站场站房、附属工程、混凝土等施工过程中，共进行各类试验检测 80 多万组次，在各项工程的施工过程质量控制中发挥了应有的作用。

(4)工程实体质量检测

济青高铁全线各级试验检测机构对桥梁、路基、隧道、无砟轨道、站场站房、附属工程等工程实体质量，共进行各类试验检测 5 万多组次，为各项工程验收和评价打下了坚实的基础。

(5)试验工作管理

在试验工作自身管理上,济青高铁全线各级试验检测机构共开展各类管理活动300多次,在保证济青高铁试验检测体系有序高效运转的同时,也摸索出了一套行之有效的管理制度和工作方法,培训了一大批素质高、能力强的试验检测人员,形成了完整的试验检测成果报告。

(6)工程质量专项检测

对济青全线桥梁、路基混凝土桩基和CFG桩、隧道二次衬砌、站房钢结构焊缝等重要工程部位的施工质量,采用招标方式,引进专业检测机构进行独立的第三方工程质量专项检测,其中:平行检测单位3家、桩基检测单位3家,隧道检测单位2家,钢结构焊缝检测单位1家。在检测过程中,各工程质量专项检测单位严格按照各专业标准规程的规定,依据具体设计要求,对所检测的项目严肃对待,严格检测;凡达不到合格标准的,一经发现,立即按规定的程序及时上报济青高铁建设指挥部,并通知其他相关单位;积极主动参与不合格桩项的整改和复检工作,确保了上述重要工程部位的施工质量满足设计要求和客专建设目标。具体检测情况如下:

①桩完整性检测

济青全线采用低应变法和声波透射法共检测桥梁、路基、站房混凝土桩基完整性73 260根,其中Ⅰ类桩72 698根,占检测桩数的99.2%;Ⅱ类桩562根,占检测桩数的0.8%。

②隧道二次衬砌质量检测

全线采用地质雷达法共对隧道二次衬砌施工质量进行抽检76.9 km,占隧道总里程的20%。

③站房钢结构焊缝质量检测

全线采用超声波探伤法共抽检站房钢结构焊缝质量28 981 m,占钢结构焊缝总长的20%。其中Ⅰ级焊缝14 782 m,占检测总数的51.0%;其中Ⅱ级焊缝14 199 m,占检测总数的49.0%。

④不合格项控制

在检测过程中各级检测单位都发现了一些不合格项,按照规定的不合格控制程序,这些不合格项都得到了及时整改,将质量隐患消灭在过程之中。

a. 混凝土桩基完整性检测

各检测单位在具体检测过程中发现不合格桩9根,其中Ⅲ类桩4根,Ⅳ类桩5根,全部得到及时整改,经复测全部合格。

b. 隧道二次衬砌质量检测

各检测单位在具体检测过程中发现二次衬砌背后脱空,局部混凝土不密实等24处,全部得到及时整改,经复测全部合格。

c. 站房钢结构焊缝质量检测

检测单位在具体检测过程中,发现不符合要求的一级焊缝154.96 m,经返工后重新检测全部合格。

(五)自控与他控相结合,有效消除质量隐患

济青高铁在强调施工单位严格自控的基础上,也充分发挥咨询、监理单位的质量监督和控制作用,有效强化了质量控制体系,起到了消除质量隐患的效果。

1. 施工单位自控

以施工单位的质量自控为基础,充分发挥以质检工程师为骨干的质量控制作用,落实自

检、互检和专业检的“三检”制度，质检工程师和质检员完整详实记录自检情况，使每一道工序都处于受控状态。

2. 监理单位监控

济青高铁通过监理旁站、巡检、抽检和专项检查等多种监理手段，严格进行质量控制，及时发现和解决质量问题，把质量缺陷和隐患消灭在萌芽状态。

3. 公司检查

济青公司和各建设指挥部不断加强施工现场检查和监督整改力度，采取日常检查、月度、季度集中检查和专项检查相结合的方式，2016 年至 2018 年济青公司共组织集中和专项检查 93 次，下发整改通知书 801 份，检查问题 5396 个，均得到整改回复闭合，共形成图文并茂的闭合资料 30 余册。

4. 政府监督检查

济青公司积极配合上海铁路监督管理局开展监督检查工作，及时与监督站沟通和交流，认真落实监督整改要求。2016 年至 2018 年，上海铁路监督管理局共对济青高铁监督检查 16 次，下发 16 份监督通知书，济青公司均及时组织设计、施工、监理单位进行原因分析，部署落实整改措施，对监督检查发现的 385 个问题进行全面彻底的整改，保证了质量监控体系有效运行。

（六）应用信息技术管控工程质量

1. 人员实名注册

要求参与济青高铁工程施工的所有参建人员使用身份证和指纹进行实名注册，构筑实名施工的信用保障。自人员实名注册制度施行后，项目参建单位和人员的实名注册数量累计近 2 万人，施工、监理单位人员实名率接近 90%。

2. 工序实名确认

在实体工程每道工序结束时，要求参与建设的施工、监理人员通过专用指纹平板完成工序的指纹确认，以实现实体工程的质量追溯目标。桥梁（含连续梁）、隧道、制架梁、轨道板工程中累计确认工序近 30 万人次。

3. 实体工程信息查询

在桥墩、隧道、路基、梁体以及接触网立柱等部位张贴带有二维码的施工标识，通过 app 扫一扫，将工程概况、质量责任信息、实名施工信息等有用信息通过简单便捷的途径分级反馈给社会大众和参建人员。全线 8 千余桥墩均完成标识张贴工作。

4. 建立实名人员“大数据平台”

制定统一的实名信息数据调用接口，向各单位、各部门、各专业分级开放实名信息调用权限。实名信息在进场人员身份甄别、人员应聘实名履历、上岗考试考务管理中发挥了积极作用。

第二节 安全体系的建立与运行

济青公司坚决贯彻“安全第一、预防为主、综合治理”的方针，坚持管生产必须管安全的原则，认真落实铁路总公司“安全工作无小事、安全第一、影响安全问题必须立即解决”的“三点共识”，将客车安全、加强安全管理、抓落实作为安全管理工作的“三个重中之重”，实施安全风险管理，推行安全管理标准化。加强安全体系建设，建立全员安全生产责任制，制定安全生产管理目标和长效的控制措施，在确保安全生产的前提下，实现了质量、工期、效益、环保及科技创新等管理目标。

一、明确安全管理目标

杜绝因公死亡事故；年重伤率控制在0.6‰以下，年负伤率控制在5‰以下；消灭责任等级火灾、爆炸、坍塌、高空作业及大型施工设备等安全事故；杜绝营业线行车一般A、B类及以上事故，减少一般C、D类事故。

二、健全管理机构，落实安全责任制

济青公司成立了以董事长、总经理为主任、副总经理为副主任，安全质量部、工程管理部等相关部门及现场指挥部负责人为委员的安全生产管理委员会，负责安全生产管理的组织领导和监督工作，办公室设在安全质量部，部长兼办公室主任。公司安排一位副总经理分管安全生产工作，对工程建设项目安全生产负直接领导责任。安全生产管理委员会办公室是安委会常设办公机构，负责具体筹备安全生产会议，撰写施工安全生产管理情况报告，组织安排安全生产检查活动，检查安全生产保证体系运转情况等。

安全质量部负责贯彻落实和组织实施上级及济青公司有关安全生产管理的各项法律、法规、条例、规范、规定、办法和要求；对各参建单位安全生产保证体系实行全过程、全方位的监督管理，分析研究安全生产保证体系的运转情况；落实济青公司制定的安全风险控制措施，对各参建单位风险管理开展情况及风险工点包保情况进行检查考核；制定或修改安全生产管理办法和安全生产管理措施；收集安全生产管理的信息和资料，向上级和公司领导报告安全生产管理情况；筹办济青公司月度安全生产管理会务，不定期组织召开安全生产管理专题会、工作会、现场会及安全标准化工地建设现场观摩会。对参建各单位建设项目施工过程进行日常检查，及时发现并督促消除安全隐患；负责组织各种安全生产综合评比和专项活动；监督和审核各参建单位安全生产费用的使用情况；参与工程建设过程中安全生产事故的调查处理，组织或参加施工安全生产事故分析会议和必要的安全技术审查会议。

三、完善安全管理制度，加强安全管理

济青公司制定了以下安全管理制度，以加强安全管理。

1. 制定了安全生产监督制度。办理安全生产监督手续，各参建单位接受国家相关行业和铁路总公司依法进行的安全监督和检查。

2. 建立安全生产许可证制度。从事济青高铁建设的施工单位必须是依法取得安全生产许可证、具备安全生产保证能力的企业。

3. 建立安全生产教育培训制度。督促建立健全各级安全生产教育培训制度，加强对职工有关安全生产的法律法规、技能知识的宣传教育和培训，未经安全生产教育培训的人员不得上岗。

4. 建立风险工点安全包保制度。一级风险工点由公司、施工单位、监理单位三级人员包

保，二级风险工点由各施工单位局指挥部、项目部、监理站三级人员包保，三级风险工点由施工单位项目部、现场监理两级人员包保。

5. 建立安全检查制度。济青公司根据工程建设情况，组织有关单位进行定期或不定期的专项检查和日常检查，对安全生产起到了监督促进作用。

6. 建立问题隐患整改闭合制度。要求施工单位对于各级检查发现的问题，要分类建立问题库台账，按整改要求按时完成整改闭合工作，上级检查的重要问题的整改情况上报公司安质部备案。

7. 建立安全生产例会制度。济青公司每月至少召开一次安全生产工作会议，主要内容包括：传达国家相关职能机构及上级有关安全生产的方针政策、法律法规、指示、命令、规定、通知等，研究布置安全生产工作。

8. 建立安全生产费用审核制度。按规定将批准的铁路建设工程安全施工措施费用，依据工程承包合同约定及时拨付施工单位，每季度对施工单位使用情况进行审核检查。

9. 建立安全技术交底制度。济青公司在开工前组织设计单位进行安全技术交底，对重大、复杂、高风险或采用新技术、新标准、新结构、新工艺的工程，在施工前组织安全专项技术交底。

10. 建立安全专项施工方案编制审批制度。对危险性较大的分部、分项工程施工，必须编制专项施工安全方案；建立生产安全事故应急救援制度，针对重大危险源和可能发生的事故类形制定相应的专项应急预案。

11. 建立生产安全事故报告和调查处理制度。铁路建设项目发生生产安全事故后，事故发生单位应按照规定及时向济青公司、事故发生地县级以上人民政府安全生产监督管理部门和铁路监管部门报告，济青公司应按规定及时向铁路总公司有关部门报告，不得迟报、漏报、谎报或者瞒报事故。

四、强化安全过程控制，定期进行检查

济青公司根据《安全质量日常考核办法》，定期开展安全大检查；对检查结果进行考评，将考评结果进行全线通报。对检查中发现的违规行为及安全隐患，及时下发《整改通知单》，提出整改意见，督促施工单位制定整改措施，按期完成整改，消除不安全因素，并指定专人跟踪复查，确保安全整改落到实处。

每月组织开展一次安全大检查，检查各单位是否按照济青公司各项管理文件要求履行了责任，现场安全管理是否到位；开展大型机械及特种设备安全管理专项检查，重点检查起重、制运、架梁等大型机械设备安全管理制度、操作规程以及维修保养制度执行情况，严防事故的发生；开展临时用电安全情况检查，对设备的“三相五线制”情况、接地情况及日常检查维修情况进行全面检查，确保安全；开展安全防护情况检查，对爬梯搭设、劳保用品佩戴、临边防护情况进行全面检查，防止出现因防护不到位而引起的安全事故；开展季节性安全检查，包括雨季防洪、防汛安全检查和冬期施工专项检查。对发现的问题，及时下发书面整改通知，并督办责任单位落实整改。

五、加强岗前教育培训，强化全员安全意识

济青公司注重教育培训的重要性，持续健全教育培训机制，把参建人员教育培训作为一项

常态化工作来抓。一是组织集中培训，主要培训内容为安全质量管理办法，同时加强质量意识的培训，提高参建单位安全生产管理的主动性、自觉性和执行力。组织工程线施工安全培训、营业线施工安全培训等相关培训 8 批次，累计培训 5 000 余人次。二是要求各参建单位自行组织培训，主要针对全体职工进行安全意识及具体安全措施方面的培训。三是把好考核关，公司要求进场人员必须进行岗前安全培训考试，考试不合格不得上岗，济青公司每月对各单位培训考试情况进行检查，有效保证了进场人员的基本素质，满足了现场管理的需求。

六、采用新型施工技术，加强风险控制措施

(一)建立安全体验馆

为确保现场施工人员安全和加强施工人员安全意识，公司建立了多个济青高铁安全体验馆，体验项目有洞口坠落体验、安全带使用体验、安全帽撞击体验、操作平台突然倾斜体验、模板倒塌体验、综合用电体验、灭火器使用体验、临边防护栏杆倾倒体验等共计 15 项。体验馆分展示区、视听区、体验区三部分，以实景模拟、图片展示、案例警示、亲身体验等直观方式，将施工现场常见的危险源、危险行为与事故类形具体化、实物化，让受训人员通过视觉、听觉、触觉来体验施工现场危险行为的发生过程和后果，感受事故发生瞬间的惊险，改变了传统的说教式安全培训方式，以此提高作业人员的安全意识，增强自我保护意识。

(二)采取超前地质预报，确保隧道施工安全

济青高铁青阳隧道全长 10 100 m，是全线唯一一条暗挖长大隧道，下穿村庄并经过 14 条断层破碎带，是全线安全重点控制工程，准确的地质条件预判对于指导现场施工、保证施工安全具有重要意义。施工过程中由铁三院负责实施超前地质预报指导施工，预报方式分为短期预报和长期预报，预报形式分为地质素描和 TRT 两种，按照不同的围岩级别要求，定期对前方围岩情况进行预判并形成书面报告发至施工单位，针对围岩出现的变化情况，自动适配不同的施工方法、支护参数，从而达到指导现场施工的目的。青阳隧道开挖和衬砌工程实现了施工生产“零”事故的目标，超前地质预报对确保施工安全起到了重要作用。

(三)采用智能张拉系统进行梁场预应力施工

济青公司在全线梁场推行箱梁智能预应力张拉施工，与常规人工张拉相比，智能张拉系统一是加载力准确，张拉钢束两端同步率高；二是钢绞线伸长值自动测量，数据准确，避免人工测量误差；三是实现了张拉数据自动采集、传输，并可在多个终端查看，既确保了箱梁张拉质量，又减少了过程人工操作的危险性。

(四)采用梁柱式支架进行现浇梁施工

为确保支架法现浇施工安全，济青公司下发通知要求各单位所有现浇梁、连续梁现浇梁段严禁采用满堂碗扣式支架法施工，而要采用安全性更高的梁柱式支架法进行施工，从源头上防止了支架坍塌事故的发生。

七、安全生产管理重点

(一)落实安全风险分级包保管理

济青公司将安全风险管理作为一项重要工作抓好落实，从源头上控制风险，确保安全。对重点风险项目实行包保管理，开工前全线识别评估出 123 处站前工程风险点，由公司 4 名副总

经理和 4 位部长、区段指挥长分为 4 个片区进行全面安全包保，同时明确了包括公司、监理、施工单位共 178 名干部在内的三级安全包保权责体系，落实安全生产责任。2017 年，济青公司对新增的 12 处站后及工程线施工风险点同样落实了包保管理。济青高铁所有包保工点均未发生安全事故。

（二）高风险工程专项方案专家评审

济青高铁全线共有青阳隧道和机场隧道两条隧道。青阳隧道全长 10 100 m，穿越 2 条大的断裂带及 12 条断层，部分地段浅埋、节理发育破碎、易发生塌方与突泥突水；机场隧道全长 7 300 m，大部分采用明挖法施工，属于大型基坑施工，基坑最深处 21 m，最宽处 23 m，其中下穿胶济货运铁路段 70 m 为暗挖，下穿繁忙的营业线铁路，施工风险较大。济青高铁 900 t 预制箱梁架设，箱梁的提运架等大型设备作业存在一定的安全风险。大跨度连续梁，比如跨度 144 m 简支拱、跨度 128 m 的连续梁等，施工风险较大，特别是跨越济青高速公路的 144 m 简支拱，下方车流密度大，要求防护等级高。站房钢结构施工，淄博北、潍坊北、红岛站屋面为大跨度钢桁架结构，钢结构拼装、吊装和高大模板支撑体系搭设，均存在较大施工风险。工程线施工，各种自轮运转设备的管理、行车组织及安全防护等级高。对于以上重难点工程，济青公司先后组织召开了 13 次专家评审会，对安全风险进行分析，制定了切实可行的安全施工措施，确保重难点工程顺利完成。

（三）强化工程线管理和跨线、下穿施工安全管理监控力度

济青公司在全线铺轨施工开展前，下发了《济青高铁工程线运输组织及施工管理办法》，明确了组织管理机构、行车调度管理、路料管理、施工计划审批、考核制度等内容，有效规范了各类交叉作业。济青高铁上跨济青高速公路、张东铁路、益羊铁路、海青铁路，机场隧道下穿胶济铁路，济青公司通过召开专家评审会，不断优化安全施工方案。施工过程中，济青公司坚持经常性检查，监理单位不间断盯控，施工单位领导跟班盯岗，确保了施工安全。

（四）加强特种设备安全管理检查

济青高铁全线共设 15 个制梁场，30 余台架桥机，各类起重设备 150 余台。济青公司制定了《特种设备安全管理办法》，对特种设备的日常管理、检查、维修、保养等做出了明确要求。同时，济青公司每月至少进行一次特种设备专项检查，及时发现施工单位在特种设备管理上的缺陷，及时消除安全隐患。济青高铁全线施工未发生一起特种设备作业安全事故。

（五）加强防洪防汛和高温季节施工安全管理工作

济青公司针对防洪重点地段、重要设施进行了安全专项隐患排查；加强对在建桥梁、隧道进出口边仰坡、路堑边坡、天沟及支挡结构排水设施的检查；加强对生活区、料场、机电设备的防洪、防雨、排涝等设施的检查，及时完善和疏通排水系统，确保了生产和生活区的排水通畅。针对夏季高温季节施工特点，要求施工单位尽量采取错时上班措施，避开中午高温时间，做好一线工人的防暑降温工作，搞好食堂饮食卫生，防止食物中毒事件发生。

（六）高度重视联调联试，确保试验安全

济青公司严格落实安全条件确认制度，将每日行车前安全条件确认工作落到实处，细化了人员分工、上下通道地点，并每日统一发布排查时间要求，严格执行“五个一”制度，即：一米不漏、一台不漏、一组不漏、一杆不漏、一人不漏，安全确认过程和现场签字确认情况留存影像资料；抓好通道门管理，济青高铁全线通道门共 114 个，全线通道门钥匙全部更换，联调联试开始

后，为防止以前的钥匙存在被私配的情况，在工务段的监督下，济青公司组织对全线的通道门钥匙进行了全部更换，由施工单位负责派人 24 h 看守，钥匙由设备管理单位负责管理；严格通道门的进出管理，施工单位上线作业时，按施工计划填写“通道门上线登记表”，通道门看守人员、设备单位人员、作业负责人共同对上线人员、机具、路料进行清点、登记，各单位在车站登记且施工命令下达后方可进入通道门。上线作业期间，通道门保持锁闭状态，看守人员不得离岗。下线时，填写“通道门下线登记表”，通道门看守人员、设备单位人员、作业负责人共同对下线人员、机具、路料进行再次清点、核实签认后方可撤离。济青公司组织对全线栅栏、围墙封闭进行多次全面排查，发现栅栏封闭存在缺口、栅栏损坏、栅栏底部空间间距大、栅栏外有土堆容易翻越及栅栏围墙刺丝滚笼安装不到位等问题立即整改，确保封闭到位。加强沿线巡查，济青公司要求各参建单位建立日常巡查制度，组织力量加强对沿线的巡查，发现非法邻近营业线施工的行为及时制止，不能制止时立即上报铁路公安部门到现场共同处理，并每日上报有关巡查情况。

（七）攻坚外部环境，确保运营安全

外部环境整治工作是安全运营的重要前提，在缺乏可借鉴经验的情况下，济青公司摸索形成了一套具有济青特色的外部环境问题整治经验。一是加强组织领导，济青公司成立了以分管副总经理为组长，安质部、征迁部、工程部部长为副组长，相关专业工程师为组员的铁路外部环境整治工作领导小组；二是明确排查标准，组织学习《铁路安全管理条例》《中华人民共和国铁路法》等条例规范，并邀请济南局安监室指导培训，明确了问题排查的标准和范围，并组织全线学习；三是明确问题整治方案，济青公司结合京沪、石济、宝兰高铁整治方案，对 11 种问题分别制定了具备可操作性的整治方案，明确了整治标准；四是确立了与地方人民政府的联动“双段长”制，沿线各施工单位均明确了段长，对段内问题的排查、整治负具体责任，并积极配合地方段长，做好与地方的对接，及时协调解决存在的问题；五是成立包保组，增强整改力量，济青公司在 2018 年 7 月份成立了 5 个包保组，分别督办各辖区内的外部环境整治工作，进一步增强了工作力度，协同各参建单位尽最大可能向地方提供一切帮助，全力配合政府做好外部环境问题整治工作；六是重点盯办重难点问题，针对 3 家危化品厂问题，多次组织专家进行安全评估，并督办地方人民政府严格落实专家意见；七是严格联合验收，2018 年 10 月中旬起，济青公司先后 3 次联合济南局及地方人民政府开展了外部环境问题验收检查工作，徒步对照问题库逐项核查各市外部环境问题实际整改情况，对沿线整改不彻底或遗漏点及时反馈至省建设厅及沿线各市人民政府，沿线各市整改后，又组织了复验，确保问题整改到位，及时完成了济青高铁沿线 11 类共 6 386 个问题的整治。

八、安全管理成效

济青公司通过建立和不断完善安全管理体系，强化运行机制，确保了济青高铁建设安全形势持续稳定。工程建设期间，未发生一起人员死亡事故；未发生等级火灾、爆炸、坍塌、高空作业及大型施工设备等安全事故；未发生营业线行车一般 A、B 类及以上事故，全面实现了济青公司确定的安全管理目标。

第六章　施 工 组 织

根据济青高铁建设规模大、技术标准高、质量要求严、建设工期紧、管理体制新等主要工程特点，济青公司精心组织编制了全线指导性施工组织设计，并在实施过程中不断进行调整优化。建设过程中，以指导性施工组织设计为纲，全面落实资源要素投入，围绕重难点控制工程，加强组织协调，着力过程控制，有序推进工程建设。

第一节　指导性施工组织设计

2015 年 9 月，济青公司根据批复的初步设计文件、国家行业相关标准规范、项目前期签订的有关协议纪要及现场勘测调查资料，组织编制了新建济南至青岛高速铁路指导性施工组织设计，并在建设过程中实行动态管理。

一、施工组织设计编制原则、编制依据和编制范围

（一）编制原则

1. 节约资源和可持续发展的原则。贯彻“十分珍惜、合理利用土地和切实保护耕地”的基本国策，合理规划、科学设计、依法用地、永临结合、少占土地、保护农田。

2. 符合性原则。满足国家发改委批复的建设工期和工程质量标准，符合施工安全、环境保护、水土保持和地质灾害防治等要求。

3. 科学、经济、合理的原则。树立系统工程的理念，统筹分配各专业工程的工期，搞好专业衔接；以关键线路为管理重点，合理安排施工顺序，组织均衡、连续生产。

4. 引进、创新、发展的原则。积极采用先进技术、先进工艺、先进设备、新型建筑材料，提高工程技术和施工装备水平，保证施工安全和工程质量，加快施工进度，降低工程成本。

（二）编制依据

1. 国家相关法律法规和原铁道部、铁路总公司相关规章制度；

2.《国家发改委关于新建济南至青岛高速铁路可行性研究报告的批复》（发改基础〔2015〕51 号）；

3. 山东省人民政府与铁路总公司对本项目铁路建设的商谈纪要等；

4. 铁路总公司实行的标准、规范、验标、规程、技术指南等；

5. 批复的济青高铁初步设计文件；

6.《铁路工程施工组织设计规范》（Q/CR 9004—2015）；

7. 铁三院编制的施工图、文件；

8. 济青公司与地方签订的有关协议和纪要；

9. 现场施工组织调查情况；

10. 当前高速铁路建设的技术水平、管理水平和施工装备水平；

11. 与设计、施工、监理、咨询等单位签订的承包合同和协议。

二、指导性施工组织设计总体安排

济青高铁建设期整体分为施工准备、线下工程全面施工、铺架及站后工程施工、轨道精调及各专业工程收尾完善、竣工验收五个阶段。

(一)施工准备阶段(主要为2015年度)

施工准备阶段，站前工程安排2个月，房建工程和"四电"工程各安排1个月。2015年11月完成全线施工、监理招标后，充分利用2015年12月和2016年1月冬期时间段，完成全面施工的各项准备工作。迅速完成营区建设，完成大临工程、精密测量，完成实施性施工组织设计和重难点工程专项施工方案、既有线过渡施工方案的编制和报批工作。全力配合各地市完成征地拆迁任务，首先解决控制性工程、无建筑物地段的施工用地。开始"三电"迁改和油、气、水管线迁改施工，改渠、改沟、改路施工。完成物资招标和其他各项施工准备工作。

(二)线下工程全面施工阶段(主要为2016、2017年度)

2016年2月站前各类工程全面开工建设，2016年年底路基填筑和桥梁桩基全部完成；2018年3月底桥梁下部工程、隧道工程、路基工程、桥梁预制、桥梁施工、桥梁架设、桥面系全部完成，全线绿化施工全部完成。房建工程于2017年1月底前完成招标工作，2017年5月开始全面施工，9月底前完成地基处理和基础工程施工，2018年6月底主体工程全部完成。"四电"工程于2016年12月底完成招标工作，2017年2月开始进场，配合站前和房建工程完成接触网基础及"四电"工程预留沟槽管线的施工，2017年12月底"四电"独立房屋主体工程全部完成，设备招标采购全部完成。胶州北站于2017年12月底完成要点施工前的所有准备工作。

(三)铺架及站后工程完工阶段(主要为2018年度)

无砟轨道施工随沉降评估完成而开始，自2017年7月开始铺设轨道板，至2018年5月底全部完成。铺轨工程自2018年7月底开始，2018年10月底结束。房建工程的"四电"设备用房(包括"四电"独立房屋)于2018年4月底达到设备安装条件，2018年10月底完成全部装修和水电暖通及设备安装。"四电"工程2018年11月底全部完成。胶州北站2018年3月份开始站场改造施工，9月底完成并开通全站。

(四)轨道精调及各专业收尾完善阶段(2018年10月至2019年3月)

站前工程随铺轨首铺方向2018年10月完成后，立即安排轨道精调工作，全线第一遍精调在2018年12月底完成，2019年2月底完成全部精调工作；2018年12月底完成全部工程缺陷整修、杂物清理、路容路貌整理及保洁工作。"四电"工程在2018年12月至2019年1月间完成"四电"子专业调试工作，外部电源2018年11月开始陆续送电，2019年3月底完成全部外部电源的引入。

(五)竣工验收阶段

2019年4月至9月，济青高铁全线开通运营。

第二节　各专业工程主要特点与指导性施工组织设计的重大调整

一、各专业工程的主要特点

(一)路基工程

1. 工后沉降控制标准高。为满足无砟轨道工后沉降控制技术要求，路基工程须严格控制地基和路堤的工后沉降。

2. 与站后工程接口多。路基工程与综合接地、电缆沟槽、管线过轨、接触网支柱基础等站后工程的接口复杂，在施工中须注意控制对已填筑路基工程的破坏和影响。

（二）桥梁工程

1. 桥梁数量多、分布密度大，特大桥所占比重高；正线桥梁共 22 座，折合双线总桥长 250.369 km，占正线线路长度的 81.32％。

2. 桥跨型式有简支箱梁、连续箱梁、混凝土简支拱等多种结构。

3. 箱梁体量大、自重大，对运架设备要求较高。

4. 架设作业的时间集中，施工组织难度较大，运架梁是施工组织的关键环节。

5. 由于山东省境内公路、铁路发达，造成济青高铁与公路、铁路交叉多，全线正线与高速公路交叉 11 处，与国省道交叉 31 处，与县乡道路交叉 81 处，共计交叉 123 处。

（三）隧道工程

1. 青阳隧道全长 10 100 m，为高风险隧道，主要有以下特点：

（1）隧道进口处分布多个采石场挖掘坑，DK39＋400～＋600 右侧有一大坑，坑深 25～30 m，岩体边坡陡立，坑底有积水，通过时应减少装药量，控制爆速，加强围岩量测和山体监测。

（2）隧道出口及 2 号斜井出口处，为强风化基岩，基岩节理发育，且坡面可见碎石、块石分布，局部成堆，容易受降雨等因素影响诱发落石不良地质问题，施工时应该采取清方措施。

（3）在 DK43＋000～DK48＋900 段安山岩地层中，有发生轻微岩爆的可能，表现为洞壁岩体有掉块和剥离，无岩射。

（4）DK40＋850～DK43＋420 段为浅埋段且下穿居民区，易造成山体失水和居民房屋破坏。对施工可能影响地表环境和居民生产生活用水的风险，制定预案，开展环境监测工作，对地面房屋和水源做好监测工作。通过该区段时要严格按照设计文件采取微振动控制爆破措施，振动速度满足相关爆破振动规程要求。

2. 机场隧道全长 7 300 m，下穿胶济货线段为暗挖，其余段落为明挖。主要有以下特点：

（1）隧道顶地面为胶东国际机场

隧道自进口 DK286＋405～DK293＋250 段位于机场范围，其中 DK286＋405～DK287＋400 段、DK290＋700～DK293＋250 段为机场一般区域，DK287＋400～DK288＋400 段、DK290＋250～＋700 段为飞机停机位和跑道廊道区域，左线中线右侧约 28 m 为青岛地铁 8 号线左线中线，施工期间需协调好胶东国际机场和地铁 8 号线建设、设计、施工单位的关系，减少施工中相互干扰。

（2）大跨暗挖隧道下穿胶济货运铁路

隧道在 DK292＋165～＋235 段下穿既有胶济货运铁路，隧道覆土厚 6.8～9.8 m（结构顶至地面），该段采用暗挖法施工，施工期间需保证上部铁路正常通行，隧道施工安全风险非常高。在隧道施工期间，需要对胶济货运铁路周边实施实时监测，监测的内容主要为地面及土体的沉降、倾斜及其水平位移。

（四）无砟轨道

正线主要采用 CRTSⅢ型板式无砟轨道（其中机场隧道采用双块式无砟轨道），轨道工程具有以下特点：

1. 无砟轨道的高低调整能力有限，对线下基础的工后沉降及变形要求高。

2. 无砟轨道施工精度要求高，高精度的测量技术是保证高速铁路无砟轨道线路高平顺性的关键。

(五)房建工程

1. 站房体量大。山东省及沿线人民政府对站房规模要求高，与其他高速铁路(客运专线)的站房相比，体量较大。

2. 与城市市政设施(道路、广场、暖通、给排水、环水保工程、消防等)衔接内容多，专业之间施工交叉多。

3. 四新技术应用多。新型结构、新型材料及新工艺、新工法等应用较多。

(六)环水保工程

由于沿线绝大多数为平原地区，环水保工作压力大。主要有以下特点：

1. DK40＋850～DK43＋420 段有可能造成地表水渗漏，影响村民生活用水，必须严格按照设计要求采取封堵措施。施工期间应连续对附近的井水、泉水进行观测，视观测情况采取相应措施。

2. 土地稀缺。本工程所处地区多位于平原地区，沿线土地资源稀缺，施工要尽量少占用土地，特别要尽量少占用耕地。临时设施要尽量采用永临结合、闲置利用等措施解决。

3. 施工及生活废水的排放要求高。沿线城镇密集，地方人民政府对污染物排放总量要求高。

4. 易造成水土流失。由于弃渣延续时间长，弃渣前应先按设计要求做好挡护工程，同时做好临时排水设施。

二、指导性施工组织设计的动态管理及优化

济青高铁指导性施工组织设计在实施过程中，根据阶段性工程进展情况和建设工期总目标要求，先后进行了 2 次重大调整。

(一)第一次调整(2016 年 12 月)

1. 调整的原因

济青高铁全线开工以来，各参建单位精心组织、科学安排，积极创造条件，工程进度不断加快，站前各专业工程工期均有所提前。根据山东省委、省人民政府有关要求，结合铁路总公司工管中心 2016 年 5 月份现场检查意见，济青公司组织对指导性施工组织设计进行了优化，竣工时间调整为 2018 年 12 月 31 日。

2. 调整的主要内容

(1)线下工程全面施工阶段(主要为 2016 年度、2017 年度上半年)

2016 年 2 月站前各类工程全面开工建设，2016 年 7 月底桥梁桩基全部完成，9 月底路基填筑完成，2016 年 12 月完成堆载预压，2017 年 3 月完成预压卸载；2017 年 5 月桥梁下部工程、桥梁预制、连续梁施工、桥梁架设全部完成；2017 年 6 月底隧道贯通，7 月底二次衬砌全部完成；房建工程 2016 年 11 月底完成县级站招标工作，2017 年 1 月完成地级站招标工作，2016 年 12 月开始施工，2017 年 5 月底完成地基处理和基础工程施工，2018 年 7 月底主体工程全部

完成;"四电"工程于 2016 年 11 月完成招标工作,2016 年 12 月开始进场,配合站前和房建工程完成接触网基础及"四电"工程预留沟槽管线的施工,2017 年 6 月底"四电"独立房屋主体工程全部完成,设备招标采购全部完成。

(2)铺架及站后工程完工阶段(主要为 2017 年度下半年、2018 年度)

无砟轨道施工随沉降评估完成而开始,自 2017 年 4 月开始铺设轨道板,至 2017 年 11 月底全部完成。铺轨工程自 2017 年 9 月 1 日开始,2018 年 3 月结束。房建工程 2017 年 12 月底"四电"设备用房达到设备安装条件,2018 年 10 月底完成全部装修和水电暖通及设备安装。"四电"工程 2018 年 5 月底全部完成。

(3)轨道精调及各专业收尾完善阶段(主要为 2018 年度)

站前工程随铺轨首铺方向完成后,立即安排轨道精调工作,全线第一遍精调在 2018 年 4 月底完成,2018 年 6 月底完成全部精调工作;"四电"工程在 2018 年 6 月完成电子专业调试工作,外部电源 2018 年 6 月完成送电。

(4)第五阶段:竣工验收阶段(2018 年 5 月至 12 月)

3. 调整后的工期目标

建设总工期 39 个月。施工工期 33 个月(含征地拆迁和施工准备),联合调试及试运行 6 个月。2015 年 10 月 1 日开工,2018 年 12 月 31 日竣工。

(二)第二次调整(2018 年 1 月)

1. 调整的原因

按照 2017 年 12 月 20 日山东省省长与铁路总公司总经理会谈确定的 2018 年开通济青高铁的目标,济青公司对济青高铁建设情况进行了梳理,拟定了"分步验收、分段调试、同步开通"的方案。2018 年 1 月,济青公司编制了剩余工程指导性施工组织设计。

2. 调整的主要内容

(1)站前工程:铺轨工程自 2017 年 7 月 31 日开始,2018 年 2 月底完成正线、到发线铺轨,4 月底铺轨工程全部结束。胶州北站站场改造工程 2017 年 11 月 20 日开通外包线,提供胶州北向红岛铺轨条件,2018 年 5 月底全站开通。

(2)房建工程:2017 年 10 月底"四电"设备用房达到设备安装条件,2018 年 9 月底完成竣工验收。

(3)"四电"工程:2017 年 8 月"四电"设备开始安装,2017 年底完成通信铁塔安装完成电力、通信、信号光电缆敷设,完成接触网杆、轨旁设备安装,2018 年 2 月完成接触网线架设。

(4)竣工验收:2018 年 3 月开始静态验收;2018 年 6 月开始动态验收;2018 年底达到开通条件。

第三节　主要工期控制措施

根据济青高铁建设总工期要求,济青公司坚持以指导性施工组织设计为纲,以重难点控制工程为重点,通过强化各项工期控制措施,顺利实现了建设工期总目标。

一、高度重视制约性强的征地拆迁工作

济青公司充分利用济青高铁由山东省与铁路总公司合资建设、地方负责拆迁的有利条件,

加大与地方各级人民政府协同工作力度,形成推动沿线征地拆迁工作的合力;提前研究确定重大迁改工程的工作方案,为开展征地拆迁和迁改工作创造有利的工作环境,形成了征拆方案早确定、拆迁体制早建立、补偿资金早落实、迁改难点早解决的良好开端。

二、开工前提前筹划,压缩施工准备时间

(一)施工单位进场前做好混凝土拌和站调查和混凝土选配工作,协调利用地方现有拌和站,为先期开工项目创造条件

为确保各单位进场拌和站未完成建设之前能迅速进行施工准备,打开工程施工局面,济青公司组织对沿线既有商用混凝土站进行了调查摸底,其中有5家距离线路较近,且有合作意向,加上先期开工段中铁隧道局所建设的进口、出口2个拌和站,基本能够满足大部分施工单位进场先期开展路基、桥梁基础施工的条件,这些拌和站可以就近为2、3、4、5、9、10、11标提供混凝土。各施工单位进场后可立即组织衔接,结合各自条件,洽谈有关合作事宜。

(二)提前选配混凝土配合比,压缩施工准备时间

为节省混凝土配合比设计占用工期有效时间,济青公司协同有关单位,对桩基混凝土、路基基础混凝土等就近选择既有拌和站进行混凝土配合比设计,为减少配制数量,个别采用了高代低(T2代替T1,C35代替C30等)的原则,满足设计要求。

有了临时配合比的准备,施工单位进场后即可用于施工,节省了宝贵的施工时间,为迅速开工提供了条件。

济青高铁2015年12月20日召开开工动员大会;2015年12月24日,施工单位进场第5天,全线第一桩跨绣江河特大桥80号墩开钻;2016年1月14日,施工单位进场第26天,全线第一墩跨绣江河特大桥80号墩墩身开始浇筑。2016年2月1日施工单位进场第34天,章丘制梁场浇筑完成全线第一榀箱梁,创造了高铁建设历史上的济青速度。

(三)深度介入"三电"迁改工作

项目可研阶段,济青公司就超高压迁改与山东省电力公司签订了意向性协议。初步设计阶段,济青公司组织设计院对迁改情况进行了详细调查,编制了具体的迁改方案及迁改预算,并将预算纳入总概算当中,保证了后续迁改工程的顺利实施。工程招标阶段,济青公司将超高压迁改纳入站前施工标段,充分调动了各施工单位的主动性和积极性,便于解决站前土建工程与超高压迁改工程相互推诿的问题。工程实施阶段,济青公司领导高度重视,组织成立超高压迁改专班,多次带队赴省人民政府、省发改委、国家电网及国网省电力公司协调解决超高压迁改的停电时间、迎峰度夏期间关键线路的停电迁改问题;结合施工组织设计和现场实际情况,针对每一条每一处超高压线路迁改都制定了具体迁改时间、计划需求,并递交给各市供电公司运检部,协商调整停电计划,对于已确定停电时间的,济青公司安排专人在停电前到达现场落实停电前准备工作,确保超高压迁改如期完成。

三、做好施工组织的编制和动态优化工作

济青公司组织各施工单位依据指导性施组,编制标段工程和重点工程实施性施组,在实施中实行施组动态管理,及时调整施组以适应施工情况发生的变化。

四、在合同中约定各种生产资源的投入

济青公司在与各施工单位签订的合同中，约定了机械装备、人力和资金投入的条款。在工程实施中要求参建单位兑现投标承诺，保证各种生产资源的有效投入，严格项目建设资金管理，为工程顺利开展提供了物质基础保障。

五、实行工期预警，严格进度考核

济青公司定期对全线实际形象进度与施工组织设计进度进行对比分析，对于处于关键线路上的工程项目滞后的，向施工单位发出红色预警；对于虽然没有滞后，但从现场管理看，有可能会滞后的项目，发出黄色预警；对于虽然不处在关键线路上，但实际进度严重滞后，再不加快施工进度，有可能变为控制性工程的项目，也发出黄色预警。济青公司依据形象进度考核管理办法和施工组织设计确定的节点严格考核，及时兑现奖惩。

六、加强施工图设计管理

济青高铁建设制约施工图交付的因素较多，设计供图成为影响工程推进的主要制约点。济青公司将设计供图作为工作重点，加强对设计和咨询过程的管理，积极协调，为开展地质补勘工作创造条件，加快推进特殊工点的施工图设计，优化设计和咨询的工作流程，加快设计进度，确保施工图供图优先满足先期工程、重点工程的施工需要。定期召开设计供图和工程进度协调会，督促和协调设计单位按照供图协议和阶段任务指标，加快供图速度，尽早供图，保证施工如期展开。

七、加强工期过程控制

济青公司运用现代管理手段，根据总体工期计划，对关键线路形象进度和单项进度指标等进行实时监控。坚持经常性的对比分析和阶段性的评估分析，评定项目进度状况，尤其对关键线路上的工程进度实行施工进度报告（周报、月报）制度，及时对比重点控制工程的实际进度和计划进度的偏差，分析原因，采取相应的对策措施。

八、认真抓好接口管理

济青公司高度重视站前、站后及各专业、各单位的接口工作，组织专门人员负责接口管理，让“四电”施工单位提前进场，协助土建施工单位做好沟、槽、管、线预理及接触网支柱基础、综合接地、设备安装基础预设等接口工作，为后序工程施工提供了条件。统筹安排各专业平行作业、交叉作业，协调各专业工程同步推进。

九、开展劳动竞赛激发参建人员工作积极性

建设伊始，济青公司就在全线组织开展了建设济青高铁重要意义的宣传动员，增强了所有参建人员的责任感、使命感和紧迫感，凝聚合力，为实现工期目标夯实了思想基础。施工过程中，济青公司组织开展了“百日劳动竞赛、三保双过半、三项工程建设”等劳动竞赛活动，组织开展了争创年度先进集体和个人等多种评优活动，鼓励先进、鞭策落后，形成了比、学、赶、超的良好氛围，使全体参建人员始终保持旺盛的活力，不断掀起施工高潮，攻坚克难，加快了施工进度。

第七章　投资控制

第一节　项目资金筹措

济青公司是经山东省人民政府批准组建的省管企业，由山东铁路建设投资有限公司（作为山东省人民政府出资者代表）、中国铁路发展基金股份有限公司（铁路方投资方）、济南局（铁路方投资方的实际管理者）与中建山东投资有限公司、国开发展基金有限公司、中车青岛四方机车车辆股份有限公司共同出资设立。

一、筹措资本金

根据国家发改委《关于新建济南至青岛高速铁路可行性研究报告的批复》（发改基础〔2015〕51 号），济青高铁项目资本金为项目总投资的 50%，济青公司注册资本为 300 亿元。股东均以货币出资，各方认缴出资数额及比例为：山东铁路建设投资有限公司认缴出资 193 亿元，占注册资本的 64.33%；中国铁路发展基金股份有限公司认缴出资 60 亿元，占注册资本的 20%；中建山东投资有限公司认缴出资 26 亿元，占注册资本的 8.67%；中车青岛四方机车车辆股份有限公司认缴出资 13 亿元，占注册资本的 4.33%；国开发展基金有限公司认缴出资 8 亿元，占注册资本的 2.67%。

济青高铁建设过程中按照先用资本金、后用债务性资金的原则积极落实资本金，截至 2018 年底，资本金全部到位。

二、沿线地方人民政府以征地拆迁费用出资入股

按照山东省与沿线各市人民政府签订的《征地拆迁工作目标责任书》，济青高铁征地拆迁工作由沿线各市负责实施，辖区内的补偿资金由各市负责全额落实并使用管理，以经第三方审价单位确定的金额出资入股济青公司。这种模式有效调动了各市县征地拆迁工作的积极性和工作效率，各市县在确定补偿标准时严格控制在政府发布的标准以内，在征地拆迁过程中避免了拆迁范围扩大、拆迁数量增加、抢建抢种等问题，征地拆迁总体费用没有超出概算。

三、全面落实债务资金

根据《国家发展改革委关于新建济南至青岛高速铁路可行性研究报告的批复》（发改基础〔2015〕51 号）文件批复意见，项目需使用国内银行贷款 300 亿元，为实现低成本融资目标，济青公司与各大银行、基金公司等金融机构密切沟通，并与部分证券公司就发行项目收益债和其他融资方式进行了有益探讨。济青公司先后与 19 家银行和 5 家证券公司进行了深入接洽，对银行方案和多边方案进行了多轮比选，最终确定了银行贷款方案。济青公司向省人民政府上报专项报告，得到省人民政府同意后，组建以农行山东省分行牵头、中信银行济南分行参团，总额度 300 亿元的银行贷款，贷款利率为基准利率下浮 15%，创铁路项目贷款利率新低。

截至2018年底，已累计提取银行贷款137亿元。经初步测算，较基准利率相比，建设期节省贷款利息3.02亿元，运营期节省贷款利息17.11亿元，共计节省贷款利息20.13亿元。

四、努力争取政府低成本政策性资金

济青高铁建设过程中，前后共使用三期国开专项建设基金，金额达98亿元。其中山东省56亿元，铁路总公司42亿元。专项基金利率为1.3％，远低于基准市场利率4.9％，整个还款期内节约财务费用70亿元，有效降低了项目股东方融资成本，提高了项目经济评价指标，为招商引资打下良好条件。

五、积极落实站房扩大规模资金

自济青高铁可研批复后，沿线地方人民政府提出扩大站房建筑规模的要求。为此，济青公司向省发改委提出书面请示，根据《山东省发展和改革委员会关于济青高铁站房工程出资方案的批复》(鲁发改交通〔2016〕727号)，山东省人民政府同意济青公司关于要求地方人民政府在初步设计阶段必须提报出资承诺和出资保函的请示。初步设计批复后，济青公司积极主动与地方人民政府沟通，盯催资金审批流程，站房扩大规模资金全部顺利到位。

六、招商引资

(一)力推招商引资宣传工作

根据省委、省人民政府《济青高铁前期工作会议纪要》(鲁政字〔2014〕41号)关于对济青高铁项目“省方为主、多方参股”及“股权多元化”的要求，济青公司积极开展了招商引资工作。为提高项目收益指标测算科学性，满足引入社会资本的要求，聘请了普华永道作为财务顾问，搭建项目财务模型，进行财务经济分析；聘请美国西图集团和重庆合乐工程咨询有限公司对项目未来客流量进行客观分析，形成济青高铁运输客流预测报告；为提高项目收益率，满足投资人收益率要求，济青公司建议省人民政府出台具有吸引力的引资配套政策，明确了提高票价、电价优惠、设立外资股权回购机制、给予运营资金缺口及贷款利息补贴等项目引资配套政策。同时为进一步提高项目影响力，济青公司编撰了公司招商引资宣传册，全面介绍公司情况、省人民政府对公司的重视程度、投资亮点、发展远景等，给潜在的战略投资人以直观认识，扩大了济青高铁社会影响力。通过推介，先后有三十多家机构与公司进行了洽谈，表达了投资意向。

(二)引入社会资本

引入社会资本既可缓解省方铁路建设出资压力，又可通过国有资本和社会资本相互融合，实现取长补短、相互促进、共同发展的目标，同时还有利于转换经营机制，形成完善的企业法人治理结构。

1. 项目开工前引进战略投资人。济青公司在注册之前成功引入中建山东投资有限公司和中车青岛四方机车车辆股份有限公司两家战略投资47亿元，约占注册资本300亿元的18％；在国家发改委和省发改委的协调支持之下，济青公司成功引入国家开发银行旗下国开发展基金有限公司投资8亿元。

2. 引入社会资本解决征地拆迁资金。沿线各市人民政府为落实征地拆迁资金，在投融资模式上进行了创新。如2015年5月，中国邮政储蓄银行中标全国首个高铁PPP项目，即济青高铁潍坊段征地拆迁 PPP 项目，承担了 40 亿元的全部征地拆迁投资。

3. 施工招标和招商合并组织。在济青高铁站后工程建设中，将工程施工招标和引入社会投资人招标同步组织实施，将招商政策写入招标文件，股权投资作为施工招标技术标、商务标和报价标外的加分项，引进中标人社会资本约 10 亿元。

第二节 建设资金管理

为了更好地对建设资金进行管理，济青公司采取了以下措施。

一、成立资金管理领导小组

济青公司成立了由董事长、总经理任组长的资金管理领导小组。领导小组负责审议公司重大资金使用、重大资金筹集的活动，确保公司资金使用依法合规、保障有力。

二、成立资金结算中心，发挥资金集中效益

为发挥资金最大效益，济青公司成立了资金结算中心，将公司建设资金、地方人民政府出资、代建资金及子公司资金进行集中管理，提高使用效率，同时有效监控资金的流向，降低资金风险。

资金结算中心成立以来，分担建管费 1 287 万元。将部分闲置资金办理了协议存款、通知存款，取得资金收益 2 745 万元，降低了公司财务费用，确保资金发挥最大效益。

三、严格控制建设资金开支

济青公司严格执行建设资金和工程价款结算管理有关规定，资金支付前严格审查投资计划、合同约定及验工计价等结算资料，结算过程中及时审核资金审批意见、委托支付手续，取得相关部门确认，资金支付后及时取得收款证明等，确保了资金合规合法使用。对于差旅费、人工薪酬等主要建设管理费严格控制在规定标准内。

四、及时拨付工程款

济青高铁工程拨付包括预付款、甲供物资款、共同采购物资款、重点控制物资款、验工计价款和质保金等，资金量巨大，涉及单位众多。济青公司本着服务项目建设的理念，认真履行合同约定，按时足额拨付工程款，保证了项目资金供应。济青公司在整个建设过程未出现资金违约和建设资金拨付方面任何违规违纪问题。

五、对建设资金实施监管

在各参建单位进场后，济青公司要求各单位分别开立工程款结算和农民工工资保证金账户，其中农民工工资保证金账户专门进行农民工工资支付，并对账户余额进行了明确要求；与参建单位、银行签订了资金监管三方协议，明确银行负有资金监管责任；对各单位的资金管理由事后促缴转入事前、事中管理。上场前对参建单位进行资金管理培训，对公司资产管理要求进行交底，要求各参建单位制定资金管理办法，强化各参建单位资金管理的计划性。

六、对建设资金使用情况进行检查

济青公司结合公司组织的综合性检查活动，对参建单位资金管理进行专项检查；结合资金拨付情况，安排资金专项检查；安排审计单位每半年进行一次跟踪审计，检查资金使用情况；对发现的风险进行预警，对发现的问题进行反馈、限时整改，避免了建设资金不合理流出现象的发生。

第三节 招标管理

济青高铁项目累计招标59次，其中先期开工段招标2015年7月28日组织完成，全线站前招标2015年12月28日完成，“四电”招标2016年11月5日完成，县级站房招标2016年11月20日完成，市级站房招标2017年6月10日组织完成。全线累计完成招标金额约352亿元，其中工程设计、施工、监理、第三方服务类招标金额约320亿元，物资和设备类招标金额约32亿元。济青高铁项目招标工作依法合规、规范有序。

一、依法合规开展招标工作

济青公司各项招标工作在公司招标领导小组的统一管理下由计划合同部牵头，相关部门参与，全过程在公司纪委、省发改委和上海铁路监督管理局的多方监管下有序开展，保证了招标工作的公开、公平、公正。

（一）招标程序规范

一是招标前由公司招标领导小组集体研究确定招标方案，评标后由公司党委集体研究批准评标结果；二是公司组织开展的各个招标项目均在上海铁路监督管理局履行了备案手续；三是公开招标的项目全部进入济南公共资源交易中心进行进场交易，在交易中心的管理下完成招标工作各个环节。

（二）招标工作严谨

一是招标方案、招标文件由责任部门牵头，相关部门配合共同完成，资格资质条件、评标办法、合同条款、考核办法等关键事项由多部门共同商讨；二是建设单位评标人员由公司主要领导在评标前确定，纪委组织评标人员及招标工作人员进行评标前谈话提醒，防范廉政风险。

二、开创了铁路项目招标新模式

济青高铁项目作为国家发改委确定的首批社会资本示范项目，在站房工程招标中，济青公司积极探索，紧密结合国家发改委《关于进一步鼓励和扩大社会资本投资建设铁路的实施意见》（发改基础〔2015〕1610号）要求，采用“入股施工一体化”模式，引入社会资本10.9亿元，有效解决了建设资金的难题，真正发挥了济青高铁作为社会资本示范项目的引领作用。

三、自行完成各类招标

根据《国家发展改革委关于新建济南至青岛高速铁路可行性研究报告的批复》（发改基础〔2015〕51号）文件，核准济青公司对勘察设计、建筑工程、安装工程、监理、设备招标采用自行招标组织形式进行公开招标。

可研批复后，济青公司在公司筹备组的基础上注册成立，按照国家发改委等9部委《工程建设项目自行招标试行办法》(2013年第23号令)自行办理招标事宜的各项规定，济青公司具备了自行办理招标事宜和编制招标文件、组织评标的能力，公司自行招标资格条件通过了国家铁路局上海铁路监督管理局审查。

参照《铁路建设项目施工招标投标实施细则》(铁总建设〔2015〕146号)、《铁路建设项目监理招标投标实施细则》(铁总建设〔2014〕54号)文件规定，施工类和施工监理类具备招标条件后，由济青公司编制招标计划报省发改委审批后组织实施。参照《中国铁路总公司关于明确铁路建设项目物资和咨询服务类招标有关事项的通知》(铁总建设函〔2013〕1181号)文件规定，甲供物资类和咨询服务类招标计划由公司内部审查同意后组织实施。

第四节　计划统计

济青高铁建设期间共编制下达2015至2019年度投资计划5次，季度及调整投资计划14次，累计下达投资计划485亿元，通过合理编制建设投资计划，节省了工程投资，保证了工程建设进度。

一、合理安排投资计划

一是根据项目批准的总工期和施工组织设计及施工现场情况，合理分配项目各年度主要工程实物量，根据项目架梁、铺轨、“四电”、综合调试等主要节点的施工工期，分章节编制项目各年度建设投资计划；二是在每年三季度末及时修订及编制次年投资建设计划及资金需求计划，并报送铁路总公司、山东省发改委；三是根据铁路总公司下达的建设投资计划及调整计划，结合各参建单位现场实际，将年度、季度投资计划和与之匹配的工程实物量，分别细化到各个标段，调整各年度、季度建设投资计划并向各参建单位下达。

二、及时做好统计分析工作

一是按照铁路行业统计规则，组织公司相关部门及各参建单位按期报送月度、季度及年度各类统计报表，完成各月度、年度统计报表200余份，建立各类统计台账18份；二是按山东省发改委、济南局、各相关市区统计局等要求报送各类统计报表；三是不定期按相关市区文件要求，报送各类临时调度数据；四是及时向公司领导提供各种统计信息资料、临时报表。济青公司先后在2017年、2018年被济南市统计局评为“先进单位”，在2018年被淄博市统计局评为“先进单位”。

第五节　投资控制

济青高铁可研批复估算599.8亿元，初步设计批复概算582.28亿元，站房修改初步设计批复概算48亿元。在济青高铁建设过程中，济青公司对工程投资实行全过程控制、全方位管理。项目提前一年通车，项目实际投资较批复概算节省约46亿元(含17亿元贷款利息)，在保障工程建设顺利实施完成的情况下，大幅度节约了投资，圆满实现了项目建设投资控制目标。

一、前期阶段加强费用调研、精准计列概算

设计阶段是项目投资控制的关键环节，一是着力做好了“三电”及管线迁改费用、征地拆迁费用的审核把关工作。可研估算编制时，征地拆迁费39亿元，经公司现场调查并组织专业评估，测算征地拆迁费约需70亿元，经过与国家发改委和铁路总公司积极协调沟通，可研批复最终采纳了公司意见；二是组织对路基、桥梁、隧道、轨道、“四电”、房建等各专业工程造价指标合理性进行分析、对比、核算、纠偏，使各项工程费用计列合理合规。

二、招标阶段多措并举、合理降低造价

一是对设计院编制的招标预算进行详细分析，根据造价指标实际情况采取了降造方式确定招标最高限价。济青高铁施工招标时，在充分分析招标预算编制水平的基础上，结合施工难易程度、是否出资、预计利润空间等采用了适当的降造系数。站前工程采取2%总包费＋4%降造、站房工程采用2%总包费不降造，“四电”工程采取2%总包费＋4%降造，共节省投资约19.11亿元。

二是进行标段划分时，将在工序衔接上存在密切关联的工序划分为一个标段，将在空间上存在交叉、互为一体的工程划分一个标段，将在系统上能形成独立功能的各组成部分尽量划分一个标段。例如将“三电”迁改纳入站前标段，便于标段与工程施工统筹安排；站房下部桩基工程与站场土石方纳入站前标段；生产用房的消防、弱电、配电工程纳入站房标段，避免不同施工单位施工作业交叉干扰。

三是合理设定变更设计调整合同价款界线。济青高铁项目按照站前工程300万元，“四电”和市级站房工程200万元，县区级站房50万元作为变更设计合同价款调整分界线。

三、投资清理阶段统筹谋划、依法合规办理工程结算

济青高铁具有线路长、投资额度大、建设周期长、参建单位多、出资构成复杂等特点。在充分调研国内铁路项目结算的经验和教训基础上，制定了切合济青高铁实际情况的投资清理工作方案，动员和组织23家施工单位、20家监理单位、近20家设计、咨询服务单位，对公司管理的或涉及的相关单位进行了全方位地投资梳理。从项目投资清理结果来看，项目批复总概算582亿元，预计节省静态投资29亿元、节省贷款利息17亿元。

第六节　合同管理

济青公司制定了《合同管理办法》，明确合同管理过程中各部门的职责权限、管理流程、操作方法。从质量、进度、投资、安全、环保、技术创新和风险控制等方面强化了合同管理工作。坚持从招标文件编制开始，对合同条款制定、合同审查与签订、合同履行与变更、纠纷处理以及合同审计等全过程进行严格控制，硬化合同双方的权利和义务，树立依法履行合同的观念，认真组织履约检查，促进合同各方诚实守信。济青高铁项目共签订合同460份，实现了合同问题“零上诉、零调解、零纠纷”。

一、制度上确保合同的合法性和规范性

在合同的签订过程中，济青公司充分贯彻执行了合同联签审查制度，每份合同均由承办部室、计合部、财务部及公司分管领导审查联签，每份合同均由法律顾问出具审查意见。联签制度能够集众人之智，从不同角度去审查并提出意见；法律顾问咨询确保了合同的合法性和规范性，保证了公司合同签订的质量。

二、首签地方控股高铁委托运输协议

济青高铁是全路第一家路省合资、省方控股的高铁项目，委托运输管理协议没有先例可以借鉴。协议商谈前，济青公司专门制定了《关于济青高铁委托运营验收和运营安全评估工作建议意见》，集中研讨了铁路总公司的委托运输管理合同范本以及京沪高铁、胶济、石济等国铁控股公司的委托运输协议。在商谈过程中，济青公司 9 个部室与济南局 26 个处室就委托运输管理合同及 4 个附件进行了逐条逐项谈判对接，对委托方和受托方的权利义务，委托的范围、内容反复推敲，对合同的关键条款、关键内容，坚持依法依规全力争取，比如站场商业开发权益约定为“五五分成”。经过多次对接，济青公司本着最大限度维护公司利益、最大限度保障公平公正的前提下，完成了委托运输协议的签订。

第七节　验工计价管理

一、验工计价原则

“依法合规”：执行铁路总公司《关于印发〈铁路建设项目验工计价办法〉的通知》（铁建设〔2014〕298 号）、济青公司《验工计价管理办法》（济青高铁办〔2015〕57 号），以及国家相关职能机构、山东省、铁路行业制定的各类政策性调整文件，做到有章可循。

“有理有据”：一是依据工程承包合同及其他有关合同、协议；二是依据经审核合格的施工图及批准的变更设计；三是依据质量合格等相关证明文件。

二、验工计价各负其责

济青公司提前谋划验工计价工作。在项目开工前就着手制定出一套既符合国家相关职能机构和铁路总公司有关规定，又有效结合济青高铁项目特点和实际的《验工计价管理办法》，以规范验工计价程序及各方行为。

济青公司在验工计价环节实行量价分离原则，验工与计价分部门管理，合格工程数量经监理单位现场监理、总监审核后，报公司指挥部审核，再经公司工程管理部审定，安全质量部负责对经监理单位与工程管理部审核后的验工计价进行工程质量合格性审核，最后由公司计划合同部根据合同规定进行计价。责任明确，并有可追溯性，哪个环节出了问题，哪个环节的部门和审签人员负责。

第八节　财 务 管 理

济青公司积极创新融资模式，引进新的战略投资者，保障项目建设资金；严格细致管理建

设资金，保证资金安全，降低资金风险，顺利通过外部各级审计监督；积极进行税收筹划，降低公司税负，做好营改增的过渡；积极控制项目总投资，降低项目投资回收期，提高建设项目效益。

一、制定并及时修订相关财务管理办法

在充分借鉴铁路总公司财务管理制度基础上，结合实际情况，济青公司制定了公司《财务管理办法》《建设资金流向监管办法》《建设资金管理及工程价款结算办法》《建管费管理办法》《差旅费管理办法》《地方出资资金管理办法》《补充医疗保险》《爱心基金管理办法》等一系列规章制度。执行过程中，为满足管理需要，适应经济活动变化，济青公司对相关重点管理办法进行了必要的修订，其中，工程价款结算管理办法修改 4 次，修正了预付款比例，完善了受托支付程序，修正了保证金比例，调整了拨款节点等；建设管理费用管理办法修改 2 次，修正和调整建设管理费中不合理的地方，整改巡察审计提出的问题等；农民工工资管理办法修改 4 次，利用各种手段解决拖欠农民工工资问题。

二、建设财务信息化管理系统

济青公司在充分调研的基础上，选定财务软件、财务专用服务器等相关信息化软件与硬件，建立财务总账、财务报表、固定资金等模块，高起点、高标准地建设自己的财务信息系统，保证了公司各项财务工作高效运作、顺利开展。

三、实行严格的资金计划管理

济青公司制定了《资金流向监管办法实施细则》，对各参建单位资金支付实行计划管理，各单位每月初上报当月资金使用计划，财务部审批通过后，各单位在计划内进行资金支付，超过 300 万元的大额资金对外支付需另行报批。当月计划不足的，需提报资金补充计划，这就保证了对各单位资金管理由事后转入事前、事中管理。各单位资金计划报送依托 OA 办公系统实现，财务部通过两级网上复核，实现资金计划管理的高效、节约。

四、细化核算项目投资

在济青高铁建设中，济青公司划分概算内投资、地方出资、地方投资、受托建设、资金结算中心等核算内容，建立多个财务账套对以上内容进行核算，对各财务账套业务进行联动，既可单独实现单账套内容查询，又可满足报表合并需求，确保了资金和账目清楚。

五、积极进行税收筹划

（一）实现税金委托代征

项目开工建设之初，为加强项目税收管理，确保税金及时足额入库，济青公司参照其他铁路项目的惯例，通过与沿线地税部门沟通协商，对施工单位的营业税金及附加实行委托代征。2016 年 5 月 1 日建筑业营改增试点后，济青公司与沿线国税部门对接，克服建筑增值税没有委托代征的先例及代征流程和系统不成熟、税票分离、参建单位众多且分散全国各地的现状，全面推进增值税委托代征工作。

截至2019年年底，委托代征涉及38个税务局，数十个参建单位，12个纳税周期，累计为济青公司创收1 900余万元，为公司增加了实实在在的现金流入。

（二）做好营改增政策过渡衔接工作

全面实施营改增以来，济青公司高度重视政策落实和平稳过渡工作。建设过程中，公司和各参建单位积极配合，妥善解决了各方在计税方式选择、共同采购物资、建设资金拨付等方面的分歧。在充分调查了解各参建单位执行营改增的实际税负情况后，根据《财政部 国家税务总局关于全面推开营业税改征增值税试点的通知》（财税〔2016〕36号）文件要求，参照铁路总公司系列文件精神，并结合项目自身实际情况，济青公司多次组织各参建单位召开营改增专题会议，最终确定了营改增后有关事项的处理意见，确保了公司营改增工作的顺利平稳过渡。

（三）筹划留抵税金

根据《财政部 国家税务总局关于全面推开营业税改征增值税试点的通知》（财税〔2016〕36号）文件规定，济青公司对站前参建单位采用简易计税方式，即税率3%进行代扣税款，但本着“互利共赢”的理念，为增加公司进项税，济青公司对原合同清单内的钢材、水泥两项共同采购物资从合同清单内剔除，由公司进行统一支付结算，并由供应商向公司开具专用发票。通过创新共同采购物资模式，为济青公司增加留抵收益7亿元。

（四）落实增值税期末留抵退税政策

按照国家税务总局2019年3月下发的《关于深化增值税改革有关政策的公告》，济青公司积极研究政策，对发票的接收、认证时点进行提前纳税筹划，确保满足“连续六个月增量留抵税额均大于零，且第六个月增量留抵税额不低于50万元”的条件要求。截至2020年5月份，累计实现增值税退税9亿元。

六、高度重视农民工工资支付

济青公司高度重视并关注各参建单位农民工工资支付情况，先后下发了一系列通知，要求各参建单位高度重视农民工工资管理，严格自查自纠，对发现问题积极整改落实，特别是针对工序转换频繁，劳务费结算和支付工作量大的情况，及时进行现场检查、督办，优先保证农民工工资发放。发现问题苗头及时协调解决，按时向上海铁路监管局、山东省劳动监察总队上报农民工工资支付管理工作报告。切实维护农民工合法权益，避免了影响社会稳定的群体性事件发生。

七、实施跟踪审计，降低建设管理风险

为规范济青高铁建设，降低审计风险，济青公司创新性地通过公开招标方式选定第三方中介机构对项目建设进行全过程跟踪审计。审计对象包括公司和各参建单位，审计周期每半年进行一次，贯穿于项目建设全过程。审计方法模拟审计署有关审计要求进行，重点对建设资金使用和审计风险事项进行跟踪，通过社会中介跟踪审计，规范了建设程序和管理行为，及时发现和纠正建设过程中存在的问题，最大程度地降低了管理风险，为实现建成“廉洁高铁、百年高铁”的目标奠定了良好基础。

通过配合政府审计，解决了公司难以解决的问题。如山东省重大项目专项审计，解决了地方出资不到位、隧道洞渣处置不合理和省方资本金不到位问题；国家审计署济南办铁路建设政策跟踪审计，解决了复垦保证金问题。

第九节　变更设计管理

一、制定办法，明确职责

为规范济青高速铁路变更设计管理，保证工程质量、施工安全，合理控制工程投资，依据原铁道部《关于印发〈铁路建设项目变更设计管理办法〉的通知》（铁建设〔2012〕253 号），济青公司制定了《济青高铁变更设计管理办法》。变更设计管理工作由公司总工程师分管，公司工程管理部负责变更设计的日常管理工作，其他部门协助配合管理。各部门的主要职责如下：

1. 工程管理部负责对变更设计组织审查、负责及时组织相关各方做好变更设计工作，对变更设计原因、方案、增减工程量审核把关并提出审核意见。

2. 计划合同部为协管部门，负责对变更设计概预算编制原则和费用审核把关并提出审核意见，负责统计、分析、上报预备费使用情况。

3. 安全质量部负责对涉及项目安全的变更设计提出审核意见。

4. 物资设备部负责对变更设计涉及的物资、材料和设备等提出审核意见。

5. 勘察设计单位负责完善内部勘察设计及变更设计管理制度，提高初步设计和施工图质量，尽量避免Ⅰ类变更设计，减少Ⅱ类变更设计。按照公司要求，按时优质完成变更设计文件编制。

6. 施工图审核单位按照合同约定及相关规定要求，认真进行变更设计审核工作，及时出具审核意见。

7. 监理单位认真核对设计文件，将发现的勘察设计问题以及施工单位提出的问题及时通知勘察设计单位和公司；积极参与变更设计方案研究，按照变更设计文件实施监理，严禁未经批准擅自同意变更设计工程施工。

8. 施工单位做好施工图现场核对和施工过程中地质资料确认工作，发现问题及时向监理人员和公司提出；积极参与变更设计方案研究，严格按照变更设计文件组织施工；不得在变更设计过程中弄虚作假或未经批准擅自施工。

二、合理确定变更设计类别

济青高铁将铁路建设项目变更设计划分为Ⅰ类和Ⅱ类（Ⅱa 和Ⅱb）两类。

（一）Ⅰ类变更设计（图 2-7-1）

符合如下条件之一者，为Ⅰ类变更设计：

1. 变更批准的建设规模：对工程范围、车站（段、所）规模的变更。

2. 变更批准的主要技术标准：对铁路等级、正线数目、设计行车速度、线间距、最小曲线半径、限制坡度或最大坡度、牵引种类、机车类型或动车组类型、牵引质量、到发线有效长度、闭塞类型或行车指挥方式与旅客列车运行控制方式、建筑限界等的变更。

3. 变更批准的重大方案、重大工程措施：对批复的线路、站位、重点桥渡、站房建筑方案、重要环水保措施等的变更。

4. 变更初步设计批复主要专业设计原则的变更。

5. 调整初步设计批准总工期的变更。

6. 建设项目投资超出初步设计批准总概算的变更。

7. 国家相关职能机构、山东省和铁路总公司相关政策、规范、规定重大调整的变更。

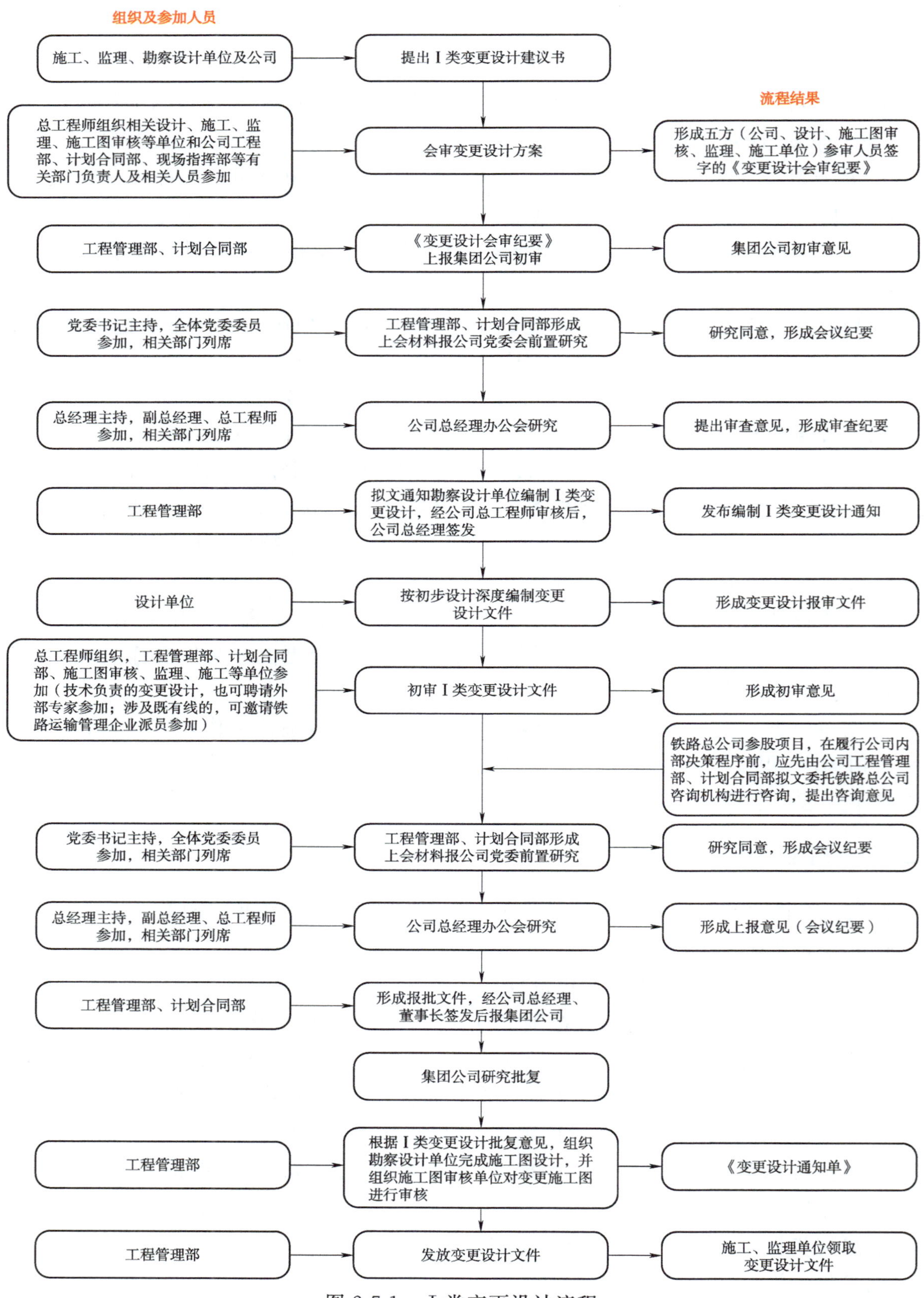

图 2-7-1　Ⅰ类变更设计流程

（二）Ⅱ类变更设计

除Ⅰ类变更设计外的其他变更设计均为Ⅱ类变更设计。Ⅱ类变更设计分为可调整合同价的Ⅱ类变更设计（简称Ⅱa，图2-7-2）和不调整合同价格的Ⅱ类变更设计（简称Ⅱb，图2-7-3）两类。各类别工程具体规定如下：

站前工程增减投资额300万元及以上、“四电”工程增减投资额200万元及以上、房建工程增减投资额50万元及以上的非承包人原因Ⅱ类变更设计为Ⅱa类，其余Ⅱ类变更设计为Ⅱb类。合同另有约定的，按合同执行。

三、规范变更设计流程

在济青高铁建设全过程，济青公司和各参建单位自变更设计建议书到变更设计批复为止，认真执行济青高铁变更设计管理办法，严格遵循变更设计流程开展相关工作。

四、Ⅰ类变更情况说明

济青高铁共发生Ⅰ类变更8项，具体如下。

（一）潍坊北站Ⅰ类变更设计

根据省发改委纪要要求，京沪二通道和潍莱铁路引入潍坊北站不可分割工程需与济青高铁同步实施。主要实施内容：

1. 潍坊北站站内工程：潍莱铁路济青场南侧增加1条到发线；综合维修车间调整至东北角；潍莱引入扩大规模及走行线工程；京沪二通道预留工程实施紧邻济青场的1台2线及两端咽喉区距最外侧轨道25 m范围内地基处理、土方、横向构筑物等同期实施。

2. 潍莱铁路：潍莱铁路左、右线紧邻及上跨济青高铁正线段，左线线路长5.39 km，右线长5.36 km；潍坊北立折线实施紧邻潍莱右线。

3. 东潍济青联络线：下行联络线路基地段与济青高铁、潍莱铁路间距小于25 m，路基地段纳入潍坊北站一并实施，线路长0.53 km；上行联络线紧邻济青高铁正线及上跨济青高铁范围内同步实施，线路长1.84 km。

4. 潍临济青联络线，上行联络线紧邻潍莱铁路，上跨济青、潍莱铁路正线范围同步实施，线路长3.31 km；下行联络线并行潍莱铁路左线间距小于25 m范围同步实施，线路长2.76 km。增加费用分别纳入京沪二通道和潍莱铁路项目，其中京沪二通道由潍坊市先行垫付。

（二）济南东站Ⅰ类变更设计

为了尽量减少将来实施济南站至济南东站联络线工程对营业线运营的干扰，与济青高铁同步实施济南东站场范围内1台2线及联络线不可分割部分的地基处理、土方及桥涵工程；同时综合考虑北侧预留城际车场工程，同步实施两端咽喉区距济青高铁开通营业线最外侧股道25 m范围内的地基处理和土方工程。

（三）淄博北站增设动车存车场Ⅰ类变更设计

原设计从路网结构上考虑潍坊北站为将来的京沪二通道的节点，淄博北站只考虑部分立折动车。随着路网密度的增加，从淄博通过济青高铁开行至其他城际铁路的动车有一定的可能，设计根据淄博市的意见，增设动车存车场，以利于办理部分早发的始发动车。经分析，考虑淄博城市的人口数量及优越的地理位置，且淄博市承诺承担增设动车存车场而增加的投资，认

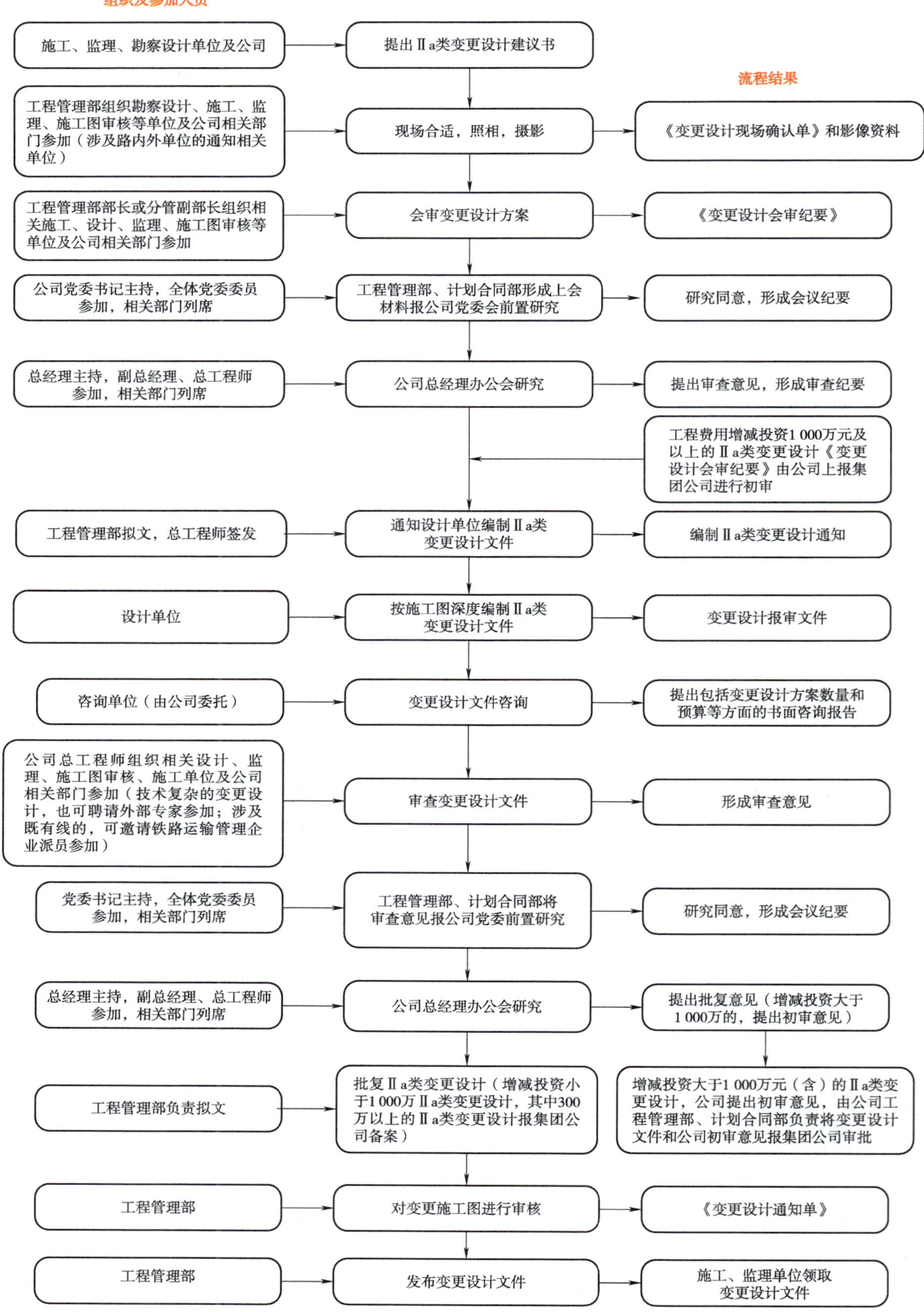

图 2-7-2　Ⅱa 类变更设计流程

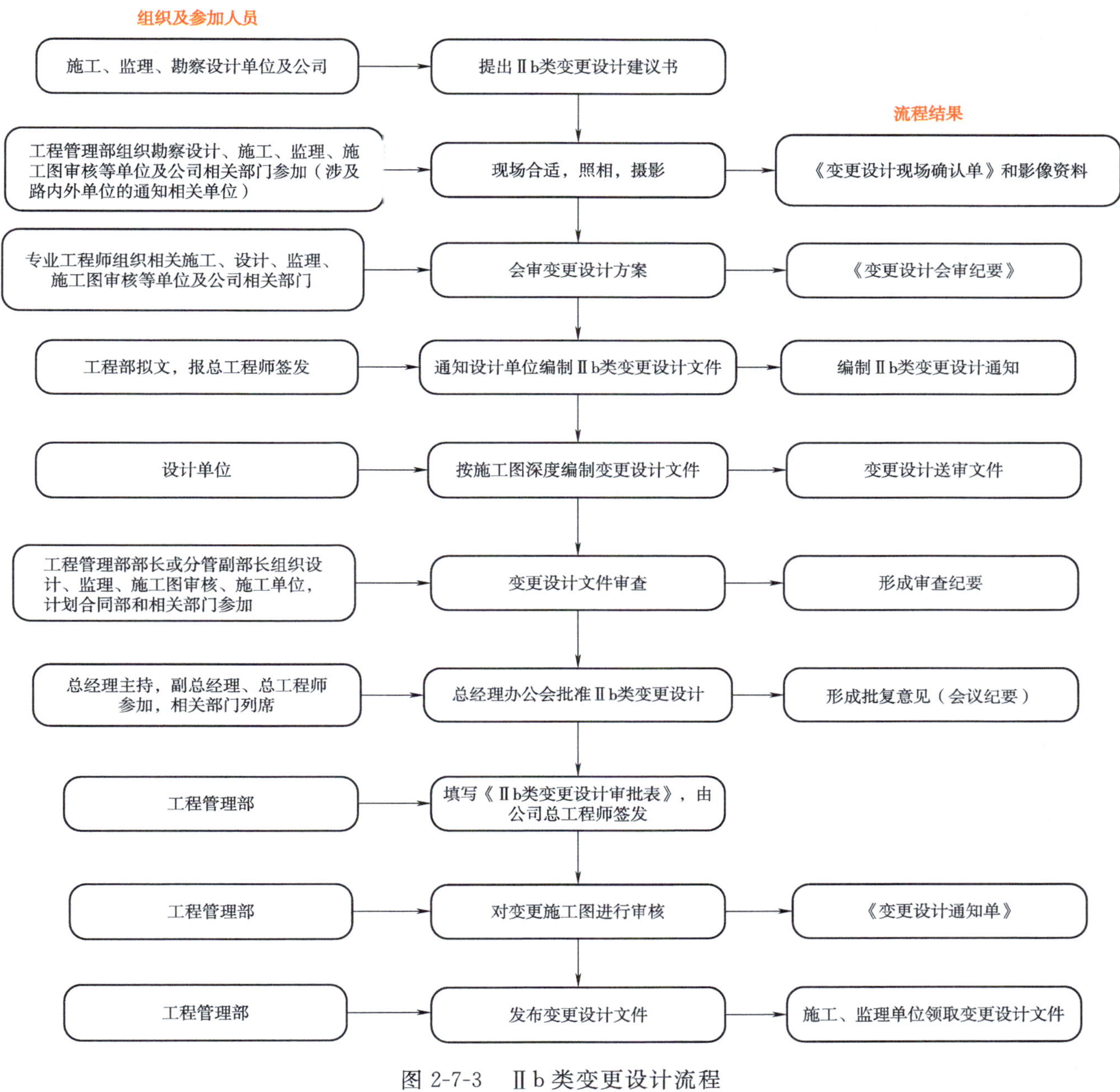

图 2-7-3　Ⅱb 类变更设计流程

可其提出的增加动车存车场的意见，使其具备办理始发动车条件，有利于提高路网开行方案的灵活性，进行相应的变更设计。

（四）胶州北至青岛站间牵引供电能力补强Ⅰ类变更设计

为满足济青高铁长编组动车组在不切除功率的情况下经胶州北站通过胶济客专至青岛站，实现 4 min 追踪间隔，确保列车运行安全和运行效率，需对胶济客专胶州北站至青岛段既有牵引供电能力进行补强。

（五）高密至即墨列控系统改造Ⅰ类变更设计

济青高铁与胶济客专在胶州北站汇合后，直向路径利用既有胶济客专进入青岛枢纽。其中即墨至青岛段既有列控系统近期结合青荣城际、青连铁路等工程中已按现行列车运行控制系统第二级（CTCS-2）标准进行了改造，但高密至即墨段仍为建设时间较早、相关技术标准已废止的既有 CTCS-2 系统，不符合现行 CTCS-2 系统技术标准。根据铁路总公司当时文件要求，结合工程实际情况，需对胶济客专高密至即墨间进行安全数据网变更。

（六）邹平站房Ⅰ类变更设计

根据滨州市人民政府《改移济青高速铁路邹平站房样式及站房面积事宜的函》将邹平站站房由线侧下式调整为线侧平式，增加站房北侧高架落客平台及站房南侧增加跨线天桥，邹平站站房面积由原 12 000 m^2调整为 23 700 m^2。

（七）济青高铁全线通信综合视频监控系统Ⅰ类变更设计

根据《中国铁路总公司关于发布设计时速 200 公里及以上铁路区间线路视频监控设置有关补充标准的通知》（铁总建设〔2016〕18 号）和《中国铁路总公司关于印发〈高速铁路反恐怖和治安防范标准（试行）〉的通知》（铁总办〔2016〕174 号）的要求进行变更设计，增加前端摄像机及相关的设备。

（八）新建济南至青岛高速铁路调度集中系统Ⅰ类变更设计

根据铁路总公司《调度集中系统技术条件》（Q/CR 518—2016），济青高铁各车站、线路所、存车场等 CTC 分机按该条件进行调整设计。

第十节　竣工财务决算

项目竣工财务决算是正确核定项目资产价值，反映竣工项目建设成果的文件，是办理资产移交和产权登记的依据，是一项综合性极强的重要工作。落实各部门职责分工、各专业工程师握指成拳发挥合力，是做好竣工财务决算工作的重要前提条件，领导重视、提前筹划、全员参与是做好竣工财务决算工作的重要保障。既需要项目前期建账科目设计和核算的提前规划，也需要过程中各部门管理合同、计价和发票、付款的统一对应，同时将资产盘点工作融入工程竣工验收中，才能确保最后竣工财务决算编制阶段的快速高效推进。

济青公司高度重视，在济青高铁运营通车前，就积极筹划财务决算工作，参照铁路总公司《铁路基本建设项目竣工财务决算编制和资产交付办法》（铁总财〔2017〕45 号）文件要求，本着“早开展、稳推进”的原则，积极开展拟订工作推进计划、对施工单位竣工决算文件编制培训，聘请决算审计单位等工作。

一、提前聘请竣工财务决算审计单位进行提前介入工作

济青运营通车前半年，济青公司就着手开展审计单位选聘工作，确保审计单位提前介入。选定审计单位后，依据国家财政部关于印发《基本建设项目竣工财务决算管理暂行办法》的通知（财建〔2016〕503 号）、铁路总公司《铁路基本建设项目竣工财务决算编制和资产交付办法》（铁总财〔2017〕45 号）等有关规定，结合济青高铁项目实际情况，拟订了济青高铁财务竣工决算报告指导编制及审计工作计划，对工作中各项工作节点予以明确，并对资产估价入账和资产交付数据填报进行全过程跟踪指导。

二、高效推进资产交付数据填报工作

济青公司高度重视竣工资产交付工作，落实工作责任，明确工作任务，财务部门牵头，工

程、计合、物资等部门积极配合，协调推进资产交付具体工作，组织收集整理相关资产交付资料，汇总各类资产数量，与资产接收单位对接竣工资产名称、规格和数量。

济青高铁概算依据资产交付填报要求，组织两次专题培训，按站前、站后分批次有序安排现场办公，组织施工单位以竣工图表为依据，从固定资产的概算章节口径向“类、项、目、节”核算口径转换，经工程、计合、物资等部门各专业审核后，完成“竣工项目资产初验记录表”的填报工作。“竣工项目资产初验记录表”经施工单位、资产接收单位核对签章后，作为交付资产的基础资料。

三、积极推进资产组固、竣工验收工作

济青公司紧盯概算清理、末次验工时间节点，安排竣工决算推进。同时抓住施工单位尚未撤场有利时机，按照竣工财务决算编制要求，组织完善竣工验收和资产交付资料。一是组织编制包括分摊费用的“竣工资产估价入账明细表”，完成竣工资产的估价入账，并按《中国铁路总公司固定资产管理办法》(铁总财〔2015〕45 号)计提固定资产折旧；二是提前组织对项目各参建单位的合同、验工计价、增值税发票台账及项目批复和设计变更等相关资料进行了初步梳理和审核，提前做好竣工财务决算王式编制前的准备工作，确保竣工决算按时保质完成。

第八章　征 地 拆 迁

济青高铁征地拆迁工作，在省委、省人民政府的正确领导和高度重视下，在沿线各级人民政府的大力支持下，在有关单位的积极配合下，按照济青高铁施工组织进度要求，合力攻坚，全力推进，如期高效地完成了红线内征地拆迁和环评区房屋拆迁任务，为工程建设创造了良好的基础条件。

第一节　管 理 方 式

根据济青高铁建设实际，在省委、省人民政府领导下，在省直有关部门和沿线各地市人民政府的大力支持下，济青公司创造了"12338"征地拆迁新模式。

一、"1"是一个目标责任书

为有效推进征地拆迁工作，省人民政府与沿线各市人民政府签订了《征地拆迁工作目标责任书》，明确了沿线市人民政府为征地拆迁实施主体，负责辖区内的征地资金筹措、拨付及使用管理，征地拆迁费用经审计和各方确认后计入济青公司股份。沿线各市将责任落实到县（市、区），由县（市、区）负责辖区内的征地拆迁资金管理使用，按照设计图纸要求实施具体征地拆迁工作。

这种模式有效地调动了各市、县（市、区）征地拆迁工作的积极性和效率，特别是在资金补偿方面，部分县（市、区）征地拆迁资金由各县自行筹资并负责使用，在征地拆迁过程中有效避免了擅自扩大拆迁范围、拆迁数量、抢建抢种等问题，将补偿标准严格控制在政府发布的政策文件标准以内。

二、"2"是两个主体

济青公司是征地拆迁工作的责任主体，沿线市人民政府是征地拆迁工作的实施主体。根据省、市人民政府签署的目标责任书及省委、省人民政府工作要求，济青公司与沿线地级市人民政府签订了《新建济南至青岛高速铁路征地拆迁协议书》。协议书中明确了双方的责任分工，厘清了权利义务，细化了工作程序，明确由沿线地方人民政府负责组织实施辖区内的征地拆迁工作；由济青公司负责征地拆迁统筹协调推进工作及各项手续的办理。协议书的签订，为地方人民政府征地拆迁费用出资计入济青高铁股份预置了条件。

三、"3"是三种资金筹集方式

铁路建设工程中，征地拆迁是先行，资金足额到位是保障。济青高铁征地拆迁资金由沿线各地市人民政府筹措并计价入股。各地市根据地方财政情况，灵活采取了多种筹措方式，特别是多个市、县采取 PPP 融资模式，保证了资金及时足额到位。征地拆迁资金由各市人民政府负责拨付、监管，充分发挥了市县人民政府征地拆迁主体作用。各县指挥部根据征拆进度向市指挥部提报资金申请计划，经评估单位、审价单位审核后，市指挥部直接拨付资金。县级指挥部办公室将补偿资金直接兑付产权人(村集体、企业或个人)，或经镇人民政府兑付产权人。资金拨付与费用清理资料相对应，而费用清理资料在补偿拨付前已事先经过了审价单位的审计。全过程跟踪审计，明晰了资金的具体流向，保证了资金的有效监管。

征地拆迁资金采取由市县人民政府自行筹集并自行安排使用的权责共担机制，最大限度地提高了地方人民政府的主动性和责任感。资金筹集方式分为市、县级和两级人民政府共同筹集三种。其中，征地拆迁过程中的PPP融资模式也在济青高铁进行了首次尝试，有效地解决了地方人民政府资金问题。

四、"3"是三级推进落实机制

面对济青高铁征地拆迁工作时间紧、任务重、责任大、政策性强等困难，济青公司将征地拆迁作为公司的重点工作和中心工作来抓，要求全员参与，举全公司之力做好征地拆迁工作。公司建立了三级落实机制，形成了责任明确、指挥畅通、划片包干、奖惩分明、实施高效的征地拆迁机制。

济青公司根据"主要领导总负责、分管领导靠上抓、其他领导分片包干"领导体制和"征拆部牵头、其他部门协助支持、相关单位全力配合"工作机制的总体要求，成立了济青高铁征地拆迁领导小组；组成了征地拆迁现场包保组(济南、滨州、淄博、潍坊、青岛)，由公司领导分别牵头、征地拆迁部全员及其他部门抽调人员组成，在领导小组的统一部署下，做好所在市的征地拆迁组织及配合工作；设立了征地拆迁现场配合组(按县区成立配合组，全线共成立20个现场配合组)，组长分别由征拆部人员兼任，组员由其他部门抽调人员，施工、监理、设计和审价单位有关人员组成，具体负责所在县区征地拆迁工作。

省、市、县(区)三级分别成立了济青高铁建设指挥部，分管领导亲自担任指挥长。省市发改、交通、国土、规划等部门及沿线县(市、区)人民政府一把手、分管领导为指挥部成员，按职能分工，各负其责，及时解决铁路建设中的重大问题。各市成立济青高铁建设指挥部办公室，承担日常管理工作。沿线各县(市、区)人民政府分别成立县级济青高铁建设指挥部，分管副县(市、区)长担任指挥长，从发改、国土、交通等部门抽调专职人员组成济青高铁建设指挥部办公室，负责指挥部日常工作，协调征地拆迁过程中遇到的问题。省、市、县三级落实机制的建设绩效，列入政府年度绩效考核。

在推进措施上，各地分别制定了详细的实施方案。如章丘市超前制定拆迁安置方案，主要领导狠抓落实；邹平县分阶段召开动员大会，在房屋拆迁实施阶段配置宣传车，印发宣传手册，营造了良好的拆迁舆论环境；淄博市企业拆迁量大，市铁路建设指挥部超前谋划，统筹调度，在全线各市率先完成了拆迁任务；潍坊市成立分片包保组，反复推进沿线征地拆迁工作；在青州、寿光大棚拆迁中，市主要部门和镇街干部全员参战，短时间内集中按时完成拆迁任务；昌邑市主要领导亲自挂帅，成立四个拆迁工作组，全力推进拆迁工作。

五、"8"是八方共同参与

济青高铁征地拆迁费用清理实现了产权人、地方人民政府主管部门、乡镇人民政府、公司、设计单位、监理单位、施工单位、审价单位八方的全过程见证，保证了清点过程的详实可信。在铁路总公司要求的五方签字基础上，增加了产权人、地方人民政府主管部门和乡镇人民政府等三方相关单位，要求八方均全过程参加现场清点、费用清理工作，保证过程的公开、透明，确保一次审价通过。同时，在征地拆迁过程中充分发挥第三方审价单位的全过程监督职责，确保过程依法合规进行。

征地拆迁全过程留存影像资料，避免了事后弄虚作假；费用清理同步推进，保证了补偿款准确，资料完整，避免因人员变动引起反复。对没有规定补偿标准或特殊的建筑物、附着物，建立了完善的第三方评估和审价单位的严格把关制度，各地都招标确定了评估单位，对房屋、企业拆迁，严格界定拆迁范围，依法依规进行评估，个别疑难拆迁问题也得到了妥善解决，补偿清单由乡镇人民政府在各村公示无异议后再兑付补偿款，真正做到了征地拆迁费用清理工作公开、公平、公正。

第二节 用地报批

一、用地预审批复

2014 年 12 月 24 日，国土资源部以《关于新建济南至青岛高速铁路项目建设用地预审意见的复函》(国土资预审字〔2014〕242 号)，对济青高铁的建设用地进行了批复。批准建设用地 1 349.27 公顷，其中农用地 1 006.61 公顷，含耕地 832.59 公顷。

二、先行用地批复

2015 年 9 月 28 日，国土资源部以《国土资源部办公厅关于新建济南至青岛高速铁路控制性工程(青阳隧道)站前工程先行用地的复函》(国土资厅函〔2015〕1295 号)，对济青高铁先期开工段(青阳隧道)的先行建设用地进行了批复。批准先行用地 13.797 2 公顷(其中耕地 7.827 8 公顷)，其中，2 处隧道进出口用地 13.002 3 公顷、2 处隧道斜井用地 0.794 9 公顷。

三、建设用地批复

2018 年 12 月 6 日，自然资源部以《自然资源部关于新建济南至青岛高速铁路(邹平段)工程建设用地的批复》(自然资函〔2018〕637 号)，对济青高铁邹平县的建设及拆迁安置用地进行了批复。批准建设用地 91.581 4 公顷，由当地人民政府按照有关规定提供；其中将农民集体用地所用农用地 81.805 公顷(其中耕地 53.814 4 公顷)、未利用地 1.880 4 公顷转为建设用地并办理征地手续，另征收农民集体所有建设用地 6.649 5 公顷；同意使用国有建设用地 1.246 5 公顷。

2019 年 1 月 3 日，自然资源部以《自然资源部关于新建济南至青岛高速铁路(济南至德州段)工程建设用地的批复》(自然资函〔2019〕31 号)、《自然资源部关于新建济南至青岛高速铁路(青岛段)工程建设用地的批复》(自然资函〔2019〕33 号)对济青高铁济南市天桥区、历城区、章丘区、德州市齐河县、青岛市城阳区和胶州市的建设及拆迁安置用地进行了批复。批准建设用地 424.875 6 公顷，由当地人民政府按照有关规定提供；其中将农民集体用地所用农用地 315.656 5 公顷(其中耕地 261.778 公顷，含基本农田 51.006 3 公顷)、未利用地 37.654 4 公顷转为建设用地并办理征地手续，另征收农民集体所有建设用地 68.974 1 公顷；同意使用国有建设用地 2.353 6 公顷。

2019 年 4 月 8 日，自然资源部以《自然资源部关于新建济南至青岛高速铁路(淄博段)工程建设用地的批复》(自然资函〔2019〕160 号)，对济青高铁淄博市周村区、张店区、临淄区、恒台县的建设及拆迁安置用地进行了批复。批准建设用地 190.349 8 公顷，由当地人民政府按照有关规定提供；其中将农民集体用地所用农用地 179.0531 公顷(其中耕地 156.778 4 公顷，含基本农田 0.392 5 公顷)、未利用地 0.168 3 公顷转为建设用地并办理征地手续，另征收农民集体所有建设用地 8.820 8 公顷；同意使用国有建设用地 2.307 6 公顷。

2019 年 7 月 26 日，自然资源部以《自然资源部关于新建济南至青岛高速铁路(潍坊段)工程建设用地的批复》(自然资函〔2019〕417 号)，对济青高铁潍坊市潍城区、坊子区、寒亭区、青州市、昌邑市、寿光市和高密市的建设及拆迁安置用地进行了批复。批准建设用地 403.207 5 公顷，由当地人民政府按照有关规定提供；其中将农民集体用地所用农用地 377.697 8 公顷(其中耕地 319.639 5 公顷，含基本农田 32.130 9 公顷)、未利用地 0.787 3 公顷转为建设用地并办理征地手续，另征收农民集体所有建设用地 22.803 5 公顷；同意将国有农用地 1.054 6 公顷(其中耕地 0.91 公顷)转为建设用地，同时使用国有建设用地 0.864 3 公顷。

第三节 征地拆迁实施

一、全力推进济青高铁征地拆迁工作

(一)省委、省人民政府及省直属部门全力支持

2015 年 3 月，省人民政府分别与沿线各市人民政府签订了《征地拆迁工作目标责任书》，明确了各市人民政府为征地拆迁实施主体、征地拆迁资金的筹措拨付以及完成时限；省人民政府建立了组织协调机构，及时解决建设中出现的重大问题。

2015 年 10 月 23 日，山东省林业主管部门组织召开济青高铁使用林地工作协调会，会议对济青高铁使用林地工作进行了全面部署，要求沿线各市提高认识，把济青高铁使用林地工作作为林业系统践行“三严三实”和展示林业系统形象的重点工作抓好落实。

2015 年 12 月 1 日，山东省国土资源主管部门组织召开济青高铁征地协调工作会议，对全线征地工作进行了全面部署，要求各市将征地拆迁作为当前的重点工作，成立班子，认真抓好征地工作，要求先行用地组卷于 2016 年 2 月 29 日前报省厅，建设用地组卷于 2016 年 6 月底前报省厅。

2016 年 3 月 18 日，山东省人民政府领导到济青高铁建设现场调研，并进一步明确了 4 月底完成红线内征地拆迁任务的目标要求。

(二)启动征地拆迁工作

2015 年 10 月 12 日，济青公司组织全员召开征地拆迁动员会议，标志着济青高铁全线征地拆迁工作全面启动(图 2-8-1、图 2-8-2)。

2015 年 10 月 27 日，青岛市组织召开征地拆迁动员会议。会上，青岛市与沿线区(市)人民政府签订了工作目标责任书。2015 年 12 月 3 日，济南市组织召开征地拆迁工作启动会议，要求各级各部门紧紧围绕省市征拆目标责任书开展工作，列出时间表、制定路线图，将济青高铁征地拆迁列入市人民政府督查考核范围，定期调度。2015 年 12 月 4 日，潍坊市组织召开潍坊

图 2-8-1　组织召开征地拆迁动员会议

图 2-8-2　组织开展征地拆迁业务培训

段征地拆迁工作动员会议，对各项工作作了动员部署。2015 年 12 月 16 日，滨州市邹平县组织召开征地拆迁动员会，邹平县人民政府与辖区三个镇办签订了责任状。按照市级征地拆迁动员会议的要求，全线 22 个县(市、区)迅速行动，召开征地拆迁部署会议，筹备启动征地拆迁工作。

2015 年 12 月 21 日，济青公司组织施工、监理、设计、审价等单位召开了济青高铁征地拆迁动员和业务培训会议(图 2-8-3、图 2-8-4)。

图 2-8-3　征地拆迁动员会议

图 2-8-4　站前施工单位进场动员大会

(三)全面开展现场清点核量工作

2015 年 12 月 8 日，淄博市桓台县率先启动现场征地工作，随后各县(市、区)相继启动勘测定界及附着物清点工作。在省直主要部门和济南、青岛、淄博、滨州、潍坊市人民政府、市直部门、济青公司的积极推动下，沿线各县(市、区)人民政府、铁路建设指挥部办公室、各镇街工作组精心组织，扎实推进；工作人员克服冬季雨雪、寒冷、雾霾等恶劣天气，现场征地工作进展迅速。截至 2016 年 1 月底，除青岛市城阳区因红岛动车存车场方案确定较晚原因未启动现场清点工作外，全线其余地段均全部完成了现场附着物清点核量工作(图 2-8-5)。

(四)全面推动建设用地移交

2016 年春节过后，济青公司积极协调沿线人民政府加快推进建设用地移交工作。通过召开征地拆迁推进会、实行奖罚考核机制等有效措施，强力推进建设用地移交。截至 2016 年 3 月 20 日，全线累计移交建设用地 176.49 km，农田、林地等没有建构筑物拆迁的路段实现了全部进地，3 月底重点工程(包括连续梁、路基、站场等)路段实现了全面开工，为全力推进工程建设创造了优良条件。

济青公司积极协调沿线人民政府狠抓落实，扎实推进，举全公司和参建单位全员之力，强

勘测定界埋设界桩

附着物清点

确认清点量签订征地协议

各方留存影像

图 2-8-5　征地拆迁清点工作现场

力推进房屋、企业和蔬菜大棚的拆迁工作。截至 2016 年 5 月 3 日，全线累计移交建设用地 270.99 km，移交率达到 90%；拆迁大棚 1 332 个，拆迁率达到 91.67%；拆迁民房（包括敏感区）1017 户，拆迁企业 168 家，红线内拆迁率达到 90%。其中，章丘、邹平、周村、桓台、临淄、青州、寿光、潍坊经济区、潍城、昌邑、峡山、高密共计 12 个县（市、区）于 4 月 27 日率先完成了红线内征地拆迁工作（图 2-8-6、图 2-8-7）。

图 2-8-6　蔬菜大棚清点、拆迁现场

二、同步做好征地拆迁用地组卷工作

（一）先行用地批复

2015 年 9 月 28 日，在山东省国土资源主管部门的统筹组织下，超常规、短时间内完成了先期开工段青阳隧道先行用地批复，创造了重大工程征地拆迁土地组卷最快纪录，成为国土部门组卷报批工作的典型范例。

图 2-8-7　房屋、企业拆迁现场

（二）全线林地组卷报批

一是控制性工程林地报批。2016 年 3 月 2 日，山东省林业主管部门批复了济青高铁淄博市临淄区、潍坊市昌邑市集体林地 0.346 9 公顷，为控制性工程及时采伐林木创造了条件。二是全线林地组卷报批。济青高铁全线使用林地组卷材料于 2016 年 5 月 19 日报送省林业主管部门，完成初审后上报国家林业主管部门，6 月 28 日取得国家林业主管部门审核同意。之后又按规定，积极协调各县市区铁路建设指挥部缴纳了森林植被恢复费，督促各站前标段施工单位办理了林木采伐许可证。

（三）临时用地复垦方案报批

通过积极协调，2016 年 10 月 23 日，山东省国土资源主管部门组织召开济青高铁临时用地复垦方案审查会，对临时用地复垦方案报告提出了修改意见，并按照国土系统新的要求和报批程序组织修改完善，获得批复。

（四）建设用地组卷工作

2016 年 5 月初济青公司向沿线各市、县（市、区）国土部门报送了《关于加快济青高铁用地组卷报批工作的函》，与沿线铁路主管部门、国土主管部门加强对接，积极推进勘测定界图权属盖章、协调购买耕地占补平衡指标及耕地等级统计等相关工作，并要求设计单位、施工单位全力配合，落实专人负责，及时填报功能分区表等辅助材料。截至 2017 年 12 月底，淄博、滨州段用地组卷材料已提报国土资源主管部门，并完成补正说明工作。截至 2019 年 7 月，济青高铁全部取得了自然资源部建设用地审查批复。

第四节　土地确权办证

铁路建设用地土地确权，程序复杂，涉及面广，质量要求高，济青高铁土地确权工作均本着权属合法、界址清楚、面积准确的原则依法依规推进办理工作。

一、落实责任，充分发挥地方人民政府的积极性

2019 年 7 月，济青公司在取得了全部自然资源部建设用地审查批复以后，积极开展土地的确权办证工作，本着谁主导、谁负责的原则，经与地方人民政府协商，确定由地方人民政府作为确权办证实施主体。地方人民政府主动作为，济青公司主动配合，各方开拓思路，将简单、高效作为工作的主要原则，使得确权工作顺利推进。

二、多方配合，协调推进高效完成确权办证工作

1. 铁路建设用地土地确权工作需要摸清铁路用地地界、宗地情况、地籍权属、四邻指界和周边建构(筑)物参照以及铁路路基、桥梁准确位置等诸多要素，过程中对现场测量核实的准确性要求较高，由于继续聘用前期测绘单位延续工作，测量主体拥有大量前期测绘成果，且对现场情况极为熟悉，使得工作开展的便利程度大大提高。

2. 主动承担服务协调职责。济青公司选派事业心强、业务素质高、用地政策熟练的工作人员协调配合地方人民政府开展工作，提供土地确权所需要的技术和证明材料，积极主动地解决土地确权过程中的难点问题。一是协调地方人民政府规划部门办理项目建设用地的规划许可手续，公司向地方规划部门提供必要的立项、工程选址意见、土地预审和建设用地国家批复文件等资料，通过规划部门的审核取得项目的规划许可；二是积极督促地方人民政府足额缴纳耕地占用税等各项费用，以取得各项税费凭证，使得用地手续完备，依法合规，进而督促自然资源部门批准建设用地划拨决定书；三是在各项手续完备、资料齐全的基础上，协调各级自然资源部门解决他项权利、权属争议等难点问题。

第五节　“三电”迁改

一、项目前期阶段提前开展超高压迁改工作

为确保超高压迁改进度，保证站前土建工程的顺利进行，项目可研阶段，济青公司就超高压迁改与山东省电力公司签订了意向性协议，省电力公司同意对管辖范围内可能影响济青高铁建设的电力线路进行迁改。初步设计阶段，济青公司组织铁三院对全线超高压迁改进行详细调查，按里程、电压等级及产权单位进行划分，做到每一处超高压迁改情况都准确无误，之后济青公司组织具有资质的电力设计院针对每一处超高压迁改编制了具体迁改方案及迁改预算，并将相关费用纳入初步设计总概算中，降低了后期与产权单位就迁改方案及费用谈判的难度，保证了后续迁改工程的顺利实施。

二、超高压迁改纳入站前施工标段

济青高铁将涉及的超高压迁改全部纳入相应的站前施工标段中，施工单位可以按先急后缓次序，自行决定迁改顺序，充分调动了施工单位的主动性和积极性，有效解决了站前土建工程与超高压迁改工程相互推诿的问题，保证了各自标段内工程施工顺利进行。

三、公司主导全力推动“三电”改迁

1. 公司成立由总经理任组长、分管生产的副总经理任副组长，公司工程部部长、分管副部

长及现场指挥部指挥长为组员的“三电”改迁领导小组，制定了高压电力迁改工程考核办法。

2. 主动与电力部门协调沟通

主动与国网山东省电力公司、国网山东省电力公司检修公司、山东省电力咨询院等相关单位联系，取得各单位之间的理解与信任，及时协调停电等相关工作。

3. 积极创造施工条件

在超高压线路迁改方案确定后，迁改单位项目经理亲自带队第一时间与当地人民政府进行沟通，从占地规划及附着物补偿等方面取得当地人民政府的支持。确定超高压线路停电时间后，在地方人民政府的支持下，第一时间将通往迁改施工部位的道路修建完毕，为之后的迁改工作打下了坚实的基础。

4. 按计划完成迁改施工

超高压线路停电施工过程中，严格按照施工方案中确定的人员、机械数量要求进行配备，每条线路都安排专人负责，紧盯施工进度，加强施工管理，对迁改实施单位采取激励措施，确保按计划完成迁改施工。

第九章　环境保护与水土保持

济青高铁所经地区人口稠密，经济、水系和交通路网发达，工程建设面临着土地资源保护、生态敏感区保护、敏感水体保护和噪声振动污染防治等环保问题。为做好济青高铁环境保护工作，济青公司在山东省委、省人民政府的领导下，严格贯彻环保理念和“三同时”制度，强化过程控制，切实落实环评及批复意见的各项要求。

第一节　环水保合规性文件

1.《水利部关于新建济南至青岛高速铁路水土保持方案的批复》（水保函〔2014〕444 号文）；

2.《山东省环境保护厅关于新建济南至青岛高速铁路环境影响报告书的批复》（鲁环审〔2014〕194 号）；

3. 济南市环境保护局《关于济青高铁穿越胶东输水干线西段济南至引黄济青段输水渠道饮用水水源保护区有关环保问题的复函》；

4.《寿光市人民政府关于新建济青高铁跨越弥河水源保护区的函》（寿政函〔2014〕93 号）；

5.《潍坊市人民政府关于济青高铁穿越弥河和黄旗堡-眉村-朱里水源保护区的意见》（潍政字〔2014〕53 号）；

6.《青岛市环境保护局关于济青高铁穿越墨水河和南胶莱河饮用水水源保护区的复函》（青环评函〔2014〕39 号）；

7.《寿光市人民政府关于新建济青高铁穿越寿光市滨河国家城市湿地公园的复函》（寿政函〔2014〕96 号）；

8.《国家林业局办公室关于同意济南至青岛高速高铁经过山东潍坊白浪河国家湿地公园的函》（办湿字〔2014〕209 号）；

9.《山东省水利厅关于新建铁路济南至青岛高速铁路水土保持方案（弃渣场补充）的批复》（鲁水许字〔2018〕179 号）。

第二节　环水保工作实施

结合济青高铁沿线的环境特点，济青公司制定了“环境污染控制有效，土地资源节约利用，工程绿化完善美观，节能、节材和水保措施落实到位，努力建成一流的资源节约型、环境友好型高速铁路”的环保节能目标；公司成立环境保护管理领导小组，并责成施工单位成立施工环境保护管理小组，设计单位和监理单位指定专人负责此项工作；公司在施工不同阶段安排对监理单位、施工单位进行培训；将环保水保现场管理纳入到日常检查管理内容中，定期或不定期进行检查；将环保水保检查结果纳入对施工单位的年度考评范围；协调施工单位、设计单位、监理单位、地方环保行政主管部门等相关各方的关系，解决环保漏缺问题，完善各项措施。认真落实铁路建设项目环境保护“三同时”制度，实现环保零投诉，全面落实国家主管部门批复的环、水保措施和要求，最大限度保护各生态功能区原生态系统，尽量减少对自然资源、水源保护区和文物等环境敏感点的影响，确保了土地复垦在静态验收结束前完成。具体措施如下：

一、认真执行环水保法律法规

项目参建单位认真贯彻国家有关土地、环境保护、水土保持、矿产资源、森林、野生动植物、土地复垦、水法等方面的法律法规，树立和落实科学发展观，把搞好环境保护、水土保持，最大限度地减少工程建设对生态环境的影响作为目标，贯穿于工程建设的始终。

二、认真落实“三同时”制度

项目环水保工程做到了与正式工程同时设计、同时施工、同时竣工投入使用的“三同时”要求。过程中，设计单位认真落实《环境影响方案报告书》《水土保持方案报告书》《土地复垦方案》批复意见；施工单位将环保、水保、土地复垦、文物保护等工程正式纳入了施组，编制了详细的环保、水保、土地复垦实施方案，报当地县级以上主管部门备案，自觉接受地方主管部门的监督检查；监理单位加强了检查监控，发现问题立即督促限期整改。

三、环境保护体系和工作重点

（一）环保管理体系

构建了由济青公司统一组织管理、监理单位日常监督、设计单位技术支持、施工单位具体落实的济青高铁建设环保管理控制体系。建立了与地方各级环保、水保等主管部门顺畅的沟通机制，主动接受监督检查。

（二）环保工作重点

施工噪声、振动、污水、泥浆、扬尘、施工固体废弃物管理控制等。

四、环保工作措施

严格按设计进行弃土、弃渣场挡护和坡面防护措施；混凝土拌和站等高噪声作业场地设置避开了居民集中区；施工场地和道路定时洒水，减少了施工扬尘对地表植被和农作物产生的不利影响。

制定了完善的环保管理工作制度，明确各参建方责任，分级管理，层层落实。各参建单位均制定了相关措施，教育职工严禁扑杀野生动物和毁坏野生保护植物，要珍爱一草一木，严禁损伤破坏。对施工有影响的野生保护植物做到了株株记录，做好编号，并于开工前联系有关主管部门进行移设。

不在各种保护区设置生产、生活区、弃渣场等破坏保护区的施工临时设施。

实施环保监理制度，由环保监理对全线施工期的环保工作进行全面监控，定期检查重点环境敏感点状态，提出整改意见，跟踪检查落实；坚持环保措施审查制度，建立了对临时工程、环境敏感点施工环保措施审批、实施、备案制度；加大监督检查工作力度，公司、指挥部定期进行环保专项检查，并将环保检查结果纳入对施工单位的年度考评范围。

五、水土保持措施

根据工程可能引起水土流失的情况，公司划分了水土流失防治分区，制定相应的水土保持措施方案。施工过程中引导施工单位合理安排工序，及时清运废弃的土方，尽量利用站前施工单位弃土场，全过程未出现乱弃现象。对施工临时用地，本着因地制宜、经济合理的原则，做到了少占地或不占良田、耕地，并采取了相应的水土保持措施。施工结束后及时进行土地整治，采用表土回填以利复耕或进行绿化恢复。尽量缩短施工周期，减少疏松地面的裸露时间，合理安排施工时间，尽量避开雨季和汛期。

六、土地复垦保证措施

1. 使用临时用地均报经当地国土、水保等部门批准，并尽量少占耕地，特别是基本农田，能占劣地的不占好地，且签订临时用地协议。

2. 临时用地严格按铁路总公司《关于进一步加强铁路建设项目临时用地复垦工作的通知》(铁建设〔2008〕104 号)文件，加强土地复垦工作。严格按评审通过的《土地复垦方案》进行复垦。具体措施如下：

(1)取、弃土场土地复垦，先剥离表层熟土，集中堆放在两侧，取弃土工作完成后，利用剥离的熟土进行复垦，并按设计修建土地复垦区的排灌系统。

(2)施工便道土地复垦，施工便道尽量利用已有的乡村道路或其他道路，减少新建施工便道对土地的占用，对能复垦的施工便道进行翻松、平整，利用主体工程表土或周边客土进行复垦。

(3)施工场地土地复垦，施工场地选址时，在满足就近使用原则的前提下，尽量利用周边的闲置场地或未利用地，减少临时工程的占地。施工场地平整时，先剥离表层土暂存，并做好临时防护措施。施工场地完工后，将暂存的表层熟土重新覆盖，用于复耕。

(4)生物化学措施，在复垦后的土地，采取一定量的生物化学措施，主要包括水土保持、恢复植被和环境优化等工程。

第三节　环水保验收

依据水利部《关于加强事中事后监管规范生产建设项目水土保持设施自主验收的通知》(水保〔2017〕365 号)要求，济青公司于 2018 年 11 月 26 日在济南组织召开新建铁路济南至青岛高速铁路水土保持设施验收会议。会议成立了验收组，并检查了工程现场，查阅了相关技术资料，听取了公司关于水土保持工作开展情况的介绍，水土保持监测、监理单位的工作总结报告及水土保持设施验收报告编制单位的验收报告汇报，经质询、讨论，一致认为济青高铁实施过程中落实了水土保持方案及批复文件要求，完成了水土流失预防和治理任务，水土流失防治指标达到了水土保持方案确定的目标值，符合水土保持设施验收的条件，同意济青高铁水土保持设施通过验收。

根据原环境保护部关于发布《建设项目竣工环境保护验收暂行办法》(国环规环评〔2017〕4 号)的公告要求，2018 年 12 月 8 日，济青公司在北京市组织召开了新建济南至青岛高速铁路竣工环境保护验收会，会议成立了验收工作组，并委托交通运输部科学研究院编制了竣工环境保护验收调查报告，验收调查结论如下。

一、工程调查结论

济青高铁由国家发改委立项，工程可研、初步设计及开工建设均取得国家发改委和原铁道部相关部门的批复，环境影响报告书取得了原山东省环境保护厅的批复，项目建设履行了国家有关铁路工程建设和环境保护的法定程序。

二、生态影响调查结论

1. 济青高铁在DK150＋880～DK151＋370区段以桥梁形式穿越寿光市滨河国家城市湿地公园，长度为0.49 km。寿光市人民政府以“寿政函〔2014〕96号”原则上同意以桥梁形式穿越滨河国家城市湿地公园。

在DK184＋030～＋900区段以桥梁形式穿越白浪河国家湿地公园，长度为0.87 km，其中跨越恢复重建区0.21 km，生态保育区0.36 km，科普宣教区0.30 km。原国家林业局以《关于同意济南至青岛高速铁路经过山东潍坊白浪河国家湿地公园的函》(办湿字〔2014〕209号)同意本项目建设。山东省林业厅以《关于报送〈济南至青岛高速铁路穿越山东潍坊白浪河国家湿地公园〉的请示》(鲁林保字〔2014〕347号)同意项目建设。

上述工程实际线路与滨河国家城市湿地公园的位置关系、工程内容与环评阶段一致。施工过程中公司加强了对管理人员和施工人员的教育，提高其环保意识；加强了施工区附近地貌、植被保护，未在施工用地范围外随意砍伐林木、破坏景观。施工人员和机械未在规定区域范围外随意活动和行驶。工程施工过程中未在湿地公园内设取土场、弃渣场、施工场地等临时工程。施工时产生的建筑垃圾进行了集中收集，统一处理，未对湿地公园景观造成不良影响。

2. 验收范围内共设置取土场2处。取土场的选址征得地方人民政府的同意，根据取土场的原地貌特性分别采用平整、植被恢复等措施，工程施工期和运行期内未发生明显的水土流失现象。

3. 验收范围内共设置弃渣场5处。弃渣场选址征得地方人民政府的同意。其中青阳隧道2号斜井及出口弃土(渣)场等4处弃土(渣)场采取了挡护措施，弃渣前先行建设挡墙，弃渣结束后对渣体坡面及渣顶进行清理、平整和植被恢复措施。驸马营二村弃土场为地方综合使用渣场，已办理弃渣场移交手续。

4. 工程对路基边坡采取骨架护坡的坡面防护措施，并在骨架护坡种植了草、灌木绿化；路堑采取重力挡墙、骨架护坡的防护措施。各种防护措施现已发挥其水土保持功效，沿线路基(路堑)边坡未发生明显的水土流失现象。

5. 桥涵工程设置充分考虑了沿线农业灌溉、排洪和交通的要求；桥梁锥体采用浆砌片石防护，并沿锥体底种植攀缘植物；旱桥基坑出渣除用于基坑回填外，剩余出渣均运送至弃渣场处置，工程结束后对旱桥桥下进行了清理、平整、绿化；涉水桥梁一般采用较大跨度通过，水中墩施工均选择在枯水期进行，且采用围堰的施工方式，在离河道较远的施工现场设置沉淀池，钻孔出渣固结后运至弃渣场；桥梁基础施工完毕后，及时对水中临时设施进行拆除和清理。施工期间未出现泥浆、废水及废渣进入河道的现象。

6. 隧道洞口工程防护措施和生态恢复措施效果良好，未见明显水土流失。全线隧道涌水量很小，对地表水和地下水环境的影响轻微，对附近居民生产、生活用水和隧道顶部植被无影响。隧道施工过程中采取了设置沉淀池等措施，降低了施工废水对周边环境的影响。

7. 新建车站站址充分征求了地方人民政府的意见，车站建筑方案考虑了与周围环境的协调，车站边坡采取骨架护坡并种植灌木绿化防护，站坪空地采取了绿化与美化相结合的景观绿化。

8. 施工结束后，根据当地村镇的要求，大部分新修施工便道作为地方民众、农用通道使用，其余采取复垦措施。

9. 施工场地、营地(驻地)租用当地企业或居民房屋的在工程结束后归还当地所有者；地方人民政府规划为其他用途的场地，施工结束后已移交当地人民政府供第三方利用；其余采取复垦或绿化的恢复措施。拌和站、制梁场除被地方综合利用的外，其余采取绿化恢复措施。

三、声环境影响调查结论

1. 实际验收范围内共分布198处声环境敏感点，包括正线185处敏感点和联络线13处敏感点。敏感点变化情况为取消正线上1处归石济铁路验收的敏感点，搬迁或拆迁5处敏感点，撤村建镇减少11处敏感点，局部线位调整减少38处；局部线位调整增加34处。共减少敏感点26处。

2. 全线正线和联络线的131处敏感点共安装声屏障66 540.27延米，其中2.95 m高声屏障6 653.97延米/16处，2.15 m高声屏障59 886.3延米/115处。对白浪河湿地公园段DK184＋055.99～＋922.67桥梁预留866.67延米遮光声屏障条件。

3. 全线安装隔声窗共计17 260.5 m^2。

4. 30 m内拆迁居民住宅156户。

四、振动环境影响调查结论

1. 环评阶段验收范围内共有振动环境敏感点135处，全部为居民住宅敏感点。本次验收范围内共有振动环境敏感点101处，较环评阶段减少34处。

2. 环评报告及批复提出对工程后振动值超过80 dB的敏感点采取功能置换方式来进行振动控制。对铁路沿线74户敏感点实施功能置换，均在30 m以内，措施含在噪声防治措施中。1处(后小河村)30 m外测点昼间、夜间超过《城市区域环境振动标准》(GB 10070—88)之“铁路干线两侧”80 dB标准要求1.5 dB，此点处的线路为路堤，有砟轨道，速度270 km/h，达标距离35 m，振动防治措施按达标距离内拆迁为目标，线路左侧30 m线外为厂房，线路右侧35 m线和30 m线同压一排房屋，未增加拆迁量。

3. 本次验收调查通过监测和计算结果表明：各振动敏感点的昼间振动值为56.3～68.2 dB、夜间振动值为56.4～68.2 dB，均满足上述标准之“铁路干线两侧”昼间80 dB、夜间80 dB标准。

4. 后小河村处路线微调，线路由路堤、有砟轨道改为桥梁、无砟轨道路段，距离增加至40 m，振动值达标。

五、水环境影响调查结论

1. 工程实际污水排放量440.0 m^3/d，较环评预测的721.3 m^3/d减少281.3 m^3/d。

2. 济南东站、济南东动车运用所生活污水、集便污水经化粪池、高效生物厌氧、捕油池处理后排入市政排水管网。

3. 章丘北站、邹平站、淄博北站、临淄北站、青州市北站、潍坊北站、高密北站生活污水经化粪池、食堂产生的含油污水经隔油池处理汇集后排入市政排水管网。胶州北站经化粪池、捕油池等处理后排入市政排水管网。

4. 青岛机场站经真空排水系统直接排入机场污水管网由机场统一处理。红岛站及存车场污水经化粪池、高效生物厌氧、捕油池处理后排入市政排水管网。

5. 大郑庄线路所、疃村线路所、马店线路所、大沽河线路所产生生活污水采用 20 m^3 化粪池贮存，定期清掏后拉走排入市政排水管网。

六、电磁环境影响调查结论

1. 沿线电磁辐射敏感点均采用有线电视网或卫星天线收看电视节目，不受列车运行电磁辐射影响。

2. 验收范围内 6 处牵引变电所距周围居民区均大于环评要求的 10 m，牵引变电所不会对附近居民的身体健康产生不良影响。

3. 验收范围内的 GSM-R 基站天线主瓣方向 30 m 内均无敏感建筑物，不会对居民的身体健康产生不良影响。

七、固体废物影响调查结论

本工程产生的固体废物主要为旅客列车垃圾、车站生产和生活垃圾。旅客列车垃圾分别在济南东站和红岛站卸下，与车站其他生产、生活垃圾一并集中存放，由环卫部门统一处理。沿线其他车站生产、生活垃圾采取集中存放，由当地环卫部门统一收集处理。因此，本工程固体废物均得到有效处理处置，未对周围环境产生不良影响。

八、环境空气影响调查结论

工程采用电力牵引，全线无新增锅炉，济南东站、济南东动车运用所、淄博北站、潍坊北站、红岛站及存车场、青岛机场站采用市政集中供热，其余各站采用空调、电暖气等取暖，无新增大气污染物排放，工程运营对周围空气环境影响较小。

九、公众意见调查结论

1. 新建济南至青岛高速铁路工程的实施，是加快山东省基础设施建设、推进国家级发展战略实施的需要，是山东半岛城市群重要的交通走廊，是沟通城市群“两个龙头”济南至青岛的交通主轴。济青高铁建设对完善我国铁路快速客运网络，发挥快速铁路网规模和系统效益，对体现铁路为民生服务、增强铁路市场竞争力等都具有重要意义。

2. 在铁路建设时，工程拆迁、征地补偿等重要工作由当地人民政府负责，保证了补偿政策的统一性和安置的合理性，沿线群众大多数基本满意。通过对沿线居民的公众调查，沿线民众具有较强的环境意识，对本线的主要环境问题认识清楚，对本线的环境保护工程质量基本满意，沿线地方人民政府和群众对本工程的建设持认可态度。

3. 本工程在施工期和运营期内未发生环境纠纷事件，当地环境监察大队也未收到环保投诉案例。

十、竣工验收调查总结论

新建济南至青岛高速铁路，严格执行了国家有关建设项目环境保护管理的各项规定，在可研阶段，委托具有资质的评价单位(铁三院)同步开展了环境影响评价工作，编制了环境影响报告书；在设计中的各个阶段落实了环保工程设计及投资；环保工程与主体工程同时完成。委托水利部黄河水利委员会上中游管理局西安规划设计研究院编制了《新建济南至青岛高速铁路水土保护设施自验报告》。工程在施工过程中较为重视保护生态环境，按照设计文件要求按时完成了各项环境保护设施施工，环保项目资金有保障，工程设施质量优良，整个工程建设过程中未发生重大环境污染事件或环境纠纷。

综上所述，济青高铁工程建设基本符合原环保部《建设项目竣工环境保护验收暂行办法》(国环规环评〔2017〕4 号)的要求，具备验收条件。

第十章　物资管理

第一节　物资采购供应

一、改变招标思路，创新物资采购方式

对于铁路总公司管理的铁路基建大中型项目，以往的甲供物资设备招标都是按照总公司统一要求进行，招标文件文本统一、评标办法条款一致，由铁路总公司或铁路局负责审定，各铁路局、铁路项目公司严格遵循执行。结合省方控股铁路建设实际，济青公司认为目前铁路物资招标采购工作主要存在三个问题：一是过于宽泛的资格条件，影响高铁工程物资采购选择的针对性和差异性；二是现行评标办法，投标人一味追求低价中标而牺牲供应质量，部分中标产品频频出现质量问题、现场供应不及时及后续服务没保证等问题；三是在地方控股铁路的建设新模式下，物资采购处于摸索阶段，无成熟经验可循。针对铁路工程物资招评标工作中存在的问题，济青公司对济青高铁物资设备招标方式及评标办法进行详细调研、认真总结，创新采购思路，从三方面做了改进和探索。

（一）制定资格条件

首先对同期铁路总公司建设项目工程物资招标采购情况进行了调研分析，根据公司对济青工程质量管理的新要求，结合济青高铁建管模式的新特点，在学习、参照、借鉴铁路总公司建设招标采购资格条件的基础上进行修改、完善，制定了符合济青要求的物资招标资格条件。

（二）设置最高限价

针对桥梁支座、道岔、高速扣件等采购金额大、质量稳定的物资设备，公司在广泛收集近期市场价格、企业信息、标的物的技术资料后，有针对性地在招标文件中设置了符合济青高铁项目的最高限价，既能选择实力强、信誉好的供应商，又能控制工程造价，同时确保所采购物资设备的质量稳定可靠。

（三）完善评标办法

目前物资设备公开招标，一般采用经评审的最低投标价法，但在具体评审工作中，因缺少对质量、安全等因素的关联评审，投标人为了中标，盲目追求低价，出现投标报价没有最低只有更低的恶性竞争。在混凝土外加剂、防水材料、止水带等高分子材料招标采购中，上述问题尤为突出，在实际供应过程中供应商往往通过偷工减料来弥补利润。为引导投标人以合理低价竞标，创造出良好的招投标环境，建立理性的采购市场，通过对市场的调研和对问题的剖析，根据公司对质量管控的具体要求，结合济青高铁项目实际情况，公司在高分子材料招标采购价格评审环节增加了质量控制因素，进一步对经评审最低投标价法进行了完善，为确保中标产品质量及服务提供了基本条件。

以混凝土外加剂为例，在同类铁路建设工程中，混凝土外加剂的质量长期以来备受诟病，为此，公司重点从物资质量入手，采用灵活的采购方式来规避此问题。投标前，要求潜在投标人到施工现场进行实际试配，试配合格者方可参加投标，从而确保了参加投标单位的技术实

力。评标办法中对报价评审采用平均价计算方式，杜绝出现恶性竞争、恶意低价中标的情况。通过修改评标方法，投标人有合理利润空间，投标价格符合市场水平，确保了外加剂的产品质量。在济青高铁工程建设中，施工现场的外加剂供应及时、质量合格，在各级物资检查抽查中，均未出现质量问题，解决了一大工程质量隐患。

济青高铁在保证物资设备供应及时、质量合格的前提下，也重视资金的集约使用。公司通过在招标前充分调研市场行情、了解市场动态，制定科学合理的招标方案，拟定符合市场的招标限价等组合拳，实现了公司预算节省和供应商合理盈利的双赢目标。截至 2019 年 1 月，公司共完成 39 批次招评标，签订合同共 215 份，中标(成交)合同总金额 29.2 亿元，预算总额为 30.1 亿元，节省投资 0.9 亿元，节省比例约为 3%，为建设项目集约化管理打下了坚实的基础。

二、加强协调对接，创新供应保障体系

在以往的铁路工程建设过程中，建设单位将物资供应需求计划下达给物资供应商，由物资供应商与施工单位联系供应发货，建设单位在采购供应过程中参与较少，对物资供应细节掌握不准，一般在出现供应问题时才协调解决，这种被动反应的方式严重影响物资供应。为确保济青高铁物资设备供应顺畅，济青公司吸取了同类项目的经验教训，定期召开物资供应工作协调联络会，集思广益，调查研究以往工程建设过程中的物资设备供应方案及措施，结合自身环境及现阶段现场需求，创新物资供应保障体系，关注物资设备采购监控、供应计划监控、资金拨付监控等关键环节，运用全过程、全流程的方式监控物资设备的供应。

(一)采购源头控制

首先在采购源头就将物资供应作为关键环节进行控制。在编制招标方案阶段，济青公司组织相关部室、施工单位、监理单位、设计单位召开协调对接会，充分研讨物资技术标准、物资需求供应计划，设置合理的进场时间节点，确保物资供应时间节点满足工程建设需要，为工程建设过程中的物资供应工作打好基础。

(二)主动作为超前筹谋

积极协调施工物资现场供应，公司定期(每月)组织相关部门、施工单位、监理单位、设计单位、物资供应商召开物资工作对接会议。让参建各方共同探讨物资供应环节发现的问题，提出切实可行的解决方案，协调参建各方关系，加强参建各方的沟通交流，及时解决问题，确保物资供应及时到位。通过这种定期的会议，各参建单位间的信息共享程度得到了明显提升，尤其是相邻标段，甚至多次就钢材、模板、高速扣件调整件等共有物资进行标段间自发的物资调剂工作。

截至 2018 年底，公司共收到济青高铁甲供物资申请计划 160 余份，下发供货通知单 270 余份，组织了 80 余家供应商生产发货，协调了 40 余家施工及监理单位。各参建单位相处融洽，步调一致，共同完成了济青高铁物资供应工作。铺轨工程所用钢轨、道岔、岔枕、高速扣件等物资均为甲供物资，由公司采购供应，公司根据施组进度及铺轨工作部署，实施增加存轨储量的举措:在铺轨基地设计存轨标准上挖掘提升存轨能力，多存钢轨，协调焊轨基地暂存长轨，安排专人盯在焊轨基地、铺轨基地抓进度，使钢轨保质保量提前 3 个月完成 720 多公里长轨供应，确保了铺轨工程按期完工。针对道岔、高速扣件精调件等，公司均组织供应方提前筹谋，畅通信息渠道，加强各方联系，保证了供应，做好了现场验收和存放工作。济青站房工程的电梯、

空调、FAS、BAS 及备品备件等物资安装、调试进度直接影响济青高铁的开通时间，公司组织参建各方在现场召开专题协调会，重点解决各类过程问题，确保了电梯取证、空调启用、FAS 及 BAS 系统联调联试等节点工作及时完成。

对于自购物资，公司督促“四电”、房建施工单位按招标采购合同约定及时下达物资采购计划，要求物资采购计划准确，且充分考虑物资生产供应周期、现场施工进度等影响因素。每月公司都对重点自购物资的供应进度进行检查督导，落实重点物资供应、库存情况，对出现供应紧张的重点自购物资进行组织协调。

济青高铁建设过程经历了国家环保整治督查、增值税税率调整、费改税政策变化、运输政策调整以及运费标准变化等几个关键时段，使得正处于大干期间的济青高铁工程，面临钢材、水泥缓供、断供的问题，这些物资的供应进度决定了桥梁工程的进度，施工单位及供应商均无法找到合适的解决方案，双方陷入僵局。公司正视困难，针对问题主动上手，一方面就面临的困难与可能出现的问题及时向上进行汇报，另一方面利用自身资源联系供应商，多次召开现场协调会，一个问题一个问题地研究，一个标段一个标段地推进，分析原因并提出解决方案，保证了整个过程钢材、水泥等物资的连续供应。

对于“四电”物资供应，济青公司在施工单位完成每一批次物资招标后，及时督促其按照“八个抓紧”的思路完成工作，即抓紧发放中标通知书、抓紧召开技术联络会、抓紧签订采购合同、抓紧下发供应计划、抓紧督促供应商生产供应；物资设备进场后，抓紧进行检验检测、抓紧进行二次加工、抓紧将合格产品运至现场工地。通过“八个抓紧”，确保了物资的及时供应。同时，在供应过程中公司加大了物资设备现场检查力度，严格按标准、规范进行物资进场检验检测，不合格物资坚决不能进场。在个别物资设备供应紧张时，公司也发挥自身优势，采取驻厂监造方式督促供应商加班加点生产供应。以此，保证了在“四电”施工最紧张的时候，物资也没有出现迟供、断供现象，为“四电”施工提供了坚强的后盾。

（三）公司代付货款

工程建设期间，资金支付的不及时，将直接影响中标厂家的排产与供应，甚至导致合同物资不能按供货计划要求的时间进场，造成工程物资缓供、断供的情况，对现场施工进度造成不利影响。为从根本上解决货款支付不及时的问题，公司研究决定由公司进行代付货款，并在施工工程招标文件中专款明确邀约。

代付货款政策确保了采购资金能做到及时到位，如此既可避免施工单位挪用物资设备资金，造成供应困难，又保证了钢材、水泥等重点自购物资的及时供应。通过这一系列措施，济青高铁建设全过程均避免了断供情况的发生，并且节省了大量建设资金。资金代付方式保证了中标厂家的资金流，首先使供应商能放心生产，解决供应商货款支付的后顾之忧；其次直接及时支付到位，也能保证中标企业有能力支付农民工工资，为响应国务院关于有效处置民营企业和中小企业账款清欠的号召做出了贡献，提升了济青高铁形象。

为响应国家营改增政策，通过与施工单位协商，公司将钢材、水泥定为共同采购物资，公司、施工单位和供应商签订三方合同，由供应商直接将发票开给公司，公司直接向各标段供应商付款，这种方式既做到了不影响公司税率抵扣，又能不增加各施工单位的税务负担。截至 2018 年 12 月底，公司共结算钢材约 47 万 t，共计 16.1 亿元；水泥约 200 万 t，共计 7.47 亿元。为公司创造了 3.7 亿元的进项税，提升了公司经营收益。货款代付范围还包括站前、“四电”、站房等专业的重点自购物资，货款代付涉及供货合同431份，代付合同金额约43.5亿元。

第二节　物资质量控制

一、狠抓物资质量，创新质量管理方式

为确保济青高铁工程质量，济青公司始终把物资质量放在首位，严格把控物资设备质量关，创新物资设备质量管理方式，从采购方式、施工工艺等方面进行监控，为树立济青高铁标准，打造铁路工程建设标杆，奠定了坚实的质量基础。

（一）统一控制采购物资质量标准

济青高铁参建单位众多，大宗自购物资设备尤其是站房物资种类繁多、质量好坏悬殊，如果不进行统一管理，将会给济青高铁带来质量隐患，同时也势必造成供应紊乱、成本增加等一系列问题。为此，公司立足于质量第一、统一管理的出发点，为确保实现建成艺术品站房的工程目标，对济青高铁站房项目的自购物资进行了统一联采，使供应集中化、质量稳定化，从而保证了济青高铁站房工程物资设备的质量稳定。济青高铁开通后，车站工作人员及旅客对站房形象及装修赞不绝口，做到了车站人员工作放心、旅客行程舒心。

（二）把控“四新”技术工艺流程

济青高铁建设过程中，公司在新材料、新工艺PPU薄涂型防水涂料及桥梁伸缩缝施工前，积极组织现场施工观摩会，召集全线参建单位参观学习，由物资供应商进行试验段施工，明确施工工艺流程，讲解施工技术重点，进行现场技术培训。形成统一标准，进行全线推广，确保外观统一，质量可靠。

（三）深度介入特种设备安装

济青高铁红岛站四部通力大扶梯单台重量约67 t，提升高度16.52 m、总跨距40.01 m（无任何中间支撑），是通力全球单台最重的无支撑公共交通型自动扶梯。按合同约定由厂家负责发货。由于大扶梯安装属于较大危险性工程，公司组织物资部、工程部、设计院、施工单位、监理单位、供应商进行了三次对大扶梯吊装方案的预审，从多个角度完善大扶梯吊装方案。大扶梯吊装方案编制完成后，邀请国内知名专家进行了论证，按专家意见进一步对其进行了完善。大扶梯吊装作业面在地铁通廊层运输通道上，作业半径只有十几米，空间狭小，妨碍其他单位施工，矛盾突出。公司物资部会同工程部、现场指挥部，多次召开现场工作协调会，妥善处置各方关系，统筹规划施工进度，制定了合理可行的施工进度安排。公司领导高度重视现场吊装作业，多次带队到现场进行指导。公司物资部会同工程部、安质部、现场指挥部、监理单位加强了针对吊装现场的监控，安排专人盯岗。公司要求通力集团公司抽调精干力量、配置高效团队、集团领导现场盯控，在龙门架安装、扶梯吊装过程中，严格进行现场管理和安全检查。在各方努力下，按期完成了四部大扶梯安装，未发生任何安全质量问题。

二、深入施工现场，创新现场质量管理

济青高铁建设之初，公司创新成立了物资专业检查小组，将物资专业检查独立出来，提高了对物资设备的质量重视程度。物资专业检查小组成立以来，紧盯施工现场，重点检查现场物资质量，减少了多项物资管理的通病。

济青高铁建设期间内，物资专业检查小组镜头不换、力度不减，督促施工单位严把物资质量关；积极参加施工单位召开的重点物资设计联络会，明确重点物资供应验收要求，不断提升参建各方物资质量管理意识；加强进场物资验收、报验、使用资料的检查，确保质量合格的物资用于工程；督促施工单位对驻厂监造物资、出厂抽验物资做好质量监督，完善质量监督手续，不合格物资坚决不能出厂；针对不同的施工节点，对各施工单位进行有针对性的原材料抽检和现场检查，例如在声屏障供应过程中，物资专业检查小组除完成例行的常规检查外，还创新组织了声屏障进场破检，在现场对进场声屏障进行破坏性检查，检查出 5 个批次声屏障单元板不合格的情况，并严格按管理办法进行清场处理，确保了济青高铁声屏障质量过硬，一次性通过路局工务检查验收，获得好评；在站前施工阶段，针对钢材及混凝土原材料进行了全覆盖抽检，针对桥梁工程、无砟轨道用高分子原材料质量不稳定的问题，做到每月必抽检，督促施工单位加强其物资质量管理意识。

截至 2018 年 12 月底，物资专业检查小组共对全线累计抽样检测 995 份，水泥、减水剂、细骨料、粉煤灰各 109 份，粗骨料 280 份，矿粉 75 份，引气剂 62 份，钢材 43 份，土工布 66 份，弹性垫板 33 份，共发现不合格材料 13 份，占抽样总数的 1.2%，其中粗骨料含泥量超标 9 份，减水剂含气量超标 2 份，细骨料石粉含量超标 1 份，粉煤灰细度超标 1 份。特别是 2016 年 8 月 1 日《高速铁路预制后张法预应力混凝土简支梁》(TB/T 3432—2016)新标准实施后，预制梁用减水剂的减水率由 25%提高到 30%，为此，济青公司组织平检试验室，对全线 12 个梁场所用减水剂减水率进行了现场检验检测，梁场所用减水剂的减水率均在 30%以上，符合新标准的要求。

在济青高铁建设过程中，物资专业检查小组共下发黄牌 30 张，灰牌 22 张，罚款 123 万元。每月不定期对站前、“四电”、站房各标段进行检查，从物资采购管理、物资过程控制、物资仓储等方面发现 43 个问题通病，建立了问题库。通过现场检查和物资抽样，各施工单位物资管理水平逐步提高，全线物资质量总体可控。

第十一章　工程监理

第一节　监理制度

济青高铁各监理站均以《铁路建设工程监理规范》(TB 10402—2007,简称为监理规范)和监理合同为依据,结合济青公司要求制定了各自监理站的监理工作制度,规范了监理行为,建设了标准化监理站。

通过对以往经验的总结、外部优秀经验的吸取以及过程中不断的修改完善,最终形成细则制度共计 32 项,构建了包括监理人员管理制度(5 项)、审查审核制度(8 项)、现场监管检查制度(7 项)、检验试验制度(4 项)以及其他管理制度(8 项)五大方面的制度体系,体系框架如图 2-11-1 所示。

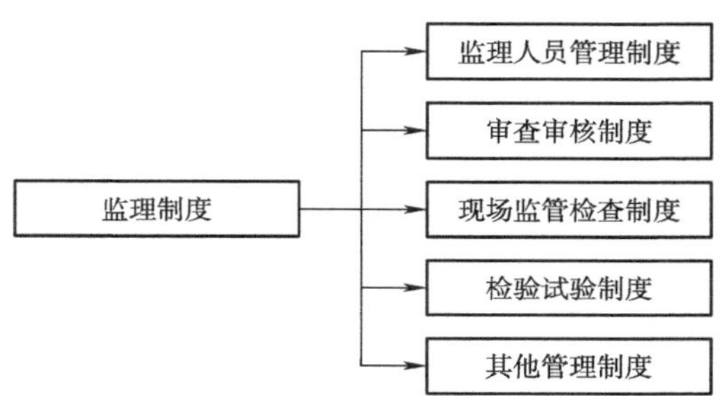

图 2-11-1　监理制度体系框架

一、监理人员管理制度

(一)监理人员岗位职责制度

制定和落实监理人员岗位职责制度。主要有:总监理工程师岗位职责、副总监理工程师岗位职责、监理组长职责、专业监理工程师岗位职责、试验监理工程师岗位职责、测量监理工程师职责、信息系统管理员职责、监理员、试验员等人员岗位职责,做到分工明确,责任到人,规范了监理工作的权责划分。

(二)监理人员技术教育和培训制度

各监理站结合标段实际,本着"全员覆盖、全专业覆盖、全过程覆盖"的原则,制定监理站培训制度,所有进场人员都经过岗前培训学习并参加济青公司组织的考试,合格后方可上岗。项目实施过程中,监理站结合项目进展制定年度、季度和月度专业技术、安全培训计划,由主管副总监牵头做好针对性培训。同时,还结合月度会议等组织监理人员学习专业技术、工程管理、验标、法规等内容,通过培训教育和考试相结合的手段提高监理人员业务素质。

(三)安全教育培训制度

总监理工程师定期对监理人员进行安全意识、劳动纪律、专业技能和安全知识教育培训。按照培训计划,选送有经验和有责任感、事业心强的人员进修培训。同时,结合施工特点,经常对监理人员进行有针对性的安全教育，努力提高队伍的整体素质，增强安全监管能力。安全监理工程师根据工程进展、特点以及公司要求，及时对监理人员和施工单位有关人员进行安全知识培训或交底。

（四）监理人员考核制度

为加强监理内部管理，提高监理工作水平，规范监理人员行为，保障各项规章制度的执行，监理站成立了监理考核管理机构，制定了监理工作考核与奖罚制度，每月围绕监理人员职业道德、业务能力、工作态度和工作业绩等方面组织对监理人员进行考核，下发考核通报，奖优罚劣。对业务能力不能胜任和职业道德差的监理人员坚决予以清退。

（五）廉洁自律制度

制定廉洁自律的规定和措施，认真执行和落实，并加大必要的投入，保证监理工作的公正独立。树立廉洁自律正气，查处违规行为，对违反规定者，视情节轻重分别给予警告、解聘处分，触犯刑律的移交司法处治。

二、审查审核制度

（一）设计文件图纸审查制度

监理站在收到施工图纸后，及时组织专业监理工程师进行熟悉和预审施工图，了解工程特点、设计意图和关键部位的工程质量要求，审查各专业施工图纸时，核对建筑、结构、水电、通信、设备安装等各种图纸相互间有无矛盾，是否有错、漏、碰、缺等情况。在熟悉和预审施工图纸的基础上，监理站及时组织施工图纸会审，做好会审记录，并将提出的问题提交公司和勘察设计单位。

（二）开（复）工报告审批制度

在重点关键工程开工前 10 天，施工单位提报开工报告，完善主要人员报审、配合比审批、标段施工组织设计、测量复核等工作，并经专业监理工程师签认有关手续，报监理站。其他单位工程的开工报告由施工单位在开工前 4 天报监理站。

（三）分包单位资质审查制度

如工程建设有特殊要求或规定分包的，监理站审查分包单位资质，重点审查分包商营业执照、安全生产许可证和施工资质、进场人员的数量和上岗证书、劳务人员的安全和业务技术培训情况等，审查进场设备的种类、规格、型号、数量以及技术状态，是否满足分包工程的施工要求。

（四）施工组织设计审查制度

由总监理工程师组织专业监理工程师审查施工单位报送的施工组织设计（方案），提出审查意见，需要施工单位修改时，由总监理工程师签发书面意见，退回施工单位修改并重新报审。施工组织设计（方案）随工程进展若需修改或补充，按照原审批程序报审。标段实时性施工组织计划，监理单位审核后报济青公司审查批准。

（五）安全从业人员资格审查制度

监理站督促施工单位在开工前建立完善的施工组织机构，配齐相关人员，施工过程中重点审查项目的以下工作：项目经理、总工、安全专职检查人员、质量专职检查人员等要求持证上岗人员的相应证书；各类特殊工种操作证和有关要求持证上岗人员的有效证件，如营业线上作业防护员、驻站联络员、机械设备操作证等；对安全从业人员进行动态管理，施工人员中途变动时，应及时办理报批手续，并经培训教育合格后方可上岗作业。

（六）工程验工审核制度

监理工程师必须熟悉技术规范、工程量清单及说明、工程计量和支付程序，掌握具体项目的工作范围、内容、进度、计量方式、方法和签审程序，认真审核施工单位所报的工程验工单。工程验工单由总监理工程师核准签字后，报建设单位。

（七）应急救援预案审查制度

监理站督促施工单位开工前编制生产安全事故应急救援预案，设立应急救援组织，配齐应急救援人员，配备必要的应急救援器材、设备和救援物资；专业监理工程师对预案进行审核，现场实地查看清点确认救援人员、机具物资配备等有关事宜，确保落实到位；监理工程师加强现场应急救援的动态管理，根据工程的推进，适时要求施工单位进行方案、措施或救援物资的补充与完善。

（八）安全重大方案审查制度

监理站监督施工单位严格执行建设部有关“危险性较大工程安全专项施工方案编制及专家论证审查办法”的规定，对危险性较大施工项目，如隧道开挖、爆破作业、大型设备设施起重吊装、施工临时用电、高空作业、深基坑开挖、大型支架、临边围护工程、模架制梁、水上作业等，编制安全专项施工方案，并经专家组论证通过。

三、现场监管检查制度

（一）施工测量复核及抽检制度

监理站督促施工单位按合同约定，进行标段中线复测，及时提交“施工测量放线报验单”及复测成果，复测成果低于定测精度或未经复核和验算的资料，严禁使用。测量监理工程师检查施工单位的复测资料，核查两个相邻施工单位之间测量资料、控制点等是否贯通，交接是否清楚，手续是否完备。对重点工程或地形复杂地段，专业监理工程师组织抽测或局部复测，确认测量数据的正确性，审核并签认施工单位报送的《施工测量放样报验单》，报建设单位备案。监理站根据验标要求，对施工单位测量复核成果、沉降观测进行抽样检查和平行抽查，发现问题时及时上报并处理。

（二）旁站监理制度

监理旁站严格按照验收标准中明确规定需要旁站的工程部位和工序等进行现场旁站监理。对隐蔽工程的隐蔽过程、下道工序施工完成后难以检查的重点部位或关键工序，专业监理工程师也安排进行旁站监理。监理站（组）及时将要旁站监理项目工序或部位书面通知施工单位，并要求施工单位在该工序或部位施工前，提前 24 h 通知主管监理工程师。监理工程师组织旁站监理人员学习旁站监理要点。旁站监理人员无权更改、增减旁站监理的工序或部位。监理人员接到施工单位通知后，按时到达施工现场实施旁站监理，不迟到、早退或离岗。认真填写旁站记录，真实反映实际。

（三）隐蔽工程检查验收制度

隐蔽工程在隐蔽前，施工单位按有关专业验收标准的规定，先行组织内部检查合格后，按规定填好各类隐蔽工程检查表，签认手续完备后，报专业监理工程师。专业监理工程师在约定的时限内到现场进行检查，监理工程师确认隐蔽工程合格后，办理签证并准许施工单位进行下一道工序施工。特殊设计的或监理认为需要设计单位参与检查的（如地基基础、主体结构）隐蔽工程，还要求设计单位驻工地代表参加检查。

（四）监理工序复检制度

关键工序全部实行复检制，不经监理复检合格不得进行下道工序。要求各监理站视工作量大小成立一个或多个复检组对规定的复检项目进行复检，设1名副总监负责此项工作。先是正常验收，现场专业监理工程师接到施工单位报验申请，按验标规定正常进行验收，验收合格后签署意见；现场专业监理工程师验收合格后，需复检的工序上报复检组进行复检，复检合格后签署意见。

（五）安全检查制度

总监理工程师每季度定期组织有关人员对安全、文明施工情况进行综合检查。安全监理工程师负责组织有关专项或季节性安全专项检查，如用电安全、特种设备安全、隧道、防火防爆、节假日前后、雨季、冬季等；对总监理工程师定期检查存在问题的工序整改落实情况进行复查；对各监理组现场安全监控情况进行检查。专业监理工程师和监理员加强对管段内施工情况日常检查、巡查，对重要部位、关键工序、危险性较大的分部、分项工程作业现场把关；对定期和专项检查发现及公司提出的问题，负责督促整改落实，及时反馈信息，并做好记录。

（六）文明施工检查制度

检查和督促施工单位制定文明施工措施，加强文明施工的教育，增强环保意识，从思想上和制度上保证文明施工。做到文明施工、文明生活、防治污染、保护环境、绿化环境等。

（七）总监理工程师巡视制度

总监、副总监每月巡视工地，对检查出来的问题用书面提交问题单位，明确整改要求、时限，整改完成后进行复查，做好书面记录，每月末对总监巡视记录进行统一整理归档，并将主要内容在监理月报中加以反映。

四、检验试验制度

（一）对施工单位试验室的检验制度

监理站不定期检查施工单位的取样、试验人员资质和仪器设备情况，发现问题及时督促其改正，并确保不定期检查每季度不少于一次。监理站组成内业资料检查组，每月定期一次对施工单位各试验室的资料进行一次全覆盖的抽查，检查试验资料中的数据是否随意涂改，记录填写是否完善，有效数位和误差是否按照检测规程和有关误差理论进行处理。检查施工单位中心试验室主任是否对试验所采用的操作规程、试验方式、技术标准进行认真复核，是否对原始记录和试验报告上的数据进行校核并批准。检查试验资料的真实性，是否如实进行试验检测并据试验检测的结果及时出具试验资料。检查材料质保单是否及时提供，且质保单上的信息内容是否与试验报告相符。

（二）材料/构配件复验制度

所有拟用于工程中的建筑材料、构配件及设备，在进场时都按规范、规程、验标进行检验。严格控制不合格建筑材料、构配件及设备进场及使用，禁止先用后检。专业监理工程师督促施工单位按规定对进场的建筑材料、构配件及设备质量进行复验，并对施工单位填报的拟进场工程材料、构配件和设备的“工程材料/构配件/设备报审表”及其质量证明资料(出厂合格证和质量保证书等)进行审核,对进场的实物材料,按照委托监理合同约定或验收标准规定的比例采取见证取样或由第三方检测单位以平行检验方式进行检验、复验。对经检验符合要求的建筑材料、构配件及设备,及时签认“工程材料/构配件/设备报审表”,批准进场使用,已进场的不合格材料坚决清离施工现场。

(三)见证检验制度

监理站根据见证检验的项目和要求,指定有资质的监理人员从事见证检验,并明确其工作内容和岗位责任。试验专业监理工程师在开工前,根据验收标准要求,审核第三方检测单位检测计划,并报总监审批;明确平行和见证检验的项目,并书面通知施工单位。所有进场材料经过监理签字确认后方可用于该部位工程施工,同时所有经监理签字确认的进场材料,现场监理均填写“进场材料台账”。

专业监理工程师对施工单位进场的原材料、构配件和设备,按照见证检验工作计划和验收标准规定的比例采取见证取样方式进行检验、复验。原材料进场时,要求施工单位现场收样人员及时通知现场驻拌和站监理验收,现场监理对其数量和质量进行验收,同时核对随车质保单,确认符合要求后方可卸车。原材料进场后,施工单位试验室人员通知现场监理见证取样,由施工单位试验室填写试验委托单,现场监理见证取样后在见证人一栏签名。经见证试验合格的,施工单位试验室出具试验报告并由监理站试验室见证人员在试验报告上加盖“见证试验专用章”并签署见证试验人员姓名。见证试验不合格的,由试验室通知现场监理组,并下发监理工程师通知单停止该批不合格材料的使用,要求施工单位试验室上报处理过程,同时清退过程现场监理要参与监督,清退过程留取影像资料。

(四)施工过程检验签认制度

施工单位自检合格后,填写工程报验单及相关检验批或分项、分部工程质量验收记录表,向监理工程师进行报验。监理工程师按照验收标准规定,及时组织相关单位及人员对施工单位提交的检验批、分项、分部工程质量验收记录表进行现场复核,对施工质量进行验收。对于地基处理、沉降观测、路堑开挖及支挡结构基坑开挖、桥梁地基及基础、隧道衬砌、线路基桩等分部工程验收,根据验收标准要求,请勘察设计单位参加,并在相关资料上签认。检验批、分项、分部工程质量经验收合格后,监理工程师及时签认相关资料,方可进入下道工序施工。未经签认的工序,不得进行下道工序施工。如验收不合格,监理工程师通知施工单位进行返工或修整处理,自检合格后,监理站重新组织验收。单位工程完工后,在施工单位自检合格的基础上,按验标要求向建设单位提交验收申请报告,由总监理工程师会同公司组织有关单位验收。

五、其他管理制度

(一)技术交底制度

项目实施前,监理站参加设计单位组织的技术交底,并做好对施工单位的技术交底,施工过程中监理定期检查施工单位现场技术交底的执行情况。

各监理站在开工前将监理规划、监理细则、安全监理细则等向施工单位交底,技术交底由总监理工程师或受委托的监理工程师主持。技术交底意见经各方会签形成会议纪要。各单位工程开工前,监理站均向施工单位做监理细则交底,并形成会议纪要。

总监组织对监理站全体人员进行设计图、技术标准和质量验收标准、施工方案等技术交底。交底的主要内容有设计要求、采用的技术标准和质量验收标准、规程等、施工措施、监理检查、验收该注意的问题等，技术交底会议记录，会议时间、地点、出席人员、交底内容、登记情况等，形成会议文件，监理站存档。

(二)环保工作制度

监理站配备环保监理工程师，配合环水保监理单位积极开展对当地现场环境的调查工作，审查施工单位建立的环境保护与水土保持体系，并在工程实施过程中监督其运行情况。

(三)文件资料管理制度

监理站建立有关往来函件、电话处理、日常监理工作技术资料整理与归档管理的相关台账，所有文件收发、文档资料均严格按各监理公司贯标工作的规定进行管理。

工程监理台账是文件化的施工信息分类记录，监理站结合工程特点和内容建立。项目上建立以下几类台账：开工报告审批台账，验工计价台账，见证取样检验台账，见证检测台账，混凝土和砂浆配合比审批台账，总监理工程师巡视记录台账，工程变更台账，工程进度台账。确保台账资料的及时、完整和准确，具有可追溯性。

监理站和监理组建立监理日志，记录监理站(组)主要人员的动向和工作内容。监理日志由监理站(组)办公室负责填写，总监理工程师定期审签。

(四)监理工作例会制度

监理站每月召开一次监理工作例会，也可以根据施工进度和出现的问题随时召开，由总监理工程师主持，监理站主要管理人员参加，会议上对现场施工安全、质量、进度沟通情况、汇报和总结工作进行问题分析，研究对策，统一思想和行动，及时解决监理工作中的问题，部署下一阶段工作重点。总监办专职资料员负责做好监理工作例会记录，议定的重要事项以会议纪要形式发给有关单位。

(五)工地例会制度

由监理组组织召开的会议，纪要由监理组负责整理，会议纪要按照济青公司规定的格式，及时下发施工单位，每月末上报公司存档。在下一期会议上，监理单位对照上期监理会议纪要，核实上期会议落实情况，防止管理漏洞。对于处理时间较长的，建立问题销号制度，将问题在网上或各级人员易了解的地方进行特殊标识，提醒注意，跟踪闭合。监理站组织召开的安全质量问题专题会议，纪要下发各相关单位，抄送监理组。

(六)监理工作报告制度

监理月度工作报告由监理站按济青公司要求及《铁路建设工程监理规范》(TB 10402—2007)规定的格式填报。报告基本内容有：

本月工程动态：施工单位人员、机械、施工情况的变化等。工程形象进度：细化到每个单位工程、施工工点或施工区段。工程质量情况：本月质量情况，存在的质量问题，工程质量控制采取的措施及效果。安全文明施工情况：本月安全情况；存在的问题；本月安全控制的重点，采取的措施及效果；文明施工情况。变更设计情况。本月监理工作情况，按监理工作统计表的相关内容详细阐述本月以来的主要监理工作。下月(季度、年度)工作重点及建议。

当试验内容较多时，监理站单独编写试验工作专题报告，向公司通报工作的主要内容。工程实施过程中，遇到难以解决的问题，需要向公司反映或提出合理意见和建议时，总监理工程师组织编写专题报告，向公司汇报。

工程竣工验收前，监理站组织编写单位工程质量评估报告，作为监理意见纳入竣工资料整理范围。

（七）监理日记制度

监理日记是监理站和监理工程师必备的专用记录手册，是监理站最重要的文件之一，是体现监理工作的主要证据。监理人员逐日逐项认真填写，特别涉及变更设计，会议决定，上级指示，质量、进度、安全检查、投资等有关事项，都详细写入日记。

监理日记依据《铁路建设工程监理规范》（TB 10402—2007）、《铁路建设项目工程质量管理办法》（铁总建设〔2018〕2 号）、《铁路建设项目安全生产管理办法》（铁总建设〔2014〕168 号）及济青公司相关文件要求填写，保证监理日记内容详细、真实，具有可溯源性。监理日记严禁撕页，发生误填现象的，在该页上注明“此页作废”。监理日记要语言简练，意思表达准确，用词专业；字体清晰、工整、有条理，字体颜色为“蓝黑”或“黑色”。应体现主动控制、预控以及过程控制的原则，体现以“数据说话”的原则，体现“具有可追溯性”的原则，体现“巡视、平行检验、旁站”等主要活动，做到前后照应。

总监、副总监和监理组长定期对监理工程师的监理日记进行审核签字，对于日记填写随意，不能反映工程实际的情况的要及时指出并纳入监理人员考核。

（八）监理日志制度

监理日志是工程实施过程中监理工作的原始记录和真实的工作依据，是监理站监理工作状况的综合反映，是监理工作量及价值的具体体现，工程跟踪资料是监理资料的重要组成部分，监理日志以单位工程单独成册。监理日志除写明日期外，还详细记录当日气象情况（包括气温、晴、雨、雪、风力等天气情况）及因天气原因而延误的工期情况。记录监理日志时，真实、准确、全面地反映与记录单位工程相关的一切问题（包括“三控制、二管理、一协调”）。监理日志记录所发现的问题、采取的措施及整改的过程和效果，使监理事件圆满“闭合”。监理日志记录后，及时交总监理工程师审阅。

第二节　现场监理工作的实施

一、质量控制

按照济青公司要求，监理单位均建立了严格的质量控制工作程序，施工过程中主要采取了以下质量控制措施。

1. 编制监理规划、监理细则和质量监理工作程序，并严格执行。加强了质量的事前控制措施，严格质量的事中、事后控制。进行经常性的质量检查，对重点、难点工程及技术复杂的工程增加检查频率。

2. 加强了与设计、咨询单位的沟通，做好图纸会审和技术交底工作。

3. 认真审查、审批施工单位编制的施工组织设计、方案和作业指导书。督促施工单位严格执行国家相关职能机构和铁路总公司颁发的工程建设标准、工程质量检验评定标准、工程承发包合同及有关技术标准；督促施工单位认真履行合同约定的责任和义务。

4. 充分运用先进的科学仪器和试验手段，保证测量和试验数据准确可靠。加强对施工单位工地试验室的检查、指导工作，督促试验设备定期检定校准，从而保证了试验数据的真实可靠。

5. 检查施工单位的工程质量自检工作，按规定填写各种质量检查表，对各种自查记录、施工测量、放样等资料进行随机抽查，发现问题做出监理记录，并通知施工单位及时纠正。

6. 监督施工过程中的工程质量，对重点难点工程派人员驻点监理，对关键工序进行旁站监理；严格执行隐蔽工程签证制度，上道工序不合格，严格禁止进行下道工序的施工。

7. 监理工程师在进行施工监督检查的过程中，发现质量问题时，立即书面通知施工单位改正或返工处理，并记入监理日记中。如不及时改正，发出质量问题通知书或在征得公司同意后，由总监签发停工令；对隐蔽工程中出现的各种问题，及时监督施工单位认真处理，必要时邀请公司、勘察咨询和设计单位共同参加处理。

8. 加强对施工单位原材料监控工作，重点加强“甲供”材料和砂、石料、粉煤灰、外加剂等材料进场把关。制定并实行材料进场报告制度，根据进场的批量及批号督促施工单位按“验标”要求自检，监理单位按规定频率进行现场随机见证取样、见证试验，并对原材料按照验标规定及公司要求进行平行检测和抽查，对关键及敏感性原材料增加平行和见证检测频率。如：对粉煤灰的检测做到车车必检。检测发现不合格的材料坚决不得用于工程施工之中，要求施工单位清除出场或改作他用，切实保证用于工程的材料全部为合格材料。

9. 检查确认工程材料、成品、半成品和设备的质量，如果有疑异，监理采取必要措施，如：通过监理监测体系、平检试验室，对疑异部分进行抽检或复查。对确认不符合要求的材料、成品、半成品和设备，禁止进入工地和投入使用，已进场的，责令施工单位立即清出现场。

10. 督促施工单位严格按照施工规范、规程和设计图纸施工；对工程的主要部位、重要环节、关键工序的施工及设备的安装、调试，按国家相关职能机构和铁路总公司有关建设质量检测规定进行检查签证；督促施工单位按规定进行各类试验，同时进行一定数量的平行抽检试验，并对施工单位的试验结果进行抽样检查；按“验标”规定，对施工单位自评的检验批、分项、分部、单位工程质量进行复查认定，按期向公司书面报告单位工程质量等级评定情况。

11. 参加质量问题的调查、分析，督促施工单位按规定的程序及有关部门要求进行调查并及时处理；审查施工单位对质量问题的处理意见，发现其不符合要求时，责成其重新研究处理方案，并及时书面报告公司。

二、安全管理

在安全管理方面，监理单位主要做了以下工作。

1. 制定施工安全监理细则，认真履行监督检查职责，督促施工单位落实安全保证组织体系，牢固树立“安全第一、预防为主”的安全生产方针。审查安全施工技术措施，审查并落实施工中每道工序的安全教育内容，严禁违章作业，特殊作业必须持证上岗。监督安全生产、消防工作、文明施工、卫生防疫责任制的实施，做好冬季防寒、夏季防暑工作。发现违章作业者，要求立即停止其工作。发现安全隐患，则令其停工整改。不定期组织综合安全检查，按有关规定组织评定。

2. 督促施工单位做好安全自控

督促和协助施工单位建立安全、文明施工自检体系。要求施工单位安排专职安全质量检查人员，对安全和文明施工进行监督和检查。对工程每一道工序、每一个环节进行安全检查，随时纠正不良操作方法，处理工作缺陷。按规定的安全监控程序进行作业过程监控。监理工程师对施工单位自检人员提供的书面材料和数据进行分析，并进行必要的抽检或复查。

三、进度控制

在工程进度控制方面，监理单位主要做了以下工作。

1. 建立工程进度管理台账，通过建设单位编制的工程总进度计划和施工单位提供的进度计划进行对照审核，控制各阶段的工期，确保实际施工天数不突破施工合同工期。

2. 审核施工单位实施性施工组织设计、总体施工进度计划、阶段性详细进度计划；审批施工单位拟定的各项加快工程进度的措施。

3. 审查施工单位根据总体施工进度计划编制的年、季度计划，审批施工单位的月计划，并严格对施工进度监督、检查和控制。

4. 向建设单位和施工单位推荐先进、科学、合理、经济的技术方法和手段，以加快工程的进展。

5. 督促施工单位严格按施工合同规定的工期和建设单位下达的年、季、月度施工计划组织施工，每月向建设单位报告施工计划完成情况和存在的主要问题，对施工单位主观原因造成的工期滞后提出处理意见并报建设单位；签认施工单位呈报建设单位的工程进度报表。

6. 对施工单位优化调整实施性施工组织设计或进度计划进行调整时，提出主导意见并报建设单位。

7. 采用网络计划技术进行施工进度控制。使用计算机辅助监理工作，及时根据计划值与实际值之间的比较，进行分析与研究，当实际进度与计划进度发生差异时，在分析原因的基础上，督促施工单位采取组织、技术、经济及其他纠偏配套措施，确保不突破总工期。

四、投资控制

在控制工程建设投资方面，监理单位主要做了以下工作。

1. 审查施工组织设计和施工方案，对主要施工方案进行技术经济分析，均衡施工，按合理工期组织施工，避免造成浪费；要求施工单位对使用的主要材料、设备进行招标，优选生产供应厂家。

2. 按济青公司有关规定办理验工计价签证，保证验工的各项工程质量合格，数量准确。审核施工单位申报的季、年度验工计价报表中的已完工程数量表，做到不超验不漏验。

3. 建立验工计价台账。

4. 对不符合质量标准的工程，未经返工处理，未达标前不予验工。

5. 按建设单位的要求参加变更设计的审查工作，对设计变更合理性、经济性提出建议，建立变更设计管理台账。

6. 审查、汇总施工图数量，并与施工总承包合同工程数量进行列表比照，建立管理台账。

五、环水保管理

在环水保管理方面，监理单位主要做了以下工作。

1. 认真贯彻执行国家有关环保、水土保持的相关法律法规。监督施工单位做好施工现场环境保护工作及水土保持工作，对可能产生污染源采取控制措施，并督促施工单位做好耕地、植被的恢复工作。

2. 审查施工单位的环境管理体系情况，审定施工单位识别的《环境因素清单》，以此为依据进行检查。

3. 防护工程监理重点：路基边坡防护工程、路基支挡工程、路基排水工程等数量、质量、位置符合设计要求及质量标准。

4. 大气环境监理重点：通过文明工地建设及硬化、遮挡、苫盖、洒水等措施最大限度控制扬尘污染，同时监控好锅炉除尘设施的施工。

5. 噪声治理监理重点：监控施工单位尽量采用低噪声设备，通过调整作业时间，避免夜间施工扰民。重点监控施工单位对噪声的密闭、隔声措施及沿线敏感点采取的拆迁和隔声墙措施，以求降低或避免噪声污染。

6. 固体废物监理重点：监理各施工营地定点设置垃圾桶，对垃圾进行必要的处理，严禁随意堆放、焚烧；及时回收包装废弃物，不得随意丢弃，污染周边环境，定期清理运往垃圾填埋场；监控施工单位根据工程进度需要合理安排取弃土作业，制止乱取乱弃，检查并督促施工单位采取防止渣土洒落、泥浆废水流溢、粉尘飞扬的施工措施，工程结束及时平整取弃土场地。

7. 电磁污染监理重点：审核施工单位使用产生电磁波的各种工业和家用电器设备、产品是否符合设计要求，检查产品合格证、技术说明书，对有电磁污染的设备采用主动屏蔽和被动屏蔽的技术方法，将电磁波的影响控制在一定范围内。将屏蔽体在电磁波作用下感应生成的射频电流导入大地（射频接地），以避免屏蔽本身成为射频电磁波的二次污染源。

8. 依法及时向有关部门报告环保、水保重大事件。

9. 对施工单位环境保护方案、措施、实施办法进行审核；加强环境保护管理，确保环保工程与主体工程同时设计、同时施工、同时投产使用。

六、组织协调

（一）协调施工单位之间的关系

相邻施工单位之间的结合部施工相互干扰较大，监理单位认真做好结合部的组织协调工作，避免矛盾激化，避免留下质量隐患，影响施工进度。对于不同工种在同一作业面上施工时，容易产生矛盾的情况，监理单位按照互相兼顾，统筹安排的原则，做好协调工作，避免作业冲突和产生安全风险。对于不同工种同一时间在不同空间的作业面上施工时，亦易产生矛盾的情况，尤其是安全问题突出，监理单位从整体利益出发，按工序先后循环作业的原则，提出减少或避免相互干扰的措施，避免安全事故的发生。

（二）协调外部关系

铁路施工线长点多，可能与沿线村民发生一些利益冲突，监理单位主动协助建设单位，依靠地方人民政府做好协调工作，将各种不利因素和干扰降到最低限度，充分保障建设单位的权益。

（三）协调监理内部关系

济青高铁涉及专业种类多，专业间的协调、专业内部的协调是必不可少的，监理站制定内部协调管理制度，由监理工程师、监理组长负责，做好上下级工作协调、监理组间工作协调、专业间工作协调以及专业内部工作协调。

七、监理工作特色

除常规监理工作的执行外，济青公司在监理工作的实施过程中还做出了以下创新。

（一）严格实行进场人员报验审批制度

进场监理人员除应具有相应的资质证书外，还须参加公司组织的考试，考试不合格不计监理人月，补考不合格必须退场，进场监理人员参加考试达 1 450 人次，其中补考人员 350 人次，补考不合格 85 人次。

（二）充分重视监理人员培训

公司对全线监理管理人员进行培训，培训内容主要是公司安全质量管理、监理管理等公司管理办法，邀请了中南大学教授集中授课，培训内容主要是监理工作方法和监理实务，从监理的标准化管理、监理机构的工作要点、总监和现场监理的工作方法四方面对全线所有监理人员进行了培训。参加培训人员达到 950 人次；济青公司每月对培训学习进行检查，并作为考核内容之一纳入监理日常考核中，抓好各监理单位自身培训工作的开展，有效保证了现场监理人员的基本素质，满足了现场管理的需要。

（三）建立监理人月管理机制

针对以往项目监理单位管理存在的问题，对监理单位采用人月方式进行管理，要求提报每月监理用工计划和次日监理人员在位情况安排表，对监理人员到位和工作执行情况进行有效监督，避免了以往监理单位上人不足也能够全额清算费用的弊端，并加强对监理单位上场人员的人月考核，对失职渎职、不负责任的人员建立了清退制度，累计清退不合格监理人员 36 人，满足了现场管理需要。

（四）推行监理日志、监理日记、旁站记录格式规范化

监理日记、旁站记录及日志均为反映施工过程质量安全监理工作的基础性原始验收记录资料，是现场监理和监理机构必须完成的工作。为做好监理的基础性工作，使现场监理的日常工作有迹可循，让现场监理在规范化检查验收后，有相对完整、详细的监理记录，济青公司依据多年的铁路现场监理工作经验，根据铁路路基、桥涵、隧道、无砟轨道及试验检验的工序控制关键点和验收标准规定的主要检查验收项目，编制了《监理记录填写模块范本》，包括《监理日记填写模块范本》《监理日志填写模块范本》《监理旁站记录表填写范本》三部分，为铁路线下工程提供了规范、专业的填写范本。范本涵盖了现场施工、试验检验和安全检查等方面的内容，同时对监理在现场遇到的设计变更、现场及上级检查发现问题的处理、下发监理指令、冬施措施及效果和环水保等其他相关问题的记录提出了具体要求。

《监理日记填写模块范本》是现场监理在施工工序检查过程中，从工序主控项目到一般项目的全面检查记录，以检查数据和观感描述支撑确定验收结论；《监理日志填写模块范本》是项目监理机构在现场验收的工序项目检查及其结果的记录，反映出由谁检查验收、验收及旁站项目和结论。

《监理旁站记录表填写范本》对铁路路基、桥涵、隧道、双块式无砟轨道、板式无砟轨道、无砟道岔等提供了 35 套旁站记录表格式，力求完整地反映出铁路线下工程监理旁站工序和旁站

过程中应关注的工序内容。

济青公司每月对监理日志、日记和旁站记录进行检查，督促监理单位按照要求及时做好各项记录，使济青高铁的监理记录主要内容规范化，客观完整地记录质量验收过程。

（五）推行关键工序复检制

济青公司下发文件，全面推行钢筋工序监理复检制工作，对施工过程关键工序要求现场监理验收合格后，报监理站复检组进行复检，复检合格后与现场监理共同签署意见，方可进行下道工序施工。对于规范、验标规定的其他工序验收，在分管的专业工程师正常验收同时，监理站每月组织一次抽检。

（六）按月（季）度组织对监理工作的检查和考核

济青公司每月从人员履约、监理实施细则编制与落实、开工报告审查、监理人员培训、原材料见证试验、监理工程师通知单下发与整改回复、监理日记、日志及旁站记录和监理例会、现场质量安全控制效果等方面进行检查考核，月度下发检查通报，季度进行绩效考核，达到充分调动监理单位的积极性、主动性的目的，切实提高监理单位的安全质量意识和履职能力。

第十二章　工程咨询

第一节　咨询方式

一、咨询工作基本情况

济青高铁咨询工作由中铁第四勘察设计院集团有限公司于2015年3月根据《新建济南至青岛高速铁路设计咨询和施工图审核》合同开展。咨询的主要内容为:全线初步设计咨询和施工图审核。济青公司要求咨询公司专门成立"新建铁路济南至青岛高速铁路项目咨询审核项目部",项目部由咨询公司副总工程师担任总体技术负责人;总体组由各专业组成,并与设计单位的设计总体组相互对接。

二、初步设计咨询方式

咨询审核项目部根据济青高铁建设特点编制初步设计咨询大纲。主要内容包括:咨询依据、组织机构、人员配备、初步设计咨询的主要内容及其工作流程图、初步设计咨询的工作方法、管理流程和保障措施、初步设计咨询成果等。各专业根据大纲开展项目咨询工作。

三、施工图审核方式

(一)审核工作方式

咨询审核项目部根据供图协议,制定施工图审核计划;根据站前、"四电"、站后等审核工作量,与济青公司商定完成的具体时间;组织相关专业开展施工图审核工作,经专业审查、总体审核,由主管总工程师审定后形成审核意见,重大技术问题由项目主管总工程师组织技术专家会审,形成审核意见;将审核意见送济青公司和设计单位,设计单位对审核意见逐条提出设计答复意见,审核单位对设计答复意见确认。

(二)施工图咨询审核意见落实程序

咨询审核意见提交设计单位→设计单位同意采纳审核意见→修改施工图图纸、文件→审核单位对修改后的最终施工图设计文件进行复审、确认。

(三)施工图审核分歧意见的处理

对审核意见存在分歧时,由济青公司组织协调仲裁,以作为最终的审定意见。

第二节　主要咨询成果

一、初步设计咨询成果

(一)初步设计咨询基本情况

2015年5月各专业对初步设计文件进行了咨询,项目初步设计咨询分总体咨询、专题咨询和技术方案研究等多个方面。

专项咨询内容包括车站规模、联络线设置、连续梁跨度选择、特殊梁的选用、投资界面、施工组织设计和部分站房、地下站等。部分意见在施工图中得到采纳，从技术方案、工程措施等方面得到优化；部分意见提供给济青公司进行决策参考，取得了较好效果。

（二）初步设计咨询主要成果

1. 轨　　道

潍坊特大桥 DK151＋706.71 处（70＋140＋70）m 连续钢桁梁左右线分别设置 1 组钢轨伸缩调节器。咨询中建议线路、桥梁、轨道专业加强一体化设计，尽量消除钢轨伸缩调节器的设计。

施工图设计单位根据咨询单位意见加强了特殊结构桥上无缝线路设计工作，全线不设置钢轨伸缩调节器。

2. 路　　基

济青高铁路基多采用 CFG 桩、螺杆桩、管桩和钻孔灌注桩等桩型加固地基，且地基处理工程量较大。从济南附近至断裂带前（DK207）的多个工点，桩端普遍穿透 Q_3^{al+pl} 粉质黏土层而进入下部圆（角）砾土或基岩，桩长普遍较长。咨询单位提出如下建议：

（1）结合土工试验及原位测试，核实该粉质黏土层及其下部各土层物理力学指标，特别是压缩模量和压缩系数等变形计算参数。

（2）根据路堤高度及各土层参数分工点进行沉降检算，并分析工后沉降量。

（3）通过上述工作适当优化桩长。

施工图阶段，设计对大部工点地基处理进行了优化。

3. 桥　　涵

（1）邹淄特大桥跨济青高速公路 160 m 简支钢桁梁拱优化

既有济青高速公路双向 4 车道，路宽 25.5 m，拓宽规划，预留 8 车道，要求 42×5.5 m。初步设计采用 160 m 简支钢桁梁拱跨越，连续梁采用转体施工。

160 m 简支钢桁梁拱存在钢结构噪声大、美观性相对较差，并需设置轨道伸缩调节器，工程投资大等不利因素。咨询单位提出研究 140 m 钢管混凝土拱桥方案、主跨 128 m 连续梁方案。

综合考虑咨询提出的方案，施工图采用了 144 m 钢管混凝土拱桥方案，支架法施工，减小了施工难度，取消轨道伸缩调节器。

（2）跨淦沟河、北胶新河墩形优化

淦沟河、北胶新河顺直。设计采用园端形桥墩，严重影响水流，增大桥下冲刷。咨询建议采用圆形桥墩，减小对水流的影响。

（3）潍坊特大桥跨滨河路（70＋140＋70）m 连续钢桁梁优化

滨河路紧邻弥河，为原弥河河堤，填土高 3～4 m。滨河路为双向 4 车道，路中间设有较宽绿化分隔带，现状路宽 31.8 m，立交要求：32×5 m；初步设计采用（70＋140＋70）m 连续钢桁梁跨越道路及弥河河堤。据了解，线位与弥河交叉处为弥河湿地公园二期工程，当时堤外工程已施工，堤内工程尚未开始。

鉴于堤内景观工程尚未施工，咨询建议充分利用河堤宽、堤矮、堤上道路中间设分隔带的有利条件，优化铁路桥式、桥跨，并对河堤沿水面防护。咨询提出 80 m 连续梁方案和利用分隔带设墩的 32 m 简支梁优化方案。施工图阶段，在与水利、交通部门协调、沟通后，设计最终采用主跨 80 m 连续梁方案。

(4)潍河特大桥孔跨优化

潍河特大桥主要为跨越规划 309 国道及潍河而设。潍河，古称潍水，山东省最长和流域面积最广的河流，济青高铁跨越处河道、河滩宽阔，水流较平缓，初步设计布置 83～40 m 简支箱梁跨越河槽、河滩，全桥长 3 384.52 m。咨询建议基岩埋藏较浅地段采用 32 m 梁。建设单位与水利部门进一步沟通、协调后，施工图阶段跨潍河河道、河滩均改用 32 m 简支梁，预制架设施工。

4. 隧　　道

青阳隧道 1 号斜井出口位于缓坡处，洞口存在危岩落石；洞口段较长段落地质条件差，咨询意见提出，防止雨水及地表洪水涌入斜井，建议洞口段增加明洞；对危岩落石采用处理措施；超前支护措施建议洞身采用中管棚预支护。青阳隧道 1、2 号斜井洞身地质条件差，衬砌结构采用底板结构不满足承载力及使用要求，建议软弱围岩地段采用曲墙带仰拱结构。在施工图设计中设计对咨询意见均予以采用。

5. 站　　场

(1)青岛机场站

初步设计机场站车站规模 2 台 6 线，到发线有效长 650 m，正线与到发线间 6.5 m 线间距。站台宽度因地道出入口及地下结构要求采用 11.0 m，车场设 450 m×11.0 m×1.25 m 岛式站台 2 座。

咨询提出：根据《高速铁路设计规范》(TB 10621—2014)，中间站可设 2～4 条到发线。机场站不办理始发终到作业，办理通过列车近、远期分别为 71 对/日、84 对/日。设置 2 条到发线，办理停站通过的列车约为 46 对，基本可满足旅客乘降的需要。

经专家研究，确定青岛机场站采用了 2 台 4 线方案。

(2)胶州北站

初步设计济青高铁自枢纽西北端引入胶济客专胶州北站，在胶州北站并站新建高速车场，出站后济青高铁与既有胶济客专贯通，利用胶济客专通道引入青岛站。胶州北站胶济客专与济青高铁机场方向正线贯通，引入青连线红岛车站。为解决胶济客专与济青高铁间跨线车运行，在胶州北站济南端修建济青胶济间联络线。为满足青连线日照方向与济青高铁济南方向间跨线车运行的要求，修建青连济青联络线。

初步设计咨询中提出建议：

①预测济青高铁至青岛北方向近、远期开行客车 52 对/日、62 对/日，至红岛方向近、远期开行客车 32 对/日、42 对/日；胶济客专至青岛北方向近、远期开行客车 49 对/日、56 对/日，至红岛方向近、远期开行客车 39 对/日、42 对/日。

②济青高铁、胶济客专分别至青岛北(青岛)、机场(红岛)方向的客流均较大，胶州北站采用线路别分场布置，在西端采用联络线方式进行互通。济青高铁正线出胶州北站后紧接机场隧道，如果两线间联络线设在车站东端，由于线路走向及平、纵断面技术等条件制约，联络线则更长，且拆迁工程增加，因此联络线设在车站西侧方案优势较为明显。

③为满足两线间跨线客车开行的需要，也可采用方向别布置引入胶州北站，该方案将引起胶济客专较长的改线工程，胶济客专列车密度大，工程实施困难，采用互联互通的联络线方案较为合理。

初步设计批复中关于胶州北站的批复为胶州北站既有车场不动，北侧增设到发线 2 条，侧式站台 1 座，南侧增设到发线 1 条，既有侧式站台调整为岛式中间站台。在济南端设胶济客专与济青高铁同向到达上、下行疏解联络线各 1 条。为避免对既有胶济客专纵断面改建，胶州北站改建咽喉区个别道岔可设置在不大于 12‰的坡度上。

初步设计咨询意见，济青高铁、胶济客专联络线设在车站东侧；济青高铁方向别引入车站的建议具有一定的借鉴意义。

二、站前工程施工图审核的主要成果

(一)施工图审核基本情况

项目站前各专业共收到施工图图纸和文件 558 册，提出审核意见 3 130 条，设计答复意见 2 969 条，其中采纳意见 1 843 条，解释未予采纳 1 126 条，无分歧意见，见表 2-12-1。

表 2-12-1　站前专业审核成果一览表

专业	审核图纸(册)	审核意见(条)	设计单位答复		
			答复意见(条)	同意并采纳(条)	解释未予采纳(条)
线路	59	46	46	30	16
轨道	28	68	68	44	24
路基	74	345	300	234	66
桥涵	327	2 087	2 087	1 138	949
隧道	26	257	141	123	18
站场	29	116	116	97	19
电力	3	16	16	16	0
环保	7	40	40	32	8
工经	5	155	155	129	26
合计	558	3 130	2 969	1 843	1 126

在济青公司的组织下，审核单位会同设计对“三电”迁改和油、气管路、给水管路的迁改，以及大临工程进行了现场核对；对全线桥涵、隧道、路基、车站及站后等各工点位置及周边环境与设计内容的一致性进行了现场核对。

(二)主要审核成果

1. 轨　　道

(1)原设计济青高铁在跨越沂沭活动断裂地段采用有砟轨道，设计行车速度 350 km/h，有砟轨道采用聚氨酯固化道床方案。排水方式采用在聚氨酯固化道床底部设置排水垫的方式进行排水，审核建议对路基地段设置排水垫排水方案进行论证，确保排水通畅。补充固化道床和无砟轨道间过渡段设计。补充 DOP 清洗剂材料的主要技术条件。以上意见设计均逐条答复予以采纳或进行了解释说明。

(2)在桥上大跨连续梁无缝线路设计计算书审核过程中，对北胶新河特大桥、荣潍高速公路特大桥无梁缝线路提出，小阻力扣件为特殊轨道部件，应确保产品及施工安装质量，设计按照审核意见将小阻力扣件相关要求纳入无缝线路计算书中。

(3)轨道结构配筋设计图中纵向钢筋搭接长度不得小于 35d(d 为钢筋直径)，根据《铁路混凝土施工质量验收标准》(TB 10424—2010)中要求，HRB400 级钢筋搭接长度不得小于 40d。设计按审核意见进行修改。

2. 路　　基

(1)DK52＋830～＋890 段嵘杆桩嵌入粗角砾土层内较深意义不大，建议根据检算资料适当优化桩长。设计采纳审核意见，修改优化桩长。

(2)DK190＋700～DK191＋400，正线及站线地基处理均采用管桩，桩长 30 m。审核建议正线范围(Ⅰ、Ⅱ线外侧 2 m 按 45°放坡范围)管桩采用 30 m，其余站线基底管桩长可与其他站线范围桩长一样，即为 25 m。设计采纳了审核意见，采用不同桩长处理正线及站线，从而减少部分投资。

(3)DK53＋020～＋090 前后螺杆桩进入粗角砾层 2～5 m。审核建议螺杆桩按进入粗角砾层 0.5～1 m 控制。设计按审核意见，优化桩长，减少投资。

(4)DK210＋550～DK213＋254.4 段地基采用管桩加固，统一 10 m 桩长，有很多地段打入粗砂层 2.0 m 以上。审核建议根据地层情况建议该段地基改为 CFG 桩处理。设计采纳审核意见，节省了投资。

(5)DK189＋601～DK192＋214 环境土对铁路混凝土结构环境作用等级为 L1，扶壁式挡墙混凝土采用 C35 浇筑。审核建议环境作用等级 L1 时，扶壁式挡墙应采用 C40 混凝土浇筑。设计采纳审核意见，修改了挡墙混凝土等级。

3. 桥　　梁

(1)临清特大桥，387、388 号墩承台埋置较深，应适当上抬。设计同意咨询意见，河中桥墩基础埋深可在满足防洪评价要求的前提下适当上抬。

(2)128 m 下承式无砟双线简支拱桥，拱脚钢筋含筋率达 670 kg/m^3，层多、错杂，混凝土振捣不便，建议优化。设计同意咨询意见，进行了适当优化。

(3)跨荣潍高速公路特大桥，113 号墩桩底位于弱风化砂岩内，如按柱桩设计，桩间距可适当减小，以缩小承台尺寸，减少对既有路面的影响。设计采纳了审核意见，对 113 号墩承台尺寸进行了优化处理。

(4)跨海青铁路特大桥 286～288 号预应力混凝土框架墩，步板位于下线铁路上方，出现断裂等情况将造成严重后果，建议加强设计。设计同意采纳咨询意见，步板厚改成 80 mm。

(5)(66.5＋142＋66.5)m 有砟轨道预应力混凝土连续槽形梁拱(双线、现浇)，建议横撑处拱肋腹板钢板内侧焊接加劲钢板，加强钢腹板与混凝土连接。设计采纳了咨询意见。

(6)北胶新河特大桥 603～606 号墩，所处环境类别为 D4，建议按耐久性规范要求采取防腐蚀强化措施。设计采纳了咨询意见。

4. 隧　　道

(1)机场隧道仰拱填充采用 C25 混凝土，本线先开段正式批复仰拱填充为 C20 混凝土，且机场隧道主要为明挖结构，不存在仰拱重车碾压影响，建议采用 C20 混凝土。设计采纳了咨询意见。

(2)机场隧道明挖段主体结构横断面图中附注第 5 条“仰拱填充分层回填”,仰拱填充分层回填目前无强制规定,施工过程中存在现浇与后浇混凝土存在薄弱面,易形成含水层造成道床底出现病害,建议仰拱填充一次浇筑。设计在仰拱填充的浇筑过程中设置了钢筋网片,取消分层回填字样。

(3)机场隧道洞门结构图中洞顶开孔结构基础坐落于隧道衬砌上,建议开洞处衬砌设置环梁后与开孔侧墙直接连接,确保结构整体性,减少附加荷载。设计在正式施工图中进行了补充优化。

5. 站　　场

济南东站综合维修工区咽喉区应采用下坡优化,以减少填方工程。设计按审核意见进行了修改。

三、“四电”及相关工程施工图审核的主要成果

(一)施工图审核基本情况

项目“四电”及其他工程各专业共收到施工图图纸和文件 704 册,提出审核意见 2 379 条,设计答复意见 2 379 条,其中采纳意见 2 080 条,采纳率 87.4%,无分歧意见,见表 2-12-2。

表 2-12-2　“四电”及相关专业审核成果一览表

专业	审核图纸(册)	审核意见(条)	设计单位答复		
			答复意见(条)	同意并采纳(条)	解释未予采纳(条)
电气化	328	901	901	799	102
通信	21	53	53	37	16
信号	155	236	236	190	46
信息	32	198	198	179	19
防灾	3	24	24	22	2
电力	116	420	420	369	51
给排水	30	146	146	144	2
动车	4	48	48	9	39
机务	1	5	5	3	2
机械	14	348	348	328	20
合计	704	2 379	2 379	2 080	299

在济青公司的组织下,审核单位会同设计单位对“四电”系统集成范围和“四电”房屋部分进行了现场核对;对“四电”系统技术方案、工程措施的合理性、可实施性等进行现场核对,并对既有系统结合、既有设备利旧、与相邻线衔接情况进行现场调查。

(二)审核主要成果

济青高铁地处沿海,电气化专业重点审核设备材料的选用及技术方案的设计是否满足防腐、防风相关要求,电分相关节的设置位置的合规性,济南枢纽、青岛枢纽内供电、故障时越区供电及接触网分束供电方案设计的合理性。

通信专业重点审核设计方案是否符合全路通信网发展规划，是否满足与京沪高铁、石济客专、胶济客专、青连铁路等相邻铁路通信网的互联互通，地下机场站的 GSM-R 移动通信网络室内覆盖设计方案合理性。

信号专业重点审核济青高铁信号系统与京沪高铁、石济客专、石太客专、青荣城际、青连铁路等相邻线互联互通，接入济南枢纽、青岛枢纽信号系统设计方案，既有济南东站、红岛站等工点施工过渡及安全措施。

信息专业重点审核机场站旅客服务信息系统终端设备的设置是否与旅客流线相适应，票务信息系统、旅客服务信息系统中心设备利旧扩容方案的可行性，视频监控系统的设计是否满足安防和客运作业的需要。

防灾安全监控专业重点审核系统设计方案，在济南局调度所内的中心系统设备设计方案及现场监测布点方案。

电力专业重点审核负荷等级划分，防火设计以及配电系统的安全性，电缆沿长大桥、隧敷设的余长预留、接地等措施，地下站变配电系统、动力照明以及 BAS、FAS 等各系统设计的安全性，与外部工程和外专业系统的衔接。

“四电”各专业施工图审核主要意见如下：

1. 电 气 化

(1)原设计潍坊北站接触网平面布置图中 7～9 道与Ⅰ道连通，未分束。

审核提出优化建议：核查 7～9 道与Ⅰ道是否分束，若是应在两侧补全隔离开关及分段绝缘器(含数量)。设计进行了核实补充，按供电分段示意图利用绝缘关节和分段绝缘器实现分束。

(2)原设计机场内悬挂安装图上下行正馈线悬挂点的水平距离 2 400 mm，审核意见：上下行正馈线悬挂点的水平距离不满足跨中风偏时规范要求，应核改。设计采纳了审核意见，调整间距为 3.2 m。

(3)原设计济南东站接触网平面布置图 297～305 号立柱(含拉线基础)位于 1 号旅客地道上(含挡墙)。审核意见：不允许接触网立柱基础放在地道上，应核改，并核改全线类似情况。设计同意，并核实全线类似情况。

2. 通 信

原设计配线计划图中通信防雷设备接地线过长，不符合《铁路通信设备雷电综合防护实施指导意见》(铁运〔2011〕144 号)文件规定要求。设计采纳了咨询意见。

3. 信 号

原设计马店线路所通过信号机 TX、TXF 白灯未封闭。审核意见：胶州北站(济青联络线)区间信号设备平面布置图马店线路所通过信号机 TX、TXF 应将其白灯封闭。设计采纳了审核意见，将马店线路所通过信号机 TX、TXF 白灯封闭。

4. 电 力

(1)原设计控制室与高压配电室之间的门单向开启。审核意见：控制室与高压配电室之间的门应能双向开启。设计采纳并按审核意见修改。

(2)原设计未设差动保护。审核意见：10kV 电源柜保护配置补充差动保护。设计按审核意见修改。

四、站房工程施工图审核的主要成果

（一）施工图审核基本情况

项目房屋建筑工程各专业共收到施工图图纸和文件 755 册，提出审核意见 5 416 条，设计答复意见 5 416 条，其中采纳意见 5 052 条，无分歧意见，见表 2-12-3。

表 2-12-3　站房及相关工程施工图审核成果一览表

专业	审核图纸（册）	审核意见（条）	设计单位答复		
			答复意见（条）	同意并采纳（条）	解释未予采纳（条）
房建	356	4 356	4 356	4 078	278
暖通	246	541	541	486	55
电力	153	519	519	488	31
合计	755	5 416	5 416	5 052	364

公司组织咨询单位和设计单位对济南东等 10 座站房及站后非“四电”生产生活房屋进行了现场核对。经现场核对，各站房及站后非“四电”生产生活房屋位置合理，设计方案可实施，工程措施安全。

（二）施工图审核成果

1. 济南东站站房

设计方案存在问题及审核优化建议：站房防火分区划分将南站房西侧办公及设备部分整体划为防火分区五（2 888 m^2），南站房东侧办公及设备部分整体划为防火分区六（2 878 m^2）；以上两个防火分区内均只有一部疏散楼梯，需借用相邻防火分区进行疏散，不满足《建筑设计防火规范》（GB 50016—2014）第 5.5.9 条第 2 款“建筑面积大于 1 000 m^2 的防火分区，直通室外的安全出口不应少于 2 个”的规定。设计采纳了咨询意见。

2. 青州市北站站房

设计方案存在问题及审核优化建议：应在柱详图中补充各边纵筋根数，型钢混凝土柱构造及配筋应满足《型钢混凝土组合结构技术规程》（JGJ 138—2001）规定，如：受力型钢的含钢率不宜小于 4%，型钢混凝土柱的柱脚宜采用埋入式柱脚等等，且应补充钢筋混凝土梁、型钢混凝土梁、型钢混凝土柱之间连接节点详图。设计采纳了咨询意见。

3. 章丘北站站房

设计方案存在问题及审核优化建议：对非承重墙体、装饰构件、附属机电设备等非结构构件应按《建筑设计抗震规范》（GB 50011—2010）相关条文进行必要的验算，并采取抗震构造措施，核对该部分设计内容。设计采纳了咨询意见。

4. 淄博北综合维修车间轨道车库

设计方案存在问题及审核优化建议：本工程的基础落在填土上，不合理；检查坑地基处理也不合理。设计采纳了咨询意见。

5. 暖　　通

（1）胶州北站

设计方案存在问题及审核优化建议：根据《建筑设计防火规范》（GB 50016—2014）第

6.4.2 条(强制性条文)第 2 款的规定,封闭楼梯间除楼梯间的出入口和外墙外,楼梯间的墙上不应开设其他门、窗、洞口。设计采纳了咨询意见。

(2)青岛机场站

设计方案存在问题及审核优化建议:根据《建筑设计防火规范》(GB 50016—2014)第 5.4.13 条第 6 款的规定,柴油发电机房应设置与建筑规模相适应的灭火设施,当建筑内其他部位设置自动喷水灭火系统时,应设置自动喷水灭火系统。设计采纳了咨询意见。

6. 电　　力

消防控制室有消防设施无关的电气线路及管路。设计方案存在问题及审核优化建议:按《火灾自动报警系统设计规范》(GB 50116—2013)第 3.4.6 条,消防控制室严禁穿过与消防设施无关的电气线路及管路,请设计核实。设计采用了咨询意见。

五、审核结论

1. 项目施工图设计执行了现行设计相关技术规程、规范及标准,执行了初步设计的批复意见。

2. 按施工图审核单位审核意见修改后,施工图设计文件及图表内容、深度及其质量达到《铁路建设项目预可行性研究、可行性研究和设计文件编制办法》(铁建设〔2007〕152 号)有关文件规定,满足施工需求。

第十三章　工程验收

第一节　静态验收

按照铁路总公司《关于规范非控股非代建合资铁路委托运营验收和运营安全评估工作的指导意见》(铁总建函〔2017〕43号)、《高速铁路竣工验收办法》(铁建设〔2012〕107号)和《高速铁路工程静态验收技术规范》(TB 10760—2013)的有关规定,2018年6月20日济青公司作为甲方(委托方)与乙方(受委托方)济南局签订了《新建济南至青岛高速铁路工程竣工验收和运营安全评估咨询服务协议》。根据《中国铁路总公司关于同意济南局受托提供济青高速铁路竣工验收和安全评估咨询服务的复函》(铁总办建设函〔2018〕121号)、《中国铁路济南局集团有限公司开展新建济南至青岛高速铁路工程竣工验收和运营安全评估咨询服务实施方案》(济铁建函〔2018〕269号),2018年7月至同年11月,济南局和济青公司共同组织完成了济南东站(不含)至胶州北站(不含)、济南东枢纽、胶州北至红岛地区三个区段的工务、电务、供电、客服、信息、车辆、房建(站台、雨棚、"四电"独立房屋)、自然灾害及异物侵限检测系统、环水保工程等九个专业的静态验收咨询工作,分别编制了各区段静态验收咨询意见及静态验收报告,然后由济青公司和济南局共同邀请来自铁路总公司有关部门、铁科院及路内有关单位的专家对济青高铁各专业静态验收报告进行了专家审查,形成专家审查意见:工程满足设计要求和验收标准,工程总体质量合格,具备动态验收条件,同意通过静态验收。

第二节　动态验收

自2018年8月1日起至同年11月26日,济青高铁分3个段:济南东(不含)至胶州北(不含)、济南东枢纽地区、胶州北至红岛进行了联调联试及运行试验;2018年11月27日至同年12月1日,济青公司与济南局共同组织专家组对济青高铁工程工务、通信、信号、供电、客服、信息、自然灾害及异物侵限检测系统、环水保工程等八个专业动态验收报告进行了审查,形成专家审查意见:新建济南至青岛高速铁路总体工程质量合格,同意通过动态验收,具备初步验收条件。

第三节　初步验收

2018年12月7日至8日,济青公司与济南局共同组织对济青高铁进行了现场检查并召开了初步验收咨询会议,2018年12月10日,济南局向济青公司提报了《关于报送新建济南至青岛高速铁路初步验收咨询意见的函》(济铁建函〔2018〕597号);2018年12月11日,济青公司对济南局集团公司报送的《新建济南至青岛高速铁路初步验收咨询意见》进行了研究,并履行了公司决策程序,形成《新建济南至青岛高速铁路初步验收报告》,初步验收结论为:新建济南至青岛高速铁路工程在建设过程中执行了国家有关政策，铁路行业有关规定和强制性标准，以及铁路总公司有关规定和批复意见。建设用地已组卷上报自然资源部并受理；劳动卫生、安全设施已按批准的设计同步建成；环保设施按环境影响报告书及批复要求基本建成，水土保持设施按水土保持方案及批复要求同步建成；消防设施验收合格；电梯已基本检验检测合格；建设项目档案收集、整理及编制质量符合项目初步验收条件；安全保护区设置完成。根据济南局《新建济南至青岛高速铁路初步验收咨询意见》、中国铁道科学研究院集团有限公司动态检测和运行试验报告、上海铁路监督管理局工程质量安全监督工作报告等，初步验收结论为：济青高铁济南东至红岛段正线满足动车组以 350 km/h 及以下速度运行时的安全性、平稳性相关标准要求；胶州北直通线满足动车组以 200 km/h 及以下速度运行时的安全性、平稳性相关标准要求；胶州北联络线满足动车组以 200 km/h 及以下速度运行时的安全性、平稳性相关标准要求；疃村联络线下行线满足动车组以 160 km/h 及以下速度运行时的安全性、平稳性相关标准要求；疃村联络线上行线满足动车组以 100 km/h 及以下速度运行时的安全性、平稳性相关标准要求；红岛发车线满足动车组以 140 km/h 及以下速度运行时的安全性、平稳性相关标准要求；新建济南东站（石济客专 K306＋996～K310＋208）满足动车组以 200 km/h 及以下速度运行时的安全性、平稳性相关标准要求；新建红岛站（青连上行 K22＋137～K25＋490，下行 K22＋401～K25＋096）满足动车组以 180 km/h 及以下速度运行时的安全性、平稳性相关标准要求；新建济南至青岛高速铁路工程、新建济南东站（石济客专 K306＋996～K310＋208）、新建红岛站（青连上行 K22＋137～K25＋490，下行 K22＋401～K25＋096）满足设计要求，符合工程质量合格条件，符合工程验收程序规定，同意通过初步验收。

第四节　安全评估

按照铁路总公司《新建铁路项目运营安全评估办法（试行）》（铁总安监〔2015〕361 号）、《关于规范非控股非代建合资铁路委托运营验收和运营安全评估工作的指导意见》（铁总建设〔2017〕43 号）和《济南铁路局新建铁路项目运营安全评估实施细则》（济铁安发〔2016〕123 号）规定，根据《济青高速铁路有限公司关于申请新建济南至青岛高速铁路工程安全评估咨询的函》（济青高铁函〔2018〕546 号），在初步验收合格的基础上，济南局成立安全评估咨询组，于 2018 年 12 月 11 至 14 日对济青高铁进行了开通运营安全评估咨询工作。安全评估咨询组由济南局分管安全的副总经理任组长（济青公司负责人为副组长），集团公司安监总监任副组长，集团公司科技和信息化部、运输部、客运部、机务部、车辆部、工务部、电务部、供电部、人事部、劳卫部、土地房产部、职工培训部、安监室、公安局负责人为成员，并成立了 16 个专业组和 1 个综合组，各相关部门负责人任专业组组长。

评估咨询组采取看、问、查和添乘评估列车等方式，以安全管理、规章制度、设备质量、行车组织、人员素质、应急预案等为重点，通过对规对标、查阅台账资料、现场检查、组织抽考等方式，对相关单位运营准备情况进行了评估检查。形成运营安全评估咨询意见：新建济南至青岛高速铁路的固定设备、移动设备、安全设施等设备设施通过了验收，工程质量合格；安全管理、规章制度、行车组织办法、作业标准和设备养护维修制度基本健全；人员培训、劳动安全、治安消防等工作已基本到位。在淄博海益精细化工有限公司、淄博德信联邦化学工业有限公司、山东诚光工贸有限公司三家化工企业对安全隐患整治到位后，满足运营安全要求，具备动车组以350 km/h及以下速度开通运营的条件。

根据济南局运营安全评估咨询意见要求，济青公司会同地方人民政府对三家化工企业安全隐患进行了整治，履行了公司决策程序，形成了《新建济南至青岛高速铁路开通运营安全评估咨询服务报告》，除上述质量合格、制度健全、工作到位等评价外，报告新增结论：安全评估中发现的问题已经基本完成整改，未整改问题不影响开通运营，满足运营安全要求，具备动车组以350 km/h及以下速度开通运营条件。

第五节 初期运营

依据《中国铁路总公司关于济青高速等线开办旅客运输初期运营有关事项的通知》（铁总客电〔2018〕190号）、《中国铁路总公司客运部关于公布济青高速、青盐线旅客列车新旧时刻交替方案等事项的通知》（客营电〔2018〕240号）、《中国铁路济南局集团有限公司关于公布2018年底调整列车运行图的通知》（济铁运函〔2018〕575号）、《中国铁路济南局集团有限公司关于新建济青高速、石济客专齐河至济南东段、青盐线（济南局管段）、董家口线正式开通的通知》（济科信电〔2018〕415号）和《中国铁路济南局集团有限公司关于公布济青高速、青盐线开通过渡期旅客列车开行方案的通知》（济运电〔2018〕416号）文件，济青高铁全线于2018年12月26日正式开通运营，开办旅客运输业务，其中胶东机场站、红岛站因地方配套工程原因暂不办理客运业务。

一、运营管理模式

济青高速铁路采用委托运输管理模式，按照“专业管理、系统负责”的原则，委托济南局开展运输管理工作，包括以下方面。

（一）运输组织管理

包括客运组织、行车组织、调度指挥、列车开行方案（含动车组）、运输计划、运输统计、车流路径、施工计划等。

（二）运输设施管理

包括站场设施、轨道、桥涵、隧道、路基、精测网、通信信号、牵引供电、电力给水、房建、防灾安全监控系统、高速铁路自然灾害及异物侵限监测系统、信息系统、红外线轴温探测设施、车号识别设备、声屏障、限高防护架、防护栅栏、救援疏散通道、线桥养护工机具以及相关安全设施设备的使用、维护、管理等工作。

（三）运输移动设备管理

包括机车、车辆、动车组、通信信号车载设备、自轮运转设备等采购、租用、维护、修理、运用管理等。

（四）运输安全管理

包括铁路设施设备的安全保障、列车运营安全管理、铁路线路安全保护区管理、营业线施工安全管理、沿线安全防护、反恐怖、消防及综合治理等工作。

（五）运输收入管理

包括运输收入专户的管理、运输收入进款管理、运输收入会计核算、运输收入票据管理、运输收入稽核等有关业务工作。

（六）铁路用地管理

包括委托管理铁路用地的守护、巡视等日常管理工作，铁路用地界桩的补设和日常养护维修，以及制止、纠正违法违规用地行为和其他涉及委托管理土地的相关工作，及时处置危及运输安全的用地活动等。

（七）统计管理

包括铁路客运、行包、机车、客车、运输设备、节能、土地、环境、固定资产投资、劳动、物流、物资、工业等统计的原始和基础信息数据采集，统计报表的汇总、审核、分析、上报，运输业调查普查有关业务，统计相关信息系统的规范和统计监督检查等管理工作。

（八）其他内容

包括运输设施设备的更新改造计划管理、项目实施，车站及附属设施、列车的资产经营开发等。

二、动车组列车票价

济青高铁票价由济南局按照《中国铁路总公司动车组列车票价管理办法（试行）》，依据《中华人民共和国铁路法》《中华人民共和国价格法》和国家发改委的相关规定，通过公司决策程序决定，经社会公示后执行。实际执行票价可按公布票价打折，即可根据不同季节、不同日期、不同时段等的市场需求，执行票价实行不同折扣。开行的动车组列车在本线段的各类票价尾数均保留至元，不足元的按四舍五入处理。儿童、学生、残疾军人、伤残警察等优惠票价计算，均按照铁路总公司有关规定执行。

三、运营情况

济青高铁自2018年12月26日正式开通运营，除省内沿线各城市可快捷方便乘车外，至北京、上海、南京、成都、武汉、石家庄、郑州、太原、西安、沈阳等省外重点城市均已开通直达动车组列车。

（一）运输指标

济青高铁2018年12月26日至12月31日共发送13 408人，日均2 235人；共开行动车组23.5对，日均开行4对。

2019年共发送645.71万人，日均1.77万人；实际开行动车组列车共计13 555.5对，日均开行37.1对。

2020年共发送539.63万人，日均1.47万人；实际开行动车组列车共计12 226对，日均开行33.4对。

（二）旅行时间

济青高铁开通后，沿线多个城市实现了省内外当日往返或朝发夕至，大大缩短了去往国内各地间的旅行时间。

目前，济南东至青岛北最短旅行时间1小时26分(较开通前压缩1小时)，济南东至威海最短旅行时间2小时06分(较开通前压缩1小时30分)，济南东—日照西最短旅行时间2小时20分(较开通前压缩3小时)，青岛北—北京南最短旅行时间2小时58分(较开通前压缩1小时30分)。

第三篇

勘 察 设 计

第一章　地质勘察

第一节　地质勘察概述

一、勘察范围及工程概况

济青高铁勘察范围为济南东站至红岛站，正线线路长度 308 km，全线新设车站 10 座，改建既有站 1 座。济南东动车走行线 10.016 km；胶州北胶济济青上、下行联络线 6.331 km，既有胶济客专上、下行改建 6.177 km；红岛站发车线 5.026 km，青连济青上、下行联络线 5.836 km，红岛站存车场动车走行线 3.209 km(双线)，济南东动车所，红岛存车场(预留红岛动车所工程)。

二、勘察经过及历次完成工作量

济青高铁地质勘察经历了初测、定测、补充定测等阶段。2014 年 2 月至 7 月，完成全线外业初测工作及可研设计；2014 年 8 月至 11 月中旬，完成可研鉴修文件的编制工作；2014 年 12 月至 2015 年 5 月，完成全线定测及初步设计；2014 年 12 月 25 日，由济青公司筹备组组织完成全线地质勘察大纲评审；2015 年 5 月至 11 月，完成全线地勘补充定测及施工图设计；2015 年 8 月开始先期开工段配合施工，2015 年 12 月进入全线配合施工及施工补充勘察工作。各阶段完成的工作量见表 3-1-1、表 3-1-2。

表 3-1-1　初测工作量情况　　单位：m

阶段	陆上钻探	水上钻探	深孔钻探(隧道、采空区等)	静力触探	简易勘探	利用钻探	利用触探
初测	12 818.5	—	406.2	643	80.9	2 966.4	576.3
合计	13 867.7				80.9	2 966.4	576.3

表 3-1-2　定测及补定测工作量情况　　单位：m

阶段	陆上钻探	水上钻探	深孔钻探(隧道、采空区等)	静力触探	简易勘探	利用钻探	利用触探
定测	259 681.6	2 296.9	1 334.8	6 956.4	750	10 548	1 124
补定测	135 298.8	605	—	4 009.8	78.5	—	—
分计	394 980.4	2 901.9	1 334.8	10 966.2	828.5	10 548	1124
合计	410 183.3				828.5	10 548	1 124

第二节　勘察方法及各类勘察技术要求

一、地质调查测绘

进行地质调查测绘时从区域地质调查入手，采用由面到点、点面结合，由宏观至微观、由微观推广至宏观的调查方法，重点查明：

1. 地形地貌形态、成因、发生和发展过程，及其与构造、岩性的关系和对工程的影响；

2. 地层的年代、成因、层序、产状、分布规律；

3. 土石类别、工程性质以及对工程的影响；

4. 地质构造格局，断层及节理的性质、产状、规模和分布，褶曲类形，地层接触关系，研究各种结构面并进行工程评价；

5. 不良地质及特殊岩土的类形、特征、分布范围、发生发展规律及其对工程的影响；

6. 地下水类形、分布规律，补给、径流、排泄和运移条件，水质、水量、水的动态变化及其对工程的影响等。

定测调查测绘主要沿线路方向进行，一般地形简单地区（如冲洪积平原区及胶莱平原区）沿线路中线进行调绘，在地形地质条件复杂地区（主要是长白山区）或重点工程地段除沿中线进行调查测绘外，用穿越法或布点法调查线路两侧一定范围。为了专门的目的，如查清断层构造破碎带、不同时代岩性接触带等采用了追索法。

二、地质勘探

（一）钻　探

采用孔底环状钻进的回转钻进，即岩芯钻探，取得地层的岩、土、水等样品，并在孔内进行各种测试工作，如在全线提水试验孔中采用了弱含水层快速提水新工艺。

（二）原位测试

主要采用静力触探、动力触探、标准贯入三种原位测试技术。

1. 静力触探：查明地基土在水平方向和垂直方向的变化，划分土层，确定土的类别；确定地基土的基本承载力和变形模量，估算土的内摩擦角、潮湿程度及其他物理力学指标；选择桩基持力层，预估单桩承载力，判别沉桩可能性；判别砂土、粉土密实度及其在地震作用下的液化可能性；评定黏性土不排水抗剪强度。

2. 动力触探：主要确定碎石类土、杂填土的基本承载力及地基的均匀性。

3. 标准贯入：主要用于砂土密实度判定，评定一般黏性土稠度状态及地基基本承载力，确定松软地基；还用来判定饱和砂土、粉土液化等级。

（三）孔内水文试验

水文地质试验项目主要有抽水试验、提水试验、地下水位长期观测等项目，通过水文试验，获取岩土的渗透性，对基坑的渗透性、路堑开挖渗水量、隧道开挖的涌水量进行分析评估。

1. 抽水试验：适用于稳定水位埋深不大于 60 m（空压机抽水）的钻孔；采用孔径为 100 mm 的小口径深井泵时，稳定水位埋深不大于 80 m。此外，勘探设备满足任意深度动水位抽水的要求。

2. 提水试验：一般适用于水位埋深较小，地下水循环缓慢地区。

3. 地下水位长期观测：针对南闫水源地地面沉降问题，在 DK64＋229.20 线路左侧 25.2 m 处设置了一个长期水文观测井，埋设了自动监测系统，实现了水位数据的实时传输，该监测井于 2015 年 7 月 8 日布置，精度可达厘米级。

（四）简易勘探

主要采用了挖探和小型勘探，挖探包括槽探和坑探，小型勘探主要有轻型动力触探，一般多种方法配合使用。

槽探在覆盖层不厚的地方，用来追索构造线、破碎带宽度、不同地层的分界线、判定断裂的活动性等；坑探用于在不含水或地下水量甚小的较稳固地层中来了解覆盖层厚度和性质、采取原状土样等。轻型动力触探主要用于沟渠中探测黏性土及软土厚度，评价其基本承载力。

（五）物　探

采用浅层地震反射法、氡气测量法、电测深法、联合剖面法、地震折射法及天然源音频大地电磁（AMT）、综合测井、剪切波测试等多种方法。探测矿区采空区主要采用了浅层地震法和氡气测量法，圈定物探异常区，对采空区物探异常区进行钻探验证；地震折射法、大地电磁法及综合测井主要用于确定隧道围岩分级、进出口及浅埋段土石分界线划分；浅层地震反射法、电测深法及联合剖面法主要用于沂沭断裂带的勘察；剪切波测试主要用于评价桥梁、房屋区域地基土场地评价；对长大隧道采用大地电磁方法沿中线贯通。

三、室内试验

进行了大量的室内试验，包括新近系黏土、泥岩、砂质泥岩、膨润土化凝灰岩、元古界片岩、片麻岩等的膨胀性试验、环境土腐蚀性试验、混凝土集料碱活性试验、级配碎石质量检验等；根据地层排水条件不同进行的三轴剪切试验、高压固结试验；评价路桥沉降与沉降趋势预估，提供压缩模量、压缩指数和固结系数，评价岩土的应力历史，另外还进行了地表水及地下水水质、侵蚀性评价试验。

第三节　各类建筑物工程地质勘察原则及内容

一、勘察工作总原则

1. 工程地质勘探在工程地质调绘的基础上，综合分析既有勘察资料，根据工程类型和场地地质条件有针对性地合理布置勘探点。采用综合勘探方法，相互验证和补充，查明沿线各类工程建筑物的工程地质及水文地质特征。勘察过程中积极采用新技术、新方法。

2. 勘探点的布置满足对各类地质问题的工程地质条件评价、各类构筑物基础设计的需要，并满足地基稳定性分析、地基沉降计算和地基处理设计的需要。

3. 联络线根据速度目标值按照《铁路工程地质勘察规范》（TB 10012—2007）的要求进行工程地质勘察。机场铁路隧道以该规范为基础，结合《城市轨道交通岩土工程勘察规范》（GB 50307—2012）进行工程地质勘察。机场车站工程按照该规范进行岩土工程勘察。

4. 活动断裂勘察以地震安全性评估为依据，首先充分收集活动断裂区域地质、水文地质资料和地震破坏变形历史资料，现场采用地质调绘的方法，查明断裂产状、性质、破碎带宽度、破碎带物质成分、影响带宽度、富水性等；再采用物探方法，查明其下部断层面走向、影响带宽度等规律，一般垂直断裂构造走向布置测线；最后根据调绘、物探结果结合工程情况采用钻探进行验证。

二、各类工程布孔原则

(一)桥涵工程

1. 桥　　梁

桥基工程勘探、测试孔布置针对不同的地貌单元,充分分析地质条件,结合桥梁结构类型、桥式布置、基础类型综合考虑布置。当地层简单、层序有规律或覆盖层较薄、基岩面平缓且岩性单一、孔跨不大于32 m时隔墩布置1个勘探孔。地质条件复杂或高墩、大跨、特殊结构的桥梁逐墩布置勘探孔,必要时在墩台范围内增加勘探孔。各工点勘探孔数量和深度视工程地质条件及基础类型确定。

2. 涵　　洞

涵洞勘探点的布置结合路基工程综合考虑,做到一孔多用,原则上每个小桥、涵洞有一个勘探点(钻探、简易勘探、观测点等)。旅客地道、长轴涵洞沿轴向布置至少2个勘探点(勘探点间距不大于50 m),地层情况复杂时适当加密。勘探深度满足沉降计算的要求。小桥采用桩基础时勘探深度与大中桥相同。对于跨沟渠的涵洞,查明沟渠中软层及其厚度。

(二)路基工程

1. 一般路基

一般勘探点间距不大于100 m,当两勘探点之间地层变化较大或路基地质条件复杂、存在断裂或软弱夹层时,适当增加勘探点数量,必要时布置横断面勘探,勘探过程中发现松软层时,则按松软地基勘察。勘探深度满足变形和稳定检算需要。地层岩性变化较大的地段要适当缩小勘探点间距。

2. 软土及松软土路基

松软及软土地基采用钻探、触探间隔布置,沿中线勘探孔间距不大于50 m,地层变化较大或软土层厚不稳定段落适当加密勘探孔。每个工点至少有一个地质横断面,松软地基横断面间距不大于300 m,软土分布段落横断面间距不大于100 m,在地层横向变化影响到稳定性检算和地基处理深度时增加横断面,区间路基每个横断面布置2~3孔,站场路基每个横断面布置一般3~5孔。松软及软土地基的路桥过渡段有勘探孔或横断面控制。

勘探测试深度满足路基稳定分析和沉降计算要求,控制性勘探测试孔深达到附加应力相当于土层自重应力的10%处的深度,根据路堤高度不同,一般勘探测试孔深度为35~45 m,静力触探孔25~35 m;当软土层较薄时,控制性勘探测试孔深度至基底持力层下3~5 m或下伏基岩内。

3. 地质复杂路堑

勘探点间距一般50 m左右,必要时结合地质条件布置勘探断面,间距一般不大于100 m,每个断面2~3孔,深度至路基面以下3~5 m或穿过软弱结构面并进入稳定地层3~5 m。地下水发育地段,进行代表性水文地质试验。

4. 支挡建筑物

根据地形地貌和地层复杂程度布置勘探,一般勘探孔间距50~70 m,地质条件复杂时适当加密,并布置断面勘探。勘探孔深度不小于基底以下5 m。

5. 活动断裂带路基

结合地震安评成果及区域地质资料，采用综合物探手段准确确定断裂带位置、影响宽度、埋深及产状。同时采用地质调查、槽探、钻探等勘察手段查明断裂带工程地质条件。

安丘—莒县断裂破碎带部位勘探孔间距适当加密，同时进行代表性横断面勘探，其余段落按松软地基布置，一般勘探孔深度 35～45 m，主干断裂及断裂破碎带部位孔深加深，查明断裂破碎带内的岩土工程性质。

（三）隧道工程

隧道勘探采用综合勘探，加强进出口、浅埋地段、穿越沟谷地段等位置的调查和测绘工作，重视现场井泉调查，隧道勘探以物探为主，重点对物探异常地段采用钻探核对验证。

1. 勘探布置原则

(1)青阳隧道采用了综合勘探方法。物探工作在既有资料和工程地质测绘的基础上布设，查明重要地层接触带、断层构造破碎带的发育特点、空间分布状况等。通过地质测绘及物探资料的综合分析，针对重要的地质界线及对隧道工程影响较大的断裂构造带采用钻探验证。

(2)洞口均布置勘探点，洞身按不同地貌、地质单元布置勘探孔查明地质条件。

(3)埋深小于 100 m 的较浅隧道或洞身段沟谷较发育的隧道，勘探点间距不大于 500 m；埋深较大隧道勘探点的布置结合地质调绘及物探成果确定，原则上钻孔间距不超过 2 000 m。

(4)物理勘探测试全隧贯通，对隧道进出口、浅埋段及构造破碎发育带隧道洞身的重点地段采用两种以上物探方法贯通测试。地质条件复杂时适当加密物探测线或增加横向断面。

(5)进行了青阳隧道放射性专项评估。

2. 钻孔深度至路肩高程以下 5～10 m，勘探深度内遇其他不良地质时适当加深。

3. 洞身钻孔布置在中线外 8～10 m，钻探验收完毕后及时回填封堵。

4. 隧道深孔钻探在现场调查情况基础上，进行专门研究布置。

(1)隧道深孔布置在详细工程地质调绘及(或)物探的基础上安排，以解决通过地质调绘及物探无法解决的疑难工程地质和水文地质问题等。

(2)深孔开钻前重点复查隧道通过地段和钻孔附近地表岩性、地质构造及有关水文地质内容。一般钻至路肩高程下 10～15 m，以利需要做水文地质试验并为可能调坡留出充分余地。

(3)为保证孔内水文地质试验及采样要求，终孔孔径不小于 91 mm。为获得含水岩组水文地质参数、评价含水层富水性，计算隧道涌水量，在钻孔内进行水文地质试验。水文地质试验采用抽水试验，当抽水试验无法实施时，改用压水试验或提水试验。

(4)全部深孔都进行综合测井，包括声波、电位电阻率、自然电位、伽玛、井斜、井温等。

(5)地应力测试根据地貌单元、地质构造结合勘探孔深度，代表性进行，分析、判定发生岩爆及软质岩流变的可能性。

（四）机场铁路隧道及机场综合交通枢纽工程

区间机场铁路隧道以《铁路工程地质勘察规范》(TB 10012—2007)为基础，结合《城市轨道交通岩土工程勘察规范》(GB 50307—2012)的要求进行工程地质勘察，勘探点间距按 100 m，采用钻探及原位测试，勘探点在隧道结构外侧 3～5 m 的位置交叉布置，大断面部位布置剖面，钻孔深度至路肩以下 10 m。机场综合交通枢纽工程按照该规范的地下工程要求进行岩土工程勘察，场地地基复杂程度中等。车站工程按勘探点间距 30～40 m 布置，底板为砂岩、泥岩，控制性勘探孔进入结构地底板以下不小于 20 m 或进入结构底板以下中等风化岩石不小于 5 m，一般性勘探孔深度进入结构底板以下不小于 10 m 或结构底板以下中等风化岩石不小于 3 m。

（五）站场和房屋建筑工程

站场参照路基工点的勘察要求布置勘探、测试和试验工作，横断面较长时增加横断面上的勘探孔数量，勘探孔深度同松软路基。

房屋建筑场地勘探点的间距根据地质条件复杂程度确定，简单场地 30～50 m，中等场地 15～30 m，复杂场地 10～15 m。每个建筑场地内取样和进行原位测试的勘探点数量不少于勘探点总数的 1/3。勘探测试孔深度能控制地基主要受力层。

（六）建筑材料场地勘察

配合有关专业对所有选定的砂、石料、路基填料的质量、地质储量进行现场详细调查及勘探，查明开采范围内的地层成因、地层结构、剥土厚度、以及水文地质情况。天然建筑材料的储量根据所确定的开采范围、地质断面图、勘探与试验成果，采用平均厚度法、平行断面法、三角形法等，分别对有用层和无用层进行计算。

（七）大临工程勘察

大临工程特别是制梁场、存梁场的勘探布置根据建筑物布局和基础要求，按网状布置勘探孔，勘探点间距不大于 100 m；勘探深度以满足设计为要求。

三、各类工程地质勘察内容

（一）路基工程

1. 详细查明路基地段地形地貌、地层岩性及地质构造。

2. 详细查明地层结构、岩土性质、水文地质条件及工程地质条件，确定路堑边坡坡率，评价边坡的稳定性、路基基底的稳定性。

3. 详细查明不良地质、特殊岩土的性质和分布范围及对工程的影响，提出工程措施意见，在河谷及古河道地段，重点查明有无松软地基、软土及新近堆积土的分布范围和特征。

4. 分段、分层划分岩土施工工程分级及填料组别。

（二）桥梁工程

1. 详细查明桥址地段地形地貌、地层岩性及地质构造；详细查明墩台范围内有无软弱夹层，提出地基稳定性评价及处理意见。

2. 详细查明地基土的成因类形、物质成分、性质、结构特征、厚度、密实度、潮湿程度及下伏基岩面的形态等；查明基岩的风化程度及分带情况。

3. 详细查明不良地质、特殊岩土的性质和分布范围及对墩台稳定性的影响，提出工程措施意见。

4. 详细查明墩台基底岩土的物理力学性质，确定地基承载力及有关岩土参数。

5. 详细查明桥渡区水文地质特征，分析基坑可能涌水、流沙等情况；根据工程地质特征、水的侵蚀性，提出相应的措施建议。

（三）隧道工程

1. 详细查明隧道通过地段地形、地貌、地层、岩性、岩体结构构造特征、地质构造等。岩质地段隧道进行构造分析，着重查明岩层层理、片理、节理等软弱结构面的产状及组合形式，断层、褶皱的性质、产状、宽度及破碎程度及岩体的物理力学特征等；土质地段隧道着重查明土的成因类形、结构、成分、密实程度、潮湿程度及物理力学特征等。

2. 详细查明洞身是否通过膨胀性地层、有害矿体及富集放射性物质的地层等，并做出工程地质条件评价。

3. 详细查明不良地质、特殊岩土对隧道的影响，特别是对洞口及边仰坡的影响，提出工程措施意见。

4. 详细查明隧道通过地段的井、泉情况，分析水文地质条件，判明地下水的类形、水质、侵蚀性、补给来源等，预测洞身最大及正常分段涌水量，并取样作水质分析。

5. 青阳隧道对坚硬、致密、脆性岩层预测岩爆的可能性。

6. 隧道浅埋及洞口段查明覆盖层厚度、岩土体的风化及破碎程度、含水情况，评价其对洞身围岩及洞口边、仰坡稳定的影响。

7. 对傍山隧道、外侧洞壁较薄时，预测偏压危害。

8. 根据地质调绘、勘探、测试成果资料，综合分析岩性、构造、地下水及环境条件，按规范的有关规定，分段确定隧道围岩分级。

9. 在接长明洞地段，查明明洞基底的工程地质条件。

(四)天然建筑材料场地

查明岩(土)层结构及岩性、夹层性质及空间分布、地下水位、剥离层和无用层厚度、有用层的储量和质量、开采及运输条件和开采对环境的影响等；查明影响建筑材料开采的不良地质体的范围、类形、性质，或地质灾害类形、发生规律及危害程度等。

(五)联络线、站场和房屋建筑工程地质勘察

1. 联络线根据速度目标值按照《铁路工程地质勘察规范》(TB 10012—2007)的要求进行工程地质勘察。

2. 站场和房屋建筑工程查明站场范围内及各类建筑物场地地形地貌、地层结构、岩土性质、水文地质特征等工程地质条件，重点查明不良地质和特殊岩土的性质、分布及对工程的影响，评价建筑场地及地基的稳定性，提供地基的承载力、挖方边坡坡率、岩土施工工程分级等，提出工程措施意见。房屋建筑等站后工程的详细勘探在规模及布置型式确定后进行。

(六)机场铁路隧道

1. 机场铁路隧道以《铁路工程地质勘察规范》(TB 10012—2007)为基础，结合《城市轨道交通岩土工程勘察规范》(TB 50307—2012)进行工程地质勘察。

2. 查明工程场地的工程地质和水文地质条件，分析地基、围岩及边坡稳定性，预测可能出现的岩土工程问题，提出地基基础方案、围岩分级以及工程措施建议，提供设计、施工所需的岩土参数。

(七)机场综合交通枢纽

1. 按照《城市轨道交通岩土工程勘察规范》(TB 50307—2012)进行岩土工程勘察。

2. 查明工程场地的工程地质和水文地质条件，分析评价地基、围岩及边坡稳定性，预测可能出现的岩土工程问题，提出地基基础、围岩加固与支护、边坡治理、地下水控制、周边环境保护方案建议，提供设计、施工所需的岩土参数。

(八)大临工程

1. 详细查明制梁场、存梁场等大临工程地形地貌及地质构造。

2. 详细查明地层结构、岩土性质、水文地质条件及工程地质条件，详细查明不良地质、特殊岩土的性质和分布范围及对工程的影响，提出工程措施意见。

第四节　典型工点工程地质勘察情况

一、青阳隧道工程

（一）概　　况

青阳隧道是济青高铁全线控制性工程，也是全线唯一一座特长山岭隧道，位于济南市章丘区和滨州市邹平县交界处。穿越长白山低山丘陵区，地形陡峻，起伏较大，隧道全长 10.1 km，双线单洞，纵断面设人字坡，最大设计开挖断面面积为 152 m^2，最浅埋深约 56 m，最大埋深为 473 m，是目前山东省第一长大隧道。

隧址区为侵蚀构造低山丘陵地貌，局部断陷为盆地，局部上覆第四系地层，大部出露火山岩，为中生代火山活动形成山体，最高海拔为 669.5 m，最低海拔为 90.1 m，地表水系主要为山区季节性河流，雨季洪水量较大、旱季水量较小，地下水不发育，属地下水贫乏区域，局部断层构造富水性较好。埋深较浅段落之上分布有 4 个村庄。

（二）勘察技术手段

初测期间，进行了大面积地质调绘，调查线路方案两侧各 3.0 km 范围内的滑坡、崩塌、泥石流、陷穴等不良地质现象，并在覆盖层较厚部位进行了钻探，初步查明了隧道的工程地质和水文地质条件。

定测期间，利用前期工作成果，沿线路两侧各 300 m 进行详细调绘，有断层破碎带及其他不良地质体时扩大调绘范围，采用追索法进行构造调查，并采用了物探、钻探等多种综合勘探手段，最后通过多种方法综合分析，各种手段相互印证。隧道地段进行了天然源音频大地电磁法（AMT）勘探，并在进出口地段采用了地震折射法以查明土石分界、风化层厚度、围岩弹性波速等情况，在综合地质调绘、物探成果的基础上，对特殊岩土、重大物探异常（断层破碎带、富水地段等）采用钻探验证。并进行地应力测试，地温测试、放射性测试等专项工作。

在勘察过程中，采用遥感解译、地质调绘、大地电磁法相结合的综合勘探，进行专项水文地质评价，准确预测水文地质情况。针对深孔钻探，现场采用绳索钻探、纠偏设备、最新的钻孔护壁材料和防塌孔技术，克服难点，保障了勘察时效。通过钻探及施工验证，准确性较高。

（三）勘察结果

区域资料分析、地质调绘、钻探揭露和物探反映，隧址区地层主要为第四系上更新坡洪积新黄土、粗角砾土；白垩系下统青山组玄武岩、安山岩、凝灰岩、角砾凝灰岩及火山角砾岩等。隧道洞身先后经过 2 条区域性断裂及 12 次级断层，受火山活动以及区域断裂影响，隧道浅表生节理裂隙发育，主要发育北西西与南北向两组节理，节理倾角普遍为 70°以上。隧道区地下水不发育，富水性一般，仅局部断层破碎带富水性较强，水量较大。隧道围岩工程地质条件较好，围岩以Ⅱ、Ⅲ级围岩为主，其中Ⅱ级围岩分布段落长度 3 815 m，占总隧长度的 32％，Ⅲ级围岩分布段落长度 4 755 m，占总隧长度的 40％，Ⅳ级、Ⅴ级围岩分别占总隧长度 17％和 12％。

（四）超前地质预报工作及效果

根据测区的地质条件，隧道超前地质预报工作采用由面到点、长短结合、地面调查与洞内预报相结合、定性与定量相结合的综合预报方法。

长距离预报主要采用地质分析法结合地震反射波法，根据地面测绘和其他基础资料对隧道通过区的地质界线、地层岩性、地质构造、储水构造、富水规模以及其他不良地质及特殊地质发育情况进行长距离、宏观预测预报，分析和把握存在的主要工程地质问题、主要地质灾害隐患及其分布范围、在隧道内揭示的大致里程等，从而制定预报预案，并根据揭示情况进行不断的修正。

中长距离预报是在长距离预报的基础上采用地震反射波法、深孔超前地质钻探等对掌子面前方 30～100 m 范围内的地质情况作进一步预报，如对不良地质体的位置、规模、性质以及地下水情况等作较为详细的预报。

短距离预报是在长、中长距离预报的基础上采用掌子面素描、超前钻孔、红外探测、加深炮孔等方法进行预报，探明掌子面前方 30 m 范围内地层岩性、地质构造、不良地质及地下水出露情况等，对可能有突泥、突水和其他不良地质情况的地段进行钻孔验证。

超前地质预报工作历时约 2 年，主要采用了地质调查、掌子面素描、TRT、地质雷达、红外探水以及超前水平钻探等手段，发布预报成果 593 次，同时也为变更设计提供了准确的依据，隧道比原设计工期提前 167 天实现贯通，保证了隧道施工期间未发生一起因地质原因引起的安全事故。

二、活动断裂带路基工程

(一)概　　况

活动断裂带路基位于潍坊坊子区，该路基穿越沂沭断裂带中安丘—莒县断裂为第四系晚更新晚期～全新世早期活动断裂，未来有错断地表的可能性。断裂带范围地层岩性变化较大，第四系覆盖层厚度变化大，小里程穿越膨润土矿区，下伏凝灰岩、火山角砾岩受断裂影响多膨润土化，具有强膨胀性。

(二)勘察技术手段

该段路基地质条件极为复杂，定测阶段采用了大面积地质调绘、物探、钻探、静力触探、原位测试、取样试验等综合勘探手段，查清了断裂位置，断裂破碎带发育情况及膨胀性岩土范围、膨胀潜势，并提供了相应参数。

安丘—莒县断裂走向 NNE，倾向 SEE 或 NWW，由三条主干断裂和多条次级断裂组成，线路穿越西侧主干断裂部位基岩出露，断裂切割白垩系青山组、王氏组及第四系地层；其中基岩破碎带内发育强烈碎裂岩化及构造角砾岩，发育断面及擦痕，火山岩膨润土化强烈，沿断裂带有辉绿岩脉、煌斑岩脉贯入，为一强烈挤压破碎带；第四系更新世地层断错现象明显，显示第四纪以来断层活动较强烈。依据《新建济南至青岛高速铁路工程场地地震安全性评价报告》结论，安丘—莒县断裂三条主干断裂未来地震地表断错量分别为 F10：右旋 0.6 m、正断 1.5 m；F11：右旋 1.5 m、逆冲 1.5 m；F14：右旋 1.2 m、正断 2.0 m。

勘察过程中对沂沭断裂带的安丘—莒县断裂进行了详细地质调绘，在基岩出露的 F14 断裂附近调查出明显的破碎带露头。在地质调绘基础上，采用综合物探进行断裂带主干断裂的探测，根据地形及地质条件分别采用浅层地震反射法和直流电电测深法开展物探工作。路基小里程段揭露火山角砾岩、凝灰岩呈不同程度膨润土化，矿物成分主要为蒙脱石等黏土矿物，岩质软，具有强膨胀性，外业勘察期间按照岩性特征定名为膨润土化凝灰岩。

（三）勘察结果

通过收集资料、地质调绘及物探、钻探验证及原位测试，查清了线路与安丘—莒县断裂主干断层相交的位置，破碎带宽度、断层性质及断层角砾发育特征，查明了岩土结构特征及工程性质、水文地质条件。经施工验证，勘察结果准确可靠，较好的指导了设计及施工。鉴于沂沭断裂带中安丘—莒县断裂为晚更新世晚期～全新世早期活动断裂，未来有错断地表的可能，并提供了活动断裂影响范围，建议该范围采用路基、涵洞等简单易修复的工程方式，并采用有砟轨道结构。

三、红岛站软土路基工程

（一）概　　况

红岛站软土路基位于红岛经济开发区内，工点主要包括红岛站路基及红岛存车场段路基及框构、涵洞、挡墙工程。场区位于滨海平原，地形低平，鱼塘、虾池密布，人类活动影响较大。路基范围地层为第四系全新统冲海积层粉土、粉质黏土、淤泥质粉质黏土，白垩系上统青山组安山岩、火山角砾岩、凝灰岩，表层覆盖第四系人工填土，特殊岩土主要有软土、盐渍土、人工填土、风化岩石等，工程地质条件较差。

（二）勘察技术手段

该工程采用钻探、静力触探、挖探、物探、原位测试、水文地质试验、室内试验、综合地质分析等相结合的综合勘察方法，并充分收集、利用既有地质资料。取岩土试样进行试验，对软土、软黏土进行常规物理指标试验、压缩试验、天然快剪、固结快剪、不固结不排水剪、固结不排水剪等试验，对岩石进行天然密度、单轴饱和抗压强度试验。同时进行地表水、环境土、地下水腐蚀性试验及评价。

（三）勘察结果

通过综合勘察，查明场地岩土层的类形、时代成因、分布范围、工程特性、水文地质条件，重点查明软土、盐渍土、人工填土等特殊土分布和工程特点，分析和评价地基的稳定性、均匀性和承载能力，提供地基变形计算参数，针对场地分布厚层软土特点提出复合地基处理建议。场地位于近海部位，受海水入侵及当地人类养殖活动影响，地表水、地下水、环境土地下水腐蚀性较为强烈，对工程措施及施工影响较大。勘察过程中取了大量水土样进行试验，根据试验结果对场地进行分段分带评价，取得了较好效果。经现场施工比对，勘察成果准确可靠，很好的指导了设计及施工。

四、膨胀性岩土桥梁工程

（一）概　　况

跨荣潍高速公路特大桥位于潍坊市寒亭区、坊子区境内。桥梁起讫里程 DK192＋214.23～DK208＋507.74，中心里程为 DK200＋012.35，全长 16 293.51 m。桥梁范围主要地层岩性为第四系粉质黏土、粉土、黏土、砂类土，下伏新近系玄武岩、黏性土及砂类土，白垩系青山组凝灰岩、火山角砾岩及膨润土化凝灰岩、膨润土化火山角砾岩等。其中新近系黏土、膨润土化凝灰岩及膨润土化火山角砾岩均为强膨胀性岩土。

（二）勘察技术手段

该特大桥地质情况比较复杂，定测阶段采用了大面积地质调绘、钻探、原位测试、取样试验等综合勘察手段，查清了地层岩性、膨胀性岩土范围、膨胀潜势，人工填土范围、特征，并提供了各地层的物理力学参数和特殊岩土的相关参数。

（三）勘察结果

勘察揭示 DK195＋050～DK204＋700 段上第三系玄武岩之下普遍存在一层黏土，层顶埋深由 63.7 m 逐渐过渡到 1.8 m，层厚 0～10.8 m。该层黏土具有大孔隙，高塑性，硬塑～坚硬状，中～低压缩性等特征，天然孔隙比标准值 $e=0.802\sim0.988$，压缩系数 $a_{0.1\sim0.2}=0.06\sim0.4$；同时该层黏土具强膨胀性，经取样化验其自由膨胀率 29%～97%，蒙脱石含量 46.79%～97.5%，阳离子交换量 360.77～810.82 mmol/kg。该层之上覆盖一层上第三系“被状”玄武岩，形成了软硬不均的地层结构。

DK204＋100～DK208＋507 段下伏白垩系青山组火山岩多膨润土化，现场按照岩性特征定名为膨润土化凝灰岩、膨润土化火山角砾岩，该地层多呈灰白色，灰绿色，紫灰色，全风化～强风化，残余凝灰结构，块状构造，主要成分以蒙脱石等黏土矿物为主，膨润土化，遇水易软化、崩解，具有强膨胀性，其自由膨胀率 29%～98%，蒙脱石含量 59.38%～95.39%，阳离子交换量 401.69～978.56 mmol/kg。膨润土化凝灰岩和膨润土化火山角砾岩空间分布不规律，在纵断面上呈“团窝”状，分布范围广且埋深大，局部地段 70 m 尚未完全揭露。

针对新近系强膨胀性黏土具有成层规律性，且厚度不大，建议桥梁桩基础桩尖不设置在该层；对于膨润土化凝灰岩及膨润土化火山角砾岩具有空间分布极不均匀，膨润土化程度不同，受地下水作用影响较大，工程地质条件较复杂，建议设计时考虑膨胀性影响，施工时注意采取干钻施工并及时成桩，同时做好桩基变形监测工作。勘察成果与施工一致，资料准确可靠，很好的指导了设计和施工。膨润土化凝灰岩遇水崩解，强度急剧下降，施工过程中发现该地层易发生塌孔，难以成桩现象。

五、机场隧道及机场综合交通枢纽工程

（一）概　　况

机场隧道及机场综合交通枢纽位于胶州市胶东镇境内，起讫里程为 DK286＋250～DK293＋550，隧道总长 7 300 m，最大埋深 11.10 m。其中 DK288＋400～DK290＋250 为济青高铁机场站，车站中心里程 DK302＋363.85。车站总长 1 850 m，由北至南，车站 DK288＋400.00～＋829.29 段为咽喉区，位于胶东国际机场（以下简称机场）停机坪下，地下一层（局部风机房为地下两层），结构底板埋深 22.61 m，宽度 14.8～26.2 m；DK288＋829.29～DK289＋108.28 段为咽喉区及站台区，位于机场航站楼（同期建设）下，地下一层，结构底板埋深 22.61 m，宽度 26.2～54.6 m；DK289＋108.28～＋153.28 段为站台区，位于机场高架桥（同期建设）下，地下一层，结构底板埋深 22.61 m，宽度 54.6 m；DK289＋153.28～＋550.48 段为站厅及站台区，部分位于 GTC 综合楼（同期建设）下，地下二层，大部分与地铁车站并行合建，结构底板埋深 22.61 m，宽度 54.6～43.5 m（合建段宽度 98.2 m；DK289＋550.48～DK290＋250 段为咽喉区，位于机场道路下，地下一层（局部风机房为地下两层），结构底板埋深 22.61 m，宽度 43.5～14.8 m。

(二)勘察技术手段

该工程为地下站,与地铁车站合建,上部为机场航站楼、GTC 综合楼等大型建筑,工程结构复杂,勘察要求高。勘察工作在综合分析既有地质资料及沿线工程地质调绘的基础上,采用了钻探、室内试验、原位测试(标准贯入试验、圆锥动力触探试验、旁压试验、波速测试)、工程物探、水文地质试验等综合勘探、测试、试验手段。

试验主要包括岩石物理指标、热物理指标、波速试验、单轴抗压强度试验、点荷载试验、抗拉试验、压缩试验(弹性模量、弹性泊松比)、室内直剪试验及岩矿鉴定。特殊试验包括膨胀性试验、X 衍射试验、耐磨性试验、水土侵蚀性试验等。为了更准确、真实测定岩体工程特性进行了岩体现场原位直剪试验、载荷试验及崩解试验,干湿循环剪切强度试验。

(三)勘察结果

通过综合勘察方法查明场地范围内岩土层的类形、年代、成因、分布范围、工程特性,提供各岩土层的物理力学性质指标,提供地下工程设计、施工所需的岩土层的基床系数、静止侧压力系数、热物理指标和电阻率等岩土参数。经现场施工开挖验证,勘察资料准确可靠,较好的指导设计及施工。针对场区内胶东白垩系泥岩具有的易风化、遇水软化崩解、吸水膨胀特性,重点研究了泥岩膨胀性。

对于膨胀岩的判别,国际、国内尚无统一标准,全风化主要呈土状,按照膨胀土判定标准,执行《铁路工程特殊岩土勘察规程》(TB 10038—2012)、《膨胀土地区建筑技术规范》(GB 10038—2012);强、中风化泥岩主要执行《岩土工程勘察规范》(GB 50021—2001,2009 版)、《铁路工程特殊岩土勘察规程》(TB 10038—2012)、《岩石与岩体鉴定和描述标准》(CECS 239:2008 中国工程建设协会标准)及王思敬、董新平等人的研究成果,结合现场调查、室内试验等进行综合判定。得出场区全风化泥岩为弱膨胀土,膨胀力 12～30 kPa,强风化、中风化泥岩为弱膨胀岩,膨胀力 65～140 kPa,侧向约束膨胀率 3.8%,干燥饱和吸水率 19.8%。

第二章　线路设计

第一节　线路设计概况

一、线路地理位置和路径

新建济南至青岛高速铁路位于山东半岛，线路西起山东省会济南市，自济南东站引出，沿既有胶济铁路通道北侧向东，经滨州、淄博、潍坊，东至青岛市，引入青岛枢纽红岛站，正线线路全长 308 km，桥隧比 88.3%，新设济南东站、章丘北站、邹平站、淄博北站、临淄北站、青州市北站、潍坊北站、高密北站、青岛机场站和红岛站共 10 个车站，经既有胶州北站。该线西端衔接京沪高速铁路、石济客运专线，东端连接青荣城际铁路、青连铁路，是山东半岛胶济铁路通道沿线地区对外交流的主通道，也是济南与胶东地区客运交流的快捷通道。

二、自然特征

（一）地形地貌

线路位于山地与平原交接地带，沿线所经地貌类形有平原区、低山丘陵区。济南东站至章丘(GSJDK426＋050.68～DK38＋500)为冲洪积平原区，地形平缓，地面高程在 20～60 m 之间；章丘至邹平(DK38＋500～DK53＋300)为低山丘陵区，地形起伏较大，高程在 50～700 m 之间，地形相对高差约 650 m；邹平至潍坊(DK53＋300～DK215＋000)为冲洪积平原，地形平缓，呈南高北低微倾，地面高程 10～50 m；潍坊至大沽河(DK215＋000～DK294＋000)为胶莱平原剥蚀堆积地貌，地形平缓，波状起伏，地势稍高的低丘、缓坡为剥蚀区，地势低洼的洼地、丘间低地为剥蚀堆积区，地势呈东北、西南两侧高，中间低，地面高程 0～40 m。大沽河至红岛(DK294＋000～JQDK24＋430)为滨海平原地貌，地形低平，地面高程一般小于 20 m。

（二）气象特征

线路经过地区属暖温带大陆型季风气候区，四季分明，春季干旱少雨多风；夏季炎热多雨湿度大；秋季天气晴爽、旱涝不均；冬季干燥，雨雪稀少。根据气象统计资料，沿线多年平均降水量 594～770 mm，年内降水集中在 6～9 月，占年降水量的 70%～80%；多年平均蒸发量 1 600～2 300 mm，3～6 月占全年蒸发量的 50%以上。按照对铁路工程影响气候分区为温暖地区。

（三）地震带概况

该区域属于华北地震区，为我国东部地震活动最强烈的地区，分布着一系列北北东向地震带。线位穿越我国东部规模最大的地震带郯庐地震带，包括郯庐断裂及其附近的一系列与它平行和斜交的次级断裂，历史上发生过 8.5 级地震。

根据《新建济南至青岛高速铁路工程场地地震安全性评价报告》及国家标准《中国地震动参数区划图》(GB 18306—2001)，对沿线的地震动峰值加速度和地震动反应谱特征周期进行了划分，分段里程见表 3-2-1、表 3-2-2。

表 3-2-1　地震动峰值加速度划分

里程段落			地震动峰值加速度	地震基本烈度	区域
正线	GSGDK426＋050	DK52＋000	0.05g	6 度	济南—邹平
	DK52＋000	DK107＋700	0.10g	7 度	邹平—淄博
	DK107＋700	DK202＋000	0.15g	7 度	淄博—潍坊
	DK202＋000	DK213＋900（短链后）	0.20g	8 度	潍坊—昌邑
	DK213＋900（短链后）	DK236＋700	0.15g	7 度	昌邑—高密
	DK236＋700	DK273＋750	0.10g	7 度	高密—胶州
	DK273＋750	DK300＋700	0.05g	6 度	胶州—红岛
	DK300＋700	JQDK24＋430	0.10g	7 度	红岛
平陵城联络线			0.05g	6 度	章丘
大郑庄联络线			0.05g	6 度	济南
济南东动车存车场、济南东疏解线			0.05g	6 度	济南
济青胶济、胶济济青联络线、胶济场进路联络线			0.05g	6 度	胶州
红岛动车存车场、红岛站疏解线、济青青连联络线			0.10g	7 度	红岛

表 3-2-2　地震动反应谱特征周期

里程段落			特征周期分区	区域
正线	GSGDK426＋050	DK59＋300	三区	济南—邹平
	DK59＋300	DK237＋550	二区	邹平—昌邑
	DK237＋550	JQDK24＋430	三区	昌邑—红岛
平陵城联络线			三区	章丘
大郑庄联络线			三区	济南
济南东动车存车场、济南东疏解线			三区	济南
济青胶济、胶济济青联络线、胶济场进路联络线			三区	胶州
红岛动车存车场、红岛站疏解线、济青青连联络线			三区	红岛

（四）地层及构造

1. 地　　层

沿线地层属华北地层系，主要分布新生界第四系松散沉积层，章丘附近出露三叠系下统凤凰山组、二叠系上统、下统沉积岩、侏罗系上统三台组、侏罗系中下统坊子组沉积岩；章丘—邹平之间大面积出露白垩系青山组火山岩及燕山期侵入岩。昌邑、胶州—青岛出露白垩系王氏组沉积岩及青山组火山岩，昌邑东部潍河东岸出露下元古界粉子山岩组及元古界花岗侵入岩。

2. 区域地质构造

济南至青岛区域属于华北地台中辽冀台向斜、鲁东地盾和鲁西台背斜三个二级构造单元，以昌邑—大店断裂（沂沭断裂东边界）为界，以东为鲁东地盾，以西为鲁西台背斜，广饶—齐河断裂以北为辽冀台向斜。沿线主要经过鲁中南隆起区北侧边缘、沂沭断裂带及胶莱凹陷三个三级构造区，如图 3-2-1 所示。

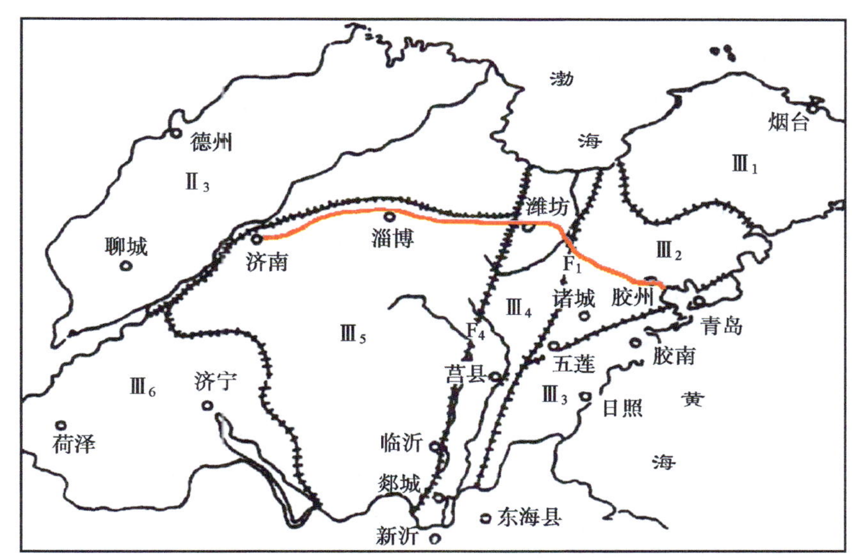

图 3-2-1　沿线大地构造分区示意图

（五）水文地质特征

1. 地 表 水

沿线跨越大小河流众多，属山东半岛诸河流域。主要有小清河、巨野河、绣江河、漯河、孝妇河、淄河、弥河、白浪河、潍河、北胶新河、五龙河、胶河、墨水河、大沽河等，分别流入渤海莱州湾和黄海胶州湾。河流水量随季节变化明显，旱季时多数河流水量较小，雨季河水暴涨，部分河水对混凝土结构具侵蚀性。

2. 地 下 水

(1)第四系孔隙水。鲁北冲洪积平原区地下水赋存于第四系松散沉积层中，地下水类形为孔隙水，一般为潜水，局部具承压性，主要含水层为碎石类土、砂类土和粉土，地下水水位埋深一般在 5～30 m。

(2)基岩裂隙水。主要分布于第三系、白垩系、侏罗系、三叠系、二叠系及下元古界粉子山岩群地层中，岩性主要为粉砂岩、砂岩、泥岩、安山岩、玄武岩、凝灰岩及片麻岩、变粒岩、大理岩等，赋存于岩石裂隙中，其富水性和透水性受构造影响较大，一般渗透系数及水量较小，属弱裂隙水含水层；在断裂破碎带及影响带内，节理裂隙发育，其水量较大。

3. 沿线水质对混凝土侵蚀性评价

地下水对混凝土结构一般具硫酸盐侵蚀性，环境作用等级为 H1；具盐类结晶侵蚀性，环境作用等级 Y1～Y2；具氯盐侵蚀性，环境作用等级 L1～L2。设计时考虑地下水的侵蚀性，采取适当的处理和防护措施。地表水对混凝土结构一般具硫酸盐侵蚀性，环境作用等级为 H1～H2；具盐类结晶侵蚀性，环境作用等级 Y1～Y3；具氯盐侵蚀性，环境作用等级 L1～L2；局部受污染地表水及近海部位表水具硫酸盐、盐类结晶及氯盐侵蚀性，环境作用等级分别为 H2～H3、Y2～Y3 及 L2～L3。

（六）不良地质及特殊岩土

1. 采 空 区

区内采空区主要为开采硬质黏土矿、煤矿及铁矿所形成，集中分布于济南东部章丘、淄博桓台至临淄一线，零星分布于潍坊坊子、五图、朱刘店、饮马镇等地。距离贯通方案较近的开采矿主要有章丘袁辛庄硬质黏土矿、新立庄铁矿、赶仙庄铁矿、杨家庄铁矿、戴家官庄洪秋铁矿等。需做好压覆矿产评估，留有安全边界，采取控采措施，风险可控。

2. 地面沉降

沿线鲁北平原覆盖厚层第四系松散土层，分布多个地下水水源地，由于地下水超采造成地下水水位埋深逐年加大，形成了淄博桓台、滨州博兴、东营广饶、寿光市、潍坊市、寒亭区、昌邑市及高密市等地下水降落漏斗。由于各地取用水量逐步增加，各降落漏斗逐步加大、加深。水位下降造成了弱透水层和含水层孔隙水压力降低，黏性土层中孔隙水被挤出，使黏性土产生压密变形，从而引起地面沉降。

距离线位较近的有周村南闫水源地地下水降落漏斗、潍寒漏斗及高密漏斗。南闫水源地位于 DK64＋000～DK65＋000 左侧 480 m，现状地面沉降边界圈闭成 2 个区域，中心沉降量约 13～17 cm，水源地集中开采地下水形成地下水降落漏斗及地面沉降对线路有一定影响。潍寒漏斗位于潍坊市城区以东的潍寒水源地内，2010 年以 0 m 标高圈闭地下水降落漏斗面积 9.81 km^2，枯水期漏斗中心水位标高－7.33 m，距线位约 100 m。高密漏斗位于高密市区以东的姚哥庄、夏庄一带，2010 年以 4 m 标高圈闭地下水降落漏斗面积 14.81 km^2，枯水期漏斗中心水位标高 1.91 m，线路于该漏斗东北部穿过，近几年来，因漏斗带内局部地段开采量减少，地下水位有所回升，潍寒漏斗、高密漏斗面积有所减少。

地面沉降影响段落建议桥梁采用长桩基础，桩端尽可能进入密实砂砾层或基岩层，同时对线路影响较大的水源地采取限量开采或停止开采措施，高铁建成运行期间，高铁管理部门与水利及国土资源管理部门密切协调，加强沿线地下水限采禁采管理，严禁铁路两侧打井取水。

3. 活动断裂

线路横穿沂沭断裂带北段，自西向东分别穿越鄌郚—葛沟断裂、沂水—汤头断裂、安丘—莒县断裂及昌邑—大店断裂四条深大断裂。沂沭断裂带形成于前寒武纪经历多次长期活动的巨型构造带，断裂带主要的活动性表现在南部，北部活动性较弱，具有明显的南北分段的特点。其中与线路相交的安丘—莒县断裂为晚更新世晚期～全新世早期活动断裂，具有地震地表破裂危险性，需采取抗断措施。建议线位大角度跨越，采用路基、涵洞等简单易修复的工程方式，同时选择有砟轨道结构。

4. 地面塌陷

区内地面塌陷主要为采空区塌陷。济南东部、淄博、潍坊坊子、昌邑等地存在煤矿、铁矿采空区，地下矿层大面积采空后，矿层上部岩层平衡条件被破坏形成采空塌陷和地面变形。尤其淄博卫固镇西侧，朱台镇南侧集中分布大量铁矿及煤矿，采空区范围大，地面塌陷及变形严重。目前线位基本避开采空塌陷区，距离矿区较近段落采取控采措施，安全可控。

5. 崩塌落石

青阳隧道出口及斜井进口处，为第四系地层及全风化～强风化基岩，基岩节理裂隙、风化裂隙发育，且坡面可见碎石、块石分布，局部成堆，容易受降雨等因素影响诱发崩塌落石及坡面水石流等不良地质。

6. 海水入侵

在胶州、红岛站附近滨海平原，由于过量开采地下水，地下水位下降，改变了地下水的天然流场，形成了反向径流，使得海水入侵地下水。地下水具硫酸盐侵蚀性，环境作用等级 H1，具盐类结晶侵蚀性，环境作用等级 Y2，具氯盐侵蚀性，环境作用等级 L2。水位以上环境土具盐类结晶侵蚀性及氯盐侵蚀性，环境作用等级分别为 Y2、L3。由于海水入侵使得沿海地带环境土、环境水具有侵蚀性，应采取相应的抗腐蚀措施。

（七）特 殊 土

1. 湿陷性黄土

第四系上更新统冲洪积层黏质新黄土，分布于济南至章丘段，黄褐色、褐黄色，硬塑～坚硬，垂直节理发育，具大孔隙，多具湿陷性，湿陷系数 $\delta_s=0.015\sim0.069$，为Ⅰ级（轻微）非自重湿陷性场地。

潍坊—昌邑局部段落分布第四系风积砂质新黄土，褐黄色，中密～密实，稍湿～潮湿，土质较均匀，含少量孔隙，具湿陷性，湿陷系数 $\delta_s=0.015\sim0.035$，为Ⅰ级（轻微）非自重湿陷性场地，需加强排水措施，路堑边坡需防护。

2. 盐 渍 土

沿线盐渍土主要分布于红岛站及其配套工程段落，为近海部位冲海积土层，受海岸变迁及海水入侵影响，水位以上环境土对混凝土结构具盐类结晶侵蚀，环境作用等级 Y2；具氯盐侵蚀，环境作用等级 L3。土层平均含盐量为 3.32，盐分比值大于 2，属于中等氯盐盐渍土场地。

3. 膨胀性岩土

沿线上第三系（N）黏土具中等～强膨胀性，下第三系（E）、白垩系王氏组（K_2^w）泥岩、泥质砂岩多具弱膨胀性；安丘—莒县断裂带两侧白垩系青山组（K_1^q）流纹岩、流纹质凝灰岩及珍珠岩全风化层、强风化层多膨润土化，具中等强膨胀性。

4. 软土、松软地基

沿线软土呈零星分布，按成因主要分为两类，其一为分布于沟渠、水塘内软土，一般厚度仅为 0.3～0.5 m，个别可达到 1.0 m 左右，以淤泥和淤泥质土为主。由于其沉积时间非常短，固结程度很差，具流变性、触变性，该类软土分布地段挖除换填。二是分布于红岛站冲海积地层之中，该段上部普遍分布一层软土，灰黑色、灰褐色，软塑～流塑，含贝类碎片，有机质含量高，具腥臭味，厚度一般 4.0～7.0 m，以淤泥质粉质黏土、淤泥为主，该类软土分布地段采用复合地基法进行加固处理。

沿线松软地基广泛分布，厚度 5.0～25.0 m，上部黏性土及粉土承载力普遍小于 150 kPa，下部黏性土即使基本承载力高于 150 kPa，也多为中高压缩性土层。该层土采用复合地基法进行加固处理，将工后沉降量控制在规定范围内。

5. 填　　土

填土主要为填筑土、素填土和杂填土，填筑土（粉质黏土）主要分布于公路、铁路及乡村道路路堤，厚 2.0～8.0 m，杂填土、素填土主要分布于城市及村庄附近，厚 1.0～5.0 m。杂填土需清除换填，填土地段地基需做分层夯实处理。

（八）环境地质问题

沿线地貌主要有平原区、低山丘陵区，工程地质条件较为复杂，不良地质及特殊岩土地层比较发育，工程施工易造成生态破坏，形成环境地质问题。

1. 沿线平原区是我国主要农产区，排灌沟渠纵横，排泄设施日趋完善，桥涵设置应与其配套，并保护地方水利设施，以防堵塞地表径流引起水害，同时做好路基本体防护。

2. 沿线平原区线路以路堤方式通过，而沿线绝大部分辟为耕地，采用集中取土。取土坑结合地方经济发展需要，同时搞好取土坑的绿化和复耕工作。尤其是在河道取土、取砂石料时，确保河道堤防的稳定和防洪安全。低山丘陵区地形起伏较大段落，施工中的弃方、弃渣选取适当位置堆弃，并做好挡护工程，避免造成雨季洪灾、泥石流等灾害。

3. 施工中采取合理措施防止施工中的泥浆废液污染周围环境，减少对地下水环境的影响，特别是隧道上方有居民生活用水时，隧道施工开挖易产生地表水漏失问题，采取封堵水措施；同时会引起地下水流场的改变，引发地下水水位下降，施工时采用封堵水措施防止地下水大量泄露，出现局部水资源枯竭的现象。

4. 沿线经过章丘硬质黏土矿，淄博煤田、铁矿，潍坊—昌邑铁矿、膨润土矿、石英矿及石墨矿等矿区，为确保铁路运营安全，预留安全保护矿柱。会造成部分资源被压覆不能开采，且已投入设备不能充分利用，缩短了矿山开采年限。

5. 沿线跨越河流众多，选择合理的跨越方式及施工方式，施工时注意保护环境，避免造成河流污染。车站做好三废处理，避免给沿线水源造成污染。

（九）有关环境保护特殊地区现状、规划对线路的影响

秉持“环保选线”理念，线路尽量绕避沿线的自然保护区、水源保护区、风景名胜区、森林公园、文物古迹等环境敏感区，以减轻对环境的影响。

1. 文物保护区

沿线的文物保护区分布较多，其中国家级文物 19 处，分别是大辛庄遗址、西河遗址、城子崖遗址、东平陵故城、小荆山遗址、北高阳南村墓、61 国宝、60 国宝、庄公墓、崔官墓、67 国宝、东王官墓、69 国宝、高傒墓、许家墓、雪宫台遗址、顾邵六端遗址、纪季墓、齐国故城。省级文物 8 处，分别是王推官遗址、鲍家遗址、前埠遗址、高阳故城、大蓬科遗址、边线王遗址、呙宋台遗址、寒亭前埠下古文化遗址。

推荐方案对国家级和省级文物保护区以及其建设控制地带均进行了绕避。受站位选址、线路技术标准等限制，同时减少拆迁，需穿过文物保护区包括：淄博临淄区安平故城（市级）东北角、邹平县芦泉遗址（县级）、淄博周村区沈家遗址（市级）以及褚家遗址（市级）的建设控制地带。

2. 饮用水源保护区及湿地公园

(1)弥河地下水源地一级保护区范围为弥河河道中心线两侧各 2 km,南北界为寿光市入境处纪台镇至田柳镇刘家庄,南北沿弥河约 30 km。其北界位于寿光市北外环以北,南界至济青高速公路以南。受淄博和潍坊市站位控制,无法绕避该水源地,可研阶段经多方案比选后,已按照穿越水源地方案办理了环评批复,本次设计根据环评批复意见落实工程措施,以减少对该水源地的影响。

(2)潍坊市黄旗堡—眉村—朱里水源为一级保护区,南至朱里井群,北至赵家庄—宋庄西,为地下水源保护区。潍河两岸修了大量地下水井,为潍坊和昌邑饮用水源。可研阶段经多方案比选后已按照穿越水源地方案办理了环评批复,本次设计根据环评批复意见落实工程措施,以减少对该水源地的影响。

(3)南水北调输水明渠本体为一级保护区,两侧 1 km 范围内为二级保护区,济南东动车所位于南水北调输水明渠与小清河之间,根据有关规定,车站等排污设施不能进入二级保护区。为减少环境影响,动车走行线尽量远离输水明渠,动车所生产设施布置于二级保护区范围以外。

(4)胶州范围内墨水河为水源地二级保护区,济青高铁引入胶州北站,受胶州北站控制,线路无法绕避该保护区。可研阶段已按照穿越水源地方案办理了环评批复,本次设计根据环评批复意见落实工程措施,以减少对该水源地的影响。

(5)其他影响线路走向的水源地有邹平月河水厂水源地(二级)、周村南闫水源地(一级)以及昌邑第一和第二水场水源地(一级)等。线路对以上水源地保护区均进行了绕避。

3. 潍坊白浪河国家湿地公园

白浪河国家湿地公园保护区南至济青高速公路,北至寒亭区安固村南。经多方案比选后已按照穿越该湿地公园方案办理了环评批复,本次设计根据环评批复意见落实工程措施,以减少对该湿地公园的影响。

4. 寿光市滨河城市湿地公园

寿光市弥河两岸规划为国家城市湿地公园,其一期范围已由住建部批准。二期保护范围处于规划阶段。目前线路于一期保护范围以南通过,穿过了规划的二期保护区。已按照穿越规划的二期湿地公园方案办理了环评批复,本次设计根据环评批复意见落实工程措施。

第二节　沿线走向和重大方案比选

贯彻“环保选线、地质选线、规划选线、工程经济选线”等综合选线理念,线路走向尽量绕避环境敏感区,力求铁路建设与自然环境高度和谐,实现可持续发展;对采空区、漏斗沉降区等重大不良地质区域进行绕避,合理规避重大工程风险;对一般地质不良地段采取技术手段减小其影响和危害;对重点工程、控制工程优先进行选址,并进行多方案比选,以减少重点工程和合理控制桥隧比例。

在项目前期研究阶段,根据铁路中长期发展规划、山东省快速铁路网规划、山东半岛综合交通网规划等整体路网布局,研究确定了济青高铁线路宏观走向方案,根据线路宏观走向方案,首先对济南枢纽、淄博地区、潍坊地区、青岛枢纽引入方案进行了多方案比选论证,然后将全线分为济南至淄博段、淄博至潍坊段、潍坊至青岛段3个区段进行多方案研究。

一、邹平境内线路方案研究

(一)方案说明

影响邹平境内线路走向的因素有:邹平城市总体规划、既有城市工矿企业布局、饮用水水源保护区以及沿线拆迁情况等,结合城市总体规划、沿线拆迁情况以及地方人民政府意见,分别研究了穿越规划区的中线方案、沿鹤伴六路、沿鹤伴八路方案,北绕规划区的北穿工业园区、北绕工业园区方案以及南绕规划区的南线方案,如图3-2-2所示。

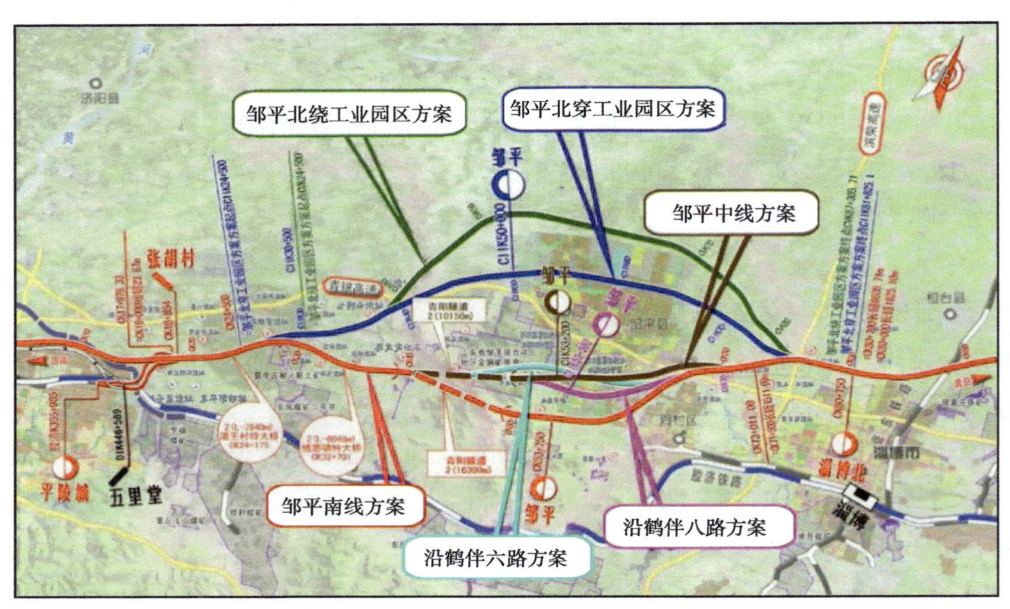

图3-2-2 邹平规划区线路方案示意图

1. 穿越规划区方案

结合规划区布局,研究了线路较顺直的中线方案、沿鹤伴六路方案、沿鹤伴八路方案,经与地方对接,中线方案斜传规划区域,沿鹤伴六路方案距离规划建成区较近,对城市规划干扰大,不再进一步研究,采用沿鹤伴八路方案进行比选。

该方案线路起自CK24+500,绕避袁辛庄黏土矿采空区后折向东,穿越长白山,跨黛溪河后沿规划鹤伴八路东行,于醴泉五路西设邹平站,出站后继续东行,出规划区后折向东北,至方案比较终点CK80+000,线路长度56 km。

2. 南线方案

该方案线路起自CK24+500,绕避袁辛庄黏土矿采空区后折向东,至长白山前转向东南,穿越长白山至邹平县南部,于邹平规划区南界外,设邹平站,出站后线路折向东北,走行于好生镇与淄博周村区两地交界处,跨滨博高速公路后至方案比较终点CK80+000,线路长度57.5 km。该方案较好体现了地方人民政府意见,避免了对城市规划的影响,但线路较长,沿线拆迁工程大,涉及好生镇约3.5 km范围的民房和企业拆迁,其中村庄3个,重大企业拆迁18家。

3. 北绕规划区方案

该方案跨济青高速公路前同穿工业园区方案,跨高速公路后继续东北向行进,至工业区西北角折向东，至工业区东北角后折向西南，行进至终点 CK80＋000。线路全长 62.7 km。

（二）方案比选

1. 从路线平直分析

穿规划区方案线路较顺直，南线方案展长 1.5 km，北绕规划区方案线路展长 6.7 km，线型较差。

2. 从规划影响分析

穿规划区方案对城市规划影响大，北绕规划区方案车站距离老城区 10 km、距离新城区 17 km，不利于居民出行，且与城市总体发展方向不符。南线方案位于规划区外，对城市规划影响最小。

3. 从工程经济分析

南线方案绕避邹平重要饮用水水源保护区，线路展长 1.5 km，经好生镇房屋、企业拆迁量较大，投资较沿鹤伴八路方案增加 4.38 亿元。

（三）比选结果

穿规划区方案对城市规划影响大，穿越水源保护区方案对环境保护有影响，北绕规划区方案与城市发展方向不符、不利于居民出行，南线方案绕避了规划区及水源保护区，对城市规划影响小，符合地方意见，研究推荐南线方案。

二、淄博至青岛段线路方案研究

（一）方案说明

淄博至青州段线路方案影响因素主要有煤矿铁矿采空区、齐国古城等文物保护区，结合矿区分布、地质条件等研究了沿高速公路穿越矿区方案和北绕矿区方案，如图 3-2-3 所示。

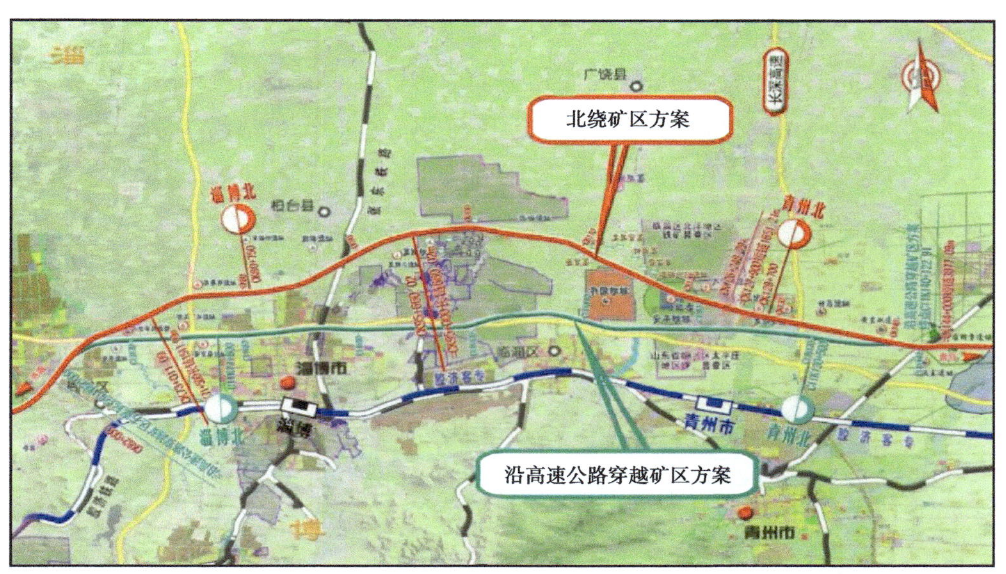

图 3-2-3　淄博至青州段线路方案示意图

1. 沿高速公路穿越矿区方案

该方案自 CK62＋000 引出，绕过南闫一级水源地折向东，并行济青高速公路南侧东行，跨滨博高速后于张店区北设淄博北站，出站后继续沿高速公路东行，穿山东金岭铁矿、淄博金东煤矿至王庄煤矿，跨济青高速公路，于王庄煤矿采空区边界以北通过，继续东行绕避齐国故城、安平故城，于青州北部设青州市北站，出站后东行至方案比较终点 CK144＋000。线路长度 78.1 km。

该方案 CIK95＋000～CIK98＋000 先后穿越金岭铁矿、金东煤矿与鲁坤煤矿采空区及其影响区域，须对通过的 3 km 范围采空区进行处理。线路于 CIK101＋00 跨济青高速公路绕避王庄煤矿采空区，沿高速公路北侧穿王庄煤矿即将开采区域约 5 km，压矿严重。

淄博市内济青高速公路以南，世纪路与金晶大道之间已建成大量高层小区，线路 CIK82＋500，CIK84＋500 穿越两处高层小区，CIK85＋000，距一高层小区约 50 m 通过。涉及 8 栋高层，约 12 万 m^2 楼房拆迁，拆迁量大。

2. 北绕矿区方案

该方案自 CK62＋000 引出后，跨济青高速、滨博高速公路后，折向东，沿规划丁庄路东行，跨 238 省道后设淄博北站，出站后折向东北绕避采空区、齐国故城至方案比较终点 CK144＋000。线路长度 82.5 km。

(二)比选结果

沿高速公路穿越矿区方案穿越金岭铁矿、金东煤矿与鲁坤煤矿采空区及其影响区域。目前，穿越矿区部位普遍存在地面沉降、变形及采空塌陷现象，采空区对线路安全影响很大，风险极高，工程实施隐患大，选择绕避采空区的方案。且该方案沿高速公路南侧涉及高层小区的拆迁，拆迁费用高，实施难度大。北绕矿区方案线路虽展长约 4.4 km，但绕避了采空区，降低了工程安全隐患，避免了高层小区的拆迁，符合地方意见，研究推荐北绕矿区方案。

三、引入淄博地区方案研究

(一)方案说明

针对淄博市城市布局，济青高铁引入淄博地区，研究了济青高速公路南设站和高速公路以北设站方案。根据高新区和桓台县的总体规划与村镇、企业分布情况，高速公路以北设站重点研究了巨明路北方案和沿丁庄路方案。方案比较范围：CK62＋000～CK97＋000。引入淄博地区线路方案如图 3-2-4 所示。

图 3-2-4　引入淄博地区线路方案示意图

1. 高速公路南设站方案

该方案自 CK62＋000 引出，绕过南闫一级水源地折向东，并行济青高速公路南侧东行，跨滨博高速后于张店区北设淄博北站，出站后受采空区影响，折向东北，跨济青高速公路，沿矿区地质安全边界西侧北行，绕避矿区至方案比较终点。线路长度 37.2 km。

由于该线技术标准高，线路曲线半径大，不能完全并行高速公路，因此，与高速公路间夹心地较多，沿线拆迁量较大。CIK82＋500～CIK86＋500 涉及三处高层小区楼房拆迁；跨济青高速公路后，涉及汇丰石化等数家大型企业拆迁。

2. 巨明路北设站方案

该方案线路自 CK62＋000 引出后，于周村北跨济青高速公路，穿过长生镇风电城，跨滨博高速公路后折向东，于淄博北环线和规划巨明路之间设置淄博北站，出站后绕避果里镇主要村庄和企业，东北向行进至方案比较终点。线路长度 35 km。

该方案线路顺直，沿线拆迁较少。但车站位于高新区内，车站两端走行于桓台县境内，对该县规划影响较大，地方人民政府表示不同意该方案。

3. 沿丁庄路方案

该方案自 CK62＋000 引出后，跨济青高速、滨博高速公路后，折向东，沿规划丁庄路东行，跨 238 省道后设淄博北站，出站后折向东北绕避临淄采空区至方案比较终点。线路长度 35.7 km。

该方案车站位于高新区内，车站两端走行于桓台县，但线路走向对桓台县规划影响较小。淄博市协调高新区和桓台县意见，同意该方案总体线路走向。

(二)比选结果

济青高速公路南设站方案，线路长度长，工程投资大；沿线涉及多处住宅小区和大型企业的拆迁，实施难度大；且不符合淄博市总体城市规划，首先予以舍弃。巨明路北设站方案，工程投资最少，但对桓台县规划影响很大，且站位距主城区较远，旅客出行不便。沿丁庄路方案增加了部分房屋和企业拆迁，工程投资多 1.3 亿元，但符合地方规划，且站位距主城区较近，便于旅客出行。因此推荐沿丁庄路方案。

四、引入潍坊地区方案研究

(一)方案说明

结合城市总体规划、社会经济发展现状、综合交通规划、旅客出行便利条件，研究了食品谷北设站、沿济青高速公路北设站方案、沿北外环南设站方案以及北外环北侧方案。方案比较范围：CK148＋700～CK209＋000。引入潍坊地区线路方案如图 3-2-5 所示。

1. 食品谷北设站方案

线路跨越弥河后自 CK148＋700 引出东行，跨白浪河后，北绕食品谷规划区后，设潍坊北站，出站后折向南至济青高速公路折向东至方案比较终点。线路长度 64.4 km。

该方案车站位于寒亭区食品谷北，距济青高速公路约 8 km。该方案沿线涉及的拆迁较少，车站周边地势开阔，发展空间较大。主要缺点是距离主城区较远，不利于城区旅客出行。

2. 沿济青高速公路北设站方案

线路跨越弥河后自 CK148＋700 引出折向东南，并行于济青高速公路北侧东行，于前杭埠

图 3-2-5　引入潍坊地区线路方案示意图

村南侧设潍坊北站，出站后沿高速公路东行至潍河西岸方案比较终点。线路长度 60.3 km。

该方案车站紧邻济青高速公路，距离主城区较近，便于旅客出行。主要缺点是车站位于工业开发区内，不符合地方规划；其次，沿线拆迁较大，涉及两处高层楼房的拆迁，穿越潍坊高速服务区，并涉及沿高速公路油气管线等拆迁。潍坊市表示不同意该方案。

3. 沿北外环南设站方案

线路跨越弥河后自 CK148＋700 引出东行，跨白浪河后自折向东南跨北外环路，沿北外环路南侧东行，跨北外环北海路互通后，布置潍坊北站，出站后跨东外环路折向南，至济青高速公路折向东至方案比较终点。线路长度 61.9 km。

该方案站位位于北外环以内，有利于旅客出行。主要缺点是白浪河以东涉及的拆迁量较大，包括两个村庄及五家重大企业拆迁。潍坊市表示拆迁实施难度很大，且车站位于工区内，不利于综合开发。

4. 北外环北侧方案

线路跨越弥河后自 CK148＋700 引出东行，跨白浪河后自折向东南，沿中凯冷链物流园区南路北侧东行，于南柴埠营村东设潍坊北站，出站后至箕子埠村南折向东南，至济青高速公路折向东至方案比较终点。线路长度 62.2 km。

该方案沿既有道路穿越食品谷规划区，对食品谷的规划影响相对减轻。潍坊北站位于北外环路以北约 800 m，交通便利。涉及车站东西两侧三个村庄的拆迁。

（二）比选结果

沿济青高速公路北设站方案车站位于工业开发区内，与城市总体规划不符。沿北外环南设站方案涉及大量民房和数家重大企业拆迁，地方人民政府表示实施难度很大，不同意该方案。食品谷北设站方案车站周边地势开阔，沿线拆迁量较小；但距离主城区较远，不利于城区旅客出行，且工程投资最大。北外环北侧方案车站位于寒亭区，符合城市总体发展方向；车站周边地势较开阔，有利于综合开发；周边道路交通方便，利于旅客出行；避免了重大企业的拆迁。因此推荐北外环北侧方案。

五、潍坊至青岛段方案研究

（一）方案说明

根据区域综合交通布局，山东半岛城际路网规划、既有铁路分布、区域经济发展规划以及潍坊、青岛两市人民政府意见等，研究了经高密和经平度方案，如图 3-2-6 所示。

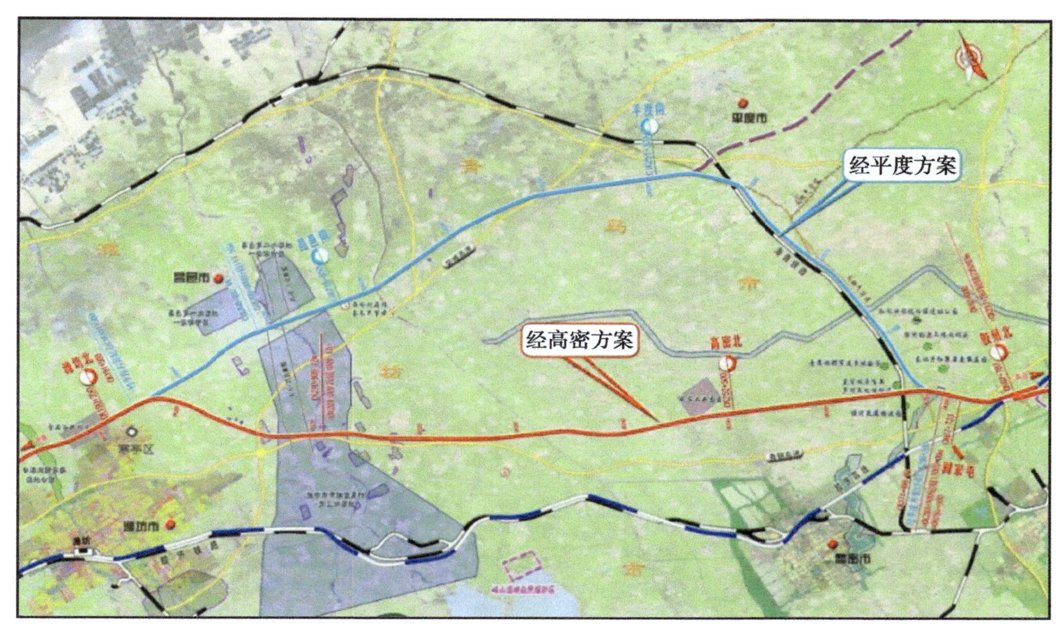

图 3-2-6　潍坊至青岛段线路方案示意图

1. 经高密方案

线路出潍坊北站后自 CK191＋500 引出折向东南，并行济青高速公路北侧穿越潍河水源地，沿高速公路东南向行进，南绕咸家工业区后于 220 省道西设高密北站，出站后继续东南向前行，于高密大栏乡南跨越海青铁路进入胶州市，至方案比较终点 CK288＋500，线路长度 81.9 km。

2. 经平度方案

线路出潍坊北站后自 CK191＋500 引出向东进入昌邑市，于昌邑和潍坊一级水源保护区范围外，跨越维河，向东跨越胶莱河进入平度市境内，跨荣潍高速公路后设平度南站，出站后跨越海青铁路折向南，并行海青铁路东侧南行至高密市大栏乡东，折向东进入胶州市，至方案比较终点 CK288＋500。线路长度 97.1 km。

（二）比选结果

经平度和经高密两大走向各有优劣，对区域综合交通布局、铁路路网构成以及区域经济发展影响很大。经高密方案线路顺直，较经平度方案线路长度短 15.5 km，工程投资少约 18.5 亿元，列车运行时分少 3 min。经平度方案可兼顾平度市旅客出行需求，扩大铁路旅客吸引范围；但线路长度长，工程投资大。该次研究从节省工程投资，缩短济南至青岛间走行时分，提高旅行品质角度考虑，推荐经高密方案。

六、胶州至红岛段速度目标值方案研究

(一)方案说明

济青高铁引入青岛北站，运行路径有两条，一是利用胶济客专经即墨至青岛北站，二是经红岛利用青连铁路至青岛北站。该次设计对胶州至红岛段的不同速度目标值方案进行了比选。比较范围为 CK260＋000～CK314＋000。胶州至红岛段速度目标值线路方案如图 3-2-7 所示。

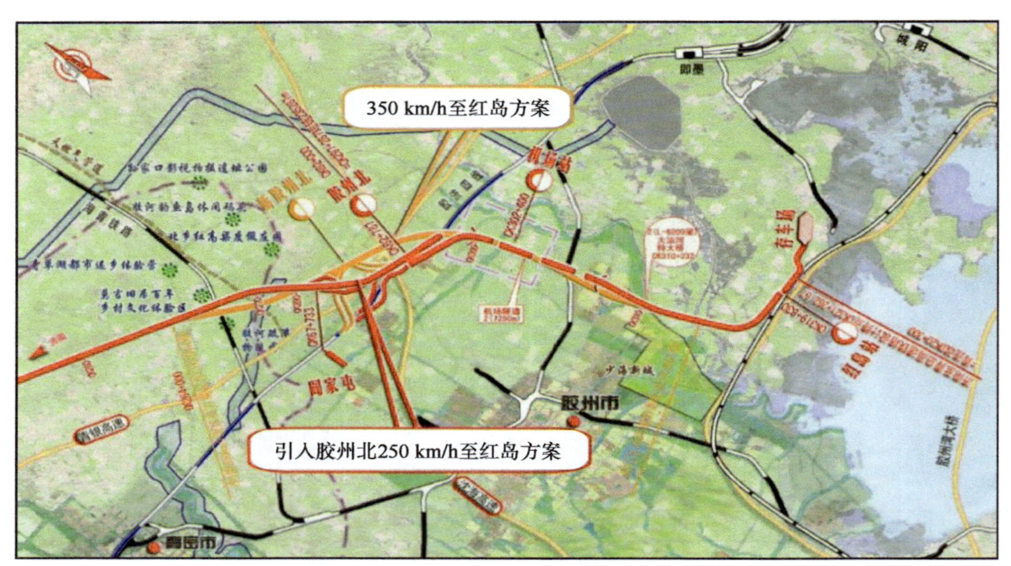

图 3-2-7 胶州至红岛段速度目标值线路方案示意图

1. 引入胶州北 250 km/h 至红岛方案

该方案由 CK260＋000 引出，跨海清铁路后线路别引入既有胶济客专胶州北站，并行既有车场北侧设济青场，出站后改建既有胶州北站东侧咽喉区，济青高铁与胶济客专贯通；胶济客专与济青高铁换边经机场站至红岛；同时在胶州北站西侧修建济青高铁与胶济客专联络线，实现济青高铁与胶济客专的互通。二者均可分别经红岛和即墨进入青岛北站。该方案线路长度 36.7 km，济青胶济、胶济济青联络线线路总长 17.6 km。胶州北至红岛运行时分为 10 min。

2. 350 km/h 至红岛方案

受既有胶州北站与青岛新机场地理位置条件限制，引入胶州北站后，经机场设站线路曲线半径最大只能达到 2 200 m，最高行车速度 200 km/h。因此，350 km/h 至红岛方案不具备同时引入胶州北站和机场条件。该方案由 CK260＋000 引出，跨海青铁路向东，于济青、沈海高速互通北侧通过，于胶州北站东折向南上跨胶济客专后，入地于规划青岛新机场设机场站，出站后南行至绕胶州湾高速公路北折向东引入红岛站，线路长度 36.6 km。为实现济青高铁与胶济客专的互通，新建济青至胶济联络线和胶济至济青联络线，接入济青高速公路西新胶州北站，联络线单线总长 20.5 km。该方案除引入红岛站前曲线限速 200 km/h，其他区段速度目标值均能达到 350 km/h。该方案运行时分较引入胶州北 250 km/h 方案，可减少 2 min。

(二)方案比选

1. 从客专交通功能实现角度分析

济青高铁近半数的客流经胶济客专、青荣城际发往烟台、威海方向。引入胶州北方案济青高铁与胶济客专贯通，正线为主流方向。通过四条联络线实现济青高铁与胶济客专的互通，运行路径灵活，联络线工程投资相对较少。

350 km/h 方案，大量烟台方向列车通过联络线道岔侧向接入济青高铁，降低了旅行的品质。

2. 从运行时分角度分析

引入胶州北方案，济青高铁经即墨至青岛北站，线路长度 48 km，运行时间 20 min。经红岛至青岛北站，线路长度 47.5 km，运行时分为 20 min。

350 km/h 方案，至青岛北运行时间 18 min，与引入胶州北站分别经红岛和即墨至青岛北站运行时间均减少 2 min。

3. 工程投资及实施难度

350 km/h 方案，受最小曲线半径限制，穿越胶东镇工业区以及部分城区，拆迁量较大，实施难度大，工程投资增加约 6.8 亿元。

（三）比选结果

综合分析可知，引入胶州北站方案符合济青高铁和胶济客专的功能定位，有利于青岛枢纽运输组织，运行时分与 350 km/h 方案差别不超过 2 min，且工程投资节省 6.8 亿元，拆迁量减少民房拆迁 3.2 万 m^2，重大企业拆迁 6 家。因此推荐引入胶州北 250 km/h 至红岛方案。

第三节　重大设计原则的确定

一、主要技术标准

（一）正　　线

1. 铁路等级：高速铁路；
2. 设计速度：350 km/h，引入枢纽地区可适当降低；
3. 正线数目：双线；
4. 正线线间距：5.0 m；
5. 最小曲线半径：7 000 m；
6. 最大坡度：一般 20‰，困难地段 30‰；
7. 到发线有效长：650 m；
8. 列车运行控制方式：自动控制；
9. 调度指挥方式：调度集中；
10. 最小行车间隔：3 min。

（二）相关联络线（表 3-2-3）

1. 济南站至济青高铁联络线：设计行车速度 160 km/h（局部地段限速 120 km/h）；
2. 济青京沪联络线：设计行车速度 160 km/h（局部地段限速 140 km/h）；
3. 石济胶济联络线：设计行车速度 80 km/h；
4. 胶州北济青胶济联络线：设计行车速度 160 km/h；
5. 胶州北胶济济青联络线：设计行车速度 160 km/h；

6. 胶州北平行进路联络线：设计行车速度 160 km/h；

7. 红岛站发车线：设计行车速度 160 km/h(局部限速)；

8. 青连济青联络线：设计行车速度 160 km/h(局部限速 120 km/h)。

表 3-2-3　联络线主要技术标准

线路名称	济南站至济青联络线	济青京沪联络线	石济胶济联络线	胶州北联络线	红岛站发车线	青连济青联络线
铁路等级	Ⅰ级	Ⅰ级	Ⅰ级	Ⅰ级	Ⅰ级	Ⅰ级
正线数目	双线	双线	双线	双线	双线	双线
限制坡度(‰)	20 (困难 30)	20 (困难 30)	20 (困难 30)	20 (困难 30)	20 (困难 30)	20 (困难 30)
到发线有效长(m)	650	650	650	650	650	650
最小曲线半径(m)	1 600 (困难 800)	1 600 (困难 1 300)	600 (困难 400)	1 600 (困难 1 400)	600 (困难 400)	1 600 (困难 700)
牵引种类	电力	电力	电力	电力	电力	电力
机车类型	动车组	动车组	动车组	动车组	动车组	动车组
闭塞方式	调度集中	调度集中	调度集中	调度集中	调度集中	调度集中

(三)动车组走行线(表 3-2-4)

表 3-2-4　动车组行走线主要技术标准

项　　目	济南东站动车所、红岛站存车场动车走行线
正线数目	单(双)
最大坡度(‰)	30
最小曲线半径(m)	800(困难 300)
牵引种类	电力
机车类型	动车组
闭塞方式	综合调度集中

二、主要设计原则

(一)线路平面设计

1. 曲线半径的选用

(1)高速铁路正线

高速铁路正线的曲线半径因地制宜、合理选用，区间最小圆曲线半径为 7 000 m，特殊困难条件下采用 5 500 m，最大曲线半径不大于 12 000 m。

位于枢纽或大型车站两端加、减速地段，经技术经济比选，按确定的设计速度方案，采用相应速度标准的曲线半径；部分列车停站的车站两端加、减速地段，根据速差条件，采用相适应的技术标准，符合舒适度要求。

①最小曲线半径

推荐曲线半径为 9 000～11 000 m，最小曲线半径为 7 000 m，困难条件下不小于 5 500 m。局部地段结合行车模拟速度合理选择曲线半径。

济南东至胶州北段最小曲线半径 3 500 m，紧邻胶州北站西端咽喉，限速 250 km/h，由于胶州北站以东设计行车速度为 250 km/h 及以下，因此该曲线对区段内旅行时分影响很小。

胶州北至红岛段紧邻胶州北站和红岛站分别采用半径为 2 600 m、2 000 m 的曲线，限速 230 km/h、200 km/h。

②最大曲线半径

最大曲线半径一般不大于 12 000 m。

③高速铁路正线曲线半径使用情况（表 3-2-5、表 3-2-6）

表 3-2-5　济南东至胶州北段平面曲线使用情况表

曲线半径 R(m)	长度(km)/处	占线路总长的百分比(%)
5 500>R	2.47/1	0.87
7 000>R≥5 500	0/0	0
9 000>R≥7 000	104.08/28	36.74
11 000>R≥9 000	13.76/8	4.86
12 000>R≥11 000	1.27/1	0.45

表 3-2-6　胶州北至红岛段平面曲线使用情况表

曲线半径 R(m)	长度(km)/处	占线路总长的百分比(%)
2 800>R	5.69/2	23.04
3 500>R≥2 800	1.11/2	4.49
5 000>R≥3 500	1.16/1	4.69
7 000>R≥5 000	5.1/3	20.63
R≥7 000	0/0	0

(2)跨线旅客列车联络线

跨线旅客列车联络线曲线半径根据设计速度目标值，结合工程情况合理选用。济南站至济青高铁上下行联络线共 10 个曲线，最小曲线半径为 1 300 m，曲线总长度为 12.875 km，占比为 79%；石济胶济联络线共 20 个曲线，最小曲线半径为 1 000 m，曲线总长度为 6.599 km，占比为 53.03%；济青京沪上下行联络线共 3 个曲线，最小曲线半径为 1 150 m，曲线总长度为 5.316 km，占比为 73.88%；济青胶济上下行联络线共 6 个曲线，最小曲线半径为 1 400 m，曲线长度为 4.361 km，占比为 48.61%；胶济济青上下行联络线共 7 个曲线，最小曲线半径为 1 400 m，曲线长度为 5.087 km，占比为 58.65%；青连济青上下行联络线共 7 个曲线，最小曲线半径为 700 m，曲线长度为 5.023 km，占比为 67.87%。

(3)动车组走行线

平面曲线半径不小于 800 m，困难条件下不小于 300 m。济南东动车走行线最小曲线半径为 400 m，红岛站动车走行线最小曲线半径为 350 m。

2. 缓和曲线线型及长度的选用标准

直线与圆曲线间采用缓和曲线连接，缓和曲线采用三次抛物线型。

(1)高速铁路正线

高速铁路正线缓和曲线长度根据曲线半径、行车速度，结合地形条件、工程情况按表 3-2-7 中数值选用，有条件时优先选用表中①栏的缓和曲线，一般在最大长度和一般长度之间选用，困难条件在一般长度和最小长度之间选用。

表 3-2-7　缓和曲线长度　　单位：m

<table>
<tr><th rowspan="2">曲线半径(m)</th><th colspan="3">设计速度 350 km/h</th><th colspan="3">设计速度 300 km/h</th><th colspan="3">设计速度 250 km/h</th></tr>
<tr><th>①</th><th>②</th><th>③</th><th>①</th><th>②</th><th>③</th><th>①</th><th>②</th><th>③</th></tr>
<tr><td>12 000</td><td>370</td><td>330</td><td>300</td><td>220</td><td>200</td><td>180</td><td>140</td><td>130</td><td>120</td></tr>
<tr><td>11 000</td><td>410</td><td>370</td><td>330</td><td>240</td><td>210</td><td>190</td><td>160</td><td>140</td><td>130</td></tr>
<tr><td>10 000</td><td>470</td><td>420</td><td>380</td><td>270</td><td>240</td><td>220</td><td>170</td><td>150</td><td>140</td></tr>
<tr><td>9 000</td><td>530</td><td>470</td><td>430</td><td>300</td><td>270</td><td>250</td><td>190</td><td>170</td><td>150</td></tr>
<tr><td>8 000</td><td>590</td><td>530</td><td>470</td><td>340</td><td>300</td><td>270</td><td>210</td><td>190</td><td>170</td></tr>
<tr><td rowspan="2">7 000</td><td>670</td><td>590</td><td>540</td><td rowspan="2">390</td><td rowspan="2">350</td><td rowspan="2">310</td><td rowspan="2">240</td><td rowspan="2">220</td><td rowspan="2">190</td></tr>
<tr><td>680 *</td><td>610 *</td><td>550 *</td></tr>
<tr><td rowspan="2">6 000</td><td>670</td><td>590</td><td>540</td><td rowspan="2">450</td><td rowspan="2">410</td><td rowspan="2">370</td><td rowspan="2">280</td><td rowspan="2">250</td><td rowspan="2">230</td></tr>
<tr><td>680 *</td><td>610 *</td><td>550 *</td></tr>
<tr><td rowspan="2">5 500</td><td>670</td><td>590</td><td>540</td><td rowspan="2">490</td><td rowspan="2">440</td><td rowspan="2">390</td><td rowspan="2">310</td><td rowspan="2">280</td><td rowspan="2">250</td></tr>
<tr><td>680 *</td><td>610 *</td><td>550 *</td></tr>
<tr><td>5 000</td><td>—</td><td>—</td><td>—</td><td>540</td><td>480</td><td>430</td><td>340</td><td>300</td><td>270</td></tr>
<tr><td rowspan="2">4 500</td><td rowspan="2">—</td><td rowspan="2">—</td><td rowspan="2">—</td><td>570</td><td>510</td><td>460</td><td rowspan="2">380</td><td rowspan="2">340</td><td rowspan="2">310</td></tr>
<tr><td>585 *</td><td>520 *</td><td>470 *</td></tr>
<tr><td rowspan="2">4 000</td><td rowspan="2">—</td><td rowspan="2">—</td><td rowspan="2">—</td><td>570</td><td>510</td><td>460</td><td rowspan="2">420</td><td rowspan="2">380</td><td rowspan="2">340</td></tr>
<tr><td>585 *</td><td>520 *</td><td>470 *</td></tr>
<tr><td>3 500</td><td>—</td><td>—</td><td>—</td><td>—</td><td>—</td><td>—</td><td>480</td><td>430</td><td>380</td></tr>
<tr><td>3 200</td><td>—</td><td>—</td><td>—</td><td>—</td><td>—</td><td>—</td><td>480</td><td>430</td><td>380</td></tr>
<tr><td rowspan="2">3 000</td><td rowspan="2">—</td><td rowspan="2">—</td><td rowspan="2">—</td><td rowspan="2">—</td><td rowspan="2">—</td><td rowspan="2">—</td><td>480</td><td>430</td><td>380</td></tr>
<tr><td>490 *</td><td>440 *</td><td>400 *</td></tr>
<tr><td rowspan="2">2 800</td><td rowspan="2">—</td><td rowspan="2">—</td><td rowspan="2">—</td><td rowspan="2"></td><td rowspan="2"></td><td rowspan="2"></td><td>480</td><td>430</td><td>380</td></tr>
<tr><td>490 *</td><td>440 *</td><td>400 *</td></tr>
</table>

注：①栏为舒适度优秀条件值，②栏为舒适度良好条件值，③栏为舒适度一般条件值；* 为曲线设计超高 175 mm 时的取值。

(2)跨线旅客列车联络线和动车组走行线

跨线旅客列车联络线和动车组走行线缓和曲线长度根据设计速度采用《高速铁路设计规范》(TB 10621—2014)中限速地段缓和曲线长度中相应的值。

3. 线 间 距

(1)高速铁路正线

济南东至胶州北段高铁正线区间及站内正线线间距均按 5.0 m 设计，胶州北至红岛段区间正线按 4.6 m 设计，站内按 5.0 m 设计，以上曲线地段线间距均不加宽。曲线地段以左线(下行线)为基准，右线设计为左线的同心圆。

(2)跨线旅客列车联络线

跨线旅客列车联络线并行地段线间距为 4 m，曲线地段线间距加宽按《城际铁路设计规范》(TB 10623—2014)执行。

4. 夹直线和圆曲线最小长度

(1)高速铁路正线

济南东至胶州北段高铁正线夹直线和圆曲线最小长度一般地段为 280 m，困难条件下不小于 210 m；胶州北至红岛段济南东至胶州北段夹直线和圆曲线最小长度一般地段为 200 m，困难条件下不小于 150 m。限速及进出站减、加速地段按一般条件 $0.8v_{max}$，困难条件 $0.6v_{max}$ 计算确定。

(2)跨线旅客列车联络线

跨线旅客列车联络线的夹直线及圆曲线设计标准按照《城际铁路设计规范》(TB 10623—2014)选用。一般条件下直线段长度 L(m)的确定按不小于 $0.6v$ 来考虑；困难条件下直线段长度 L(m)的确定按不小于 $0.4v$ 来考虑。v 为设计速度(km/h)。

(3)动车组走行线

最小圆曲线及夹直线长度不小于 50 m，困难条件下不小于 25 m。

5. 正线缓和曲线与道岔前后接缝间的直线段长度

(1)高速铁路正线

济南东至胶州北段高铁正线上道岔两端基本轨的接头以外的直线段长度一般不小于 210 m，困难条件下不小于 170 m；胶州北至红岛段一般不小于 150 m，困难条件下不小于 120 m，限速地段一般条件下直线段长度 L(m)的确定按不小于 $0.6v$ 来考虑；困难条件下直线段长度 L(m)的确定按不小于 $0.5v$ 来考虑。v 为设计速度(km/h)，并符合表 3-2-8 的规定。

表 3-2-8　正线缓和曲线与道岔间的直线段最小长度

设计行车速度(km/h)	350	300	250
直线段最小长度(m)	210(170)	180(150)	150(120)

(2)跨线旅客列车联络线

跨线旅客列车联络线道岔两端基本轨的接头以外的直线段长度参考《城际铁路设计规范》(TB 10623—2014)：正线上的道岔与缓和曲线间的直线段长度 L(m)的确定一般条件下按不小于 $0.4v$ 来考虑，v 为设计速度(km/h)；困难条件下设计速度为 160 km/h 及以下时，直线段长度 $L\geqslant25$ m。

（二）线路纵断面设计

1. 线路最大坡度

（1）高速铁路正线

最大坡度一般不大于20‰，个别地段受地形、地质条件控制经技术经济比较，不大于30‰的坡度。设计范围大于20‰坡段共3处5250 m，里程范围分别为DK49＋300～DK52＋750、DK208＋400～DK209＋300、DK293＋250～DK294＋150。

高速铁路正线纵断面坡度使用情况详见表3-2-9。

表3-2-9　纵断面设计情况统计分析表

段落	方向	$0<i\leqslant 6$	占比	$6<i\leqslant 12$	占比	$12<i\leqslant 20$	占比	$20<i$	占比	拔起高度(m)
济南东站至胶州北	上行	75 800	26.76%	18 290.06	6.46%	6 300	2.22%	4 350	1.54%	525.00
	下行	80 419.23	28.39%	17 870.83	6.31%	11 750	4.15%	900	0.32%	509.96
胶州北至红岛	上行	4 020	16.28%	1 200	4.86%	0	0	2 150	8.7%	69.55
	下行	5 448.25	22.06%	4 100	16.6%	0	0	900	3.64%	58.90

（2）跨线旅客列车联络线

济南站至济青高铁上下行联络线20‰以上坡度共计4处4.16 km，占比为25.53%，其中最大坡度为27.8‰；石济胶济联络线20‰以上坡度共计0处；济青京沪上下行联络线20‰以上坡度共计1处0.5 km，占比为6.95%，坡度为27.6‰；济青胶济上下行联络线20‰以上坡度共计3处3.225 km，占比为35.95%，其中最大坡度为28.5‰；胶济济青上下行联络线20‰以上坡度共计0处；青连济青上下行联络线20‰以上坡度共计2处2.605 km，占比为35.19%，其中最大坡度为30‰。

2. 车站站坪坡度

（1）到发线有效长度范围内的正线设在平道上，当设在坡道上时坡度不大于1‰。

（2）越行站的正线坡度不大于6‰。

（3）车站咽喉区的正线坡度与到发线有效长度范围内坡度一致，困难条件下始发站不大于2.5‰、中间站不大于6‰。

（4）到发线有效长度范围内的正线采用一个坡段。

设计范围车站站坪除高密北站位于1‰的坡道上，其他车站站坪设计为平坡。

3. 最小坡段长度

（1）高速铁路正线

最小坡段长度按下式计算确定且取为50 m的整倍数，并符合如下规定

$$l_{\mathrm{p}}=(\Delta_{i1}+\Delta_{i2})/2\times R_{\mathrm{sh}}+0.4v$$

式中　l_{p}——最小坡段长度(m)；

Δ_{i1}，Δ_{i2}——坡段两端坡度差(‰)；

v——设计速度(km/h)；

R_{sh}——竖曲线半径(m)。

①正线设计为较长的坡段：一般条件下不小于 900 m；困难条件下小于 600 m，列车全部停站的车站两端，不小于 400 m。

②一般条件的最小坡段长度不连续采用，困难条件的最小坡段长度不连续采用。

③最大设计坡度采用 15‰时，坡段长度不大于 10 km；最大设计坡度采用 20‰时，坡段长度不大于 6 km；最大设计坡度采用 25‰时，坡段长度不大于 4 km；最大设计坡度采用 30‰时；坡段长度不大于 3 km。

④利用既有铁路地段，困难条件下最小坡段长度可维持现状。

全线正线的坡段长度最大为 9 500 m，最小为 900 m。

(2)跨线旅客列车联络线

跨线旅客列车联络线的最小坡段长度根据其设计速度，按相应速度标准的设计规范或规定执行，且不小于 400 m，困难条件下不小于 200 m，且不连续采用。

(3)动车组走行线

动车组走行线最小坡段长度不小于 200 m，且竖曲线不重叠。

4. 相邻坡段最大坡度差

高铁正线、跨线旅客列车联络线及动车组走行线的相邻坡段坡度差不作限制。

5. 竖曲线的设置

(1)高速铁路正线

①高速铁路正线当相邻坡段坡度差大于或等于 1‰时采用圆曲线型竖曲线连接。最大竖曲线半径不大于 30 000 m。最小竖曲线长度不小于 25 m。

②竖曲线与缓和曲线、道岔及钢轨伸缩调节器均不重叠设置。

③竖曲线(或变坡点)起终点与平面曲线起终点间的最小距离不小于 20 m。

④竖曲线与平面圆曲线尽量不重叠设置，困难条件下，满足表 3-2-10 要求。

表 3-2-10　竖曲线与平面圆曲线重叠设置的曲线半径最小值

设计最高行车速度(km/h)		350	300	250
平面最小圆曲线半径(m)	一般条件	7 000	5 000	3 500
	困难条件	6 000	4 500	3 000
最小竖曲线半径(m)		25 000	25 000	20 000

(2)跨线旅客列车联络线

相邻坡段的坡度差大于或等于 1‰时，采用圆曲线型竖曲线连接，竖曲线半径均采用 15 000 m。竖曲线与竖曲线、缓和曲线、道岔及伸缩调节器不重叠设置。

(3)动车组走行线

相邻坡段的坡度差大于或等于 3‰时，采用圆曲线型竖曲线连接，竖曲线半径一般采用 5 000 m。竖曲线与竖曲线、缓和曲线、伸缩调节器不重叠设置。

6. 坡度折减

高速铁路正线、跨线旅客列车联络线及动车组走行线最大坡度均不考虑平面曲线阻力和隧道阻力的坡度折减。

7. 其他纵断面设计

(1)隧道内设置为单面坡道或人字坡道，地下水发育的长隧道采用人字坡，坡度不小于3‰。

(2)区间路堑地段线路纵坡不小于2‰。

(3)一般桥梁及高架线路上纵断面标准同一般线路标准。采用连续梁、钢梁及较大跨度桥梁上线路纵断面设计均满足桥梁设计技术要求。跨越通航河流的桥梁地段纵断面设计满足通航净空的要求。

第三章　大型临时设施设计

第一节　重点大型临时工程的设计依据和设置原则

济青高铁沿线大型临时设施的设计依据及设置原则主要包括：

1.《国家发改委关于新建济南至青岛高速铁路可行性研究报告的批复》(发改基础〔2015〕51 号)；

2.《中国铁路总公司、山东省人民政府关于新建济南至青岛高速铁路工程初步设计的批复》(铁总鉴函〔2015〕1 057 号)；

3.《铁路工程施工组织调查与设计办法》(铁建设〔2000〕95 号)；

4.《关于印发〈铁路工程施工组织设计规范〉(Q/CR 9004—2018)的通知》(铁总建设〔2015〕79 号)；

5.《铁路建设项目预可行性研究、可行性研究和设计文件编制办法》(铁建设〔2007〕152 号)。

第二节　交通运输

一、铁　　路

沿线既有铁路交通较为发运，主要有胶济货线、津浦线、邯济线、张东铁路、海天铁路、蓝烟线、胶新线，铁路交通运输条件便利。

二、公　　路

线路所经区域路网交错，交通运输便利，线路经过地区国道、省道四通八达，各县乡均有公路相通，村村通公路工程在各县开展，村级公路大幅增加，并且标准有所提高，已形成由高速公路、国道、省道、县际公路构成的纵横交错、多层次的公路网络，为该线材料运输提供了便利条件。

区域内东西方向主要国道、省道有 G308、G246、S102、S325、S326、G309；南北方向主要国道、省道有 S242、S244、S242、S236、S235、S227、S223、S224、S222、S221、S220、S219、S216。

该线路利用 G246、S102、G309、G308 作为工程材料运输的主要通道，线路远离公路地段通过整修既有县乡道路或新建施工便道满足施工要求。

第三节　当地建筑材料的分布情况

一、砂

沿线比较大的河流有潍河、汶河、弥河、胶莱河、胶河等，线路范围内的中粗砂资源也主要集中在这几条河附近，且储量丰富，但由于潍坊、青岛两市人民政府禁止在河道内采砂，该地建筑工程用砂多为水洗机制砂，少部分为水库内河砂，因此该线路施工用砂主要由泰安逯家庄砂场、临朐库区一号标段砂场、库区二号标段砂场、青岛铁山镇砂场供应。

二、石　　料

沿线经过低山丘陵区、平原区，岩性主要为石灰岩、玄武岩、部分地区有白云岩，储量较丰富，比较适合作为建筑材料。从地质条件上讲济青高铁附近济南市东部、章丘市南部、淄博市南部、青州市西南部、昌乐县南部、潍坊市区南部、平度市北部、青岛黄岛区西部石料储量较大，但由于近几年济南市、淄博市、潍坊市、青岛市环保要求的提高，各地方人民政府从政策上控制了石场的数量及分布，其中章丘市、淄博市、潍坊市区、平度市、胶州市、黄岛区封闭了辖区内绝大部分石场，因此沿线运距较近且正常生产运营的石场并不太多，且地理位置较为集中，沿线石场分布不均。

三、道　　砟

轨道设计标准采用无砟轨道，部分地段铺设有砟轨道，道砟目录中的有章丘市玉岩石料有限公司(特级道砟)、青岛市城阳区润泽路桥修缮公司(一级道砟)满足该线使用标准。

四、砖

沿线各市、县均有机制石灰厂、砖厂就近供应。

五、土源情况

设计区间共购土 198.2 万 m^3，设计取土场 9 个，取土运距平均约 35 km，经化验均为满足路基填料使用的 A 组及 AB 组土。除以挖作填利用土石方外，其余土石方集中运至弃土场；弃土共 380.0 万 m^3(含桥梁弃土 234.3 万 m^3)，弃土场共计 26 个，主要集中弃在坑塘、山间洼地沟中，避免占用耕地，路基弃土运距平均约 4 km。

第四节　沿线水源、电源、燃料等可利用资源情况

一、施工用水

经过地区水源较丰富，沿线经过的主要河流有白沙河、漩河、大沽河、胶河、胶莱河、潍河、汶河、白浪河、弥河、淄河、孝妇河等，地下水资源丰富且埋深较浅。对于附近河流流量较小或无地表水的工点打井取水。

二、施工用电

所经地区电网发达，电力资源充足，高压电源线分布广，沿线各县一般均有 110 kV 变电站，城市附近施工用电较易取得可靠的大容量电源。考虑到该线重点工程多，施工用电采取直接利用地方电源的方式供应。

三、施工用燃料

施工所需油燃料由地方石油公司供应。

第五节　主要大型临时设施的设置

一、制(存)梁场

制梁基地主要分制梁区、存梁区、钢筋绑扎区、混凝土搅拌区、砂石堆料区、机修区、生活区等部分。临时工程主要包括制梁台座、存梁台座、提梁轨道及基础、混凝土搅拌站、架桥机拼装场等。综合分析全线桥梁分布情况、区段梁孔数量、地形条件、供梁距离等因素,推荐设置12个制梁场,详见表3-3-1。

采用进度指标如下:架梁0～8 km,2孔/d;8～12 km,1.5孔/d;12 km以上,1孔/d。首孔2 d,末孔1 d,过路基0.5 d,过连续梁0.5 d,掉头10 d。

梁场最大规模为章丘制梁场1046孔,最小规模为胶州制梁场242孔;最大供梁范围为章丘制梁场35.7 km,最小供梁范围为胶州制梁场22.6 km,平均梁场供应范围9.1 km。

表3-3-1　制梁场设置情况一览表

序号	制梁场名称	中心里程	制梁孔数(孔)	供应范围(km)	架梁工期(月)	制梁台座(个)
1	章丘制梁场	DK18+700左侧	1 046	35.7	16.9	13
2	邹平制梁场	DK70+200右侧	823	30.7	18.4	9
3	淄博北制梁场	DK93+500右侧	817	27.8	17.7	9
4	临淄制梁场	DK124+300左侧	595	20.3	13.4	8
5	青州制梁场	DK149+100左侧	692	23.9	13.7	9
6	潍坊西制梁场	DK173+500左侧	725	24.8	14.3	9
7	潍坊东制梁场	DK194+200右侧	624	24.1	13.6	8
8	昌邑制梁场	DK227+200左侧	646	23.9	12.4	9
9	高密西制梁场	DK245+800右侧	522	17.3	12.8	8
10	高密东制梁场	DK267+100右侧	633	21.0	12.0	9
11	胶州制梁场	DK277+900左侧	242	17.5	9.1	6
12	红岛制梁场	DK298+500右侧	447	22.0	9.8	8

二、铺轨基地

济青高铁正线为无砟轨道,根据全路长轨条焊接基地的设置情况及钢轨的来源方向,由济南局桑梓店焊轨基地供应长轨条,全线具备设置铺轨基地条件的车站包括既有胶济货线平陵城站、益羊铁路寿光站、海天铁路高密南站。

1. 胶济货线平陵城站铺轨基地:平陵城站铺轨基地从既有胶济线平陵城站小里程岔区出

岔向东延伸，在既有胶济线与胶济客专之间的夹心地布置。通过平陵城上行联络线与济青高铁正线张胡村线路所（中心里程 DK18＋854）相连。

2. 益羊铁路寿光站铺轨基地：经与益羊铁路管理处沟通及现场调查得知益羊线 K18 以远西迁改线已竣工通车，寿光站站内具备设置铺轨基地条件，利用牵出线出岔，新修便线（8.463 km），引入青州市北站。根据《济南至青岛高速铁路跨越益羊铁路设计方案审查会纪要》，山东省地方铁路局原则同意在益羊铁路寿光站建设济青高铁铺轨基地，寿光站货 2 股相对固定使用，同意使用预留的车辆段场地，具体设计方案报山东省地方铁路局审查并签订相关协议。寿光站铺轨基地方案需新建 8.463 km 便线，总体工程量偏大。

3. 海天铁路高密南站铺轨基地：经现场调查，海天铁路高密南站具备接轨条件，但需改建既有的道路、防护栅栏、货场硬化面，房屋、车站改建工程量大，且本线跨越海天铁路后为桥梁，临时便线需沿正线并行 6 km 左右方可在正线路基段接入正线，中间跨越多条道路及既有河流，工程量偏大。

根据工程分布情况、工期要求和铺轨数量，结合既有线条件，考虑在益羊铁路寿光站设置铺轨基地。

三、无砟轨道构件预制场

轨道工程全线设计为跨区间无缝线路，轨道结构正线设计为板式无砟轨道道床。无砟轨道道床的施工单元与架梁施工单元尽量一致，控制工期的重点隧道按独立施工单元考虑。全线在临朐设置轨道板预制场及 11 处临时轨道板及双块式轨枕存放场。

四、汽车运输便道

重点工程的便道按勘测调查资料设置单车道引入便道，通往大临基地的便道按双车道设置，贯通便道按单车道加错车道设置。全线共新建双车道 17.5 km，新建单车道 162.16 km，改建 28.5 km，利用地方既有道路 159.4 km，运梁便道 0.3 km。

五、级配碎石集中拌和站

根据石场分布情况以及桥梁路基分布情况，20～30 km 设置 1 处拌和站，共计设置 10 处，见表 3-3-2。

表 3-3-2　级配碎石集中拌和站设置情况一览表

序号	级配碎石拌和站名称编号	位置	供应范围	
1	1 号	济南东	起点	DK2＋146
2	2 号	张胡村线路所	DK17＋421	DK38＋950
3	3 号	邹平南	DK49＋100	DK54＋854
4	4 号	淄博北	DK80＋880	DK83＋813
5	5 号	青州北	DK134＋159	DK136＋327
6	6 号	潍坊北	DK189＋600	DK192＋214

续上表

序号	级配碎石拌和站名称编号	位置	供应范围	
7	7 号	DK210+500	DK207+810	DK217+503
8	8 号	高密北	DK254+478	DK256+478
9	9 号	胶州北	JQK64+424	DK286+405
10	10 号	红岛	DK293+500	终点

六、混凝土集中搅拌站

全线共设混凝土拌和站 26 处，其中包括表 3-3-1 列出的制梁场合 12 处，另单独设置 14 处，见表 3-3-3。长大隧道在出入口分别设置一个拌和站，出入口的拌和站可以兼顾运输半径范围内其他工程的混凝土供应。

表 3-3-3　混凝土集中搅拌站设置情况一览表

序号	混凝土拌和站名称编号	位置	供应范围	
1	1 号	平陵城	平陵城联络线	
2	2 号	DK11+700	DK006+500	DK017+450
3	3 号	DK30+500	DK026+850	DK034+100
4	4 号	DK37+700	DK043+600	DK043+600
5	5 号	DK49+500	DK048+888	DK056+700
6	6 号	DK77+000	DK070+450	DK085+250
7	7 号	DK105+000	DK099+250	DK111+350
8	8 号	DK133+500	DK125+600	DK141+300
9	9 号	DK160+500	DK154+800	DK167+000
10	10 号	DK183+200	DK178+350	DK188+700
11	11 号	DK213+000	DK203+600	DK221+750
12	12 号	DK241+500	DK236+000	DK247+650
13	13 号	DK265+500	DK259+650	DK271+350
14	14 号	DK287+000	DK282+100	DK292+750

第四章　路 基 设 计

第一节　路基工程概况与特点

一、路基工程概况

(一)正　　线

济青高铁正线路基工程总长为35.998 km,占线路总长的11.7%。其中区间路基13.683 km,站场路基22.315 km。

正线路基个别设计工点共计44处。个别路基工点类形主要有路堤坡面防护、浸水路堤、地质断裂带地区路基、路堑坡面防护、挡土墙、土质地基处理等,其中路堑坡面防护主要位于邹平站及石英矿地区,浸水路基主要是海水潮水浸水、坑塘浸水和内涝浸水,低路堤主要位于缓丘地带,挡土墙主要为车站内站房范围挡墙,土质地基加固处理全线均有分布。路基工点类形见表3-4-1。

表3-4-1　正线路基工点分布表

工点类形	处数	长度(km)
路堤坡面防护及地基处理	32	27.5
浸水路堤及地基处理	2	4.7
路堑坡面防护	7	2.7
挡土墙	3	1.1
合计	44	35.99

(二)联 络 线

胶济济青联络线线路长6.33 km,路基工程总长4.17 km,占线路全长的65.8%。胶济客专改线线路长6.18 km,路基工程总长3.83 km,占线路全长的62.0%。红岛站发车线线路长度5.06 km,路基工程总长0.72 km,占线路全长的14.2%。青连济青联络线线路长度5.84 km,路基工程总长1.83 km,占线路全长的31.3%。济南东动车所、红岛站存车场、动车走行线均为路基。

个别路基工点类形主要有路堤坡面防护、浸水路堤、土质地基处理等。

二、路基工程技术特点

全线软土、松软土地基处理32 km左右,断裂带及膨胀土路基3 km左右,U形槽及挡土墙1.1 km左右,地基处理工点普遍分布,路堑段存在不良地质的情况。

1. 跨越地质活动断裂带路基:约3.0 km路基跨越地质活动断裂带,工点段落穿越沂沭断裂带中的安丘—莒县断裂，线位于 DK209＋140、DK210＋670 及 DK212＋650 穿越安丘—莒县断裂主干断裂，根据地震安全性评估报告，沂沭断裂带中安丘—莒县断裂为晚更新世晚期～全新世早期活动断裂，未来有错断地表的可能。该段落第四系覆盖厚度变化较大，跨越全新活动断裂，工程地质条件较差，断裂部位地基稳定性较差，易造成不均匀沉降。

2. 膨润土不良地质路基：局部路基穿越膨润土矿区，范围内地下水位较高，地表素填土成分以膨润土矿渣为主，其下部分全风化、强风化凝灰岩膨润土化成土状，主要矿物成分为蒙脱石、伊利石等，具强膨胀性。采用桩板结构加固膨润土矿区地层，结构计算复杂，施工工艺要求高，风险较高。

3. 软土、松软土地基路基：正线为无砟轨道路基，填方较高，沿线路基地基主要为第四系松散土层，具有较大的可压缩性，后期路基沉降变形控制风险较高，同时沿线耕地集中成片，农业灌溉主要是抽取地下水，抽取地下水易引起地下水下降，地下水位变化易引起地基土层发生沉降变形，对路基变形控制产生不利影响。

4. 站台区域高大挡土墙：受地形及站场高程控制，全线多个车站站台挡土墙高度达到 10～14 m，且地基条件较差，支挡结构设计难度大、风险高。

第二节　路基设计采用的主要技术标准

1.《高速铁路设计规范》(TB 10621—2014)；

2.《铁路路基设计规范》(TB 10001—2005)；

3.《铁路特殊路基设计规范》(TB 10035-2006)；

4.《新建时速 200～250 公里客运专线铁路设计暂行规定》(铁建设〔2005〕140 号)；

5.《铁路路基支挡结构设计规范》(TB 10025—2006)；

6.《铁路路基土工合成材料应用技术规范》(TB 10118—2006)；

7.《铁路工程抗震设计规范》(GB 50111—2006，2009 年版)；

8.《铁路混凝土结构耐久性设计规范》(TB 10005—2010)；

9.《铁路混凝土工程施工技术指南》(铁建设〔2010〕241 号)；

10.《铁路工程基桩检测技术规程》(TB 10218—2008)；

11.《铁路工程绿色通道建设指南》(铁总建设〔2013〕94 号)；

12.《高速铁路路基工程施工技术规程》(Q/CR 9602—2015)；

13.《混凝土结构设计规范》(GB 50010—2010)；

14.《铁路工程地基处理技术规程》(TB 10106—2010)；

15.《铁路边坡防护及防排水工程设计补充规定》(铁建设〔2009〕172 号)；

16.《铁路路基工程施工安全技术规程》(TB 10302—2009)；

17.《44 项铁路工程建设标准局部修订条文的通知》(铁建设〔2009〕62 号)；

18.《关于发布铁路桥涵钢筋混凝土和预应力混凝土结构设计规范等三项标准局部修订条文的通知》(铁建设〔2009〕22 号)；

19.《建筑地基基础设计规范》(GB 50007—2011)；

20. 其他与铁路路基设计有关的规范、规程、规定、文件及强制条文等。

第三节　地基处理设计

高速铁路土质地基路基均进行工后沉降分析，包括一般地基路基、松软土地基和软土地基，当计算工后沉降或稳定不能满足规范要求时，进行加固处理。

沿线广泛分布深厚松软的第四系地层，厚度一般大于 50 m，根据工后沉降控制标准，通过工后沉降估算并结合地层、地形地貌及施工条件，分别采取 CFG 桩、螺杆桩、预应力管桩、旋喷桩、水泥搅拌桩加固。CFG 桩桩径 0.5 m，桩间距 1.8～2.0 m，螺杆桩桩径 0.5 m，桩间距 2.0～2.2 m，管桩桩径 0.4 m(断裂带地区桩径 0.5 m)，桩间距 2.0～2.4 m，方形布置，具体桩长和桩间距根据沉降计算确定，原则上穿透软弱层至相对硬层。CFG 桩、螺杆桩、预应力管桩采用桩帽或桩筏结构，帽采用 C35 钢筋混凝土浇筑，桩帽尺寸为 1.5 m×1.5 m×0.4 m，桩帽顶部设置 0.5 m 厚的碎石垫层，中间夹铺一层土工格栅(抗拉强度不小于 200 kN/m)。

红岛站、红岛存车场为滨海平原，鱼塘广布，基底存在软塑～流塑状态的粉质黏土、淤泥、淤泥质土等松软土、软土，厚度一般在 5～10 m，根据工后沉降控制标准，通过工后沉降估算并结合地层、地形地貌及施工条件，分别采取预应力管桩、多(双)向水泥砂浆搅拌桩加固。

邹平站部分地段路基填方较高，基底松软土层深厚，中间夹杂一层较厚角砾土层，其下还有较厚松软土压缩层，其他桩型难以施打，综合比较后采用钻孔灌注桩进行加固，桩间距 6 m，桩顶设钢筋混凝土筏板。

桥头过渡段适当加强措施，控制路桥间差异沉降，对于路桥过渡段不均匀沉降问题，采取对路桥过渡段范围内桩长适当加长，并于桩顶设筏板结构以控制差异沉降。车站内正线及紧邻正线到发线按照正线沉降控制标准进行加固处理，以外站台区及到发线下适当减短桩长，拉大桩间距，但正线工后沉降不超出规定值。

铺设无砟轨道路基地段，均采取堆载预压措施加速工前沉降，堆载预压高度一般 3.0 m。预压期间对路基进行沉降监测，建立沉降监测系统，进行信息化施工，根据监测信息调整路堤填筑速度以及预压荷载、预压时间，使路基稳定和工后沉降满足设计要求。

第四节　路基基床设计

一、路基基床结构型式

(一)正　　线

路基基床由基床表层和基床底层组成，基床表层厚度无砟轨道为 0.4 m，有砟轨道为 0.7 m，基床底层厚度为 2.3 m。对于边坡高度小于基床厚度的路堤，其基床范围包括地基的一部分。

(二)其他线路

路基基床总厚度为 2.5 m，由基床表层和基床底层组成，表层厚度为 0.6 m，底层厚度为 1.9 m。

二、基床组成及压实标准

(一)正　　线

1. 基床表层采用级配碎石填筑,碎石粒径、级配及材料性能符合《高速铁路设计规范》(TB 10621—2014)的规定。

基床表层级配碎石及下部填土之间满足 $D_{15}<4d_{85}$ 的要求。当与下部填土不能满足此项要求时,基床表层采用颗粒级配不同的双层结构,或在基床底层表面铺设土工合成材料。当下部填土为改良土时,可不受此项规定限制。

2. 基床底层采用 A、B 组填料或改良土。

3. 路基各部位的压实标准见表 3-4-2。

表 3-4-2　路基各部位压实标准表

层位	填料	压实标准			
		地基系数 K_{30}(MPa/m)	动态变形模量 E_{vd}(MPa)	压实系数 K	7 d 饱和无侧向抗压强度(kPa)
基床表层	级配碎石	190	55	0.97	—
基床底层	化学改良土	—	—	0.95	350
	砂类土及细砾土	130	40	0.95	—
	碎石类及粗砾土	150	40	0.95	—

注:1. 压实系数 K 为重型击实标准;2. 当采用硬质岩石及不易风化的软质岩碎、块石填料时,基床底层填料的最大粒径不大于 6 cm,基床以下填料的最大粒径不大于 7.5 cm。

(二)其他线路

胶济济青联络线基床表层采用级配碎石填筑,青连济青联络线及动车走行线与济青正线或青连线共路基部分基床表层采用级配碎石填筑,其余路基本体与正线不共路基段落及其他联络线基床表层采用 A 组填料填筑。其性能符合现行《铁路路基设计规范》(TB 10001—2005)中的规定。

基床底层填料采用 A、B 组填料,胶济济青联络线基床底层填料最大粒径小于 60 mm,青连济青联络线基床底层填料的最大粒径不大于 200 mm,或摊铺厚度的 2/3。基床以下部分填料采用 A、B、C 组填料(细砂、粉砂不用作路基填料),填料的最大粒径不大于 300 mm,或摊铺厚度的 2/3。

胶济济青联络线是连接胶济客专与济青高铁两条高速客运专线的联络线,基床各部位压实标准同济青正线路基相应部位压实标准。青连济青联络线压实标准见表 3-4-3,其他联络线、动车走行线基床各部位压实标准详见表 3-4-4、表 3-4-5。

表 3-4-3　青连济青联络线路基各部位压实标准

层位	填料	填料类别 压实指标	细粒土、粉砂	砂类土(细砂、粉砂除外)	砾石类	碎石类	块石类
基床表层	A 组填料	地基系数 K_{30}(MPa/m)	—	—	≥150	≥150	—
		孔隙率 n	—	—	<28%	<28%	—

续上表

层位	填料	填料类别 压实指标	细粒土、粉砂	砂类土（细砂、粉砂除外）	砾石类	碎石类	块石类
基床底层	A、B组填料或改良土	地基系数 K_{30}(MPa/m)	—	≥100	≥120	≥130	≥150
		孔隙率 n	—	—	<31%	<31%	—
		压实系数 K	—	—	—	—	—
		相对密度 D_r	—	0.75	—	—	—

注：1. K 为重型击实标准；2. 路堤浸水部位的填料采用渗水土填料。

表 3-4-4 其他联络线基床表层的压实标准

压实指标	细粒土粉砂改良土	砂类土（粉砂除外）	砾石类	碎石类	块石类
压实系数 K	—	—	—	—	—
地基系数 K_{30}(MPa/m)	—	—	150	150	—
相对密度 D_r	—	—	—	—	—
孔隙率 n(%)	—	—	28	28	—

表 3-4-5 其他联络线基床底层的压实标准

压实指标	细粒土粉砂改良土	砂类土（粉砂除外）	砾石类	碎石类	块石类
压实系数 K	(0.93)	—	—	—	—
地基系数 K_{30}(MPa/m)	(100)	100	120	130	150
相对密度 D_r	—	0.75	—	—	—
孔隙率 n(%)	—	—	31	31	—

注：有括号的仅为改良土的压实标准。

三、路堑基床设计要求

1. 不易风化的硬质岩基床，路基面凹凸不平处，以 C30 混凝土找平。

2. 软质岩及土质路堑基床，土质、全风化～强风化软质岩、全风化硬质岩路堑基床底层范围内不含 P_s<1.5 MPa 或 σ_0<0.18 MPa 的土层，否则采用换填或加固处理。强风化硬质岩石基床表层换填级配碎石。

第五节 一般路基设计

一、路基结构型式及标准

（一）正线路基面宽度（见表 3-4-6）

表 3-4-6　无砟轨道路基面宽度

轨道型式	设计最高速度(km/h)	双线线间距(m)	路基面宽度	
			单线(m)	双线(m)
无砟轨道	350	5.0	8.6	13.6
有砟轨道	250	4.6	8.8	13.4
	350	5.0		13.8

(二)联络线直线地段路基面基本宽度

胶济济青联络线、青连济青联络线为连接胶济客专、济青高铁以及青连铁路联络线，路肩上设置接触网立柱、电缆沟槽、声屏障基础等设施，单线直线地段路基面宽度采用 8.8 m，双线直线段路基面宽度 8.8 m＋线间距。

二、曲线加宽

(一)正　　线

无砟轨道正线曲线地段路基面不加宽，轨道结构和接触网支柱等设施的设置有特殊要求时，根据具体情况分析确定；有砟轨道正线曲线地段加宽值在曲线外侧按照表 3-4-7 的规定加宽，曲线加宽值在缓和曲线内渐变完成。

表 3-4-7　曲线地段路基面加宽值

设计速度(km/h)	曲线半径 R(m)	路基外侧加宽值(m)
250	$R \geqslant 10\ 000$	0.2
	$10\ 000 > R \geqslant 7\ 000$	0.3
	$7\ 000 > R \geqslant 5\ 000$	0.4
	$5\ 000 > R \geqslant 4\ 000$	0.5
	$R < 4\ 000$	0.6
350	$R > 12\ 000$	0.3
	$12\ 000 \geqslant R > 9\ 000$	0.4
	$9\ 000 \geqslant R \geqslant 6\ 000$	0.5
	$R < 6\ 000$	0.6

(二)联 络 线

有砟轨道区间单双线地段的路基面宽度在曲线外侧按表 3-4-8 的数值进行加宽，曲线加宽值在缓和曲线内渐变完成。

表 3-4-8　曲线地段路基面加宽值

曲线半径 R(m)	路基外侧加宽值(m)
$1\ 600 \leqslant R \leqslant 2\ 000$	0.4

续上表

曲线半径 R(m)	路基外侧加宽值(m)
2 000<R<3 000	0.3
3 000≤R<10 000	0.2
R≥10 000	0.1

三、路基横断面型式

(一)正　　线

1. 无砟轨道支承层(或底座)底部范围内路基水平设置,支承层(或底座)外侧路基面两侧设置不小于4%的横向排水坡。有砟轨道路基面形状为三角形,由路基面中心向两侧设置不小于4%的横向排水坡。路基面以下基床表层与底层、底层与基床下部路堤接触面自中心向两侧设4%横向排水坡,形状为三角形。曲线加宽时,路基面仍保持三角形。如图3-4-1、图3-4-2所示。

2. 路基标准横断面图执行《高速铁路设计规范》(TB 10621—2014)中的规定。

(二)联 络 线

路基面形状为三角形,由路基面中心向两侧设4%的横向排水坡,曲线加宽时,路基面仍保持三角形形状。高速线与联络线在同一路基面时,按高速线横向排水坡向外侧延伸设计。各线根据其相应速度标准按照现行《铁路路基设计规范》(TB 10001—2005)办理。

四、路基边坡类形及坡率

路基边坡类形和坡率根据具体的路基填料、边坡高度、轨道结构、列车荷载、地基条件等综合因素确定,见表3-4-9。

表3-4-9　路基边坡坡度及类形

路基类形	边坡高度(m)	边坡坡度	附注
路堤	0～8 8～12	1∶1.5 1∶1.75	超过8 m于8 m处设2.0 m宽边坡平台
路堑	根据地层岩性情况, 一般为8～10 m一级	土质1∶1.5～1∶1.75 岩质1∶0.5～1∶1.5	级间设2.0～4.0 m宽边坡平台

五、挡 土 墙

挡土墙主要位于车站内站房范围路基段和引入枢纽线间不等高地段。

设计荷载采用值见《高速铁路设计规范》(TB 10621—2014)及《铁路路基支挡结构设计规范》(TB 10025—2006)附录A的规定,采用较大值。

γ、Φ、δ、f 的取值根据填料、挡土墙材料及地基确定。

挡土墙根据周边环境要求、填挖高度及荷载和使用需求采用扶壁式、悬臂式挡土墙等,其中高度不大于9 m的站台挡土墙采用悬臂式挡土墙,高度大于9 m采用扶壁式挡土墙。挡墙采用C35钢筋混凝土浇筑,主筋采用HRB400,箍筋采用HPB300。

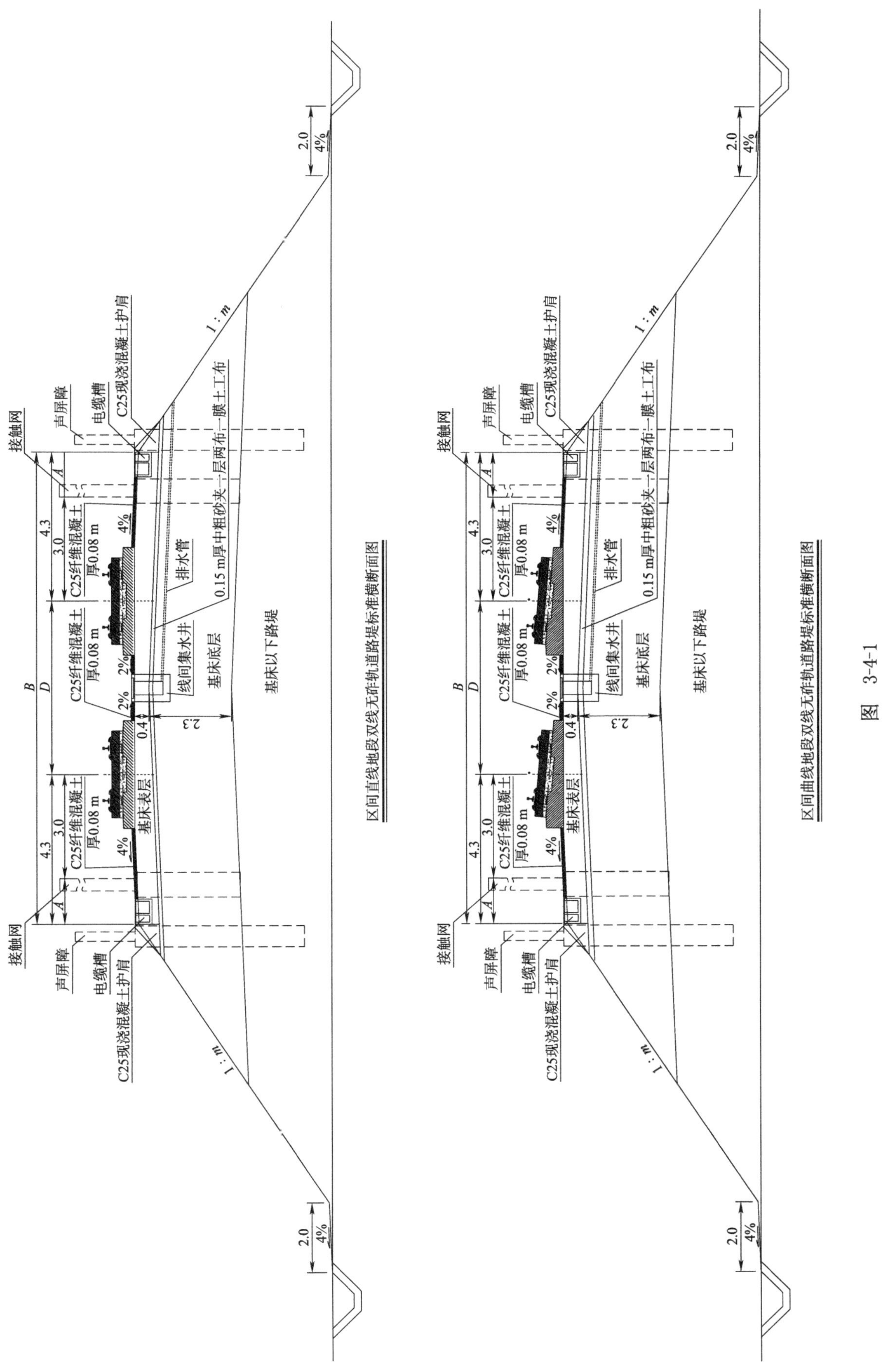

区间直线地段双线无砟轨道路堤标准横断面图

区间曲线地段双线无砟轨道路堤标准横断面图

图 3-4-1

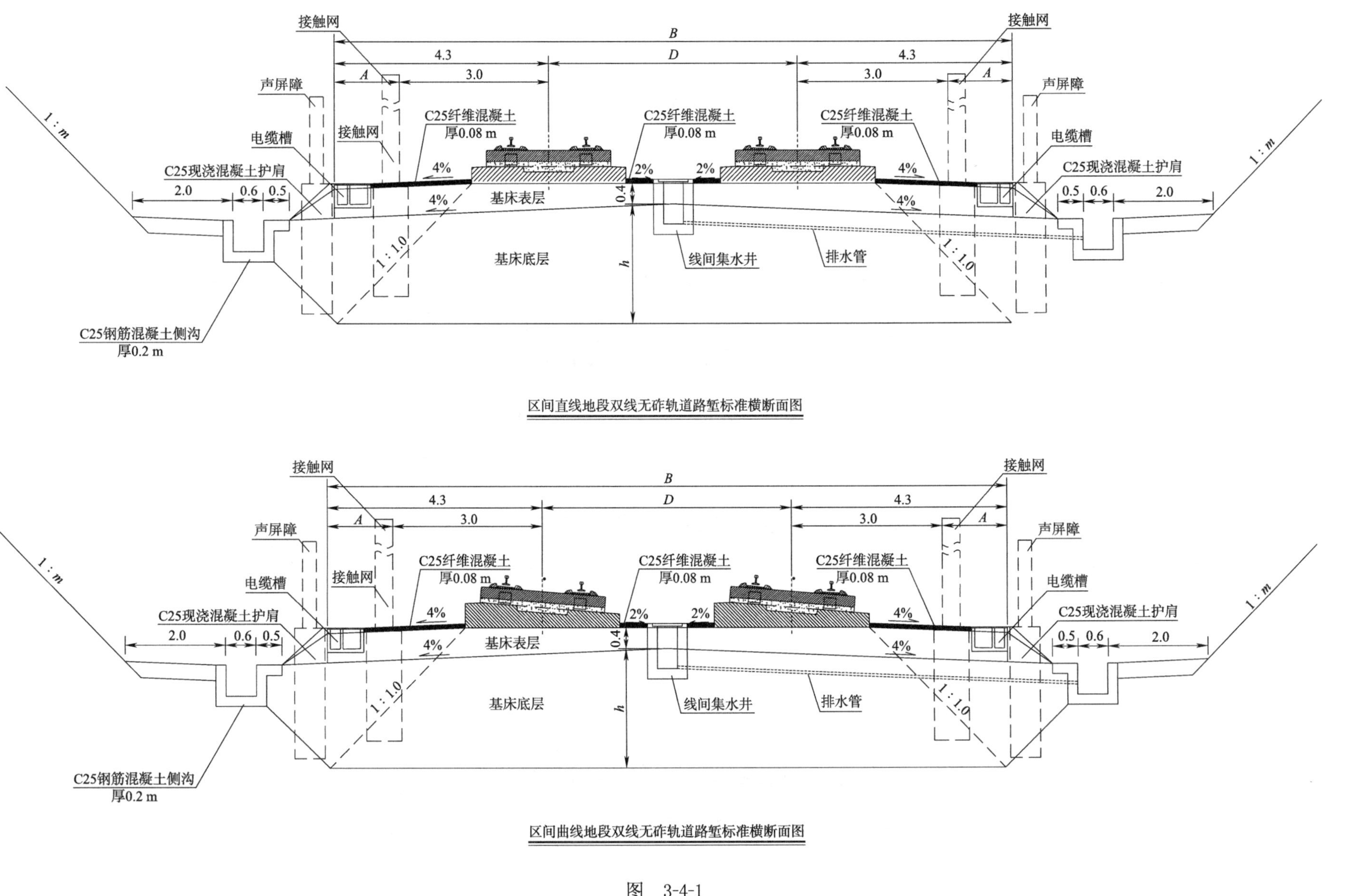

区间直线地段双线无砟轨道路堑标准横断面图

区间曲线地段双线无砟轨道路堑标准横断面图

图　3-4-1

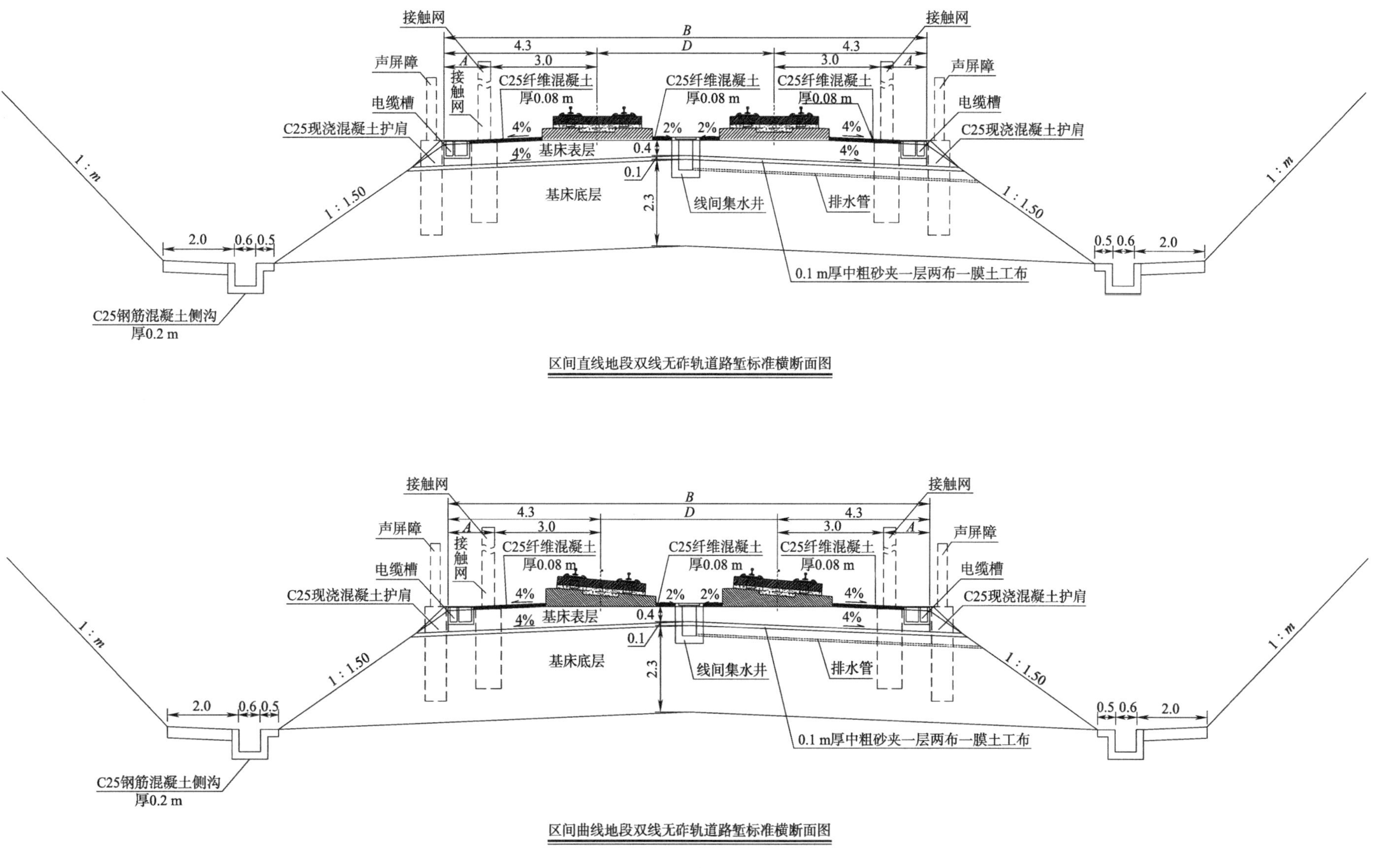

图 3-4-1 无砟轨道路基标准横断面型式(单位:m)

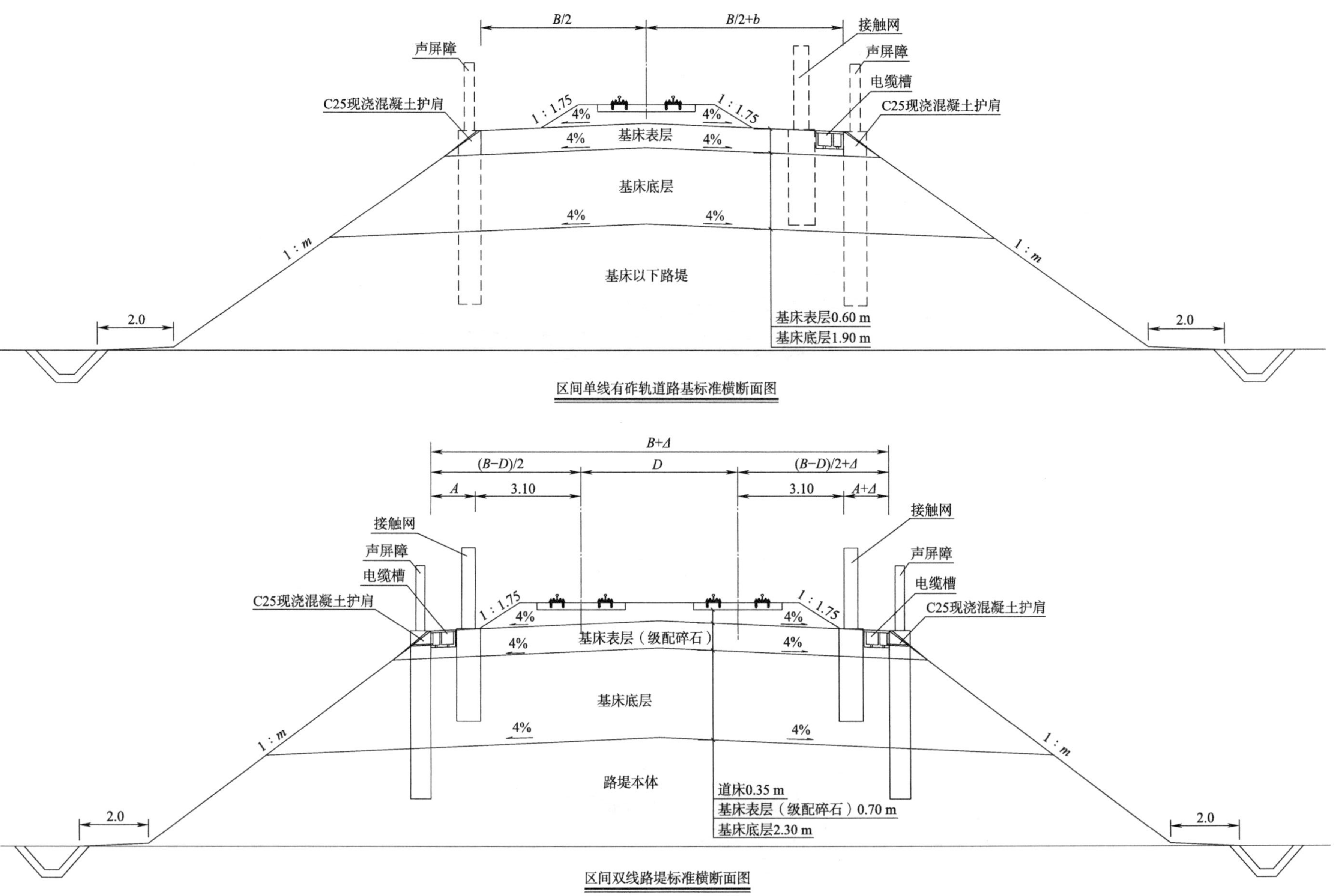

图 3-4-2　有砟轨道路基标准横断面型式(单位：m)

挡土墙设计符合《高速铁路设计规范》(TB 10621—2014)、《铁路路基支挡结构设计规范》(TB 10025—2006)、《铁路工程抗震设计规范》(GB 50111—2006,2009 年版)、《铁路混凝土结构耐久性设计规范》(TB 10005—2010)等有关要求。

位于区间运架梁通道上的挡土墙按照运梁车荷载校核。挡墙基底承载力不满足要求时,根据地质资料及挡墙承载力要求采用复合地基进行加固处理。

第六节 特殊路基设计

一、浸水路堤

(一)坑、塘浸水路堤

1. 防护高程:坑、塘岸边地面高程+0.5 m。

2. 边坡坡度:防护高程以上 1∶1.5,以下 1∶1.75,于防护高程处设 1.0～2.0 m 宽护道,护道以下填筑渗水土。

3. 填料:当坑、塘底淤泥厚度小于 2.0 m 时,设围堰抽水,挖除淤泥,防护高程以下填渗水土,以上填相应部位要求的填料。当淤泥厚度大于 2.0 m 时,按松软或软土地基设计,考虑加固地基的措施。当坑、塘规模较小时,则坑、塘全部填平。

4. 护道及护道以下坡面采用 0.3 m 厚 C25 混凝土+土工布(300 g/m^2)反滤层护坡防护,基础型式一般采用勺型基础。护坡每隔 2～3 m 设置 ϕ0.1 m 泄水孔一个。

5. 防护高程以上边坡防护参照“路堤坡面防护”。

6. 位于松软或软土地基地段的常年浸水路堤,其地基处理按松软地基工点设计,一般原则是先抽干积水,清除淤泥,填筑细粒土、渗水土或砂垫层,整平地基后进行地基处理。

(二)桥头浸水

1. 防护高程:设计水位+波浪侵袭高+壅水高+0.5 m。

2. 边坡坡度:防护高程以上 1∶1.5,以下 1∶1.75,于防护高程处设 1.0～2.0 m 宽护道。

3. 填料:防护高程以下填渗水土,以上填筑相应部位要求的填料。当两种填料粒径相差较大时,细粒土底部设 0.5 m 厚砂砾石隔离垫层。常年浸水地段当有淤泥时挖除淤泥,再填筑渗水土。

4. 护道及护道以下坡面采用 0.3 m 厚 C25 混凝土+土工布(300 g/m^2)反滤层护坡防护,基础型式根据冲刷计算确定。护坡每隔 2～3 m 设置 ϕ0.1 m 泄水孔一个。

5. 防护高程以上边坡防护参照“路堤坡面防护”。

二、低 路 堤

基床范围内的地基应无 P_s<1.5 MPa 或 σ_0<0.18 MPa 的土层。当不能满足时采取换填、地基加固处理等措施。

换填土层的压实满足相应基床部位标准,挖除土层的基底整平、碾压密实。

三、地质断裂带地区路基

济青高铁 DK208+507.74～DK213+254.4 段共有 3.137 km 路基位于安丘—莒县断裂

带内，其中，DK208＋532.11～DK213＋150 段路基为有砟轨道。路基最大填高 10.8 m，路堤最大边坡高度 12 m；最大挖深 11.7 m，路堑最大边坡高度 14.2 m。

断裂带路基工程主要设计原则如下：

1. 路基面宽度每侧加宽 1.0 m，边坡坡度放缓一级。

2. 路堤本体内进行加筋，从坡脚至基床表层以下每隔 1.2 m 通铺一层单向拉伸塑料土工格栅（抗拉强度不低于 120 kN/m）。

3. 软土、松软土地段根据沉降检算成果采用螺杆桩、管桩桩网结构（桩＋桩帽）结构进行地基加固。

4. 路基基底、排水沟及侧沟、天沟基底采用三七灰土封闭，厚 0.5 m。

5. 边坡防护同“路堤坡面防护”。

四、膨胀土路基

DK208＋572～DK209＋190 段路基位于断裂带影响范围，同时穿越膨润土矿区，该矿区为露天开采，私采乱挖严重，目前多形成露天矿坑。线路附近乱采乱掘，局部堆弃膨润土矿渣，厚度 0.7～26.0 m，凝灰岩风化基岩大多膨润土化，主要矿物成分为蒙脱石、伊利石等，具中等～强膨胀性。

膨胀土路基工程主要设计原则如下：

1. 为避免影响路基安全稳定，路基两侧弃渣挖除宽度范围为 5 m，对较高弃渣边坡采取按 6 m 分级放坡，坡率 1∶2，设置 10 m 宽平台并加固防护，路基面每侧加宽 1.0 m。

2. 路堤边坡放缓一级。

3. 路堤本体自基底至基床表层下每隔 1.2 m 通铺一层单向土工格栅（抗拉强度不低于 120 kN/m）。

4. 路基基底、排水沟及侧沟、天沟基底采用三七灰土封闭，厚 0.5 m。

5. 位于 DK208＋572.01～＋680 桥头无砟轨道及与之衔接的较厚的全强风化岩层地段，为避免地基变形影响轨道，采用钻孔灌注桩加固，正方形布置，桩径 0.8 m，桩间距 5.0 m，桩长 10～20 m，桩顶设 0.2 m 厚碎石垫层及 0.1 m 厚 C20 素混凝土垫层，垫层顶设 C35 钢筋混凝土筏板，厚 0.8 m。

五、黄土路基

从济南东站（DK0＋0）至邹平（DK55＋0）范围分布有黄土，局部具湿陷性，基本都为Ⅰ级轻微非自重湿陷性场地。

路堤坡脚内 1 m 至排水沟及排水沟底部采用三七灰土封闭，厚 0.3 m，路堑边坡平台下采用三七灰土封闭，厚 0.3 m，路堑侧沟及侧沟平台下采用三七灰土包裹，厚 0.3 m。地基部分随土质地基加固一并处理。

六、防渗 U 形封闭结构

机场隧道进出口两端路基下挖地段土层较厚，地下水位较高，采用 U 形结构封闭。该结构采用 C40 防水钢筋混凝土现场浇筑，抗渗性不低于 P10，胸坡直立，背坡 1∶0.15。该结构底板下铺设厚 0.1 m 的 C20 混凝土找平层及不小于 0.5 m 厚碎石垫层。基坑开挖两侧采用挂网喷混凝土防护，边坡坡率 1∶1.0。在主体结构达到设计强度后，U 形槽两侧基坑回填三七灰土。该结构沿路线方向设置伸缩缝，缝宽 0.03 m，间距 10～20 m，缝内填塞聚苯乙烯塑料泡沫板，并在路面及墙内侧 0.02 m 深度内用嵌缝膏封闭，嵌缝膏内侧埋设一条 PE 泡沫棒，并于伸缩缝中设置中埋式橡胶止水带，缝外侧设置一道外贴式止水带。该结构外全断面粘贴 ECB 胎基复合自粘防水板，外侧采用 100 mm 厚 C20 预制混凝土块砌筑。

第七节　填料设计

一、路堤填料及压实标准

（一）正　　线

1. 路堤基床表层、底层填料及压实标准见第四节。

2. 路堤基床以下路堤选用 A、B 组填料和 C 组碎石、砾石类填料。选用 C 组细粒土填料时，根据填料性质进行改良后填筑。路堤基床以下填料粒径小于 75 mm，路堤基床以下填料及压实标准见表 3-4-10。

表 3-4-10　路堤基床以下部位的填料及压实标准

层位	填料	压实标准			
		地基系数 K_{30}(MPa/m)	动态变形模量 E_{vd}(MPa)	压实系数 K	7 d 饱和无侧向抗压强度(kPa)
基床以下	化学改良土	—	—	0.92	250
	砂类土及细砾土	110	—	0.92	—
	碎石类及粗砾土	130	—	0.92	—

3. 短路基填料设计

(1)桥台与横向结构物间短路基

桥台尾与其相邻的横向结构物间距离不大于 60 m 时，横向结构物顶部填土高度小于等于基床厚度时，按短路基设计。桥台与横向结构物间、横向结构物顶部以上及横向结构物一侧不小于 20 m 长度范围内，基床表层填筑掺 5%（重量比）P. O42.5 级普通硅酸盐水泥的级配碎石，并满足基床表层压实标准。基床表层以下及横向结构物一侧倒梯形部分，分层填筑掺入 3%（重量比）P. O42.5 普通硅酸盐水泥的级配碎石，如图 3-4-3 所示。

(2)横向结构物与横向结构物间短路基

相邻横向结构物间距离不大于 60 m 时，横向结构物顶部填土高度小于等于基床厚度时，按短路基设计。横向结构物间、横向结构物顶部以上及横向结构物另一侧不小于 20 m 长度范围内，基床表层填筑掺 5%（重量比）P. O42.5 级普通硅酸盐水泥的级配碎石，并满足基床表层压实标准。基床表层以下及横向结构物一侧倒梯形部分，分层填筑掺入 3%（重量比）P. O42.5 普通硅酸盐水泥的级配碎石，如图 3-4-4 所示。

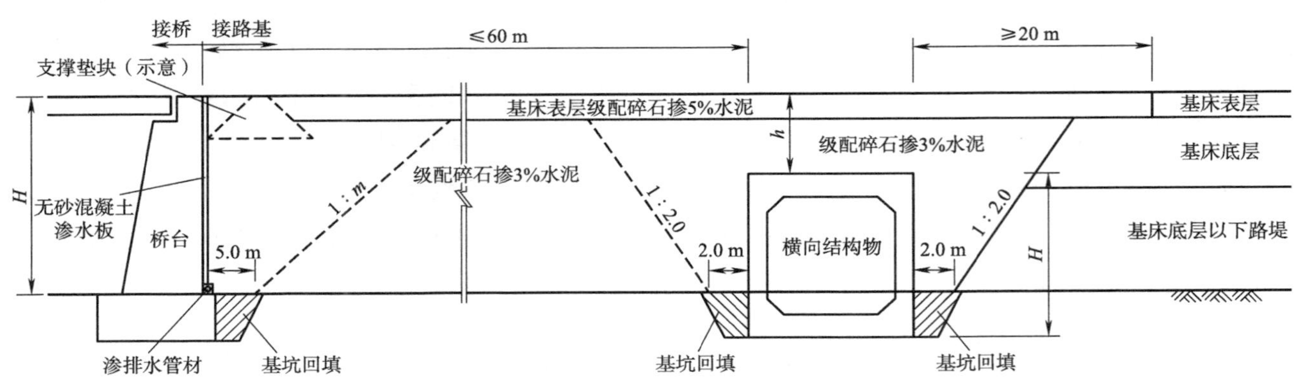

图 3-4-3　桥台与横向结构物间短路基设计图

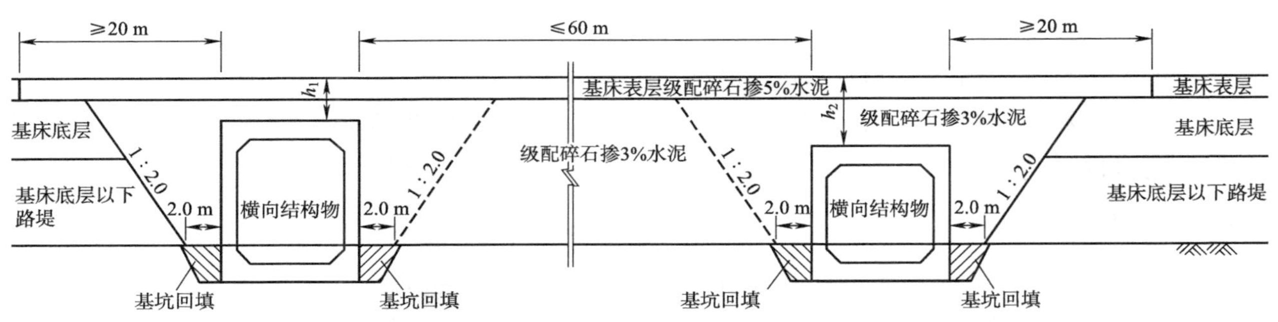

图 3-4-4　横向结构物间短路基设计图

短路基基床表层满足高速铁路路基基床表层压实标准，基床表层以下级配碎石其压实标准满足 $K \geqslant 0.95$、$E_{vd} \geqslant 50$ MPa、$K_{30} \geqslant 150$ MPa/m。

(二)联　络　线

1. 基床表层、底层填料要求及压实标准见第四节。

2. 基床以下部分填料可选用 A、B、C 组填料。胶济济青联络线基床以下路堤压实标准同正线路基相应部位压实标准。青连济青联络线压实标准见表 3-4-11；其他联络线基床以下路堤压实标准详见表 3-4-12。

表 3-4-11　济青青连联络线基床以下路堤压实标准

层位	填料	填料类别 压实指标	细粒土、粉砂	砂类土 （细砂、粉砂除外）	砾石类	碎石类	块石类
基床以下	A、B、C 组 填料或渗水土	地基系数 K_{30}(MPa/m)	≥80	≥80	≥110	≥120	≥130
		孔隙率 n			<32%	<32%	
		压实系数 K	≥0.9				
		相对密度 D_r		0.7			

注：K 为重型击实标准；路堤浸水部位的填料采用渗水土填料。

表 3-4-12　路堤基床以下部位填料的压实标准

填筑部位	压实指标	细粒土粉砂改良土	砂类土（粉砂除外）	砾石类	碎石类	块石类
不浸水部分	压实系数 K	0.90	—	—	—	—
	地基系数 K_{30}(MPa/m)	80	80	110	120	130
	相对密度 D_r	—	0.70	—	—	—
	孔隙率 n(%)	—	—	32	32	—
浸水部分及桥涵两端	压实系数 K	—	—	—	—	—
	地基系数 K_{30}(MPa/m)	—	(80)	(110)	(120)	(130)
	相对密度 D_r	—	(0.70)	—	—	—
	孔隙率 n(%)	—	—	(32)	(32)	—

注：括号内为砂类土（粉砂除外）、砾石类、碎石类、块石类中渗水土填料的压实标准。

二、填料采用原则

济青高铁主要位于平原地区，局部位于低山丘陵区，路基工程以填方为主，全线区间路基土石方总量为 $464.5\times10^4\ m^3$，其中填方 $281.9\times10^4\ m^3$，挖方 $182.6\times10^4\ m^3$。充分利用挖方弃土和隧道弃渣填料是节省工程投资、降低环境破坏的关键所在，填料设计主要遵循以下原则：

1. 对于隧道弃渣、挖方尽量考虑移挖做填，以减少弃方占地及取土对自然环境的破坏。

2. 为提高路基施工质量，采用机械化施工，集中取土，取土数量及地点按协议办理。

3. 路基土石方调配，贯彻节省用地，少占良田和有条件时改地造田的原则。当移挖作填的填料性质不符合要求时，进行进一步的加工或另选择符合规定的土源作为路基填料。

4. 土石方调配按照就近调配，尽量减少弃方的原则。填方地段除了利用弃方外并与站场专业、隧道专业调配协调一致，互补有无，隧道弃渣合理利用，避免不必要的弃方和外购土，以节省工程投资。

5. 对填方地段，分别选择满足基床表层、底层，路基下部填料要求的土源，进行调配。

第八节　过渡段设计

正线、联络线路堤与桥台、路堤与横向结构物、路堤与路堑、路堑与隧道等连接处地段由于刚度差异较大，均设置过渡段，使轨道平顺过渡。

一、路堤与桥台过渡段

1. 采用倒梯形过渡段过渡，过渡段长度不小于 20 m，如图 3-4-5 所示。

2. 过渡段范围内的基床表层填筑掺 5%水泥级配碎石。基床表层以下倒梯形部分分层填筑掺入 3%水泥的级配碎石，压实标准满足压实系数 $K\geqslant0.95$、地基系数 $K_{30}\geqslant150$ MPa/m、动态变形模量 $E_{vd}\geqslant50$ MPa，基床表层压实标准满足 $K\geqslant0.97$、$K_{30}\geqslant190$ MPa/m、$E_{vd}\geqslant55$ MPa。

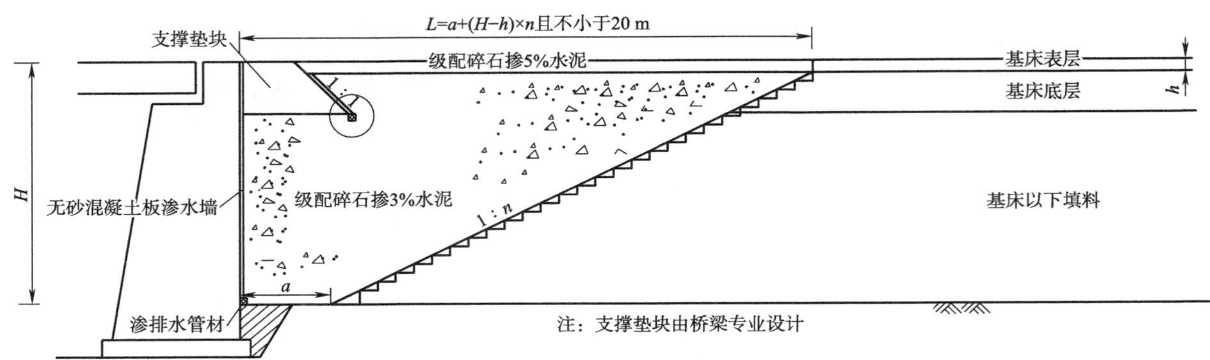

图 3-4-5　路堤与桥台倒梯形过渡设计图

二、路堤与横向结构物过渡段

1. 当横向结构物顶部距路基面的高度 $h \leqslant 1.0$ m 时，在横向结构物顶面及两侧设置倒梯形过渡段。构筑物以上及边墙外各 20 m 长度范围内基床表层填筑掺 5％水泥级配碎石，基床表层以下倒梯形部分分层填筑掺入 3％水泥的级配碎石，如图 3-4-6 所示。

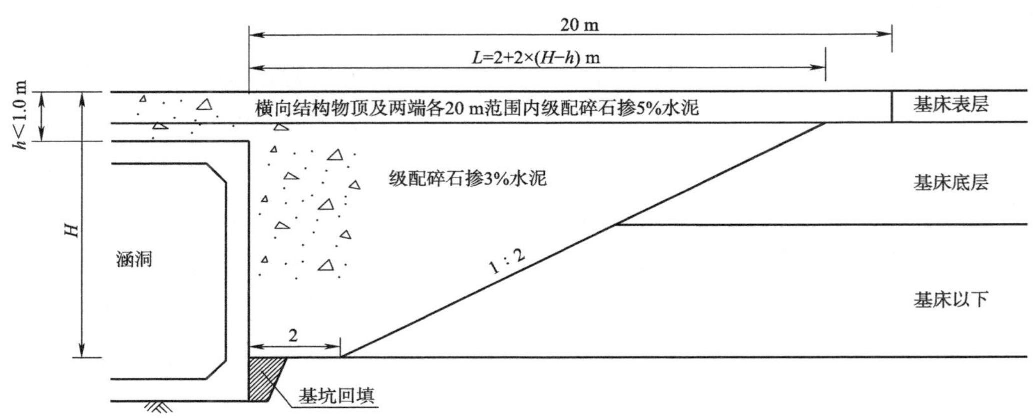

图 3-4-6　路堤与横向结构物过渡设计图(一)

2. 当横向结构物顶部距路基面的高度 $h > 1.0$ m 时，仅在结构物边墙外设置倒梯形过渡段，倒梯形范围内分层填筑掺入 3％水泥的级配碎石，如图 3-4-7 所示。

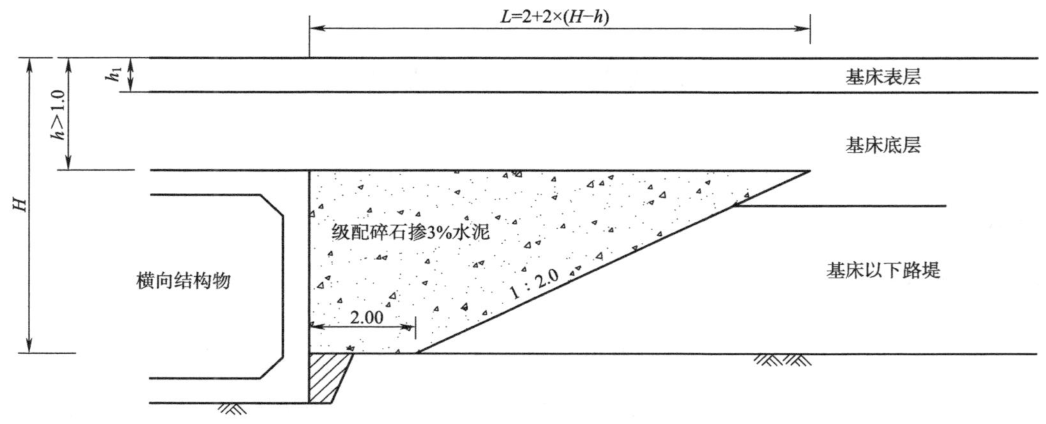

图 3-4-7　路堤与横向结构物过渡设计图(二)

3. 当结构物轴线与线路中线斜交时，首先采用级配碎石掺 3%水泥填筑斜交部分，然后再设置正交过渡段，以减小路基与横向构筑物横向刚度的差异。

4. 过渡段范围内的基床表层填筑掺 5%水泥级配碎石。基床表层以下倒梯形部分采用级掺 3%水泥配碎石填筑，倒梯形过渡段压实标准满足 $K \geqslant 0.95$、$K_{30} \geqslant 150$ MPa/m、$E_{vd} \geqslant 50$ MPa；基床表层压实标准满足 $K \geqslant 0.97$、$K_{30} \geqslant 190$ MPa/m、$E_{vd} \geqslant 55$ MPa。

三、路堤与路堑过渡段

1. 当路堤与路堑连接处为硬质岩石路堑时，在路堑一侧顺原地面纵向开挖台阶，每级台阶自原坡面的挖入深度不小于 1.0 m，台阶高度 0.6 m 左右。并在路堤一侧设置过渡段，过渡段填筑要求同路桥过渡段，如图 3-4-8 所示。

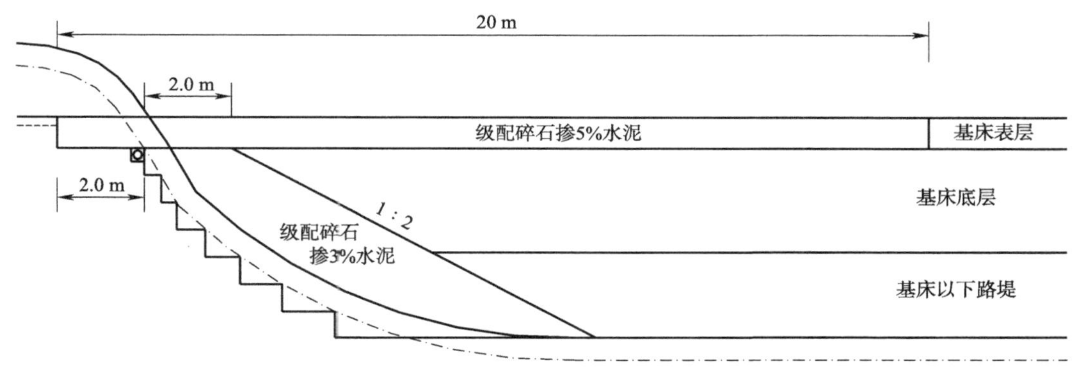

图 3-4-8　硬质岩石堤堑过渡段示意图

2. 当路堤与路堑连接处为软质岩石或土质路堑时，顺原地面纵向开挖台阶，每级台阶纵向挖入深度不小于 1.0 m，台阶高度 0.6 m 左右。如图 3-4-9 所示，其开挖部分填筑要求与路堤相应位置相同。

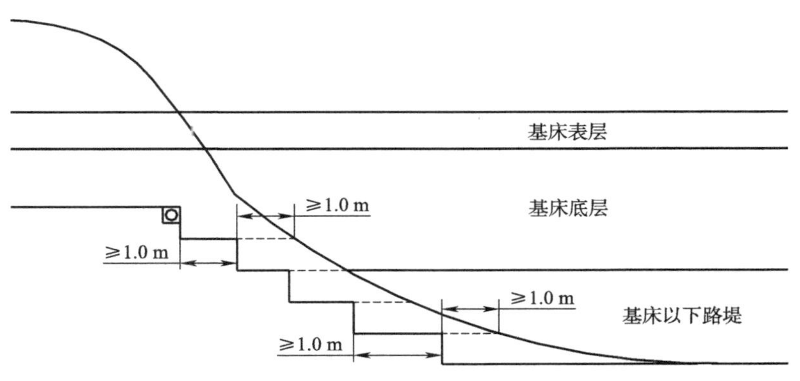

图 3-4-9　路堤与路堑过渡段设计图

四、路堑与隧道过渡段

1. 过渡段长度不小于 40 m，过渡段范围基床表层换填级配碎石掺 5%(重量比)42.5 级普通硅酸盐水泥。

2. 过渡段基床表层范围内级配碎石压实标准同基床表层。

3. 过渡段基床表层以下采用C30混凝土和掺水泥的级配碎石过渡，级配碎石掺3%(重量比)42.5级普通硅酸盐水泥，压实标准满足压实系数$K \geqslant 0.95$、动态变形模量$E_{vd} \geqslant 50$ MPa、地基系数$K_{30} \geqslant 150$ MPa/m。

4. 过渡段级配碎石的颗粒中针状、片状碎石含量不大于20%；质软、易碎的碎石含量不超过10%；黏土团及有机物含量不得超过2%，如图3-4-10所示。

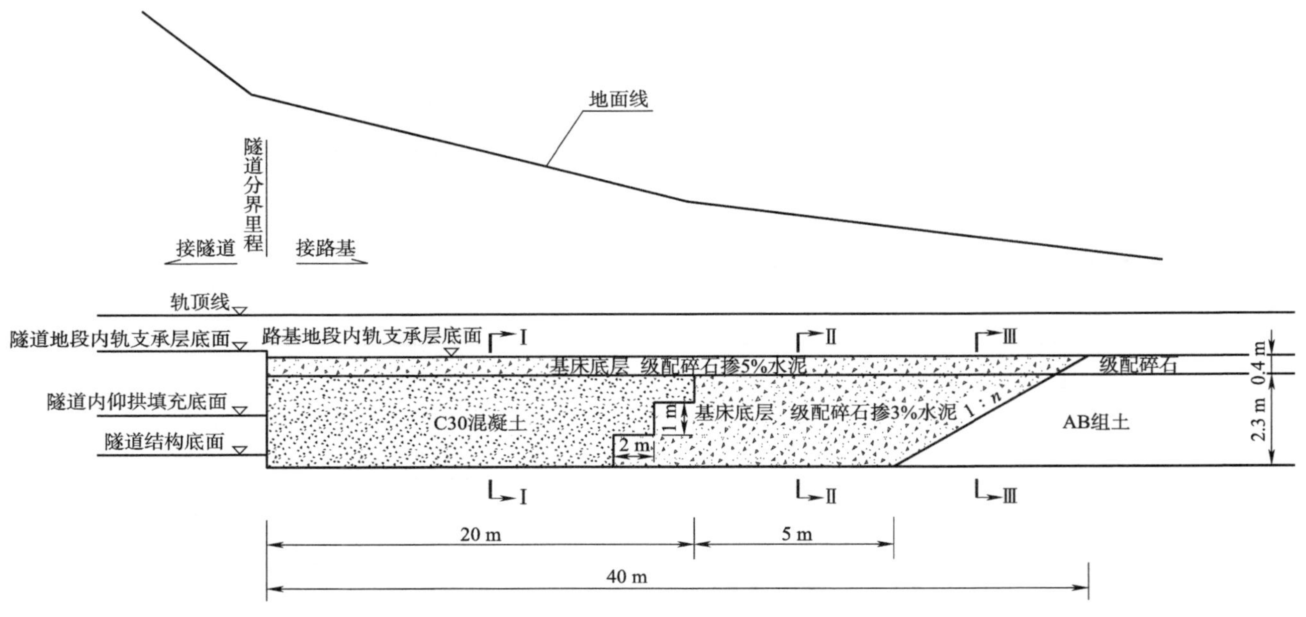

图 3-4-10　路堑与隧道连接过渡段示意图

联络线路堤与桥梁、路堤与横向结构物之间均设置过渡段，过渡段填料、压实标准按《铁路路基设计规范》(TB 10001—2005)中Ⅰ级铁路要求执行。

第九节　路基防排水设计

一、地表排水设计

(一)排水系统的设置原则

1. 铁路路基设置良好、完善的排水系统。

2. 排水设备布置合理，并与桥涵、隧道、车站等排水设备衔接配合，形成完整的排水系统。

3. 排水设备有足够过水能力，保证水流畅通，避免各行其是、互相脱节。

4. 排水工程结合具体条件，适当加强路基的横向排水设施，并及时实施，防止在施工期间因地表水及地下水的侵入而造成路基松软和坡面坍塌。

5. 排水系统的设置，与水土保持及农田水利的综合利用相结合，不利用边沟作为灌溉渠道。

6. 对于桥涵等过水建筑物的布置，切实遵循“一沟一涵”的原则，不勉强改沟或合并天然沟。

(二)地表排水设计步骤

1. 在路堤天然护道(2 m)外，设置单侧或双侧排水沟。

2. 路堑地段于路肩两侧设置侧沟。

3. 堑顶外 5 m 设置单侧或双侧天沟，个别地形困难地段距离可适当减小，但最小不得小于 2 m。

4. 地面横坡明显地段，天沟、排水沟在上方一侧设置，地面横坡不明显地段，在路基两侧设置。

5. 天沟不向路堑侧沟排水，受地形限制需排入侧沟时，设置急流槽，并根据天沟流量调整下游侧沟尺寸。

6. 侧沟内的水不得经隧道排出。

7. 地面排水设施的纵坡不小于 2‰，单面排水坡长度不大于 400 m，必要时增设横向排水设施引入自然沟渠。

8. 天沟、排水沟及引排侧沟水排水坡度陡于 1∶2.5 时，沟底设缓流设施，缓流设施采用沟底设置鹅卵石或混凝土预制块等措施，鹅卵石或混凝土预制块间距不大于 0.5 m，上下游相错布置

9. 地面排水设施平面尽量采用直线，必需转弯时，其半径不小于 5 m。

10. 挖方段与桥台衔接处的水沟与天然沟槽衔接，避免水流冲刷桥台锥体。

11. 天沟、侧沟、排水沟的出口远离线路，并尽可能引接至天然沟河，不直接使水流入农田。水沟出口处设置长 2.5 m、宽 2.5 m、深 0.5 m 的缓冲池，缓冲池位于地面以下，周边与地面平齐，以避免集中水流冲蚀地表。

12. 边坡平台截水沟引入相邻的天沟、侧沟、排水沟等排水设施。

13. 骨架护坡的排水槽与坡脚排水沟之间设置连接排水槽。

14. 天沟、排水沟一般采用梯形沟，个别做梯形沟困难的陡坡地段，可采用矩形沟，梯形沟与矩形沟间过渡段长度不小于 5.0 m，一般梯形沟断面：底宽 0.6 m，沟深 0.6 m，厚 0.2 m，内、外侧边坡坡率 1∶1，矩形沟底宽 0.6 m，沟深 0.6 m，厚 0.2 m；侧沟采用矩形沟，一般断面底宽 0.6 m，沟深 0.8 m，厚 0.2 m；特殊汇水较大地段根据汇水流量调整水沟断面尺寸。

15. 天沟、排水沟采用混凝土现浇，混凝土厚度 0.2 m，其标号根据岩土侵蚀性确定。扩大水沟地段混凝土厚度、钢筋种类及钢筋网布置间距不变。

16. 天沟、排水沟的地基稳固，不稳固时进行处理使流经区域地基长期稳定。

17. 排水设施满足 60 年使用年限，排水设施设计降雨重现期为 50 年。

二、路基面防排水设计

（一）线间防排水

无砟轨道路基面线间积水采用线间设 C35 钢筋混凝土集水井与埋入基床内的 DN160HDPE 高密度聚乙烯双壁波纹管连接排除积水，线间混凝土支承层或底座内缘间采用 8 cm 厚 C25 纤维混凝土做成向内 2% 的排水坡，并每隔 50 m 左右设置一个集水井。排水管出口位置：路堑地段接入侧沟内；路堤地段对于采用骨架护坡的地段通过调整主骨架位置将排水管出口置于主骨架中间，其他地段于边坡上设 0.2 m 深，0.5 m 宽的 C25 混凝土槽将水引至坡脚排水沟内。

（二）路基面及护肩的防排水

1. 无砟轨道支承层边缘至电缆槽边缘为向外 4% 的排水坡，表面采用厚 8 cm 的 C25 纤维

混凝土封闭。双线之间为向中心2%的排水坡,表面8 cm的C25纤维混凝土封闭。

2. 纤维混凝土封闭层与轨道板底座及与电缆槽回填混凝土接缝处设塑料薄膜隔离层,并采用硅酮浇注。C25纤维混凝土与路基面的其他预埋设备(如接触网基础)的接缝处理均采用上述方式。C25纤维混凝土沿线路长度方向每5 m设置一道伸缩缝,缝宽12 mm,缝内自上而下采用3 cm厚硅酮+5 cm厚热沥青浇注封闭。

第十节 路基防护工程设计

一、路基边坡防护设计

路堤边坡防护措施根据边坡高度、填料情况、工程环境位置确定;路堑边坡防护依据堑坡高度、边坡坡率、岩土工程性质、岩层产状、地下水发育情况等因素综合分析确定。路基防护工程以简洁、实用、环保、美观、可靠为设计理念。

(一)路堤边坡防护

路堤边坡防护根据路堤高度、填料性质等确定,一般情况采用如下防护:

1. 路堤高度小于3.0 m时,边坡采用预制混凝土空心块护坡防护,边坡种紫穗槐并撒草籽。填料为粗粒土时,路堤边坡铺设不小于0.2 m厚种植土。

2. 路堤高度大于3.0 m时,采用带截水槽的C25混凝土拱形骨架防护(主骨架间距3.0 m;支骨架间距3.0 m),骨架内铺混凝土六边形预制空心块,内种紫穗槐并撒草籽。填料为粗粒土时,路堤边坡铺设不小于0.2 m种植土。

3. 边坡高度大于3.0 m时,路堤两侧边坡水平宽度3.0 m范围内,自坡脚至基床表层下每隔0.6 m铺设一层抗拉强度为30 kN/m的双向土工格栅。

(二)路堑边坡防护

1. 边坡防护:边坡坡度1∶1.0～1∶1.5,采用C25混凝土拱形骨架(主骨架间距3.0 m,支骨架3.0 m)护坡或六边形混凝土空心块护坡防护。当路堑边坡较高时,采用多级护坡,每级高8 m,最多不超过三级,两级边坡之间设3.0 m的平台。当路堑边坡高度大于25 m时,边坡底部设置支挡结构进行收坡和加固坡脚。

2. 侧沟:路堑两侧采用C35钢筋混凝土矩形盖板侧沟,沟深0.8 m,底宽0.6 m,沟壁厚0.2 m,侧沟靠线路一侧每隔1 m设一泄水孔,泄水孔采用ϕ100 mm的PVC塑料排水管,侧沟外留2.0 m宽的侧沟平台。

3. 土石分界处设置2.0～3.0 m的边坡平台。

二、防护栅栏设计

(一)防护栅栏采用的标准图

防护栅栏采用原铁道部颁布的通用图,路基及桥梁墩高小于等于3.0 m桥下采用《铁路线路隔离栅栏图集》[通线(2012)8001,2014年局部修订版]、桥梁墩高大于3.0 m桥下采用《高速铁路桥下防护栅栏》[通线(2012)8002]。

(二)防护栅栏布置原则

铁路线路两侧设防护栅栏进行封闭,防护栅栏设于铁路地界内0.5 m处。

1. 路基及桥梁墩高小于等于 3.0 m 地段

一般采用 2.2 m 高度钢筋混凝土防护栅栏加 0.5 m 刺丝滚笼；济南东动车走行线采用 1.8 m 高度钢筋混凝土防护栅栏加 0.5 m 刺丝滚笼。

2. 桥梁墩高大于 3.0 m 地段

防护栅栏采用 1.8 m 高度钢筋混凝土立柱金属网片栅栏。

3. 涵洞地段

根据运营部门要求，涵洞八字墙墙体高度确保离地面 3.0 m，向上顺坡，有帽石的与顺坡高度一致，采用既有墙植筋，混凝土浇筑，厚度 25 cm。预埋支撑杆并加装滚龙，与路基栅栏无缝对接。

4. 公铁并行段

高速铁路与公(道)路并行间距较小且公(道)路路面高程高于铁路路肩高程，或低于铁路路肩高程 1.0 m 以内，在靠近铁路的公路(道)路侧设置护栏，其防撞等级符合有关规定。

5. 上跨公路桥

当公路跨越铁路时，在跨线桥上铁路限界范围内设置钢筋混凝土墙式护栏和防护网。护栏及防护网设计执行《关于公铁立交和公铁并行路段护栏建设与维护管理相关问题的通知》(铁运〔2012〕139 号)。引道自公路桥头、桥尾向引道延伸，两侧分别设置防撞护栏各 25 m。

(三)警示标识

防护栅栏每根立柱外侧预制内凹的“禁止入内”警示标识字样，采用黑体字体，字高 140 mm，字间距 300 mm，内部涂红色油漆。

三、绿色通道设计

绿色通道以不影响路基稳定、行车安全为前提，以不改变路基边坡坡率、不新增用地为基础，遵循“因地制宜、经济合理、景观协调、易于管护”的原则，在线路用地范围内结合工程特点和运营功能，采用乔、灌、草的绿化形式，适地适树适草地进行绿化。

(一)路堤边坡绿化

1. 路堤高度小于 3.0 m 时，采用预制混凝土空心块护坡防护，边坡种紫穗槐并撒草籽。填料为粗粒土时，路堤边坡铺设不小于 0.2 m 厚种植土。

2. 路堤高度大于 3.0 m 时，采用带截水槽的 C25 混凝土拱形骨架防护(主骨架间距 3.0 m；支骨架间距 3.0 m)，骨架内铺混凝土六边形预制空心块，内种紫穗槐并撒草籽。填料为粗粒土时，路堤边坡铺设不小于 0.2 m 种植土。

3. 挡土墙坡脚处种植爬山虎等爬藤植物。

(二)路堑边坡绿化

1. 对于边坡高度 $H<3$ m 的土质或软质岩边坡，采用 C25 混凝土正六边形空心块植草灌木防护；

2. 对于边坡高度 $H\geqslant 3$ m 的土质或软质岩边坡，采用 C25 混凝土现浇拱形骨架内(客土)植草灌木防护。

(三)路堤、路堑坡脚(堑顶)至用地界绿化

绿化设计采用内灌外乔的绿化形式。靠近线路地带栽种草、灌植物，远离线路地带栽种灌

木、乔木，形成立体复层的绿化带。栽植乔木时，其成年树高不高于旅客列车车窗下缘。

灌木穴间距 1 m×1 m，交错种植，每行每公里 1 001 穴，每穴 4 株；小乔木间距 1 m，每行每公里 1 001 穴，每穴 1 株；乔木株间距 2 m，每行每公里 501 株。

1. 路堤地段

(1)边坡高度小于 3 m 时，有排水沟地段，坡脚护道处栽植 2 排灌木，排水沟外侧栽植 2 排灌木；无排水沟地段，栽植 4 排灌木。

(2)边坡高度 3～6 m 时，有排水沟地段，坡脚护道处栽植 2 排灌木，排水沟外侧栽植 1 排灌木和 1 排小乔木；无排水沟地段，栽植 3 排灌木和 1 排小乔木。

(3)边坡高度大于 6 m 时，有排水沟地段，坡脚护道处栽植 2 排灌木，排水沟外侧栽植 2 排乔木；无排水沟地段，栽植 2 排灌木和 2 排小乔木。

2. 路堑地段

堑顶外 1 m 至天沟范围种植 2 排灌木，天沟外种植 1 排灌木，穴间距 1 m×1 m，交错种植。

3. 桥梁地段绿化(包括桥下用地界内及适宜绿化的桥台锥体边坡)

桥梁地段的绿化采用耐阴草、灌木植物。用地界边缘处栽植 1 排灌木。

第五章　桥涵设计

第一节　桥涵工程概况与特点

一、工程概况

（一）正　　线

1. 济南东站（不含）至胶州北站（不含）DK1＋800～DK277＋700，线路长度 261.74 km（不含青阳隧道先期开工段 11.98 km），桥梁 243.071 km/16 座、框构 20 座、涵洞 30 座、旅客地道 5 座。

2. 济青正线 K275＋988～K304＋254 段，桥梁 16.116 km/6 座（其中双线及左线桥梁 11.165 km，右线桥梁 4.951 km）、框构 26 座、涵洞 17 座、旅客地道 2 座。

（二）相关联络线

1. 石济铁路 K306＋996～K310＋208 段，济青高铁 K0＋000～K0＋443 段线路总长度 3.655 km。桥梁 107 m/1 座、框构 6 座、涵洞 7 座。

2. 红岛发车线 K0＋000～K4＋352 段，桥梁 2.67 m/1 座。

3. 疃村联络线，下行线（K0＋000～K3＋681）桥梁 2502.95 m/1 座、上行线（K0＋000～K2＋391）桥梁 1 504.62 m/1 座。

4. 青连线 K22＋401～K25＋096（下行）、K22＋137～K25＋490（上行），框构 3 座、涵洞 7 座。

5. 胶州北站相关工程，胶州北联络（全）下行 K0＋000～＋644、上行 K0＋000～＋457，框构 3 座。

（三）动车组行走线

1. 济南动车所相关工程

济南东动走 A（K4＋859～K7＋335），涵洞 1 座。

济南东动走 B（K3＋603～K6＋243），框构 3 座、涵洞 5 座。

2. 红岛动车走行线

K0＋000～K2＋473（红岛动走线 A）、K0＋000～K2＋257（红岛动走线 B），框构 5 座、涵洞 5 座。

二、工程特点

（一）桥梁占比高

全线正线桥梁共 22 座，折合双线总桥长 254.7 km，占正线线路长度的 82.7%，其中正线济南东（不含）至胶州北（不含）段线路长度 273.72 km，桥梁长度 243.07 km，桥梁比例 88.8%。

(二)桥梁跨越等级道路、河道众多，跨越难度大

济青高铁始于济南东站，至青岛市红岛站，线位介于黄海、渤海之间，沿线河流水系发达，主要河流有小清河、巨野河、绣江河、漯河、孝妇河、淄河、阳河、弥河、丹河、大于河、白浪河、虞河、潍河、北胶新河、五龙河、胶河、大沽河等 45 条。主要河流概述见表 3-5-1。

表 3-5-1　济青高铁正线主要河流表

序号	河流名称	交叉里程	交叉处附近地名	交角	跨越大堤孔跨样式	跨越主槽孔跨样式
1	淄河	DK116＋350	东古城村	61°49′		40 简支箱梁
2	弥河	DK151＋800	镇武庙村	110°	(48＋80＋48)m 连续箱梁主跨	(40＋64＋40)m 连续箱梁
3	白浪河	DK184＋500	北杨村	79°	(40＋56＋40)m 连续箱梁	32 m 简支箱梁
4	虞河	DK186＋750	北张氏村	55°	(48＋80＋48)m 连续箱梁	(48＋80＋48)m 连续箱梁主跨
5	潍河	DK214＋450	望庄村	67°	40 m 简支箱梁	40 m 简支箱梁
6	北胶新河	DK237＋050	东角兰村	48°	(40＋3×64＋40)m 连续箱梁	(40＋3×64＋40)m 连续箱梁主跨

沿线的公路、高速公路以及既有铁路较为发达，与济青高铁多次交叉干扰，跨越的主要交叉点有东绕城高速、济南货运大北环铁路、胶济铁路、济青高速公路、滨莱高速、205 国道、长深高速公路、潍日高速滨海连接线、荣潍高速公路、沈海高速公路、G309、G204 等 101 处。正线跨越主要道路、铁路概述见表 3-5-2。

表 3-5-2　正线跨越主要道路、铁路一览表

序号	道路等级	中心里程	道路与铁路交角	道路名称	立交要求(m)	采用孔跨
1	高速	DK4＋174.39	85°08′	东绕城高速	45×5.5	(48＋80＋48)m 连续箱梁
2	铁路	DK12＋465.11	20°29′	规划货运大北环左线	净高 7.96	4-24 m 简支梁＋框架墩
3	铁路	DK12＋477.40	19°50′	规划货运大北环右线	净高 7.96	4-24 m 简支梁＋框架墩
4	高速	DK66＋870.00	30°59′	济青高速公路	42×5.5	144 m 简支拱
5	高速	DK76＋589.31	100°14′	滨莱高速	42×5.5	(40＋64＋40)m 连续箱梁
6	国道	DK77＋311.87	96°50′	205 国道	33.5×5	(32＋48＋32)m 连续箱梁
7	国道	DK88＋495.09	23°46′	205 国道	24.5×5.5	128 m 简支拱
8	高速	DK132＋504.63	71°40′	长深高速公路	42×5.5	(48＋80＋48)m 连续箱梁
9	高速	DK171＋679.10	129°04′	在建潍日高速滨海连接线	32×5.5	(60＋100＋60)m 连续箱梁
10	国道	DK205＋703.22	113°34′	309 国道	33.5×5	(40＋56＋40)m 连续箱梁
11	高速	DK207＋264.68	68°01′	荣潍高速	28×5.5	(48＋80＋48)m 连续箱梁

在选择桥式桥跨时,既满足了公路、铁路、河流等跨越条件,同时还考虑了桥址周围的自然景观,使桥梁与沿线地形地貌和人文风貌较好融合。

(三)特殊结构多,设计难度大

全线采用简支系杆拱、连续槽形梁拱、连续槽形梁以及多种跨度的大跨度结构、特殊桥梁结构,包括 1-128 m 简支系杆拱、(66.5+142+66.5)m 连续槽形梁拱、(40+70+70+40)m 连续槽形梁、1-144 m 提篮系杆拱桥、(62+112+62)m 连续拱梁、(72+128+72)m 连续拱梁等。

1-128 m 简支系杆拱桥梁,采取措施解决了支座横向间距较大时位移不满足轨道变形要求的问题,解决拱脚等受力复杂位置处局部应力导致混凝土开裂等问题,还确定了合理的拱肋混凝土施工方法,保证施工安全。

(66.5+142+66.5)m 连续槽形梁拱的使用解决了连续梁桥、槽形梁、拱桥三者共同协作将跨径范围内的荷载传递到支座上的问题。拱式结构的特点是以受压为主、结构刚度大、材料利用率高,缺点是简单体系拱桥有很大的水平推力,对地基条件要求高且施工周期较长、施工复杂;梁式结构的优点是能够直接承担活载、并能承担较大的弯矩与轴向力;槽形梁结构具有梁高矮的特点;三者结合所形成的梁拱组合体系结构在继承三者优点的同时避免了其缺点。

(四)地质复杂,需特殊设计多

1. 松软土及软土地基

(1)软土及软弱土地区的桥涵,根据其各项物理力学指标,采用深基础(钻孔桩基础等)或进行地基处理,并进行沉降控制。

(2)桥台设计考虑台后过渡段与桥台地基工后沉降的附加影响,桥台锥体下进行地基处理,处理方式与路基一致。

(3)框构、涵洞进行地基处理,处理方式与路基一致。

2. 湿陷性黄土地区

沿线部分段落(主要分布在章丘特大桥—邹淄特大桥段落)分布第四系上更新统新黄土。根据试验结果新黄土多具湿陷性,湿陷系数 δ_s=0.015~0.063 之间,多为Ⅰ级(轻微)非自重湿陷性黄土场地。

(1)湿陷性黄土地区,基坑回填采用三七灰土封水处理。

(2)重视桥梁附属设施设计,桥头锥体铺砌均采用浆砌片石,锥体内填非渗水土;墩台处纵横向边坡按稳定边坡进行浆砌片石防护。

(3)重视排水系统设计,了解水的来路、去处,凡水流经处,均采取防护措施,保证不存水、不渗水。

(4)桥址附近出现的陷穴,采用三七灰土夯填或挖除的方法进行处理。

(5)一般采用桩基础,并考虑黄土湿陷性对基础引起的负摩阻。

3. 膨胀岩(土)

跨荣潍高速特大桥 DK198+500~DK207+710 范围内分布有强膨胀性岩土,主要有:第三系(N)黏土及粉质黏土具膨胀性。层顶埋深由 60 m 过渡到 4.5 m。最大层厚约 11 m,分布里程范围 DK198+500~DK204+350,具强膨胀性。膨润土化凝灰岩、膨润土化火山角砾岩。

层顶埋深 1～47 m。最大层厚约 55 m，分布里程范围 DK204＋170～DK207＋710，具有强膨胀性。

(1)桥梁基础避免采用浅基础。

(2)受大气影响深度范围内以及膨胀深度范围内基础侧面不考虑土的抗力和摩阻力，此外还加强排水以防止地表水下渗浸润岩土体。

(3)承台下留有空隙，其值大于土层浸水后的最大膨胀量，且不小于 100 mm，承台两侧采取防止空隙堵塞的措施。

(4)小桥涵基础适当下埋，出入口挡翼墙、锥体基础适当深埋，同时按照《铁路边坡防护及防排水工程设计补充规定》(铁建设〔2009〕172 号)延长小桥涵出入口铺砌长度。

4. 地下水沉落漏斗区

沿线鲁北平原覆盖厚层第四系松散土层，分布多个地下水水源地，由于地下水超采造成地下水水位埋深逐年加大，形成了淄博桓台、滨州博兴、东营广饶、寿光市、潍坊市、寒亭区、昌邑市及高密市等地下水降落漏斗。

(1)桥梁支座采用预留调高量 60 mm 的球型支座；

(2)桥梁基础设计采用深基础，严格控制基础沉降；

(3)线路周边严格限制采取地下水；

(4)桥梁两侧严禁堆载。

采用预留调高量 60 mm 的球型支座的范围：邹淄特大桥、潍坊特大桥、淄博特大桥、临青特大桥以及潍河特大桥。

(五)景观环境要求高

济青高铁沿线经济发达，植被茂密，景观要求高，桥梁的墩、梁外貌风格与沿途的自然景观和人文环境相协调，边坡防护符合绿色通道的要求。

梁部结构一般采用斜腹板箱梁，下部桥墩结构一般采用流线型，上下部结构线型流畅、相辅相成，具有明显的景观效果。在跨越大江、大河及城市内的重要道路时，选择景观效果明显的系杆拱、中承式拱、钢筋混凝土拱、连续刚构等多种结构型式。采用小桥台和小锥体等收桥方案，减少刷方及对自然风景的破坏，使桥梁结构融入自然，使济青高铁不仅成为一条现代化的便捷交通线路，更成为一条具有时代感的风景线。

第二节 桥涵设计采用的主要技术标准

1.《高速铁路设计规范》(TB 10621—2014)；

2.《铁路桥涵设计基本规范》(TB 10002.1—2005)；

3.《铁路桥梁钢结构设计规范》(TB 10002.2—2005)；

4.《铁路桥涵钢筋混凝土和预应力混凝土结构设计规范》(TB 10002.3—2005)；

5.《铁路桥涵混凝土和砌体结构设计规范》(TB 10002.4—2005)；

6.《铁路桥涵地基和基础设计规范》(TB 10002.5—2005)；

7.《铁路工程水文勘测设计规范》(TB 10017—1999)；

8.《铁路工程抗震设计规范》(GB 50111—2006，2009 年版)；

9.《铁路无缝线路设计规范》(TB 10015—2012);

10.《铁路工程建设标准局部修订条文汇编(第二版)》;

11.《铁路混凝土结构耐久性设计规范》(TB 10005—2010);

12.《铁路结合梁设计规定》(TBJ 24—89);

13.《铁路工程基桩检测技术规程》(TB 10218—2008);

14.《高速铁路桥涵工程施工技术规程》(Q/CR 9603—2015);

15.《内河通航标准》(GB 50139—2014);

16.《公路工程技术标准》(JTG B01—2014);

17.《公路桥涵设计通用规范》(JTG D60—2015);

18.《公路钢筋混凝土及预应力混凝土桥涵设计规范》(JTG D62—2004);

19.《公路桥涵地基与基础设计规范》(JTG D63—2007);

20.《铁路边坡防护及防排水工程设计补充规定》(铁建设〔2009〕172 号);

21.《铁路工程设计防火规范》(TB 10063—2007)及《关于发布〈铁路工程设计防火规范〉局部修订条文》(铁建设〔2012〕144 号);

22.《关于发布〈铁路桥涵设计基本规范〉等 11 项铁路工程建设标准局部修订条文的通知》(铁建设〔2010〕257 号);

23.《关于发布〈铁路桥隧守护设施设计规定〉的通知》(铁总建设〔2013〕59 号);

24.《关于进一步明确铁路工程设计线路交叉跨越有关规定的通知》(铁科技〔2012〕23 号);

25.《铁路建设项目预可行性研究、可行性研究和设计文件编制办法》(TB 10504—2007);

26.《中国铁路总公司关于发布〈铁路桥涵钢筋混凝土和预应力结构设计规范〉等 7 项标准局部修订条文和有关工作的通知》(铁总建设〔2013〕52 号);

27.《中国铁路总公司关于进一步加强客专工程桥梁地段综合贯通防盗地线工作的通知》(铁总运〔2013〕64 号);

28.《中国铁路总公司关于印发〈铁路工程设计措施优化指导意见〉的通知》(铁总建设〔2013〕103 号)。

第三节　基础工程设计

一、基础型式

根据沿线地质情况,全线基础有明挖基础、挖井基础及桩基础。

1. 明挖基础置于稳定的地层上,当地基土层为碎石、砾石、砂类土,满足承载力要求时,采用明挖基础(处于天然河道上的特大、大、中桥不采用明挖基础),当相邻墩基础下的地基土有显著不同时,考虑沉降的影响。

2. 深基础采用钻孔桩、挖井基础等。一般常用跨度桥梁采用桩径为 1.0 m 或 1.25 m 的钻孔桩,对于大跨桥梁采用 1.5 m、2.0 m 桩径的钻孔桩。

二、桩基检测

为检测桩身混凝土的均质性和完整性,全线所有钻孔桩均进行无破损检测,检测方法包括低应变反射波法和声波透射法。

对于桩长小于或等于 40 m 的灌注桩，且桩径小于 2 m 时采用低应变反射波法，桩长超过 40 m 或地质变化异常复杂地区的混凝土灌注桩桩身质量采用声波透射法进行检测。

第四节　墩台设计

1. 桥墩台一般采用混凝土或钢筋混凝土结构。

2. 同一座桥的桥墩型式尽量统一。

3. 桥墩一般采用圆端形实体墩和圆端形空心墩，跨越河流交叉角度较小(法向角大于20°)时采用单圆柱墩或根据防评意见确定。

4. 桥台一般采用一字形桥台。

5. 正线桥梁在 ZK 活载、横向摇摆力、离心力、风力和温度的作用下，墩顶横向水平位移引起的桥面处梁端水平折角不大于 1.0‰弧度。

6. 位于有砟轨道无缝线路固定区的混凝土简支梁，墩台顶部纵向水平线刚度满足表 3-5-3 的限值要求。

7. 特殊结构桥梁的下部结构，在设计过程中将下部结构刚度提供轨道专业检算轨道结构的强度和稳定性，并根据其提供的长钢轨纵向力检算桥梁设计。

表 3-5-3　墩台顶纵向水平线刚度限值

	跨度(m)	最小水平线刚度(kN/cm)	
		200 km/h 以上高速铁路正线	
		双线	单线
桥墩	16	160	100
	20	190	120
	24	270	170
	32	350	220
	40	550	340
	48	720	450
桥　台		3 000	1 500

第五节　常用跨度桥梁设计

一、桥梁式样及标准跨度选择

常用跨度桥梁梁部采用相应速度标准的简支箱梁、常用跨度连续箱梁，其他桥跨结构根据工点的具体情况视需要选定。采用的标准梁跨有：

简支梁：20 m、24 m、32 m；

常用跨度连续梁：(32＋48＋32)m、(40＋64＋40)m、(48＋80＋48)m、(60＋100＋60)m。

二、桥跨结构

正线 350 km/h 段落，桥梁梁部一般采用《通桥(2013)2322A》系列标准简支箱梁；

正线 250 km/h 段落，桥梁梁部一般采用《通桥(2009)2229》系列简支箱梁；

济南枢纽、青岛枢纽联络线 160 km/h 段落，采用《通桥(2014)2131—2133》系列简支箱梁。

第六节 大跨度桥梁及特殊结构桥梁设计

济青高铁沿线经济发达，公路网密布，全线与高等级公路交叉达 100 余次。全线桥梁梁跨除采用大量标准跨度连续梁外，还采用了 128 m 简支拱、(66.5＋142＋66.5)m 连续槽形梁拱、144 m 尼尔森提篮系杆拱桥、(40＋70＋70＋40)m 连续槽形梁等大跨度桥梁或特殊结构桥梁。

一、(66.5＋142＋66.5)m 连续槽形梁拱

青连红岛特大桥跨越改移青兰高速公路采用(66.5＋142＋66.5)m 预应力混凝土连续槽形梁与中跨钢管混凝土加劲拱组合结构(图 3-5-1)，梁全长 276.7 m，拱轴线采用二次抛物线，中跨跨度 142 m，矢高 28.4 m，矢跨比 1/5。拱肋采用哑铃形钢管混凝土截面。钢管外径 1.0 m，拱肋全高 3.0 m。两榀拱肋中心距 13.5 m，吊杆纵向间距 6.0 m，中跨共设 19 对吊杆。全桥共设 3 道一字形撑和 4 道 K 形撑。主梁梁体采用变高度槽形箱梁截面，由两个边箱(主纵梁)和中箱(行车道)组成，槽形截面内侧净宽 11.0 m。边箱顶宽 3.4 m，全截面顶宽 17.8 m，底宽 16.0 m。中支点处边箱梁高 9.0 m，边跨直线段、中跨跨中直线段边箱梁高 3.5 m，中箱梁高 2.0 m，梁顶上缘按二次抛物线变化。设计最高行车速度 200 km/h，线间距 4.4～4.563 m，采用有砟轨道。梁部采用原位支架浇筑和满布支架施工。

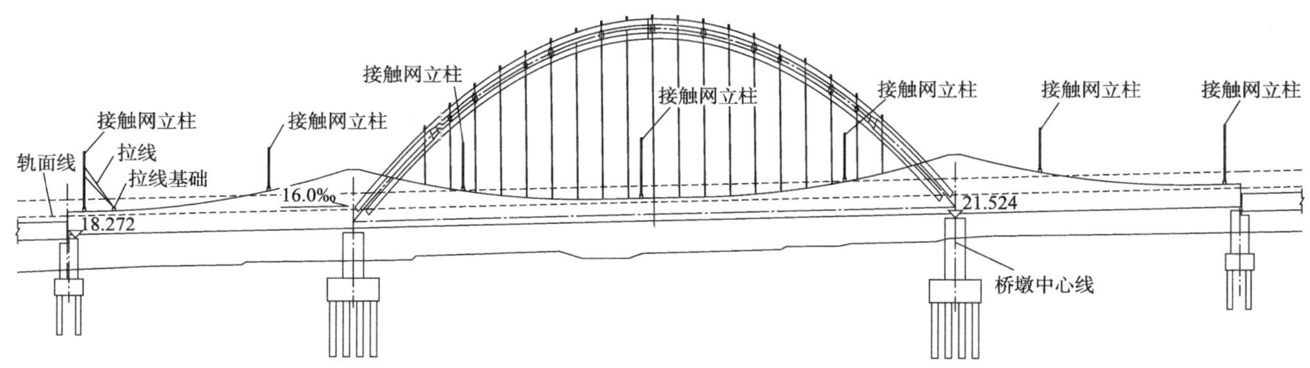

图 3-5-1 (66.5＋142＋66.5)m 连续槽形梁拱布置图

二、144 m 尼尔森提篮系杆拱桥

邹淄特大桥跨越济青高速公路采用 144 m 尼尔森提篮系杆拱桥。该桥全长 148 m，矢跨比为 1∶5，拱肋立面投影矢高 28.52 m，拱肋采用二次抛物线，再横桥向内倾 8°，拱肋横断面采

用哑铃型钢管混凝土等截面，截面高度 4.0 m，钢管直径 1.3 m。拱肋之间设 1 道一字撑和 6 道 K 字撑，吊杆布置采用尼尔森体系，吊杆间距 8 m，全桥共设 32 对吊杆。系梁全长 148 m，梁端采用实心矩形界面，宽 19.3 m，高 3.0 m。普通段宽采用单箱三室截面，宽 18.5 m，高 3.0 m。梁端实心段各长 8 m，顶底宽均为 19.3 m。中间段长 127 m，顶底宽均为 18.5 m。设计最高行车速度 350 km/h，线间距 5.0 m，采用 CRTSⅢ型板式无砟轨道。该桥采用先梁后拱的施工方法，梁部采用满布支架施工。

三、(40＋70＋70＋40)m 连续槽形梁

济青高铁跨越青岛新机场高速公路，存在净宽要求大且斜交、纵断面受限等客观因素，为解决跨越问题，采用(40＋70＋70＋40)m 槽形连续梁分幅跨越机场高速公路。针对该结构，开展了桥面布置、结构型式及尺寸拟定、纵横向静力分析、抗震性能分析、车桥耦合分析等方面的研究。创新性地将检修通道放在边箱顶板上，全新的桥面布置方式不仅大大减小了主梁、主墩的横向尺寸，同时人行道对边箱顶板起到隔热作用，降低了非线性温差对结构受力的影响；经车-轨-桥系统随机动力分析确保了红岛特大桥行车安全性和平稳性。(40＋70＋70＋40)m 连续槽形梁，解决了复杂环境跨越条件下净高受限、多箱室槽形截面横向温度效应大、腹板受力不均等难题，是国内高速铁路同类桥梁跨度之最。

第七节　桥面系工程设计

一、支　　座

1. 正线无砟简支箱梁采用球形钢支座(TJQZ-8360)，连续梁采用大吨位球型钢支座，支座承载力 45 000 kN 及以内采用 TJQZ-通桥 8361、支座承载力 45 000 kN＜竖向承载力≤100 000 kN 采用通桥(2009)8361-LXQZ。

位于区域沉降区域的桥梁，简支梁采用“济青桥通(速度 350 km/h)-Ⅳ-01”铁路简支梁桥球型支座(预留调高量 60 mm)；连续梁采用“济青桥通(速度 350 km/h)-Ⅳ-02”铁路连续梁桥球型支座(预留调高量 60 mm)。

2. 联络线及相关工程，简支梁部分采用球形钢支座，连续梁采用大吨位球型钢支座。

二、护　　轨

200 km/h 及以下的 T 梁桥，按铁建设〔2010〕257 号文设置护轮轨，箱梁桥不设置护轨。

三、紧急疏散通道

为便于应急意外及养护维修的需要，当桥长超过 3 km 时，每隔 3 km(单侧 6 km)设置一处，并相应设置指示引导装置。

四、桥上栏杆

当桥上不设置声屏障时，设置栏杆。

五、检修设施

1. 墩全高 4 m 以上的高桥和水中桥墩、台上设置吊篮。统一配备桥下活动检查车的桥梁(河中常水位范围内)墩台不设吊篮。

2. 当桥涵处路堤高度超过 3.0 m 时，在路堤边坡上设置检查台阶。

第八节　涵洞工程设计

1. 立交涵洞的孔径根据与地方相关部门的谈话纪要及上序专业提供的净空要求确定。路边有排水沟时适当加大孔径，设置洞内流水槽。

2. 排洪涵洞设计为无压涵洞，根据流量、孔径、涵前积水深进行检查，不满足要求则扩大孔径。

3. 灌溉涵洞的孔径根据与地方相关部门的协议及谈话纪要确定。

4. 涵洞型式：正线优先采用框架涵；对于个别保护涵，为满足施工要求，采用桩板结构；其他段涵洞优先采用框架涵、盖板涵、圆涵等。

5. 涵洞一般采用单孔框架箱涵，个别情况下采用双孔或多孔涵洞。

6. 站内给排水保护涵等，一般采用框架箱涵，不与排洪和立交涵兼用，有特殊要求的采用桩盖板等结构。

7. 单孔涵洞孔径为 2～6 m，双孔涵洞孔径为 3～6 m。

第九节　沉降变形设计

1. 各类基岩、碎石、块石类土、砂类土地基一般不作沉降计算，其余土地基进行沉降检算。

2. 桥墩台基础的沉降按恒载计算，对于外静定结构，有砟轨道桥梁墩台基础工后沉降不大于 30 mm，相邻墩台沉降差不大于 15 mm；无砟轨道桥梁墩台基础工后沉降不大于 20 mm，相邻墩之间沉降差不大于 5 mm。对于超静定结构，相邻墩台沉降差还根据沉降对结构产生的附加应力的影响而定。

3. 济青高铁设计速度不低于 250 km/h 段落桥梁均设置沉降观测标，设置原则如下：

(1)岩石地区隔墩设置，岩溶及其他地区逐墩设置。

(2)预制梁每 30 孔选择 1 孔设置观测标，其余现浇梁逐孔设置观测标，每孔梁设置观测标 6 个。对于连续梁，三孔一联设置 18～28 个观测标，四孔一联设置 32 个观测标。

(3)每个桥台不少于 4 个观测标，每个桥墩 1 个，墩高大于 14 m 则增加 1 个，每个承台 2 个。

(4)涵洞、框构、旅客地道，每孔设置 8 个观测标。

第六章　隧道设计

第一节　隧道工程概况与特点

一、隧道工程概况

济青高铁正线工程共有隧道2座，总长17.4 km(含1.85 km地下站)，占线路总长的5.6%。济青高铁大于10 km的特长隧道1座，为青阳号隧道，长10.1 km。另外一座隧道为胶州机场隧道，长7.3 km，其中含1.85 km的机场地下站，济青高铁隧道均为双线隧道。

二、隧道工程特点

(一)地层条件复杂

青阳隧道位于长白山低山丘陵区，为山地和平原过渡地带，地势总体南高北低，地形起伏较大。地层岩性主要为第四系新黄土、粗角砾土、玄武岩、安山岩、凝灰岩、火山角砾岩、凝灰岩等，安山岩与辉长岩侵入岩墙呈不整合接触。共穿越2条断裂和12条断层。

胶州机场隧道位于胶莱平原区，微地貌为剥蚀平原向冲海积平原过渡区，地表大部已辟为耕地。隧址区地形平缓，略呈波状起伏，地面高程在5.108～14.455 m间，相对高差约9.3 m，总体地势北东低、南西高。隧道区地层主要为第四系全新统人工堆积层杂填土、填筑土，冲沼积层粉质黏土，下伏白垩系上统王氏群泥岩、泥质砂岩、砂岩，其中泥岩、泥质砂岩具有膨胀性。

(二)工程接口多，外部建设环境复杂

胶州机场隧道大部分区域处于胶东国际机场下方，部分工程与机场存在工程接口，铁路地下站与地铁车站共基坑亦存在部分接口，隧道设计与多个专业均有设计接口，包括路基、轨道、电力、通信、信号、接触网、消防等专业。与胶州机场隧道同步实施的工程有机场航站楼一期工程、地铁8号线、配套市政工程、龙发热电输煤栈桥、地下综合管廊、市域等级公路等。建设环境复杂，对建设管理带来挑战。

第二节　设计原则与采用的主要技术标准

一、设计原则和标准

1. 隧道结构设计以“以人为本、结构为功能服务”为原则，满足铁路路网及城市规划、行车运营、环境保护、抗震、防护、防水、防火、防腐蚀及施工等对结构的要求，同时做到结构安全、技术先进、经济合理。

2. 胶州机场隧道结构设计考虑近期规划并同步实施的机场航站楼一期工程、地铁8号线及配套的市政工程等，进行一体化设计，协调组织减少施工中的相互干扰，并且考虑远期规划的机场航站楼二期工程、地铁12号线及其他城市规划的预留工程，避免后期工程引起周围环境改变产生对区间隧道结构的影响。

3. 隧道结构不可更换的结构设计使用年限为100年。

4. 结构的安全等级为一级。

5. 洞口位置的确定在与有关专业技术衔接后，有条件时尽量接长明洞。

6. 结构最大裂缝宽度混凝土结构内、外侧均不大于0.2 mm。

7. 结构设计按最不利情况进行抗浮验算。抗浮安全系数考虑侧壁摩阻力时不小于1.15，不考虑侧壁摩阻力时不小于1.05。

8. 隧道结构防水等级为一级。防水设计遵循"以防为主、刚柔结合、多道防线、因地制宜、综合治理"以及"防水与结构设计并重和统一考虑"的原则。

9. 隧道主体结构的抗震设防分类为C类，地震作用按6度抗震设防烈度的要求设计，设计基本地震加速度值为0.05g。

10. 隧道结构的耐火等级为一级。

11. 隧道洞口处结合路堑段设置的雨棚、排水泵站等设施，综合考虑防洪设防水位、地形和线路条件、运营要求等因素进行防洪设计。

12. 根据隧道所处的具体二程位置，确定明挖基坑变形控制保护等级，并根据各项保护等级的具体指标进行强度、稳定和变形的验算，提出与其相应的地基加固、施工参数、施工监测等具体要求，以确保邻近建(构)筑物和地下管线等的正常使用和安全。

13. 隧道防灾救援贯彻"以防为主，防消结合，方便自救，安全疏散"的原则，健全防灾救援系统，预防灾害发生，减轻发生灾害所产生的影响。

二、采用的主要技术规范

1.《铁路隧道设计规范》(TB 10003—2005)；

2.《高速铁路设计规范》(TB 10621—2014)；

3.《地下工程防水技术规范》(GB 50108—2008)；

4.《铁路混凝土结构耐久性设计规范》(TB 10005—2010)；

5.《混凝土结构耐久性设计规范》(GB/T 50467—2008)。

当上述规范中不涉及的内容或没有规定时，参用其他行业标准或推荐性标准的相关规定。采用的规范体系配套使用，不同设计理论规范的衔接条件相互匹配。

第三节　长大、重难点隧道设计(胶州机场隧道)

一、建筑限界及轨面以上净空横断面面积(图3-6-1、图3-6-2)

胶州机场隧道设计行车速度250 km/h，建筑限界采用《高速铁路设计规范》(TB 10621—2014)中高速铁路建筑限界，线路线间距为4.53～4.6 m，隧道结构按线间距4.6 m进行设计，下锚段隧道断面轨面以上有效净空面积为 109.76 m^2，非锚段的一般段落轨面以上有效净空面积为 92.1 m^2。

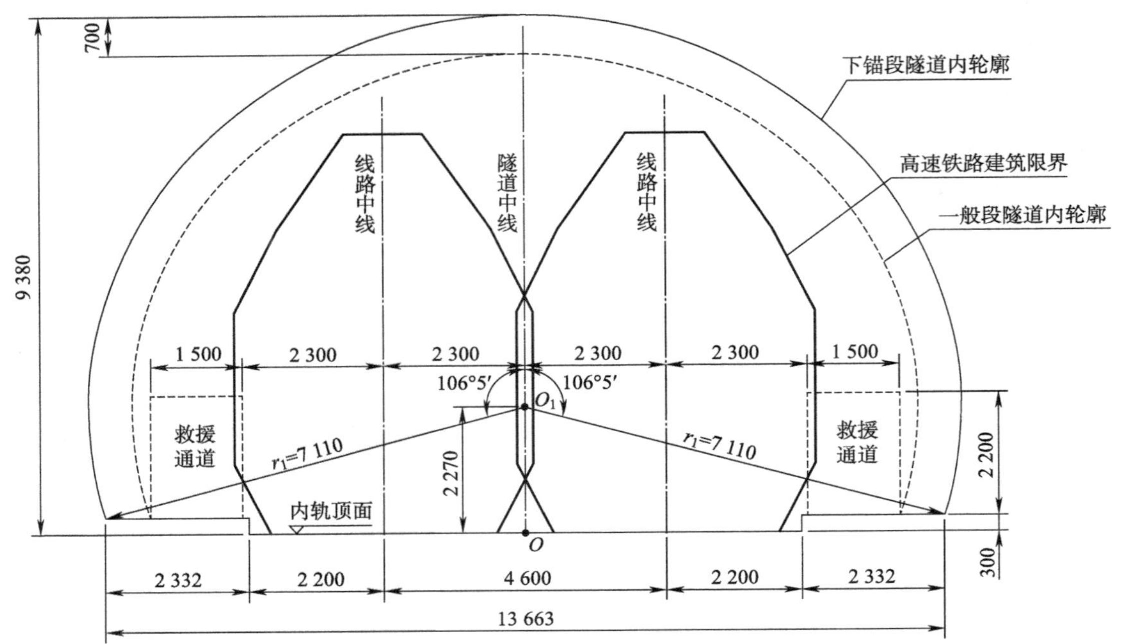

图 3-6-1　胶州机场隧道下锚段衬砌内轮廓图(单位:cm)

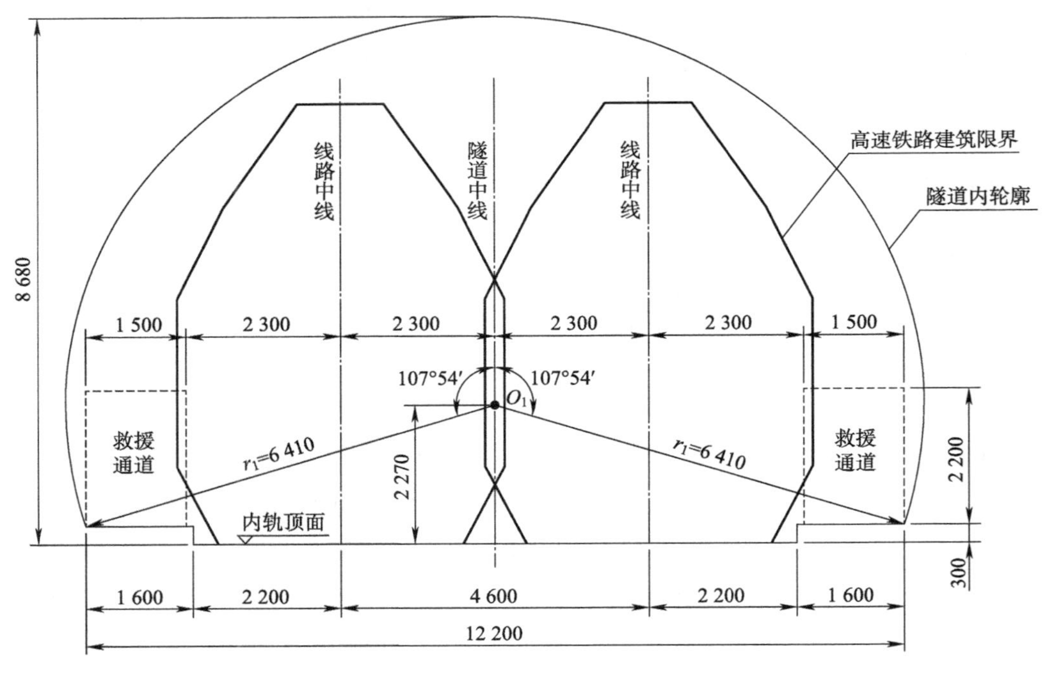

图 3-6-2　胶州机场隧道一般段衬砌内轮廓图(单位:cm)

双线隧道两侧设置救援通道和安全空间。救援通道宽 1.5 m，高 2.2 m，距同侧线路中心线的距离为 2.3 m。隧道内双侧设置沟槽，其与同侧线路中心线的距离为 2.2 m。

二、隧道洞门和洞口工程

(一)洞口位置的选定

综合考虑线路平纵断面、路基设计、规划地面高程、隧道覆土厚度及美观等因素,确定隧道洞口位置。胶州机场隧道进口里程为 DK286+250,出口里程为 DK293+550。

(二)洞门型式的选择

隧道洞口设置洞门,采用柱式洞门。洞门墙采用与隧道结构同级别的钢筋混凝土,并设置上部开口式缓冲结构。

结合隧道洞口周边环境,为防止洞口周边水进入隧道内,在洞门前的 U 形槽段设置雨棚,隧道洞门结构与雨棚、周边环境相协调。

三、明挖隧道设计

胶州机场隧道进口段 DK286+250~DK288+400、中间段 DK290+250~DK292+175、出口段 DK292+235~DK293+550 采用明挖法施工。除 DK292+000~130 段下穿规划碧沟河采用矩形结构外,其余段落采用与暗挖隧道内轮廓一致的拱形结构。

(一)围护结构设计

1. 基坑安全等级及变形控制标准

胶州机场隧道明挖段开挖深度较大,周边环境比较开阔,无重大建构筑物,明挖段的基坑围护结构安全等级为二级,基坑变形控制等级为二级,变形控制标准为地面最大沉降量不超过 0.3%H,围护结构最大水平位移不超过 0.4%H,且不超过 50 mm。

2. 围护结构

围护结构参数详见表 3-6-1。为减少围护结构的侧向位移,及时设置钢管撑和进行倒撑,并根据现场围护结构的变形、受力监测情况调整实施。支撑端面和腰梁接触面垂直,钢支撑预埋钢板的位置由施工单位考虑。斜撑支撑点节点构造,根据法向支撑力及斜撑倾角推算出的轴力、剪力,对预埋件及焊接构造进行验算。

3. 基坑计算

水土压力:施工期间考虑进行坑内大口井集水明排为主,局部坑外降水,降水后水位深度不小于基坑底以下 0.5~1.0 m,作用在围护结构上的荷载主要为基坑侧土压力。

可变荷载:施工期间明挖区间一般地段基坑侧面超载按 20 kPa 计,规划机场水平及垂直滑行区地段基坑侧面超载按飞机荷载折算计列,底板及边墙非填土部位考虑由膨胀性引起的基底附加接触压力荷载。

经检算围护结构满足强度、整体稳定性、抗隆起和变形等要求。

4. 基坑降水指导性设计

根据工程地质及水文地质及相关工程建设经验,明挖段基坑采用坑内大口井集水抽排为主、局部坑外降水,在隧道基坑内两侧各布设一排大口井,梅花形布置,间距 10 m,距钻孔桩水平距离 3 m,井深至基坑底以下 3~5 m;DK287+350~DK288+100 段、DK290+250~+600 段、DK292+500~DK293+300 段基坑外两侧各布设一排降水井,纵向间距 8 m,距钻孔桩水平距离 3 m,大口井及降水井深度至基坑底以下 3~5 m。

表 3-6-1　明挖段主体结构及围护结构参数一览表(采用拱形明洞结构)

序号	起始里程	终止里程	长度(m)	顶板厚度(mm)	侧墙厚度(mm)	底板厚度(mm)	钻孔灌注桩			放坡开挖高度(m)	桩型	桩顶挡墙高度(m)	支撑体系	备注	所属机场分区
							桩径(mm)	桩间距(mm)	桩长(m)						
1	DK286＋250.0	DK286＋400.0	150.0	700	700	900	无	无	无	8.7～11.4	无	无	无	非下锚段	机场规划工作区
2	DK286＋400.0	DK286＋490.0	90.0	700	700	900	800	1 300	14	0	B1	1.0	两撑＋一倒撑	非下锚段	
3	DK286＋490.0	DK286＋499.3	9.3	700	700	900	800	1 300	15	0	B2	1.0	两撑＋一倒撑	非下锚段	
4	DK286＋499.3	DK286＋505.7	6.4	750	750	950	800	1 300	15	0	B2	1.0	两撑＋一倒撑	下锚段	
5	DK286＋505.7	DK286＋650.0	144.3	700	700	900	800	1 300	15	0	B2	1.0	两撑＋一倒撑	非下锚段	
6	DK286＋650.0	DK286＋699.3	49.3	700	700	900	800	1 300	14	0	B1	1.5	两撑＋一倒撑	非下锚段	
7	DK286＋699.3	DK286＋705.7	6.4	750	750	950	800	1 300	14	0	B1	1.5	两撑＋一倒撑	下锚段	
8	DK286＋705.7	DK286＋800.0	94.3	700	700	900	800	1 300	14	0	B1	1.5	两撑＋一倒撑	非下锚段	
9	DK286＋800.0	DK286＋900.0	100.0	700	700	900	800	1 300	15	0	B2	1.5	两撑＋一倒撑	非下锚段	
10	DK286＋900.0	DK287＋000.0	100.0	800	800	1 000	800	1 300	14	3.5	B1	无	两撑＋一倒撑	非下锚段	
11	DK287＋000.0	DK287＋150.0	150.0	800	800	1 000	800	1 300	15	3.5	B2	无	两撑＋一倒撑	非下锚段	
12	DK287＋150.0	DK287＋200.0	50.0	800	800	1 000	800	1 300	14	4.5	B1	无	两撑＋一倒撑	非下锚段	
13	DK287＋200.0	DK287＋349.2	149.2	800	800	1 000	800	1 300	15	4.5	B2	无	两撑＋一倒撑	非下锚段	
14	DK287＋349.2	DK287＋355.8	6.6	850	850	1 050	800	1 300	15	4.5	B2	无	两撑＋一倒撑	下锚段	
15	DK287＋355.8	DK287＋400.0	44.2	800	800	1 000	800	1 300	15	4.5	B2	无	两撑＋一倒撑	非下锚段	
16	DK287＋400.0	DK287＋549.2	149.2	800	800	1 000	1 000	1 600	19	0	A1	2.5	三撑＋一倒撑	非下锚段	机场规划飞行区道面影响区
17	DK287＋549.2	DK287＋555.8	6.6	850	850	1 050	1 000	1 600	19	0	A1	2.5	三撑＋一倒撑	下锚段	
18	DK287＋555.8	DK287＋600.0	44.2	800	800	1 000	1 000	1 600	19	0	A1	2.5	三撑＋一倒撑	非下锚段	
19	DK287＋600.0	DK287＋700.0	100	900	900	1 100	1 000	1 600	19	0	A1	2.5	三撑＋一倒撑	非下锚段	

续上表

序号	起始里程	终止里程	长度(m)	顶板厚度(mm)	侧墙厚度(mm)	底板厚度(mm)	钻孔灌注桩			放坡开挖高度(m)	桩型	桩顶挡墙高度(m)	支撑体系	备注	所属机场分区
							桩径(mm)	桩间距(mm)	桩长(m)						
20	DK287＋700.0	DK288＋000.0	300.0	900	900	1 100	1 000	1 600	20	0	A3	2.5	三撑＋一倒撑	非下锚段	机场规划飞行区道面影响区
21	DK288＋000.0	DK288＋049.1	49.1	900	900	1 100	1 000	1 600	21	0	A5	2.5	三撑＋一倒撑	非下锚段	
22	DK288＋049.1	DK288＋055.9	6.8	950	950	1 150	1 000	1 600	21	0	A5	2.5	三撑＋一倒撑	下锚段	
23	DK288＋055.9	DK288＋249.1	193.2	900	900	1 100	1 000	1 600	21	0	A5	2.5	三撑＋一倒撑	非下锚段	
24	DK288＋249.1	DK288＋255.9	6.8	950	950	1 150	1 000	1 600	21	0	A5	2.5	三撑＋一倒撑	下锚段	
25	DK288＋255.9	DK288＋400.0	144.1	900	900	1 100	1 000	1 600	21	0	A5	2.5	三撑＋一倒撑	非下锚段	
26	DK290＋250.0	DK290＋349.1	99.1	900	900	1 100	1 000	1 600	21	0	A5	3.5	三撑＋一倒撑	非下锚段	
27	DK290＋349.1	DK290＋355.9	6.8	950	950	1 150	1 000	1 600	21	0	A5	3.5	三撑＋一倒撑	下锚段	
28	DK290＋355.9	DK290＋400.0	44.1	900	900	1 100	1 000	1 600	21	0	A5	3.5	三撑＋一倒撑	非下锚段	
29	DK290＋400.0	DK290＋549.1	149.1	900	900	1 100	1 000	1 600	20	0	A3	3.5	三撑＋一倒撑	非下锚段	
30	DK290＋549.1	DK290＋555.9	6.8	950	950	1 150	1 000	1 600	20	0	A3	3.5	三撑＋一倒撑	下锚段	
31	DK290＋555.9	DK290＋600.0	44.1	900	900	1 100	1 000	1 600	20	0	A3	3.5	三撑＋一倒撑	非下锚段	
32	DK290＋600.0	DK290＋700.0	100.0	900	900	1 100	1 000	1 600	20.5	0	A4	3.5	三撑＋一倒撑	非下锚段	
33	DK290＋700.0	DK290＋900.0	200.0	900	900	1 100	1 000	1 600	21	0	A5	无	三撑＋一倒撑	非下锚段	机场规划工作区
34	DK290＋900.0	DK291＋100.0	200.0	800	800	1 000	1 000	1 600	20	0	A3	无	三撑＋一倒撑	非下锚段	
35	DK291＋100.0	DK291＋249.2	149.2	800	800	1 000	1 000	1 600	19.5	0	A2	无	三撑＋一倒撑	非下锚段	
36	DK291＋249.2	DK291＋255.8	6.6	850	850	1 050	1 000	1 600	19.5	0	A2	无	三撑＋一倒撑	下锚段	
37	DK291＋255.8	DK291＋300.0	44.2	800	800	1 000	1 000	1 600	19.5	0	A2	无	三撑＋一倒撑	非下锚段	
38	DK291＋300.0	DK291＋449.2	149.2	800	800	1 000	1 000	1 600	20	2.5	A3	无	三撑＋一倒撑	非下锚段	

续上表

序号	起始里程	终止里程	长度(m)	顶板厚度(mm)	侧墙厚度(mm)	底板厚度(mm)	钻孔灌注桩			放坡开挖高度(m)	桩型	桩顶挡墙高度(m)	支撑体系	备注	所属机场分区
							桩径(mm)	桩间距(mm)	桩长(m)						
39	DK291+449.2	DK291+455.8	6.6	850	850	1 050	1 000	1 600	20	2.5	A3	无	三撑+一倒撑	下锚段	机场规划工作区
40	DK291+455.8	DK291+500.0	44.2	800	800	1 000	1 000	1 600	20	2.5	A3	无	三撑+一倒撑	非下锚段	
41	DK291+500.0	DK291+600.0	100.0	900	900	1 100	1 000	1 600	21	2.5	A5	无	三撑+一倒撑	非下锚段	
42	DK291+600.0	DK291+700.0	100.0	900	900	1 100	1 000	1 600	19.5	4	A2	无	三撑+一倒撑	非下锚段	
43	DK291+700.0	DK291+800.0	100.0	900	900	1 100	1 000	1 600	20	4	A3	无	三撑+一倒撑	非下锚段	
44	DK291+800.0	DK291+900.0	100.0	900	900	1 100	1 000	1 600	21	4.5	A5	无	三撑+一倒撑	非下锚段	
45	DK291+900.0	DK292+000.0	100.0	900	900	1 100	1 000	1 600	21	4.5	A5	无	三撑+一倒撑	非下锚段	
46	DK292+000.0	DK292+130.0	130.0	1 000	900	1 200	1 000	1 600	20.5	6.345～6.997	A4	无	三撑+一倒撑	非下锚段	
47	DK292+130.0	DK292+175.0	45.0	900	900	1 100	1 000	1 600	20.5	5.5	A4	无	三撑+一倒撑	非下锚段	
48	DK292+175.0	DK292+235.0	60.0	700	700	800	无	无	无	无	无	无	无	非下锚段	
49	DK292+235.0	DK292+247.5	12.5	800	800	1 000	1 000	1 600	21	6	A5	无	三撑+一倒撑	非下锚段	
50	DK292+247.5	DK292+299.2	51.7	800	800	1 000	1 000	1 600	21	5	A5	无	三撑+一倒撑	非下锚段	机场规划工作区
51	DK292+299.2	DK292+305.8	6.6	850	850	1 050	1 000	1 600	21	5	A5	无	三撑+一倒撑	下锚段	
52	DK292+305.8	DK292+450.0	144.2	800	800	1 000	1 000	1 600	21	5	A5	无	三撑+一倒撑	非下锚段	
53	DK292+450.0	DK292+499.2	49.2	800	800	1 000	1 000	1 600	22	4	A6	无	三撑+一倒撑	非下锚段	
54	DK292+499.2	DK292+505.8	6.6	850	850	1 050	1 000	1 600	22	4	A6	无	三撑+一倒撑	下锚段	
55	DK292+505.8	DK292+650.0	144.2	800	800	1 000	1 000	1 600	22	4	A6	无	三撑+一倒撑	非下锚段	
56	DK292+650.0	DK292+700.0	50.0	800	800	1 000	1 000	1 600	21	3	A5	无	三撑+一倒撑	非下锚段	
57	DK292+700.0	DK292+850.0	150.0	800	800	1 000	1 000	1 600	21	4	A5	无	三撑+一倒撑	非下锚段	

续上表

序号	起始里程	终止里程	长度（m）	顶板厚度（mm）	侧墙厚度（mm）	底板厚度（mm）	钻孔灌注桩			放坡开挖高度（m）	桩型	桩顶挡墙高度（m）	支撑体系	备注	所属机场分区
							桩径（mm）	桩间距（mm）	桩长（m）						
58	DK292＋850.0	DK293＋000.0	150.0	800	800	1 000	1 000	1 600	21	2.5	A5	无	三撑＋一倒撑	非下锚段	机场规划工作区
59	DK293＋000.0	DK293＋149.2	149.2	800	800	1 000	1 000	1 600	20	2.5	A3	无	三撑＋一倒撑	非下锚段	
60	DK293＋149.2	DK293＋155.8	6.6	850	850	1 050	1 000	1 600	20	2.5	A3	无	三撑＋一倒撑	下锚段	
61	DK293＋155.8	DK293＋220.0	64.2	800	800	1 000	1 000	1 600	20	2.5	A3	无	三撑＋一倒撑	非下锚段	
62	DK293＋220.0	DK293＋349.2	129.2	800	800	1 000	1 000	1 600	19	2	A1	无	三撑＋一倒撑	非下锚段	
63	DK293＋349.2	DK293＋355.8	6.6	850	850	1 050	1 000	1 600	19	2	A1	无	三撑＋一倒撑	下锚段	
64	DK293＋355.8	DK293＋400.0	44.2	800	800	1 000	1 000	1 600	19	2	A1	无	三撑＋一倒撑	非下锚段	
65	DK293＋400.0	DK293＋450.0	50.0	700	700	900	无	无	无	8.7～11.4	无	无	无	非下锚段	
66	DK293＋450.0	DK293＋550.0	100.0	700	700	900	无	无	无	8.7～11.4	无	无	无	非下锚段	

（二）主体结构设计

1. 结构型式

根据隧道所处地质条件、结构覆土厚度以及结构跨度，综合确定主体结构断面除 DK292＋000～＋130 段采用矩形结构外，其余段落均采用拱形结构。

2. 荷载及组合

(1)永久荷载

结构自重 $\gamma=25\ kN/m^3$，水土压力采用水土分算，覆土重按结构顶板以上全部土柱重量考虑，侧向土压力采用静止土压力计算，水压力按现状水位、抗浮设防水位、最不利水位几种工况计算，浮力按全水头计算。

(2)可变荷载

地面超载：施工期间明挖区间一般地段基坑侧面超载按 20 kPa 计，规划机场水平及垂直滑行区地段基坑侧面超载按飞机荷载折算计列。

(3)荷载组合

根据《铁路隧道设计规范》(TB 10003—2005)、《建筑结构荷载规范》(GB 50009—2012)、《铁路工程抗震设计规范》(GB 50111—2006，2009 年版)的规定，按结构在施工阶段和使用段可能出现的最不利情况进行荷载组合。荷载组合分别取基本组合(恒载＋活载)和标准组合(恒载＋活载)。其中恒载包括地层压力或土压力、静水压力及水浮力、结构自重、结构上部和受影响范围内的设施及建筑物荷载、设备荷载等；活载包括地面车辆及其冲击力和侧向土压力、人群荷载、膨胀力、施工荷载等，飞机水平及垂直滑行区考虑飞机荷载。考虑地震荷载、人防荷载等偶然荷载。

3. 结构计算

主体结构采用荷载-结构模型计算，结构为弹性地基上的平面框架；分别采用水平弹簧和竖向弹簧，模拟侧向或坑底地层对结构的水平位移或竖直位移的约束作用，弹簧仅能承受压力。在施工阶段，钻孔桩作为基坑开挖的支挡结构；在使用阶段，水土压力作用在主体结构上。

主体结构按承载能力极限状态和正常使用阶段极限状态计算，裂缝宽度按荷载准永久组合并考虑长期效应组合的影响进行验算，并满足强度、刚度和稳定性要求。

4. 抗浮稳定性检算

抗浮设计的原则是根据抗浮设防水位对主体结构进行检算，抗浮不满足要求段，采取可靠的抗浮措施。结构抗浮稳定性取纵向每延米计算，经检算进口 DK286＋250～＋900 段、出口 DK293＋400～＋550 段采取抗浮措施。其中 DK286＋250～＋400 段、DK293＋400～＋550 段在结构底板设置抗浮墙趾措施。DK286＋400～＋900 段在结构顶板上设置抗浮梁，抗浮梁与钻孔灌注桩围护结构采用植筋连接牢固。DK286＋400～＋900 段抗浮梁、钻孔灌注桩及冠梁按永久工程设计，采用 C40 钢筋混凝土。

5. 结构缝的设计

结构缝的设计主要包括施工缝、变形缝(伸缩、变形等)。对隧道现浇混凝土结构，为减少混凝土收缩及水化热所产生的裂缝，环向施工缝设置间距不大于 12 m，同时在缝间设可靠的防水措施；纵向施工缝一般根据施工顺序、基坑横撑及拆倒撑的位置来确定，该次设计中共设置了四道纵向施工缝。

变形缝设置在地质条件变化较大处或结构覆土变化较大处或结构型式变化处。结合隧道所处地理位置的地面区域差异沉降情况，正常段落 50～200 m 设置一道变形缝。变形缝的宽度根据工程地质及水文地质、结构的刚度、结构的纵向伸缩量、防水能力和施工工艺等确定，变形缝的宽度设计为 20 mm。

6. 沟槽及隧底回填设计

隧道两侧通常设置排水侧沟、电力电缆槽及通信信号电缆槽，电力及通信信号电缆沟槽分设于排水侧沟两侧，其中为通信信号电缆槽位于内侧，电力电缆槽位于外侧，电力电缆槽尺寸为 300 mm(宽)×300 mm(深)，通信信号电缆槽尺寸为 350 mm(宽)×300 mm(深)，排水侧沟尺寸为 300 mm(宽)×800 mm(深)，侧沟及电缆槽均设置盖板，盖板厚度为 60 mm。沟槽身采用 C30 混凝土，盖板采用 C35 钢筋混凝土，隧道底部垫层采用 C25 混凝土。

四、浅埋暗挖段隧道设计

该隧道在下穿胶济货运铁路段落采用浅埋暗挖法施工。衬砌结构采用曲墙拱形结构，根据工程地质、水文地质合理选取支护结构。暗挖段 DK292＋175～＋235 覆土厚度 5.9～11.8 m，均采用 CRD 法施工。

(一)超前支护

为减少暗挖施工对胶济铁路的扰动，保证铁路运营安全及施工安全，对该段落拱部 140°采用 ϕ299 mm 超前管幕支护措施，在管棚工作井内一次性打设施工，管幕采用螺旋出土(石)导向顶管法施工，出土(石)和顶管司时进行。

在明挖与暗挖交界处，在横断面上设置一排钻孔桩＋10 cm 厚的网喷混凝土，既作为明挖基坑的支挡结构，同时也作为暗挖隧道施工的开挖掌子面，以便于暗挖支护结构。

(二)初期支护

初期支护采用双层钢筋网＋喷射 C30 早高强混凝土＋格栅钢架＋边墙注浆锚管的结构，初期支护厚度为 350 mm，全环铺设双层 ϕ8 mm 钢筋网，网格间距 250mm×150mm。格栅钢架间距 0.6m，格栅间布设 ϕ22 mm 连接筋，内外层交叉布设，环向间距 1 m；格栅钢架架设过程中，脚部节点打设 ϕ42 mm 锁脚锚管，每个节点打设 2 根，单根锚管长 5 m。

(三)衬砌结构

暗挖段衬砌结构设计为曲墙拱形结构，采用 C40 模筑钢筋混凝土，为确保胶济货运铁路运营安全和隧道下穿施工安全，对 DK292＋175～＋235 段，采用拱墙 70 cm 厚、仰拱80 cm 厚的钢筋混凝土衬砌。

衬砌结构计算采用荷载-结构模型，结构为弹性地基上的平面框架；分别采用水平弹簧和竖向弹簧，模拟侧向或坑底地层对结构的水平位移或底板竖直位移的约束作用，弹簧仅能承受压力。在施工阶段，支护结构(包括超前支护和初期支护)作为荷载承受主体，承受其上的荷载；在使用阶段，考虑到初期支护结构的耐久性较差，荷载部分作用在二次衬砌上，对衬砌结构进行结构计算。

二次衬砌结构按承载能力极限状态和正常使用阶段极限状态计算，裂缝宽度按荷载标准组合并考虑长期效应组合的影响进行验算，同时并满足强度、刚度和稳定性要求。

(四)暗挖进洞段落

暗挖进洞施工利用进、出口玥挖段基坑作为施工操作空间，洞口段超前支护结合相邻段明挖基坑施工工序施作，基坑开挖至管棚施作位置后，暂停基坑开挖，凿除管棚导向墙部位堵头墙混凝土，施作导向墙并打设管幕。管幕纵向考虑自 DK292＋175 沿线路纵坡(即约 5.1‰的下坡)坡度设置倾角，根据实际情况可自 DK292＋235 沿线路纵坡(即约 5.1‰的上坡)坡度设置倾角，在另一侧基坑接收。

(五)暗挖进洞施工工序

1. 施作隧道明挖段及明暗分界处围护桩，并施作冠梁及混凝土撑至设计标高，开挖上部土(石)满足管幕导向墙施工要求。

2. 在混凝土撑下方随开挖随凿除管幕导向墙自中部向两侧范围围护桩，并环向分段绑扎导向墙钢筋(与围护桩钢筋焊接)、工字钢，环向逐段浇筑管幕导向墙混凝土直至封闭完成。

3. 打设 ϕ299 mm 管幕进行超前支护。

4. 破除左上导坑堵头桩，开挖左上导坑①，并及时施作左上导坑①部周边第一层初期支护、临时中隔壁和临时仰拱，并设锁脚锚管。

5. 破除左下导坑堵头桩，开挖左下导坑②，并及时施作左下导坑②部周边初期支护、临时中隔壁，并设锁脚锚管。

6. 破除右上导坑堵头桩，开挖右上导坑③，并及时施作右上导坑③部周边第一层初期支护、临时中隔壁和临时仰拱，并设锁脚锚管。

7. 破除右下导坑堵头桩，开挖右下导坑④，并及时施作右下导坑④部周边初期支护、临时中隔壁，并设锁脚锚管。

8. 跳段拆除上半导坑临时中隔壁，每段不超过 6 m。

9. 跳段拆除剩余中隔壁，每段不超过 6 m，铺设拱墙防水层，完成衬砌。

10. 隧底回填，施作洞内附属结构。

第四节 特长、特殊不良地质隧道设计(青阳隧道)

一、隧道建筑限界及内轮廓

青阳隧道设计行车速度 350 km/h，建筑限界满足《高速铁路设计规范》(TB 10621—2014)的高速铁路建筑限界，并同时满足缓解空气动力学效应最小面积、养护维修、防灾救援、设备及沟槽布置、施工误差等要求。隧道内线间距为 5 m(曲线地段线间距不加宽)。隧道建筑限界及内轮廓主要要求有：

1. 隧道(轨面以上)断面有效面积为 100 m^2；

2. 隧道内设双侧救援通道，救援通道宽 1.5 m(自线路中线外 2.3 m 起算)、净高 2.2 m，救援通道走行面高于轨面 30 cm；

3. 隧道内设置双侧电缆槽，外侧电缆槽结构外缘距同侧线路中线距离为 2.2 m；

4. 隧道底部 30 cm 工程技术作业空间融入救援通道；

5. 曲线地段及下锚衬砌内轮廓不考虑加宽，如图 3-6-3 所示。

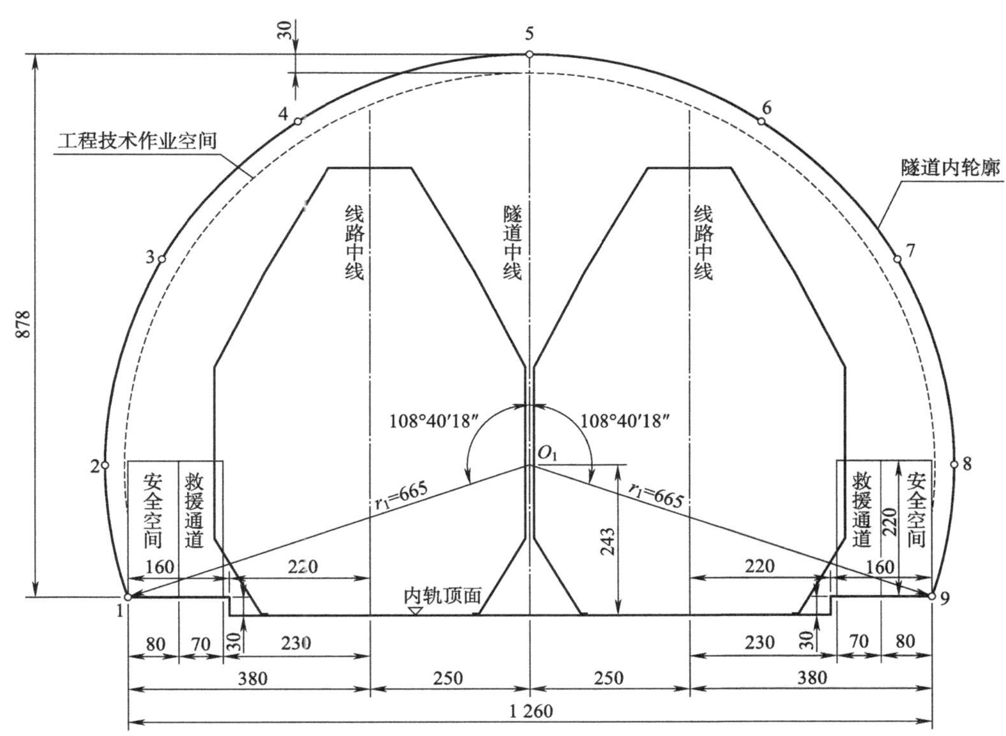

图 3-6-3　正线隧道内轮廓(单位:cm)

二、隧道洞口设计

(一)洞口位置的确定

隧道遵循“早进晚出”的原则合理确定隧道洞口位置,隧道洞口位置根据地形、地质、水文条件,同时结合环境保护、洞外有关工程及施工条件、运营要求,通过综合分析比较确定。漫坡地段的洞口设置,结合洞外路堑、地质、排水及施工难度等因素综合分析确定,选择接长明洞。

(二)洞门型式的选择

隧道洞门型式综合考虑地形、地貌、地质及环境条件。按照“确保安全、简约实用、因地制宜、保护环境”的原则设计。

1. 全线喇叭口式缓冲结构新型洞门。

2. 根据隧道长度及洞口周边环境洞门设置缓冲结构,其他洞口有条件时适当开口,改善隧道空气动力学效应。

(三)洞口边仰坡防护

洞口边仰坡防护结合周边环境进行绿化设计,采用 C25 混凝土骨架护坡防护,并与洞口外路基工程的防护方式协调统一。

三、隧道支护衬砌设计

(一)暗洞设计

该隧道暗挖衬砌采用新奥法设计原理,衬砌结构均采用复合式衬砌。根据初步设计审查意见,Ⅱ级围岩Ⅱa 型衬砌、Ⅲ级围岩Ⅲa 型衬砌采用曲墙带底板的衬砌,Ⅱ级围岩Ⅱb 型衬砌、Ⅲ级围岩Ⅲb型衬砌、Ⅲ级围岩Ⅲc型衬砌及Ⅳ～Ⅴ级围岩衬砌均采用曲墙带仰拱的衬砌。

（二）明洞衬砌

1. 因进出口坡度较缓，明洞衬砌为路堑对称式明洞。

2. 明洞回填自墙角下而上分别为C20混凝土、C25片石混凝土、反滤层、夯填土石、黏土隔水层、种植土。洞顶回填尽量按原地形回填至地表，尽可能减少运营期的洞口边、仰坡，并植草绿化。

3. 明洞底设置10 cm厚C20混凝土垫层。

4. 开挖边坡坡脚至衬砌边墙预留50 cm宽的施作空间。

5. 临时边坡防护采用喷锚支护。C25喷射混凝土厚15 cm，钢筋网采用ϕ8 mm钢筋，网格25 cm×25 cm；锚杆采用单根长3.5 m、ϕ22 mm砂浆锚杆，间距1.0 m×1.0 m，梅花形布置。

6. 洞顶回填黏土隔水层，横向排水坡度结合地形设置，排水坡度不小于1%，当横坡陡于1∶1.5时回填层采用M10浆砌片石层。

四、辅助坑道设计

根据隧道工程地质情况及施工工期，采用无轨运输方式斜井作为辅助坑道。斜井原则按临时工程设计，当在运营期间作为紧急出口或避难所使用时，按永久工程设计。双车道无轨运输辅助坑道断面采用7.5 m×6.2 m（宽×高）。辅助坑道内轮廓Ⅱ、Ⅲ级围岩采用直墙，Ⅳ、Ⅴ级围岩采用曲墙。无轨运输双车道辅助坑道内轮廓如图3-6-4所示。

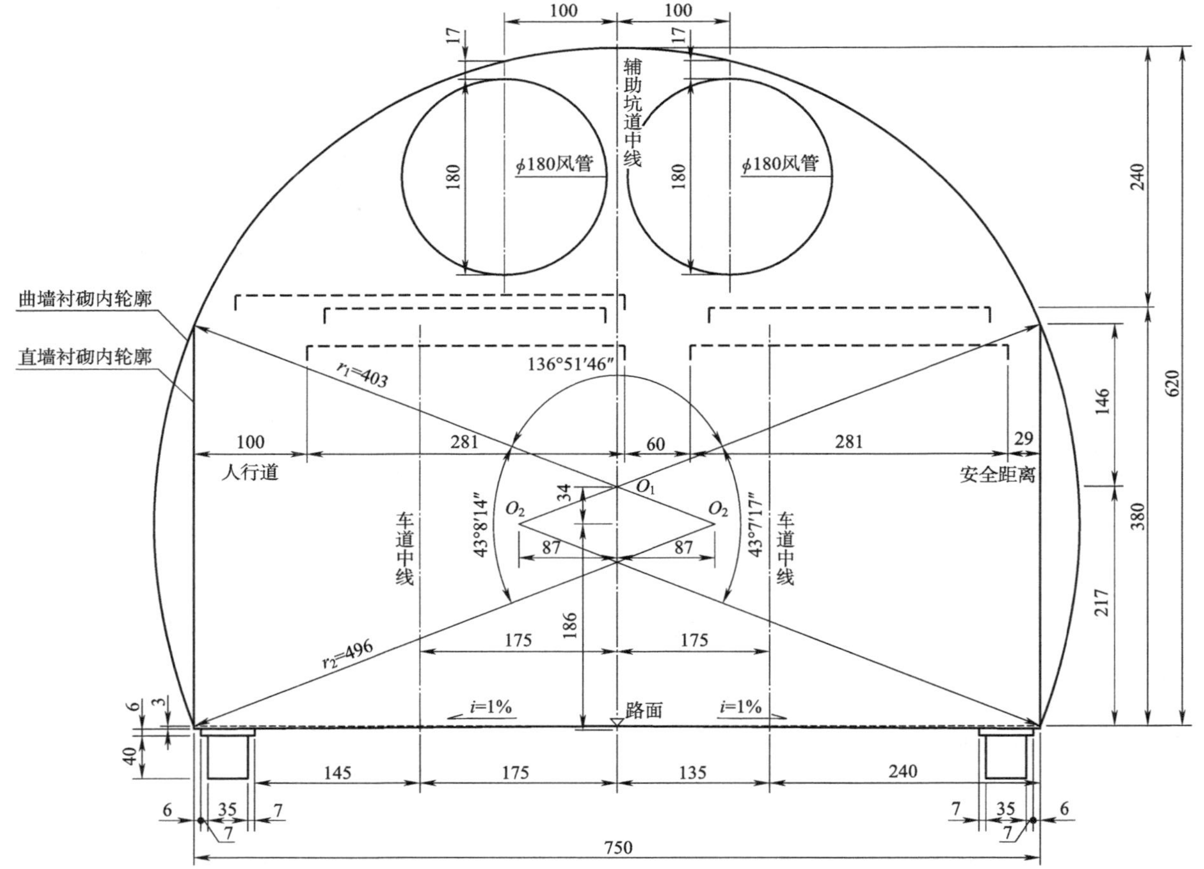

图3-6-4　无轨运输双车道斜井及错车平台内轮廓图（单位：cm）

第五节　防灾救援

一、防灾救援疏散方案

（一）安全疏散设计原则

1. 列车在隧道内发生火灾事故，凡能继续运行时，将列车拉至洞外再进行列车火灾处理。

2. 列车在隧道段落行驶时，制动模式采用人工控制模式，即列车着火后，在无法控制火势也无法灭火时，经列车工作人员确认后，及时通告调度，调度再通知列车司机，司机再人工紧急制动停车；在非隧道段落，列车采用烟、温探测联运列控系统后的自动制动停车模式。

3. 小里程区间主要考虑下行车辆在隧道外着火后紧急制动在隧道内的疏散场景；大里程区间主要考虑上行车辆在隧道外着火后紧急制动在隧道内的疏散场景。

4. 区间隧道内发现的列车发生火灾场景，驶出隧道或驶入地下站进行救援疏散，原则上不考虑在隧道区间疏散。

5. 安全疏散通道的设计能力，按全隧同一时间内发生一次火灾考虑。

6. 结合隧道内的使用空间，隧道内两侧设置贯通整个隧道的救援通道，以满足突然停车后人员安全疏散，胶州机场隧道还设置安全空间，青阳隧道设置避难所及紧急出口。

(1)救援通道宽 1.5 m，净高 2.2 m，每隔 100 m 设图像文字标记，指示两个方向分别到下一个洞口或紧急出口的整百米数，并配备灯光显示方向。

(2)安全空间宽 0.8 m，高 2.2 m，安全空间距同侧线路中线的距离为 3 m，其底面标高高于轨面 0.3 m。

(3)青阳隧道 1 号斜井设置为紧急出口，2 号斜井设置为避难所。斜井式紧急出口坡度不大于 12%；紧急出口与正洞连接处设置便于开启的防护门，宽度不小于 1.5 m，高度不小于 2.0 m。设置避难所的坑道与正洞连接处设置防护门，防护门通行净空宽度 1.5 m，高度 2 m。避难空间断面与辅助坑道断面一致，避难空间范围的坡度 3%。双车道辅助坑道避难空间按 80 m 设计。

7. 建议由建设单位、运营单位、铁路公安消防部门联合向地方消防部门申请为该项目设立专门的消防救援机构。

（二）疏散场景及工况

根据着火列车停车位置、列车车厢着火位置确定相应的疏散方案，具体如下。

工况一：下行预通过列车在隧道内发现火情后，列车驶出隧道进行防灾救援疏散。

工况二：下行预停靠列车在隧道外发现火情后，列车在制动距离满足的情况下停靠机场地下车站进行防灾救援疏散；制动距离不满足时，列车则驶出隧道进行防灾救援疏散。

工况三：上行列车发现火情后，列车在制动距离满足的情况下停靠机场地下车站进行防灾救援疏散；制动距离不满足时，列车则驶出隧道进行防灾救援疏散。

二、地面疏散条件及配套要求

（一）车站疏散条件

为满足旅客疏散需求，车站范围设置疏散通道与区间隧道疏散通道联通，且车站疏散通道具有与周边市政道路的接驳通行条件，以满足消防车辆或外部救援车辆进出。

(二)隧道进出口疏散条件要求

与隧道进出口相连接的U形槽段两侧设置旅客疏散行走的救援通道，以确保隧道、U形槽段救援通道的畅通。

在U形槽两端的路基段范围内，结合周边环境及道路情况，设置铁路向附近道路的疏散出入口，并具备道路通行条件，以满足消防车辆或外部救援车辆进出。铁路防护栅栏设置能够开启的出入口，从防护栅栏至就近道路引一条道路，以满足旅客疏散需求。

(三)其他要求

各相关专业根据规范配套必要的应急设备。

第六节 防排水设计

一、洞口及地表防排水设计

隧道洞口排水系统设计遵循截、排水相结合的原则，一是保证洞内水顺畅排出，二是避免洞外水冲刷隧道洞门及边仰坡。

1. 隧道出洞均为下坡，洞内中心水沟与路基侧沟顺接。

2. 隧道洞口与边、仰坡开挖边缘线约10 m处设天沟，其坡度根据地形设置，但不小于3‰，避免淤积。截水天沟设防水层，当天沟的纵坡较陡时，按要求设置基座、急流槽、消能池等。洞顶天沟接入路基天沟或线路两侧既有自然沟渠。

3. 当隧道洞口或洞身浅埋地段地表有洼地、自然沟形等可能汇集地表水的不良地形地貌时，根据地表汇水量调查情况，对洼地、自然沟心采用必要措施进行截排、引流地表水，避免地表水的汇集。

4. 路隧对接排水端洞口排水

(1)隧道进出洞口在隧道洞口里程内2 m处设置一处洞内检查井用于汇集洞内侧沟的积水。

(2)洞口外2 m设置一处洞口检查井，在地势较低一侧路基平台处设置一处洞外检查井。洞口检查井与洞外检查井通过内径600 mm的暗管连通，经由路基侧沟排出。

(3)隧道洞口两侧边仰坡平台处各设置一处积水井，用以汇集边仰坡坡面水。

(4)地势较高一侧路基平台处设置一处沉淀池，沉淀池与另一侧的洞外检查井通过ϕ400 mm PVC排水管与同侧的积水井相连。

(5)沉淀池通过ϕ600 mm PVC管与同侧路基侧沟相连。

(6)洞口内侧50 cm处采用C30混凝土对隧道侧沟进行封堵。

二、暗挖段防排水设计

1. 隧道二次衬砌混凝土采用防水混凝土，抗渗等级不小于P10，当地下水对混凝土具有侵蚀性时，抗渗等级不小于P12。

2. 隧道初期支护与二次衬砌之间铺设防水层，防水层由EVA或ECB防水板和土工布缓冲层组成，防水板厚度不小于1.5 mm，土工布质量不小于400 g/m^2。

3. 隧道内设双侧水沟及中心水管(沟)排水,中心水管采用内径 600mm,壁厚 60 mm 的钢筋混凝土管,每隔 30m 设置一处检查井。

4. 隧道初期支护与二次衬砌环向设 ϕ80 mm 打孔波纹管盲沟,一般地段 8 m 设置一道,地下水发育地段增设 1～2 道;边墙墙脚纵向设 ϕ100 mm 打孔波纹管盲沟,盲沟均与侧沟连通。侧沟与中心水沟通过横向 ϕ100 mmPVC 导水管连通,导水管间距 30 m,横向排水坡度不小于 3‰,纵向和横向盲沟分别连通至侧沟。

5. 隧道仰拱填充顶面中心位置设置 ϕ160 mm 半圆形排水槽。无砟轨道双侧踏步下设 2 m 长 ϕ100 mmPVC 纵向排水管,纵向间距约 25 m,相邻两踏步间设 ϕ100 mm 半圆形排水槽。踏步下 ϕ100 mmPVC 排水管及连接 PVC 管的半圆形排水槽每隔 30 m 向下埋设 ϕ100 mm 竖向 PVC 管,与连接检查井的 ϕ100 mm 横向导水管采用三通管连接,以便及时排除表面积水。

三、明洞洞门段防排水设计

1. 明挖主体结构采用外加剂防水混凝土,抗渗等级为 P12。

2. 明洞拱墙衬砌防水层由内到外依次为:3 cm 厚 M10 水泥砂浆找平层;2.5 mm 厚单组份聚氨酯防水涂料;不小于 4 mm 厚自粘式防水卷材;双层土工布;6 cm 厚砖砌保护层。

3. 洞门回填面以下防水层与明洞相同,外露部分涂一层 1.5 mm 厚水泥基防水涂料。

4. 明挖段隧道边墙底设置 ϕ100 mm 纵向透水盲管,盲管与隧道排水系统连接方式与暗挖段隧道相同。

四、施 工 缝

1. 模筑衬砌环向施工缝间距按 8～12 m 一道设计,全环设置。

2. 仰拱与拱墙衬砌之间设置纵向施工缝。

3. 纵向施工缝采用镀锌钢板止水带＋可维护注浆管＋遇水膨胀止水条,拱墙衬砌环向施工缝设“背贴式橡胶止水带＋中埋式橡胶止水带＋可维护注浆管”防水,仰拱衬砌环向施工缝设“中埋式橡胶止水带＋遇水膨胀橡胶止水条”防水;水沟环向施工缝采用遇水膨胀橡胶止水条防水,边墙衬砌纵向施工缝设“中埋式橡胶止水带＋遇水膨胀橡胶止水条”防水。

五、变 形 缝

1. 洞门、明洞分界处,明洞、暗洞分界处,地层承载力显著变化处,断面明显变化处设置变形缝,变形缝宽度 2 cm。

2. 暗挖隧道拱墙变形缝设“背贴式橡条止水带＋中埋式橡胶止水带＋上下两道遇水膨胀橡胶止水条＋透水盲管”防水,仰拱沉降变形缝设“中埋式橡胶止水带＋上下两道遇水膨胀橡胶止水条”防水,变形缝辅以嵌缝,拱墙变形缝透水盲管直接引入侧沟。

3. 明挖隧道拱墙及仰拱衬砌沉降变形缝设“中埋式钢边橡胶止水带＋上下两道遇水膨胀橡胶止水条”防水并辅以嵌缝,其中拱墙变形缝辅以透水盲管并联通至侧沟。

六、注浆堵水

1. 二次衬砌背后预贴 ϕ30 mmPVC 花管并留有排气管,隧道衬砌混凝土强度达到设计强度100%后，进行空隙回填注浆。

2. 隧道开挖后，局部渗水量大，集中引排可能引起地表水流失造成环境破坏时，采用局部注浆进行封堵。

七、弃渣场排水

在弃渣场坡面、平台及弃渣场周围设置完善的截、排水设施，将地表水引排至弃渣场外，同时修筑的挡墙上按路基专业要求布置泄水孔。

1. 砟场边缘设置边缘水沟，中心设置砟顶水沟，砟场底设置碎石盲沟。

2. 砟场中心砟顶水沟沟头5 m宽范围铺设50 cm厚M10浆砌片石。

3. 挡砟墙顶外侧4 m宽，墙底外侧2 m宽铺设50 cm厚M10浆砌片石。

第七节　沉降变形设计

一、隧道变形设计原则

（一）观测原则

1. 隧道内一般地段沉降观测断面的布设根据围岩级别和结构型式分别确定，不良地质和复杂地质区段适当加密布设。

2. 隧道洞口、明暗分界处和变形缝处均进行沉降观测。

3. 隧道主体工程完工后，变形观测期一般不少于3个月。观测数据不足或工后沉降评估不能满足设计要求时，适当延长观测期。

（二）隧道变形观测点布置原则

1. 暗洞地段Ⅲ级围岩每400 m、Ⅳ级围岩每300 m、Ⅴ级围岩每200 m布设一个观测断面；明洞地段断面间距为20 m。当长度不足时，每段围岩或不同衬砌段至少布置一个断面。

2. 不良地质和复杂地质区段，观测断面的间距为一般地段的一半。

3. 隧道洞口里程、隧线分界里程、明暗分界里程、有仰拱和无仰拱衬砌变化里程及所有设置变形缝两侧均布置观测断面。

4. 隧底填充或底板施工完成后，每个观测断面设置2个沉降观测点，分别布置在隧道中线两侧各6.24 m处；变形缝处每个观测断面设置4个沉降观测点，分别布置在隧道中线两侧各6.24 m和变形缝前后各0.5 m处。

（三）元器件埋设

测点及观测元器件的埋设位置标设准确、埋设稳定。观测期间对观测点采取有效的保护措施，防止施工机械的碰撞，人为因素的破坏。观测点的埋设参照图3-6-5进行。

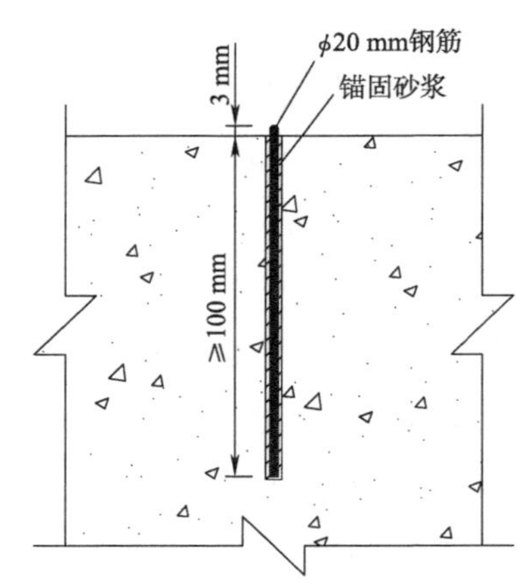

图3-6-5　隧道变形观测点设置示意图

二、隧道变形观测

（一）隧道变形观测点测量精度

所使用的仪器和设备进行定期检查并详细记录；每次测量采用

同一仪器，固定观测人员，相同的观测路线和观测方法，在基本相同的环境和观测条件下工作。

隧道沉降观测点水准测量精度为±1 mm，读数取位至0.1 mm。

（二）隧道变形观测频次

隧道基础沉降观测的频次不低于表3-6-2的规定，沉降稳定后不再进行观测。

表3-6-2　隧道基础沉降观测频次

观测阶段	观测频次		
	观测期限		观测周期
隧底工程完成后	3个月		1次/周
无砟轨道铺设后	3个月	0～1个月	1次/周
		1～3个月	1次/2周

（三）隧道变形评估方法及判定标准

1. 隧道评估前收集如下资料。

(1)隧道基础沉降观测资料；

(2)隧道地段的线路设计纵断面图、工程地质纵横断面图、地质勘察报告、设计图纸和说明书等相关设计资料；

(3)隧道开挖地质描述及开挖围岩分级记录、Ⅳ～Ⅵ级围岩地段基底承载力检测情况、施工监控量测资料、仰拱施工分项工程验收记录等施工资料；

(4)施工质量控制过程和抽检情况等监理资料。

2. 隧道内无砟轨道铺设条件的评估根据有关设计、施工和监理的资料及交接检验和复检的结果进行综合分析。

3. 隧道基础的沉降预测与评估方法采用路基沉降预测采用的曲线回归法，具体满足以下要求：

(1)根据隧道完成或回填土后不少于3个月的实际观测数据进行多种曲线的回归分析，确定沉降变形的趋势，曲线回归的相关系数不低于0.92；

(2)验证沉降预测的可靠性，间隔不少于3个月的两次预测最终沉降的差值不大于8 mm；

(3)隧道完成或回填土后，最终的沉降预测时间满足如下要求

$$s(t)/s \geqslant 75\% \quad (t=\infty)$$

式中　$s(t)$——预测时的沉降观测值；

s——预测的最终沉降值。

沉降时间以隧道完成后为起始点。

(4)预测的隧道基础工后沉降值不大于15 mm，并满足无砟轨道有关设计要求。

第八节　设计阶段的安全风险评估和技术措施

一、胶州机场隧道设计阶段的风险评估

（一）风险识别

胶州机场隧道工程风险因素按目标维（安全目标、投资目标、质量目标、工期目标）、时间维

(施工期间)、结构维(下穿、近邻段的工点)、因素维(技术方面)来进行分解。

该隧道工程量大、工期长,施工难度大,技术要求高,在施工中潜在风险因素多,施工风险管理难度大。结合该工程特殊的地理位置,工程地质水文以及明挖法、暗挖法施工技术的特点等,参考国内外类似工程隧道施工经验,在风险识别的基础上,采用专家调查法识别出该工程在采用明挖法、暗挖法进行施工时主要的风险因素。

(二)风险接受准则

《铁路建设工程风险管理技术规范》(Q/CR 9006—2014)的风险接受准则见表 3-6-3。

表 3-6-3 风险接受准则

风险等级	接受准则	处理措施
极高	不可接受	高度重视并规避,否则采取有效措施处理
高度	不期望	重视并采取有效措施处理,加强风险监测
中度	可接受	采取有效措施处理,并进行风险监测
低度	接受	可不采取措施,但需关注,防止风险等级上升

(三)风险评价

该工程风险等级划分按照《铁路建设工程风险管理技术规范》(Q/CR 9006—2014)执行。风险点事故发生概率等级标准与环境影响等级标准的综合评价作为该工程风险等级标准。经过对胶州机场隧道风险源的排查,确定风险点初始风险,对各风险点采取相应的防护措施,然后对其残留风险进行判定。鉴于机场隧道初始风险等级中"极高"的风险一处,存在多处"高度"风险因素,且明挖基坑平行近邻青岛地铁 8 号线,暗挖段下穿既有胶济货运铁路,区域内同期及预期实施的工程项目交叉较多,隧道施工安全风险较高,经济损失、环境影响风险等级较高,因此机场隧道按高度风险隧道进行管理。残留风险等级划分见表 3-6-4。

表 3-6-4 残留风险等级划分

序号	风险事件/风险因素		初始风险等级	风险处理措施	残留风险等级
1	暗挖段	暗挖进洞洞口失稳	高度	加强支护措施、加强施工管理、加强监测	中度
2		支护结构变形大	高度	加强支护措施、加强施工管理、加强监测	中度
3		大断面下穿胶济铁路	高度	加强支护措施、加强施工管理、加强监测、协调运营部门做好管控、制定应急预案	中度
4		地面沉降较大	高度	加强支护措施、加强施工管理、加强监测	中度
5		地下管线	中度	施工前对地下管线详细核查;加强监测	低度
6	明挖段	明挖基坑隆起	中度	设置安全可靠的围护结构、分层、分部开挖基坑,及时架设支撑	低度
7		不良地质及特殊岩土	中度	降水和集排水、分区防水、基底垫层、优化施工工艺减少对地层影响、回填隔水层	低度
8		基坑变形过大	中度	先支撑、后开挖,加强施工监测,制定应急预案,加强施工管控	低度

续上表

序号	风险事件/风险因素		初始风险等级	风险处理措施	残留风险等级
9	明挖段	支撑脱落或基坑失稳	中度	选定可靠的围护结构，及时架设坑内支撑，加强施工管控，加强监测	低度
10		地下水影响	中度	采取合理的降、排、止水措施，加强水位监测	低度
11	相邻工程	青岛地铁 8 号线	中度	加强围护结构设计，采用合理开挖工法	低度
12		规划碧沟河	中度	加强围护结构设计，采用合理开挖工法	低度
13		同步建设过程中先建的分项工程	中度	一体化设计，加强组织管理，统一协调部署	低度

二、青阳隧道设计阶段的风险评估

(一)初始风险评价

经评估，青阳隧道中的主要典型风险事件类形为洞口风险(洞口失稳、进口采石场挖掘坑对隧道的影响、出口湿陷性黄土对隧道基底的影响、1 号斜井井口水位较高、2 号斜井井口坡面风化碎石)、突泥突水、塌方、地下水环境改变引起失水风险(表格中简称地下水影响)、隧道爆破施工振动对地表村庄影响(表格中简称爆破振动)风险等。

初始风险为高度及以上的共有 48 处，具体情况如下。

1. 极高风险

(1)塌方风险

正洞有 5 段，分别为 DK42＋520～＋705、DK43＋790～＋830、DK44＋725～＋800、DK45＋140～＋200、DK47＋955～DK48＋000(长度 405 m)。

1 号斜井共有 1 段，为 1 斜 1＋60～1 斜 1＋90(长度 30 m)。

2 号斜井共有 2 段，分别为 2 斜 0＋90～2 斜 1＋35、2 斜 4＋65～2 斜 5＋15(长度 95 m)。

(2)地下水环境改变引起失水风险

正洞有 1 段，为 DK40＋850～DK43＋420(长度 2 570 m)。

1 号斜井共有 1 段，为 1 斜 0＋00～1 斜 5＋00(长度 500 m)。

2. 高度风险

(1)突水突泥风险

正洞共有 11 段，分别为 DK42＋175～＋370、DK42＋520～＋705、DK43＋035～＋085、DK43＋700～＋925、DK44＋300～＋350、DK44＋695～＋830、DK45＋095～＋245、DK46＋405～＋625、DK47＋020～＋080、DK47＋845～DK48＋040、DK48＋255～＋325(长度 1 535 m)。

1 号斜井共有 1 段，为 1 斜 1＋30～1 斜 1＋90(长度 60 m)。

2 号斜井共有 2 段，分别为 2 斜 0＋60～2 斜 1＋65、2 斜 4＋65～2 斜 5＋15(长度 155 m)。

(2)塌方风险

正洞共有 19 段，分别为 DK39＋040～＋465、DK41＋230～＋500、DK42＋175～＋370、

DK42＋440～＋520、DK42＋705～＋745、DK43＋035～＋085、DK43＋700～＋790、DK43＋830～＋925、DK44＋300～＋350、DK44＋695～＋725、DK44＋800～＋830、DK45＋095～＋140、DK45＋200～＋245、DK46＋405～＋625、DK47＋020～＋080、DK47＋845～＋955、DK48＋000～＋040、DK48＋255～＋325、DK49＋000～＋180(长度 2 125 m)。

1 号斜井共有 2 段，分别为 1 斜 1＋30～1 斜 1＋60、1 斜 1＋90～1 斜 5＋00(长度 340 m)。

2 号斜井共有 3 段，分别为 2 斜 0＋60～2 斜 0＋90、2 斜 1＋35～2 斜 1＋65、2 斜 7＋75～2 斜 9＋00(长度 185 m)。

(3)隧道爆破施工振动对地表村庄影响

正洞有 1 段，为 DK40＋850～DK43＋420 段(长度 2 570 m)。

1 号斜井共有 1 段，为 1 斜 0＋00～1 斜 5＋00(长度 500 m)。

(二)风险控制措施

鉴于青阳隧道初始风险等级“极高”的风险较少、“高度”的风险较多，且隧道沿线下钻黉山前、腰庄、丁家庄等村庄，隧道施工风险较高，不定性因素较多，经济损失等风险较高，因此将青阳隧道按高度风险隧道进行管理。

1. 针对洞口风险的对策及控制措施

(1)洞口失稳

洞口工程与洞口相邻工程统筹安排、及早完成，施工避开雨季及寒冷季节。洞口施工前，先检查边、仰坡以上的山坡稳定情况，及时清除悬石，并进行不间断监测。结合现场地形，洞口边、仰坡及早做好坡面防护，确保洞口稳定。洞顶边、仰坡周围的排水系统在雨季前及边、仰坡开挖前完成。洞口土石方工程施工自上而下分层开挖、分层防护，当地质条件不良时，采取稳定边坡和仰坡的措施。洞口石方严禁采用洞室爆破开挖，采用浅孔小台阶爆破，边、仰坡开挖采用预留光爆层法或预裂爆破法。洞口段开挖到隧底标高后，及时施作中心水沟及出水口。

(2)进口采石场挖掘坑

①加强地表观测及沉降观测。

②利用隧道弃渣将附近的采石坑回填，并在地表施作截排水系统及绿化设施。

(3)洞口湿陷性黄土

采用螺杆桩加固，桩径 0.5 m，桩间距 2.2 m，桩长 12.0 m，正方形布置，桩顶设 C35 钢筋混凝土桩帽，桩帽顶铺设 0.5 m 厚碎石垫层，帽间回填碎石。

(4)1 号斜井井口水位较高

①井口设置完善的截排水设置，并通过两侧的天然沟进行引排；

②井口设置 2 m 高浆砌片石围墙将井口场地进行围挡。

(5)2 号斜井井口坡面风化碎石

①对井口坡面风化碎石进行清方，清方范围为 223 m(延斜井方向)×239 m(横向)×1.5 m(厚度)；

②设置完善的截排水设置，将坡面水引排至洞口两侧低洼处；

③施工期间进行持续观测，及时清理坡面碎石，必要时设置主被动防护网。

2. 针对突水、突泥的对策

(1)加强超前地质预报。采用合适的超前地质预报手段,并视情况的不同采用超前地质钻孔,及时、准确预报掌子面前方地下水赋藏情况。

(2)施工中严重渗漏水情况及时进行注浆封堵。隧道穿越断层破碎带采用超前周边注浆或径向注浆的方式进行封堵。

(3)隧道施工尽量设计为顺坡施工。

(4)对斜井施工工区及反坡施工段落配置足够的抽水设备,对长距离抽水设置梯级泵站,采取有针对性的措施,保证施工安全。

(5)选用专业化、设备先进、工程经验丰富的队伍进行地质超前预报和注浆施工,降低工作失误造成的安全风险。

(6)建立突水预警及警报传递系统。掌子面万一发生突水(泥、石),能够迅速传递给后方人员,使之及时撤离。

3. 针对开挖面剥落、失稳的对策

(1)加强超前地质预报。

(2)加强监控量测。

(3)加强初期支护。

(4)加强超前支护。

(5)必要时进行地表或掌子面注浆加固。

4. 岩爆风险控制措施

开挖后及时洒水,设置应力释放孔,加长拱部系统锚杆、拱部设置钢筋网等措施,做好施工人员及设备防护。

5. 掉块及塌方风险控制措施

(1)强化超前支护。进洞环节拱部设置一环超前大管棚;Ⅳ、Ⅴ级围岩拱部设置超前小导管预注浆加固;根据不同的围岩情况及构造特征,采取预注浆加固围岩,如超前周边注浆等措施。

(2)隧道开挖后,及时架立钢架,施作锚杆及喷混凝土支护措施,并遵循"管超前、弱爆破、强支护、早封闭、勤量测、及时衬砌"的施工程序。

(3)加强初期支护。节理裂隙发育或地下水丰富地段的Ⅳ、Ⅴ级围岩采用型钢钢架,并适当缩短钢架间距。

(4)选用合理的施工方法。Ⅳ、Ⅴ级围岩一般地段采用台阶法、三台阶七步流水法施工,并控制开挖进尺;浅埋偏压、断层破碎带地段采用三台阶临时横撑法施工,开挖时短进尺。

(5)加强监控量测。通过监控量测成果分析,及早掌握围岩及支护的动态状况,以便采取有效措施,并及时调整设计参数。

6. 地下水环境改变引起失水风险

(1)施工期间由建设单位组织对附近的井泉进行观测,对隧道区的水文地质条件进行动态观测,并对该地区隧道施工影响水文地质条件进行评估。

(2)在影响区域的线路两侧村庄附近共打设 8 口机井,每个村庄 2 口机井,管路引至村内。

(3)DK40＋850～DK43＋420 段采用超前周边注浆加局部注浆或径向注浆加局部注浆对围岩进行封堵。

7. 隧道爆破施工振动对地表村庄影响

隧道浅埋段附近有村庄，房屋以砖砌结构为主，目测均为一般状况完好房屋，安全允许振速满足《爆破安全规程》(GB 6722—2014)中爆破振动安全允许范围标准。

DK40＋850～DK43＋420 段、1 号斜井全段开挖采用微振动控制爆破，严格控制一次装药量及开挖进尺，或采取机械开挖等措施确保隧道施工不影响居民的正常生活。

(三)残留风险评估

在采取了风险控制措施以后，对该隧道中残留的各种风险进行评估，评估结果显示正洞及斜井残留风险中已不存在高度及以上风险，风险等级均控制在中度以下。

通过对机场隧道、青阳隧道工程条件的概述和初始风险等级的确定，部分风险因素可导致高度风险等级事件。通过采取相应的风险控制措施后，风险等级降为中度及以下。因此，综合考虑青阳隧道、机场隧道的建设在安全、投资、工期、环境和第三方等多个目标风险方面都是可以接受的，设计方案可行。

第七章　轨道设计

第一节　轨道工程概况与特点

一、轨道工程概况

(一)正　　线

济青高铁正线长度 308 km，主要采用无砟轨道，按一次铺设跨区间无缝线路设计。济南东至胶州北(不含)正线轨道类型以无砟轨道为主，区间按 CRTSⅢ型板式无砟轨道设计，岔区按轨枕埋入式无砟轨道设计，既有济南东站范围、断裂带范围采用有砟轨道；胶州北(含)至红岛正线轨道类型以有砟轨道为主，正线机场站隧道及两侧 U 形槽范围、机场站到发线均采用无砟轨道，区间按 CRTSⅠ型双块式无砟轨道设计，岔区按轨枕埋入式无砟轨道设计。有砟轨道和无砟轨道结构之间设置过渡段。

(二)联 络 线

相关联络线及动车走行线主要采用有砟轨道，其中上跨胶济客专、石济客专、济青高铁线路范围采用无砟轨道。

二、轨道工程特点及难点

(一)轨道结构型式齐全

结合工程实际情况和线下工程条件，济青高铁轨道结构型式较为齐全，包括 CRTSⅢ型板式无砟轨道、CRTSⅠ型双块式无砟轨道、岔区轨枕埋入式无砟轨道以及有砟轨道(聚氨酯道床)等轨道型式。

设计中根据实际情况合理采用不同的轨道型式，既实现了与线下工程条件相匹配、不同轨道结构型式的成段铺设，又满足了不同轨道结构型式间的平顺过渡。

(二)轨道工程技术标准高

1. 采用厂制 100 m 定尺长钢轨

全线采用 100 m 定尺长钢轨在工厂焊接成 500 m 长轨条运输到现场，在现场焊接成贯通全线的无缝线路，每个焊接接头在 1 m 范围内的平直度要控制在 0～+0.2 mm 以内。为消除钢轨表面的缺陷和不平顺，确保精度要求，铺设完成后的无缝线路钢轨还采用打磨列车进行 1～2 遍的打磨处理。

2. 采用 CRTSⅢ型板式无砟轨道

CRTSⅢ型板式无砟轨道主要特点体现在以下两方面：

(1)采用标准化、规模化、工厂化预制技术。全线所需的轨道板全部在工厂内进行预制生产，以利于产品质量控制、提高生产效率、减少现场圬工量，加快了无砟轨道铺设进度，提高了无砟轨道整体质量。

(2)调整层采用自密实混凝土技术。CRTSⅢ型板式无砟轨道采用了强度等级为 C40 的自密实混凝土调整层，取消了砂浆调整层等结构薄弱环节，加强了轨道结构的耐久性，同时也增加了技术难度。

第二节　设计原则与采用的主要技术标准

一、设计原则

1. 正线采用 60 kg/m 钢轨，一次铺设跨区间无缝线路。

2. 正线：主要采用无砟轨道，其中除机场站隧道采用 CRTSI 型双块式无砟轨道外，其余均采用 CRTSⅢ型板式无砟轨道，岔区采用轨枕埋入式无砟轨道。

3. 到发线：除机场站到发线采用 CRTSI 型双块式无砟轨道外，其余到发线均采用有砟轨道。

4. 联络线及动车走行线：主要采用有砟轨道，其中上跨胶济客专、石济客专、济青高铁线路范围采用无砟轨道。

二、采用的主要技术标准

（一）轨道静态平顺度铺设精度标准

轨道静态平顺度铺设精度标准应符合表 3-7-1～表 3-7-3 的规定。

表 3-7-1　正线轨道静态铺设精度标准（a 为扣件节点间距）

序号	项目	容许偏差	备　注
1	轨距	无砟轨道±1 mm 有砟轨道±2 mm	相对于标准轨距 1 435 mm
		1/1 500	变化率
2	轨向	2 mm	弦长 10 m
		2 mm/(5 或 8a)m 10 mm/(150 或 240a)m	基线长(30 或 48a)m 基线长(300 或 480a)m
3	高低	2 mm	弦长 10 m
		2 mm/(5 或 8a)m 10 mm/(150 或 240a)m	基线长(30 或 48a)m 基线长(300 或 480a)m
4	水平	2 mm	不包括曲线、缓和曲线上的超高值
5	扭曲	2 mm	基长 3 m 包括缓和曲线上由于超高顺坡所造成的扭曲量
6	与设计高程偏差	10 mm	站台处的轨面高程不应低于设计值
7	与设计中线偏差	10 mm	

表 3-7-2　正线道岔静态铺设精度标准

项目	高低	轨向	水平	扭曲(基长 3 m)	轨距	
幅值(mm)	2	2	2	2	±1	变化率 1/1 500
弦长(m)	10		—			

表 3-7-3　联络线有砟轨道静态铺设精度标准

序号	项目	容许偏差(mm)	备注
1	轨距	+4，-2	相对于标准轨距 1 435 mm
2	轨向	4	弦长 10 m
3	高低	4	弦长 10 m
4	水平	4	不包括曲线、缓和曲线上的超高值
5	扭曲	4	基长 6.25 m

(二)无砟轨道铺设地段

济青高铁正线无砟轨道类型分为 CRTSⅢ型板式、CRTSⅠ型双块式及岔区轨枕埋入式无砟轨道，其分类铺设范围见表 3-7-4。

表 3-7-4　济青高铁正线轨道铺设范围及类型

序号	起点	终点	备注
1	K0+443.769	K0+493.769	有砟轨道
2	K0+493.769	K206+667.779	CRTSⅢ型板式 岔区无砟轨道
3	K206+667.779	K209+610.057	断裂带聚氨酯有砟道床
4	K209+610.057	左线：K278+234.917 右线：K278+220.725	CRTSⅢ型板式 岔区无砟轨道
5	左线：K278+234.917 右线：K278+220.725	K282+416.043	有砟轨道
6	K282+416.043	K290+376.043	CRTSⅠ型双块式 岔区轨枕埋入式
7	K290+376.043	终点	有砟轨道

第三节　有砟轨道结构设计

一、钢　　轨

一般地段采用 60N、100 m 定尺长、U71MnG 无螺栓孔新钢轨，曲线半径 $R \leqslant 2\ 800$ m 地段采用 60N、100 m 定尺长、U71Mn 热处理钢轨。

二、轨　　枕

一般地段采用Ⅲc 型混凝土枕(图号：专线 3451)，铺设护轮轨地段采用Ⅲqc 型桥枕(图号：专线 3452)，轨枕铺设根数均为 1 667 根/km。

另外，根据信号专业要求设置电容枕及电气绝缘节专用枕。

三、扣　　件

一般地段采用弹条Ⅴ型扣件(图号:研线 0602),小阻力扣件地段采用弹条Ⅴ型小阻力扣件。

四、道　　床

采用特级碎石道砟。道砟的物理力学性能符合有关规定。道砟上道前进行清洗,清洁度符合有关要求。道床顶面低于轨枕承轨面 40 mm,且不高于轨枕中部顶面。

采用单层道床,道床厚度为 35 cm。道床边坡 1∶1.75,砟肩堆高 15 cm。单线道床顶面宽度 3.60 m,双线道床顶面宽度分别按单线设计。桥上砟肩至挡砟墙之间以道砟填平。

DK208+597.78～DK213+150 活动断裂带范围采用聚氨酯固化道床。

第四节　无砟轨道结构设计

一、CRTSⅢ型板式无砟轨道

(一)结构组成

CRTSⅢ型板式无砟轨道均由钢轨、弹性扣件、轨道板、自密实混凝土层、隔离层以及底座等部分组成。路基地段、桥梁地段和隧道地段的结构高度(内轨轨顶面至底座板底面)分别为 838 mm、738 mm 和 738 mm,曲线超高在底座板上设置。

(二)型式尺寸及技术要求

1. 轨 道 板

轨道板为带挡肩的双向先张预应力混凝土结构,混凝土强度等级为 C60,轨道板宽度 2 500 mm,厚度 200 mm,标准轨道板长度分 5 600 mm、4 925 mm 和 4 856 mm 三种。设计中共采用了 P5600、P4925、P4856、P3710、P5600A、P4925B 六类轨道板。各种轨道板适用地段见表 3-7-5。

表 3-7-5　不同板型适用地段表

序号	板型	适用地段
1	P5600	普通路桥地段
2	P4925	普通路桥地段
3	P4856	普通路桥地段
4	P3710	特殊路桥地段
5	P4925B	特殊地段梁端
6	P5600A	有砟无砟过渡段

2. 自密实混凝土层

自密实混凝土层为单元结构,长度和宽度同轨道板,厚 90 mm。采用强度等级 C40 的自密实混凝土,配置单层 CRB550 级冷轧带肋钢筋焊网。每块轨道板对应自密实混凝土层设置

2～3 个凸台(大跨梁端部),与底座板上设置的凹槽相对应。

3. 底 座

底座为钢筋混凝土结构,采用单元结构,路基地段混凝土强度等级为 C30,桥梁地段混凝土强度等级为 C40。

底座内配置双层 CRB550 级冷轧带肋钢筋焊网。底座对应自密实混凝土凸台位置设置凹槽。

(1)路基地段底座宽度为 3 100 mm,直线地段底座厚度为 300 mm(含 4 mm 厚土工布),曲线地段根据具体超高确定。一般地段每 3 块轨道板范围对应底座为一个单元;个别地段 2 块板对应底座为一个单元。相邻底座单元间设置宽 20 mm 伸缩缝,伸缩缝处设传力杆并填充聚乙烯泡沫塑料板,顶面及两侧面采用 20～30 mm 厚聚氨酯密封胶密封。

(2)桥梁地段底座宽度为 2 900 mm,直线地段底座厚度为 200 mm(含 4 mm 厚土工布),曲线地段根据具体超高确定。每块轨道板下底座为一个单元,相邻底座单元间设置宽 20 mm 伸缩缝,伸缩缝处填充聚乙烯泡沫塑料板,顶面及两侧面并采用 20～30 mm 厚聚氨酯密封胶密封。

(3)隧道地段底座宽度为 2 900 mm,直线地段底座厚度为 200 mm,曲线地段根据具体超高确定。每 3 块轨道板范围对应底座为一个单元,相邻底座单元间设置 20 mm 伸缩缝,伸缩缝处填充聚乙烯塑料泡沫板,顶面及两侧面采用聚氨酯密封胶密封。

4. 隔 离 层

自密实混凝土层与底座间(含凹槽底面处)设置 4 mm 厚的土工布隔离层。除限位挡台四周侧壁外,隔离层应覆盖自密实混凝土层范围。土工布隔离层宽度为 2.6 m。自密实混凝土层拆模后对宽出自密实混凝土层四周的隔离层部分进行切除处理。除底座凹槽处外,每块轨道板下的自密实混凝土层范围内的隔离层按一整块设置。

5. 限位结构

自密实混凝土层设置限位挡台,底座对应限位挡台位置设置凹槽,通过限位挡台、凹槽进行轨道限位。

限位挡台在高度方向上呈四棱台型,倾角为 1∶10,路基地段上、下尺寸分别为 1 030 mm×730 mm、1 000 mm×700 mm,高度为 150 mm;桥梁、隧道地段上、下尺寸分别为 1 020 mm×720 mm、1 000 mm×700 mm,高度为 100 mm。

限位挡台周围设弹性垫板及泡沫隔离材料。路基地段线路纵向采用 A1 型的弹性垫板,尺寸为 900 mm×110 mm×8 mm;线路横向采用 A2 型的弹性垫板,尺寸为 600 mm×110 mm×8 mm;桥梁、隧道地段线路纵向采用 A3 型的弹性垫板,尺寸为 900 mm×60 mm×8 mm;线路横向采用 A4 型的弹性垫板,尺寸为 600 mm×60 mm×8 mm。

(三)与线下结构的连接

1. 梁面混凝土表面拉毛

线路中心线 2.7m 范围内梁面及隧道仰拱(底板)混凝土结构进行拉毛处理。拉毛深度为 1.8～2.2mm,拉毛纹路均匀、清晰、整齐。无砟轨道施工前对拉毛效果进行检查,若拉毛效果未达到设计要求,对梁面进行补充凿毛,凿毛范围见新面不小于 90%,浮砟、碎片等清除干净。

2. 设置预埋件或预埋钢筋

桥梁与底座板间设置预埋套筒时，套筒采用 45 号优质碳素钢加工，套筒内螺纹采用正反丝扣。预埋及底座内连接钢筋采用直径为 16 mm 的 HRB400 钢筋，连接钢筋的丝扣应和套筒丝扣相匹配。

隧道洞口 100 m 范围设置 L 型预埋钢筋。

（四）CRTSⅢ型板式无砟轨道路桥过渡段

CRTSⅢ型板式无砟轨道路桥过渡方案为桥台后设置钢筋混凝土搭板及高强度挤塑板。

1. 结构组成

路桥过渡段 CRTSⅢ型板式无砟轨道由钢轨、弹性扣件、轨道板、自密实混凝土层、底座、钢筋混凝土搭板等部分组成(图 3-7-1)。

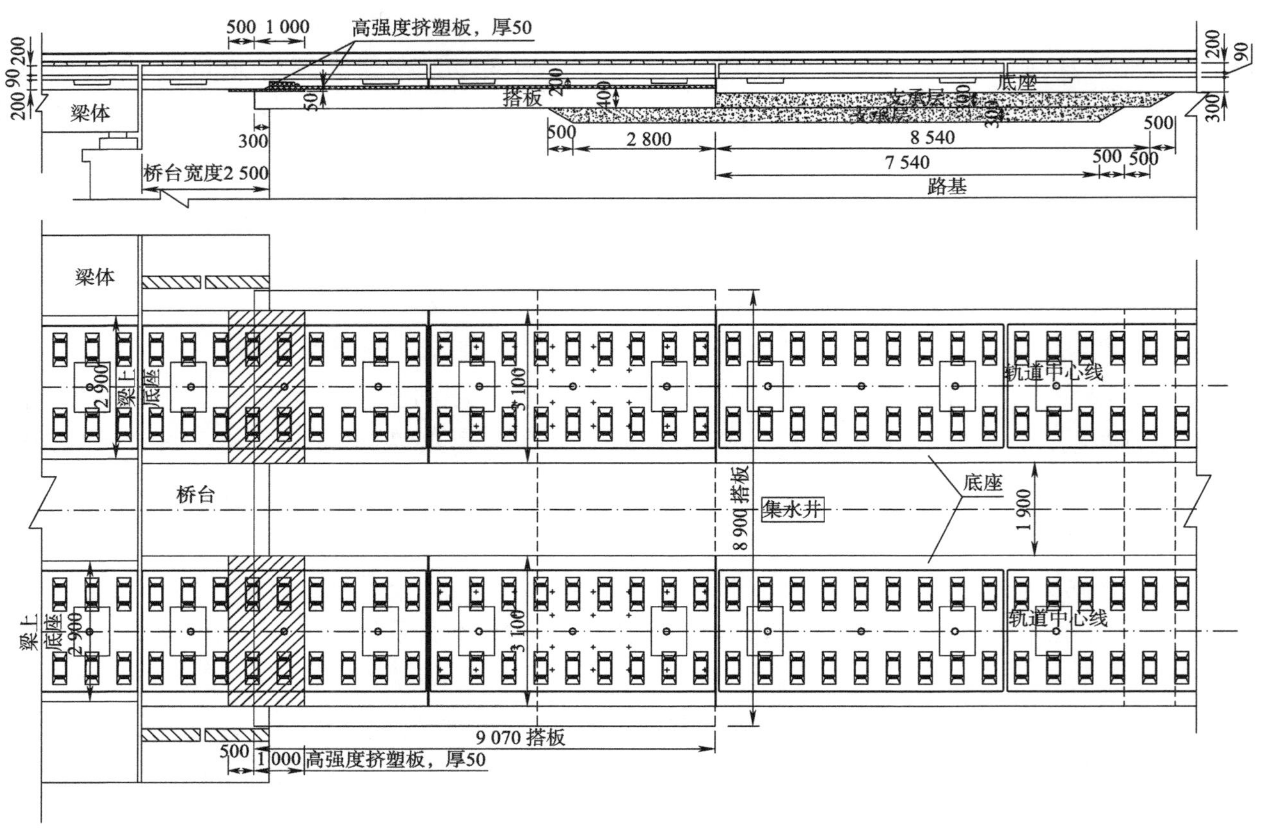

图 3-7-1 双线地段路基与桥台过渡段轨道结构示意图(单位:mm)

2. 型式尺寸及技术要求

(1)路基与桥台过渡段

路桥过渡段台后设置凹槽，搭板搁置于凹槽内。搭板与凹槽及桥台之间通过土工布进行隔离。

轨道排水与桥台、路基排水系统顺接，保证排水畅通。

(2)路基与无覆土框构

路桥过渡段框构边墙设置牛腿，搭板搁置于牛腿上。搭板与牛腿及框构或涵洞边墙间通过土工布进行隔离。

轨道排水与桥台、路基排水系统顺接，保证排水畅通。

(五)有砟轨道与无砟轨道过渡段

有砟无砟过渡段相关技术措施如下：

1. 过渡段有砟轨道下设置 C40 钢筋混凝土搭板。

2. 过渡段无砟轨道端部第一块轨道板采用 P5600A 型轨道板。

3. 过渡段范围设置 25 m 长的 60 kg/m 辅助轨及配套扣件。其中 5 m 设置在无砟轨道上，20 m 设置在有砟轨道上。

二、CRTS Ⅰ 型双块式无砟轨道

(一)路基地段 CRTS Ⅰ 型双块式无砟轨道

路基地段 CRTS Ⅰ 型双块式无砟轨道由钢轨、弹性扣件、双块式轨枕、道床板、底座/支承层等部分组成。结构高度为 815 mm(内轨轨顶面至底座板底面)。轨道断面如图 3-7-2、图 3-7-3 所示。

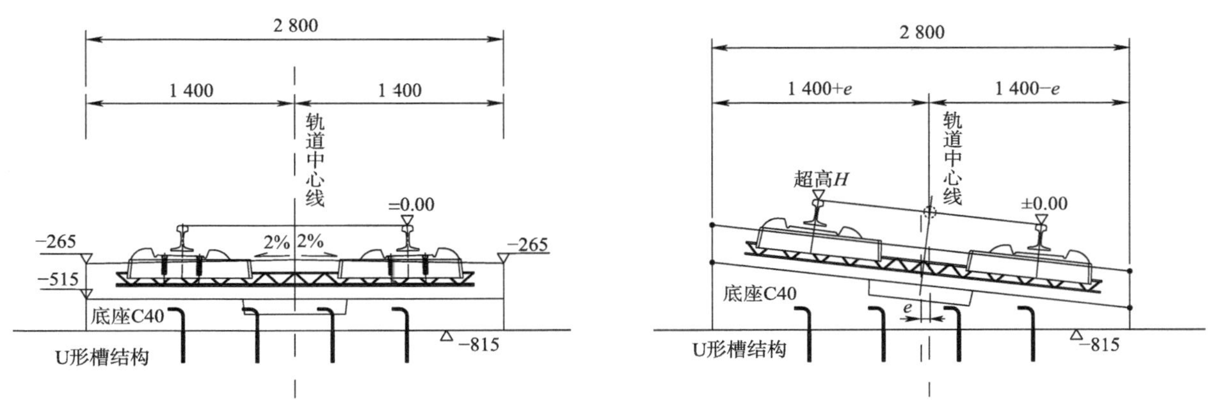

图 3-7-2 路基 U 形槽地段 CRTS Ⅰ 型双块式无砟轨道断面图(一)(单位：mm)

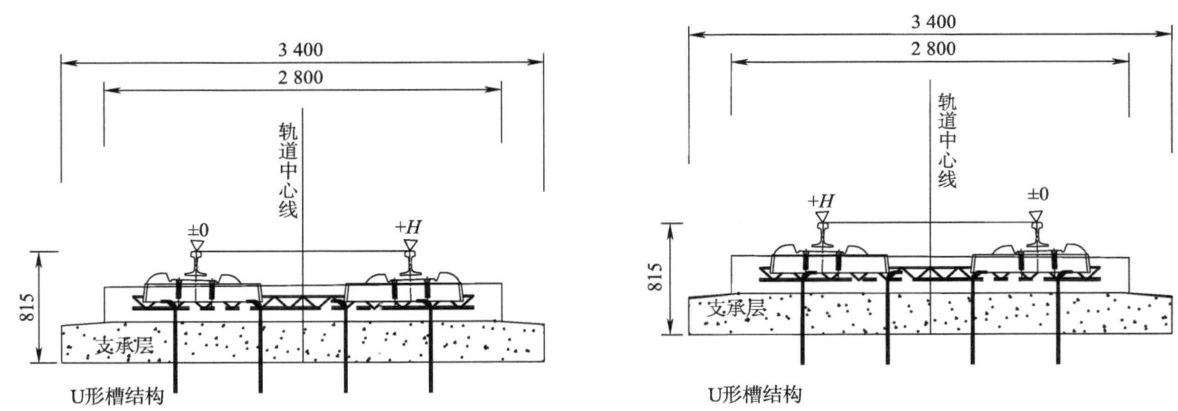

图 3-7-3 路基 U 形槽地段 CRTS Ⅰ 型双块式无砟轨道断面图(二)(单位：mm)

道床板采用 C40 混凝土，沿线路纵向分块构筑，分块长度为 4.9 m，相邻道床板间板缝为 100 mm。道床板宽度为 2 800 mm，厚度为 260 mm。

每块道床板设两个凸向底座方向的限位挡台，限位挡台在高度方向呈四棱台型，倾角为 1∶10，上、下尺寸分别为 1 022 mm×700 mm、1 000 m×678 mm，高为 110 mm。

底座板采用 C40 混凝土，沿线路纵向分块构筑，分块长度根据道床板长度调整，相邻底座板间设置伸缩缝，除 U 形槽伸缩缝处宽度为 30 mm 外，其余均为 20 mm，伸缩缝处填充聚乙烯泡沫塑料板，顶面及两侧面并采用 20～30 mm 厚硅酮密封胶密封。底座板宽度为 2 800 mm，直线地段厚度为 300 mm，曲线地段计算确定。

每块底座对应道床板限位挡台位置设置两个 110 mm 深的凹槽，凹槽四周设置弹性缓冲垫层。底座通过钻孔植筋与 U 形槽相连，曲线地段钢筋长度适当调整。轨道中心线 2.6 m 范围内，U 形槽应进行拉毛或凿毛处理。道床板与底座之间铺设 4.0 mm 厚土工布隔离层。

道床板采用 C40 混凝土，沿线路纵向分块构筑，分块长度结合现场假缝间距离合理调整，道床板不跨越 U 形槽伸缩缝，相邻道床板间板缝 100 mm。道床板宽度 2 800 mm，厚度 260 mm。道床板不设置端梁及限位挡台。

支承层底部、端梁范围钢筋混凝土底座设置伸缩缝。除 U 形槽伸缩缝处宽度为 30 mm 外，其余均为 20 mm，伸缩缝处填充聚乙烯泡沫塑料板，顶面及两侧面并采用 20～30 mm 厚硅酮密封胶密封。

支承层对应道床板上相邻轨枕中间位置钻孔植筋与 U 形槽连接。

道床板浇筑前对支承层进行凿毛处理，支承层和道床板之间不设置土工布隔离层。

（二）隧道地段 CRTSⅠ型双块式无砟轨道

隧道地段 CRTSⅠ型双块式无砟轨道由钢轨、弹性扣件、双块式轨枕、道床板等部分组成。结构高度为 660 mm（内轨轨顶面至道床板底面），曲线超高在无砟轨道道床板上设置。轨道断面如图 3-7-4 所示。

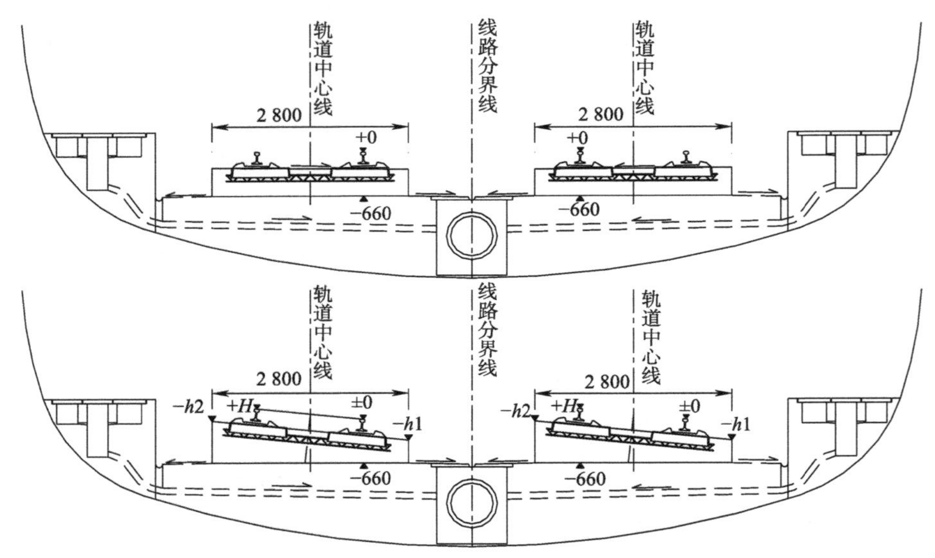

图 3-7-4　隧道地段 CRTSⅠ型双块式无砟轨道断面图（直线、曲线，单位：mm）

道床板沿线路纵向在隧道仰拱回填层上分块构筑，在隧道沉降缝处断开，分块长度为 5.0～7.0 m。混凝土强度等级为 C40，道床板宽度为 2 800 mm，厚度为 405 mm。道床板间设置宽 20 mm 的伸缩缝，伸缩缝处填充聚乙烯泡沫塑料板，顶面及两侧面并采用 20～30 mm 厚聚氨酯密封胶密封。道床板纵横向钢筋及纵向钢筋间根据综合接地和轨道电路绝缘要求分别设置焊接接头和绝缘卡。

道床板与隧道仰拱回填层间采用剪力筋连接，植筋胶的性能符合相关要求。

（三）跨线处桥梁地段 CRTSⅠ型双块式无砟轨道

联络线跨线处桥梁地段 CRTSⅠ型双块式无砟轨道由钢轨、弹性扣件、双块式轨枕、道床板、隔离层以及底座等部分组成。结构高度为 872、836 mm（内轨轨顶面至底座板底面），曲线超高在无砟轨道底座板上设置。轨道横断面如图 3-7-5 所示。

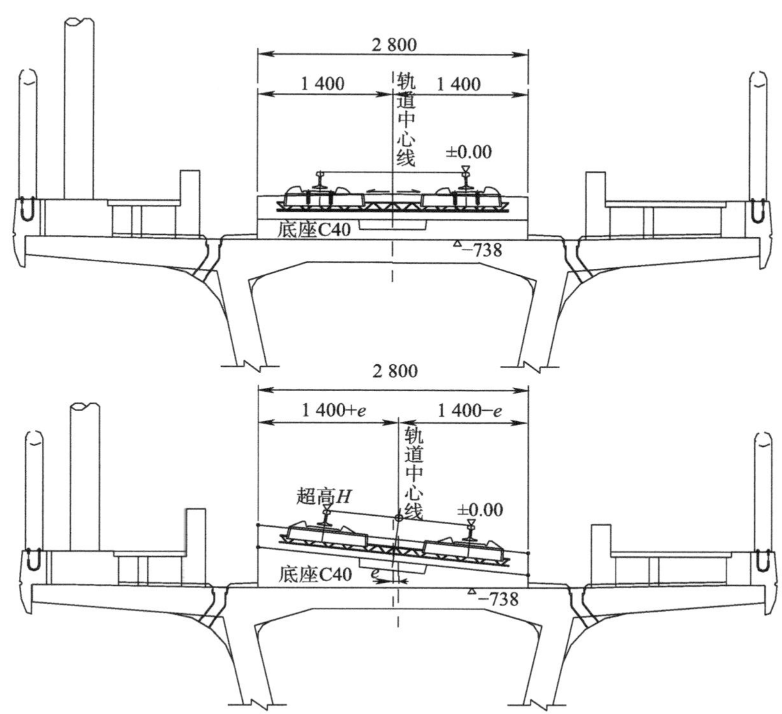

图 3-7-5　跨线处桥梁地段 CRTSⅠ型双块式无砟轨道断面图（直线、曲线，单位：mm）

1. 道　床　板

道床板沿线路纵向在梁面上分块构筑，分块长度为 5.0～7.0 m，相邻道床板间隔缝为 100 mm。道床板宽度为 2 800 mm，厚度为 260 mm。

采用 C40 混凝土现场浇筑。道床板顶面设置 1%的横向排水坡。每块道床板上设置 2 个凸型挡台，凸台高度方向成四棱台型，倾角为 1∶10，上、下尺寸分别为 1 022 mm×700 mm、1 000 mm×678 mm，高为 110 mm。

道床板采用 HRB400 级钢筋，道床板内除接地钢筋外，其他所有钢筋节点（纵向、横向钢筋、架立钢筋及轨枕桁架钢筋）均进行绝缘处理。

2. 底　　座

双块式无砟轨道钢筋混凝土底座为单元结构，宽 2 800 mm，直线地段靠近线路中心线侧轨下厚度为 223 mm，曲线地段计算确定。

底座板采用 C40 混凝土现场浇筑。底座分段长度与道床板单元一致，宽度与道床板平齐。每块底座对应道床板凸台位置设置两个 110 mm 深的凹槽，凹槽四周设置弹性缓冲垫层。底座采用 HRB400 级钢筋，底座通过预埋钢筋与桥面相连，底座钢筋按不进行绝缘处理设计。道床板与底座之间铺设 4.0 mm 厚土工布隔离层。

混凝土底座施工前对桥面进行验收，桥面满足铺设无砟轨道的要求，其顶面平整。

底座直接浇筑在梁面上，底座通过梁体预埋套筒植筋与桥梁连接，轨道中心线 2.6 m 范围内，梁面进行拉毛处理。底座范围内，梁面不设防水层和保护层，桥面排水系统由桥梁专业统一设计。

(四)有砟轨道与无砟轨道过渡段

过渡段范围设置 25 m 长的 60 kg/m 辅助轨及配套扣件。其中 5 m 设置在无砟轨道上，20 m 设置在有砟轨道上。

三、自主研发软件助力数据共享

采用自主研发的 CRTSⅢ型板式无砟轨道布板、精调一体化软件。通过布板软件计算出布设、制作、铺设等工序所需的全部轨道几何数据，实现了设计、制造和施工的数据共享，便于对轨道工程设计建造的各个环节进行控制，为工程建设提供了全面的技术支撑。

第五节　跨区间无缝线路设计

一、设计锁定轨温

无缝线路的设计锁定轨温，根据当地最高轨温、最低轨温及无缝线路的允许温升、允许温降计算确定，并满足桥上无缝线路的断缝检算要求。济青高铁无缝线路设计锁定轨温见表 3-7-6。

表 3-7-6　无缝线路锁定轨温设计表

线别	设计锁定轨温(℃)	轨道类型
济青高铁正线	25±3	无砟
济青高铁正线	28±5(±3)	有砟
相关联络线	25±3	无砟
相关联络线	28±5(±3)	有砟

注：锁定轨温括号内为温度跨度大于 160 m 连续梁及岔区所在单元轨节锁定轨温修正值。

隧道内(距洞口大于 200 m)无缝线路锁定轨温按 23 ℃设计，距洞口 200 m 范围无缝线路锁定轨温与两端区间一致。

无缝线路在设计锁定轨温范围内锁定，且相邻单元轨节之间的锁定轨温之差不应大于 5 ℃，同一单元轨节左右股钢轨锁定轨温之差不大于 3 ℃，同一区间内单元轨节的最高与最低锁定轨温之差不大于 10 ℃。

二、单元轨节布置

单元轨节的布置根据线路条件、工点情况、施工工艺等因素综合研究确定。其长度除车站、线路所范围外，一般按 1 000～2 000 m 设置，最短不小于 200 m。

单元轨节始、终端左右股钢轨接头相错量不大于 100 mm；左右两股钢轨的绝缘接头相对铺设，且绝缘接头轨缝绝缘端板距轨枕边缘不小于 100 mm。

单元轨节起止点及联合接头不设置在不同轨道结构过渡段以及不同线下基础过渡段范围。

三、桥上无缝线路

桥上无缝线路的设计锁定轨温与两端区间无缝线路设计锁定轨温按一致设计。根据计算确定大跨连续梁范围伸缩调节器以及小阻力扣件的设置。

四、道岔区无缝线路

岔区无缝道岔设计锁定轨温与两端区间无缝线路设计锁定轨温按一致设计。单组或相邻多组一次锁定的道岔(含其间线路)及其前后各一定范围的钢轨组成一个单元轨节。

五、隧道地段无缝线路

长大隧道内距洞口 200 m 范围内无缝线路设计锁定轨温与隧道外相邻单元轨节的锁定轨温按一致设计,距隧道口内 50 m 范围长轨条加强锁定。

六、位移观测桩

1. 跨区间无缝线路按单元轨节等距离设置位移观测桩,桩间距离不大于 500 m。单元轨节长不足 500 m 整倍数时,适当调整桩间距离。

2. 无缝线路在长轨条起、终点,距长轨条起终点 100 m 处分别设置 1 组位移观测桩。

3. 无缝道岔在道岔始端和终端、尖轨跟端(或限位器处)、心轨处分别设置一组钢轨位移观测桩。

4. 长大桥梁、隧道两端设置一组位移观测桩。

5. 位移观测桩埋设牢固,或设置在线路两侧的固定构筑物上,并在单元轨节两端就位后即进行标记。

第六节　道岔设计

一、路基岔区轨枕埋入式无砟轨道

(一)结构组成

路基岔区轨枕埋入式无砟轨道由道岔部件、岔枕、道床板、底座等部分组成,轨道结构高度 860 mm,如图 3-7-6 所示。

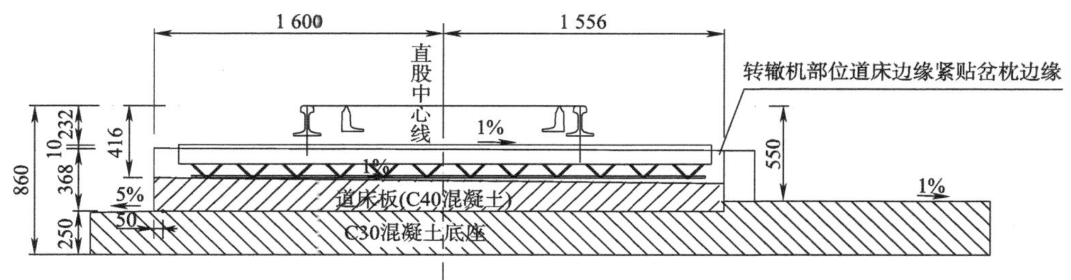

图 3-7-6　路基岔区轨枕埋入式无砟轨道断面图(单位:mm)

(二)型式尺寸及技术要求

1. 道 床 板

路基岔区道床板混凝土采用C40混凝土现场浇筑。道床板为分块结构,长度及宽度见图纸,设置转辙机部位的道床板根据岔枕尺寸进行调整道床板宽度,保证转辙机的安装,同时设置转辙机开槽;道床板厚368 mm,相邻道床板间设置20 mm宽伸缩缝,同时设置传力杆。

道床板采用HRB400级钢筋,除接地钢筋外,其他所有钢筋交叉点(纵向、横向钢筋、架立钢筋及轨枕桁架钢筋)均采用绝缘卡或相应处理措施进行绝缘处理,接地钢筋与其他钢筋交叉时进行绝缘处理,满足轨道电路对绝缘性能的技术要求。

道床板顶面设置横向排水坡,将水引到集水井或排水系统内,集水井等排水系统的设计见站场等相关专业图纸资料。

2. 底 座

路基岔区轨枕埋入式无砟轨道钢筋混凝土底座混凝土强度等级为C30,采用现场浇筑方式进行施工。

底座厚250 mm,宽度每侧较道床板宽350 mm,底座露出道床板部分设置横向排水坡,起坡点在道床板边缘以内50 mm处。混凝土底座间隔一定距离设置8 mm宽横向伸缩假缝,伸缩缝采用聚氨酯封缝材料浇注。伸缩缝处上层纵筋断开,下层纵筋连续,同时在伸缩缝处设置传力杆。伸缩缝处底座顶面设置纵向1 m长厚0.3 mm的土工膜。

底座采用HRB400级钢筋,所有钢筋交叉点(纵向、横向钢筋、架立钢筋等)均采用绝缘卡或相应处理措施进行绝缘处理,满足轨道电路对绝缘性能的技术要求。

底座内预埋剪力筋用于与道床板连接。

道床板范围内的底座顶面进行凿毛或拉毛处理(铺设滑动膜地段除外)。

岔区轨枕埋入式无砟轨道底座与相邻无砟轨道底座间设置20 mm宽的伸缩缝,伸缩缝采用聚乙烯泡沫塑料板填充,顶面及两侧采用聚氨酯材料密封。

二、隧道内岔区轨枕埋入式无砟轨道

(一)结构组成

隧道地段岔区轨枕埋入式无砟轨道由道岔部件、岔枕、道床板等部分组成,轨道结构高度660 mm(内轨轨顶面至道床板底面)。轨道横断面如图3-7-7所示。

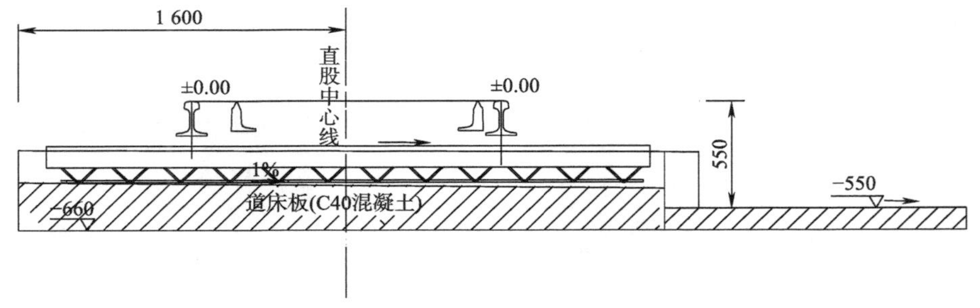

图3-7-7 隧道岔区轨枕埋入式无砟轨道断面图(单位:mm)

(二)型式尺寸及技术要求

隧道岔区道床板混凝土采用C40混凝土现场浇筑。道床板为分段结构,长度及宽度根据道岔几何尺寸确定。一般道床板单元道岔直股的内侧（靠近线路中心线侧）钢轨轨下岔枕顶面高出道床面 10 mm，道床板厚 418 mm。道床板表面设向线路外侧横向 1% 排水坡。单渡线岔区两线合为一线处的道床板单元线路中心线处钢轨轨下岔枕顶面高出道床板顶面 10 mm，表面设横向 1% 的人字坡。

隧道内道床板直接浇筑在隧道仰拱回填层（隧道底板）上，并通过植筋加强与隧道仰拱的连接。

道床板采用 HRB400 级钢筋，道床板内除接地钢筋外，其他所有钢筋节点（纵向、横向钢筋、架立钢筋及轨枕桁架钢筋）均采用绝缘卡进行绝缘。

岔区轨枕埋入式无砟轨道道床板间及与相邻双块式无砟轨道道床板间设置 20 mm 宽的伸缩缝，伸缩缝处采用聚乙烯泡沫塑料板填缝，顶面及两侧用聚氨酯材料密封。

第八章　站场及运营装备设计

第一节　站场工程概况与特点

一、工程概况

新建济南至青岛高速铁路工程共设11个车站及3个线路所。其中济南东站和红岛站为引入枢纽客运站，章丘北站、邹平站、淄博北站、临淄北站、青州市北站、潍坊北站、高密北站、胶州北站、胶东机场站均为中间站。胶州北站为胶济客专线上既有站改建，济南枢纽内济南东站为在建石济客专车站扩建，青岛枢纽内红岛站为在建青连线车站扩建。

胶济济青联络线在胶济客专接轨处设线路所1个，为马店线路所。

青连济青联络线在青连线接轨处设线路所1个，为大沽河线路所；在济青高铁接轨处设线路所1个，为疃村线路所。

在济南东、章丘北、淄博北、青州北、高密北、红岛各设综合维修工区1处，共6处。维修工区均采用与车站纵列布置，维修线由车站到发线引出，连接处设安全线。

二、工程特点

总体地势平缓，沿线均位于胶东半岛平原，水网密布，沟谷发育，车站填高主要受立交净高控制，全线各站均为路基站。

第二节　设计原则与采用的主要技术标准

一、设计原则

(一)车站站型

车站均采用横列式站型。综合维修车间、维修工区、保养工区根据车站地形等条件，优先采用与车站纵列布置，一般设在顺行车方向到发线一侧，当受地形、拆迁等因素控制时，采用其他合理布置方式。

(二)到发线进路

车站的站内正线及到发线均按双进路设计。

(三)车站线间距

正线间距5.0 m，正线与到发线的线间距，位于路基地段的车站不小于6.5 m，线间有构筑物支柱设置要求时，其线间距根据规范要求确定。其他线路线间距根据作业需要确定。

(四)到发线有效长度

到发线有效长度采用650 m。

(五)车站渡线

区间内不设渡线。设有工区的车站，两端咽喉正线间各设一条单渡线，其工区一般设在顺行车方向到发线一侧。中间站根据列车开行方案在办理列车立折作业端咽喉的正线间设一组八字渡线。

(六)站内正线及站线电化范围

电力机车和动车组进入的到发线、安全线、机车走行线和电力机车需要行驶的其他线路，均架设接触网。

综合维修车间(工区)内的线路按自备动力牵引考虑，其走行线路及内部的线路可不架设接触网。

(七)跨线列车联络线、岔线接轨方式以及安全设备

1. 岔线、段管线在站内与到发线接轨；跨线列车联络线一般在站内与到发线接轨，困难条件下可与正线接轨。与到发线或正线接轨时，均设置安全线。当站内有平行进路及隔开道岔，并有联锁装置时，能保证车站接发列车的安全，可不另设安全线。

2. 安全线设计原则

安全线的有效长度不小于 50 m；安全线的纵坡设计为平道或面向车挡的上坡道；安全线末端均设置缓冲装置；安全线设置双侧护轨，当安全线位于路基上时，设置止轮土基；曲线型安全线末端与相邻线的间距能确保机车、车辆侧翻时不影响相邻线的安全；安全线不设置在桥上、隧道内。

(八)车站防护设施

全线按全封闭、全立交设计，各站线路两侧均设置防护围墙。防护围墙设于用地界内 0.5 m 处，当有桥涵时绕至桥涵上通过，并与区间防护栅栏连通。防护围墙在维修人员进出口及每隔 200 m 处左右设置警示标志。

(九)铁路线路安全保护区边界标桩的设置

1. 沿铁路线路安全保护区边界埋设标桩。一般采用 A 型标桩，每 200 m 左右设置一个，变化点处增设，铁路两侧标桩错开布置。

2. 在人员活动频繁的桥隧两端、公铁立交附近醒目地点、居民区附近和人身伤害多发地段的铁路线路安全保护区边界埋设 B 型标桩；在桥隧两端、公铁立交的铁路线路两侧安全保护区边界各设 1 对 B 型标桩，居民区附近和人身伤害多发地段的铁路线路安全保护区边界每 50 m 设置一个 B 型标桩。

(十)道　　路

1. 道路设计原则

站内及段所内道路与城市或地方道路连通。

2. 道路设计范围

车站道路设计范围，通往站房、场、段、所的通站道路与地方道路连接，一般情况下，铁路用地界内的道路(包括供铁路职工生产通行的道路及由于铁路破坏还建的道路)由铁路部门修建，通往站前广场的供旅客到达车站的道路及其余地方配套道路由地方设计及修建。

3. 消防通道

综合维修基地(段)内的大型养路机械存车线设与线路平行的消防车道。

二、采用的主要技术标准

(一)站内正线设计标准

1. 站内正线平面

车站正线均设在直线上。

2. 站内正线纵断面

车站站坪设在平道上，且到发线有效长度范围内采用一个坡段；困难条件下，设在不大于1.0‰的坡道上。车站咽喉区的正线坡度与到发线有效长范围内的坡度一致；困难条件下，中间站不大于6‰。到发线有效长度范围内的正线采用一个坡段。

3. 坡段连接

新建车站当相邻坡段的坡度差大于或等于1‰时，正线采用圆曲线型竖曲线连接，最小竖曲线半径不小于25 000 m。

设计速度小于160 km/h的地段，相邻坡段的坡度差大于3‰时，采用半径不小于8 000 m的竖曲线连接。

4. 竖曲线(或变坡点)与缓和曲线、道岔及钢轨伸缩调节器均不得重叠设置；竖曲线与平面圆曲线不重叠设置。正线道岔两端距竖曲线起点、终点或变坡点的距离不小于20 m。

(二)站线设计标准

1. 站线平面

车站咽喉采用18号道岔时，邻靠站台的到发线曲线半径不小于1 000 m，困难条件下不小于600 m。采用12号道岔时，按现行国家标准《铁路车站及枢纽设计规范》(GB 50091—2006)的有关规定执行。

缓和曲线长度：圆曲线半径为800 m、900 m时采用30 m；圆曲线半径为1 000 m时采用25 m；圆曲线半径大于等于1 200 m时不设缓和曲线。

列车到发进路上的曲线设外轨超高。曲线超高值根据平面曲线半径以及列车通过速度计算确定，并满足允许欠超高、允许过超高以及过、欠超高之和允许值的规定，且不小于20 mm。

综合维修工区(保养点)的平面设计标准符合现行国家标准《铁路车站及枢纽设计规范》(GB 50091—2006)的有关规定。

2. 站线纵断面

动车段(所)、综合维修工区(保养点)、大型养路机械段内的线路，设在平道上，困难条件下设在不大于1‰的坡道上。咽喉区设在不大于2.5‰的坡道上，困难条件下，设在不大于6‰的坡道上。养护维修列车走行线的坡度困难条件下不大于30‰。

3. 站线坡段连接

车站到发线有效长度范围内设计为一个坡段，困难条件下确保站台范围内处于一个坡段上，且坡段长度不小于450 m。到发线上相邻坡段的坡度差大于3‰时，以竖曲线连接，竖曲线半径采用10 000 m。养护维修列车走行线上相邻坡段的坡度差大于5‰时，采用3 000 m半径的竖曲线连接。竖曲线与缓和曲线不重叠设置。竖曲线和变坡点不与车站道岔重叠。正线道岔两端距竖曲线起点、终点或变坡点不小于20 m。

4. 站线轨道

(1)站线有砟轨道

①新建车站轨道高度

站内有砟轨道线路轨道工程标准见表 3-8-1。

表 3-8-1　站内有砟轨道线路轨道工程标准表

序号	项目			单位	到发线	其余站线
1	钢轨	类型		kg/m	60	50
		每节长度		m	无缝线路	25
2	轨枕	类型	混凝土枕		Ⅲ型	新Ⅱ型
		数量	混凝土枕	根/km	1667	1440
3	道床	材料			碎石道砟	碎石道砟
		顶宽		m	3.4	2.9
		边坡			1∶1.75	1∶1.5
		道床厚度	混凝土枕	m	0.35	0.25
4	轨道高度	混凝土枕		m	0.795/0.737	0.631/0.603

注:1. 道岔的道床厚度不应小于连接的主要线路的道床厚度;2. 站内到发线轨道高度基床条件系单斜面形路基 4%横向坡度时线路中心处轨顶至路基面的高度,其余站线轨道高度系指单斜面形路基 2%横向排水坡度时线路中心处轨顶至路基面的高度;3. 不同类型的钢轨连接采用异型轨连接,异型轨长度可采用 12.5 或 6.25 m;4. 表中序号 4 的斜线上表示站内路基为单斜面时的轨道高度,斜线下表示站内路基为双斜面时的轨道高度。

②钢轨及配件

a. 钢轨。到发线一次性铺设无缝线路,铺设 60 kg/m、100 m 长定尺无螺栓孔新钢轨。其余站线为有缝线路,铺设 50 kg/m、25 m 长普通钢轨。到发线无缝道岔与普通标准轨线路相连地段,在无缝道岔与缓冲区标准轨之间设置长度不小于 100 m 的伸缩区,伸缩区与有缝道岔间设置 2～4 根 25 m 的标准轨作为缓冲区。

b. 配件。在缓冲区范围钢轨接头螺栓采用 10.9 级高强度接头螺栓,螺母采用 10 级高强度螺母,垫圈采用高强度平垫圈。站线钢轨接头螺栓采用 8.8 级及以上高强度接头螺栓,螺母采用 10 级高强度螺母,垫圈采用单层弹簧垫圈。

③轨枕及扣件

a. 轨枕。到发线铺设Ⅲ型有挡肩预应力混凝土 A 枕,1667 根/km。其他站线铺设新Ⅱ型混凝土枕,1 440 根/km。

b. 扣件。到发线Ⅲ型有挡肩预应力混凝土枕地段扣件采用弹条Ⅱ型扣件(专线 3351)。其余站线扣件采用弹条Ⅰ型扣件。

(2)道　　岔

①联络线与正线接轨处采用 60 kg/m 的 42 号单开道岔,无砟地段采用图号为客专线(07)006,有砟地段采用图号为客专线(07)011。

②正线间渡线以及正线与到发线连接的单开道岔采用 60 kg/m 的 18 号道岔,无砟地段采用图号为客专线(07)009,有砟地段采用图号为客专线(08)016,到发线与到发线连接采用 18

号道岔，有砟地段采用图号为 GLC(07)02。

③综合维修工区（车间）采用 50 kg/m 的 9 号混凝土岔枕单开道岔，图号为专线 CZ2209A。动车所（存车场）内进场端采用 50 kg/m 的 12 号道岔时，图号为专线 4257～4260，其他道岔采用 50 kg/m 的 9 号混凝土岔枕单开道岔，图号为专线 CZ2209A。

④道岔间插入短轨长度的规定

正线上道岔对向布置有列车同时通过两侧线时插入不小于 50 m 长度的钢轨；困难条件下中小型客运站插入不小于 32 m 长度的钢轨，路段设计速度小于 160 km/h 的特大型及大型客运站插入不小于 25 m 长度的钢轨。正线上道岔对向布置无列车同时通过两侧线或道岔顺向布置时，插入不小于 25 m 长度的钢轨。

到发线上道岔对向布置时，插入不小于 25 m 长度的钢轨。到发线上道岔顺向布置有列车同时通过两侧线时，插入不小于 25 m 长度的钢轨。困难条件下或无列车同时通过两侧线时，插入不小于 12.5 m 长度的钢轨。

其他站线上道岔之间的连接按现行《铁路车站及枢纽设计规范》(GB 50091—2006)有关规定办理。

⑤道岔满足如下要求

道岔不设置在路堤与桥台连接处，正线道岔不设在路桥（涵）、路隧、堤堑等过渡段上。当布置在涵洞上或路堤与涵洞、路堑连接处的过渡段上时，位于道岔范围内的路基及其基础采取加固措施，路基本体则延长设置满足过渡段的长度，过渡段出道岔后渐变至一般路基结构，道岔整体不处于两种及以上不同的路基结构上。

(3)道床

站线道床到发线采用一级碎石道砟，道床顶宽 3.4 m，边坡为 1∶1.75，厚度为 0.35 m，砟肩堆高 15 cm；其余站线采用一级碎石道砟，道床顶宽 2.9 m，边坡为 1∶1.5。站线均采用单层碎石道砟。站线道床曲线外侧不加宽。道岔的道床厚度、宽度、边坡不小于连接的主要线路的道床厚度。

(三)客运设备的配置

1. 旅客站台

旅客站台长采用 450 m。岛式中间站台宽度采用 12 m；侧式站台宽度大站根据站房建筑型式、客流量及跨线设备要求确定。站台高度为 1.25 m。站台雨棚与站台等长。济南东站石济车场及胶州北站站台长度采用 550 m。站台端部最小宽度不小于 5.0 m。站台两端设置台阶或坡道及防护栅栏，设宽度不小于 1.0 m 的栅栏门，并标有禁行标志。

2. 站台与相邻线路间距

站台等建筑物和设备位于曲线时，考虑加宽。曲线地段按照现行《铁路技术管理规程（高速铁路部分）》的有关规定加宽间距。

曲线内侧加宽(mm)：$W_1 = 40\ 500/R + H/(1\ 500\ h)$

曲线外侧加宽(mm)：$W_2 = 44\ 000/R$

式中　R——曲线半径(m)；

H——计算点自轨面算起的高度(mm)；

h——外轨超高(mm)。

直线地段站台边缘距线路中心线距离为1.75 m，曲线地段站台根据以下情况加宽。如图3-8-1所示，当站台端距离直缓点或直圆点距离$L \geq 22$ m时，站台范围无需加宽；当站台端距离直缓点或直圆点距离$L<22$ m、缓和曲线长度不小于26 m时，站台范围曲线地段加宽方法如图3-8-2所示；当站台端距离直缓点或直圆点距离$L<22$ m、缓和曲线长度小于26 m时，站台范围曲线地段加宽方法如图3-8-3所示。

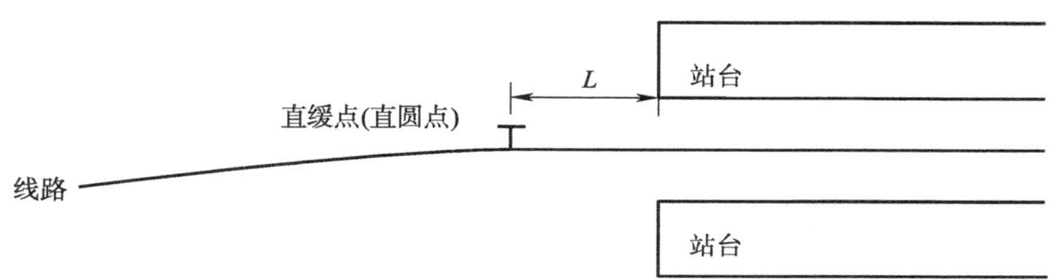

图3-8-1　站台端距离直缓点或直圆点距离示意图

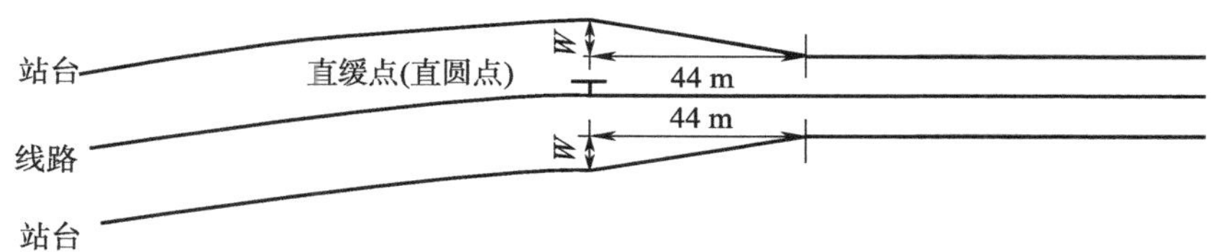

图3-8-2　站台范围曲线地段加宽示意图

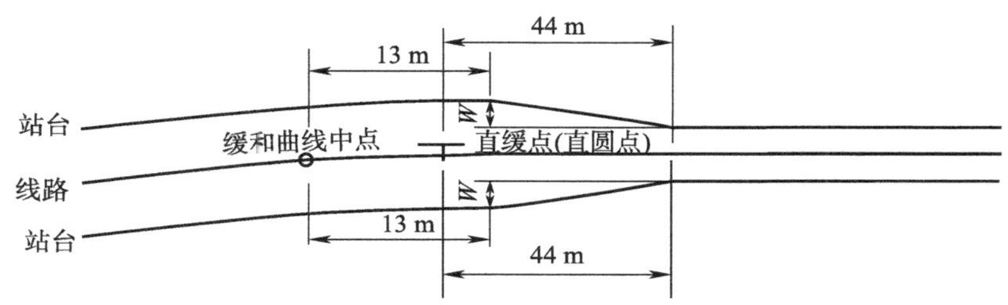

图3-8-3　站台范围曲线地段加宽示意图

位于曲线内侧的旅客站台，如线路有外轨超高时，降低站台高度，降低的数值为0.6倍外轨超高度。

3. 城市通廊、地道和雨棚

济南东站、淄博北站、潍坊北站及红岛站设置城市通廊。客流量较大的中间站设跨线设施2处，客流量相对较小的中间站设跨线设施1处，地道宽度一般不小于8 m。新建车站旅客进出站均通过高架候车室或者地道进出站。地道宽度章丘北站为8 m，其他设置旅客地道的车站为12 m。站台雨棚与站台等长。红岛站办理行包作业，设置行包地道1处。

4. 平过道

站内不设置平过道。动车运用所、综合维修段、维修工区(保养点)等段所内根据需要设置平过道。

(四)道　　路

1. 道路路面结构

站内道路路面面层采用 C25 级混凝土，厚 25 cm；级配碎石基层厚 15 cm；粗砂垫层厚 20 cm。

2. 站内道路标准见表 3-8-2。

表 3-8-2　站内道路主要标准表

序号	道路等级	Ⅲ	Ⅳ
1	车道数量	2～1	1
2	车道宽度(m)	3.5	3.5
3	路面宽度(m)	7.0～3.5	3.5
4	路基宽度(m)	8.0～4.5	4.5
5	最小曲线半径(m)	30	20
6	停车视距(m)	15	15
7	会车视距(m)	30	30
8	竖曲线最小半径(m)	100	
9	最大纵坡(%)	8	8
10	最小坡段(m)	50～25	25

注：Ⅲ级道路为区段站以上大站、客运站、动车所、机务段、车辆段、客车整备所、牵引供电段、牵引变电所等处的主要道路(主干道)，站场范围内各站、段、场、所之间的连接道路，以及段所与外部的连接道路；Ⅳ级道路为以上Ⅲ级之外的汽车道路。

3. 道路边缘至建筑物的距离

道路边缘至相邻建筑物的最小距离见表 3-8-3。

表 3-8-3　道路边缘至相邻建筑物的最小距离

<table>
<tr><th>序号</th><th colspan="3">相邻建筑物名称</th><th>最小距离(m)</th></tr>
<tr><td rowspan="5">1</td><td rowspan="5">建筑物的外墙面</td><td colspan="2">建筑物面向道路一侧无出入口</td><td>1.5</td></tr>
<tr><td colspan="2">建筑物面向道路一侧有出入口、但无汽车引道时</td><td>3.0</td></tr>
<tr><td rowspan="2">建筑物面向道路一侧有出入口，且有汽车引道时</td><td>连接引道的道路为单车道</td><td>8.0</td></tr>
<tr><td>连接引道的道路为双车道</td><td>6.0</td></tr>
<tr><td colspan="2">有电瓶车出入口时</td><td>4.5</td></tr>
<tr><td rowspan="2">2</td><td rowspan="2">站台边缘</td><td colspan="2">汽车平行站台停放</td><td>4.0</td></tr>
<tr><td colspan="2">汽车垂直站台停放</td><td>10.5</td></tr>
<tr><td>3</td><td colspan="3">铁路中心线</td><td>3.75</td></tr>
</table>

续上表

序号	相邻建筑物名称			最小距离(m)
4	围墙	当围墙有汽车出入口时,出入口附近		6.0
		当围墙无汽车出入口时	需设围墙照明电杆时	2.0
			不设围墙照明电杆时	1.5
5	管线支架			1.0
6	车挡及走行轨			3.0
7	树木	乔木		1.0
		灌木		0.5

注:表列最小距离,单独修建的站场道路自路肩边缘算起,其他站场道路自路面边缘算起;当站场道路与建筑物之间设有边沟、管线等或进行绿化时,按需要确定其最小距离。

4. 消防通道

综合维修基地(段)内的大型养路机械存车线设与线路平行的消防车道。

第三节　车站工程设计

一、章丘北站

新建章丘北站本站位于山东省章丘市绣惠镇花园村村东侧,243 省道以西。站位地势比较平坦,占地类形主要为耕地。

车站中心里程 K29+244,站房设在正线右侧,站坪坡度为平坡。下行方向与邹平站相邻,站间距为 23.1 km,上行方向与济南东站相邻,站间距为 30.495 km。车站规模为 2 台 4 线(含正线),设 450 m×8.0 m×1.25 m 侧式站台 2 座,到发线有效长度为 650 m;站中心处设 8 m 宽旅客地道 1 座。

在车站小里程端正线右侧设维修工区 1 处,工区内设有效长度为 344 m 的大机停放线 1 条,有效长度 143 m 的接触网作业车停放线和轨道车停留线各 1 条;60 m×8 m×1.1 m 货物站台 1 座;维修工区与到发线接轨处设安全线 1 条,有效长度为 50 m。站场及运营设备布置如图 3-8-4 所示。

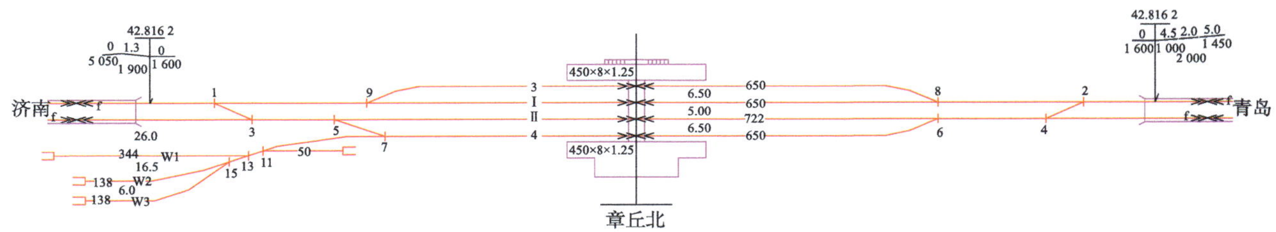

图 3-8-4　章丘北站站场及设备运营布置图

二、邹　平　站

邹平站位于山东省滨州市邹平县南部，沟西村以北，醴泉五路以西。车站北距济青高速公路约 8 km，距离县人民政府 7.5 km。

车站中心里程为 K52＋259，车站站房位于左侧，下行方向与淄博北站相邻，站间距为 28.65 km，上行方向与章丘北站相邻，站间距为 23.1 km。车站规模为 2 台 4 线(含正线)，设 450 m×8.0 m×1.25 m 侧式站台 2 座，到发线有效长度 783 m；站中心处设 12 m 宽旅客地道 1 座。站场及运营设备布置如图 3-8-5 所示。

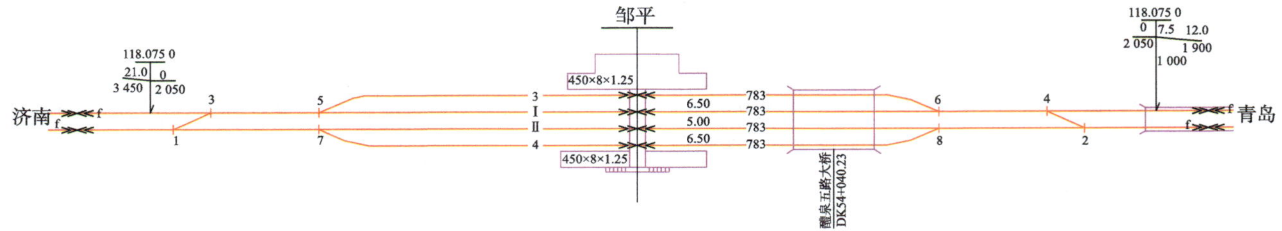

图 3-8-5　邹平站站场及设备运营布置图

三、淄博北站

淄博北站位于山东省淄博市高新区辛曹村北侧，北临规划丁庄路，西接 238 省道，东接 340 县道。车站南距济青高速公路约 4.5 km，距离既有胶济客专淄博站约 13 km。

车站中心里程为 K80＋994，车站站房位于右侧，下行方向与临淄北站相邻，站间距为 29.726 km，上行方向与邹平站相邻，站间距为 28.65 km。

车站规模为 3 台 8 线(含正线)，设 450 m×12.0 m×1.25 m 岛式中间站台 3 座，到发线有效长度为 650 m，站中心设城市通廊。考虑到本站办理济南方向列车立折作业，在车站的济南端咽喉正线间设置八字渡线。

车站小里程端右侧设维修车间 1 处，内设有效长度为 363 m 的大机停放线 1 条，有效长度 130 m 的轨道车停留线和内燃热备机车停放线各 1 条，有效长度 166 m 的接触网作业车停放线 1 条，有效长度 167 m 的轨道车停留线 1 条；设有 50 m×8 m×1.1 m 货物站台 1 座；大机停放线末端设 10 t 门式起重机 2 台，跨距 40 m。维修工区与到发线接轨处设安全线 1 条，有效长度为 50 m。站场及运营设备布置如图 3-8-6 所示。

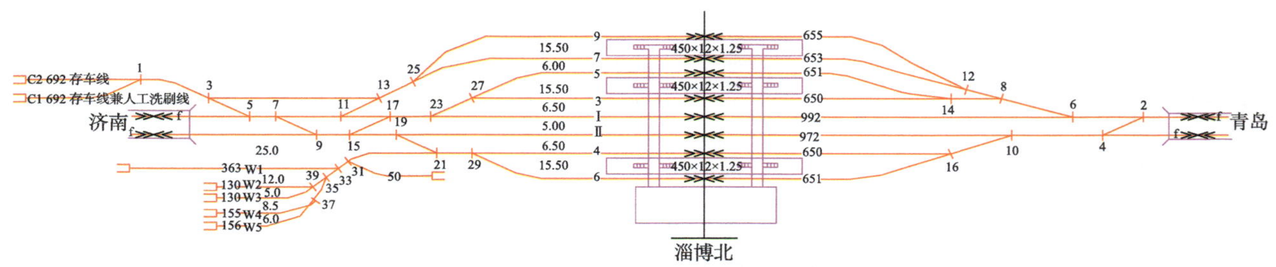

图 3-8-6　淄博北站站场及设备运营布置图

四、临淄北站

本站位于山东省淄博市临淄区凤凰镇许家屯东南约 1 km 处。

车站中心里程 K110＋720，站房设在正线右侧，站坪坡度为平坡。下行方向与青州北站相邻，站间距为 22.79 km，上行方向与淄博北站相邻，站间距为 29.726 km。车站规模为 2 台 4 线（含正线），设 450 m×8.0 m×1.25 m 侧式站台 2 座，到发线有效长度为 650 m；站中心处设 12 m 宽旅客地道 1 座。站场及运营设备布置如图 3-8-7 所示。

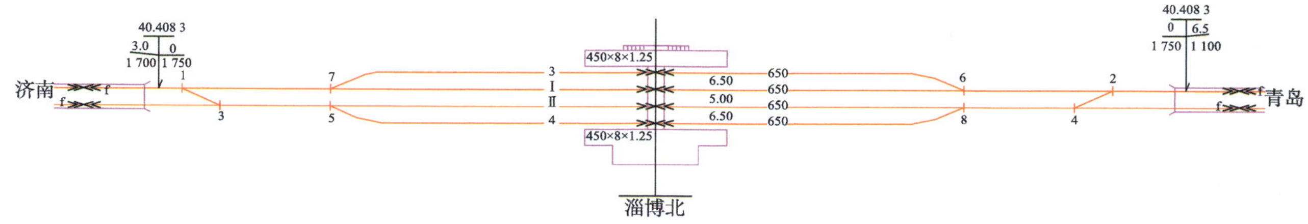

图 3-8-7　临淄北站站场及设备运营布置图

五、青州北站

青州北站位于山东省青州市苗家村与新圣村之间，车站西距长深公路约 3 km，南距济青高速公路约 4 km，距既有胶济客专青州市站约 10 km。

车站中心里程为 K133＋510，车站站房位于右侧，下行方向与潍坊北站相邻，站间距为 55.55 km，上行方向与临淄北站相邻，站间距为 22.79 km。

车站规模为 2 台 6 线（含正线），设 450 m×12.0 m×1.25 m 岛式站台 2 座，到发线有效长度为 650 m；站中心处设 12 m 宽旅客地道 1 座。

车站小里程咽喉区右侧设综合维修工区 1 处，内设有效长度为 316 m 的大机停放线 1 条，有效长度 153 m 的接触网作业车停放线 1 条，有效长度 154 m 的轨道车停留线 1 条；设有 70 m×8 m×1.1 m 货物站台 1 座，维修工区与到发线接轨处设安全线 1 条，有效长度为 50 m。站场及运营设备布置如图 3-8-8 所示。

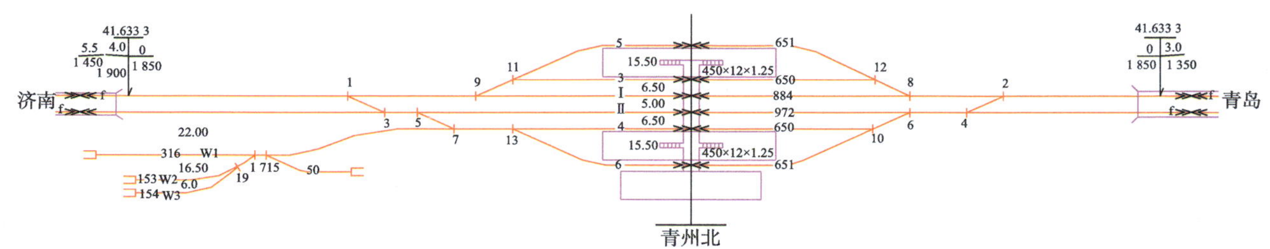

图 3-8-8　青州北站站场及设备运营布置图

六、潍坊北站

潍坊北站位于山东省潍坊市寒亭区北外环以北约 0.8 km，北柴埠营村与邢家东庄村之间，南距济青高速公路约 6.5 km，距离既有胶济客专潍坊站约 14 km。

车站中心里程为 K189＋060，车站站房位于右侧，下行方向与高密北站相邻，站间距为 62.9 km，上行方向与青州市北站相邻，站间距为 55.55 km。

潍坊北站济青场规模为 4 台 12 线（含正线 4 条），京沪二线规模为 3 台 8 线（含正线 2 条），总规模为 7 台 20 线（含正线 6 条）。通过设置联络线满足东营至青岛、烟台方向，临沂至济南方向，临沂至烟台、青岛方向跨线车的交流。设 450 m×12.0 m×1.25 m 岛式中间站台 4 座，到发线有效长度为 650 m；车站站房位于右侧，站中心设城市通廊。考虑到本站办理济南方向列车立折作业，在车站的济南端咽喉正线间设置八字渡线。

车站大里程端左侧设维修车间一处，内设有效长度为 300 m 的大机停放线 1 条，有效长度 175 m 的轨道车停留线 1 条，有效长度 184 m 的内燃热备机车停放线 1 条，有效长度 148 m 的接触网作业车停放线 1 条，有效长度 149 m 的轨道车停留线 1 条；设有 70 m×8 m×1.1 m 货物站台 1 座；大机停放线末端设 10 t 门式起重机 2 台，跨距 40 m。维修工区与到发线接轨处设安全线 1 条，有效长度为 50 m。站场及运营设备布置如图 3-8-9 所示。

七、高密北站

高密北站位于山东省潍坊市高密市（县）姜庄镇伊家长村北侧，220 省道东侧。车站南距济青高速公路约 5 km，距离既有高密站 13.5 km。

车站中心里程为 K251＋960，车站站房位于右侧，下行方向与胶州北站相邻，站间距为 27.958 km，上行方向与潍坊北站相邻，站间距为 62.9 km。

新建高密北站车站规模为 2 台夹 4 线，设 450 m×8.0 m×1.25 m 侧式站台 2 座，到发线有效长为 650 m；车站站房位于右侧，站中心处设 8 m 宽旅客地道 1 座。

车站小里程端右侧设维修工区 1 处，内设有效长度为 332 m 的大机停放线 1 条，有效长度 166 m 的接触网作业车停放线 1 条，有效长度 167 m 的轨道车停放线 1 条；设有 55 m×8 m×1.1 m 货物站台 1 座；维修工区与到发线接轨处设安全线 1 条，有效长度为 50 m。站场及运营设备布置如图 3-8-10 所示。

八、胶州北站

既有胶州北站位于山东省胶州市境内，是胶济客专上的中间站，车站规模为 2 台 4 线（含正线 2 条），车站中心里程为 K279＋962，设 500 m×8.0 m×1.25 m 侧式站台 2 座，到发线有效长 680 m；车站站房位于南侧，有 6 m 宽旅客地道 1 座，兼做行包地道，新增 12 m 宽旅客地道 1 座。

济青高铁正线外包胶济客专车场，青岛端出站后济青高铁与既有胶济客专贯通，利用胶济客专通道引入青岛站；在胶州北站胶济客专与济青高铁机场站方向正线贯通，后引入红岛客运站。为满足胶济客专与济青高铁间跨线车运行，在胶州北站济南端修建胶济济青上下行联络线，济青转胶济跨线车利用站内渡线通过。

车站设到发线 9 条（含正线 4 条），站台 3 座。济青下行方向设到发线 3 条（含正线 1 条），车场北侧设 550 m×8.0 m×1.25 m 侧式站台 1 座，将既有侧式站台改建为 550 m×12.0 m×1.25 m 中间站台，济青高铁与胶济客专共用，济青上行方向设到发线 2 条（含正线 1 条），将既有基本站台改建为 550 m×12.0 m×1.25 m 中间站台，改建后到发线有效长度满足 650 m，车

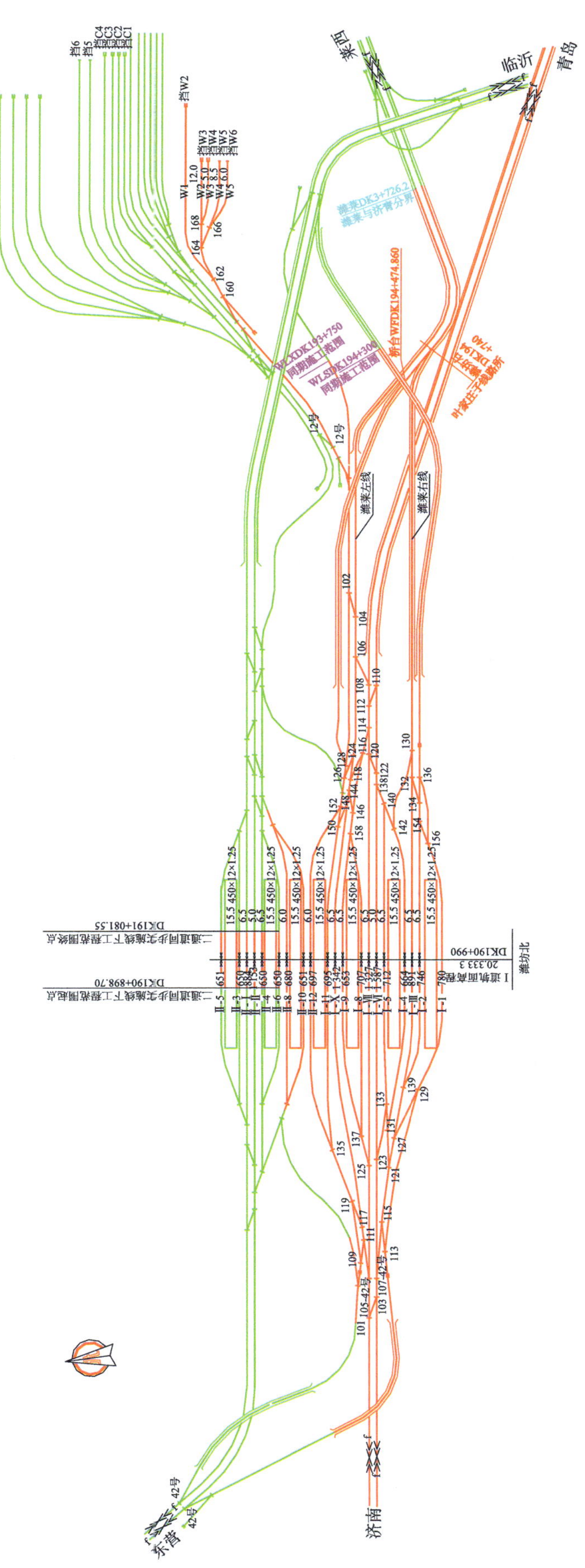

图 3-8-9　潍坊北站站场及设备运营布置图

站济南端咽喉区相应改建。既有旅客地道按原标准接长，保留行包功能。由于既有车站部分生产房屋不能满足防火规范要求，因此将车站站房改建，牵引变电所、公安派出所、工务工区、信号楼等房屋拆除还建。既有到发线根据路基横断面及站台墙加高情况进行抬道。站场及运营设备布置如图 3-8-11 所示。

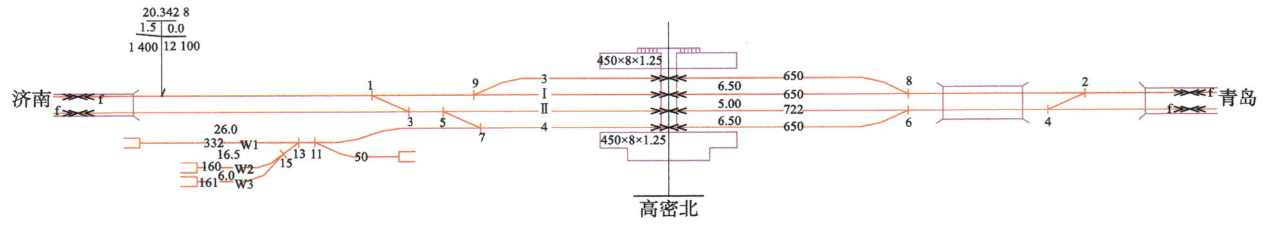

图 3-8-10　高密北站站场及设备运营布置图

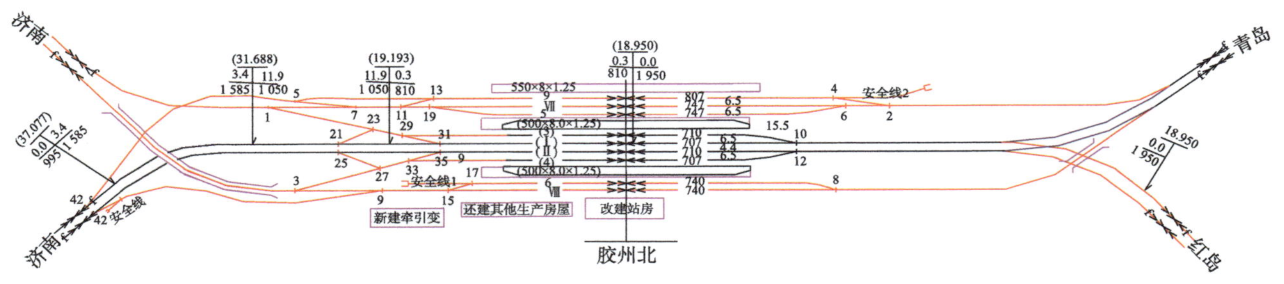

图 3-8-11　胶州北站站场及设备运营布置图

九、胶东机场站

机场站位于山东省胶州市周王庄村附近，大沽河西侧，青岛胶东国际机场下部，站厅层为地下一层，站台层为地下二层，轨面标高为－7.9 m。

车站中心里程为 K285＋826，下行方向与红岛站相邻，站间距为 17.458 km，上行方向与胶州北站相邻，站间距为 5.865 km。

车站规模为 2 台 4 线(含正线)，设 450 m×7.5 m×1.25 m 侧式中间站台 2 座，受机场地下结构控制，到发线有效长度为 870 m。站场及运营设备布置如图 3-8-12 所示。

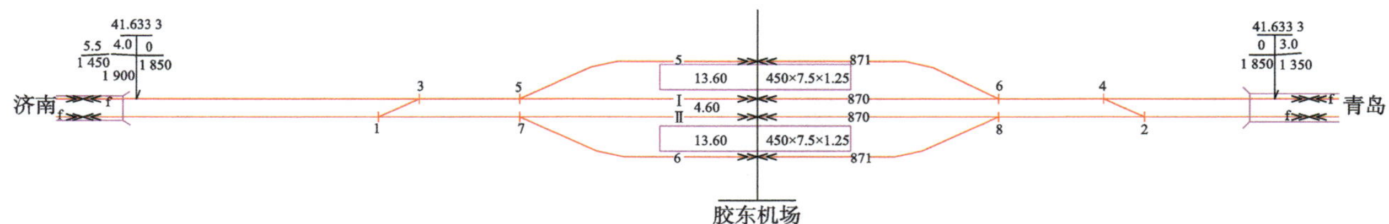

图 3-8-12　胶东机场站站场及设备运营布置图

第四节　引入枢纽工程设计

济青高铁自枢纽东端引入石济客专济南东站，济青高铁正线与石济客专正线贯通，形成了济青高铁连接石济客专、京沪高铁北京方向快速铁路通道。为解决济青高铁与京沪高铁上海方向运行通路，修建济青京沪联络线。为满足济南东站开行青岛高等级城际列车的条件，修建济南东站至济青高铁联络线。

一、济南东站方案

(一)可研批复方案

济青高铁引入济南东站后，正线按照原设计预留位置，与石济客专正线贯通，将石济客专设计的车站方案进行调整，其平面布置如图 3-8-13 所示。

车站分设太青车场和胶济车场，两车场北南横列布置。太青车场正线线位维持原预留线位，车场设 13 线(含正线 2 条)11 台面，该车场主要办理济青高铁本线的通过车以及德州方向、聊城方向的始发终到列车。胶济车场正线较原线位南移 15 m，设 4 线 4 台面(含正线，正线靠近站台)，该车场主要办理胶济客专的始发终到列车。西端咽喉设动车出入段线 3 条，预留城际车场走行线 1 条。

维修工区位于小里程右侧。

为满足石济客专石家庄方向至胶济客专青岛方向跨线车转线需要，修建太青场至胶济客专下行疏解线。

疏解线起自太青场站中心，自青岛端咽喉区左侧引出，并行济青正线，于 DK2＋720 附近上跨济青正线，而后继续并行济青正线，在石济 DK431＋681.7 处与石济客专采用 42 号道岔相接，设谢家屯线路所，联络线长度 5.6 km。

(二)方案优化说明

根据枢纽客运站作业分工，济南东站胶济场：办理青岛方向胶济客专始发终到作业；办理德州(石济客专)方向和聊城方向(济郑客专)始发终到作业；办理德州、郑州、兖州方向至青岛方向的直通车。

结合本站车流情况，为解决石济客专与胶济客专跨线车在本站与济青通过车交叉问题，研究了在本站石家庄端增设石济胶济上下行联络线方案。

统筹考虑济青高铁、济南都市圈城际铁路引入，车站规划预留城际场与济青场、胶济场分线分场布置，城际场规划于车场最北侧，车站近期分设太青车场和胶济车场，两车场北南横列布置。

太青场共设到发线 12 条(含 2 条正线)，设 450 m×12m×1.25m 的岛式中间站台 5 座。胶济车场共设到发线 5 条(含 2 条正线，正线临靠站台)设 550 m×18m×1.25m 的基本站台 1 座，550 m×12 m×1.25 m 的岛式中间站台 2 座。

济青高铁与石济客专贯通，石济胶济联络线与石济客专五里堂联络线贯通。因石济胶济联络线在石济客专设置线路所需要，将石济客专正线改线，将原设计 3 200 m 的曲线半径调整为 3 000 m。

石济胶济联络线为双线，下行联络线起自改 SJDK426＋101 北辛店线路所，向东南方向与石济客专下行并行跨越南水北调明渠、小清河、济青高速公路后上跨石济正线，引入济南东胶济车场，向东与五里堂联络线贯通；北辛店线路所采用 18 号道岔。上行联络线起自改 SJDK426＋101 北辛店线路所，并行石济上行正线跨越南水北调明渠、小清河、济青高速公路

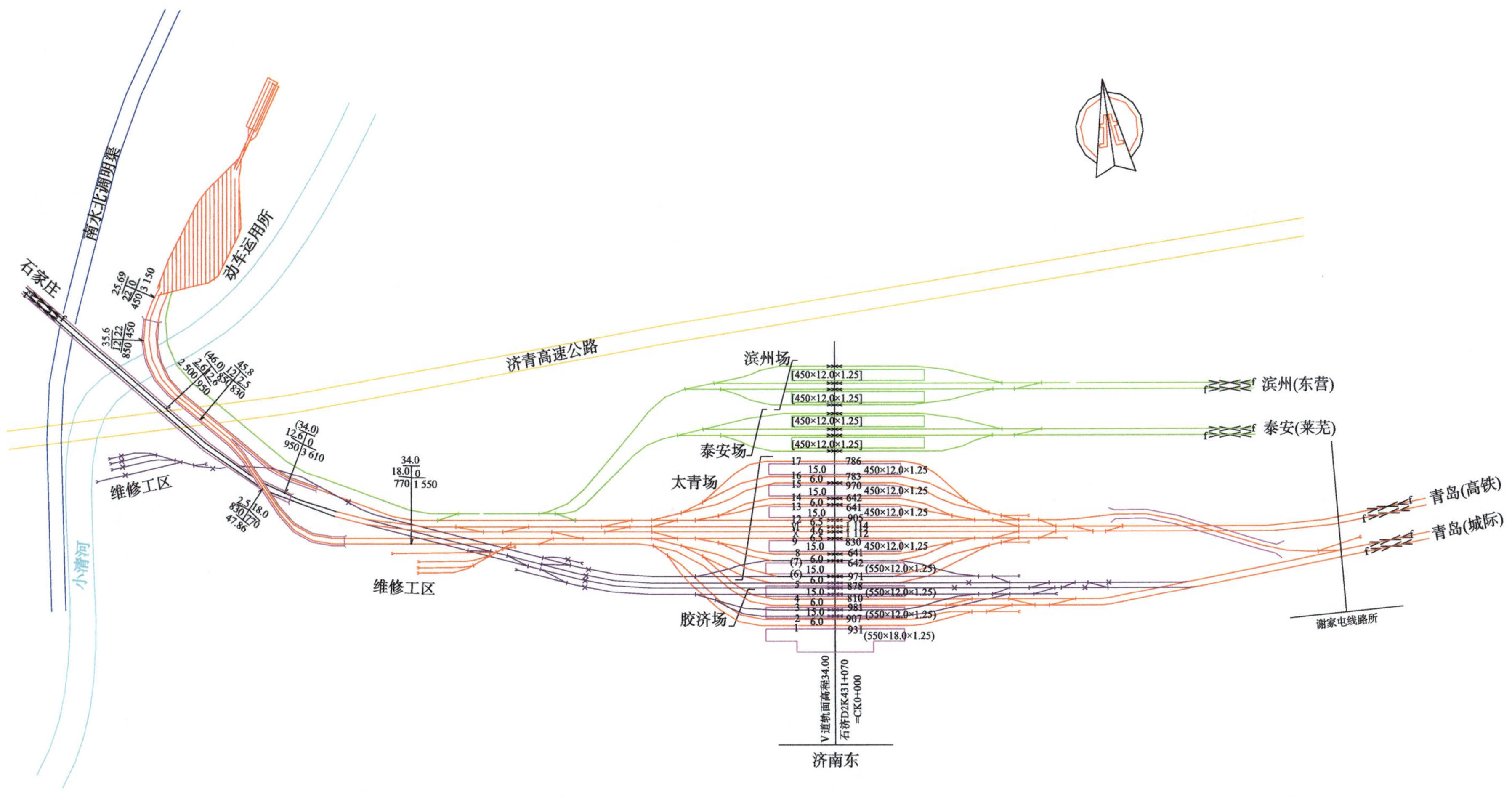

图 3-8-13　济南东站平面布置图可研方案

后引入济南东胶济车场，向东与五里堂联络线贯通；北辛店线路所采用 18 号道岔；上行联络线与石济上行正线接轨前设安全线 1 条，有效长度 50 m。北辛店线路所及安全线位于道岔梁上。

济南东动车运用所位于济青高速公路北小清河西侧，在本站小里程端接轨，近期与车站间设 3 条动车走行线，并预留 1 条与城际车场走行线。

动 1 线和动 2 线起自太青场站中心，自石家庄端咽喉区石济正线两侧分别引出，并行石济正线向西：动 2 线与石济胶济下行联络线并行以双线桥型上跨石济正线后向北上跨济青高速公路、小清河，然后单线折向东引入济南东动车运用所；动 1 线出站后并行石济客专向西北，之后以单线桥型并行于动 2 线东侧，向北上跨济青高速公路、小清河后折向东引入济南东动车运用所；动 3 线起自石济胶济上行联络线 S4 岔心，向东上跨石济客专正线后引入济南东动车运用所；动 3 线与上行联络线接轨处设安全线 1 条，有效长度 50 m。

综合维修车间在本站小里程端右侧接轨。

（三）推荐方案说明

1. 济南站、济南西站

济南站北站房工程在既有客运车场北侧新增 1 台 1 线，改建后的济南站客运车场规模为 5 台 8 线。根据枢纽客站分工，2030 年、2040 年济南站办理普速旅客列车换算对数为 21.5 对、17 对；2030 年、2040 年办理动车组换算对数为 59.8 对、74.8 对。本站承担的作业量与其到发线规模相匹配，到发线能力饱和。

济南西站规模为 8 台 15 线，根据枢纽客站分工，2030 年、2040 年办理动车组换算对数为 149.2 对、170.2 对。本站承担的作业量与其到发线规模相匹配。

2. 济南东站

新建济南东站位于山东省济南市历城区王舍人镇纸坊村西侧，车站所处地区交通发达，与铁路交叉道路较多。车站中心里程为石济 K308＋957.357，下行方向毗邻章丘北站，站间距 30.495 km，车站性质为引入枢纽客运站。

济南东站按照 9 台 17 线布置（不含正线），北侧城际场预留 4 台 8 线。站坪坡度为平坡，结合车站与城市中心区的相对位置关系，站房位于线路南侧。到发线有效长为 650 m、安全线有效长 50 m。分别设 550 m×18 m×1.25 m 侧式基本站台 1 座，550 m×12 m×1.25 m 岛式中间站台 2 座，450 m×12 m×1.25 m 岛式中间站台 6 座，站中心设城市通廊。车站到发线有效长范围内的曲线均为单曲线，连接时设置缓和曲线，具体详见站场平面施工图中曲线要素及交点坐标表。根据机械专业提供的要求，在本站站同左设置一处维修工区。

经过多次商讨，项目最终选择济南东站方案作为实施方案，站场及设备运营布置如图 3-8-14 所示。

二、青岛枢纽方案

济青高铁自枢纽西北端引入胶济客专胶州北站，在胶州北站并站新建高速车场，出站后济青高铁与既有胶济客专贯通，利用胶济客专通道引入青岛站。在胶州北站胶济客专与济青高铁机场方向正线贯通，引入青连线红岛车站。为解决胶济客专与济青高铁间跨线车运行，在胶州北站济南端修建济青胶济间联络线。为满足青连线日照方向与济青高铁济南方向间跨线车运行的要求，修建青连济青联络线。

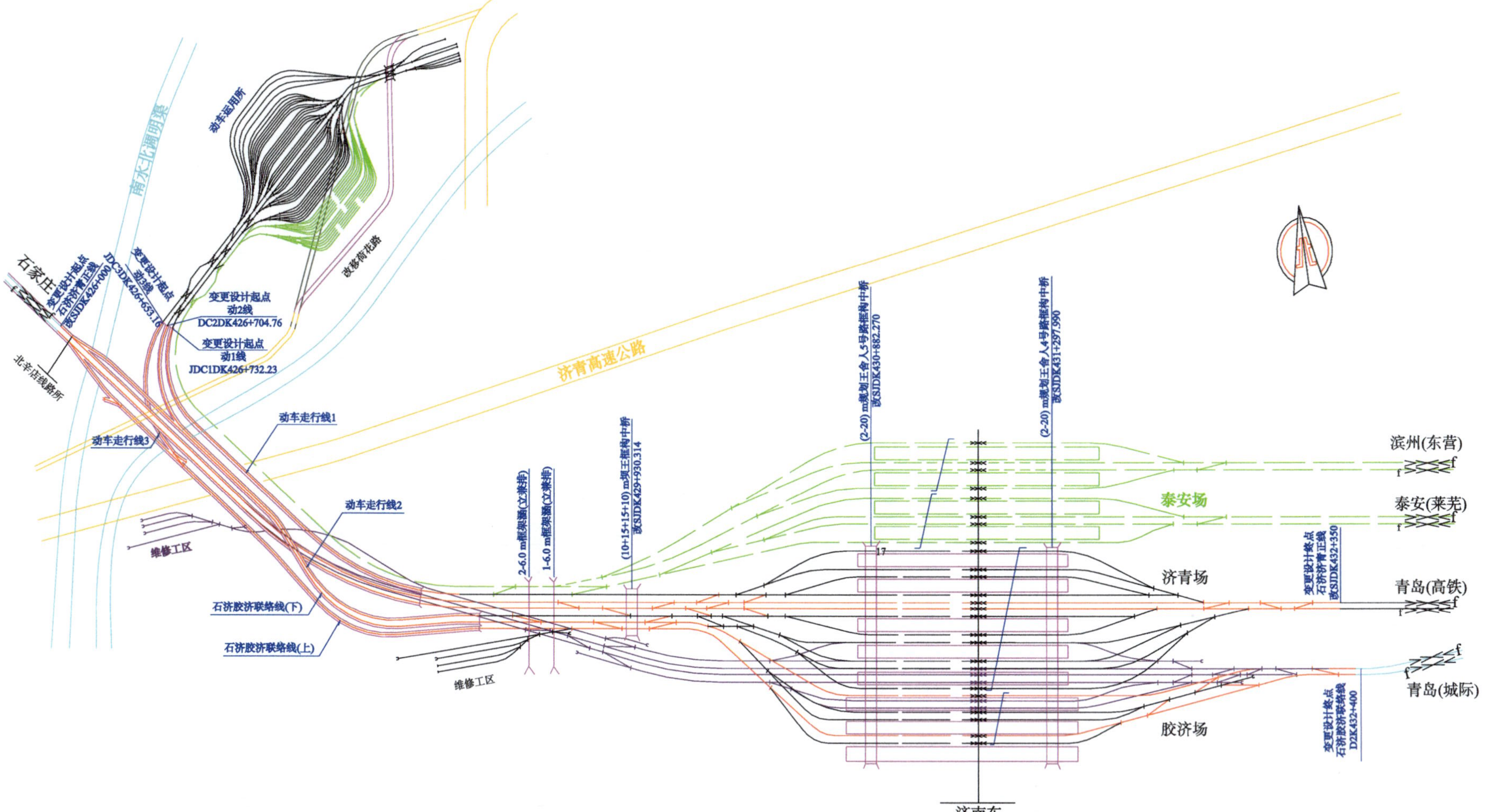

图 3-8-14　济南东站站场及设备运营布置图

（一）红岛站方案研究

结合作业需求及车流特点，本次设计对红岛站进出站线路布置与疏解形式进行深入细致研究，主要研究了济青外包青连方向别引入方案、青连外包济青方向别引入方案和线路别引入方案。

1. 比较方案说明

(1)方案一：济青外包青连方向别引入方案

本方案为济青正线外包青连线，采用方向别布置，车站由北向南依次布置济青始发终到场、下行通过场、普速始发终到场、上行通过场，预留机务客整设施位于青岛端咽喉正线之间。车站总规模为 10 台 18 线，近斯设 6 台 10 线。为解决济青始发终到场向济青高铁济南方向发车交叉干扰问题，修建济青始发终到场至济南方向的疏解线。

联络线为济青始发终到场疏解线，线路长度 5.026 km。

(2)方案二：青连外包济青方向别引入方案

本方案青连外包济青正线，采用方向别布置，车场由北向南依次布置济青始发终到场、上下行通过场、普速始发终到场，预留机务客整设施位于青岛端咽喉正线与环胶州湾高速公路之间。车站总规模为 10 台 18 线，近期设 6 台 10 线。为解决交叉干扰问题，修建济青始发终到场至济南方向的上下行疏解线，修建普速始发终到场至日照方向的上下行疏解线。

联络线：济青始发终到场上下行疏解线全长 11.6 km；普速始发终到场至日照方向的上下行疏解线全长 6.6 km。

(3)方案三：线路别引入方案

本方案济青正线与青连线线路别引入车站，济青正线与青岛端青连线贯通，由北向南依次布置济青始发终到场、济青通过场和青连场（含普速车场），预留机务客整设施位于青岛端咽喉。车站总规模为 10 台 18 线，近期设 6 台 10 线。为解决交叉干扰问题，修建济青始发终到场至济南端的疏解线，修建青连车场与青岛端的上下行疏解线。

联络线长度：济青始发终到场至济南端的疏解线长度 5.85 km；青连车场与青岛端的上下行疏解线长度 8.28 km。

2. 优缺点分析及推荐意见

方案优缺点见表 3-8-4。

表 3-8-4　方案优缺点分析

方案名称	优点	缺点
方案一：济青外包青连方向别引入方案	1. 济青通过车场与青连通过车场合设，到发线、站台等设备可以灵活运用 2. 联络线长度最短，较方案二短 13.17 km，较方案三短 9.10 km，工程投资省 3. 普速车场为贯通式，可同时满足东西两个方向旅客列车到发要求 4. 铁路疏解较简洁恰当，对城市规划干扰较小	普速车场预留在中间，初期工程投入较大，不便于工程分期分步实施

续上表

方案名称	优点	缺点
方案二：青连外包济青方向别引入方案	1. 济青通过车场与青连通过车场合设，到发线、站台等设备可以灵活运用 2. 普速车场预留在一侧，便于工程分期分步实施，节省初期工程投资	1. 普速车场为尽头式布置，无法满足荣成方向普速客车到发需要 2. 联络线疏解线最长，较方案一长13.17 km，较方案三长4.07 km，工程投资最大 3. 铁路疏解复杂，对城市规划干扰大
方案三：线路别引入方案	1. 济青高速车场与青连车场分场分线，便于运营管理 2. 普速车场为贯通式，可同时满足东西两个方向到发列车作业要求	1. 普速车场预留在中间，初期工程投入较大，不便于工程分期分步实施 2. 联络线长度较长，较方案一长9.10 m，工程投资较大 3. 铁路疏解较复杂，对城市规划干扰较大

综上所述，虽然方案一初期工程投入较大，但是联络线长度最短，总工程投资最小，济青通过车场与青连通过车场合设，到发线、站台等设备可以灵活运用，普速车场为贯通式可满足多个方向旅客列车到发要求，且铁路疏解较简洁恰当，对城市规划干扰较小，因此本次设计推荐采用方案一，即济青外包青连方向别引入方案。

(二)推荐方案说明

1. 青岛站、青岛北站

既有青岛站的规模为6台10线，根据枢纽客站分工，青岛站办理的普速旅客列车换算旅客列车对数2030年、2040年分别为24对、25对，动车组换算旅客列车对数2030年、2040年分别为62对、70对。本站承担的作业量与其到发线规模相匹配。

青岛北站的规模为8台14线。根据枢纽客站分工，胶济客专车场：始发终到的胶济客专动车组列车2030年、2040年分别为18对、21对，通过的普速客车换算旅客列车对数为9对、8.5对，通过的动车组旅客列车换算旅客列车对数为23.8对、28对。青荣城际车场：始发终到的青荣城际动车组列车2030年、2040年分别为52对、67对。青连车场：始发终到的青连动车组列车2030年、2040年分别为29对、32对，通过的普速客车换算旅客列车对数为3对、4对，通过的动车组旅客列车换算旅客列车对数为19.6对、21对。本站承担的作业量与其到发线规模相匹配。

故设计方案中两站均维持既有规模不变。

2. 红 岛 站

(1)青连线设计概况

红岛站为新建中间站，结合济青高铁引入规划为枢纽第三客站。根据青岛市要求结合地方规划，车站设在青岛市城阳区红岛镇前韩家村东，位于胶州湾高速公路北侧200 m，距环胶州湾高速公路收费站仅2 km，交通较为便利。

(2)车站平纵断面设计

结合济青高铁引入枢纽方案，本次设计将红岛站西移至青岛市高新区境内，青兰高速以北，江海路以南，河套互通与王家庄之间。

车站站中心里程为改 DK21+860，青岛方向与青岛北站相邻，站间距为 24.155 km，济南方向与胶东机场站相邻，站间距离为 17.429 km。站房设于车站南侧。

济青正线采用外包方式引入红岛站，青岛端与青连线贯通。车站规划最终规模为 10 台 18 线，近期设置 6 台 10 线。

车站自北向南依次布置济青始发场、济青下行通过车场、普速车场、济青上行通过车场。其中济青始发场设置 2 台 4 线；济青下行通过车场设置 3 台 5 线（其中 1 台与普速共用），近期设 2 台 4 线；普速车场预留 3 台 6 线；济青上行通过车场设置 3 台 4 线（其中 1 台与普速共用），近期设 2 台 4 线。

为解决济青始发终到车场向济青高铁济南方向发车问题，修建济青始发终到车场至济青上行正线的疏解线，疏解线长度 5.026 km。

考虑远期将青岛枢纽普速客车搬迁至本站办理，在车站大里程咽喉区青连外包正线之间预留普速机务折返段和客车整备所各 1 处。

综合维修车间设于青岛端外包正线之间，车间内设大机停放线 2 条，有效长度分别为 334 m 和 335 m，设有 80 m×10 m×1.1 m 货物站台 1 座，接触网作业车停放线和轨道车停留线各 1 条，有效长度均满足 120 m，维修工区与到发线接轨处设安全线 1 条，有效长度为 50 m。大机停放线末端设 10 t 门式起重机 2 台，跨距 40 m。维修工区与到发线接轨处设安全线 1 条，有效长度为 50 m。

红岛动车运用所设于红岛站青岛端左侧，与客运车场呈纵列布置，距离车场 4.44 km。动车所与客运车场间设动车走行线 2 条。动车所总规划规模为：50 条存车线，2 条走行线，1 条临修线，1 条不落轮镟库线，2 条洗车库线，10 线检修库，三级修库及边跨场地。近期设存车线 8 条，其余均为预留，征地拆迁按总规模考虑。站场及运营设备布置如图 3-8-15 所示。

经过方案对比，最终选择红岛站方案作为实施方案。

第五节　接轨站施工过渡设计

济青高铁两端分别为济南东站和红岛站，均为新建车站。

胶州北站是胶济客专既有中间站，是济青高铁途径的唯一既有站。济青高铁正线外包胶济客专车场，青岛端出站后济青高铁与既有胶济客专贯通，利用胶济客专通道引入青岛站；在胶州北站胶济客专与济青高铁机场站方向正线贯通，后引入红岛客运站。为满足胶济客专与济青高铁间跨线车运行，在胶州北站济南端修建胶济济青上下行联络线，济青转胶济跨线车利用站内渡线通过。项目对胶州北站施工过渡进行了详尽设计，具体步骤如下。

第一步：新建与既有胶济客专运营无干扰的工程，包括新建牵引变电所及信号楼。

第二步：启用新建的牵引变电所及信号楼，停办本站客运业务，施工 6、Ⅷ道，拆除还建站房及其他剩余生产房屋。

第三步：要点，济南端马店线路所插入 2 组 42 号道岔，青岛端济青正线与既有客专拨接。

第四步：开通站内至青岛段济青高铁、胶济济青联络线及站内 6、Ⅷ、Ⅶ、9 道，胶济客专利用此通路运行。

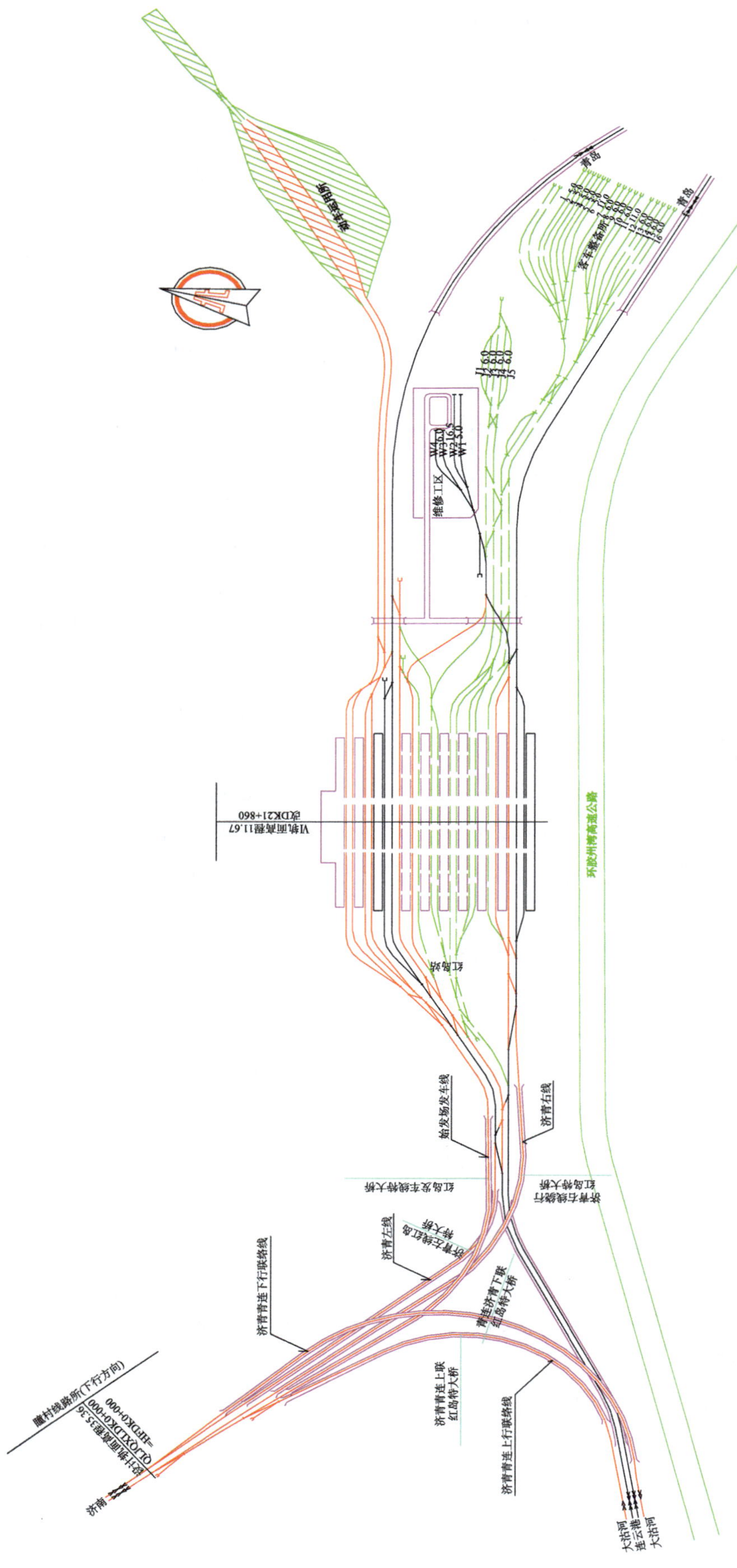

图 3-8-15　红岛站站场及设备运营布置图

第五步:改建既有胶济客专车场,修建济青高铁右线跨既有胶济客专特大桥,修建既有胶济客专正线与红岛方向济青正线站内未完成部分。

第六步:启用新建站房及其他生产房屋,车站与区间正线贯通,开通全站。

第六节　动车整备基地设计

一、济南东动车运用所

济南东动车运用所位于济青高速公路北,小清河西侧,朱家桥村以南,王家闸村与朱家庄村之间,其平面布置图如图 3-8-16 所示。为二级二场纵列布置,所内洗车库线和存车线按横列布置,与不落轮镟及临修线、检查库线纵列式布置。动车运用所规模为 32 条存车线(其中 1 条兼牵出线),在存车场南侧预留 14 条城际车存车线接轨条件,有效长度满足 668 m,2 条洗车库线,1 条临修线,1 条不落轮镟库线,2 条牵出线兼人工洗车线,6 条检修库线。其他线路有效长度根据车辆专业工艺要求确定。

二、红岛动车运用所

红岛动车运用所设于红岛站青岛端左侧,与客运车场呈纵列布置,动车所咽喉区距离红岛站中心约 3.8 km,其平面布置图如图 3-8-17 所示。动车所与客运车场间设动车走行线 2 条。动车所总规划规模为:32 条存车线,1 条临修线,1 条不落轮镟库线,2 条洗车库线,10 线检修库,三级修库及边跨场地。近期设存车线 8 条,其余均为预留,征地拆迁按远期总规模完成。

第七节　主要客运设备配置

1. 济南东站:设长 550 m、宽 14.75 m、高 1.25 m 基本站台 1 座,长 550 m、宽 12 m、高 1.25 m 岛式中间站台 2 座,长 450 m、宽 12 m、高 1.25 m 岛式中间站台 6 座,设跨线设施 1 处(城市通廊)。

2. 章丘北站:设置长 450 m、宽 8 m、高 1.25 m 基本站台 1 座,长 450 m、宽 12 m、高 1.25 m 侧式中间站台 1 座,设跨线设施 1 处。

3. 邹平站:设置长 450 m、宽 8 m、高 1.25 m 基本站台 1 座,长 450 m、宽 12 m、高 1.25 m 侧式中间站台 1 座,设跨线设施 1 处。

4. 淄博北站:设置长 450 m、宽 12 m、高 1.25 m 岛式中间站台 3 座,设跨线设施 1 处(城市通廊)。

5. 临淄北站:设置长 450 m、宽 8 m、高 1.25 m 基本站台 1 座,长 450 m、宽 8 m、高 1.25 m 侧式中间站台 1 座,站中心设跨线设施 1 处。

6. 青州市北站:设置长 450 m、宽 12 m、高 1.25 m 岛式中间站台 2 座,站中心设跨线设施 1 处。

7. 潍坊北站:设置长 450 m、宽 12 m、高 1.25 m 岛式中间站台 4 座,设跨线设施 1 处(城市通廊)。

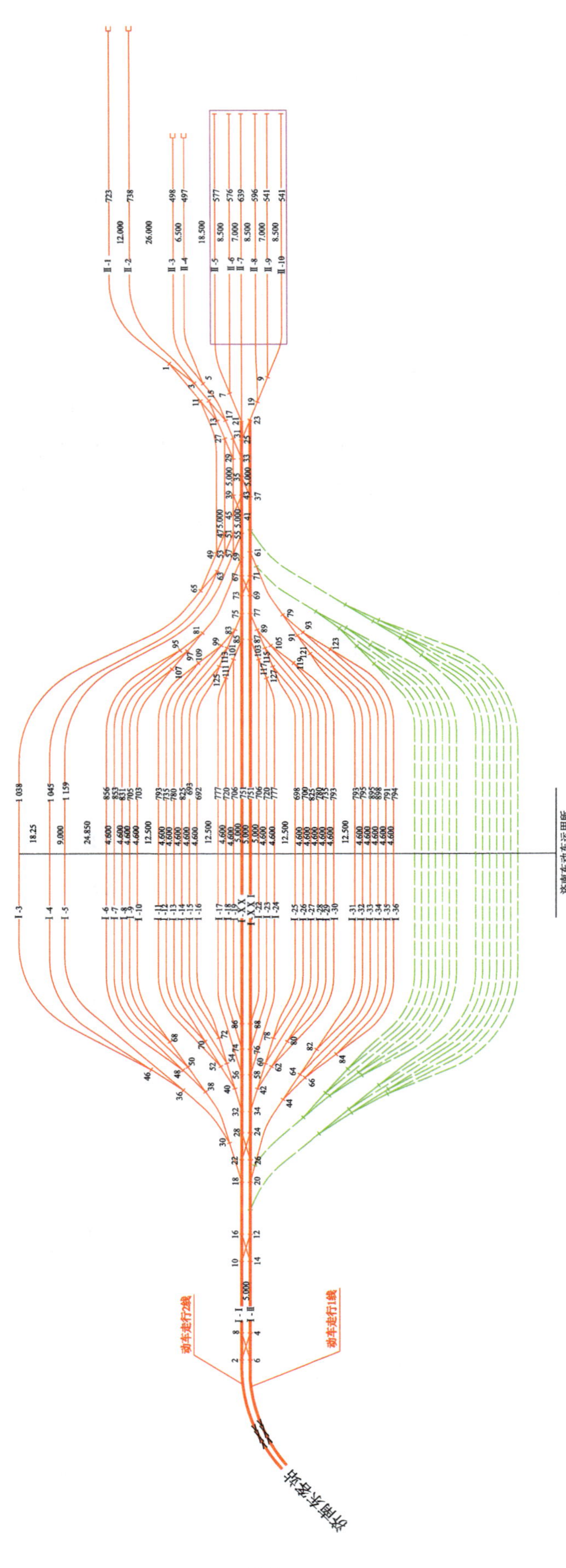

图 3-8-16　济南东动车运用所平面布置示意图

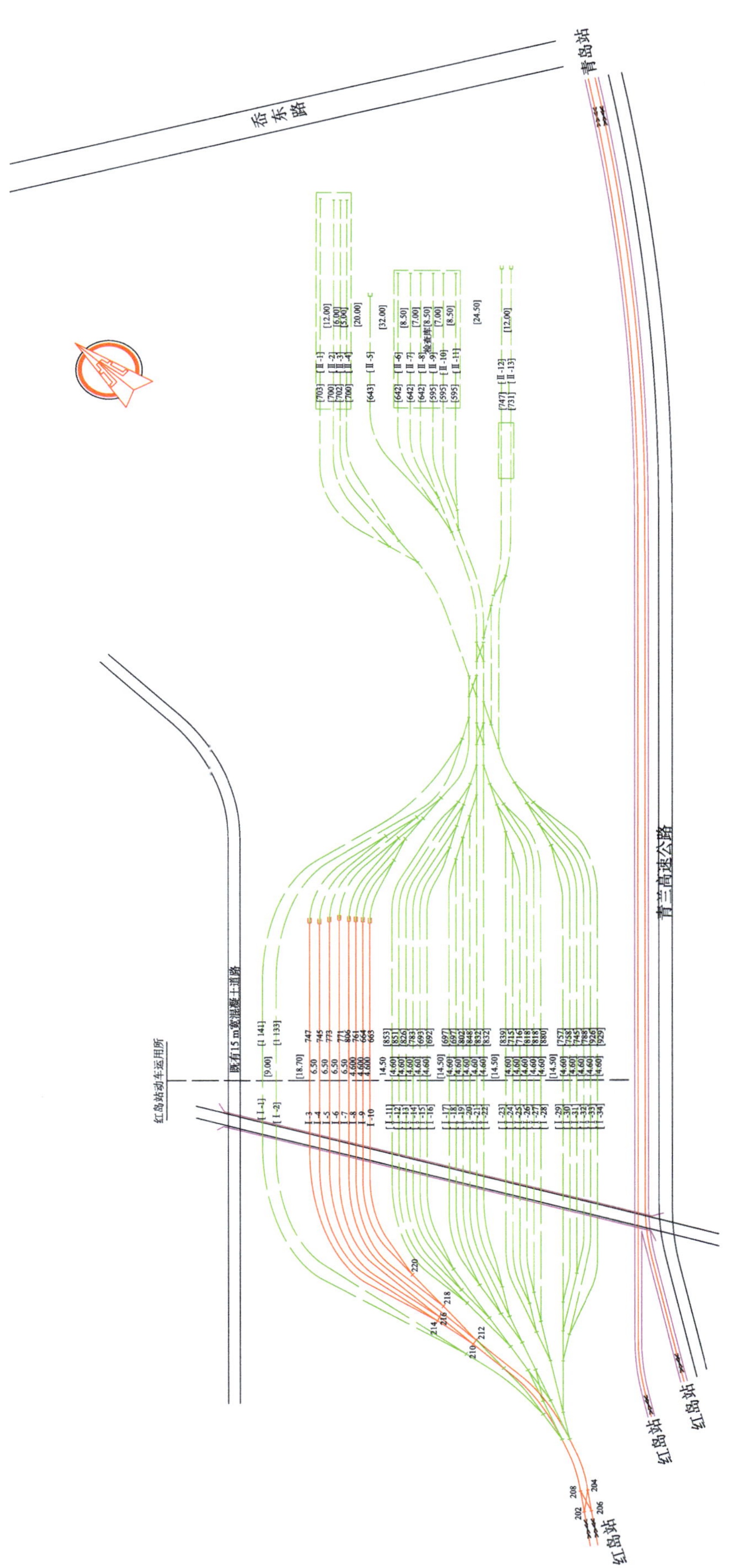

图 3-8-17　红岛动车运用所平面布置示意图

8. 高密北站：设置长 450 m、宽 8 m、高 1.25 m 基本站台 1 座，长 450 m、宽 9 m、高 1.25 m 侧式中间站台 1 座，站中心设跨线设施 1 处。

9. 胶州北站：设置长 550 m、宽 12 m、高 1.25 m 岛式中间站台 2 座，长 550 m、宽 8 m、高 1.25 m 侧式中间站台 1 座，站中心设跨线设施 1 处。

10. 胶东机场站：设置长 450 m、宽 7.5 m、高 1.25 m 岛式中间站台 2 座。

11. 红岛站：设置长 550 m、宽 18 m、高 1.25 m 基本站台 1 座，长 550 m、宽 12 m、高 1.25 m 岛式中间站台 4 座，长 550 m、宽 12 m、高 1.25 m 侧式中间站台 1 座，设跨线设施 1 处（城市通廊）。

第八节　动车设备配置

一、既有现状

（一）济南枢纽

济南西动车运用所一处，设有 6 线动车组检查库 1 座，动车组存车线 17 条，预留 7 条。

（二）青岛枢纽

青岛港湾客车技术整备所内设置三线检查库 1 座，动车组存车线 12 条。

沙岭庄站设动车存车场 1 处，设存车线 14 条，预留 14 条；检查库线近期 4 条，预留 2 条。

二、设计的动车组设备

济南枢纽新建济南东动车运用所，青岛枢纽新建红岛存车场，并预留红岛动车所条件。

（一）新建济南东动车运用所

新建济南东动车运用所，新建 6 线检查库 1 座。新建存车线 32 条，并预留城际场 14 股道存车线。相应配套建设 TEDS 探测站、车体外皮清洗线、踏面诊断线、不落轮镟线、临修线、卸污线等设施。设有乘务员公寓（含司机派班房屋）、食堂浴室等生产生活辅助设施。

（二）新建红岛存车场

新建红岛动车存车场一处，新建存车线 8 条，预留设置动车运用所的设置条件。设有乘务员公寓（含司机派班房屋）、食堂浴室等生产生活辅助设施。

第九章　房屋建筑及给排水设计

第一节　站房工程概况与特点

新建济南至青岛高速铁路工程共设 11 个车站及 3 个线路所，其中章丘北站、邹平站、淄博北站、临淄北站、青州市北站、潍坊北站、高密北站为新建客运站房，均为中小型客运站；红岛站为在建青连线车站扩建；济南东站、胶州北站、胶东机场站均为代建。线路全线房建工程主要数量见表 3-9-1。

济青高铁设计由中国铁设与杭州中联筑境建筑设计有限公司联合体负责。其中，站房设计除济南东站和胶东机场站由中国铁设负责，其余站房由杭州中联筑境建筑设计有限公司负责，沿线生产生活房屋设计由中国铁设负责。

表 3-9-1　房建工程概况　　单位：m^2

编号	车站名	设计单位	站房	总建筑面积	备注
1	济南东	中国铁设	72 301（含国铁站房；不含地下城市通廊、不含地下出租车道及避难走道工程面积）	205 505（含国铁站房面积、地下城市通廊、地下出租车道及避难走道、无站台柱雨棚投影面积、有站台柱雨棚投影面积等工程面积）	在建站扩建
2	章丘北	中联筑境	9 999.6	24 508	
3	邹平	中联筑境	11 913.5	22 933	
4	淄博北	中联筑境	34 471	55 717	
5	临淄北	中联筑境	9 836.65	17 483.78	
6	青州市北	中联筑境	9 996	26 026.55	
7	潍坊北	中联筑境	60 000	81 963	
8	高密北	中联筑境	9 995	22 579.95	
9	胶州北	中联筑境	9 999.99	9 999.99	既有站改建
10	胶东机场	中国铁设	71 407.1	71 407.1	
11	红岛	中联筑境	70 000	241 500	在建站扩建

济青高铁站房设计充分考虑地方需求，不断对设计方案进行调整，统筹公共交通与站房的接入方式，加强设计方案与地方交通规划的对接；在充分了解当地风俗文化的基础上，提升了外立面造型设计与地方区域特色的契合程度。

第二节　设计原则与采用的主要技术标准

一、设计依据

2014 年 6 月 10 日，国家发改委《关于新建济南至青岛高速铁路项目建议书的批复》(发改基础〔2014〕1247 号)；

2014 年 12 月 22 日，山东省环保厅《关于新建济南至青岛高速铁路环境影响报告书的批复》(鲁环审〔2014〕194 号)；

2014 年 12 月 22 日，水利部《关于新建济南至青岛高速铁路水土保持方案的批复》(水保函〔2014〕444 号)；

2014 年 12 月 24 日，国土资源部《关于新建济南至青岛高速铁路项目建设用地预审意见的复函》(国土资预审字〔2014〕242 号)；

2014 年 12 月 25 日，国家发改委办公厅《关于新建济南至青岛高速铁路项目节能评估报告的审查意见》(发改办环资〔2014〕3156 号)；

2015 年 1 月 12 日，国家发改委《关于新建济南至青岛高速铁路可行性研究报告的批复》(发改基础〔2015〕51 号)；

2015 年 10 月 28 日，铁路总公司、山东省人民政府《关于新建济南至青岛高速铁路初步设计的批复》(铁总鉴函〔2015〕1057 号)；

2016 年 7 月 7 日，铁路总公司工程管理中心《关于新建济南至青岛高速铁路四电及相关工程施工图审核报告审查意见的函》(工管施审函〔2016〕132 号)；

2016 年 9 月 6 日，济青公司《关于新建济南至青岛高速铁路胶东机场站等6 座车站站房、雨棚及相关工程修改初步设计的批复》(济青高铁办〔2016〕135 号)；

2016 年 9 月 9 日，铁路总公司工程管理中心《关于新建济南至青岛高速铁路章丘北站等 5 站站房及相关工程施工图审核报告审查意见的函》(工管施审函〔2016〕176 号)；

2017 年 1 月 24 日，铁路总公司工程管理中心《关于新建济南至青岛高速铁路淄博北等 4 站站房及相关工程施工图审核报告审查意见的函》(工管施审函〔2017〕14 号)；

2018 年 3 月 15 日，铁路总公司、山东省人民政府《关于新建济南至青岛高速铁路济南东站等 4 座车站站房、雨棚及相关工程修改初步设计的批复》(铁总鉴函〔2018〕173 号)；

2018 年 2 月 22 日，济青高铁办〔2018〕37 号关于济青高铁邹平站站房工程Ⅰ类变更设计的批复；

中国铁路经济规划研究院有限公司关于新建济南至青岛高速铁路章丘北站增加候车厅等变更设计的咨询意见(经规建筑函〔2018〕311 号)；

国家相关职能机构和铁路总公司有关技术标准，以及经批准的有关设计文件。

二、建筑结构主要技术标准

建筑耐久年限：站房地下结构设计基准期为 50 年。地下结构中主要构件(即构成主体承重框架的钢筋混凝土楼板、站台板等)的设计使用年限为 100 年，轨顶风道及其他可更换且不影响运营的构件或次要构件的设计使用年限为 50 年。员工宿舍设计使用年限 50 年。

建筑耐火等级：站房工程建筑耐火等级地下站房为一级，地面风亭、疏散口等附属建筑为不低于二级。员工宿舍地上部分耐火等级二级，地下部分耐火等级为一级。

建筑防水等级及设防要求：地下工程防水等级为Ⅰ级，除钢筋混凝土自防水外，采用外防水做法。员工宿舍屋面防水等级为Ⅰ级，防水层采用3厚SBS改性沥青防水卷材＋2厚高聚物改性沥青防水涂料。

建筑抗震设防烈度：7度。

建筑主要结构类型：框架结构。

结构的安全等级：站房为一级；员工宿舍为二级。

三、给排水及消防等主要技术标准

（一）主要规范

1.《铁路给水排水设计规范》（TB 10010—2016）；

2.《室外给水设计规范》（GB 10010—2006）；

3.《室外排水设计规范》（GB 10014—2006，2016版）；

4.《铁路工程设计防火规范》（TB 10063—2007，2012版）；

5.《建筑给水排水设计规范》（GB 10015—2003，2009版）；

6.《消防给水及消火栓系统技术规范》（GB 50974—2014）；

7.《建筑设计防火规范》（GB 10016—2014）。

除执行以上标准规范外，同时根据其他专业的给排水要求进行设计。

（二）供水水质标准

本次设计供水水质执行《生活饮用水卫生标准》（GB 5749—2006）和《生活饮用水水源水质标准》（CJ 3020—1993）中的水质标准。

第三节 一般站房设计

济青高铁一般站房设计的主要特点有二：其一，结构普遍较高，高度差跨度较大；其二，在站房立面设计中引入当地特色元素，使得站房功能性和美观并存。高度差异和各站房汇总见表3-9-2。

表3-9-2 一般站房特色汇总表

站名	高度低点（m）	最高点（m）	特色元素
章丘北	11.15	18.75	百脉泉：体现章丘“小泉城”的独特魅力
邹平	21.7	25.052	雄鹰：以反曲的屋面寓意展翅翱翔的雄鹰，型同邹平的“平”字
淄博北	37.5	38.35	舱体：结合高架落客平台，设计了一个富有现代感和未来感的“舱体”
临淄北	15.4	24.6	现代＋历史：以现代手法的大屋面呈现历史建筑记忆
青州市北	14.7	23.3	稳重：悠久的历史人文底蕴、秀美的山川江景
潍坊北		41.04	风筝：潍坊自古有“鸢都”的美誉

续上表

站名	高度低点(m)	最高点(m)	特色元素
高密北	16.3	20.9	红色机理:红高粱和高密传统剪纸的意向
胶州北	32.5	37.3	德式:胶州的历史记忆
红岛	45.893	60.138	浪花:自然滨海特色,以海浪、贝壳、山峦为意向

一、建　　筑

(一)章丘北站

章丘北站总建筑面积 24 508 m^2,其中站房建筑面积为 9 999.6 m^2(包括半地下室候车厅以及地下车库面积,建筑层数:主体建筑地上二层;两侧局部三层,地下局部一层)。设正线 2 条,到发线 2 条,车站设 450 m×9 m×1.25 m 基本站台和中间站台各一座,按两台夹四线布置。站房采用线侧下式布置,新建 8 m 宽旅客进出站地道 1 座。章丘北站效果如图 3-9-1 所示。

图 3-9-1　章丘北站效果图

1. 站房立面

章丘北站建筑造型以百脉泉作为设计灵感,体现章丘“小泉城”的独特魅力。建筑中间部分屋面最高点 18.750 m,檐口高度最低点为 11.150 m。

2. 站房平面

本建筑层数为二层,其中:中间候车部分两层,两侧办公设备用房部分三层,地下一层中部为综合开发空间,四周为停车场。

一层中间为广厅、候车室、旅客服务等公共空间;候车厅东侧布置了消防控制室、电缆引入间、售票厅、售票室、售票办公用房及综合变电所等;候车厅西侧布置了出站厅及设备用房;站房西侧局部设有二层(4.0 m 标高),为公安办公区;二层设置了候车大厅、车站办公、空调机房和“四电”机房等设备用房。

3. 站房剖面

站房±0.000 标高相对于绝对标高 36.609 2 m(国家 1985 高程系统,以下同)。站房周边平台标高为−0.150 m,基本站台面标高 7.457 m(帽石端),7.500(远离帽石端)。

一层候车厅地面标高±0.000 m，层高 7.560 m，净高 5.50 m；售票厅、出站厅净高 5.50 m。二层候车厅楼面标高 7.560 m，净高 3.94 m（最低点）～8.04 m（最高点）；办公设备用房楼面标高 7.560 m，净高 3.0 m（最低点）～4.0 m（最高点）；办公夹层楼面标高 4.000 m，净高 3.0 m，满足功能要求。出站地道标高－0.100 m，净高 3.5 m。

地下室候车厅、售票厅净高 3.6 m。

4. 连廊屋面

站房及站台间钢筋混凝土连廊屋面投影面积为 1 142.8 m^2。

5. 电 扶 梯

自动扶梯：角度为 27.3°，额定速度为 0.5 m/s，梯级宽度为 1 000 mm，为室内型及室外型。其中站房内 2 台，提升高度为 7.560 m；基本站台 1 台，提升高度为 7.560 m；二站台 2 台，提升高度为 7.560 m。

垂直电梯：额定速度为 1 m/s，井道尺寸为 2.2×2.4 m，为室内型及室外型。其中站房内 1 台，提升高度为 7.560 m；基本站台 1 台，提升高度为 7.560 m；二站台 1 台，提升高度为 7.560 m。

（二）邹 平 站

邹平站总建筑面积 23 700 m^2，其中站房建筑面积为 11 913.5 m^2（主体建筑一层为架空层，以上两层，两侧局部三层；地下局部一层），落客平台加架空层建筑面积 11 700 m^2，设正线 2 条，到发线 2 条，车站设 450 m×8 m×1.25 m 侧式站台 2 座，按两台夹四线布置。站房采用线侧平下式布置，新建 12 m 宽旅客进出站地道（兼行包）1 座，8 m 宽跨线天桥一座。邹平站效果如图 3-9-2 所示。

图 3-9-2　邹平站效果图

1. 站房立面

邹平站建筑造型以反曲的屋面寓意展翅翱翔的雄鹰，舒展优美的造型如同邹平的“平”字，在城市主要景观轴线上成为地标建筑。建筑中间部分屋面最低点 21.7 m，两侧部分最高点为 25.052 m。

2. 站房平面

本建筑层数为三层，其中：中间候车部分二层，两侧办公设备用房部分二层，架空层及出站层一层。

二层中间为旅客候车室、旅客服务等，两侧为售票厅、售票办公、出站厅、等客运房屋和变电所等设备房屋；三层中间为旅客候车室和部分上空，两侧为车站办公、间休、通信机械室、信息设备用房、信号机械室等设备房屋及内庭院。

3. 站房剖面

站房±0.000 标高相对于绝对标高 119.448 m。

一层候车厅地面标高±0.000 m，层高 9.520 m，净高 6.75 m；售票厅、出站厅净高 6.75 m。二层办公设备用房楼面标高 9.520 m，净高 6.75 m；满足功能要求。

4. 连廊屋面

站房及站台间钢筋混凝土连廊屋面投影面积为 1 537.4 m^2。

5. 电 扶 梯

自动扶梯：角度为 27.3°，额定速度为 0.5 m/s，梯级宽度为 1 000 mm，垂直电梯：井道尺寸 2.2 m×2.4 m，载重 1 000 kg，速度 1 m/s。

建筑内部设 2 部自动扶梯直通二层候车厅，承担进站的客流；第一站台设置一部自动扶梯一部无障碍电梯，与旅客地道连接；第二站台设置两部自动扶梯，与地道相连；天桥设置两部自动扶梯，与第二站台相连。落客平台设置两部自动扶梯，与广场相连。

（三）淄博北站

淄博北站站房建筑面积 34 471 m^2（建筑层数：主体建筑地上三层；地下两层。建筑总高度为 37.500 m），地下城市通廊面积 3 711 m^2，站房南侧设高架落客车道及雨棚一座，站房北侧设消防车道一座。设正线 2 条，到发线 6 条，车站设 450 m×12 m×1.25 m 岛式站台 3 座，无基本站台。站房采用跨线式布局，新建 24 m 宽城市通廊 1 座。站房中心里程：DK82＋350。淄博北站效果如图 3-9-3 所示。

图 3-9-3　淄博北站效果图

1. 站房立面

新建淄博北站方案，在靠近站前广场一侧，结合高架落客平台设计了一个富有现代感和未来感的“舱体”，形成了一个内部通高 25 m 的高敞空间，并同时整合了入口雨棚和遮阳设施等多种功能，为主入口落客平台上高频度的室外活动提供了通风、遮阳、挡雨的室内外过渡空间，同时也营造了独特和趣味盎然的空间感受。站房部分造型在转角处多采用圆角做法，结合弧形雨棚、梭形采光天窗等局部设计，取得了富有现代气息的协调效果。建筑外立面通体采用瓷白色铝板材料，局部采用灰色百叶条带，强化了整体性，同时彰显了淄博作为中国高新材料之都的城市形象。站房建筑高度为 37.5 m，最高点高度为 38.35 m。

2. 站房平面

出站层中部为城市通廊，两侧布置出站厅，城市通廊西侧布置地方配套出租车接客车道。城市通廊南侧为地方快速交通换乘大厅。

广场层主要功能为出站广厅、售票厅、公安办公用房及设备房间、变电所等。

站台层南侧为地方配套高架落客车道，中部为集散广厅，广厅两侧布置了人工售票厅及自动售票厅，公安接待大厅。侧式站房东北角布置了贵宾候车室，及部分办公用房和“四电”用房。

候车层在跨线位置布置了候车大厅及商业服务设施、客运用房；侧式站房主要功能为办公用房及机房。

商业夹层主要内容包括为旅客服务的商业部分及配套机房。

3. 站房剖面

站房±0.000 标高相对于绝对标高 33.185 0 m。站房周边平台标高为－0.165 m，站台面标高 0.000 m(帽石端)。

出站层地面标高－11.000 m，层高 11.000 m，城市通廊净高 5.30 m；广场层层高 8.000 m，售票厅、出站广厅净高 5.00 m；站台层层高 9.6 m，集散广厅净高 23 m，售票厅净高 5.5 m；候车层候车室净高 13.4 m，旅服位置净高 4.8 m，旅服夹层净高 5 m。

4. 电 扶 梯

自动扶梯：主要角度为 27.3°、23.2°，额定速度为 0.5 m/s，梯级宽度为 1 000 mm。

垂直电梯：额定速度为 1 m/s，井道尺寸为 2.2 m×2.4 m。

两类电扶梯均分为室内型及室外型。

(四)临淄北站

临淄北站总建筑面积为 17 483 m^2，站房建筑面积 9 836.65 m^2(建筑层数：主体建筑地上两层；两侧局部三层；地下局部一层)，其中：首层建筑面积：5 165.38 m^2；二层建筑面积 4 026.50 m^2，办公夹层面积 446.41 m^2，地下一层面积 198.36 m^2。设正线 2 条，到发线 2 条，车站设 450 m×8 m×1.25 m 侧式站台 2 座，按两台夹四线布置。站房采用线侧下式布置，新建 12 m 宽旅客进出站地道 1 座。临淄北站效果如图 3-9-4 所示。

1. 站房立面

临淄北站建筑造型设计中以现代手法的大屋面呈现历史建筑的记忆，体验当地独特的地域与历史文化。建筑中间部分屋面最高点 24.6 m，两侧部分屋顶最高点 15.4 m，结构高度为 14.5 m。

图 3-9-4 临淄北站效果图

2. 站房平面

本建筑层数为二层，其中：中间候车部分二层，两侧办公设备用房部分主体二层，局部三层，局部设置地下一层。一层中间为旅客候车室、旅客服务等，两侧为售票厅、售票办公、出站厅等客运房屋和变电所等设备房屋；二层中间为旅客候车室，两侧为车站办公、间休、通信机械室、信息设备用房、信号机械室等设备房屋。

3. 站房剖面

站房±0.000 标高相对于绝对标高 34.207 6 m。站房周边平台边标高为-0.150 m，基本站台面标高 7.495 m(远离帽石端)，7.450(帽石端)。

一层候车厅地面标高±0.000 m，层高 7.560 m，净高 5.5 m；售票厅、出站厅净高 5.5 m。二层候车厅楼面标高 7.560 m，净高 3.24 m(最低)～8.95 m(最高)；二层办公设备用房楼面标高 7.560 m，净高 3.0 m(最低)～4.0 m(最高)；办公夹层楼面标高 4.000 m，净高 3.0 m；满足功能要求。出站地道标高－0.065 m，净高 3.3 m。

4. 连廊屋面

站房及站台间钢筋混凝土连廊屋面投影面积为 1 147.9 m^2。

5. 电 扶 梯

自动扶梯：角度为 27.3°，额定速度为 0.5 m/s，梯级宽度为 1 000 mm，为室内型及室外型。其中站房内 2 台，提升高度为 7.560 m；基本站台 1 台，提升高度为 7.560 m；二站台 2 台，提升高度为 7.560 m；

垂直电梯：额定速度为 1 m/s，井道尺寸为 2.2 m×2.4 m，为室内型及室外型，非观光梯。其中站房内 1 台，提升高度为 7.560 m；基本站台 1 台，提升高度为 7.560 m；二站台 1 台，提升高度为 7.560 m。

(五)青州市北站

青州市北站总建筑面积为 26 026.55 m^2，站房建筑面积 9 996.28 m^2(建筑层数：建筑层数地上二层，两侧局部三层。地下局部一层)，其中：首层建筑面积：5 513.40 m^2；二层建筑面积 3 382.03 m^2，夹层建筑面积 875.39 m^2，屋顶消防水箱间建筑面积 44.07 m^2，地下一层面积 181.39 m^2。设正线 2 条，到发线 4 条，车站设 450 m×12 m×1.25 m 侧式站台 2 座，按两台六线布置。站房采用线侧下式布置，新建 12 m 宽旅客进出站地道 1 座。青州市北站效果如图 3-9-5 所示。

图 3-9-5 青州市北站效果图

1. 站房立面

青州有着悠久的历史人文底蕴、秀美的山川江景。设计采用传统大屋顶形式，从容稳重，端庄大气。整体形态生发于山峦之间，利用玻璃与石材的虚实融合，呈现山水意境。尊重青州地区独特的气候环境和地域文化，表达既有当代时代特征，又蕴含地域特色的车站建筑新形象。建筑中间部分屋面最高点 23.3 m，两侧部分屋顶结构高度为 14.7 m。

2. 站房平面

建筑层数地上二层，两侧局部三层。其中：中间候车部分二层，两侧办公设备用房部分二层，局部三层。地下局部一层为消防水泵房。一层中间为进站厅、旅客候车室、旅服等，两侧为售票厅、售票办公、出站厅、公安等客运用房和变电所、空调机房等设备用房；二层中间为旅客候车室、旅服等，两侧为车站办公用房和空调机房、通信机械室、信息设备用房、信号机械室等设备用房及室外庭院。夹层左侧为公安办公，右侧为 10 kV 开关站。

3. 站房剖面

站房±0.000 标高相对于绝对标高 35.17 m。站房周边平台边标高为－0.015 m，基本站台和二站台面标高 7.713 m。

一层候车厅地面标高±0.000 m，层高 7.8 m，净高 5.4 m；售票厅、出站厅净高 5.8 m。办公设备用房净高不低于 3.0 m；满足功能要求。出站地道标高－0.087 m，净高 3.6 m。

4. 连廊屋面

站房及站台间钢筋混凝土连廊屋面投影面积为 1 463.42 m^2。

5. 电 扶 梯

自动扶梯：共设 5 部，其中候车厅内 2 部，站房外靠北侧外墙 1 部（预留二期施工），站台 2 部，均为重载型感应式自动扶梯；角度为 27.3°，额定速度为 0.5 m/s，梯级宽度为 1 000 mm，提升高度分别为 7.8 m（站房）和 7.83 m（站台）。

垂直电梯:共 3 部,其中站台 2 部无机房无障碍电梯;站房内 1 部无机房无障碍电梯。电梯载重量为 1 000 kg,额定速度为 1.0 m/s,井道尺寸为 2.2 m×2.4 m,提升高度分别为 7.8 m(站房)和 7.83 m(站台)。

(六)潍坊北站

潍坊北站站房建筑面积 60 000 m^2(建筑层数:主体建筑地上三层;两侧局部四层;地下一层,建筑总高度为 41.040 m),地下城市通廊面积 6 061.1 m^2。南北侧式站房均设有高架落客车道一座。车场规模 7 台 20 线,车站设 450 m×12 m×1.25 m 岛式站台 7 座。站房采用跨线式布置,新建 24 m 宽城市通廊一座。站房中心里程:DK190+990。潍坊北站效果如图 3-9-6 所示。

图 3-9-6　潍坊北站效果图

1. 站房立面

潍坊是中国风筝文化重要的传承地,自古有"鸢都"的美誉。潍坊北站站房造型从传统的盘鹰风筝中汲取灵感,主立面以简洁有力的折线勾勒出雄鹰展翅欲飞的动势,支撑大屋面的结构构建稳定而纤细,寓意风筝的丝线;屋顶边缘钢构架和采光屋面相结合的设计象征着风筝的骨架和鹰翼的薄羽,方案不仅以磅礴的造型语言表现了潍坊如雄鹰般展翅翱翔的稳健和高度,同时也以精致的建筑细部处理表现了潍坊自古作为手工业城市的工匠气质和对技艺的坚守、传承。

2. 站房平面

主体建筑地上三层;两侧局部四层;地下一层。

出站层中部为城市通廊,两侧布置出站厅,城市通廊两侧布置地方配套出租车接客车道。城市通廊南侧为地方快速交通换乘大厅。

广场层主要功能为出站广厅,售票厅,公安办公用房及设备房间、变电所等。

站台层南侧为地方配套高架落客车道,中部为集散广厅,广厅一侧布置了售票厅,公安接待大厅。侧式站靠近站台侧布置了贵宾候车室,及部分办公用房和"四电"用房。

候车层在跨线位置布置了候车大厅及商业服务设施、客运用房;侧式站房主要功能为办公用房及机房。

商业夹层主要内容包括为旅客服务的商业部分及配套机房。

3. 站房剖面

站房±0.000标高相对于绝对标高21.583 3 m。站房周边平台边标高为−0.150 m，基本站台帽石沿标高0.000 m。

出站层地面标高−10.800 m，层高10.800 m，城市通廊净高4.850 m；广场层层高7.800 m，售票厅、出站广厅净高5.500 m；站台层层高9.6 m，集散广厅净高22 m，售票厅净高5.5 m；候车层候车室净高13.4 m，旅服位置净高4.9 m，旅服夹层净高5 m。

4. 电 扶 梯

自动扶梯：主要角度为27.3°及23.2°，额定速度为0.5 m/s，梯级宽度为1 000 mm，为室内型及室外型。

垂直电梯：井道尺寸2.2 m×2.4 m及2.2 m×2.5 m，载重1 000 kg，额定速度1 m/s。为室内型及室外型。

(七)高密北站

高密北站总建筑面积为22 579.95 m^2，站房建筑面积9 995 m^2(建筑层数：建筑层数二层，局部设置地下一层及夹层)，首层建筑面积：5 157 m^2，二层建筑面积3 751 m^2，夹层建筑面积805 m^2，地下一层面积170 m^2。设正线2条，到发线2条，车站设450 m×8 m×1.25 m侧式站台2座，按两台夹四线布置。站房采用线侧下式布置，新建12 m宽旅客进出站地道(兼行包)1座。高密北站效果如图3-9-7所示。

图3-9-7　高密北站效果图

1. 站房立面

高密北站建筑造型以富有韵律的红色格构肌理表现了红高粱和高密传统剪纸的意向，两侧实墙面部分山东白麻的使用亦充分体现了其地域特色。建筑中间部分屋面最高点20.9 m，两侧部分屋顶结构高度为14.2 m。

2. 站房平面

本建筑层数为二层，其中：中间候车部分一层，两侧办公及设备用房部分二层，局部设置夹层及地下一层。

一层中间为旅客候车室、旅客服务等，两侧为售票厅、售票办公、出站厅等客运房屋和变电所、开关站等设备房屋；二层中间为旅客候车室上空，两侧为车站办公、公安、通信机械室、信息设备用房、信号机械室等设备房屋。

3. 站房剖面

站房±0.000 标高相对于绝对标高 13.595 8 m。站房周边平台边标高为－0.150 m，站台帽石端标高 7.997 m，站台远离帽石端标高 8.040 m。

一层候车厅地面标高±0.000 m，层高 20.9 m，净高 16.3 m；售票厅、出站厅净高 5.5 m。办公设备用房楼面标高 7.56 m，最小净高 3.5 m；满足功能要求。出站地道标高－0.1 m，净高 4 m。

4. 连廊屋面

站房及站台间钢筋混凝土连廊屋面投影面积为 541.6 m^2。

5. 电 扶 梯

自动扶梯：角度为 27.3°，额定速度为 0.5 m/s，梯级宽度为 1 000 mm。其中进站厅 2 台，基本站台 1 台，二站台 2 台，提升高度为均为 7.560 m；

垂直电梯：室内 1 台，基本站台 1 台，二站台 1 台，提升高度 7.560 m。

(八)胶州北站

胶州北站站房建筑面积 9 999.99 m^2(建筑层数：主体建筑地上两层；两侧局部三层；地下局部一层)，其中：首层建筑面积：6 128 m^2；二层建筑面积 3 650.99 m^2，办公夹层面积 221 m^2，地下一层面积 170 m^2。车场为 3 台 9 线，车站设 550 m×12 m×1.25 m 岛式站台 2 座、550 m×8 m×1.25 m 侧式站台 1 座。站房采用线侧下式布置，新建 12 m 宽旅客进出站地道 1 座。站房中心里程：K62＋943。胶州北站效果如图 3-9-8 所示。

图 3-9-8　胶州北站效果图

1. 站房立面

胶州历史悠久，人文底蕴丰厚，近代长期隶属青岛行政区划，城市建筑风格受德式影响强烈。胶州北站立意传承胶州的历史记忆，通过拱券、坡屋顶以及厚重的石材立面映衬出德式建筑风格，同时为了强调高铁建筑的时代感和现代性，立面采用了大面积的玻璃幕墙，与传统风格的立面形成强烈对比，同时兼具站房内部采光的功能要求。建筑高度 32.5 m，屋面最高点高度 37.3 m。

2. 站房平面

本建筑层数为二层，其中：中间候车部分二层，两侧办公设备用房部分主体二层，局部三层，局部设置地下一层。

一层中间为旅客候车室、旅客服务等，两侧为售票厅、售票办公、出站厅等客运房屋和变电所等设备房屋；二层中间为旅客候车室，两侧为车站办公、间休、设备房屋。

3. 站房剖面

站房±0.000 标高相对于绝对标高 12.64 m。站房周边平台边标高为−0.300 m，基本站台面标高 7.603 m(远离帽石端)，7.560(帽石端)。

一层候车厅地面标高±0.000 m，层高 7.560 m，候车厅净高 5.0～5.5 m；售票厅净高 5.0 m、出站厅净高 5.5 m。二层候车厅楼面标高 7.560 m，候车室净高 7.2 m(最低)～19.5 m(最高)；二层办公设备用房楼面标高 7.560 m，净高 3.0 m(最低)～4.0 m(最高)；办公夹层楼面标高 3.900 m，净高 3.0 m；满足功能要求。出站地道标高−0.640 m，净高 3.5 m。

4. 连廊屋面

站房及站台间钢筋混凝土连廊屋面投影面积为 1 147.9 m^2。

5. 电 扶 梯

自动扶梯：角度为 27.3°，额定速度为 0.5 m/s，梯级宽度为 1 000 mm，为室内型及室外型。其中站房内 2 台，提升高度为 7.560 m；站房外 1 台，提升高度为 7.560 m；站台至进出站地道共设置 4 台，提升高度为 8.260 m。

垂直电梯：额定速度为 1 m/s，井道尺寸为 2.2 m×2.4 m，为室内型及室外型。其中站房内 1 台，为非观光梯，提升高度为 7.560 m；各站台均有 1 台，为观光梯，提升高度为 8.260 m。

（九）红 岛 站

红岛站站房建筑面积 70 000 m^2(建筑层数：新建站房主体共 4 层，其中地上 3 层，局部 4 层；地下 1 层)，地下城市通廊为 17 542 m^2。车场规模为 10 台 20 线。车站设 550 m×12 m×1.25 m 岛式站台 8 座，站房北部基本站台为 550 m×20 m×1.25 m，南部基本站台为 550 m×18 m×1.25 m。站房采用跨线式布置。新建城市通廊 1 座，城市通廊净宽 61.6 m。站房中心里程：JDK21+860。红岛站效果如图 3-9-9 所示。

图 3-9-9　红岛站效果图

1. 站房立面

新建红岛站方案，设计立意于青岛旅游城市自然滨海特色，以海浪、贝壳、山峦为意向，由站前广场远望犹如五朵泛起的浪花又如雪白的贝壳，屋面顺“浪花”延展，形成独特及光影丰富的高架落客主入口，整合了入口雨棚、通风遮阳等多功能设施空间感受。红岛站外立面以白色为主色调、以玻璃及蜂窝铝板为主要材质，结合面向城市富有建筑感的造型与精致屋面，构成红岛站典雅、现代的建筑形象与气质，体现了红岛地区独特的气候环境和地域文化，表达出既有时代特征、又蕴含地域特色的滨海车站建筑新形象。站房建筑高度为 45.893 m，最高点高度为 60.138 m。

2. 站房平面

出站层中部为城市通廊，两侧布置出站厅，城市通廊两侧布置地方配套出租车接客车道。城市通廊北侧为地铁换乘大厅，南侧为地方配套交通换乘厅；侧式站房下方为设备机房。

广场层北侧主要功能为出站广厅，广厅西侧布置了售票厅，公安接待大厅和“四电”用房售票厅，公安办公用房及设备房间等，南侧为消防车道。

站台层北侧中部为集散广厅上空。北站房东侧布置了贵宾候车室及部分办公用房；南站房中部为集散广厅，东侧为售票厅，西侧为办公用房及设备用房。

候车层在跨线位置布置了高架落客车道，候车大厅及商业服务设施、客运用房；侧式站房主要功能为办公用房及机房。

商业夹层主要内容包括为旅客服务的商业部分及配套机房。

3. 站房剖面

站房±0.000 标高相对于绝对标高 13.100 m。站房周边平台边标高为－0.015 m。

出站层地面标高－12.000 m，层高 12.000 m，城市通廊净高 5.60 m；广场层层高 6.920 m（北站房）；6.000（南站房），售票厅、出站广厅净高 4.52～12.67 m（北站房）；站台层层高 9.6 m，集散广厅净高 4.3～16.05 m（南站房）；候车层候车室净高 11.392～28.947 m，售票厅净高 4.9 m，旅服位置净高 4.9 m，旅服夹层净高 3.54～6.85 m。

4. 站台雨棚、连廊屋面

本站采用钢结构无柱雨棚，覆盖面积 73 017.75 m^2，雨棚总长度 322.8 m，站台标准段宽度：16 m（南侧基本站台）、18 m（北侧基本站台）、12 m（中间站台）。雨棚标准柱跨：平行于股道方向为 31 m，垂直于股道方向的柱跨为 21.5 m、23.5 m、28.5 m。

5. 电 扶 梯

自动扶梯：均为重载型感应式自动扶梯；主要角度为 27.3°、23.2°，额定速度为 0.5 m/s，梯级宽度为 1 000 mm。

垂直电梯：电梯载重量为 1 000 kg，额定速度为 1.0 m/s，井道尺寸为 2.2 m×2.4 m。

二、节能与防火

（一）建筑节能

1. 屋面：屋面采用 75 mm 厚挤塑聚苯板（XPS）保温措施。

2. 外墙：外墙主体部分构造类型 1 采用 80 厚矿棉，岩棉，玻璃棉毡；外墙主体部分构造类型 2 采用 30 厚玻化微珠保温浆料；热桥柱（框架柱）构造类型 1 采用 30 厚玻化微珠保温浆料热桥柱（框架柱）构造类型 2 采用 80 厚矿棉；热桥梁（圈梁或框架梁）构造类型 1 采用 30 厚玻化微珠宝保温浆料；热桥梁（圈梁和框架梁）构造类型 2 采用 80 厚矿棉，岩棉，玻璃棉毡；热桥楼板（墙内楼板）构造类型 1 采用 30 厚玻化微珠保温浆料；热桥楼板（墙内楼板）构造类型 2 采用 80 mm 矿棉、岩棉、玻璃棉毡。

3. 玻璃幕墙:采用断桥铝合金钢化中空 LOW-E 玻璃(充惰性气体)。

4. 窗:采用断桥铝合金+中空玻璃。

本项目建筑的节能满足《公共建筑节能设计标准》(GB 50189—2015)的节能要求。

(二)建筑防火

济青高铁防火分区按《建筑设计防火规范》(GB 50016—2014)及《铁路工程设计防火规范》(TB 10063—2007)进行划分,每个防火分区面积和疏散均满足规范要求。

三、结　　构

(一)概　　况

1. 设计使用年限(表 3-9-3)。

表 3-9-3　设计使用年限表

名称	站房	站台雨棚
章丘北站	50	50
邹平站	50	50
淄博北站	100(耐久年限)	50
临淄北站	50	50
青州市北站	50	50
潍坊北站	100(耐久年限)	50
高密北站	50	50
胶州北站	50	50
红岛站	100(耐久年限)	100(耐久年限)

2. 自然条件(表 3-9-4、表 3-9-5)

表 3-9-4　基本风压情况

名称	W_0(50 年一遇,kN/m^2)	W_0(100 年一遇,kN/m^2)	地面粗糙度类别
章丘北站	0.45	0.5	B 类
邹平站	0.45	0.5	B 类
淄博北站	0.40	0.45	B 类
临淄北站	0.40	0.45	B 类
青州市北站	0.40	0.45	B 类
潍坊北站	0.40	0.45	B 类
高密北站	0.50	0.55	B 类
胶州北站	0.60	0.70	B 类
红岛站	0.60	0.70	A 类

表 3-9-5　基本雪压情况

名称	W_0(50 年一遇,kN/m^2)	W_0(100 年一遇,kN/m^2)
章丘北站	0.30	0.35
邹平站	0.40	0.45
淄博北站	0.45	0.50
临淄北站	0.45	0.50
青州市北站	0.35	0.40
潍坊北站	0.35	0.40
高密北站	0.35	0.40
胶州北站	0.20	0.25
红岛站	0.20	0.25

3. 建筑分类等级(表 3-9-6)

表 3-9-6　建筑分类等级

名称	建筑结构安全等级		建筑抗震设防类别		钢筋混凝土结构抗震等级
	站房	站台雨棚	站房	站台雨棚	站房、站台雨棚
章丘北站	二级(1.0)	一级(1.1)	标准设防(丙类)局部房间重点设防(乙类)	标准设防(丙类)	站房“四电”用房、大跨度梁柱二级,其余站房三级;站台雨棚四级
邹平站	二级(1.0)	一级(1.1)	标准设防(丙类)局部房间重点设防(乙类)	标准设防(丙类)	站房“四电”用房、大跨度梁柱一级,其余站房二级;站台雨棚三级
淄博北站	一级(1.1)	一级(1.1)	重点设防(乙类)	标准设防(丙类)	站房一级;钢结构屋顶三级;站台雨棚三级
临淄北站	二级(1.0)	一级(1.1)	标准设防(丙类)局部房间重点设防(乙类)	标准设防(丙类)	站房“四电”用房、大跨度梁柱一级,其余站房二级;站台雨棚三级(构造措施二级)
青州市北站	二级(1.0)	一级(1.1)	标准设防(丙类)局部房间重点设防(乙类)	标准设防(丙类)	站房“四电”用房、大跨度梁柱一级,其余站房二级;站台雨棚二级
潍坊北站	一级(1.1)	一级(1.1)	重点设防(乙类)	标准设防(丙类)	站房一级;钢结构屋顶三级;站台雨棚三级
高密北站	二级(1.0)	一级(1.1)	标准设防(丙类)局部房间重点设防(乙类)	标准设防(丙类)	站房“四电”用房、大跨度梁柱一级,其余站房二级;站台雨棚三级

续上表

名称	建筑结构安全等级		建筑抗震设防类别		钢筋混凝土结构抗震等级
	站房	站台雨棚	站房	站台雨棚	站房、站台雨棚
胶州北站	二级(1.0)	一级(1.1)	标准设防(丙类)局部房间重点设防(乙类)	标准设防(丙类)	站房“四电”用房、大跨度梁柱一级,其余站房二级;站台雨棚三级
红岛站	一级(1.1)	一级(1.1)	重点设防(乙类)	重点设防(乙类)	站房一级;钢结构屋顶及候车层钢桁架三级;站台钢结构雨棚三级

4. 主要荷载(表 3-9-7、表 3-9-8)

表 3-9-7　地震作用

名称	抗震设防烈度	地震加速度	地震分组	场地类别
章丘北站	6 度	0.05g	第三组	Ⅱ类
邹平站	7 度	0.10g	第三组	Ⅱ类
淄博北站	7 度	0.15g	第三组	Ⅱ类
临淄北站	7 度	0.15g	第二组	Ⅲ类
青州市北站	7 度	0.15g	第一组	Ⅱ类
潍坊北站	7 度	0.15g	第二组	Ⅱ类
高密北站	7 度	0.10g	第三组	Ⅱ类
胶州北站	7 度	0.10g	第三组	Ⅱ类
红岛站	7 度	0.10g	第二组	Ⅱ类

表 3-9-8　楼(屋)面活荷载、特殊设备荷载

房间部位	可变荷载标准值(kN/m^2)	房间部位	可变荷载标准值(kN/m^2)
上人(不上人)屋面	2.0(0.5)	空调机房	7
屋顶水箱间	按最高水平计算	库房、工具间、电务值班室、信号材料房	5.0
走廊	2.5		
室外机平台	5.0	信息联合机房	12.0
办公、会议、休息室	2.0	信号电源与继电室	10.0
楼梯	3.5	综合值班室、计算机房	3.5
蹲坑式卫生间	4.0	变电所	10
强弱电间	2.5	通信机械室	6
走廊	2.5	信息配线间	8

注:凡建筑内结构降板并要求回填处,回填材料均采用轻集料混凝土,要求容重小于 14 kN/m^3。

5. 上部及地下室结构设计

(1)结构缝的设置:除淄博北、潍坊北站外,其他站房不设结构缝;除红岛站外,其他站站台雨棚设置伸缩缝。

(2)结构选型:除红岛站站房主体为钢结构,其他站为混凝土框架结构;除红岛站站房主体为钢结构,其他站站台雨棚为混凝土框架结构。

(3)关键技术问题的解决方法

济青高铁个别混凝土梁跨度较大,利用施工时结构起拱来解决挠度大的问题,地基基础设计见表 3-9-9。

表 3-9-9 地基基础设计

名称	地基基础设计等级		桩基设计等级	
	站房	站台雨棚	站房	站台雨棚
章丘北站	乙级		乙级	
邹平站	乙级		乙级	
淄博北站	甲级	乙级	甲级	乙级
临淄北站	乙级		乙级	
青州市北站	乙级		乙级	
潍坊北站	甲级		甲级	
高密北站	乙级		乙级	
胶州北站	乙级		乙级	
红岛站	甲级		甲级	

(二)重点部位结构分析

1. 潍坊北站

(1)潍坊正立面的风筝造型为结构设计重点以及难点,主体结构采用双向折形交叉桁架结构体系,即桁架定位随建筑造型而变化,从而有效降低屋面装饰专业的设计和施工难度,降低综合造价,提升项目经济性,如图 3-9-10 所示。

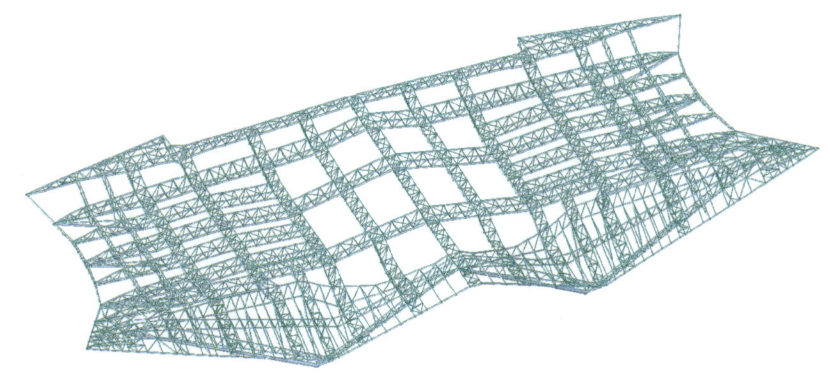

图 3-9-10 潍坊站风筝造型结构示意图

(2)主体结构前端大悬挑及两侧悬挑处采用创新的刚柔复合腹杆倒三角空间管桁架。即大桁架交叉腹杆采用钢拉杆，下弦杆采用变截面圆管，从而满足建筑对于杆件规格三层次的要求，达到完美的建筑效果，如图 3-9-11 所示。

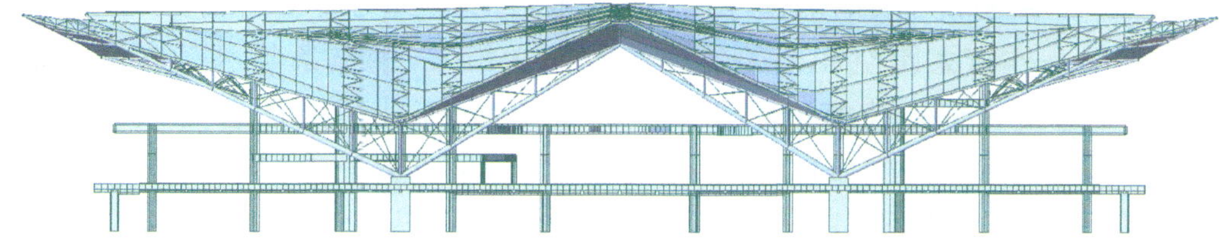

图 3-9-11　创新的刚柔复合腹杆倒三角空间管桁架示意图

(3)主体结构前端大悬挑刚柔复合腹杆倒三角空间管桁架上弦杆、交叉腹杆采用钢拉杆及竖向腹杆交点处，与建筑、装饰相关专业紧密配合，使交点显露与装饰吊顶之外，从而达到完美的建筑效果，如图 3-9-12 所示。

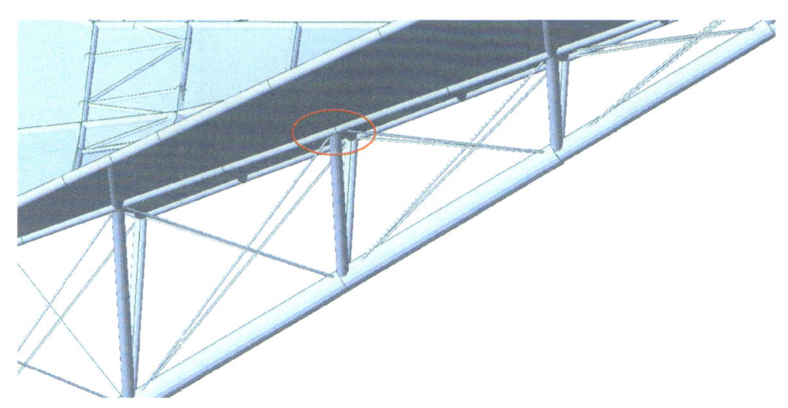

图 3-9-12　桁架上弦杆、交叉腹杆创新处理

(4) 主体结构前端大悬挑刚柔复合腹杆倒三角空间管桁架落地处采用大型铸钢节点与销轴节点相结合，从而达到轻盈简洁的建筑效果，如图 3-9-13 所示。

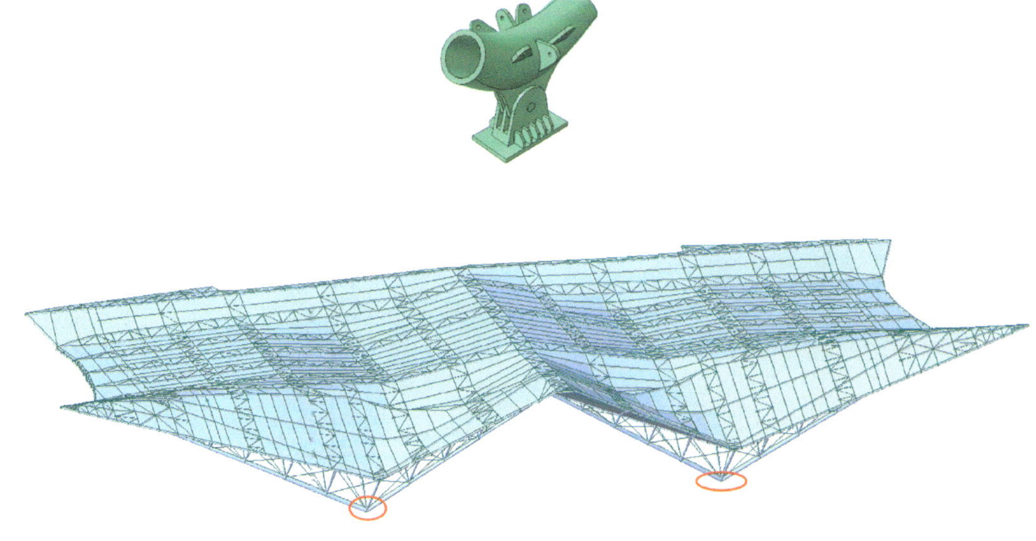

图 3-9-13　大型铸钢节点与销轴节点结合示意图

2. 红 岛 站

结构选型:站房主体为钢-钢筋混凝土混合框架结构,高架候车层楼盖采用双向钢结构主桁架,钢屋盖结构体系由大跨空间桁架、托架、空间次桁架、钢檩条与水平支撑体系组成。站房南北两侧浪花造型采用三维空间桁架钢结构体系;站房东西两侧独立站台雨棚为无站台柱大跨钢结构雨棚,同站台屋面一样由大跨空间桁架、托架、空间次桁架、钢檩条与水平支撑体系组成。

南北入口浪花造型处根据建筑造型要求浪花造型为 9 跨,两侧各悬挑 15.5 m。结构布置上在 1-2 轴与 1-3 轴(1-10 轴与 1-11 轴)之间设缝,将浪花造型分为三个结构体系,顺轨向左右两侧为一跨(跨度 15.5 m)两段各悬挑 15.5 m,中间部分为 5 跨,相应跨度为 31 m、55 m、65 m、55 m、31 m,垂直轨道方向支撑柱共一跨,跨度为 21.5 m。东西两侧单独浪花由于同主站房设结构缝分开,同主站房相连的浪花分叉柱分叉点标高约为 15.1 m,浪花造型最高点标高约为 49.5 m。浪花采用双向正交桁架加空间支撑结构,浪花部分布置图如图 3-9-14～图 3-9-22 所示。设计时充分考虑温度作用,风荷载和竖向地震作用,采用防连续倒塌设计,并加强钢结构的防腐防火和耐久性。

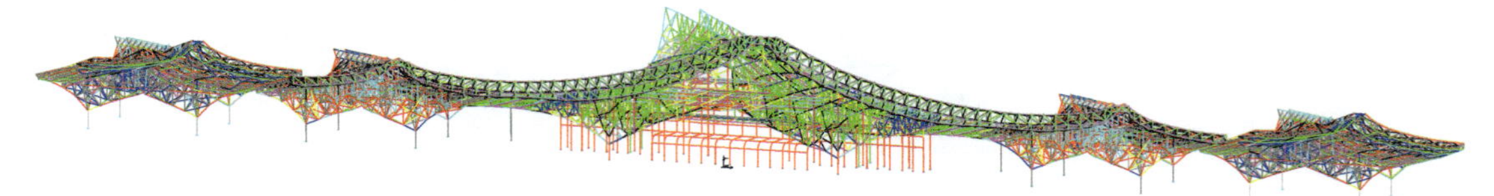

图 3-9-14 浪花造型有限元分析模型

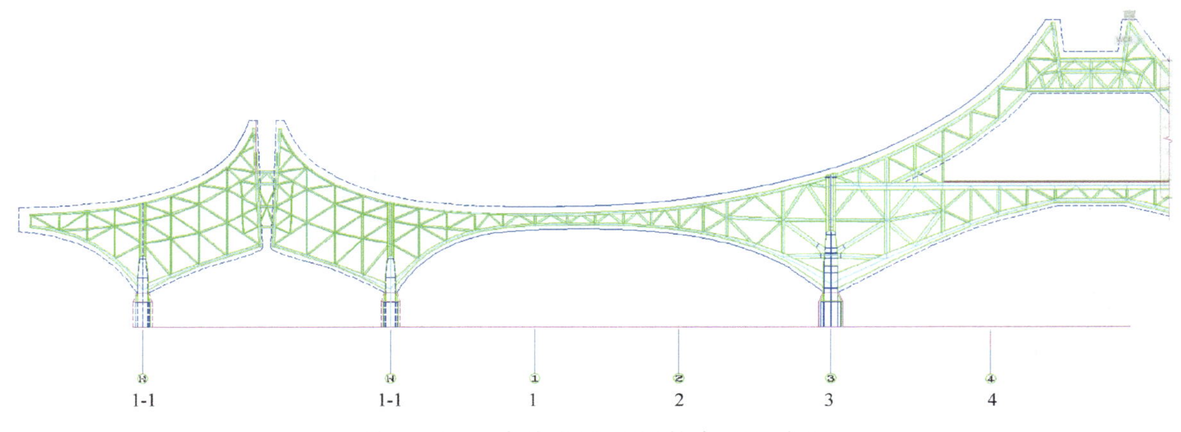

图 3-9-15 南浪花造型杆件布置示意图

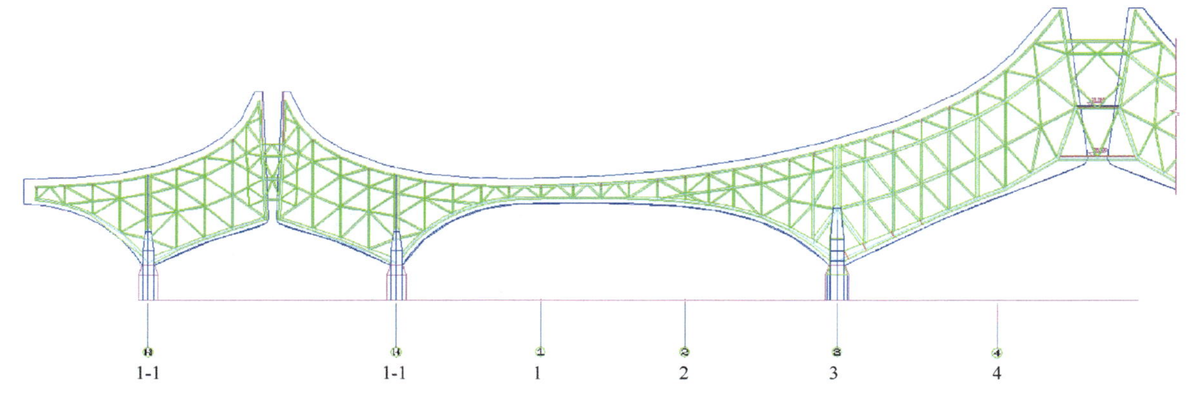

图 3-9-16 北浪花造型杆件布置示意图

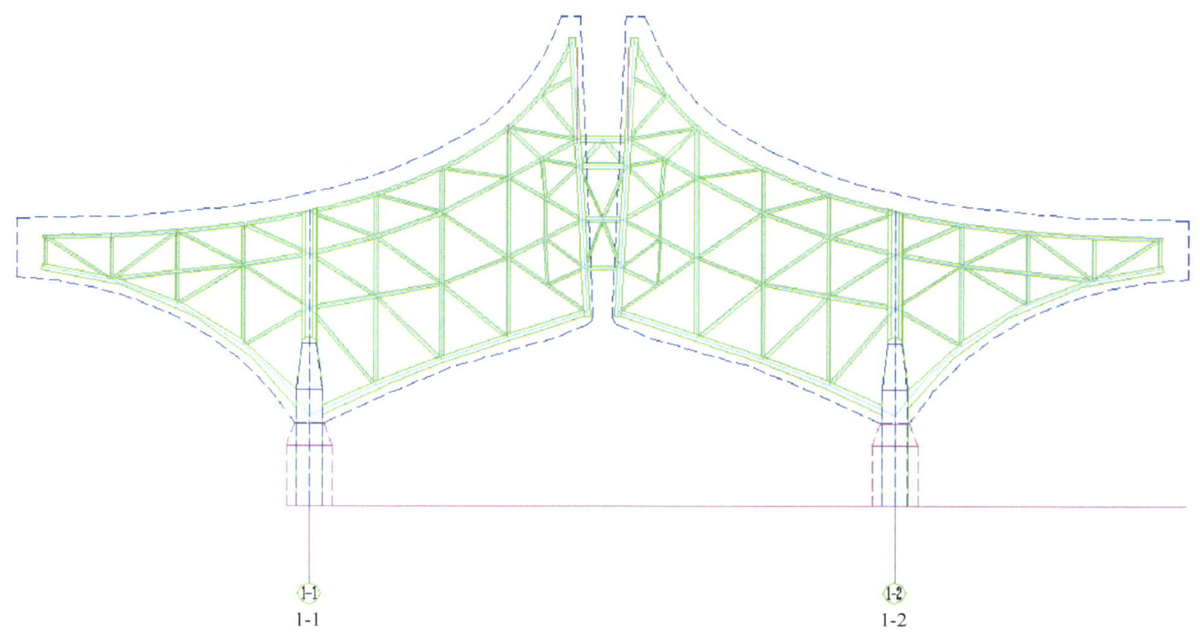

图 3-9-17　东西两侧独立浪花造型布置示意图

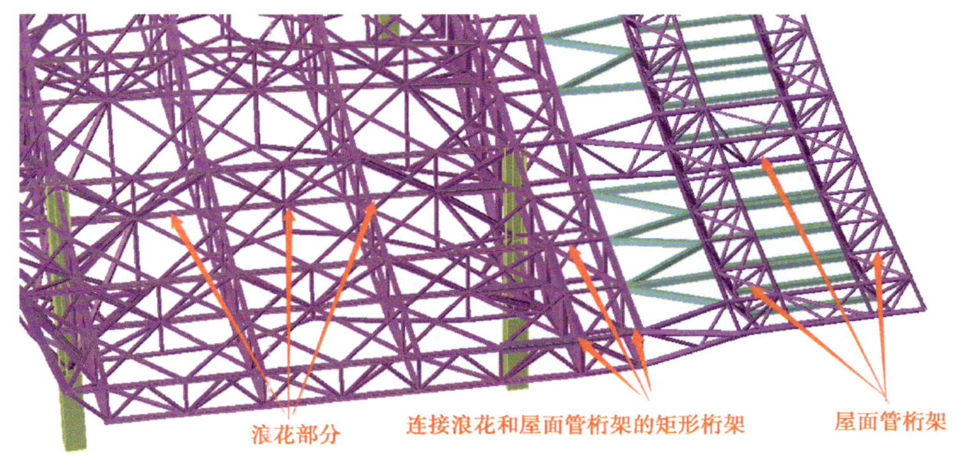

图 3-9-18　浪花造型与屋面管桁架连接位置布置图

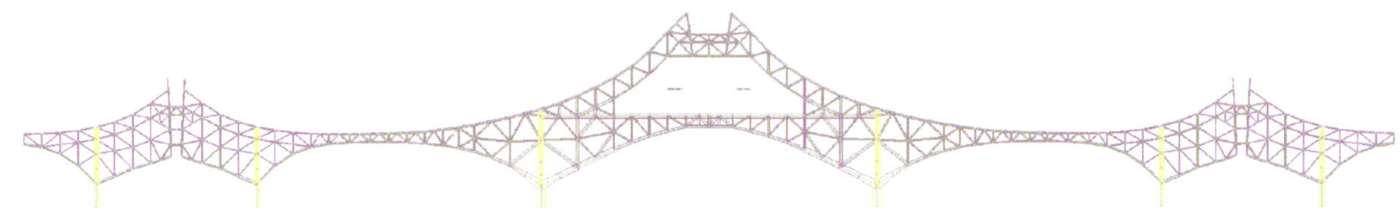

图 3-9-19　南侧浪花造型模型正视图

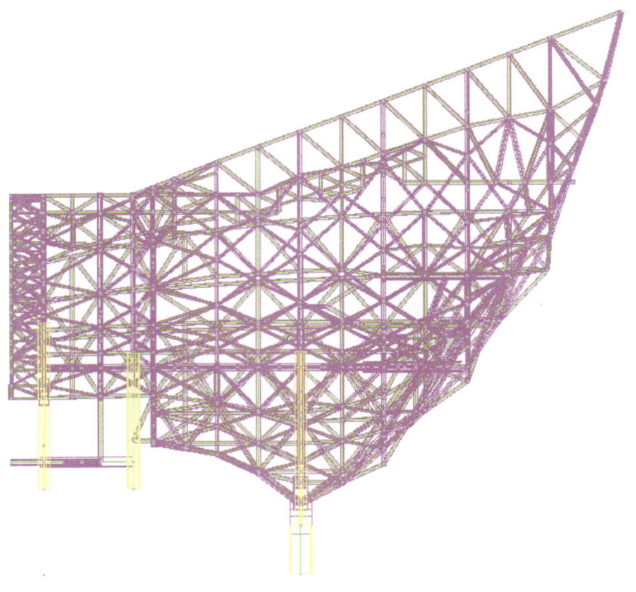

图 3-9-20　南侧浪花造型模型侧视图

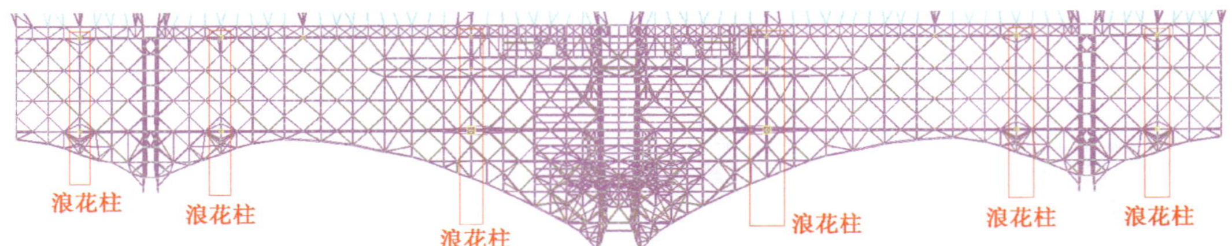

图 3-9-21　南侧浪花造型模型顶视图

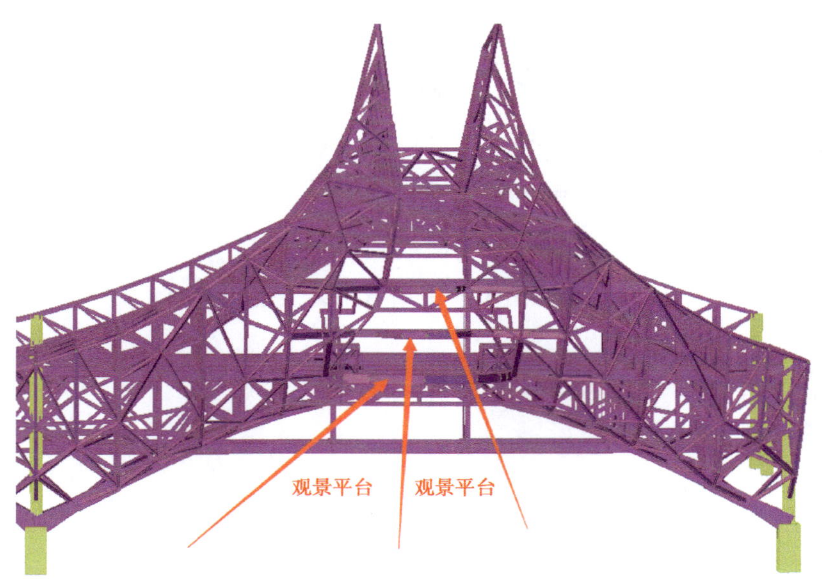

图 3-9-22　南侧浪花造型功能布置示意图

第四节　区域性枢纽站房设计

一、济南东站

济南东站按业务性质为客运站，按技术性质为中间站，是济南市未来三大客运枢纽之一。济南东站地区将建成以铁路客运为中心，集城市轨道、市区公交、出租车、私家车、其他社会车辆等多种交通及交通方式为一体的综合交通枢纽。济南东综合交通枢纽总规模约 23 万 m^2，其中铁路站房建设规模约 8 万 m^2，在整体规划布局及建筑造型方面均采用了比较独特的处理手法。

（一）统筹枢纽规划，打造站城一体综合型城市交通节点

在规划布局方面，济南东站地区 TOD 规划中核心区城市设计“五小尺度”理念，着力塑造紧凑集约又充满地方特色的开放街区和活力中心。将济南老商埠区传统城市性格与小尺度密集划街区设计有机契合，突显“在新区中打造老城”规划思路。济南东站是济南市东片区新城市主题规划理念的核心组成部分，站房与各类市政方式通过多种手段将站房与城市形成自然融合过渡，延续城市脉络肌理。有别于以往站房、广场、城市三者较为独立的处理方式。与多种交通方式高效结合，实现公铁联运。

1. 城市功能的布局

根据枢纽周边交通组织分析，北侧紧邻城市快速通道，是未来枢纽对外交通主要路径，因此将北侧广场定义为功能性交通广场。

南侧面向主城区，为枢纽区域规划格局的重要节点，因此将南侧广场定义为城市景观广场，为实现城市空间的大融合提供了条件，城市功能布局如图 3-9-23 所示。

图 3-9-23　城市功能布局示意图

2. 城市轴线的连续

利用建筑形体与空间，塑造出连续的轴线关系。街道与视线的尺度营造城市天际线，将景观轴线与人行轴线结合。

以地铁站为核心，引入慢行系统：步行、公共租赁自行车、电瓶摆渡车等。地上、地下连续的动线，城市轴线连结如图 3-9-24 所示。

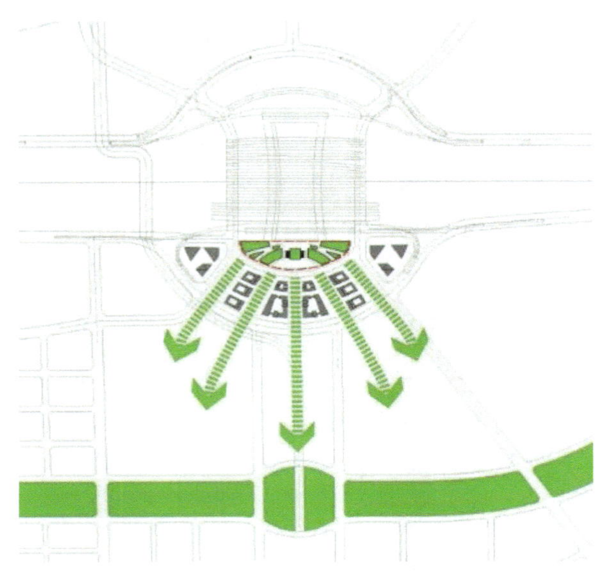

图 3-9-24 城市轴线连结示意图

3. 站房流线组织景观整合优化

将南侧进站高架桥内置于站房与铁路车场之间，最大限度地巩固了站房与城市之间的联系。

通过对枢纽核心区交通组织调整，将南侧站前道路等级降低，道路红线宽度减小 10 m，为城市空间的拓展与融合提供了可能。

利用建筑与绿地，街道与视线的尺度营造城市天际线，将景观轴线与人行轴线结合，站房流线组织景观整合优化如图 3-9-25 所示。

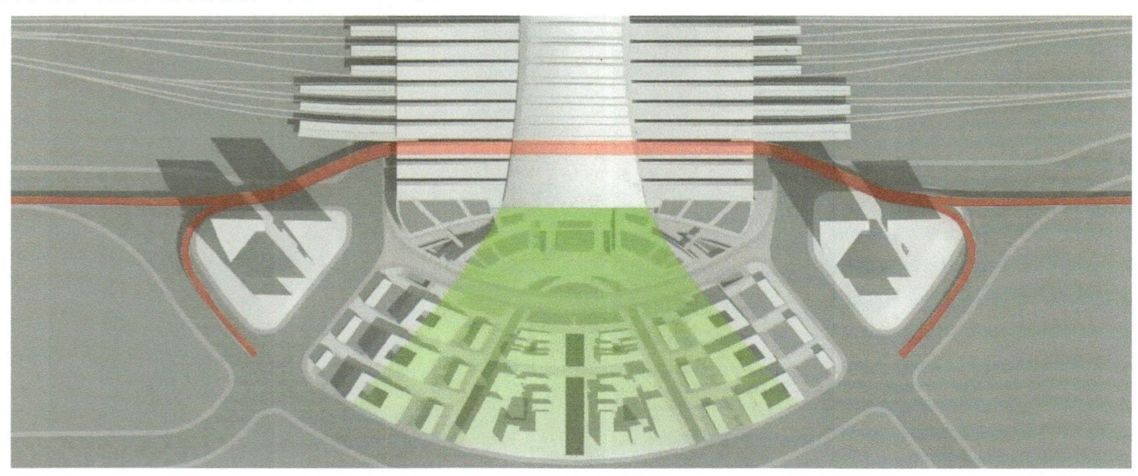

图 3-9-25 站房流线组织景观整合优化示意图

（二）通过建筑手法与结构体系共同营造宏大典雅空间体验

新建济南站将成为一座引领济南东部枢纽新城的灵魂建筑，其站房整体空间体验如图 3-9-26 所示。站房主体、商业裙房与景观广场相互作用，营造出围合式的景观广场，为整个枢纽创造了一处供旅客与市民共同使用的城市花园客厅。南入口广场与北广场通过站房连成一个连续的城市空间。

图 3-9-26　站房整体空间体验示意图

商业裙房建筑上方坐落着一个宏伟而优雅的双曲拱形屋顶，宽 100～160 m、长 408.6 m 的巨大尺度覆盖了桥梁一般的站房空间。双曲面状钢结构拱顶将成为济南市新的地标式建筑。优雅的双曲拱形与现代的工程技术相结合，明确表达了济南东站的城市功能——一座通往未来的现代化火车站。

济南东站站房造型选取双曲抛物面围合而成渐变异形空间，结构选型采用大跨度拱形钢结构桁架体系。针对这一特殊空间对屋面选型、室内空间、幕墙体系、照明、声学等一系列关键技术进行研究，着重分析如何实现整体造型空间的整体最优效果，最大限度保持特殊空间的内外效果协调一致性，为旅客提供优质的候车空间环境提升车站服务品质。

二、胶东机场站

济青高铁机场站位于胶州市东北 11 km、大沽河西岸地区的规划胶东国际机场内，在机场内沿机场中轴线东侧南北方向设站，下穿机场航站楼及机场综合交通中心（GTC）。与规划地铁 8 号线、规划地铁市域快线及机场航站楼、大巴等交通方式换乘。“高铁＋地铁＋机场”的综合交通规划，整体布局合理，土地利用高效，机场、高铁、地铁的相互影响较小，各种交通方式衔接紧密、顺畅，换乘便捷，控制了整体建设规模，节约了工程造价，综合体的剖切效果如图 3-9-27 所示。

胶东机场站车站总建筑面积约 71 407.1 m^2，员工宿舍位于南六路西侧，南三路北侧的青岛胶州国际机场范围 A2 地块内，建筑面积为 2 326.66 m^2。其与线路土石方设计分界里程 DK288＋400.000～DK290＋250.000，主要为地下站场及站台层，地下站厅层（含候车区、售票区及设备管理用房区），地面风亭、疏散出口、员工宿舍等相关工程。

图 3-9-27 剖切效果图

1. 综合比选线站位方案

高铁及地铁下穿机场飞行区、航站楼及办公区，制约条件多，工程复杂，实施难度大，需选择合理的线站位，为旅客方便使用创造条件，减少与机场的相互影响，降低工程风险，综合考虑高铁、地铁与机场航站楼、GTC、办公区等的关系。机场内高铁线路和地铁线路平面如图 3-9-28、图 3-9-29 所示。

设计中综合考虑了各种控制因素：为满足机场北侧货运区东西方向道路联通的要求，高铁高架部分尽早入地；高地铁线路尽量避让航站楼柱网；高地铁站位与机场 GTC 结合设置并避开塔台；线路避让机场进场高架桥并与桥桩保持安全距离；深入研究线路对机场工作区的影响。根据以上控制因素，先研究确定高铁线站位，再确定地铁线站位。

通过线站位方案的比选，综合考虑到与机场航站楼、GTC、办公区等的关系，减少线位对航站楼及南侧工作区的影响，确定方案为高铁线路位于机场中轴线东侧，8 号线及市域快线位于高铁西侧并与高铁并行合建，机场、高铁、地铁基本实现无缝换乘。

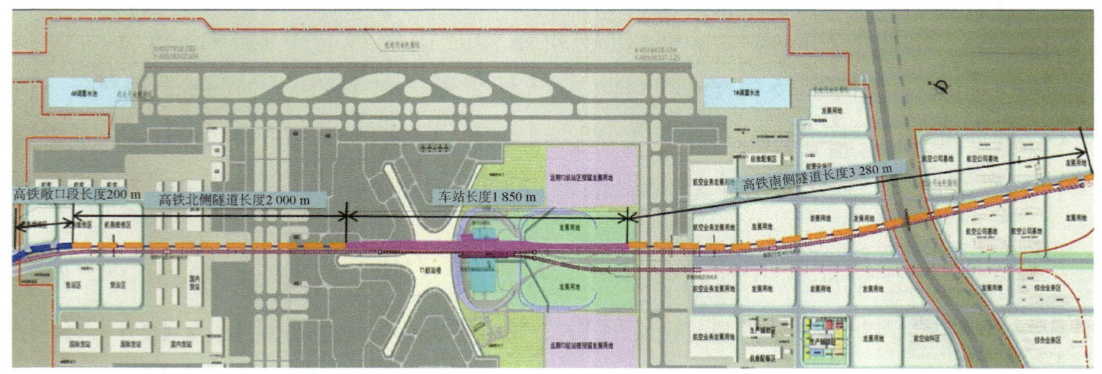

图 3-9-28 机场内高铁线路平面图

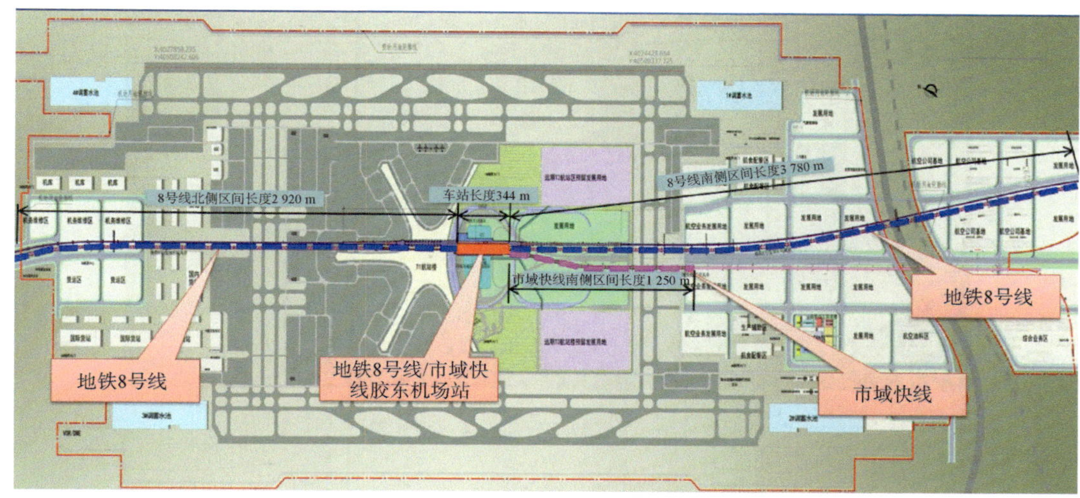

图 3-9-29　机场内地铁线路平面图

2. 客流组织分析

设计中重点对客流组织进行了深入的分析研究，以机场作为核心，济青高铁作为重点，地铁及相关市政配套工程均按照服务于机场和高铁的思路规划和设置。

交通组织合理，各种交通方式衔接紧密、顺畅，换乘便捷，客流交叉少。以人为本，实现人车分流，提高步行者的安全性，实现尽可能近距离的换乘，使步行距离最短化，在满足方便快捷交通服务功能的前提下，尽量创造舒适宜人、身心愉悦的出行环境和氛围。旅客客流组织竖向关系如图 3-9-30 所示。

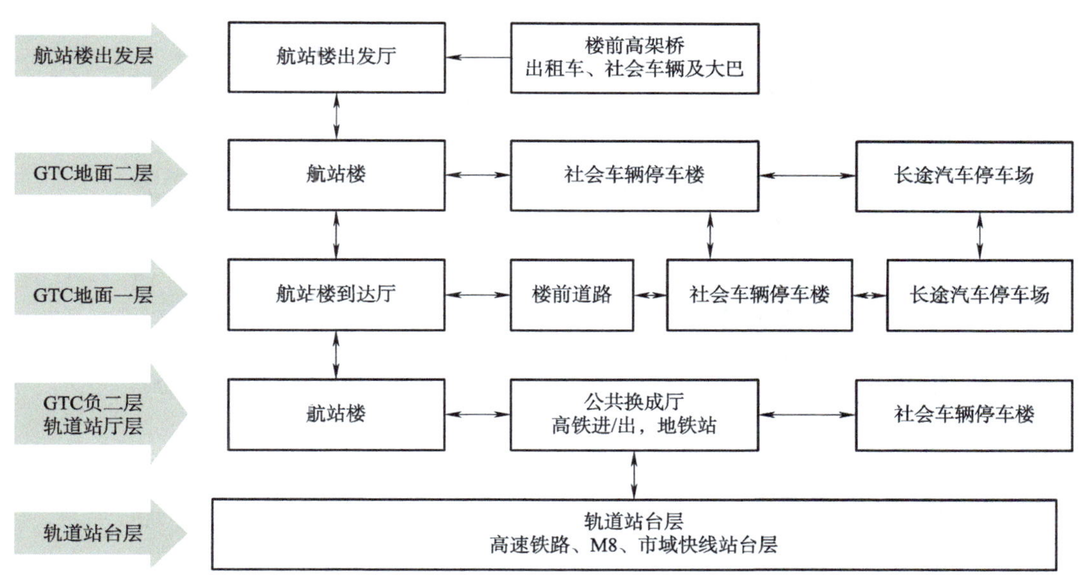

图 3-9-30　旅客客流组织竖向关系示意图(不含航站楼内交通)

济青高铁具有建筑规模较大，客流组织较为复杂，消防疏散设计较为困难的特点，方案稳定后对枢纽地下空间进行了“动态客流仿真模拟”的研究，如图 3-9-31～图 3-9-34 所示。通过仿真模拟，发现设计中的潜在问题，指导设计方案进一步优化。同时，验证结果显示，枢纽在客流组织和疏散安全等方面均具有很高的合理性和可行性，同时通过采用类似先进的和科学的手段也充分证明了枢纽在建筑功能、流线组织及疏散安全等方面也是非常高效和合理的。

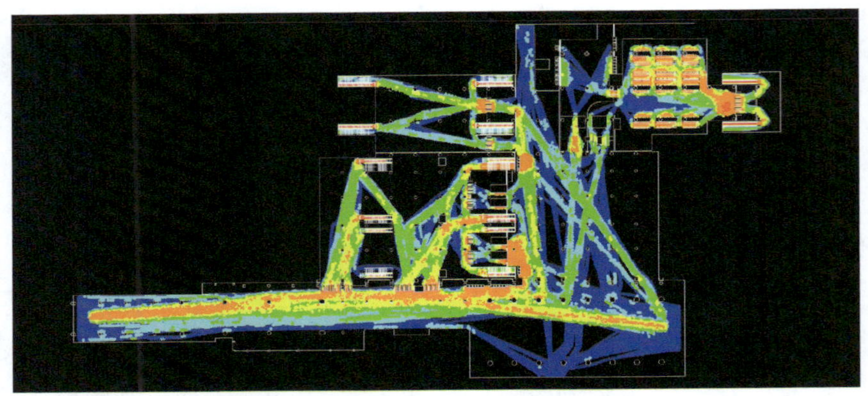

图 3-9-31　站厅层最大密度图

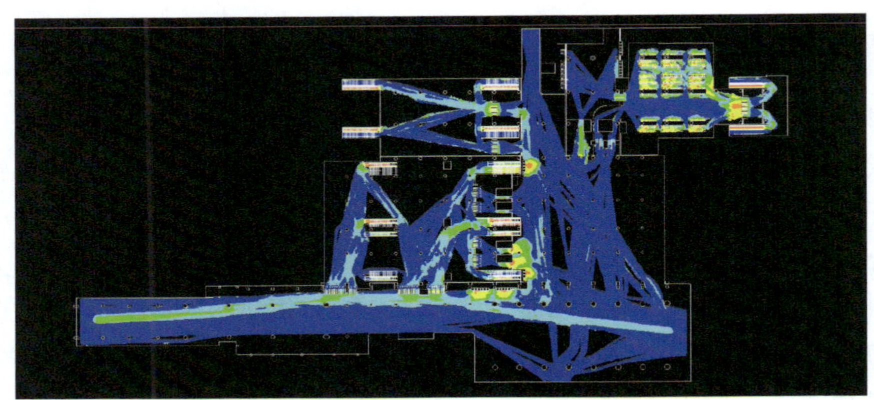

图 3-9-32　站厅层平均密度图

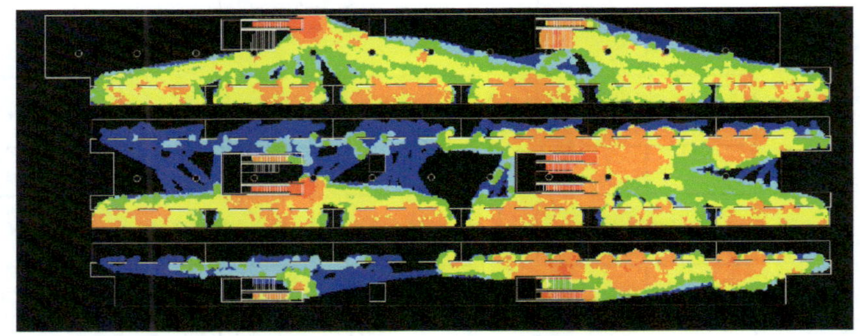

图 3-9-33　站台层最大密度图

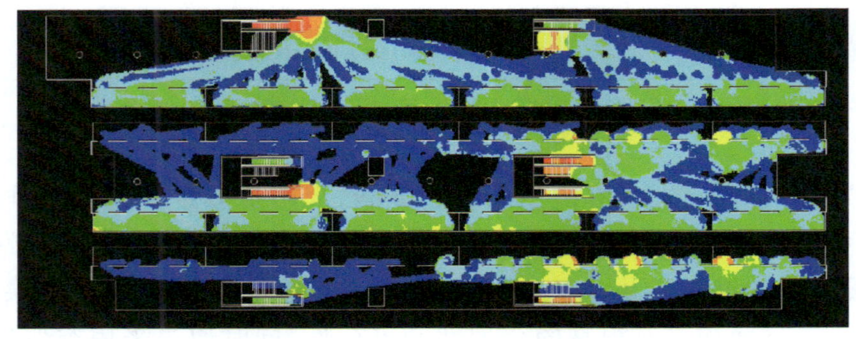

图 3-9-34　站台层平均密度图

为直观反应未来高、地铁的运营状态，反映研究模型中的一些关键假设和结论，特对换乘大厅和站台进行三维视频的录制。如图 3-9-35 所示，行人 3D 仿真视频录制的为 8:10～8:20 的情况，是高峰小时的波峰客流。

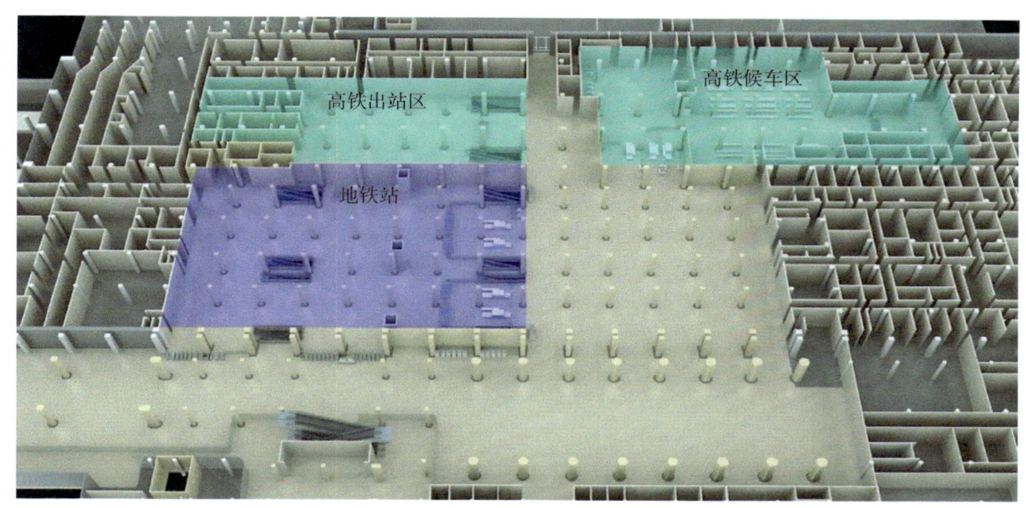

图 3-9-35　客流模拟 3D 视频图像

研究过程中提出的大部分优化建议得到了采纳并体现在最新设计方案中。优化后的方案能够满足预测的未来年高峰小时客流的使用要求。

3. 穿越航站楼结构方案研究

高铁与地铁线路并行，由北至南依次下穿机场登机桥、停机坪、航站楼、高架桥、GTC、远期停车楼、远期高架桥、远期通往 T2T3 航站楼地下通道、远期通往高架桥地下通道等机场建筑。设计中重点研究了穿越机场航站楼的结构方案，如图 3-9-36 所示。

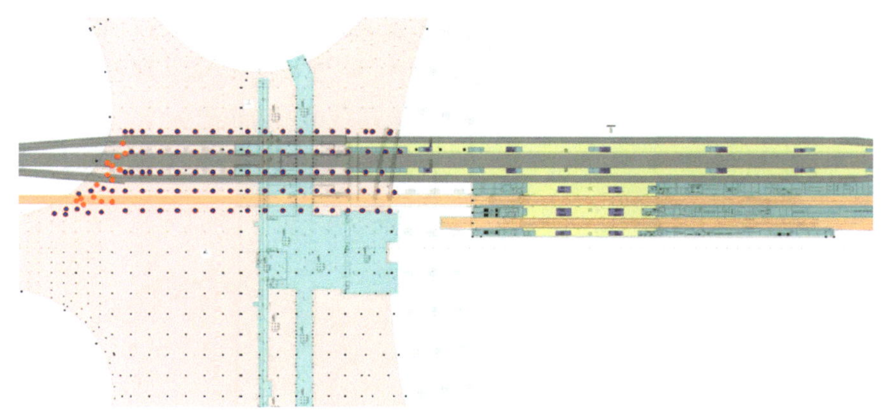

图 3-9-36　高铁、地铁穿越航站楼示意图

高铁车站受线路形式及航站楼、高架桥、GTC 等条件限制，车站结构断面类形较多，如图 3-9-37 所示。

站房北侧航站楼段落，结构大部分以三隧道型式避开航站楼柱网，隧道长约 239.3 m，中间单洞双线隧道结构宽为 14.62 m，两侧单洞单线隧道结构宽为 8.1 m，如图 3-9-38、图 3-9-39 所示。

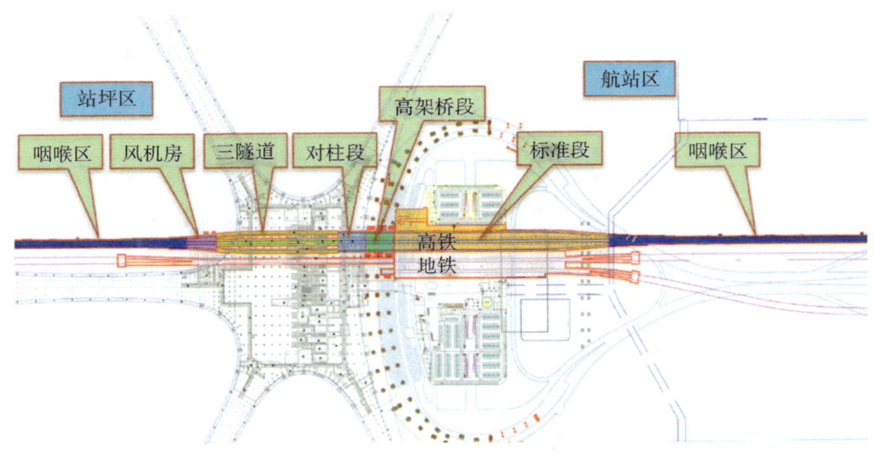

图 3-9-37　高铁结构平面示意图

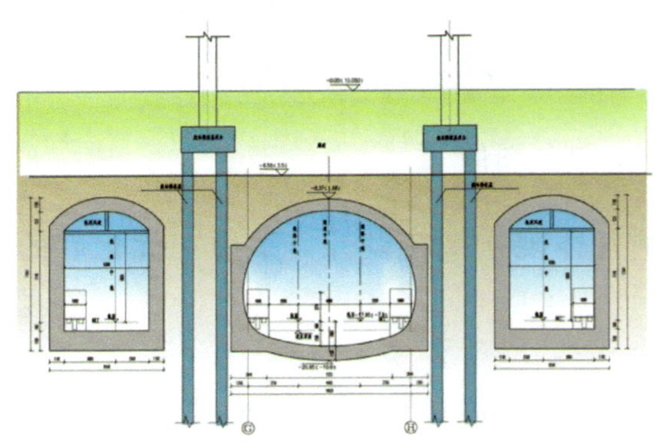

图 3-9-38　高铁结构断面示意图一

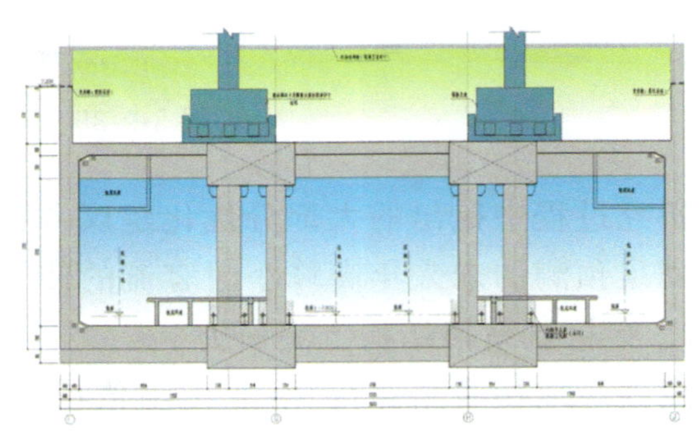

图 3-9-39　高铁结构断面示意图二

站房北侧空腔对柱段落，结构下穿航站楼，无法避开航站楼柱网。因高铁列车通过时，速度高达 250 km/h，其行进时振动将引起航站楼振动，经过研究论证，解决方案为在航站楼减振支座下设柱支承。对柱段延线路方向长约 55 m，垂直线路方向宽为 39.2 m。

站房北侧空腔高架桥段落为三联拱，避开高架桥桩基。延线路方向长约 57.4 m，垂直线路方向宽为 38.8 m，结构断面如图 3-9-40 所示。

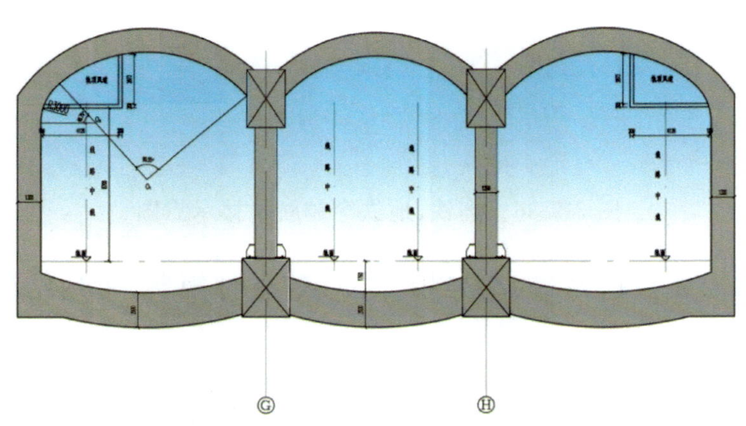

图 3-9-40　高铁结构断面示意图三

站房标准段为地下二层箱型框架结构，高铁结构最大宽度 49.6 m，长 423.9 m，结构底板建筑标高约 −20.06 m，与 GTC 对柱设计，结构断面如图 3-9-41 所示。

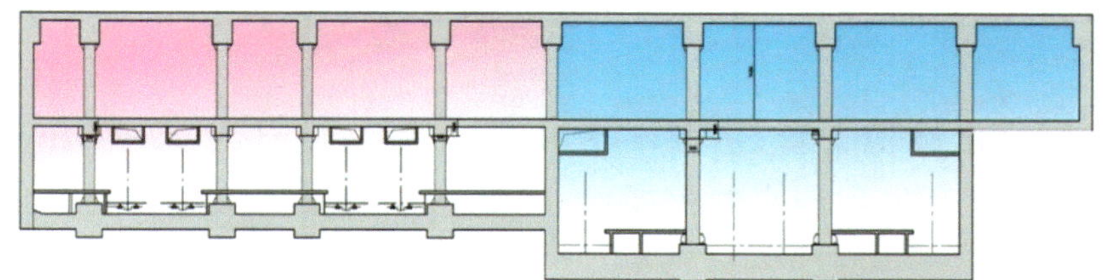

图 3-9-41　高铁、地铁车站标准段结构断面示意图

第五节　采暖与通风设计

本项目站房均位于寒冷地区，车站候车大厅夏季采用全空气系统供冷，冬季设置低温热水地面辐射采暖系统，不足部分利用空调热风补热；贵宾室夏季采用 VRF 室内机加新风系统，冬季设置低温热水地面辐射采暖系统；消控室、综控室设置分体空调；售票室等办公房间采用 VRF 室内机加新风系统，冬夏季兼用，新风由新风吊式空调箱提供；信息配线间、信息机房、通信机械室、公安通信机房、公众移动通信机房、信号机械室设置恒温恒湿机房专用空调系统，24 h 连续运行。冷热源采用低温型风冷热泵模块机组，冬季负荷不足部分采用电锅炉补充加热。

第六节　给排水工程设计

新建济南东客站、红岛站为旅客列车上水站、固定式真空卸污站，济南东动车所及红岛存车场为旅客列车上水点及卸污点，机场站为综合客运枢纽站，上述五站按给水站设计；新建生活供水站 7 个、分别为章丘北、邹平、淄博北、临淄北、青州北、潍坊北、高密北等站；既有生活供水站改建一处：胶州北站。

沿线新建警务工区共 9 处，机场隧道铁路段的隧道消防及废水泵房、区间线路所、牵引变电所及青阳隧道进出口消防及青阳隧道、机场隧道内设备洞室消防，按生活供水点设计。

一、车站给排水设计

（一）济南东站

1. 车站性质、设计年度日用水量

该站为旅客列车上水站，固定式真空卸污站，属于大型客运站。该站设综合维修工区 1 处，日供水量 2 275 m^3/d。

2. 水　　源

该站采用济南市自来水作为水源，但由于供水压力较低，需建加压泵站保证客车上水需要。

3. 主要给水构筑物和设备类型、规格

(1)取水构筑物及设备

该站接引城市自来水，新建加压给水所 1 座；站区加压泵房采用半地下式，设 $V=400\ m^3$

蓄水池 2 座，满足生产生活及室外消防用水需求。水泵采用自灌进水。

(2)给水处理工艺选择

加压给水所设消毒处理，设 200 g/h 的次氯酸钠消毒设备 1 套，计量泵 JX 型 1 台。

(3)供水设备

加压泵站选变频供水设备 1 套，主泵 4 台(3 用 1 备)，型号为：Q=146 m^3/h，H=50 m，N=37 kW。满足近期生产生活用水的需要。

4. 输、配水管道

该站采用生产生活与室外消防共用同一给水系统。给水主管道采用环状布置，主干管管径 de300，局部为 de160，管材 PE 管。站区股道间设客车给水栓 7 排，客车栓干管采用 DN150 衬塑钢管，客车上水栓均采用新型智能化带自动回转客车上水栓(单栓)。

给水管道穿越铁路时由桥梁专业所设给水保护涵内通过。

管道基础：管道基础采用 200 mm 厚砂垫层基础。

5. 日排水量及排水方案

本站日排水量 1 435 m^3/d，污水中粪便污水经化粪池处理，含有污水经隔油池处理后，污水排入市政排水系统。

6. 卸污设施

本站为固定式真空卸污站，股线间设 4 条卸污线，卸污主干管为 de225 衬塑钢管。收集的粪便污水至真空卸污中心后经化粪池、厌氧滤池处理后与站区污水汇集排至市政污水管网。真空中心设卧式真空罐与真空泵系统 2 套，N=7.5 kW。除臭装置 2 组，玻璃钢制，直径 1.5 m，高度 2.5 m。污水泵 2 套，N=4 kW。

7. 雨水排放

站台雨水经管道收集后排至站场雨水沟内，主干管管径 de225，站房雨水排至市政雨水管网。

(二)红　岛　站

1. 车站性质、设计年度日用水量。该站为旅客列车上水站，固定式真空卸污站，属于大型客运站。该站设综合维修工区 1 处，日供水量 960 m^3/d。

2. 水源。接青岛市城市自来水，但由于车站位于城市边缘，属管网末梢，供水压力较低，需建加压泵站保证客车上水需要。接管管径 DN150。

3. 主要给水构筑物及设备类型、规格的确定

(1)取水构筑物及设备：该站接引城市自来水，新建加压给水所 1 座；站区加压泵房采用半地下式，设 V=400 m^3 蓄水池 2 座，满足生产生活及室外消防用水需求。水泵采用自灌进水。

(2)给水处理工艺选择：加压给水所设消毒处理，设 200 g/h 的次氯酸钠消毒设备 1 套，计量泵 JX 型 1 台。

(3)供水设备：加压泵站选变频供水设备 1 套，主泵 3 台(2 用 1 备)，型号为：Q=146 m^3/h，H=50 m，N=37 kW。满足近期生产生活用水的需要。

4. 输、配水管道。该站采用生产生活与室外消防共用同一给水系统。给水主管道采用环状布置，主干管管径 de300，局部为 de160，管材 PE 管。站区设客车给水栓 4 排，客车栓干管采用 DN150 衬塑钢管，客车上水栓均采用新型智能化带自动回转客车上水栓(单栓)。给水管道

穿越铁路时由桥梁专业所设给水保护涵内通过。管道基础:管道基础采用200 mm厚砂垫层基础。

5. 日排水量及排水方案。本站日排水量454 m^3/d,污水中粪便污水经化粪池处理,含有污水经隔油池处理后,污水排入市政排水系统。

6. 卸污设施。本站为固定式真空卸污站,股线间设4条卸污线,卸污主干管为de225衬塑钢管。收集的粪便污水至真空卸污中心后经化粪池、厌氧滤池处理后与站区污水汇集排至市政污水管网。真空中心设卧式真空罐与真空泵系统2套,$N=7.5$ kW。除臭装置2组,玻璃钢制,直径1.5 m,高度2.5 m。污水泵2套,$N=4$ kW。

7. 雨水排放。站台雨水经管道收集后排至站场雨水沟内,主干管管径de225,站房雨水排至市政雨水管网。

(三)生活供水站供水设计

1. 水源类形选择。沿线各生活供水站均采用城市自来水作为水源。

2. 贮配水构筑物。沿线各车站中,邹平站及各生活供水点采用自来水直供,未设贮配水构筑物。其余各车站新建加压给水所1座,站区加压泵房采用半地下式,设$V=100$ m^3贮水池1座,满足生产生活用水需求。水泵采用自灌进水。

3. 给水处理。各车站加压泵站均进行消毒处理,设100 g/h的次氯酸钠消毒设备1套,计量泵1台。

4. 供水系统。沿线各供水站均采用生产生活与消防分系统布设,生活供水管网为枝状供水,消防干管为环状供水。

5. 排水系统。沿线生活供水站,污水中粪便污水经化粪池处理,含有污水经隔油池处理后,污水排入市政排水系统。

二、其他给排水设计

(一)自动控制设计原则

1. 基本功能

对用水量、污水量进行计量并上传;对水泵能够监控运营状态,并根据相关的数据自动启停水泵,设置泵阀控制箱;用电量计量并上传。

2. 给水加压泵站控制要求

采集水泵运行信息、压力、水池水位、流量、电流、电压及管网的水压等。系统提供给水所泵房电泵的五重保护,过电压保护、过流保护、缺相保护、三相不平衡保护、空抽保护。对给水系统设备的异常情况实现自动报警及自动处理,当子系统中各设备电参数、构筑物及管网的工艺参数异常时,监控设备自动进行报警,并根据要求进行自动处理。系统软件实现站区给排水系统运行情况的自动记录、历史信息查询、计量等功能。

(二)沿线生活供水点供水设计

1. 水源。沿线共设9处警务区,牵引变电所5处,线路所3处及5 km及以上长隧道进出口消防点2处,除青阳隧道进出口各设DN300×150 m管井一座,供警务工区、牵引变电所用水及为隧道进出口消防水池补水外,其余供水点均采用城镇自来水。

2. 给水处理。自建水源的警务区及牵引变电所供水采用井泵变频供水设备,设紫外线消毒;其余供水点采用自来水直供。

3. 隧道进出口消防点。青阳隧道进出口消防点每处设 300 m^3 山上消防水池 1 座,消火栓 2 座,直径 65 mm、长 25 mm 的消防水龙带 8 条、口径 19 mm 的水枪 4 支,并配备 10 具消防防护装备(包括灭火防护服、灭火防护靴、消防手套、消防头盔、背负式空气呼吸器、佩戴式防爆照明灯)。机场隧道内设环状消防管网,由机场站消防泵房提供所需水量、水压。

4. 隧道排水。机场隧道进出口及隧道区间段的三处最低点,分别设置废水泵站,排除隧道雨水、渗漏水及消防水。

三、污水处理与排除设计

沿线各车站均排入城市排水管道,警务区、牵引变电所、线路所等区间生活供水点产生的生活污水汇集后经化粪池,无动力厌氧槽处理,设 $V=20$ m^3 化粪池贮存,定期清掏。

污水处理与排除见表 3-9-10。

表 3-9-10 车站排水去向及排放标准表

序号	站名	车站性质	新增污水量(m^3/d)		排放方式	排放标准
			生活	生产		
1	济南东站	石济共用车站	2 275	1 435	济南市水质净化三厂污水处理厂	《污水排入城镇下水道水质标准》(CJ 343—2010)B 等级标准
2	济南东动车运用所	新建	105(集便 65)	30	济南市水质净化三厂污水处理厂	《污水排入城镇下水道水质标准》(CJ 343—2010)B 等级标准
3	邹平站	新建	22	3	邹平城市污水处理厂	《污水排入城镇下水道水质标准》(CJ 343—2010)B 等级标准
4	淄博北站	新建	45.8	3	光大水务(淄博)有限公司三分厂	《污水排入城镇下水道水质标准》(CJ 343—2010)B 等级标准
5	青州北站	新建	24.6	3	青州城市污水处理厂	《污水排入城镇下水道水质标准》(CJ 343—2010)B 等级标准
6	潍坊北站	新建	47.3	3	虞河下游污水处理厂	《污水排入城镇下水道水质标准》(CJ 343—2010)B 等级标准
7	高密北站	新建	33.1	3	高密污水处理厂	《污水排入城镇下水道水质标准》(CJ 343—2010)B 等级标准
8	阎家屯线路所	新建	1	—	场区绿化	鲁质监标发〔2011〕35 号;《城市污水再生利用城市杂用水标准》(GB/T 18920—2002)
9	胶州北站	既有站	36.3	3	胶州城市污水处理厂	《污水排入城镇下水道水质标准》(CJ 343—2010)B 等级标准
10	机场站	新建	60	—	康达污水处理厂	《污水排入城镇下水道水质标准》(CJ 343—2010)B 等级标准

续上表

序号	站名	车站性质	新增污水量(m^3/d)		排放方式	排放标准
			生活	生产		
11	红岛站	青连共用车站	960	454	红岛高新区污水处理厂	《污水排入城镇下水道水质标准》(CJ 343—2010)B 等级标准
12	红岛存车场	新建	30	10	红岛高新区污水处理厂	《污水排入城镇下水道水质标准》(CJ 343—2010)B 等级标准
13	马店线路所	新建	1	—	场区绿化	鲁质监标发〔2011〕35 号;《城市污水再生利用城市杂用水标准》(GB/T 18920—2002)
14	疃村线路所	新建	1	—	场区绿化	鲁质监标发〔2011〕35 号;《城市污水再生利用城市杂用水标准》(GB/T 18920—2002)

排水管道管材:重力管道采用双壁波纹 HDPE 管,环刚度为 8 kN/m^2,橡胶圈接口。压力管道采用 PE100 给水管,压力为 0.8 MPa,热熔连接。

第十章　通 信 设 计

第一节　通信工程设计概述

济青高铁通信工程的工程范围如下：

1. 沿线路两侧槽道内敷设长途通信光缆线路工程；区间基站、信号中继站、光纤直放站、牵引变电所亭、箱式变电所、视频采集点、警务区、给水所等的光、电缆线路；

2. 沿线各站地区和站场通信线路工程；

3. 济南通信中心、济南通信站、青岛通信站、沿线各车站、维修车间及工区、区间各信号中继站、无线基站、牵引变电所、AT所、分区所、电力变配电所、警务区、公安派出所等处通信各子系统（传输系统、电话交换及接入系统、数据通信系统、专用移动通信系统、调度通信系统、会议电视系统、应急通信系统、时钟及时间同步系统、通信电源、电源及环境监控系统、综合视频监控系统、通信防雷等系统设备等）；

4. 车站、段（所）信号楼、维修车间、维修工区、35/10 kV变配电所、公安派出所、各生活配套房屋等综合布线系统；

5. 济南西站、济南东站、济南通信站及济南枢纽内相关节点、胶州北站、青岛通信站及青岛枢纽内相关节点、淄博工务段既有传输接入、交换等设备与济青高铁新设设备的互联，既有传输、交换设备的扩容；

6. 济青高铁接入济南调度所相关工程；

7. 利用既有济南调度所GSM-R系统核心网工程系统设计；

8. 通信维修工器具、仪器仪表设备。

第二节　通信工程设计方案

一、传输系统

济青高铁传输系统采用骨干及本地汇聚层、接入层二层网络结构。

（一）骨干（汇聚）层

骨干（汇聚）层传输系统利用济青高铁敷设于铁路两侧的2条阻燃型48芯单模充油光缆中的各2芯构建MSP（1＋1）保护的STM-64光同步数字传输系统。

在沿线济南东站、章丘北站、邹平站、淄博北站、临淄北站、青州市北站、潍坊北站、高密北站、胶州北站、机场站、红岛站车站通信机械室，以及济南通信中心及青岛通信站分别新设SDH 10 Gbit/s传输设备各1套。

（二）接 入 层

接入层传输系统包括以下部分：

1. 车站接入层

车站接入层传输系统利用济青高铁敷设于铁路两侧的2条阻燃型48芯单模充油光缆中

的各2芯构建MSP(1+1)保护的STM-16光同步数字传输系统。

在沿线各车站、线路所、存车场、动车所信号楼通信机械室及济南通信中心、青岛通信站分别新设SDH 2.5 Gbit/s传输系统设备各1套。

沿线车站骨干(汇聚)层SDH 10 Gb/s ADM设备与接入层SDH 2.5 Gb/s ADM设备通过2个2.5G光口进行互联,需要在各车站间传送的业务通过互联光口进行传输。

2. 区间接入层

区间接入层传输系统利用2条阻燃型48芯单模充油光缆中的各6芯构建区间传输环,按照奇数基站(含信号中继站)、偶数基站(含信号中继站)、牵引变电点构成3个STM-4两纤单向通道保护环。

在区间基站、牵引变所亭、信号中继站分别新设SDH 622 Mb/s ADM传输设备各1套。在区间警务区设置SDH 155 Mb/s一体化传输及接入设备1套,通过12芯光缆接入就近的区间基站或信号中继站接入层SDH 622 Mb/s传输设备。

沿线各区间基站、信号中继站、线路所、牵引变电所、AT所、分区所、变配电所等信息接入点设MSTP SDH 622 Mb/s ADM设备。接入层传输系统提供2 Mb/s通道、10 M/100 M宽带数据的接入,兼顾区间应急通信的接入条件。

沿线箱式变电所与通信区间接入点间远动通道通过光纤采用FE光接口连通。

3. 站内接入层

站内接入层传输系统利用站内12芯光缆中的2芯构建站内STM-4两纤单向通道保护环。

在站房综合楼、公安派出所、工务综合楼、电务综合楼、建筑段、综合维修车间、35/10 kV变配电所等节点分别新设SDH 622 Mb/s ADM传输设备各1套。站内给水所或加压泵站、TEDS探测站等站内节点新设SDH 155 Mb/s一体化传输及接入设备1套均通过站内光缆接入车站传输设备。

(三)网络管理方案

在济南通信中心、青岛通信站设置传输网元级网管设备各1套,在济南东、淄博北、潍坊北通信车间分别设置传输网管复示终端设备各1套,济青高铁传输网管均接入既有济南局通信综合网管系统。

传输系统网元级网络管理系统负责对全网进行故障管理、配置管理、性能管理和安全管理等,并按照与通信综合网管系统之间所定义的规范和接口接入通信综合网管系统。

二、电话交换及接入系统

(一)电话交换系统技术方案

济青高铁不新设程控交换机,济南东站(含)至青州市北站(不含)新增自动电话用户通过传输及接入网接入既有济南通信站的程控交换机,青州市北站(含)至红岛站(含)新增自动电话用户通过传输及接入网接入既有青岛通信站的程控交换机,纳入既有铁路电话交换网,既有济南、青岛通信站程控交换机分别扩容V5.2接口板及2M中继板各2块。

(二)接入网系统技术方案

1. 接入网系统组网

沿线各车站、线路所信号楼、站房综合楼、牵引变所亭、信号中继站、公安派出所、综合维修车间及工区、存车场信号楼、动车所信号楼等分别新设接入网接入单元设备1套，区间警务区、给水所或加压泵站及TEDS探测站节点新设含接入单元的SDH 155 Mb/s一体化设备各1套，在济南通信中心、青岛通信站分别新设接入网局端设备1套。新设接入网接入单元设备通过传输系统与接入网局端设备互联。济南通信中心及青岛通信站LT设备通过V5.2接口分别接入济南通信站、青岛通信站既有程控交换机。

济南东站信号楼通信机械室除设有济青高铁接入单元设备外，另设有石济客专接入单元1套，接入石济客专在济南通信中心设置的接入网局端设备。

胶济济青联络线在既有胶济客专上新建的马店线路所信号楼新设接入单元设备1套，接入青岛通信站既有胶济线LT设备。胶州北牵引变电所除设有济青高铁通信设备外，为保证既有胶济线正常运营，胶州北牵引变电所前期开通，本所还需还建1套与既有胶济线设备型号一致的接入单元设备，待济青高铁"四电"开通后，由济青高铁接入单元设备提供相关传输通道。

青连铁路大沽河线路所信号楼新设青连线接入网接入单元设备1套，纳入青连线接入网，为解决大沽河线路所与疃村线路所间站间通信，另新设济青高铁接入网接入单元1套，接入济青高铁LT设备。红岛站各节点新设接入网接入单元均接入济青高铁在青岛通信站新设的接入网LT设备。

在相关车站节点的NU设备上配置FXO接口板卡，与本节点车站调度交换机设备互联，为电气化所亭节点、相邻调度区分界站的调度电话分机提供远程接入。

2. 网管设置方案

济南通信中心、青岛通信站分别新设接入网网管设备1套。既有胶济客专上新开马店线路所新增接入单元，纳入既有胶济线接入网网管统一管理。青连铁路大沽河线路所新增接入单元，由青连铁路接入网网管统一管理，红岛站新增接入单元，由济青高铁接入网网管统一管辖。

网元管理系统按照与通信综合网管系统之间所定义的规范和接口，提供接入通信综合网管系统的条件，并配合接入济青高铁济南既有通信综合网管系统。

三、数据通信系统

济青高铁数据通信系统属于铁路数据通信网的区域网络，由核心节点、汇聚节点、接入节点组成。

(一)核心节点

济青高铁不新设数据网核心节点路由器，利用济南局在济南西站及济南通信中心设置的既有数据网核心路由器，并对2台核心路由器各扩容1块LPU板和8端口GE子卡，实现区域网络与骨干网络间数据的快速转发。

(二)汇聚节点

在济南东站、红岛站分别设置数据网汇聚节点，每个汇聚节点配置2台路由器，采用GE接口互联，提供济青高铁各站数据流量高速汇聚与转发平台。

(三)接入节点

沿线各车站通信机房分别设置接入节点路由器2台(其中，济南东、潍坊北、红岛站设置大站接入路由器，其他站为小站接入路由器)及48口三层交换机2台，路由器之间以及路由器与交换机间通过 GE 接口互联，负责本地数据的接入和交换，相邻车站间接入路由器采用光纤直连方式。抽头处接入节点路由器与汇聚路由器间通过 GE 光口实现互联，抽头处接入节点路由器与汇聚节点路由器间通过传输系统提供的 GE 光口实现互联(需 MSTP 系统提供 622 Mb/s 传输通道)。

未设置数据网设备的节点(线路所、维修工区、区间基站等节点)，利用 MSTP 的专线透传与汇聚功能，实现数据业务的综合汇聚、接入。

济南东站信号楼通信机械室除设有济青高铁的数据网设备外，另设置 1 套石济客专接入路由器接入石济客专数据网，并纳入石济客专数据网管理。

四、专用移动通信系统

(一)网络子系统方案

基站子系统接入济南局既有 GSM-R 核心网，在济南核心网新机房新设基站控制器 BSC(含 PCU)、码速变换器(TRAU)各 1 套，根据需要扩容 MSC 的 A、PRI 接口。SGSN 设备满足济青高铁需求，无需扩容。升级 GRIS 软件并增加 GRIS 存储服务器 1 台。

(二)基站子系统(BSS)

1. 济青正线

济南东—疃村线路所区间 GSM-R 数字移动通信系统基站子系统采用单网交织覆盖方案，济南东—胶州北区间为 CTCS-3 列控系统，GSM-R 无线网络场强覆盖标准为 95%的时间地点概率下，机车台天线入口处最小可用接收电平不小于－92 dBm。区间基站 2 载频，车站基站 3 载频。

2. 其他区间及联络线

其他区间及联络线采用单网覆盖方式，胶州北—红岛区间及其他联络线为 CTCS-2 列控系统，GSM-R 无线网络场强覆盖标准为 95%的时间地点概率下，机车台天线入口处最小可用接收电平不小于－98 dBm。

3. 弱场解决方案

在所有车站和济南东动车所新设 GSM-R 室内覆盖系统。

隧道弱场区段针对具体的地形条件采用光纤直放站连接漏泄电缆，隧道口架设天线的方式解决。

按照高铁设计规范要求，长度大于 3 km 的漏缆区段设置漏缆监测系统。沿线两个隧道均大于 3 km，新设漏缆监测系统。漏缆监测系统定位精度不大于 5 m。

(三)终端配置方案

1. 移动手持台配置

作业手持台(OPH)，按照近期运输作业岗位配置。作业通用台(GPH)，按照与铁路作业相关各部门的岗位配置。

2. CIR 配置

GSM-R 机车综合通信设备(CIR)不在通信系统实施合同范围内，纳入机车购置费。

3. 机车出入库检台配置

在济南东动车所和红岛存车场各配置 1 台机车综合出入库检台。

五、调度通信系统

在济南局调度中心新设济青行调台和青岛枢纽行车调度台，实现全线的调度业务。

车站调度交换机接入济南局调度中心调度交换机。调度所调度交换机利用济南调度所及济南西站的既有调度所型调度交换机。

在正线新建车站、线路所、动车所及存车场设置车站调度交换机。正线按济南东动车所—淄博北、淄博北—胶州北、胶州北—红岛存车场 3 段组建 3 个 2M 数字环与既有调度所型调度交换机相连。

车站调度交换机纳入济南局既有调度系统网络管理系统。调度台纳入既有调度交换机网管系统进行管理。

六、会议电视系统

(一)网络结构及终端设置

会议电视系统采用数据通信系统进行承载，基于 H.323 架构，建立济青高铁会议电视平台，视频编码采用 H.264 压缩编码格式，提供高清晰度的会议电视业务。

会议电视系统与 IP 数据网间所有接口均为以太网口，与音视频设备接口为标准的音视频线缆接口。

(二)会议终端接入

根据站房设计情况，会场会议室按与通信机械室在同一个楼内，视讯终端采用综合布线系统连接方式，电源采用楼宇照明电源解决，由会场装修专业负责交流引入及设置交流配电箱。

(三)系统网管

各站会议电视分会场设备纳入新设的会议电视系统网管管理。

七、应急通信系统

(一)应急救援指挥通信系统

应急通信系统由应急中心接入设备、应急传输通道和应急通信现场设备组成。

济青高铁不新设应急通信系统中心设备，利用济南局既有应急通信系统中心的应急通信平台，在济青高铁济南东、潍坊北、淄博北综合维修车间新设应急通信系统现场设备各 1 套，并对既有应急通信系统中心设备分别扩容 FE 接口板 1 块、协议转换板 1 块。

实现在实施抢险救援时，为现场及相应的应急救援指挥中心提供话音、数据及图像等信息的采集及传输。

(二)隧道应急电话系统

在 5 km 及以上隧道设置隧道应急电话，电话采用电缆方式，并安装应急直通电话。

对超过 5 km 的隧道设置应急电话及广播设备。由邻近的传输网元敷设对称电缆解决隧道内的隧道应急电话。隧道的避难所及紧急出口设置便携式广播设备。邻近的传输网元处设置报警电话主机设备，在隧道的上、下行车站值班员处设隧道应急电话车站值班台，在济南局应急中心及调度台处设救援电话控制平台设备。

八、通信综合网管系统

（一）通信综合网管系统方案及构成

该线路利用济南局既有通信综合网管系统，传输系统、数据通信网、接入网、调度通信系统、专用移动通信系统、会议电视系统、电源及环境监控系统、通信电源、语音记录仪等系统网管接入济南局既有综合网管系统，根据需要进行扩容、更新网元信息。

在济南通信中心网管室、青岛通信站网管室、各综合维修车间设置综合网管的网管复示终端各1套。

（二）综合网管系统接入方案

各网管及网元接入综合网管方案见表3-10-1。

表3-10-1　网管及网元接入综合网管方案

<table>
<tr><th>序号</th><th>系统</th><th>设置地点</th><th>数量</th><th>备注</th><th>综合网管实施内容</th></tr>
<tr><td>1</td><td>传输网管</td><td>济南通信中心</td><td>1</td><td>骨干层、接入层</td><td rowspan="10">各网管接入综合网管，新设调测、采集服务器1套、三层交换机1台及接口开发、各系统网元接入综合网管进行Lisence调整</td></tr>
<tr><td>2</td><td>接入网管</td><td>济南通信中心</td><td>1</td><td></td></tr>
<tr><td>3</td><td>接入网管</td><td>青岛通信站</td><td>1</td><td></td></tr>
<tr><td>4</td><td>数据网网管</td><td>济南通信中心</td><td>1</td><td>设备及业务</td></tr>
<tr><td>5</td><td>无线OMC-R</td><td>济南通信中心无线工区</td><td>1</td><td>核心网新机房</td></tr>
<tr><td>6</td><td>无线OMC-T/L</td><td>济南通信中心无线工区</td><td>1</td><td>核心网新机房</td></tr>
<tr><td>7</td><td>铁塔监测网管</td><td>济南通信中心无线工区</td><td>1</td><td>核心网新机房</td></tr>
<tr><td>8</td><td>录音仪网管</td><td>济南调度工区</td><td>1</td><td></td></tr>
<tr><td>9</td><td>电源及环境监控中心</td><td>济南东站</td><td>1</td><td></td></tr>
<tr><td>10</td><td>会议电视</td><td>济南局1号楼五楼会议工区</td><td>1</td><td></td></tr>
</table>

九、时钟同步及时间同步系统

（一）时钟同步系统

该线路采用主从同步方式，利用济南既有时钟设施作为主用时钟源，利用青岛既有时钟设施作为备用时钟源，为通信设施提供同步时钟信号，济南通信中心及青岛既有时钟同步设备不需扩容。

传输系统的接入层MSTP设备分段从骨干及本地中继层传输设备提取线路时钟信号。

（二）时间同步系统

该线路利用既有济南局通信中心设置的二级时间同步设备（即二级母钟及时间信号分配设备），设置的各业务系统服务器所需时间信号分别从相应调度所设置二级时间同步分配设备接引。

二级时间同步设备和车站三级时间同步设备（信息系统专业设置）之间，采用NTP链路传送到车站通信机房，为车站三级时间同步设备提供时间同步信号源，传输手段为点对点专线（10/100M FE）方式传送。

十、综合视频监控系统

综合视频监控系统由区域节点设备、视频接入节点、视频汇集点、视频采集点设备以及传输通道构成。全线设置综合视频监控系统，实现通信及信号机房内外、车站咽喉区、运转室、牵引供电及配电所内外、公跨铁立交桥、隧道口、隧道内的紧急出口、桥梁疏散通道、基站铁塔处、联络线与正线连接处、雪深监测点等沿线重点设施进行实时监控，并为客服系统预留接入条件。

该系统需与灾害监测系统、通信电源及环境监控系统联动，通过通信电源及环境监控系统与照明系统实现联动。此外，新设区间线路视频采集点应预留与周界入侵报警系统联动接口。

十一、通信电源、防雷及接地系统

(一)电源系统方案

通信设备用电类形有两种：一种是－48 V 直流用电设备；一种是 220 V/380 V 交流用电设备。济青高铁根据通信设备用电需求，分别设置－48 V 直流电源及 UPS 交流电源。

电源系统采用－48 V 高频开关电源设备和阀控式密封铅酸蓄电池组，为各车站、信号中继站、区间无线基站、牵引变电所、分区所、AT 所等信息接入节点的传输接入、GSM-R、调度系统等直流用电设备提供－48 V 直流电源供电。采用不间断交流电源(UPS)系统、后备电池组为各车站、通信维修工区、区间基站等节点设置的各种网管设备、会议电视设备、综合视频监控设备等交流用电设备提供交流电源供电。

光纤直放站远端机设备自带 UPS 及蓄电池，由电力专业提供稳定可靠的 AC 220 V 外供交流电源。

(二)防雷与接地

1. 防雷系统

为了防护数字通信设备不被雷电击毁，保护人身安全，沿线各站、区间基站、区间中继站、牵引变电所、开闭所、分区所、AT 所、10 kV 配电所、综合维修工区等处新建通信机械室新设通信防雷设备。

沿线通信设备设置智能防雷系统，在长沙南、怀化南新设智能防雷系统监控中心设备，实时监测防雷设备的工作状态和运行状况，确保通信设备安全可靠。

2. 接地系统

新设设备利用综合接地系统进行接地。通信机械室设接地汇集排(由电力专业设置)，包括工作保护接地汇集排、电源防雷接地汇集排、室外接地汇集排。

沿线车站、信号中继站、电气化所亭、电力配电所、区间基站、光纤直放站各通信设备接地装置均接入沿线设置的综合贯通地线。

无线通信系统铁塔单独设置接地装置。

十二、通信电源及环境监控系统

新设电源及环境集中监控系统由监控中心设备及远端监测单元组成。

在济南东站信号楼设监控中心，沿线车站信号楼、站房、区间基站、区间中继站、牵引变所亭、各类综合楼、区间警务区等处通信机械室，以及各车站信号机械室、区间中继站信号机械室等处设置电源及环境远端监控现场设备各1套，实现对通信机械室的电源及环境监控和信号机械室的环境监控。

中心站设备包括中心服务器、数据库服务器、操作终端、网络设备等设备。

沿线各通信、信号设置监测分站RTU设备，由智能一体化采集器、监控模块及环境传感器、探测器(温/湿度、烟雾、水浸、门禁、空调控制等)等构成，对机房温度、湿度、烟感、红外、水浸、门磁进行监测，从而实现对通信交、直流电源设备、通信、信号机房空调的工作运行状况、照明以及机房环境的监控。

十三、通信线路

(一)长途通信线路的建设方案

1. 通信光缆线路类形及容量

济南东至红岛站间沿铁路两侧预留的电缆槽道内分别敷设48芯GYTZA53型单模光缆各1条。全线沿新建线路敷设48芯阻燃型单模充油视频光缆1条。长途光缆型号采用GYTZA53型无卤阻燃型、层绞式松套管铠装充油光缆。

2. 光缆引入方式

干线光缆在车站采用本缆引入方式，确保上行方向两条光缆由不同引入口引入通信机械室，其中站房侧光缆利用就近分支电缆槽引入通信机械室，站房对侧光缆利用远端分支电缆槽引入通信机械室。将本站使用光纤、备用和预留光纤成端于ODF架。

区间信号中继站采用4条12芯光缆分歧引入，区间基站及电气化所亭采用2条12芯分歧引入。

该站点使用和备用光纤引入ODF架成端。短段光缆在局端全部光纤均引入ODF架成端。

(二)地区及站场通信线路

济南东、淄博北、潍坊北、胶州北、红岛车站信号楼至站房综合楼间另沿不同径路敷设阻燃型48芯单模充油直埋光缆2条，用于解决站房交换机与信号楼接入路由器之间的光纤通道。

站场通信线路根据需求采用不同容量HYAT23型市话电缆、HEYFLT23型低频对称电缆；站场内各接入点间敷设GYTZA53 12芯通信光缆，构成站场内环型光网络。

济南东站至济南通信中心间利用既有OTN通道，红岛站至青岛通信站间的通信线路利用青连铁路拟建设的48芯光缆，构成济青高铁传输网。

为满足信号安全数据网系统的要求，本专业由1号信号中继站至2号中继站间、胶州北站至机场站间沿新建铁路两侧槽道内另敷设阻燃型12芯单模充油光缆各1条。

为满足信号远程控显系统的要求，本专业由北辛店线路所至济南东信号楼、马店线路所至胶州北站、疃村线路所至红岛站、大沽河线路所至红岛站间沿新建铁路两侧槽道内另敷设阻燃型12芯单模充油光缆各1条。

至区间基站、变电所等均从双侧干线光缆分歧12芯光缆，顺序使用光纤，主、备用光纤位于2个不同束管。

至区间信号中继站采用双侧干线光缆分歧12芯光缆的方式引入。

区间 GSM-R 基站至电力箱变均敷设 GYTZA53 12B1 光缆 1 条。

光纤直放站近端机到远端机之间敷设 32 芯单模充油直埋光缆 1 条。

十四、车站、段(所)综合布线系统

车站站房综合布线由信息专业设计。全线各车站综合维修工区综合楼、信号楼、独立公安派出所、宿舍、乘务员公寓等生产生活房屋内新设综合布线系统。

综合布线系统由工作区子系统、水平子系统、主干子系统、管理区子系统、设备间子系统等 5 个子系统构成。

十五、叫班电话

在济南东动车运用所乘务员候乘楼、红岛存车场乘务员公寓各新设 100 门叫班电话系统 1 套,在济南东站行车乘务员公寓新设 150 门叫班电话系统 1 套,在红岛存车场行车乘务员公寓新设 50 门的叫班电话系统 1 套。

十六、维护管理

实行综合维修体制,在济南东、淄博北、潍坊北综合维修车间内设置通信抢修工区及车间调度分中心,在章丘北、青州北、高密北综合维修工区内分别设置通信工区。

济青高铁及青连铁路均在红岛站综合维修工区内设置通信工区。

第三节 设计创新点

一、通信铁塔监测系统

济青高铁全线新设 93 座通信铁塔,新设通信铁塔监测系统。

系统主要由安装于塔顶的传感器监测单元,位于监测中心的中心服务器、监控工作站,以及用于在上述设备之间传输数据的数据通信设备等组成。

在该系统中,每个铁塔实时传感数据通过 10 M 以太网共线接口接入区间通信奇数、偶数传输环网,在就近车站通过专用数据网 100 M 共线以太网通道上传到通信铁塔监测中心的中心服务器,完成远程实时监控及报警,同时完成历史数据和日志的记录,以供维护查阅。

在沿线通信铁塔新设采集单元(传感器)、监测单元,监测数据通过就近基站传输设备接入济青高铁在济南核心网机房新设的通信铁塔监测中心系统,在济南东、淄博北和潍坊北通信车间新设铁塔监测网管复示终端。

通过增加通信铁塔监测装置,远程对铁塔的状态和环境等参数进行实时监测,对异常状态进行告警、预警,记录和分析相关数据,避免产生通信铁塔因落物、沉降或倾覆后危及安全行车的安全隐患。

二、长大隧道漏缆故障定位监测系统

新设长大隧道漏缆故障定位监测系统,漏缆故障定位监测系统在漏缆一端安装漏缆故障定位单元,由设备输出端口发射一定频率的电磁波,电磁波沿着漏缆传播,当漏缆及接头出现

故障时，漏缆的介质特性（表现为特性阻抗）发生变化，在漏缆的介质特性有变化的点产生反射。漏缆现场管理单元接收反射的电磁波，并实时上报告警至网管中心，为铁路通信信号覆盖提供更加安全的保障。

漏缆故障定位监测系统具备对漏泄电缆及所接的接头、跳线、调相头、避雷器、直流阻隔器、馈缆、天线等整个漏缆链路每个位置的回波损耗和驻波值进行在线监测，并在线定位故障所发生的具体位置。具备漏缆故障定位分析、系统用户管理、配置管理、数据备份和实时告警等功能。

第十一章　信号工程设计

第一节　设计概况

济青高铁正线线路长度 308 km，在济南东新建动车走行线Ⅰ、Ⅱ线线路长共 10.016 km；在胶州北新建胶济济青联络线共 6.331 km，并对既有胶济客专上、下行改建共 6.177 km；在红岛站新建红岛站发车线 5.026 km，新建青连济青上、下行联络线共 5.836 km；在红岛站存车场新建动车走行线 3.209 km(双线)。信号系统设计需满足石济客专、胶济铁路、青连铁路各类跨线动车组混合运行的运输要求。

正线信号系统工程采用基于 GSM-R 无线信息传输的 CTCS-3 级列控系统作为主用、CTCS-2 级列控系统作为后备模式的技术方案。地面设备配置无线闭塞中心设备(RBC)3 套、临时限速服务器 TSRS 按调度台配置共 2 套(新增 1 套、利旧修改 1 套)、信号安全数据网与石济客专、青连铁路、胶济铁路交叉环网，各车站、线路所等配置列控中心、应答器及 LEU，在大号码道岔外方适当地点设置大号码应答器组进行预告大号码道岔信息等，目前济青高铁全线已顺利开通运营。

第二节　各信号子系统设计

信号系统主要由如下子系统设备构成：运输调度指挥，列车运行控制，联锁和信号集中监测，其他信号系统如综合防雷系统、综合接地系统、动车所控制集中系统、动车所调车防护系统等。

一、运输调度指挥系统

新增济青高铁调度台(与石济客专调度台合并为济青石济调度台)及青岛枢纽调度台，新增设备纳入济青石济调度台、青岛枢纽调度台管辖。沿线 CTC 分机按接入济南局调度所客专 CTC 总机系统进行设计。

济南东站、章丘北站、邹平站、淄博北站、临淄北站、青州市北站、潍坊北站、高密北站、青岛机场站、红岛站、济南东动车所、红岛动车所、疃村线路所、大沽河线路所各车站均新设 CTC3.0 车站子系统设备。

结合济南局客专调度所现状，济青高铁工程增加 FE 光接口的接入条件。

各站 CTC 系统独立组网，设计为双网双环结构的通道，车站与车站、车站与中心之间均采用 FE 光纤接口连接。

在相邻车站设置线路所远程控制终端，以实现在邻近车站对线路所进行远程控制的功能；同时为满足合署化办公的要求，在济南东动车所边跨内设置济南东动车所远程控制终端。

二、列车运行控制系统

正线采用CTCS-3级列控系统，列控系统技术方案遵循《客运专线CTCS-3级列控系统总体技术方案》。

胶州北站（含）至红岛站（含）、胶济济青联络线、青连济青联络线、济南东动车所动车走行线、红岛动车所动车走行线地面设计采用CTCS-2级列控系统，区间设置通过信号机。

列控系统标准分别配置RBC、TCC、TSRS、应答器（含级间转换应答器组）及LEU等地面设备。

（一）RBC

无线闭塞中心（RBC）是CTCS-3级列控系统的核心设备，通过与计算机联锁、TSRS、相邻RBC、GSM-R、CTC等系统接口，负责济青高铁全线CTCS-3级列车的运行安全控制。

RBC、TCC、TSRS与计算机联锁通过信号安全数据网实现信息共享。济青高铁分别在5号中继站与临淄北站之间、潍坊北站和10号中继站之间设置RBC切换点，以实现列车在相邻两个RBC间行车许可控制的安全切换。

（二）TSRS

新设济青高铁调度台（与石济客专台合并为济青石济客专调度台）及青岛枢纽调度台，其中新设1套TSRS，设置于济南东站RBC机房，青岛枢纽调度台范围各站利用青荣城际设置的TSRS设备（设置于城阳站）实现临时限速命令的管理，结合济青高铁设备的引入，对青岛枢纽TSRS设备进行相应的修改。

新增临时限速服务器所需电源统一由济南东RBC机房新增的RBC电源屏供电。

与其他各系统设备间的关系及限速命令传递流程如图3-11-1所示。

（三）TCC

全线20个车站及15个区间中继站均按《列控中心技术条件》（TB/T 3439—2016）要求设置列控中心。列控中心具有轨道电路编码、应答器报文存储和调用、数据报文实时组帧、站间安全信息传输等功能，根据轨道电路、进路状态及临时限速等信息产生行车许可，通过轨道电路及有源应答器将行车许可传送至列控车载设备。列控中心维护终端具备与CTC接口通道状态的监督功能。

（四）LEU及应答器

LEU周期接收来自于车站列控中心（TCC）的报文，并将其连续不断地向有源应答器发送，从而实现向车载设备发送可变信息。当LEU与列控中心通信故障或接收的数据无效时，LEU向有源应答器发送默认报文。

应答器设置及报文应用原则符合《列控系统应答器应用原则》（TB/T 3484—2017）的规定，应答器分为无源应答器、有源应答器两种。

1. 无源应答器用于为CTCS-2级车载设备发送固定不变的数据，如发送线路坡度、最大允许运行速度、轨道电路参数、列控等级转换等信息；无源应答器为CTCS-3级车载设备传递定位信息。

2. 有源应答器通过电缆与LEU连接，用于为CTCS-2级车载设备发送来自于LEU的实时变化的信息，其信息对应于车站联锁排列的进路、临时限速服务器或CTC下达的临时限速

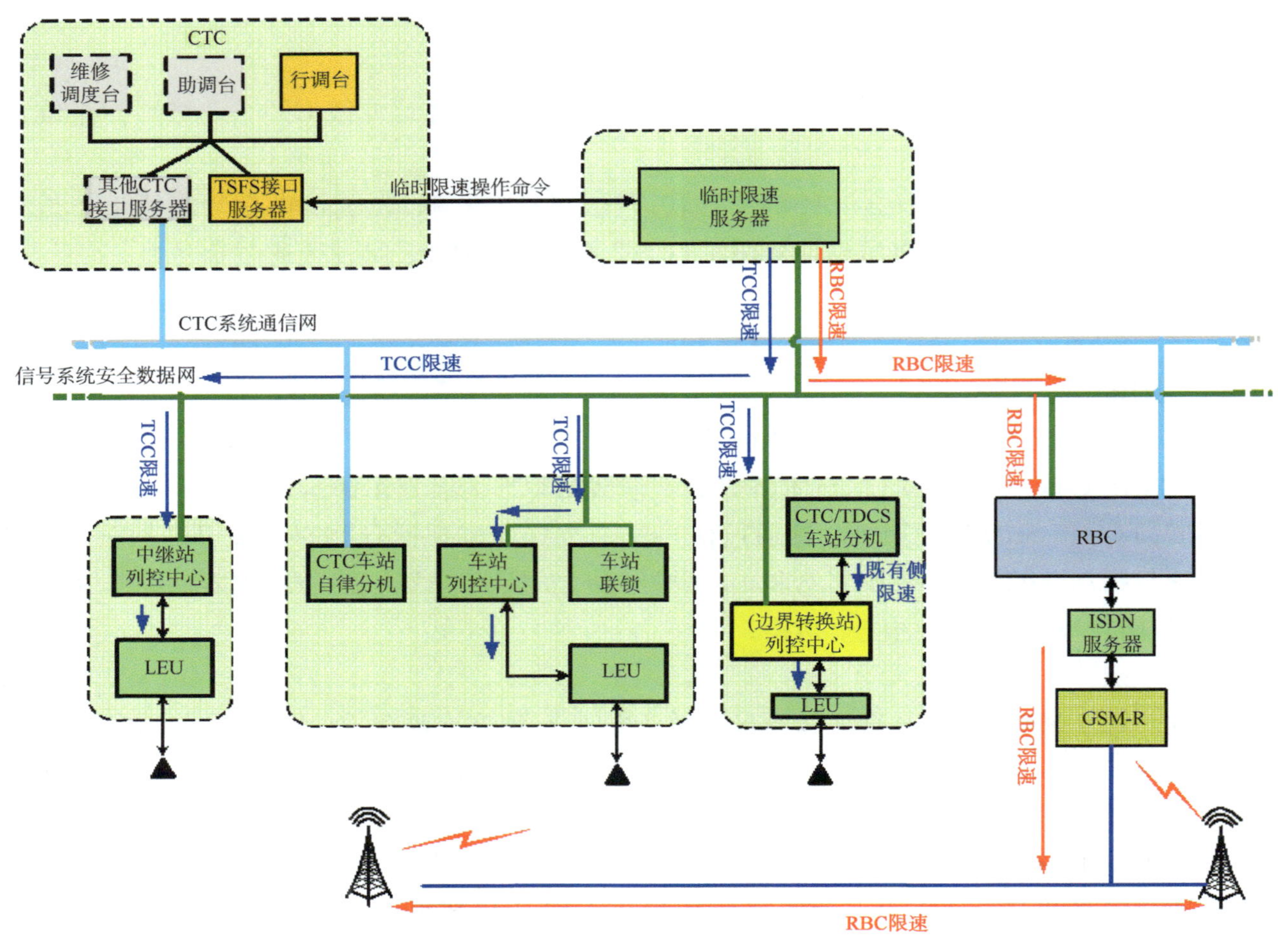

图 3-11-1 临时限速设备间关系及信息传递示意图

信息。当与 LEU 通信故障时，有源应答器变为无源应答器工作模式，发送存储的固定信息(默认报文)。

3. 车载设备运行方向通过应答器组判定。用于识别运行方向应答器组至少包括 2 个应答器，用于修正列车位置的应答器可只用 1 个应答器。

4. 在等级转换分界处设置预告点和转换点用于提供等级转换信息。在进入 CTCS-3 级区域时，在预告点前方适当距离根据需要设置无线连接点。无线连接点、预告点和转换点设置由 2 个及以上无源应答器组成的应答器组。

5. 在相邻的 RBC 的边界处设置 2 个无源应答器组成的应答器组，用于提供 RBC 切换命令、接收 RBC 的 ID 及电话号码。

6. 利用无源应答器实现自动过分相固定信息的控制。

(五)区间自动闭塞设备

正线及联络线区间采用客专 ZPW-2000 系列无绝缘集中移频自动闭塞，轨道电路全部由列控中心编码，其发送、接收设备均按冗余配置，并具有设备自监测功能，通过接口设备为信号计算机监测系统提供监测信息。济青高铁闭塞分区长度根据行车牵引计算确定。

根据《客运专线信号系统安全数据网技术规范 V3.0》(铁总运〔2014〕353 号)要求，RBC(无线闭塞中心)/TCC(列控中心)/TSRS(临时限速服务器)/CBI(计算机联锁)系统设备接入客运专线信号系统安全数据网。

三、计算机联锁系统

计算机联锁系统主要功能包括进路建立、进路锁闭、进路解锁、信号机控制、道岔控制等车站控制功能。计算机联锁系统对于来自操作设备的错误操作,具备有效的防护能力。

(一)信号显示

正线车站按照《高速铁路设计规范》(TB 10621—2014)的规定设置进、出站信号机。

进站信号机采用矮型七灯位信号机机构,隧道内的进站信号机采用矮型单排“黄、绿、红、黄、白”五灯位组合式机构,为满足限界需要,反向进站信号机设于线路右侧;在进站信号机外方 900 m、1 000 m、1 100 m 处设置预告标。

出站信号机采用“红、绿、白”三灯位单机构,信号机开放应检查站间空闲条件;根据需要设置调车信号机,其显示符合《铁路技术管理规程》(铁总科技〔2014〕172)的有关规定。

济南东动车所、红岛动车所常态点灯,出站信号机采用普速四显示出站信号机,带 2 个表示器;股道分割出信号机采用“红、蓝、白”机构。

(二)客运专线站内信号机点灯方案

正线车站进、出站信号机常态为灭灯,以车载显示做为行车凭证。如开行未安装 ATP 车载设备的动车组或 ATP 车载设备故障时,首先将防护对应进路的列车信号机转为点灯状态,办理列车进路作业,司机以地面信号机显示为行车凭证,并按站间闭塞运行。在此期间信号机灭灯视为红灯。

有普速车上线运行的车站,信号机常态点灯。

(三)计算机联锁系统设备配置

正线车站、线路所、动车所均新建硬件设备安全冗余结构计算机联锁设备,并满足与 CTC、列控中心、RBC 等设备的接口和信息交换要求,为信号计算机监测系统提供相关信息。计算机联锁控显设备采用液晶显示器加独立鼠标的方式。

四、信号集中监测系统

(一)系统设备配置

信号集中监测系统按属地化管理原则进行配置。信号集中监测系统由电务段、信号车间、信号值班工区集中监测终端三级构成。电务段设置集中监测总机,正线车站、中继站均设信号集中监测分机设备,并在信号车间、信号值班工区设置集中监测终端。各监测分机设备及监测终端设备均联网至电务段集中监测总机系统。

新建 19 个车站(场、线路所、动车所)、15 个区间中继站均新配置集中监测车站站机,纳入济南电务段、青岛电务段监测总机。

全线在淄博北站、潍坊北站、红岛站新设电务车间各 1 处,车间各配置 1 套监测终端设备。正线各车站(场、线路所、动车所)信号值班工区配置集中监测终端。

(二)监测设备功能

信号集中监测系统主要是对电源屏(含 UPS)、车站列控中心、轨道电路、计算机联锁、转辙机、道岔、信号机以及信号电缆回线进行监测和采集;对于 CTC 站机、智能电源屏、车站列控中心、ZPW-2000轨道电路、计算机联锁等自身具备自诊断、检测报警等监测功能的主体系统通过统一的接口将模拟量信息、开关量信息、状态信息、报警信息传送至集中监测系统，实现对信号设备的集中监测和远程诊断功能。避免监测信息的重复采集。

监测的方式包括采集、表示、储存、回放，以及远程测试、监测等功能。

(三)信号集中监测系统网络

信号集中监测数据通信网采用通信系统提供的2 M专用数字通道构建环状网络，用于集中监测系统的信息传输。

信号集中监测数据通信网独立组网，设计为单网，包括调度所的监测终端局域网，电务维护部门的监测中心局域网，综合维修工区的监测终端局域网，车站、中继站内的局域网，以及车站、中继站至电务维护部门的2 M数字通道网络、综合维修工区至邻近车站的2 M数字通道网络、电务维护部门至调度所监测中心的2 M数字通道网络以及路局电务部门之间的2 M数字通道。

车站通信机械室至信号机械室间采用光纤通道和光接口设备。

五、电源系统

(一)功　　能

智能电源屏为联锁、列控、CTC车站设备、信号集中监测、ZPW-2000系统等设备统一供电，并具备自诊断及监测报警功能，并与信号监测系统交换信息，电源系统采用模块化、智能化、标准化设计，可适应各种现场负荷种类及容量规格的需要。

(二)设备配置

该线路各新建车站、中继站、线路所、动车所均新设1套智能电源屏，并配置UPS电源。UPS容量负荷按照除转辙机外所有用电量计算，有维护人员值守车站UPS不间断供电时间不小于30 min，无维护人员值守车站(中继站、线路所)及RBC机房配置双套在线热备UPS，UPS不间断供电时间不小于2 h。

六、道岔融雪

(一)功　　能

设计范围内动车组列车进路上的道岔设置道岔融雪系统。该系统用于在冬季下雪或结冰情况下为保证道岔安全运转。

(二)设备配置

设计范围内各站列车进路道岔、延续进路与安全线相连的道岔均设置融雪装置。根据《中国铁路总公司关于部分高速铁路线路所及车站关键道岔装置补强的通知》(铁总运电〔2015〕277号)文件要求，本次设计范围内的道岔融雪设备均按照《哈大客专道岔融雪装置补强方案评审意见》(运电信号函〔2013〕313号)、《哈大客专道岔融雪加热条安装位置改进措施评审意见》(运电信号函〔2014〕579号)文件执行。

电加热道岔融雪系统设备由控制中心、车站控制终端(计算机)、控制柜、环境检测装置、电加热元件、隔离变压器、接线盒、连接线缆和信息通道等组成。当发生降雪或温度变化时，系统可自动或人工启动电加热融雪电路。设置道岔融雪系统不影响道岔和轨道电路的正常动作。

七、电务综合监督系统

（一）功　　能

电务综合监督系统通过道岔表示、区段占用、点灯状态、临时限速、区间方向、应答器报文、列车位置、行车许可等关键数据的比对和逻辑分析，监督信号设备运用状态，实现高速铁路列控中心、信号联锁、CTC、轨道电路、RBC、TSRS 等设备的车-地闭环综合监测，及时发现不同信号系统间因信息不同步或错误造成的行车安全隐患，并给出报警提示采取措施处理。该系统能够提高高速铁路信号设备运用安全性能、维护人员对故障的判断处置能力和高铁信号系统信息综合分析水平。

（二）设备配置

在济南东站 RBC 机房设置电务综合监督系统中心服务器及电源设备，济南东站（不含）至红岛站（含）沿线各车站（中继站）设置车站（中继站）服务器，在青岛电务段调度中心、电务处调度中心设置相应的显示终端。

电务综合监督系统设备间的传输通道采用铁路专用传输网，双网带宽不低于 2M，FE 光接口方式。

八、动车所控制集中系统

济南东动车所设置动车所控制集中系统（CCS）。

（一）功　　能

动车所控制集中系统可以有效地将动车段管理信息系统、计算机联锁系统、CTC 系统、车辆识别等系统有机结合起来，实现资源共享，并且可以将管控两层有机结合起来，是实现管控结合的关键环节。

（二）设备配置

1. 系统配置

动车所控制集中系统由现车管理服务器、集中控制服务器、网络管理服务器、通信服务器、数据库服务器、系统接口服务器及通信设备等机房设备和信号员终端、值班员终端、站调终端等大厅设备以及网络设备构成。

2. 电源设备

济南东动车所六线库 CCS 机房新设综合智能电源屏为 CCS 设备提供所需电源，新设双套不间断电源 UPS，为信号系统设备及网络设备提供断电保护。UPS 持续供电时间不小于 30 min。

（三）系统接口

CCS 系统与动车段管理信息系统、计算机联锁系统、CTC 系统、车辆系统的接口示意如图 3-11-2 所示。

九、动车所调车防护系统

济南东动车所设置调车防护系统，系统按照《中国铁路总公司关于印发〈动车段（所）调车防护系统暂行技术条件〉的通知》（铁总运〔2014〕260 号）文件要求进行配置。

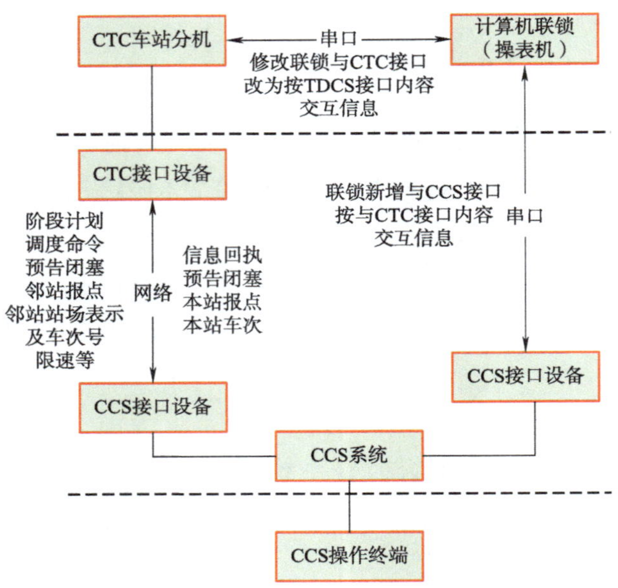

图 3-11-2　CCS 系统与其他系统接口示意图

十、综合防雷、综合接地系统

（一）综合防雷系统

为确保综合接地系统的技术性能，以满足沿线电子、电气设备安全可靠运行和人身安全防护要求，按照《铁路防雷及接地工程技术规范》（TB 10180—2016）、《关于对铁路信号设备雷电及电磁兼容综合防护进行补充规定的通知》（运基信号〔2008〕362 号）的要求进行综合防雷、电磁兼容及综合接地设计。

（二）综合接地系统

综合接地系统由贯通地线、接地装置、接地端子、引接线等构成，贯通地线接地电阻值应≤1 Ω。济青高铁全线线路两侧各设 1 根（大站或枢纽线路复杂地段根据需要可设多根）综合接地贯通地线，其中 350 km/h 地段（济南东站牵引变电所至胶州北站牵引变电所间）贯通地线及引接线、横向连接线采用规格为 70mm^2 的合金护套贯通地线，250 km/h 及以下地段贯通地线及引接线、横向连接线采用规格为 35 mm^2 的合金护套贯通地线。

第三节　设计创新点

一、信号设计

（一）首次提出适应 17 辆编组"复兴号"动车组运行信号设计方案

根据铁路总公司及济青公司安排，济青高铁计划开行 17 辆编组"复兴号"动车组。17 辆编组动车组为新型动车组，在高铁线路运行为国内首次，无相关成熟成果，经与相关车辆厂商沟通，确定 17 辆编组"复兴号"动车组列车长度按 440 m 考虑（长客列车长度设计为 439.91 m，四方列车长度设计为 439.8 m）。17 辆编组"复兴号"动车组相关参数如图 3-11-3 所示。

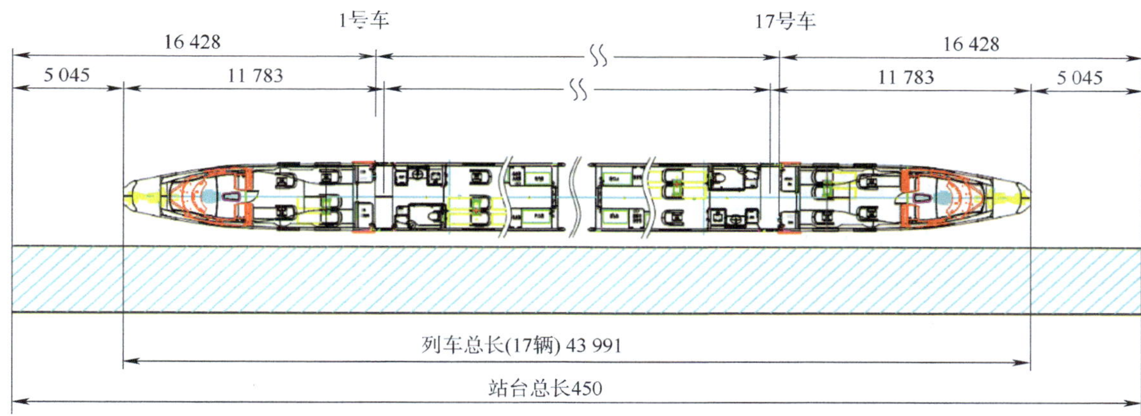

图 3-11-3 17 辆编组“复兴号”动车组参数(单位:mm)

“复兴号”动车组编组辆数由 16 辆增加至 17 辆后,在 16 辆动车组原 15 和 16 车之间增加 1 辆拖车,以保证双弓间距和动力单元基本配置不变,编组方式为 8 动 9 拖;增加拖车设置为一等座车,原 16 辆编组 15 位一等座车变为二等座车,全列总定员 1 283 人,总定员增加 7.5%,二等座定员增加 8.8%,具有很高的实用价值和极大的经济效益。

设计院结合 17 辆编组动车组车辆参数,提出了针对 17 辆编组“复兴号”动车组安全、高效停靠站台提出信号设备技术措施,满足司机和旅客正常上下动车组要求,同时避免了对已完工程尤其是土建工程的影响。

设计过程中结合 17 辆编组动车组参数,首先提出了开行 17 辆编组“复兴号”动车组可行性分析;后续多次与全路各 ATP 车载厂家深入对接,结合各 ATP 厂家提供的《ATP 制动距离和速度对应表》、铁总高铁建设标准课题《优化到发线有效长试验》形成了《济青高铁开行 17 辆编组“复兴号”动车组出站信号机设置方案研究报告》,研究分析了全路各车载 ATP 制动距离与出站信号机设置位置关系,经过对技术、经济、可用性、可靠性、高效性等方面的综合比选确定了将“移设侧线出站信号机、应答器维持既有位置”作为推荐方案,济青公司聘请铁总专家审核、并上报铁总科信部,经由铁总专家论证会最终确定采用推荐方案作为现场实施方案。

17 辆编组“复兴号”动车组作为国内首次提出的新型动车组,在高铁线路运行能极大提升线路运行能力;针对 17 辆编组“复兴号”动车组运行提出的信号设计方案,已经在实际运营线路济青高铁顺利实施,并经过联调联试反馈良好,该设计方案保障了 17 辆编组“复兴号”动车组安全、可靠、高效停靠站台,满足司机和旅客正常上下动车组要求,已作为成熟方案在全路进行推广,为后续工程提供了宝贵经验。

(二)与石济客专、青连铁路、胶济客专接口清晰,衔接顺畅

济青高铁在济南枢纽济南东站与石济客专贯通,形成了济青高铁连接石济客专、京沪高速铁路北京方向快速铁路通道;在青岛枢纽红岛站与青连铁路接轨,并修建青连济青联络线、红岛立折线,解决折角车流运行路径;在胶州北站与既有胶济客专接轨,与胶济客专进行换边,同时为解决跨线车运行,在胶州北站济南端修建济青胶济联络线。

根据线路方案,经过与石济、青连、胶济建设、设计团队多次对接确定工程接口分工如下。

1. 与石济客专分工

在济南东站与石济客专衔接，经协商，信号专业工程分界确定为以下两处：

(1)北辛店线路所。以北辛店线路所石家庄方面线路所下行通过信号机为界，北辛店线路所至齐河区间由石济客专工程实施，线路所及管辖的其他区间工程由济青高铁实施。

(2)济南东站。以济南东站石济场上行进站信号机为界，济南东站至五里堂线路所区间由石济客专工程实施，济青高铁工程负责济南东站站内及石济胶济联络线信号系统设计。

济南枢纽各工程界面如图 3-11-4 所示。

2. 与青连铁路分工

与青连铁路分别在大沽河线路所、红岛站衔接，经协商，信号专业分界点确定为以下两处：

(1)大沽河线路所。以大沽河线路所连云港方面线路所上行通过信号机为界，大沽河至洋河口区间由青连铁路工程实施，线路所及线路所至红岛区间工程由济青高铁工程实施。

(2)红岛站。以红岛站青岛方面下行进站信号机为界，青岛方面区间由青连铁路工程实施，站内由济青高铁工程实施。

3. 与胶济客专分工

与胶济客专在胶州北站接轨，经协商，信号专业分界点确定为以下两处：

(1)马店线路所。以马店线路所济南方面线路所下行通过信号机为界，济南方面区间由胶济铁路工程实施，线路所及线路所至胶州北站区间工程由济青高铁实施。

(2)胶州北站。胶州北站至即墨站区间由济青高铁实施，K2 中继站管辖区间由胶济客专工程实施。

青岛枢纽各工程界面如图 3-11-5 所示。

提前筹划济青高铁工程与相关工程的接口界面，使得各工程之间接口清晰，衔接顺畅；提高了设计质量，提升了建设、施工效率，避免了本专业变更设计的发生，为信号各系统顺利推进奠定了很好的基础，保障了工程顺利实施。

(三)胶州北站过渡期间列控系统、临时限速、码序特殊设计，以保障运营安全

济青高铁对既有胶济客专胶州北站进行改建，在既有胶州北站并站设置高铁车场，出站后贯通胶济客专正线至青岛北、青岛；胶济客专正线贯通机场、红岛方向新建的高铁正线。为解决跨线车运行，在胶州北济南端修与胶济客专间联络线。胶州北站改建情况如图 3-11-6 所示。

胶州北站既有为非标 CTCS-2 级列控系统，为普速车和动车组共线运营车站。济青高铁引入后对既有胶州北站进行改造，胶州北站共分六大步过渡，从安全运营及工程投资考虑，信号过渡设计提出在新信号设备用房内结合正式工程进行过渡，永临结合避免产生废弃工程。

临时限速：由于胶州北站既有采用非标 CTCS-2 列控系统，过渡期间临时限速下达方式设计为采用在调度台拆分，由各自调度台分别下达并人工确认各自设备执行成功的方式。

列控系统：参考既有线 CTCS-2 技术规范，根据临时限速等运行情况 TCC 向联锁输出信号机降级信息；马店线路所、胶州北站 TCC 与 CBI、CSM 参照《关于印发〈高铁列控中心接口暂行技术规范〉的通知》(铁总运〔2015〕75 号)执行。

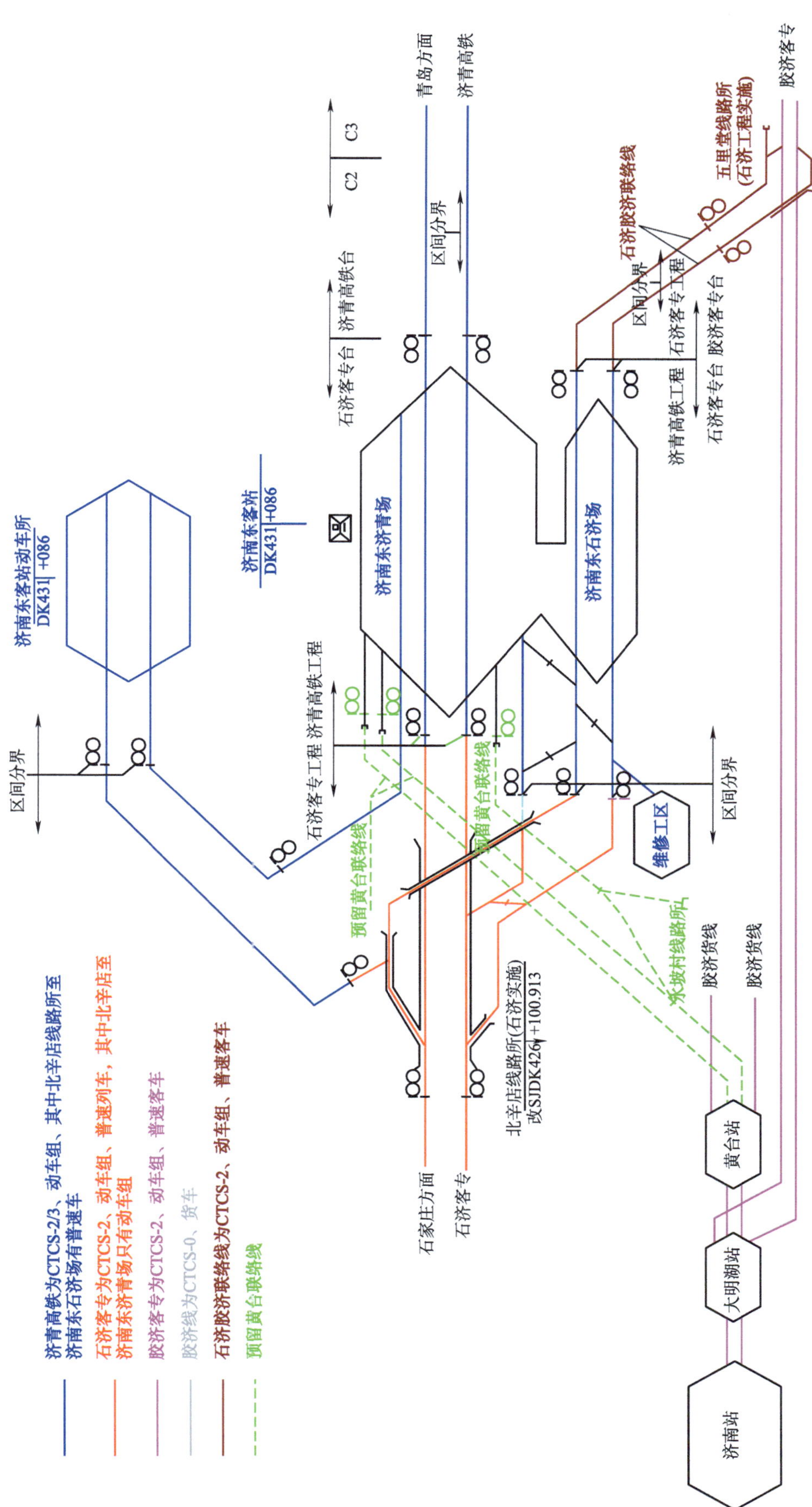

图 3-11-4　济南枢纽工程界面示意图

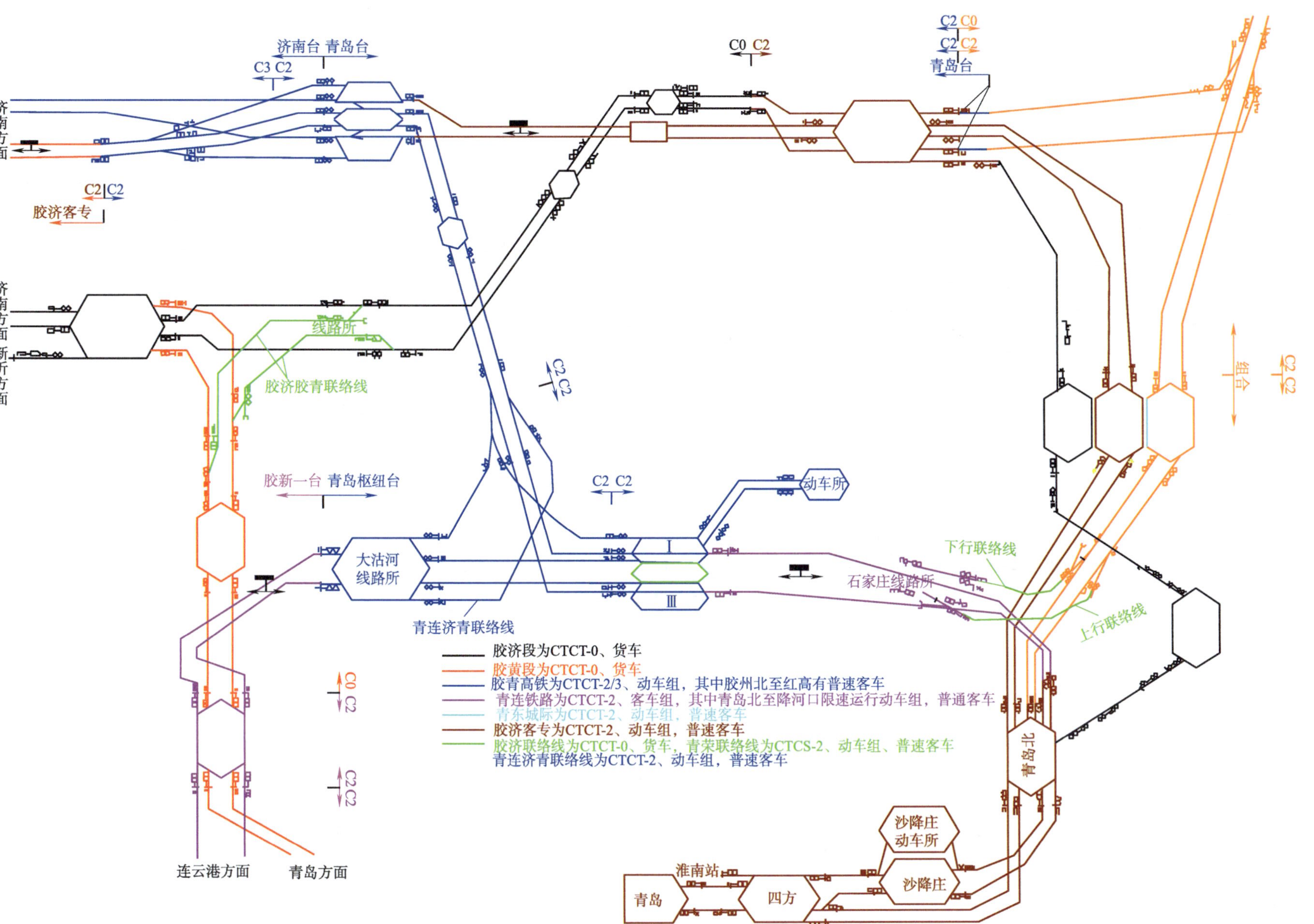

图 3-11-5　青岛枢纽工程界面示意图

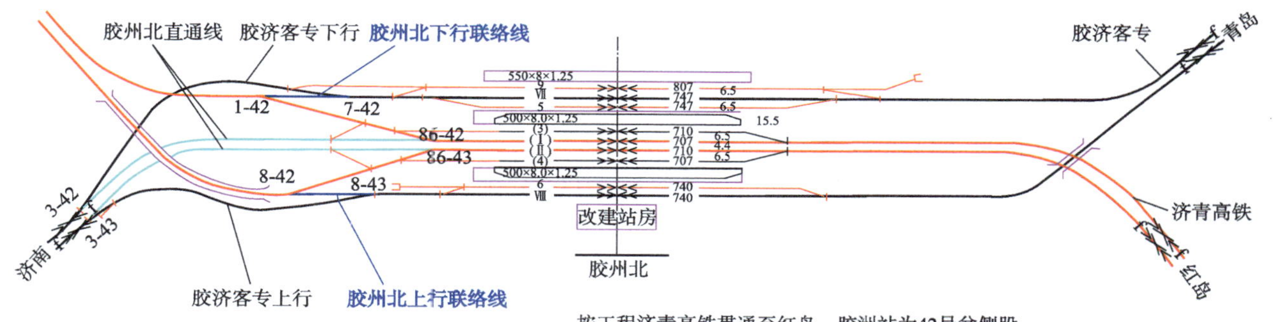

图 3-11-6　胶州北站改建示意图

码序：胶州北至即墨区间追踪码序维持既有设计为 L3-L2-L-LU-U-HU；关于车站信号机显示一个黄色闪光和一个黄色灯光的含义和条件，由于胶州北站设计为 200 km/h 客货共线铁路，原则上应按《铁路技术管理规程》(高速铁路部分)设计；但由于既有胶济客专存在大量普速列车，设计院、济青公司、济南局共同进行了多次专题研究，为满足实际运营需要设计院配合济南局以《中国铁路济南局集团有限公司关于济青高铁胶州北站相关工程技术方案有关问题的请示》(济铁总发〔2017〕299 号)上报铁路总公司，经总公司组织专家会研究后以《中国铁路总公司办公厅关于新建济南至青岛高速铁路胶州北站相关工程技术方案的复函》(铁总办鉴〔2018〕26 号)文件书面明确胶州北站、马店线路所过渡期间车站信号机显示一个黄色闪光和一个黄色灯光的含义和条件，按《铁路技术管理规程(普速铁路部分)》相关规定执行。

(四)济南东站多出口信号显示方案

济南东站设计为济南东济青场(以下简称济青场)、济南东石济场(以下简称石济场)，信号设计两套计算机联锁设备、列控中心设备，上行发车共有 9 个方向，分别是石济客专正线 2 个方向、动车走行线 2 个方向、黄台联络线 3 个方向(预留)、石济胶济联络线 2 个方向。但在《铁路技术管理规程》中均明确出站信号机最多加装 6 个表示器表示 7 个发车方向，9 个发车方向设计无标准规范可循。

经设计院各级审定，根据站场行车作业特点进行研究，结合黄台联络线预留方向统筹考虑提出三个信号显示方案，并多次向济青公司、济南局相关各方进行专题汇报。经济青公司、济南局专题会议研究，确定济青场仅办理以车载信号为列车行车凭证的动车组列车接发作业出站信号机常态灭灯；石济场咽喉信号显示按同时满足接发动车组、普速列车条件设计，常态点灯。

(五)规划行车指挥系统的调度管界

济青高铁行车指挥系统调度台的设置问题，济青公司多次组织协调，在前期设计中与运营维护单位济南局相关部门进行了多次沟通，并获得了济南局的大力支持，济南局以《青岛枢纽调度区段划分相关问题会议纪要》(总基函〔2014〕95 号)文件书面确定了新增青岛枢纽台管辖范围，为济青高铁行车指挥系统的设计奠定了很好的基础，使得 CTC 系统设计顺利推进。工程实施阶段，济南局通过《中国铁路济南局集团有限公司关于新建济青高铁接入调度中心系统方案的函》(济铁计函〔2018〕253 号)书面确定了既有调度台管辖范围调整内容，设计过程中根据现场需要济青石济调度台合并设置，针对济青石济调度台对应济青、石济两套 TSRS 特殊情况提出设计方案；同时结合新增青岛枢纽调度台对既有调度台管辖范围进行调整，保证调度、车站列车运行计划的准确性和济南、淄博、青岛枢纽(地区)运输的畅通。

(六)数据传输采用 FE 光接口，促进了通信技术的发展

济南局调度中心至既有车站间的通道为 2M 同轴电缆通道，无法满足 FE 口接入。经多方调研和论证，本次设计结合济南局客专调度所现状，济青客专工程增加 FE 光纤接入交换机、FE 光口通道质量监督设备满足 FE 光接口的接入条件，实现车站与中心之间采用 FE 光纤接口结合。采用 FE 光接口一方面满足信号专业与通信专业机械室间采用光缆的规范要求，另一方面也适应了通信技术突飞猛进的发展速度，还实现了信号系统设备在与通信专业接口方面的技术升级改造。同时济青高铁 CTC 系统车站分机、信号集中监测、电务综合监督系统与通信专业接口均采用 FE 光接口，与通信专业工程界面在信号机房内对应机柜内的 ODF 架。

(七)专业配合界面清晰，优化设计确保工程设计质量

1. 优化区间中继站设计，信号中继站均与通信基站合处设置

全线桥梁 254.7 km/22 座，占线路长度的 82.7%；隧道 17.4 km/2 座，占线路长度的 5.6%；路基 36.0 km，占线路长度的 11.7%，济青高铁全线新设信号中继站 15 处，设计过程中多次现场踏勘并积极与相关专业对接，在确保信号系统设备稳定的前提下，信号中继站均与通信基站合处设置，方便了维护管理、避免了重复征地，降低了工程投资。

2. 贯通地线技术参数要求明确

济南东(不含)至胶州北(不含)采用 CTCS-3 级列控系统，胶州北(含)至红岛(含)采用 CTCS-2 级列控系统，贯通地线设置满足《铁路贯通地线》(TB/T 3479—2017)的要求，采用合金护套贯通地线，结合牵引电流回路统筹设计贯通地线参数。由于 C3 列控范围线路两段牵引电流为济南东牵引变电所、胶州北牵引变电所提供，因此济南东牵引变电所至胶州北牵引变电所范围贯通地线及引接线、横向连接线采用规格为 70mm^{2}的合金护套贯通地线，其余地段贯通地线及引接线、横向连接线采用规格为 35mm^{2}的合金护套贯通地线。

通过上述设计和技术参数的要求，确保贯通地线关键技术性能，保证了贯通地线运用安全。

3. 站内机械绝缘节设计考虑全面，避免了锯轨或无法厂制胶接绝缘轨

车站信号平面布置图设计时，对站内机械绝缘节的设计，结合《铁路钢轨胶接绝缘接头技术条件》(TB/T 2975—2010)和高速铁路无砟轨道线路维修规则(试行)(铁运〔2012〕83 号)的有关规定开展设计。设计的胶接绝缘节在满足轨道电路极限长度基础上，既能满足厂制胶接绝缘轨、也能满足现场胶接后无砟轨道对焊接接缝的距离要求，保证了钢轨的正常运用、维护，避免了铺轨的返工。

胶接绝缘设置位置、绝缘阻值标准按满足《铁路钢轨胶接绝缘接头技术条件》(TB/T 2975—2010)、《高速铁路无砟轨道线路维护规则(试行)》(铁运〔2012〕83 号)有关规定进行设计。原则上左右两股钢轨的绝缘接头相对铺设，且绝缘接头轨缝绝缘端板距钢轨支承位置不小于 100 mm。胶接绝缘接头与焊接接头间距不小于 20 m，道岔间困难条件下不小于 12 m。

胶接绝缘多数设于距岔前基本轨缝 25 m 的距离，个别由于轨道电路极限长度限制或侵限

绝缘配轨等困难地段,胶接绝缘设于岔前基本轨缝处。

4. 地下车站综合管线预留准确,避免二次施工

青岛机场站为地下车站,信号设备房屋设置在站厅层,信号室外设备设置在站台层。设计过程中提前筹划信号设备房屋至站台层室外设备间、站台层线路间设备至最外侧综合管线间等通道预留,针对地下车站特殊结构,对专业接口进行细化要求,确保预留管线一次实施到位,避免现场二次施工,保障了工程建设可靠、顺利推进。

二、新技术新产品的推广应用或优化设计

(一)信号工程按细部工艺标准实施

2018 年 3 月 12 日,铁路总公司下发《高速铁路信号工程细部设计和工艺质量标准》(铁总建设〔2018〕35 号),为加强高速铁路信号工程质量控制,规范细部设计和施工工艺质量,进一步提升信号工程建设质量,济青高铁全线信号设备安装均按此标准要求执行。

(二)信号各系统终端按“强基达标、提质增效”要求配置

济青高铁信号各系统终端设置问题,在前期设计中与运营维护单位济南局相关部门进行了多次沟通,施工设计阶段结合铁路总公司《关于印发〈高速铁路“强基达标、提质增效”工程各系统标准〉的通知》(铁总运〔2017〕115 号)文件要求,对 CTC、安全数据网、信号集中监测、DMS、道岔缺口视频监测等系统终端按需设置,满足实际维护管理需要。

(三)全线采用 CTC3.0 设备

2016 年 6 月,铁路总公司发布了《调度集中系统技术条件》(Q/CR 518—2016)企业标准(CTC3.0)。CTC3.0 车站系统是在 TDCS/CTC 现有功能和设备的基础上,通过充分数据共享,实现全方位的信息校验和信息综合,在车站编制细化列车运行计划,自动推算作业约束条件,自动检查作业意图的时效性和合理性,同时将车站行车作业的规章、标准、业务流程等纳入设备的管理中来,使车站行车安全按规章、按流程严格执行。新系统满足行车安全需求和设备导向安全的必然发展趋势,安全防护条件由人工设置变为系统自动设置,避免了人为发生漏设、错误设置安全防护条件的可能性。根据上述要求,济青高铁全线采用 CTC3.0 设备。

(四)RBC 优化设计

无线闭塞中心(RBC)是 CTCS-3 级列控系统的核心设备之一。无线闭塞中心根据轨道电路、联锁进路等信息生成行车许可,并通过 GSM-R 无线通信系统将行车许可、线路参数、临时限速等信息传输给 CTCS-3 级车载设备;同时接收车载设备发送的位置和列车参数等信息。

通过优化设计,认真研究运量及动车组交路,结合各站股道设置情况,为满足 CTCS-3 级列控系统范围内 6 个中间站、1 个枢纽站、1 个线路所、15 个区间中继站信号设备结合使用,对 CTCS-3 级列控系统地面关键设备-无线闭塞设备(简称 RBC)进行优化配置,共设 3 套。

在充分了解 RBC 自身设备容量、接口能力的基础上,结合线路、站场条件,设计认真研究 RBC 设备数量计算标准、设备设置原则和单个 RBC 控车数量的计算公式,充分考虑 RBC 设备维护管理和预留相邻规划客运专线建设的接入条件,提出济青高铁全线 RBC 集中设置于济南东站的方案。实践证明,济青高铁 RBC 的设置非常合理,运用良好。

(五)济南东动车所设置动车所调度集中系统(CCS)

根据铁路总公司《关于印发〈动车段(所)控制集中系统暂行技术条件〉的通知》(铁总运

〔2016〕192 号）要求，济南东动车所设置了 CCS 系统。

动车所调度控制集中系统可以有效地将动车段管理信息系统、计算机联锁系统、CTC 系统、车辆识别等系统有机结合起来，实现资源共享，并且可以将管控两层有机结合起来，是实现管控结合的关键环节。

（六）济南东动车所设置调车防护系统

根据铁路总公司《关于印发〈动车段（所）调车防护系统暂行技术条件〉的通知》（铁总运〔2014〕260 号）要求，济南东动车所设置调车防护系统文件要求进行配置。

设置调车防护系统，当动车组以 ATP 车载设备调车模式运行时，对动车组冒进信号提供有效防护，提高了调车作业的安全性、可靠性。

（七）全线各站设置 ZPW-2000 区间轨道电路室外监测设备

根据铁路总公司《关于印发〈ZPW-2000 区间轨道电路室外监测及诊断系统暂行技术条件〉的通知》（铁总运〔2017〕94 号）和《新建济南至青岛高速铁路胶州北至红岛段静态验收报告》《新建济南至青岛高速铁路济南东站及相关工程静态验收报告》信号专家组评审意见，对济青高铁各站 ZPW-2000 区间轨道电路增加室外监测功能。

新增 ZPW-2000 轨道电路室外监测及诊断设备实现轨道电路实施故障预警、故障报警、历史数据分析、故障定位区域等功能，提高现场维护作业效率，满足现场维护需要。

（八）全线各站站内一体化轨道电路股道绝缘采取绝缘破损防护措施

2017 年 11 月 22 日，铁路总公司工电部下发《站内一体化轨道电路绝缘破损信号越区干扰防护措施技术评审意见》（工电函〔2017〕11 号），济青高铁各站站内一体化轨道电路股道绝缘采取绝缘破损防护措施，解决轨道绝缘破损越区干扰问题，保障了行车安全。

（九）道岔融雪补强优化设计

设计范围内各站列车进路道岔、延续进路与安全线相连的道岔均设置融雪装置。根据铁路总公司《关于部分高速铁路线路所及车站关键道岔装置补强的通知》（铁总运电〔2015〕277 号）文件要求，本次设计范围内的道岔融雪设备均按照《哈大客专道岔融雪装置补强方案评审意见》（运电信号函〔2013〕313 号）及《哈大客专道岔融雪加热条安装位置改进措施评审意见》（运电信号函〔2014〕579 号）文件执行。

各站道岔融雪系统补强后，从根本上解决了由于融雪不彻底导致影响行车的问题。

（十）道岔缺口视频监测系统单独组网优化设计

济青高铁的道岔缺口视频监测设备，设计采用单独的数据网络通道，并独立组网，使得系统本身的监测、检查与信号集中监测系统不产生相互干扰或影响效率，避免了与信号集中监测系统共用通道情况下对集中监测系统的应急处置或应急抢修的影响。

第十二章　信息设计

第一节　设计方案

一、办公管理信息系统总体构成及功能

在各车站站房综合楼、线路所、各独立信号楼、35 kV 或 10 kV 变配电所、牵引变电所设置办公管理信息系统，主要由办公终端及网络设备构成。根据两网融合方案的最新要求，办公管理信息系统通过数据网上传路局。办公管理信息系统计算机网络及应用系统基于综合布线系统构建。在各设置办公管理信息系统的办公室、值班室、控制室、工区等处为行政办公管理人员配置计算机终端。

二、公安管理信息系统总体构成及功能

在各车站售票室设置公安制证设备，每个售票区设置 1 个公安制证窗口，设置 1 台公安制证设备。

在济南局设置公安比对服务器 2 台，并在各车站进站口各设置公安比对查验终端 1 台。

在各车站公安机构、沿线公安派出所、沿线警务区设公安管理信息系统，主要由计算机终端、接入网络交换机构成，在综合布线系统基础上构建公安管理信息系统计算机网络及应用系统，警务区通过路由器、利用通信提供的 FE 接口 2×2 Mbps 通道接入邻近派出所，派出所通过路由器、利用通信 FE 接口 5×2 Mbps 通道接入济南局铁路公安处、青岛公安处公安网。

在济南东、红岛、胶州北各派出所枪械室、羁押室设置摄像机，监控终端设置在各公安机构本地。

在各车站公安机构及沿线警务区的公安值班室、公安办公室设置计算机终端。

三、车站信息系统总体构成及功能

(一)门禁系统设计内容及说明

在各车站信息机房、信息设备配线间、售票办公区出入口设置门禁系统，实现信息机房、信息设备配线间及售票办公、票据室、进款室等重点区域的刷卡进入。

门禁系统由门禁主机、门禁控制器、门磁、门锁、读卡器等设备组成。门禁管理主机设置在信息机房；在现场设置门禁控制器、门磁、门锁、读卡器等设备。采用网络型门禁控制器，门禁系统利用车站旅服系统网络组网，门禁主机、门禁控制器通过六类线或光缆接入就近的旅服系统交换机。

(二)综合布线系统设计内容及说明

在沿线各车站新设综合布线系统，由工作区子系统、水平子系统、垂直子系统、设备间子系统、管理子系统组成，实现数据、语音等信息的传输。

根据具体需求，垂直布线采取不同容量的光缆和三类双绞线缆，水平布线采用超5类及以上双绞线缆。综合布线系统分为建筑物间主干布线子系统以及建筑物内布线子系统。每个工作区的信息点设置原则：车站办公区域、公安办公区域、进出站口按2个信息点/5m²设置。

（三）电源及环境监控系统设计内容及说明

在各车站的信息机房及放置有信息网络交换设备的配线间设置机房电源及环境监控系统。在济南车务段监控室设置电源及环境监控主机设备1套，为维护人员设置1台电源及环境监控复示终端。电源及环境监控系统利用办公网组网。机房内设置的摄像机接入综合视频平台。

机房电源及环境监控系统由服务器、监控终端、及分站RTU设备组成，实现信息机房及信息主要设备间的电源及环境监控，接入电源及环境监控中心设备。

信息机房、配线及设备间设置监测分站RTU设备，由智能一体化采集器、监控模块及环境传感器、探测器等构成，对机房温度、湿度、烟感、水浸进行监测，从而实现对UPS电源、空调设备以及机房环境的监控。

四、运营调度管理系统总体构成及功能

由于济青高铁接入，在行调台、电调台各增设1台一机两屏的调度计划终端，在旅服调度台新增1套一机两屏的TDMS复示终端。行调台、电调台以及旅服系统新增的旅服台均设置在济南局调度所四层调度大厅。同时，由于各站的接入，对调度台软件进行更新。

五、济南东动车所信息系统总体构成及功能

济南东动车运用所信息系统设计内容主要包括：动车检修运用管理信息系统、视频监控系统、安全检查系统。

（一）动车检修运用管理信息系统

动车检修运用管理信息系统由信息处理平台、计算机网络、用户终端设备等构成。动车检修运用管理信息系统信息处理平台是动车所管理信息系统的核心，设备配置包括数据库/应用服务器2台、存储系统2套及kVM 1套。计算机网络为动车检修运用管理信息系统、办公管理信息系统提供网络承载平台，主要由核心层网络交换机、接入层百兆网络交换机构成。

库区设置无线AP，与接入层交换机构成无线局域网，实现库区内移动数据终端的接入。无线控制主机设置在信息机房。

（二）视频监控系统

动车所视频监控系统包括信息处理平台、监控终端设备、摄像机、光纤收发器等设备。

摄像机主要设置于检查库大门口、工作区、存车线灯桥上、存车线咽喉区等处，摄像机主要采用配置光纤收发器的方式，摄像机根据其距离现场侧光纤收发器的距离采用网线的传输方式，机房侧光纤收发器集中设置于信息机房处。

（三）安全检查系统

在六线检查库门卫及安检区设置安全检查系统（以下简称安检系统），安检系统主要包括安检仪1台、安检门1台、通道闸机1台、工作台1套以及手持终端4台等设备。

六、红岛存车场信息系统总体构成及功能

红岛存车场信息系统设计内容主要是视频监控系统，包括信息处理平台、监视控制台、摄像机、光纤收发器等设备。

摄像机主要设置于存车场咽喉区、存车线股道间灯桥上、股道侧等处，对存车线作业情况、车辆情况进行实时监控。摄像机主要采用配置光纤收发器的方式，摄像机根据其距离现场侧光纤收发器的远近采用电缆或光缆的传输方式，室外侧光纤收发器设置于靠近摄像机的现场，机房侧光纤收发器集中设置于信息设备间设备机柜处。

七、电源、防雷、接地

（一）电　　源

信息系统用电均为一级负荷，采用 UPS 电源系统供电。在各车站信息机房、设备配线间和消防控制室设置 UPS 电源。

（二）防雷与接地

各站信息系统机房、信息设备间、消防控制室的接地均纳入综合接地系统，接地电阻值不超过 1 Ω。电力专业在每处信息机房、信息设备配线间提供 2 个接地端子板，每个接地端子板的接地端子不少于 8 个，接地电阻值不超过 1 Ω。各站信息机房、信息设备间设置法拉第笼，采取机房屏蔽、合理布线、规范接地、装设防雷保安器等设备，并设置机房雷电综合防护系统。

第二节　新技术、新设备的应用

在精品工程建设标准下，信息机房、信息设备间的机房布置方案和布线方案成为判断客服系统工程是否为精品工程的关键点。铁路总公司于 2018 年颁布了《高速铁路客服工程细部设计和工艺质量标准》(Q/CR 9524—2018)，对精品工程机房设备布置及布线做出了详细明确的规定。济青高铁的信息工程建设执行该标准。

机房总体布置设计：机柜及设备间距应符合规范要求，同时兼顾空调、消防设备的布局要求。结合不同房屋类形，有针对性地采用不同的机房布置方案。

1. 客服设备机柜按客票安全、客票、综合布线、旅服集成管理平台、综合显示、广播、视频、电源及环境监控及其他相关信息系统顺序排布；电源设备按照配电柜、稳压电源、UPS 顺序排布；同一机房的机柜颜色、型号、材质一致。

2. 蓄电池组(柜)单独设置，避免阳光直射。

3. 同一排机柜正立面在同一平面上；机柜周围的净空符合设备运行、维护的要求。

4. 壁挂安装的设备箱体(信息机房内主要为配电箱、防雷箱)采用嵌入式安装方式，箱体颜色与墙面协调，面板与墙面齐平，底边高度一致，安装高度应符合运营维护的要求。

信息机房、信息设备及配线间采用下走线架布线方式，走线架分层布置，强弱电分设走线架，强电走线架架设于机柜后面，弱电走线架设置于机柜前面，信息走线架的细部设计标准应符合《高速铁路客服工程细部设计和工艺质量标准》(Q/CR 9524—2018)的规范要求。

信息设备机柜间距的主要要求如下：机柜正面相对排列时，其净距离不小于 1.5 m；背后开门的设备，背面距墙边净距离不小于 0.8 m；机柜侧面距墙不小于 0.5 m，机柜侧面离其他设备净距不小于 0.8 m。

信息机房采用下走线方式，电源线、地线从机柜后方引入并分层布放，广播线及光缆等其他信号线缆从机柜前方引入并分层布放，固线器设置间距不小于 300 mm。由于采用下走线方式，缆线集中设置在地板下，为保证足够的缆线敷设空间，防静电地板高度不小于 400 mm。

第十三章 电力设计

第一节 设计概况

济青高铁新建济南东、红岛共2座35/10 kV变配电所,各变配电所均接引两路独立地方电源。新建邹平、淄博北、青州北、潍坊北、高密北、机场共6座10 kV配电所,潍坊北10 kV配电所接引三路独立10 kV地方电源,其他各10 kV配电所均接引两路独立地方电源。

除济南东、红岛共2座35/10 kV变配电所为独立建筑,单独设置院落外,其他各10 kV配电所均与站房合建。

全线新建综合负荷贯通线和一级负荷贯通线各一条,为沿线铁路用电负荷供电。

各站站房综合楼内结合负荷情况设置站房动力照明变电所。动车所洗车库、检修库内均设置动力照明变电所。

沿线用电设备及工区用电采用箱式变电站供电。

与行车相关的一级负荷或重要负荷至少从供电网络接取2路独立电源。

全线电力设施均纳入综合数据采集与远程监控系统,综合系统纳入济南局调度所。

第二节 电力供电系统技术方案

一、供电方案

(一)用电负荷分布

用电负荷主要有沿线各车站、段(所)及区间通信中继站、信号基站、运营调度系统、维修设备、信息系统、各电气化所用电、网工区、防灾报警、安全监控、机械设备、给排水设备、空调通风、隧道通风及照明、道岔融雪、房屋照明等负荷。

(二)负荷等级

电力负荷根据对供电可靠性的要求及中断供电在政治、经济上所造成损失或影响的程度分为一、二、三级,其中:

一级负荷包括:与行车密切相关的通信、信号、信息及防灾安全监控;电力及电气化各所操作电源;特大型站公共区照明、消防设备等设备。

二级负荷主要包括:为通信、信号主要设备配置的专用空调;接触网远动开关操作电源、综合维修、等设备。

其余用电设备的负荷等级按现行《铁路电力设计规范》(TB 10008—2015)及其他相关规程规范确定。

(三)供电原则

1. 济青高铁全线采用技术先进、经济合理、安全可靠的供电方案,保证对沿线各站及区间负荷的可靠供电。

2. 铁路电力系统应确保调度指挥、信号、通信等系统重要负荷安全、可靠、不间断运行的基础设施。铁路电力系统必须满足济青高铁铁路安全、可靠供电的要求。

3. 充分利用既有铁路电源和电力设施。

4. 各级负荷按如下原则供电：

一级负荷:两路相对独立电源分别供电至用电设备或靠近用电设备的低压双电源切换装置处。

二级负荷:由双电源或引接在环网上的变电所供电。

三级负荷:一般采用单回路供电,允许切除。

5. 新建电力设施和供电线路适当预留发展规模。

(四)外部电源及电源线路

济南东、红岛 35/10 kV 变配电所接引两路独立 35 kV 地方电源,潍坊北 10 kV 配电所接引三路独立 10 kV 地方电源,其他各 10 kV 配电所均接引两路独立 10 kV 地方电源。

二、变配电所

(一)变、配电所分布及其主接线

1. 35/10 kV 变配电所、10 kV 配电所

全线新建济南东、红岛共 2 座 35/10 kV 变配电所,新建邹平、淄博北、青州北、潍坊北、高密北、机场共 6 座 10 kV 配电所。

济南东、红岛 35 kV 变配电所为独立建筑。邹平、淄博北、青州北、潍坊北、高密北、机场 10 kV 配电所均与各站站房综合楼合建。

新建 35/10 kV 变配电所 35 kV 侧采用单母线分段接线,不设母联,两路电源分列运行方式;10 kV 侧采用单母线断路器分段接线。母联互备投,正常运行时,母联断路器断开,分段运行。当其中一路电源非故障失电时,母联断路器自动或手动投入,由另一路电源供给全所用电方式。

新建 10 kV 配电所采用单母线分段接线、母联互备投,正常运行时,母联断路器断开,分段运行。当其中一路电源非故障失电时,母联断路器自动或手动投入,由另一(二)路电源供给全所用电方式。

各变、配电所调压器不设旁路开关;所外不设跨所供电装置。调压器采用中性点接小电阻接地方式(小电阻接地系统采用成套装置,由隔离开关、接地电阻、电流互感器组成)。

2. 10/0.4 kV 室内变电所

各车站、动车所、停车场均设置通信信号专用变电所均与信号楼合建。

全线各站均设置动力照明变电所,与站房合建。动车所检修库、洗车库、停车场洗车库设置动力照明变电所,与检修库、洗车库合建。

动力照明变电所高压侧采用单母线分段,中间不设母联。低压主接线采用单母线分段,母联互投。正常供电时,低压侧两路 0.4 kV 电源同时运行,当由于故障一台变压器退出运行时,切除三级负荷,低压侧母线断路器投入,另一变压器保证一级和重要二级负荷供电。

济南东、潍坊北、红岛站各设冷冻站专用变电所 1 座,采用并联变压器组接线形式,结合负荷情况调整变压器投入台数。

济南东、邹平、淄博北、青州北、潍坊北、高密北、机场、红岛站站房动力照明变电所两路电

源均引自车站 35/10 kV 变配电所或 10 kV 配电所，章丘北、临淄北、胶州北站站房动力照明变电所两路电源由邻近地方 10 kV 电源接引。

各站通信信号专用变电所两路高压电源分别取自两回 10 kV 电力贯通线，动车所、停车场通信信号专用变电所两路高压电源分别取自两回站馈线，通信信号专用变电所内设两台通信信号专用变压器。变电所高低、压侧主接线均采用单母线分段，不设母联开关，0.4 kV 侧不设置集中补偿装置。

3. 箱式变电站

区间箱式变电站采用智能化箱式变电站，箱变的高、低压系统原则上均采用双电源分列结线，其中 10 kV 侧进出线回路设高压负荷开关，按环进环出接线设计。

沿线区间供电的箱式变电站采用基本统一模式。通信、信号双电源专用箱变与通信基站、信号中继站机房、线路所等相邻设置。在 10 kV 电力贯通线路区间分散设置箱式电抗器，抑制贯通线电缆电容电流，箱式电抗器与箱式变电站分体安装、相邻布置，原则上利用箱变增设馈出间隔连接电抗器。

站场箱式变电站采用智能化箱式变电站，结合负荷性质采用双电源箱变或单电源箱变，双电源箱变的高、低压系统原则上均采用双电源分列结线，各箱变 10 kV 侧进出线回路设高压负荷开关，按环进环出接线设计。

(二)保护配置

1. 35/10 kV 变配电所、10 kV 配电所

变配电所采用微机保护模块，分散设置于高压柜上，后台采用综合自动化系统。柜内设数字仪表及通信装置，实现全所电气设备的测量、控制、保护等功能，并提供电力远动接口；数字仪表布置在高压柜仪表单元上、通信装置布置在控制室内。交直流电源装置及交直流开关均纳入配电所综自系统。

配电所综自微机保护等信息通过 SCADA 专用通道上传至 SCADA 调度中心，并在供电段设复示终端。

2. 10/0.4 kV 室内变电所

各站站房动力照明变电所、场段动力照明变电所变压器容量大于 800 kVA 时设置断路器保护，变压器容量小于等于 800 kVA 时，设负荷开关加熔丝保护。高低压开关通过 RTU 纳入远动。

3. 箱式变电站变压器回路采用带熔断器负荷开关保护。高低压开关通过 RTU 纳入远动。

(三)设备标准和形式

1. 35/10 kV 变配电所、10 kV 配电所

各 35 kV、10 kV 高压开关柜采用 GIS 型六氟化硫气体绝缘柜，配真空断路器；35/10 kV 变压器、所用变压器、调压器均采用干式；直流电源装置采用智能型高频开关、铅酸免维护蓄电池直流电源柜。

2. 10/0.4 kV 室内变电所

变电所采用 SF_6 气体绝缘高压环网柜、带外壳的 SC13 系列干式变压器、高可靠模数化固定分隔式低压柜。

室内变电所高压部分根据变压器容量，分别采用 SF_6 负荷开关和真空断路器形式。所内设 ATS＋UPS，为高压开关、低压断路器电操及 RTU 提供可靠电源。

动力照明变电所高低压柜均设有满足计量精度要求的智能电力仪表，就地显示，标配通信接口，应能实现信号主、备回路同步采样、同时刻有效值同步上传、故障录波、双限报警等功能，可实现三遥，满足铁道部的相关要求。

通信信号专用变电所高、低压柜采用液晶数字显示智能表计，配置标准通信接口，可实现电力数据上传功能。

3. 箱式变电站

沿线及站区箱式变电站高压柜采用共箱式气体绝缘高压环网柜，采用 SF_6 负荷开关，环氧树脂干式变压器、模数化低压开关、环氧树脂干式变压器。

4. 小电阻接地装置

小电阻接地系统成套装置主要由手动隔离开关、接地电阻(镍铬合金)，电流互感器组成。

5. 电力监控终端(RTU)

装置支持双电源冗余配置，电源模板支持交流、直流输入，通信采用光纤接口，具有扩展功能。

6. 变压器和调压器

变压器和调压器均采用干式免维护型，变压器容量大于 400 kVA 时，配置相应温控等二次设备，并纳入监控。

(四)接地形式

配电所主母线采用不接地系统；一级和综合贯通调压器二次侧采用小电阻接地形式。小电阻接地系统采用成套接地电阻装置，由隔离开关、接地电阻、电流互感器组成。

(五)无功补偿方案

当自然功率因数不能满足要求时，进行无功功率补偿，10 kV 侧补偿后应为 0.9 以上；为尽最大可能减少低压系统对高压感性补偿的影响，适当提高低压补偿度，0.4 kV 侧补偿后 0.95 以上。

三、电力远动系统

为保障全线铁路供电的安全正常运行，全线设置电力远动调度系统，对电力供电系统各高低压设备的运行状态进行遥信、遥测、遥控、遥调、遥视及调度管理等功能。

全线所有高压断路器、高压母线侧隔离开关、变电所高压负荷开关、箱式电抗器负荷开关均实施远动。

与行车安全密切相关或停电后有重大影响的低压供电回路、交直流电源的交直流开关均纳入电力远动系统。

各配电所的操作电源交直流电源进线，控制、信号、应急照明分支回路断路器均实施远动。

电力远动系统通道按《运技装备〔2010〕697 号》文件精神设计，电力远动系统利用通信专业提供的光纤通道，35/10 kV 配电所、10 kV 配电所采用 2M 通道、点对点方式，其他终端采用 2M 环网通道。

电力调度按属地化管理原则设计，纳入济南局调度所的电力综合 SCADA 系统。

四、电力线路

(一)架空线路

架空电源线路导线采用JKLGJ架空绝缘线,电源线路基本杆型采用预应力钢筋混凝土电杆,耐张杆、转角杆、终端杆等采用钢管杆,基本杆高12 m,档距为60～80 m,根据现场情况可适当调整。所有电线杆设底盘,防风拉线杆及土质松软、流沙、水洼地段的电线杆增设卡盘。水洼地段、道路侧设石围子防护,与其他电力线路交叉跨越处,设置接地装置。

(二)电力电缆线路

1. 电源线路

35 kV电源线路电缆采用YJV22-35三芯电缆线路;10 kV电源线路电缆采用YJV22-10三芯电缆线路;高压电力电缆中间头处设电缆对接箱。安装处设电缆井。

2. 10 kV贯通线

一级负荷贯通线采用YJV_{62}-12 3(1X70)非磁性铠装电力电缆,综合负荷贯通线采用YJV_{62}-12 3(1X70)或YJV_{62}-12 3(1X95)非磁性铠装滴电力电缆,要求采用相色进行区分。10 kV电力电缆线路中间头处设电缆对接箱,并在设置处进行标记。

3. 站场10 kV电缆线路

站场10 kV电缆线路采用YJV22-12三芯电缆线路。

4. 低压线路

济青高铁为区间警务区、公安岗亭供电的低压电缆采用VLV22-1型电力电缆,其他室外低压电缆线路均选用VLV22-1型电力电缆,10 kV变配电所、开闭所内部选用阻燃型铜芯电力电缆(线),引入引出电缆的室内部分采取阻燃措施。

5. 10 kV电力电缆线路中间接头、终端接头均采用冷缩式;1 kV及其以下电力电缆线路中间接头、终端接头均采用热缩式。

6. 隧道内、变配电所内部、通信信号房屋内部的高低压电缆和导线均采用阻燃型。上述场所引入引出的电缆,室内部分采取阻燃措施,做好封堵。所有火灾时需要工作的供配电回路,均采用耐火导线、电缆。

五、动力照明

(一)动力照明配电

动力配线采用放射式和树干式结合的混合式配线网络。动力设备控制按工艺要求一般采用就地控制、自动控制、远程控制相结合的方式。大型电动机采用软启动或变频启动方式。

根据运营需求,室内照明一般采用节能型LED灯,净空较高的大型建筑采用显色性好、寿命长的高压气体放电光源。大型建筑设置智能照明控制系统。

(二)隧道照明

利用隧道内箱式变电站为隧道照明设施供电。

长度超过5M的隧道设置应急照明,采用双电源+EPS供电。

隧道内灯具采用LED光源隧道灯,均自动熔断器保护。

(三)防雷、接地

根据建筑物防雷等级、《铁路通信设备雷电综合防护实施指导意见》(铁运〔2011〕144号)

及《铁路防雷及接地工程技术规范》(TB 10180—2016)要求设置避雷设施。各类金属管道、构件等均实施等电位联接。

各建筑物原则上均按共用接地设计,并充分利用结构钢筋进行防雷接地设计,当自然接地电阻不满足要求时,增设人工接地,接地电阻为各类设备要求的最小值。

沿线 10 kV 贯通线电缆铠装金属层采用单点接地,与沿线敷设的综合贯通地线相连,另一端接护层保护器;单点接地区段的长度不超过 3 km。

10 kV 贯通线采用小电阻接地方式(大电流接地系统)。

低压供电接地形式:室内的低压配电采用 TN-S 系统,除安全照明外,所有正常情况下不应带电的电气设备(包括灯具)的金属外壳、配线钢管、桥架等均与 PE 线可靠联接。室外照明原则上采用 TT 系统。

综合接地:济青高铁全线设有综合接地系统,综合接地干线沿线路两侧敷设。沿线所需接地的建(构)筑物、电气设施,距离综合贯通地线 20 m 以内时,均与贯通地线相连,纳入该系统。距线路较远,超出 20 m 范围,独立设置接地装置。

各基站、中继站、直放站等设备布置集中区域,设共用接地网,实施集约化设计。

第十四章　电气化设计

第一节　牵引供变电设计

一、工程概况

济青高铁全线新建牵引变电所7座：济南东、邹平、朱台、胡营、河滩、咸家(高密北)、红岛；拆除并新建胶州北牵引变电所1座；新建AT分区所7座：明家、麻家、南蓬科、埠头子、东官庄、杜戈庄、王新；新建五里堂直供箱式分区所1座；新建AT所11座：毛庄、西王、郝一、义和、龙南、荣家庄、进潘、官家庄、翟家埠、西角兰、五龙庄；新建开闭所2座：济南东动车运用所开闭所、淄博北站存车场开闭所；新建AT所兼开闭所1座：邢家东；改造济南局调度所既有客专PSCADA系统，新设济青高铁供电调度台。

二、设计方案

正线采用AT供电方式，动车运用所、联络线等采用带回流线的直接供电方式。

(一)主 接 线

1. 牵引变电所

(1)邹平、朱台、胡营、河滩、高密北、胶州北的牵引变电所

牵引变电所引入两路220 kV三相独立电源，一主一备，并互为热备用。220 kV侧采用线路变压器组接线方式，在各所两路进线隔离开关外侧各装设一组电压互感器、一组避雷器并通过手动隔离开关接引在进线电源上。设置四台单相牵引变压器，两两“V”接，两台运行，两台固定备用。计费除采用高压侧计费方式外，胶州北牵引变电所在馈线侧设置计费装置以区分不同客专的用电情况。

牵引变电所采用集中接地箱接地。牵引变电所2×27.5/27.5 kV侧采用单母线不分段形式，馈线断路器采用上、下行馈线断路器互相备用的方式。在2×27.5 kV母线上设保护、测量用电压互感器。在主变压器27.5 kV侧出口及每条馈线出口处均设用于过电压保护的氧化锌避雷器。

(2)红岛牵引变电所

牵引变电所引入两路220 kV三相独立电源，一主一备，并互为热备用。220 kV侧采用线路变压器组接线方式，在两路进线隔离开关外侧各装设一组电压互感器、一组避雷器并通过手动隔离开关接引在进线电源上。设置两台“Vv”接线牵引变压器，一台运行，一台固定备用。计费除采用高压侧计费方式外，在馈线侧设置计费装置以区分不同客专及动车所的用电情况。

牵引变电所采用集中接地箱接地。牵引变电所27.5 kV侧采用单母线不分段形式，馈线断路器采用上、下行馈线断路器互相备用的方式。在27.5 kV母线上设保护、测量用电压互感器。在主变压器27.5 kV侧出口及每条馈线出口处均设用于过电压保护的氧化锌避雷器。

(3)济南东牵引变电所

牵引变电所引入两路 220 kV 三相独立电源，一主一备，并互为热备用。220 kV 侧采用线路变压器组接线形式，在两路进线隔离开关外侧各装设一组电压互感器、一组避雷器并通过手动隔离开关接引在进线电源上。牵引变电所设置 4 台牵引变压器，构成 2 组 V/X 接线方式，一组运行，一组固定备用。计费除采用高压侧计费方式外，在馈线侧设置计费装置以区分不同客专及动车所的用电情况。

变电所采用集中接地箱接地。2×27.5/27.5 kV 侧采用单母线分段接线，2×27.5/27.5 kV 上、下行线路馈线断路器互相备用。馈线出口采用单极电动隔离开关。2×27.5 kV 母线上设保护、测量用电压互感器。

2. 分 区 所

(1)AT 分区所

分区所同一供电臂末端通过两台断路器实现上、下行接触网并联供电，每个供电臂通过断路器设两台自耦变压器，1 台运行，1 台固定备用，并设置自投装置(其中杜戈庄、王新分区所济南方向供电臂设 2 台自耦变压器，青岛方向供电臂不设自耦变压器)。不同供电臂之间设电动隔离开关，实现越区供电；上下行并联断路器之间设电动隔离开关，必要时可使上下行分开独立运行。各条进线均设电压互感器，以实现检压的需要，并设置氧化锌避雷器用于过电压保护。分区所采用集中接地箱接地。

(2)五里堂分区所

同一供电臂通过断路器实现上、下行并联供电；不同供电臂通过电动隔离开关实现越区供电；各条进线均设电压互感器或所用变压器，以实现检压的需要，并设置氧化锌避雷器用于过电压保护。分区所采用集中接地箱接地。

3. AT 所

AT 所所内设两台自耦变压器，1 台运行，1 台固定备用，并设置自投装置。上下行接触网之间通过两台断路器相联，实现上、下行接触网的并联供电，上下行并联断路器之间设电动隔离开关，必要时可使上下行分开独立运行。AT 所采用集中接地箱接地。

4. 开 闭 所

济南东动车运用所开闭所采用直接供电方式。开闭所从济南东牵引变电所引入 1 条直供馈线作为进线，另从网上 T 接 1 条馈线作为备用，开闭所规模为 2 进 7 出。

淄博北存车场开闭所采用直接供电方式。开闭所从河滩牵引变电所引入 1 条直供馈线作为进线，另从网上 T 接 1 条馈线作为备用，开闭所规模为 2 进 1 出。

5. 接触网开关控制站

牵引变电所、分区所、开闭所、AT 所附近的接触网隔离开关原则上由所内控制，大型车站、长大隧道、动车运用所等附近没有所、亭的接触网电动隔离开关由地面箱式接触网开关控制站或位于车站配电所内的接触网开关控制屏控制。

(二)运行方式

1. 牵引变电所

正常时，牵引变压器采用固定备用方式，由一路进线给全所供电。当进线电源或主变压器故障时，自动投入装置动作投入备用进线变压器组。

正常时，各馈线断路器投入运行，上下行分别供电，馈线上下行并联隔离开关处于分位；当一条馈线上的设备发生故障时，正常馈线通过合上下行并联隔离开关给发生馈线设备故障的供电臂进行供电。

2. 分 区 所

正常时，两供电臂上、下行进线断路器处于合位实现并联供电，相邻两供电臂之间的电动隔离开关为分位；当相邻某一牵引变电所解列时，合上两供电臂之间的电动隔离开关，由另一相邻牵引变电所越区供电；当一侧供电臂上行或下行故障时，则断开该侧进线断路器，保证下行或上行无故障供电臂正常运行。

当采用末端并联供电方式时，同一供电臂上的两台 AT 变压器采用一主一备运行方式，当一台故障后，另一台 AT 变投入运行；当采用末端不并联供电方式时，同一供电臂上的两台 AT 变压器全部同时投入运行，分别用于上下行，当一台故障后，投入并联隔离开关，由另一台 AT 变带上下行。

3. AT 所

正常时，两供电臂上、下行进线断路器处于合位实现并联供电，当一侧供电臂上行或下行故障时，则断开该侧上、下行进线联断路器，保证下行或上行无故障供电臂正常运行。

当在 AT 所处采用并联供电方式时，两台 AT 变压器采用一主一备运行方式，当一台故障后，另一台 AT 变投入运行；当在 AT 所处采用不并联供电方式时，两台 AT 变压器全部同时投入运行，分别用于上下行，当一台故障后，投入并联隔离开关，由另一台 AT 变带上下行。

4. 开 闭 所

来自济南东牵引变电所的进线电源作为济南东动车运用所开闭所主供电源，当主供电源失电后，由来自网上 T 接的其中 1 条进线电源供电，一旦主供电源恢复供电后，自动倒闸，切换至主供电源供电。

来自接触网上 T 接的其中 1 条进线电源作为淄博北存车场开闭所主供电源，当主供电源失电后，由来自河滩牵引所的进线电源供电，一旦主供电源恢复供电后，自动倒闸，切换至主供电源供电。

5. 当 AT 所上、下行断路器间的母线隔离开关打开时，上、下行线路只在分区所处并联，可实现末端并联的 AT 供电方式。

6. 当分区所及 AT 所上、下行断路器间的隔离开关打开时，可实现上、下行线路分开运行的 AT 供电方式。

7. 当某一侧(上行或下行)线路需要退出运行或发生故障时，断开需要退出运行或故障线路的牵引变电所、AT 所、分区所有馈线断路器，使上、下行线路解列，另一侧线路正常供电。

8. 当 F 线故障时，可通过打开牵引变电所内 F 线馈线隔离开关，切除 F 线，实现直接供电方式。

(三)总平面及生产房屋配置

1. 邹平、朱台、胡营、河滩、高密北、胶州北、红岛牵引变电所

牵引变电所 220 kV 高压侧设备采用户外中型布置，主变压器采用户外低型布置方式，2×27.5/27.5 kV 侧馈线设备采用 GIS 开关柜户内布置。设高压室、控制室、通信机械室、防灾机房及辅助房屋，平房布置，电缆夹层采用半地下式；所区周围设 2.5 m 高的实体围墙。

所内设宽度为 4.5 m 的主干运输道路，用于大型设备的运输；设牵引变压器事故储油池。

2. 济南东牵引变电所

牵引变电所 220 kV 侧、2×27.5/27.5 kV 侧电气设备采用户外中、低型布置；设值守室、控制室、通信机械室、防灾设备室、电力系统上传设备室及辅助房屋，平房布置；所内周围设 2.5 m 高的实体围墙。

所内设宽度为 4.5 m 的主干运输道路，用于大型设备的运输；设牵引变压器事故储油池。

3. 分区所、AT 所

分区所、AT 所自耦变压器采用室外低型布置，2×27.5/27.5 kV 设备采用 GIS 开关柜户内布置。设高压室、控制室、通信机械室、防灾机房及辅助房屋，平房布置，电缆夹层采用半地下式；所区周围设 2.5 m 高的实体围墙。

所内设宽度为 4.0 m 的主干运输道路，用于大型设备的运输；设自耦变压器事故储油池。

4. 五里堂分区所

五里堂分区所采用箱式，室外布置；所区周围设 2.5 m 高的实体围墙。

5. 开闭所

开闭所 27.5 kV 设备采用 GIS 开关柜户内布置。设高压室、控制室、通信机械室、防灾机房及辅助房屋，平房布置，电缆夹层采用半地下式；所区周围设 2.5 m 高的实体围墙。

所内设宽度为 4.0 m 的主干运输道路，用于大型设备的运输。

6. 接触网开关站

接触网开关站设置开关控制盘/站。靠近车站的接触网开关控制站将控制盘柜设置在车站配电所内，隧道口或其他区间设置的接触网开关控制站按箱式设计。

（四）主要设备及材料选择

1. 设备及主要材料选择原则

220 kV 牵引变压器：除红岛牵引变电所为油浸式、Vv 接线、自然冷却（预留风冷）外，其余为油浸式、单相 AT 或单相直供、自然冷却（预留风冷）；

断路器采用 SF_6 断路器，配弹簧储能操作机构；

2×27.5/27.5 kV 侧设备采用室内 GIS 开关柜、户外柱式真空断路器；

220 kV 隔离开关选用 GW7 系列；

220 kV 电流互感器及电压互感器采用油浸式；

直流电源采用微机型铅酸免维护直流系统；

避雷器采用氧化锌避雷器；

所用变采用干式变压器，带外壳。

牵引变电所、分区所及 AT 所设综合自动化系统、安全监控系统、电缆在线监测系统及 SF_6 环境在线监测系统。

牵引变电所、分区所、开闭所、AT 所 GIS 开关室及电缆夹层设置 SF_6 泄露报警仪及事故排风装置。

所有设备物资应符合国家相关职能机构和铁路行业制定的有关标准、规范及规定，并通过国家权威部门检测。

2. 电缆选择原则

27.5 kV 电缆采用交联聚乙烯绝缘聚乙烯内护套铝丝铠装聚乙烯外护套的电缆。

(五)保护配置及综合自动化系统

1. 牵引变电所

牵引变压器设重瓦斯、纵差动、低电压启动过电流保护、低压侧过电压保护、过负荷Ⅱ段、温度Ⅱ段、压力释放保护,动作于跳闸;设轻瓦斯、过负荷Ⅰ段、温度Ⅰ段发预告信号。

牵引变压器设置双套保护。

进线及变压器设电源及变压器自动投切装置。

馈线设两段距离保护、电流速断保护、低电压启动过流保护、高阻保护;设一次自动重合闸、故障点标定装置。

牵引变电所内设电缆温度监测装置(济南东牵引变电所除外)。

2. AT 分区所、AT 所

进线设失压保护、一次检有压合闸。

AT 变压器设差动、碰壳保护、重瓦斯保护、过电流动作于跳闸,设轻瓦斯、过负荷、过热发预告信号。2 台 AT 变压器设自投装置。

所内设电缆温度监测装置。

3. 五里堂分区所

进线设失压、电流速断保护、过流保护及一段距离保护,设一次检压重合闸。

4. 开 闭 所

进线设过电流保护,设自投自复装置。

馈线设 1 段距离保护、电流速断保护、过流保护、高阻保护;设一次自动重合闸。

所内设电缆温度监测装置。

5. 外电信息上传方案

根据原铁道部与国家电网公司 2011 年 1 月 26 日联合纪要《电气化铁路牵引站调度信息采集指导意见》(计基函〔2011〕17 号)内容,铁路牵引变电所部分信息需要上传至电力公司自动化系统。

利用牵引变电所综合自动化系统采集所需信息,通过接口转换设备接入新增的通信接入设备及传输设备,并上传至电力公司自动化系统。

(六)自用电系统

1. 交流自用电

牵引变电所设两组交流自用电源,一组引自 27.5 kV 母线,另一组引自 10 kV 电源,两路电源互为备用,容量均为 125 kVA。

开闭所、分区所及 AT 所设两组交流自用电源,一组引自进线,另一组引自 10 kV 电源,两路电源互为备用,容量均为 80 kVA。

接触网开关控制站设两路相互独立的 AC220V 电源。

空气开关柜形式的变压器回路采用负荷隔离开关加快速熔断器接线方案,所用变压器采用快速熔断器作为短路保护,所用干式变压器壳体采取通风散热措施。

2. 直流自用电

牵引变电所、分区所分别设置两组铅酸免维护直流电源装置，蓄电池容量满足全所事故停电2h的放电容量和事故放电末期最大冲击负荷容量的要求。装置带通信接口，能与所内综合自动化装置进行信息交换。牵引变电所蓄电池容量为2×100A·h，开闭所、分区所及AT所蓄电池容量为2×65A·h。交流盘进线、母联及与行车相关的部分馈线开关和直流盘的所有开关均按纳入远动控制。

（七）防雷与接地

1. 一次设备防雷

牵引变电所、分区所、开闭所、AT所的电气设备防止直击雷的过电压保护装置采用独立避雷针，防止侵入波的过电压保护采用金属氧化物避雷器。牵引变电所的避雷器设于220 kV进线、馈线处及牵引变压器低压出口处；开闭所、分区所及AT所设于馈线出口处。

2. 二次设备防雷

在与一次设备存在电缆联系的二次系统端子排连接处配置防浪涌元器件。

开关量采集直接接入二次系统的，在端子排电缆连接处考虑防浪涌措施。

通过光耦端子接入二次系统的，考虑遥信电源回路的防浪涌措施。

GPS天线需要设置必要的防雷措施防止雷电从天线引入。

与远程通信接口处考虑防浪涌措施。

3. 接地方案

牵引变电所、分区所、开闭所、AT所各所均设置以水平接地体为主的网格式接地装置。接地网由埋深为0.8 m的水平接地体为主，相隔适当距离加垂直接地体（长2.5 m）为辅的复合接地网组成。水平接地网采用铜绞线，垂直接地体采用铜棒。

牵引变电所、分区所、开闭所、AT所设置集中接地箱，并采用2根截面为70 mm^2接地铜缆与综合地线相连。

牵引变电所的架空外部供电电源的架空避雷线（架空地线）引入所内直接接地，并与主地网间设有便于分开的连接点。

牵引变电所、分区所、开闭所、AT所各所接地电阻值满足《交流电气装置的接地设计规范》（GB/T50065—2011）的有关要求。地网埋好后实测接地电阻达不到要求时采用引外接地等降阻措施。若仍达不到要求，适当提高接地电阻并验算跨步电势和接触电势，满足相关规范的要求。接触网开关控制站接地电阻不大于10 Ω。

室外架构、室外地上设备采用2根截面150 mm^2铜绞线作接地引下线，连至主接地网。所有外露铁件均应做热镀锌防腐处理。

4. 二次接地网

在控制室、27.5 kV高压室、室外端子箱间敷设二次接地网，使各二次设备、控制电缆均等电位连接。

（八）SCADA技术方案

1. 调度所设置

济青高铁牵引、电力远动按纳入济南局调度所既有客专PSCADA系统集中调度管理设计，新设电力电化供电调度台。

2. 远动范围

济青高铁全线牵引供电和电力供电设施(除红岛站青连铁路相关电力设施外)均纳入济南局客专调度所济青调度台,包括济青高铁全线的牵引变电所、开闭所、分区所、AT 所及接触网上所有电动隔离开关以及电力的变配电所及箱变(红岛站青连铁路相关电力设施除外)。

牵引所内远动信息上传至路局调度,其他信息(安全监控、SF6 泄漏报警、电缆终端温度监测)上传至供电段、供电车间。

3. 通道构成

牵引供电远动通道由变电专业提出要求,通信专业负责实施,牵引远动通道由连接调度所内的控制站和设在各个牵引变电所、开闭所、分区所、AT 所等被控站的通信传输通道构成。

新建牵引变电所、分区所、AT 所、开闭所、接触网开关控制站均按远动化设计,其中牵引变电所、分区所、AT 所、开闭所设置安全监控系统、电缆温度在线监测系统、故障点标定系统。

4. 系统构成及主要技术要求

远动系统由设在调度所内的控制站和设在各个牵引变电所、分区所、开闭所、AT 所、接触网隔离开关系统等被控站、远动通道及复示终端构成。

系统具有对牵引供电设施的遥控、遥测、遥信、现场运行环境安全监视等功能,具备实时打印操作记录、故障信息、统计报表的功能。

5. 安全监控系统构成

安全监控系统由控制站、被控站、复示设备及传输通道构成。控制站设在客专牵引供电调度所内,被控站设在牵引变电所、分区所、AT 所及开闭所内。被控站设备包括围墙设置激光报警装置,并在大门、主控制室门、通信机械室门及高压室门设置门禁系统;在主控制室设置玻璃破碎报警系统;主控制室、高压室设置自动烟雾报警装置。

所内设置视频监控装置,纳入济青高铁全线综合视频监控系统,由通信专业负责实施,同时在供电段设置视频复示系统。

6. 牵引供电维护管理信息化系统构成

牵引供电维护管理信息化系统设置在综合维修工区内,用于实现对牵引供电及电力供电系统的运行状态的监测及维修管理自动化功能,不具有控制功能,是一个用于供电系统计划及管理维修组织的工具。

第二节　接　触　网

一、设计方案

(一)接触网悬挂类形

正线接触网采用全补偿弹性链形悬挂;站线、渡线、联络线、动车走行线、动车存车线等采用全补偿简单链形悬挂。

(二)线材的选择

1. 接触悬挂线材及张力

接触悬挂线材规格及张力选用见表 3-14-1。

表 3-14-1　接触悬挂线材规格及张力

线材名称	应用地点	线材规格	张力(kN)
接触线	高铁正线(济南东至胶州北 350 km/h 区段)	CTMH150	30
	高铁正线(胶州北至红岛 250 km/h 区段)	CTMH150	25
	石济客专正线	CTS150	25
	济南东站正线间渡线	CTS150	15
	胶济客专改建范围正线	CTMH150	20
	胶济济青联络线、正线间渡线、胶州北站 42 号道岔间渡线联络线	CTMH150	15
	石济胶济联络线	CTS150	15
	站线、动车走行线、动车运用所线、存车场、青连济青联络线	CTS120	15
	青连正线	CTS120	15
承力索	高铁正线(济南东至胶州北 350 km/h 区段)	JTMH120	21
	高铁正线(胶州北至红岛 250 km/h 区段)	JTMH120	20
	石济客专正线	JTMH120	20
	胶济客专改建范围正线、胶济济青联络线、正线间渡线、石济胶济联络线、胶州北站 42 号道岔间渡线联络线	JTMH120	15
	站线、动车走行线、动车运用所线、存车场、青连济青联络线	JTMH95	15
	青连正线	JTM95	15
弹性吊索	350 km/h 区段	JTMH35	3.5
	250 km/h 区段	JTMH35	2.8

2. 附加导线

供电线上网采用架空线方式上网，架空附加导线一般采用铝包钢芯铝绞线，高压电缆、N 线采用铜芯电缆，吸上线采用铝芯电缆。

3. 软 横 跨

软横跨横承力索采用 80 mm^2 镀铝锌合金镀层钢绞线(GB/T 20492—2006)，6 股道及以上时横承力所采用双根；上、下部定位绳采用 70 mm^2 镀铝锌合金镀层钢绞线(GB/T 20492—2006)，吊线、拉线采用 ϕ4.0 mm 软态不锈钢丝(GB/T 4240—2009)。

4. 电 连 接

电连接线均采用 95 mm^2(GB/T 12970.2—2009)的软铜绞线。

(三)设计主要技术参数

1. 接触线高度及坡度

(1)济青高铁导高设计

正线及站线接触线悬挂点距轨面的高度为 5 300 mm，接触线距轨面的最低高度不小于 5 150 mm。

济南东动车所及红岛停车场导高一般为 6 000 mm，库内导高根据车辆工艺要求确定。

济南东动车所走行线导高自济南东站关节外由 5 500 mm 逐步过渡到 6 000 mm。

红岛停车场走行线导高自红岛站关节外由 5 500 mm 逐步过渡到 6 000 mm。

(2)与石济客专衔接部分导高设计

与石济客专共建济南东站，石济客专全线导高按 5 500 mm 设计，济南东站车站范围导高按照石济客专标准 5 500 mm 设计。

(3)与青连铁路衔接部分导高设计

与青连铁路共建红岛站，青连铁路洋河口站(不含)至红岛站至青岛北站按只运行动车组和普速客车设计，导高按 5 500 mm 设计，红岛站(含疃村线路至红岛站区间正线、青连济青联络线、青连正线)范围导高按照青连标准 5 500 mm 设计。

(4)胶州北站及各胶州北站各联络线导高设计

胶州北站内济青正线、胶济客专正线(里程 JQDK64＋652～JQDK61＋790、右 JQDK64＋650～右 JQDK61＋655)及胶州北站站线导高按照 5 500 mm 设计；济青高铁正线在胶州北站外按照导线坡度设计要求导高由站内 5 500 mm 调整到 5 300 mm(JQDK64＋652～JQDK65＋048、右 JQDK64＋650～右 JQDK65＋056、K62＋045～K284＋552.66)。

(5)导线设计坡度

除锚段关节外，接触线悬挂点高度的设计坡度，按照《铁路电力牵引供电设计规范》(TB 10009—2016)执行，在变坡区段的始末跨，接触线坡度变化不大于变坡区段最大坡度之半。

(6)接触网转角要求

接触线在非工作支部分改变方向时，该线与原方向的水平夹角，正线不大于 6°，困难时不大于 8°；站线不大于 8°，困难时不大于 10°。

2. 结构高度

新建高铁正线的接触网结构高度一般为 1 600 mm，隧道、跨线建筑物、封闭雨棚、封闭式声屏障等净空受限制时结构高度适当减小。高铁正线济南东至胶州北 350 km/h 区段最短吊弦长度不小于 600 mm，高铁正线胶州北至红岛 250 km/h 区段最短吊弦长度不小于 500 mm。

济南东动车运用所、红岛存车场结构高度一般为 1 400 m，跨线建筑物、封闭雨棚、隧道等净空受限制时结构高度可酌情减小，最短吊弦一般不小于 500 mm。

3. 跨距长度

新建高铁路基段标准跨距 55 m，最大跨距 60，相邻跨距之差一般不大于 10 m；箱梁桥支柱跨距根据具体情况一般为 45～50 m，最大不超过 55 m；隧道内接触悬挂跨距结合模板台车情况进行布置，一般为 40～55 m，隧道内 AF 线跨距为 20～30 m，隧道内 PW 线跨距为 10～15 m；隧道口第一根支柱一般按距缺口里程 8～15 m 设置；既有线改建及新建联络线区段接触网跨距一般不大于 60 m，最大不大于 65 m。

直线区段拉出值一般为±200 mm(靠近支柱为正，远离支柱为负)，曲线区段根据曲线半径及受电弓类形等因素经风偏计算确定，最大拉出值不大于 400 mm。

济青高铁正线曲线半径均大于 1 000 m。

4. 锚段长度、补偿方式、中心锚结

(1)锚段长度

①接触网锚段长度。一般情况下高铁正线锚段长度不大于 2×700 m，同一锚段内两半个

锚段长度差不大于 100 m。其他站线、联络线、存车线等锚段长度一般情况不大于 2×800 m，困难情况不大于 2×850 m。

②附加线锚段长度。附加线的锚段长度一般不大于 2 000 m。

(2)补偿方式

接触网下锚采用全补偿方式，接触线、承力索分别补偿下锚。

在锚段长度小于规定最大锚段长度一半的情况下，一端为全补偿下锚，另一端为无补偿下锚。高铁正线、站线及联络线接触网下锚采用棘轮下锚，传动效率不低于 97%；传动比均为 1∶3。坠坨采用铁坠坨。

悬挂定位点处相邻跨的接触线，顺线路方向夹角变化不大于 4°。

(3)中心锚结

正线接触网采用两跨式防窜防断中心锚结；站线接触网优先采用两跨式防窜防断中心锚结，条件受限时采用防窜不防断中心锚结。

济南东动车所、红岛存车场多线并行段采用软横跨，软横跨上设置接触网中心锚结时，采用防窜不防断中心锚结。

5. 侧面限界

高铁正线支柱侧面限界有砟区段一般不小于 3.1 m，无砟区段一般不小于 3.0 m。

站内线间立柱时，直线区段支柱对正线侧面限界无砟区段一般不小于 3.0 m，有砟区段一般不小于 3.1 m，对站线不小于 2.5 m，接触网支柱位于站场最外线路的外侧时不小于 3.1 m。

机场站与结构柱合架正线侧面限界不小于 2.5 m，站线侧面限界不小于 2.15 m。

联络线支柱侧面限界一般不小于 3.1 m，受限处直线区段侧面限界不小于 2.5 m，曲线地段相应加宽，软横跨柱一般不小于 3.3 m。有砟轨道区段接触网支柱侧面限界不小于 3.1 m，无砟轨道区段接触网支柱侧面限界不小于 3.0 m。

6. 绝缘距离

25 kV 绝缘子及绝缘器件的泄漏距离不小于 1 600 mm；上、下行接触网带电体间的距离正常情况下不小于 2 000 mm，困难时不小于 1 600 mm。

接触悬挂、正馈线、保护线、供电线、回流线、架空地线等相互绝缘距离及对地的绝缘距离执行《铁路技术管理规程》(铁总科技〔2014〕172 号)、《高速铁路设计规范》(TB 10621—2014)及《铁路电力牵引供电设计规范》(TB 10009—2016)。

7. 锚段关节

高铁正线(含联络线)接触网绝缘、非绝缘锚段关节一般采用五跨；红岛站(含疃村线路至红岛站区间正线、青连济青联络线、青连正线)范围绝缘、非绝缘锚段关节采用 4 跨或 5 跨关节；13 跨电分相内采用 5 跨绝缘关节。

8. 道岔区接触网布置方式(图 3-14-1)

(1)与正线相交的 18 号道岔。正线上道岔处接触网采用无交叉形式。定位柱(ZD)在距岔心不小于 25 m 即道岔开口不小于 1 320 mm 处，接触线拉出值正线 150 mm，渡线 150 mm；相邻支柱(ZE)与岔心距离在 10～15 m 之间可调，接触线拉出值正线 400 mm，渡线 1 050～1 150 mm 之间可调；支柱(ZF)满足相邻跨距差和抬高要求，接触线拉出值正线 200 mm，渡线 600～800 mm 之间可调。

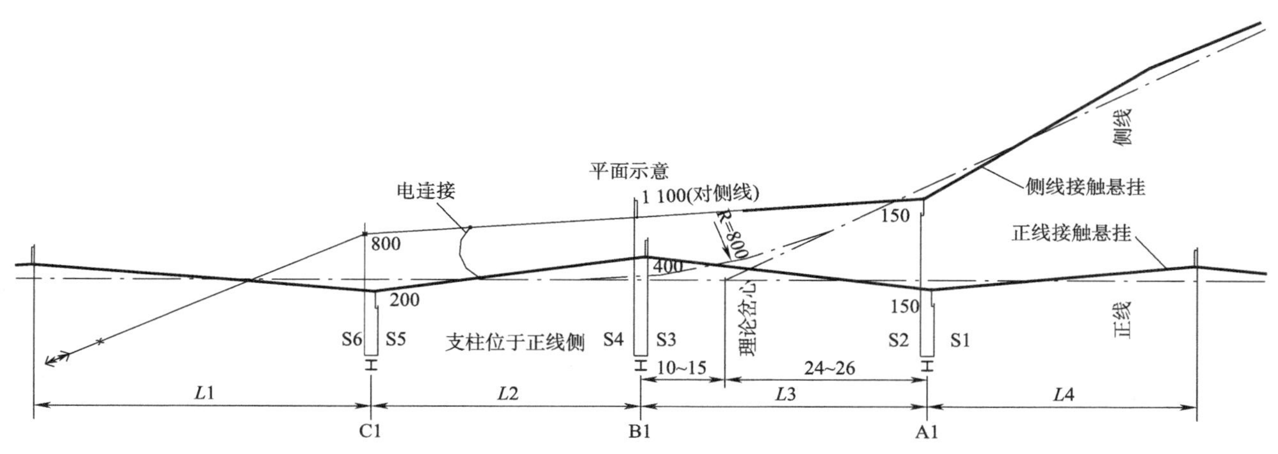

图 3-14-1　简单无交叉道岔布置方式(单位:mm)

(2)正线上 42 号道岔。正线上的 42 号道岔采用带第三组辅助悬挂的无交叉布置方式。平面布置详见《时速 350 公里道岔区接触网布置安装图》〔叁化(2011)1184〕,并针对各个 42 号道岔处直股侧股不同速度等级,对 42 号道岔中有关接触线承力索线材型号及张力配置采取不同方案。

(3)非正线交叉的道岔。非正线道岔采用交叉式布置。

(4)道岔锚段补偿及抬高要求。正线道岔处的两支接触悬挂的补偿方向一致,其余道岔处的两支接触悬挂的补偿方向尽量一致。道岔区段跨距满足导线抬高要求,不产生上拔力。

9. 电 分 相

(1)电分相设置。在变电所出口、分区所出口附近及联络线设置接触网电分相装置,电分相采用带中性段、空气间隙绝缘的双断口锚段关节。电分相无电区或中性段的长度满足双弓运行需要。

①新建高铁正线接触网电分相采用无电区长度大于 220 m 的锚段关节式电分相形式,采用两个 5 跨绝缘关节加三跨中间柱组成的 13 跨关节。

②青连济青联络线、青连正线电分相采用青连铁路工程电分相形式,采用中性段长度小于 200 m 的锚段关节式电分相,采用两个 4 跨绝缘关节的 6 跨关节式电分相。

③胶济济青上下行联络线、胶济客专改线、胶济客专既有胶州北牵引所电分相的接触网电分相维持胶济客专分相形式不变,采用中性段长度小于 200 m 的锚段关节式电分相,采用两个 4 跨绝缘关节的 7 跨关节式电分相。

④接触网电分相结合供电方案、线路平纵断面等设置,具体设置位置本阶段均经行车专业检算并确认,并经牵引供电和信号认可。列车过分相断电区距最近信号机不小于 550 m。

(2)电分相处的磁感应器和标识牌设置原则

正线济南东站到胶州北站段 350 km/h 区段及胶州北站到红岛站 250 km/h 区段,磁感应器位置按《关于高速铁路车载自动过分相地面磁感应器设置位置调整的通知》(铁运电〔2012〕60 号)的规定,$a=360$ m,$b=140$ m。断合标位置按《铁路技术管理规程(高速铁路部分)》(TG/01—2014)第 129 图中标识的规定执行。

250 km/h 以下区段,磁感应器位置按《车载控制自动过分相技术条件》(TB/T 3197—2008)第 7.2.2.3 条,$a=35$ m,$b=170$ m。断合标位置按《铁路技术管理规程(高速铁路部分)》

(TG/01—2014)第129图中标识的规定执行。

(3)磁感应器使用可拆卸式,方便运营维护。

根据《接触网电分相标识设置补充规定》(铁总运〔2015〕14号)的要求,胶济客专、青连铁路有电力机车牵引的普速客车上线,在相关分相的反向断标的背面(列车前进方向)增设"机车合"标识,表示自该标识之后电力机车应合闸。

10. 受电弓滑板监测装置(5C)

根据《济青高铁"四电"系统实施技术方案对接会会议纪要》(济青高速铁路有限公司〔2016〕9号),在济南东动车运用所走行线上设置一套受电弓滑板监测装置(5C)。

(四)站场雨棚、桥梁、隧道、跨线建筑物处的接触网悬挂安装类形

1. 站场雨棚

站场内根据股道间距及雨棚形式确定接触网悬挂方式,根据相关专业的设计方案,采用线间立柱时,站台范围支柱均采用与雨棚柱对齐的布置方式,接触网支柱侧面限界按《铁路技术管理规程》(TG/01—2014)和《高速铁路设计规范》(TB 10621—2014)的要求执行。

根据站房雨棚形式,济南东、潍坊北、淄博北、红岛四个站接触网悬挂与雨棚合建,在站房雨棚上预留接触网悬挂底座。

正馈线悬挂于线间支柱上时,支柱增高,正馈线悬挂肩架与区间相同。

2. 桥　梁

(1)普通箱梁上,接触网在梁上立杆,基础由土建专业预留,安装形式与路基腕臂柱一致。

(2)全线共有三处下承式结构的拱桥,根据桥梁结构,接触网采用单独立柱方案。

3. 隧　道

青阳隧道内接触网悬挂形式与露天区段一致,通过吊柱安装腕臂结构,吊柱采用法兰与预埋的槽形滑道连接,转换处采用单吊柱单腕臂结构。跨距一般为40～55 m。

机场站区间隧道内接触网悬挂形式与露天区段一致,通过吊柱安装腕臂结构,吊柱采用法兰与预埋的槽形滑道连接,转换处采用单吊柱单腕臂结构,跨距一般为40～55 m。机场站场范围内接触网悬挂形式与露天区段一致,站线可适当降低结构高度,通过吊柱安装腕臂结构,吊柱采用法兰与预埋的槽形滑道连接,转换处采用单吊柱单腕臂结构,跨距一般为40～55 m。

正馈线和保护线采用单独肩架悬挂,其悬挂点除了接触网悬挂装置处以外,在跨中增加悬挂点,以减小导线的弛度和摆动量。

4. 跨线建筑物

济青高铁区段新建跨线建筑物净空高度一般按照不小于7.25 m设计,满足接触网安装需要,仅适当降低接触网结构高度。

5. 机场隧道口U形槽及雨棚

根据路基、房建专业提供的机场隧道出入口U形槽及雨棚平立剖面图,接触网腕臂及附加线均可在U形槽侧面及雨棚结构柱上安装。

(五)接触网防灾和防护设计

1. 防灾设计

(1)防　雷

根据铁路总公司《关于印发〈高速铁路牵引供电系统雷电防护技术导则〉的通知》(铁总运

〔2016〕237 号)、济南局《关于济青高速铁路接触网增设避雷线的函》(济铁供函〔2017〕54 号),结合京沪高速铁路接触网增设避雷线后取得的实际防雷效果,为提高济青高铁接触网设备开通后的运行安全性能,济青高铁全线接触网设避雷线。

接触网避雷线架设范围:济青高铁区间正线。

供电线避雷线架设范围:架空供电线成排支柱架设避雷线。

防雷接地引入综合地线连接点与通信、信号及其他电子信息系统在贯通地线上接入点间的距离不小于 15 m。防雷接地单独设置接地极与通信、信号及其他电子信息系统设备及接地点间的距离不小于 15 m。

(2)防 污 染

新建线路腕臂绝缘子一般采用棒形瓷绝缘子,隧道内、污染源(如化工厂、热电厂、矿场等)2 km 范围内绝缘子采用自洁性能好的棒形合成绝缘子,提高接触网供电的可靠性。

2. 防护设计

(1)接触网零部件或设备安装在距轨面 2 m 及以下位置时,螺栓连接优先采用防盗螺母。

(2)预绞式防护

①附加导线跨越接触网时,在跨越处承力索、附加线上均加装预绞式防护条(上跨附加导线垂直投影两侧延伸至少 5 m);

②电力线跨越接触网时,在跨越处承力索、正馈线上均加装预绞式防护条(上跨电力线路垂直投影两侧延伸至少 5 m);

③平行高柱信号机的附加线上均加装预绞式防护条(信号机前后两侧延伸至少 5 m);

④AF 线与 PW 线在平立面有交叉处,在 AF 线及 PW 线上均加装预绞式防护条(交叉垂直投影两侧延伸至少 5 m);

⑤通过跨线建筑物(桥、隧道、明洞、站房等)时,在承力索、AF 线、供电线上均加装预绞式防护条(防断点处至少±5 m 采取防护措施);

⑥为避免道岔处两承力索碰磨,在上下承力索碰磨处各安装一根 2.5 m 长的预绞丝保护条。

⑦为防止导线破损,满足载流要求,附加线并接处采用预绞式接续方式。

⑧隧道、桥梁内漏水点距离接触网带电线索小于 2 m 处所,下方承力索、供电线、正馈线等在漏水点加装预绞式防护条(垂直投影向两侧延伸至少 1 m)。

(3)支柱防护

①道口两侧、经常有机动车辆运行的场所以及装卸货物站台上等易被碰撞的支柱,均设置强度较高的防护桩。防护高度原则上不小于 1.5 m,道口两侧支柱防护桩的高度为 2 m。

②支柱防护采用混凝土防护墩或钢结构防护,不采用外围砖砌、内填石砟或砂土的封闭式防护方式。

采用混凝土防护墩防护时,厚度不小于 0.4 m 并采用混凝土灌注基础,基础满足稳固要求,混凝土标号不小于 C20 并植入钢筋网;采用钢结构防护时,埋设深度满足稳固要求并采用混凝土灌注基础。

③防护桩内壁与支柱保持 0.5 m 的距离,且不侵入铁路建筑限界。

④防护桩外表面有黄黑相间的警示标识。

⑤需防护支柱装有开关操作机构时，同时将开关操作支架纳入防护保护范围。

机动车和非机动车通行的铁路平交道口的通道两侧设限界门，其高度为 4 500 mm。限界门支柱埋设时分层夯实，并用水泥砂浆片石加固。支柱受力后直立并略有外倾。限界门安装调整后，下拉索(杆)呈水平状态，限高标志面采用反光膜，字迹清晰醒目。支柱及防护桩涂黑白相间油漆均匀，无脱落现象。

(4)防鸟设计

根据铁路总公司运输局关于印发《接触网防鸟专题工作会议纪要》(运供电函〔2013〕192号)，对鸟类搭建鸟巢的高危高频区段进行防鸟设计，主要包括以下位置：

棘轮下锚底座处采用封堵方式，棘轮底座自带封堵。硬横梁采用安装防鸟网封堵方式。在格构式钢柱内侧等鸟巢经常搭建的位置或双腕臂底座附近采用安装安装驱鸟器或封堵方式。隔离开关处安装风车等驱鸟器。防鸟设备具备可靠的防松措施，安装时确保与带电体的绝缘距离不小于 500 mm。

3. 防松措施

网上采用螺纹副结构的紧固零部件采取止动垫片、弹垫、防松螺母等防松措施，并满足OCS-2、OCS-3 有关接触网装备防松的措施。

(六)供电分段设计及电连接设置

1. 供电分段设计

(1)全线正线间接触网电气分开，渡线采用分段绝缘器实现电气分段。全线上、下行接触网电气分开。

(2)在变电所、分区所处和联络线上设置电分相。

(3)接触网供电分段符合维修天窗的检修条件，同时符合双向行车及事故抢修的要求。在车站两端、正线区间每隔 10～15 km 处、AT 供电方式下靠近 AT 所附近、青阳隧道(总长 10.1 km)与机场隧道(总长 7.095 km)的出入口设置绝缘锚段关节及电动隔离开关，并纳入远动。

(4)分段绝缘器设置。分段绝缘器设于上、下行正线间渡线接触网；大型及以上(地级市及以上城市车站济南东、淄博北、潍坊北、红岛)旅客车站的接触网根据行车组织及运营维护需要，按行车组织或站台分区分束供电，符合基本站台独立停电检修的要求。当旅客车站设有牵引变电所或开闭所时，每束接触网设独立供电线。分束供电时，设电动隔离开关并纳入远动。

(5)上网开关应采用单极电动隔离开关并纳入远动。

(6)动车运用所、存车场各场之间设置电分段及联络开关。

(7)车站附近设置有牵引变电所、分区所、AT 所时，车站绝缘关节距电分相、AT 所处绝缘关节距离不超过 3 km 时，取消车站两端的绝缘关节。

(8)济南东动车所检查库 6 股道检查线库前、中间设分段绝缘器。满足 2 个 8 辆编组停车整备，同时满足每线 1 列 16 辆编组动车组的作业要求，接触网在检查库门外设带接地刀闸电动隔离开关＋负荷电动隔离开关，隔离开关的控制纳入车辆专业的检查库安全联锁监控系统和检查库内 FAS 系统。

(9)红岛存车场设置分束隔离开关及分段绝缘器。股道 I-3、股道 I-4、股道 I-5、股道 I-6、股道 I-7 各设置带接地刀闸电动隔离开关。

2. 电连接设置

(1)电连接设置位置及数量要求。电连接包括横向电连接、股道电连接、关节电连接和道岔电连接等。

①每处道岔处电连接一般在岔尖侧设置双根 95 mm^2的软铜绞线。

②非绝缘锚段关节内设置电连接,锚段关节的开口侧安装 2 根 95 mm^2的软铜绞线,交叉侧安装 1 根 95 mm^2的软铜绞线。

③绝缘锚段关节内设置电动隔离开关,开关两端分别安装电连接引线至关节两侧接触网,各采用 3 根 95 mm^2的软铜绞线。

④避雷器处电连接设置单根 95 mm^2的软铜绞线。

(2)电连接线

①承力索、接触线间距不超过 1 000 mm 时采用 C 形连接的方式;间距超过 1 000 mm 时采用 S 形连接。其裕度满足接触线、承力索因温度变化伸缩的要求;

②电连接线均要用多股软铜线做成,其额定载流量不小于被连接的接触悬挂、供电线的额定载流量,且不得有接头、压伤和断股现象,电连接线端头外露 10～20 mm;

③对于压接式电连接线夹,电连接线不应有压伤和断股现象。

(3)电连接线夹

①电连接线夹的材质和规格须与被连接线索相适应,优先采用压接形式;

②电连接线夹与接触线、承力索、供电线之间连接牢固,线夹内无杂物;

③承力索、接触线电连接线夹压接后端正,符合压接标准。接触线电连接线夹在直线处处于铅垂状态,在曲线处与接触线的倾斜度一致;

④工作支接触线电连接线夹处接触线高度与最近相邻吊弦点高度相等,允许偏差 0～5 mm;

⑤压接式接触线电连接线夹与线槽契合的 U 形螺纹卡子平行压接于线槽内,不跳出接触线线槽。U 形螺纹卡子保证卡子插入后,另一端露头 1～3 mm。

(七)供电线设置方式、馈线上网方式及电缆敷设方式

1. 供电线(N 线除外)出所采用架空线方式。垂停范围架空供电线上、下行采用同杆架设,分左右两侧、上下两层悬挂;V 停范围架空供电线上、下行采用分杆独立架设。高架桥高度过高、架空无路径时可采用电缆上网,并充分考虑运营维护条件适当加大供电线的安装空间。济南东动车运用所开闭所引自济南东牵引所的进线,需要跨越济青高速公路及小清河,此处供电线采用与动车走行线 1 的接触网支柱同杆合架方式。

2. N 线全部采用电缆分上、下行与线路上扼流变压器中性点连接,且电缆敷设适当冗余设置,N 线电缆采用直埋敷设。

3. 出所馈线为架空方式时,供电线采用架空上网方式;出所馈线为电缆方式时,均在所内电缆转架空后出所,采用架空上网方式。

4. 27.5 kV 专用电缆敷设方式

(1)济南东牵引所至青岛方向两路 AT 供电线穿越济南东站时采用 27.5 kV 专用电缆,电缆穿越济南东站采用综合管沟敷设方式。同沟敷设时,27.5 kV 专用电缆不同回路分设在不同层电缆支架上,与其他专业线缆距离满足相关规范要求。

(2)27.5 kV 专用电缆在隧道内敷设时,沿隧道壁设置电缆爬架,电缆爬架满足防火防潮防腐要求。

(3)电缆采用地面敷设时单独设置电缆沟槽,按规定设置地面电缆标识桩。同沟(槽)敷设2根以上电缆时,每隔 30 m 分别标识。

(4)电缆作波浪形敷设,在敷设过程中,不出现铠装压扁、电缆绞拧、护套折裂破损等现象,电缆弯曲半径不小于电缆外径的 20 倍。电缆终端(上支柱、上桥等)处,电缆预留不小于 5 m。

(5)电缆上、下行间敷设无交叉,供电线、正馈线电缆间无交叉(特殊区段用绝缘板做隔离),并按规定采取隔热及阻燃防护措施。

(6)当电缆穿管敷设时,保护管长度、内径符合要求;当采用磁性保护管防护时,顺向切割开缝,防止构成闭合磁路。

(7)当电缆直埋敷设时,电缆表面距地面不小于 0.7 m,穿越农田时不小于 1 m;其路径避开使电缆受到机械损伤、化学或地下电流腐蚀、振动、热影响、虫鼠等危害地段。困难情况下设置电缆槽、沟,并采取必要的防护措施。电缆过轨时加装防护套管,埋深低于轨面不少于 1 m。

(8)直埋或以直埋电缆槽方式敷设的电缆,敷设后及时填埋电缆沟,并采取减振、阻燃、阻断鼠道措施。同路径并排展放的多根电缆,相邻两根之间有隔离措施。

(9)电缆标桩埋设清晰显示出路径状态,直线地段每 35～50 m 设置一根电缆标桩,在出所位置、电缆转弯处以及和其他管、线、路交叉处,可增加标桩数量。电缆标桩上字样由各铁路局自定。

(10)电缆上网处自地面下 0.8 m 至地面以上 2 m,砌钢筋混凝土电缆槽或砖砌防护墙进行防护。

(八)开关设置

1. 通用原则

车站分束联络开关设置单极电动隔离开关;

大型车站独立馈线分场供电时,与正线间设单极电动联络开关或场间设单极电动联络开关,实现备用。

2. AT 区段

牵引变电所、分区所电分相绝缘关节,均设一台双极电动隔离开关;

牵引变电所、分区所、AT 所上网开关设两台单极电动隔离开关;

牵引变电所、分区所电分相两侧各设一台上下行并联双极电动隔离开关。AT 所出口设置一台上下行并联双极电动隔离开关。

AT 出口、车站两端、隧道口绝缘关节设双极电动隔离开关;

3. 直供+回流线区段

牵引变电所、分区所电分相绝缘关节,均设一台单极电动隔离开关;

供电线上网处设置一台单极电动隔离开关;

车站两端绝缘关节设置一台单极电动隔离开关;

牵引变电所、分区所电分相两侧各设一台上下行并联单极电动隔离开关。

(九)接地及回流

济青高铁根据《铁路防雷及接地工程技术规范》(TB 10180—2016)以及《高度铁路设计规

范》(TB 10621—2014),结合信号等专业的接地要求,设计接地回流系统如下。

AT 区段架设保护线(PW),作为钢轨回流的并联通道,工作接地兼闪络保护。直供区段架设回流线(NF),作为钢轨回流的并联通道,工作接地兼闪络保护。

1. 综合接地区段

(1)支柱接地

PW 线(NF 线)与支柱(隧道内与吊柱)非绝缘安装,并把柱底加劲板的预留孔通过软编钢绞线与基础预留的接地端子相连,实现闪络接地保护。站场范围内股道间支柱利用接地扁钢与综合接地分支线相连。若接触网支柱 5 m 范围内有弱电设备接入综合接地时,此处接触网支柱与基础接地端子间不设连接线。

(2)设备接地

避雷器采用双引线接地,计数器绝缘安装。一根连接避雷器底座和保护线(回流线),另一根采用独立的接地铜缆连接避雷器设备底部的接地孔和计数器,再从计数器下部引出电缆接入接触网基础上预留的综合接地端子,接地点(接地端子)距离弱电设备接地点距离不小于 15 m。无法避免小于 15 m 时,比引下线单打接地极,接地电阻不小于 10 Ω;此处支柱也不与接地端子连接。避雷器引下线采用截面 70 mm^2 的软铜缆。

隔离开关的托架及操作机构箱采用双引线接地,一根连接隔离开关底座和保护线(回流线)。另一根连接操作机构箱和接触网基础上预留的接地端子。设备接地引下线单独设置,采用 70 mm^2 的接地铜缆。接地点(接地端子)与通信、信号及其他电子信息系统在贯通地线上接入点间的距离不小于 5 m。

(3)其　　他

对于采用综合接地系统的线路,接触网接地(包括设备接地、防雷接地等)及距离接触网带电部分 5 m 范围内的金属结构物接地纳入综合接地系统,并满足《铁路防雷及接地工程技术规范》(TB 10180—2016)的相关要求。

2. 无综合接地区段

(1)支柱接地

无综合地线区段,或无法与综合地线连接时,接触网钢柱通过架空地线或单独设置接地极接地。架空地线下锚处及长度超过 1 000 m 的锚段每隔不大于 500 m 单独设接地极实现安全接地,接地电阻不大于 10 Ω;零散支柱设接地极单独接地,接地电阻不大于 30 Ω。

(2)设备接地

避雷器采用双引线接地,计数器绝缘安装。一根连接避雷器底座和架空地线(或单设接地极),另一根采用独立的接地铜缆连接避雷器设备底部的接地孔和计数器,再从计数器下部引出电缆接入独立接地极,接地极距离弱电设备及其接地点距离不小于 15 m。避雷器引下线采用截面 70 mm^2 的软铜缆。独立接地极接地电阻不大于 10 Ω。

隔离开关的托架及操作机构箱采用双引线接地,一根连接隔离开关底座和架空地线(或单设接地极)。另一根连接操作机构箱和独立接地极。设备接地引下线应单独设置,采用 70 mm^2 的接地铜缆。独立接地极接地电阻不大于 10 Ω,接地极与通信、信号及其他电子信息系统接地点间的距离不小于 5 m。

(3)其　　他

距接触网带电部分 5 m 范围内的金属结构物须接地。接地电阻值不超过表 3-14-2 要求。

表 3-14-2　最大接地电阻值

类别	接地电阻值(Ω)
开关、避雷器	10
架空地线	
距接触网带电体 5 m 以内的金属结构	30

3. 回　　流

变电所、分区所及 AT 所处，通过 N 线将所内集中接地箱与所前就近的扼流变中点连接，同时通过 2×YJLY-1kV-185 电缆将此处信号扼流变压器中性点与 PW 线(或 NF 线)连接。

4. 27.5 kV 供电电缆接地保护措施

供电电缆按照《电力工程电缆设计规范》(GB 50217—2007)的相关规定，结合具体工点实际适当划分为若干接地单元，每个接地单元采用一端直接接地，另一端通过护层电压限制器接地的方式。

5. 独立架设供电线的支柱接地方案

根据铁路总公司运输局《关于印发〈牵引变电所二次系统防雷电侵入优化技术方案指导意见〉审查意见的通知》(运供设备函〔2016〕325 号)，对独立架设供电线的支柱接地要求如下：

独立架设供电线的支柱做好接地，零散支柱设独立接地极，接地电阻不大于 30 Ω；成排供电线支柱具备建设架空地线的架设架空地线集中接地，架空地线每隔不超过 500 m 在就近供电线支柱处设置一处接地极，接地电阻不大于 10 Ω，同时通过接地引下线将架空地线与接地极相连，引下线采用 2 根 70 mm^2 的接地铜缆。

架空地线和零散供电线支柱接地极通过连接线都保证至少和接触网 PW 线(或者 NF 线)、综合接地贯通地线(与弱电设备接入点不小于 15 m)、所内主接地网(该端子设置在供电线出线侧围墙外)三者之一可靠相连，构成可靠短路电流回流径路，连接线采用 2 根 70 mm^2 的接地铜缆，埋入地中的直线长度不小于 15 m。

(十)附加导线

供电线(N 线除外)在所内电缆转架空线。

供电线相同回路的电缆同沟敷设时要进行物理隔离，不同回路的电缆不允许同沟敷设。电缆沟按《铁路路基电缆槽》(通路〔2010〕8401)实施。当通过道路等设施时采用非磁性材料管进行防护处理，且保证电缆位于管内不被挤压。敷设长大电缆超过 400 m 时，设置电缆中间接头。

N 线全部采用电缆，分上、下行与线路上扼流变压器中性点连接，且电缆适当冗余设置。N 线电缆若需顺线路敷设时敷设于电力电缆槽中，但采取隔离措施。

正馈线一般采用田野侧安装；保护线一般采用无肩架安装，对向下锚及接触悬挂补偿下锚处采用肩架安装方。最大弛度情况下附加线最低点的高度满足《铁路电气牵引供电设计规范》(TB 10009—2016)中表 5.6.4 各项要求。

隧道内正馈线采用独立肩架安装，保护线设置在上下行吊柱之间的顶衬砌上。每处吊柱保护线均设悬挂点。保护线在隧道口前降低安装高度,采用田野侧单肩架安装方式。正馈线在隧道口前由田野侧转到线路侧升高悬挂,再通过轻型硬横梁进入隧道,转换时保证 AF 线与 PW 线、AF 线与承力索、以及 PW 线与承力索的动态静态安全距离。

正馈线和保护线采用同杆下锚、单拉线形式。

直供区段,回流线采用田野侧单肩架安装方式,综合接地系统区段非绝缘架设;非综合接地系统区段绝缘架设,另增设架空地线或零散支柱单独接地。

附加导线在雨棚、高架站房处均悬挂在相应建筑物上。拱桥区段,正馈线悬挂在线路侧。

二、采用的先进技术

受电弓滑板监测装置(5C):在济南东动车运用所走行线上设置一套受电弓滑板监测装置(5C),对受电弓状态进行安全监测和故障预判,提高接触网系统运行的安全可靠性,便于故障预警和运营维护。

第十五章　综合接地系统

综合接地工程是复杂的系统工程，是为防止因电磁感应现象对人员和设备产生危害而采取的一系列的防护措施，主要包括建筑物的防雷、强弱电设备系统的工作接地、保护接地、防过电压接地、防静电接地、屏蔽接地等。综合接地系统构成如图 3-15-1 所示。

第一节　工 程 概 况

一、系统构成

济青高铁正线线路长度 308 km，在济南东新建动车走行线Ⅰ、Ⅱ线线路长共 10.016 km；在胶州北新建胶济济青联络线共 6.331 km，并对既有胶济客专上、下行改建共 6.177 km；在红岛站新建红岛站发车线 5.026 km，新建青连济青上、下行联络线共 5.836 km；在红岛站存车场新建动车走行线 3.209 km(双线)。全线新建济南东站、章丘北站、邹平站、临淄北站、青州市北站、潍坊北站、高密北站、胶州北站、青岛机场站、红岛站共 11 个车站。全线信号设计站点情况如图 3-15-2 所示。

铁路综合接地系统由贯通地线、接地装置、接地连接线及接地端子等构成。系统以沿线两侧分别敷设的贯通地线为主干，充分利用沿线桥梁、隧道、路基地段构筑物设施内的接地装置作为接地体，形成等电位综合接地平台。通过贯通地线将铁路沿线建筑物、构筑物的防雷接地、强弱电设备的工作接地、保护接地、防过电压接地、防静电接地、屏蔽接地装置等电位连接起来，以确保人身安全和设备安全。

二、设计原则

综合接地系统的设计以确保系统安全、“以人为本”为原则，综合考虑牵引供电系统、信号系统各自的工作条件，互不干扰正常工作，同时使轨道电位降低至安全标准范围内，保护人和设备(包括信号系统)安全。

系统接地设计方案中充分考虑利用沿铁路线的金属物或钢筋混凝土结构，如建筑物基础(即整体道床、站台以及在线路、桥梁、跨线桥、隧道附近的建筑物)和接触网支柱基础的自然接地条件，达到最大限度地保证安全和降低工程造价的目的。

沿线铁路设施利用等电位原则可靠连接，实现等效低电阻接地的人员及设备防护。

三、接地范围

接触网支柱、距接触网带电体 5 m 范围内金属结构物和电气设备均接入综合接地系统；距贯通地线 20 m 范围以内的铁路建筑物构筑物的接地装置接入综合接地系统。

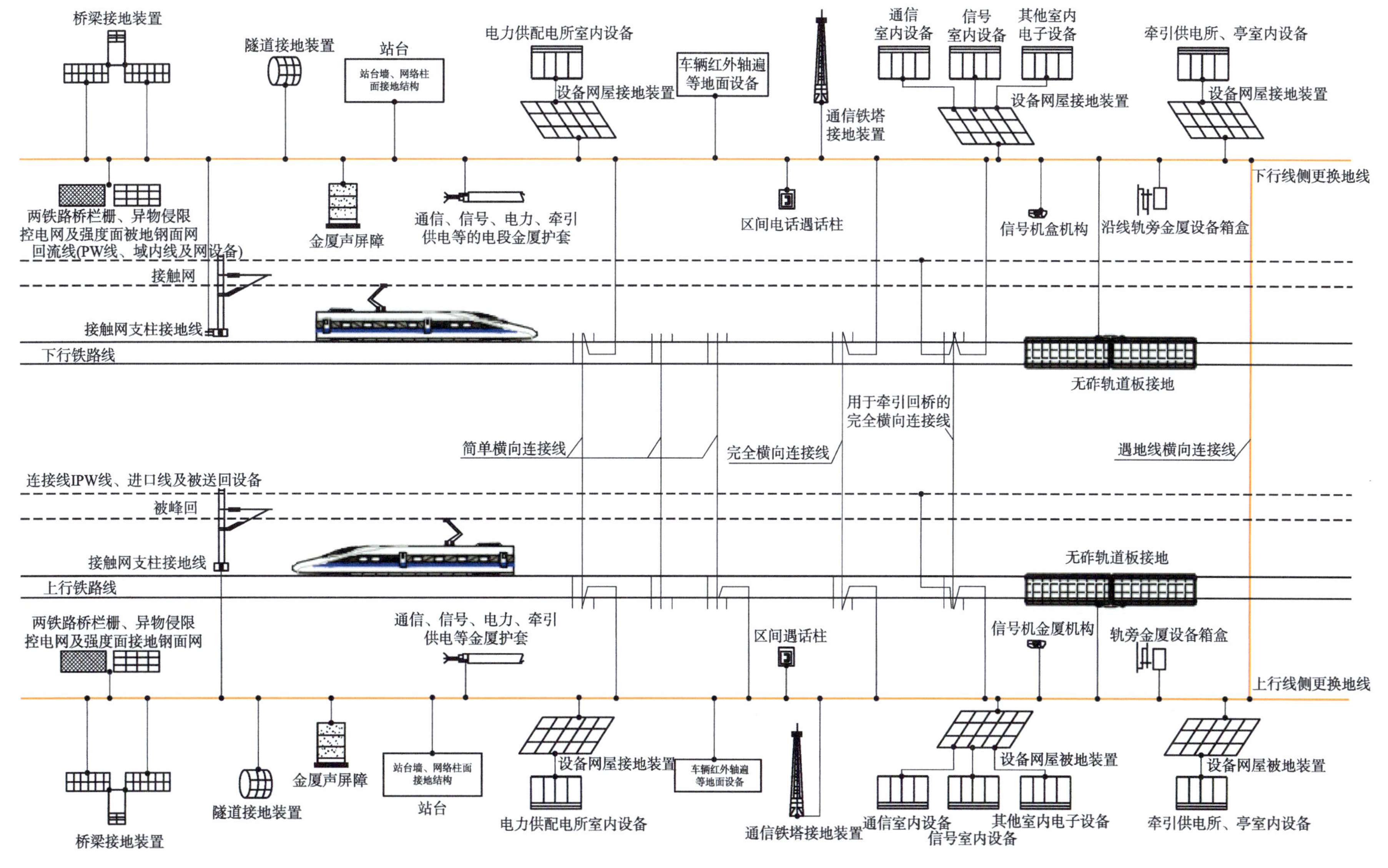

1.接触网支柱及距接触网带电部分5 m范围内的金属结构物和电气设备必须接入综合接地系统；
2.距贯通地线两侧20 m范围以内的铁路建筑物、构筑物的接地装置应与综合接地系统等电位连接。

图 3-15-1　综合接地系统构成示意图

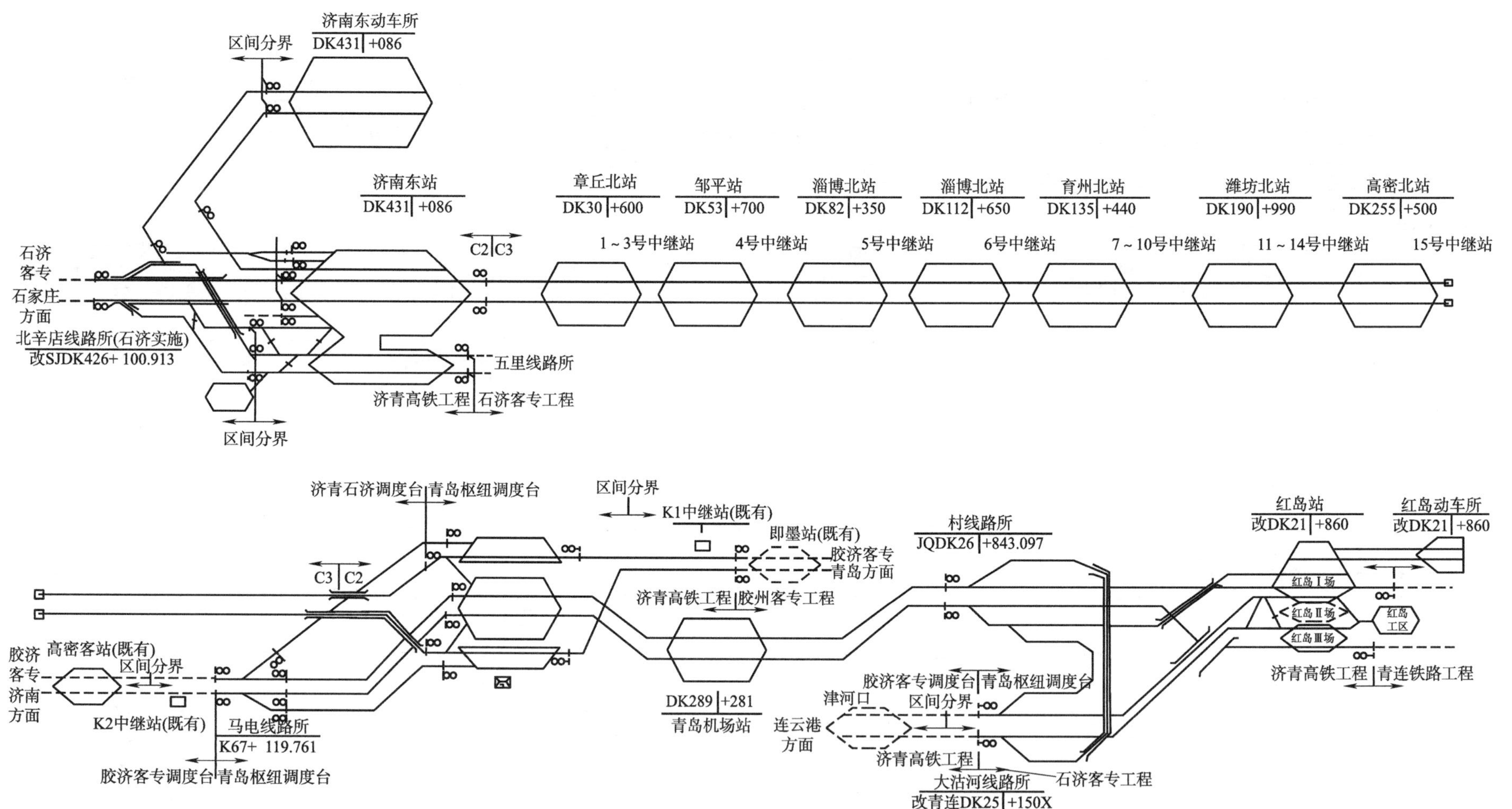

图 3-15-2 信号系统总布置方案示意图

第二节　综合接地设计

一、设计依据

1.《高速铁路设计规范》(TB 10621—2014,第 21 章);

2.《铁路防雷及接地工程技术规范》(TB 10180—2016);

3.《铁路贯通地线》(TB/T 3479—2017);

4.《关于印发〈铁路信号设备雷电及电磁兼容综合防护实施指导意见〉的通知》(铁运〔2006〕26 号);

5.《中国铁路总公司关于进一步加强客专工程桥梁地段综合贯通地线防盗工作的通知》(铁总运〔2013〕64 号);

6. 铁路工程建设通用参考图《铁路综合接地系统》[通号(2016)9301]。

二、路基地段

路基地段区别不同地质条件的路段,原则上线路两侧的贯通地线埋设于路基基床内部。

(一)贯通地线敷设

1. 路堤、土质及软质岩路堑地段的贯通地线埋深距基床底层顶面－30 cm～－40 cm 处;硬质岩路堑地段,将贯通地线埋设于通信、信号电缆槽下约 20 cm,沟中回填细粒土。

2. 贯通地线通过分支 T 形引接线侧向水平引至路基边坡,沿护肩底以及电缆槽底引入电缆槽靠线路侧内壁位置,与电缆槽靠线路侧内壁预留的接地端子引接线相连接(C 形压接)。分支引接线与贯通地线同材质。

3. 贯通地线的主要埋设工序和工艺原则要求:路基填筑并压实至高于贯通地线埋设深度约 60 mm 高程的同时,预留出 60 mm 深、宽度略大于贯通地线直径的"小槽",以敷设贯通地线;先向"小槽"内回填 40 mm 粒径不大于 5 mm 的土壤,敷设贯通地线,再次回填 40 mm 粒径不大于 5 mm 的土壤后,进行人工夯实;人工夯实后,必须在"小槽"上方覆盖不少于 100 mm、粒径不大于 5 mm 的土壤,才能进行正常的路基填筑和机械压实作业。

4. 长度超过 1 000 m 的路基地段,每间隔 500 m 左右将上下行贯通地线连接一次;长度为 500～1 000 m 的路基地段,在中间将上下行贯通地线连接一次。

(二)接地装置设计

1. 路基地段利用接触网支柱基础作为接地极使用。在施工接触网支柱基础时,沿线路方向小里程侧的接触网支柱基础侧面设置 2 个接地端子,并与基础预留接地钢筋焊接。接触网支柱基础结构钢筋与基础螺栓主筋焊接。采用分支引接线一端与预留接地端子栓接,另一端与贯通地线 C 形压接。

2. 电缆槽接地端子设置

(1)在通信信号槽侧面设置 1 个路基型接地端子,用于弱电设备接地,具体位置根据弱电设备的位置确定。接地端子设于两相邻接触网基础中间位置,且距离接触网支柱基础和电力槽侧面接地端子水平距离不小于 15 m。

(2)在电力槽侧面设置 1 个路基型接地端子,用于强电设备及设施接地,具体位置根据强电设备的位置确定。接地端子设于两相邻接触网基础中间位置，且距离接触网支柱基础和通信信号槽侧面接地端子水平距离不小于 15 m。

3. 接触网支柱基础地面以上设置的接地端子可用于无砟轨道板、声屏障的接地。

4. 区间路基地段电缆井（需接地的房屋地网附近的通信信号电缆井或电力电缆井）侧壁设置 2 个接地端子，用于信号中继站、牵引供电所、亭等设备房屋地网的等电位连接。

三、桥梁地段

（一）贯通地线敷设

桥梁地段敷设在通信信号槽下方的保护层内。即在防水层涂刷后敷设贯通地线，贯通地线与接地端子连接后再进行保护层的施工。

在桥梁伸缩缝处，贯通地线敷设考虑余量，符合贯通地线弯曲半径的规定，并采用阻燃绝缘套管防护。

（二）接地装置设计

1. 桩基础桥墩，利用每根桩中的至少一根通长结构钢筋作为接地钢筋；利用承台中的结构钢筋将桩中的接地钢筋环接；桥墩中有 2 根竖向接地钢筋，一端与承台连接钢筋连接，另一端与墩帽处的接地端子连接。

2. 明挖基础桥墩，在基底底面设一层钢筋网作为水平接地极，水平接地极钢筋网格约为 1 m×1 m，网格节点焊接。桥墩中有 2 根竖向接地钢筋，一端与基底水平接地钢筋网连接，另一端与墩帽处的接地端子连接。

3. 利用桥梁结构物（梁体、墩帽、墩身、承台、基础桩等）中的非预应力结构钢筋作为接地钢筋，并由接地钢筋实现横向上、下行线路两侧贯通地线之间的连接。

4. 在每个桥墩垂直于线路方向的某个侧面、距地面－200 mm 处，设一个不锈钢接地端子（水中墩除外），供测试之用。

四、隧道地段

（一）贯通地线敷设

隧道地段贯通地线敷设在两侧通信信号电缆槽内，采取水泥砂浆灌封贯通地线防护，其利用二次衬砌环向钢筋实现横向连接，如图 3-15-3 所示。

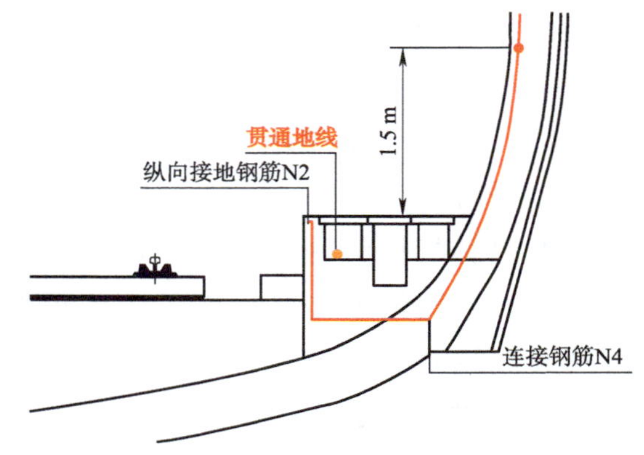

图 3-15-3　隧道地段贯通地线敷设图

（二）接地装置设计

1. 接地装置充分利用隧道的初期支护锚杆、钢架、钢筋网或底板钢筋。隧道内均采用桥隧型接地端子，不锈钢材质。

2. 从隧道进口 2 m 处开始，每 100 m 在两侧通信信号电缆槽底部分别设置 1 个接地端子，小于 100 m 的隧道在中部设置 1 处。

3. 从隧道进口 2 m 处开始，原则上每 50 m 在两侧通信信号槽靠线路侧壁上分别设置 1 个接地端子，小于 50 m 的隧道在中部设置 1 处。在无砟轨道线路区段，用于无砟轨道板接地的接地端子按每 100 m 在两侧通信信号槽靠线路侧壁上分别设置 1 个。

4. 上述所有的接地端子均通过连接钢筋与通信信号槽靠线路侧外缘的纵向接地钢筋连接。

5. 在每个专用洞室、变压器洞室两侧 1 m 范围内设置 2 根环向接地钢筋，环向接地钢筋应与初期支护锚杆接地体连接；洞室两侧墙壁下部设置 2 个接地端子，供洞室内设备、设施接地。

6. 隧道内接地钢筋、接地锚杆、钢架或钢网片、接地连接钢筋间可靠焊接；隧道内其他需接地的电气设备或其他金属构件接地装置，根据需要与贯通地线等电位连接。其引接线等由相关工程自行实施，引接线数量纳入相关工程中；涉及综合接地的接地端子、专用接地钢筋及由综合接地引起的焊接等纳入隧道工程中。

五、站场内接地系统

(一)贯通地线敷设

站台范围内的贯通地线埋设于干线信号电缆槽下方并自站台墙一侧贯穿整个站台区埋设，在站台两端的电缆槽内预留分支引接线及接地端子；在站台两端分别对两侧贯通地线作横向连接；横向连接线的规格、埋设深度、埋设工序及工艺与路基地段贯通地线的要求相同。

(二)接地装置设计

涉及综合接地的钢筋用量、焊接和端子等纳入站台设计专业。站台墙接地端子与贯通地线的连接由综合接地或信号施工单位完成。

1. 站台墙最上层靠近线路侧的 0.6 m 范围内(以站台边缘为始端)所有纵向结构钢筋均接地，站台墙接地装置由站台墙台面上层纵向结构钢筋、横向结构钢筋、竖向结构钢筋及接地端子组成，每段站台墙接地装置的长度按不大于 100 m 的原则设置，并与贯通地线连接一次。站台墙接地装置间不连接。

2. 在通信信号槽侧壁设置 2 个路基型接地端子，间隔 500 mm。接地端子设于两相邻接触网基础中间位置，且距离接触网支柱基础和电力槽侧面接地端子不小于 15 m。

3. 进站、出站信号机位置附近处的电力电缆槽侧壁分别设置 1 个路基型接地端子。接地端子设于两相邻接触网基础中间位置，且距离接触网支柱基础和通信信号槽侧面接地端子水平距离不小于 15 m；

4. 站台区域线路间设置有接触网支柱时，在线间碎石层下方、距地面以下 100 mm 或无砟轨道板间敷设 1 根热镀锌扁钢，接触网支柱基础、无砟轨道板及相关金属设备、设施的接地均可通过不锈钢连接线与热镀锌扁钢连接，热镀锌扁钢再与站台墙靠线路侧设置的接地端子连接。

5. 在基本站台墙上部靠信号房屋一侧设置 4 个接地端子，并与站台墙内的竖向结构钢筋焊接，用于信号房屋地网的等电位连接。

6. 车站雨棚与综合接地系统及站房接地网可靠连接。

六、无砟轨道区段

1. 无砟轨道板接地利用轨道板结构钢筋，每段无砟轨道板的长度按不大于 100 m 设置。

2. 在每个单元板两端设置 2 个接地端子。当站内轨道为无砟轨道板时，在每台转辙机位置处的无砟轨道板外侧设置 1 个接地端子。

3. 每个单元板间接地端子通过不锈钢连接线进行等电位连接。

4. 每段无砟轨道板内的接地端子通过不锈钢连接线与桥梁、隧道防护墙侧面设置的接地端子或路基地段接触网支柱基础地面以上设置的接地端子连接。

七、声屏障专业

声屏障长度小于 100 m 的路基地段，两端声屏障基础设接地端子并与贯通地线各连接一次；超过 100 m 的路基地段，除两端声屏障基础与贯通地线各连接一次外，每隔 100 m 设接地端子并连接贯通地线一次。声屏障接地钢筋利用非预应力结构钢筋。

八、牵引供电综合接地

牵引变电所、开闭所、自耦变压器所和分区所均单独设置接地装置，并与综合接地系统等电位连接。

第三节　各专业与综合接地系统连接

贯通地线、接地端子至贯通地线引接线材料费计入信号工程；路基、隧道地段电缆槽内接地端子计入路基、隧道工程；接触网基础接地端子计入路基、隧道工程；桥梁地段接地端子计入桥梁工程。其他专业设备、器材至接地端子引接线材料及施工费纳入各专业投资。具体专业分工如下：

一、信　　号

1. 信号专业为综合接地系统的牵头专业，路基、轨道、桥梁、隧道、电气化、电力、房建等相关专业配合，共同完成综合接地总体设计原则，完成系统总体设计，协调各相关专业间的接口设计。

2. 完成贯通地线、分支引接线及信号专业设备接地端子的设计。提出路基、桥梁、隧道等地段及无砟轨道上接地端子的设计要求。

3. 负责提出路基地段贯通地线、分支引接线、接地端子的敷设要求，并完成典型工点贯通地线、分支引接线的敷设、接地端子的布置及安装示意图设计，提交路基专业。

4. 负责提出桥梁、隧道地段电缆槽贯通地线、分支引接线、接地端子的预埋及桥梁、隧道地段接地体的设计要求，并完成典型工点示意图的设计，提交桥梁、隧道专业。

5. 负责提出靠线路侧站台综合接地用的纵向接地钢筋及接地端子的预埋要求，提交站台设计专业。

6. 负责完成综合接地系统接地电阻测试要求、方法，贯通地线、分支引接线的施工及验收注意事项等设计说明，提出接地效果达不到要求时的补救措施预案。

二、路　　基

1. 根据综合接地系统的要求，负责完成路基地段贯通地线、分支引接线敷设前的路基开槽、回填、防护设计。

2. 负责路基地段电缆槽内接地端子的安装设计。

三、轨　　道

1. 根据综合接地系统的要求，负责完成无砟轨道内部接地用结构钢筋的连接设计。

2. 负责完成轨道板之间连接用接地端子及连接线（含与贯通地线的连接线）设计。

四、桥　　梁

1. 根据综合接地系统的要求，负责完成梁体、桥墩内部接地钢筋的连接及桥墩基础下部接地装置的设计。

2. 负责桥梁体、桥墩等不同部位的接地端子的预埋设计，以及桥梁体与桥墩预埋接地端子间的连接设计。

五、隧　　道

1. 根据综合接地系统的要求，负责完成隧道内接地装置的设计。

2. 负责预埋综合洞室接地端子、隧道内接地端子以及至电缆槽侧壁外缘纵向接地钢筋的连接设计。

3. 按接触网专业要求，负责完成接触网滑道安装及所需的接地设计。

六、电　　力

根据需要完成本专业设备接地装置与贯通地线的等电位连接设计。

七、电 气 化

1. 负责接触网支柱基础钢筋引出的接地端子及与贯通地线的连接设计。

2. 根据需要完成本专业设备接地装置与贯通地线的等电位连接设计。

3. 负责完成接触网最大短路电流、贯通地线的截面计算，提供给相关专业。

4. 对轨道、桥梁、隧道专业提出接地要求。负责提出距接触网带电体 5 m 范围内的金属结构物（含跨线桥、桥梁护栏、声屏障、路检隔离栅栏等）的接地设计要求。

八、房　　建

1. 根据综合接地系统的要求，负责完成站台面、雨棚等设施的接地设计。

2. 负责完成靠线路侧站台内部综合接地用纵向接地钢筋及接地端子的预埋设计。

九、声 屏 障

1. 根据综合接地系统的要求，负责完成路基地段声屏障基础内接地钢筋及接地端子的预埋设计。

2. 负责完成金属结构声屏障上部纵向接地钢筋及与下部预埋接地端子连接的设计。

3. 负责声屏障各单元板间的接地连接以及与贯通地线的 T 形连接。

十、其他相关专业

沿线需接地防护的其他相关专业设施，均由各自专业负责完成接地装置的设计，根据综合接地系统的要求，就近与贯通地线等电位连接。

第十六章　防灾安全监控设计

第一节　工程概况

一、系统构成

济青高铁灾害监测系统采用路局中心系统(不在济青高铁范围内)及现场监测设备两级架构,由路局设备(调度所设备及监测终端等),风、雨、雪、异物侵限监控单元及现场采集设备,传输网络等组成。

结合济青高铁维护机构设置,路局中心系统机房设备设置于济南局调度所信息机房,监控单元设置于沿线有关区间 GSM-R 基站、信号中继站、车站、牵引变电所、分区所、AT 所等处的通信机械室。同时,在济南调度所济青高铁行调台、电调台、工务调度台处设置调度监测终端,在济南局工务处防洪抗震办、济南工务段、淄博工务段、青岛工务段、济南通信段及济南局信息技术所设置维护管理监测终端。

二、工程范围

济青高铁全线自然灾害及异物侵限监测系统,包括沿线布设的风、雨、雪、地震现场监测设备,现场监控单元,中心监控数据处理扩容设备,调度监测终端,维护管理监测终端等。

三、采用的主要技术标准

1.《高速铁路设计规范(试行)》(TB 10621—2009);

2.《铁路客运专线技术管理办法(试行)》(铁科技〔2009〕212 号);

3.《高速铁路自然灾害及异物侵限监测系统总体技术方案(暂行)》(铁科技〔2013〕35 号);

4.《铁路自然灾害及异物侵限监测系统工程设计暂行规定》(铁总建设〔2013〕86 号);

5.《中国铁路总公司关于印发高速铁路自然灾害及异物侵限监测系统铁路局中心系统总体方案(暂行)的通知》(铁总运〔2014〕146 号);

6.《铁道部关于铁路防灾安全监控系统有关设施设置要求的通知》(铁建设〔2012〕149 号);

7.《信号系统与异物侵限监控系统接口技术条件》(运基信号〔2009〕719 号);

8.《铁路防雷、电磁兼容及接地工程技术暂行规定》(铁建设〔2007〕39 号);

9.《关于铁路工程设计线路交叉跨越有关规定的通知》(铁建设〔2010〕146 号);

10.《建筑物防雷设计规范》(GB 50057—2010);

11.《铁路房屋建筑设计标准》(TB 10011—2012)。

第二节　设计方案

一、中心平台设备

在济南局调度所信息机房增设应用/通信服务器及网络交换机。

济青高铁现场监测点(包括青岛枢纽行调台管辖范围内的DK300+100风监测点、DK300+100地震监测点)监测信息均接入济青高铁设置的应用/通信服务器内。

青连铁路现场监测点(包括青连铁路正线济青高铁建设范围区段的QLDK19+000风监测点、QLDK24+500风监测点、QLDK20+100雨量监测点以及QLDK18+396异物侵限监测点、QLDK25+323异物侵限监测点)监测信息均接入青连铁路设置的应用/通信服务器内。

济青高铁应用/通信服务器向设置在青岛枢纽行车调度台的调度监测终端发送DK300+100风监测点、DK300+100地震监测点、DK292+610风监测点、DK294+415雨量监测点、DK274+200雪深监测点的报警信息。

青连铁路应用/通信服务器向设置在济青高铁行车调度台的调度监测终端发送DK8+960雨量监测点、DK36+500雪深监测点的报警信息。

济青高铁灾害监测系统与相邻的石济客专、青连铁路防灾系统进行信息交互、互联互通。济青高铁通过灾害监测中心系统设置网络设备与服务器实现与相邻线路灾害监测系统进行相关数据交换。

济青高铁与相邻铁路并行区段现场监测点的监测、报警信息均通过应用/通信服务器、防火墙等接口设备、网络安全设备接入相邻铁路灾害监测系统数据处理设备。相邻铁路行调台灾害监测系统终端需显示并行区段范围内的现场监测点报警信息及运营建议。

中心设备设置有接口服务器与防火墙,石济客专设置在济南局调度所的监控数据处理设备也设置有接口服务器与防火墙,济青高铁与石济客专通过各自的接口服务器与防火墙进行数据传输,以实现报警信息的互联互通。

济青高铁结合工程需求对济南局灾害监测中心设备进行扩容,主要扩容内容包括:应用/通信服务器(主、备用)2台;网络交换机(主、备用)2台。

应用/通信服务器的规格及技术指标,由灾害监测系统设备集成供货商按招标文件的相关技术要求,并结合其工程经验进行选型,但服务器处理能力利用率不超过50%。

网络交换机采用工业级产品并按双台配置。济青高铁扩容的应用/通信服务器、网络交换机应与济南局灾害监测中心设备规格相适应。

二、调度监测终端

根据调度区划,济青高铁在济南局调度所新设2个行车调度台(济南调度所四层调度大厅)、1个供电调度台(济南调度所四层调度大厅)以及1个工务调度台(济南调度所二层工务调度室)。本次设计在济青高铁行车调度台、供电调度台及工务调度台处各新设1套调度监测终端,共计3套。同时配置1套调度监测终端作为备用。

根据济青高铁行车调度台和青岛枢纽行车调度台的调度区划,济青高铁DK300+100风监测点、DK300+100地震监测点,青连铁路正线济青高铁建设范围区段的QLDK19+000风监测点、QLDK24+500风监测点、QLDK20+100雨监测点以及QLDK18+396异物侵限监测点、QLDK25+323异物侵限监测点,以及青连公司建设的青连铁路正线青岛北～改DK17+515区段和改DK25+703.79～洋河口区段的风、雨、雪、异物侵限、地震监测点均在青岛枢纽行车调度台管辖范围内。济青高铁沿线除DK300+100风监测点、DK300+100地震监测点外各现场监测点均在济青高铁行车调度台管辖范围内。

青岛枢纽行车调度台的调度监测终端除接收青连铁路应用/通信服务器发送的报警信息，还接收济青高铁应用/通信服务器发送的 DK300＋100 风监测点、DK300＋100 地震监测点、DK292＋610 风监测点、DK294＋415 雨量监测点、DK274＋200 雪深监测点的报警信息。

行车调度台的调度监测终端除接收济青高铁应用/通信服务器发送的报警信息，还接收青连铁路应用/通信服务器发送的 DK8＋960 雨量监测点、DK36＋500 雪深监测点的报警信息。

调度监测终端具备实时监测管辖范围内相关监测点的监测、预警、报警及运营管理信息，能实现发送临时通车、调度恢复等异物侵限控制命令和发送地震报警解除等控制命令的功能。

济青高铁行车调度台、供电调度台设置在济南局调度楼四层的调度大厅，工务调度台设置在济南局调度楼二层的工务调度室。本次设计机房设备至调度台调度监测终端间采用六类线连接。调度监测终端设备供电利用既有电源。终端显示器的尺寸与调度员工作站的其他显示器尺寸相同。

三、维护管理监测终端

根据维护管理机构设置情况，在济南局工务处防洪抗震办、济南工务段、淄博工务段、青岛工务段、济南通信站监控室、济南局信息技术所各设置 1 台维护管理监测终端，共计 6 套。维护管理监测终端实时显示监测、预警、报警信息及运营管理建议，实时显示路局中心系统、监控单元、现场采集设备工作状态及故障报警信息，具备异物侵限等远程试验功能。

工务维护部门配置维护管理监测终端。在济南局工务处防洪抗震办设置维护终端 1 台、网络交换机(主、备用)2 台，在济南、淄博、青岛工务段各设置维护终端 1 台、网络交换机(主、备用)2 台，在济南通信站监控室设置维护终端 1 台、网络交换机(主、备用)2 台，在济南局信息技术所设置维护终端 1 台、网络交换机(主、备用)2 台，电源设备按利旧考虑。

济南局工务处防洪抗震办位于济南局一号楼六层 614 室，室内已放置有青荣防灾监控终端、京沪防灾监控终端、网络交换机等设备，电源室与防洪抗震办相邻且通过地槽连通。本次设计将监测终端、接入交换机设置于该处监控室。监测终端与接入交换机之间通过敷设屏蔽双绞线进行室内布线，网络交换机通过楼内敷设的光缆连接至一号楼一层网络机房，继而与中心系统联通。终端供电由防洪抗震办公室内接引，不再新设。

青岛工务段监控室位于青岛工务段办公楼二层，室内已放置有青荣监测终端、UPS 电源等，通信机房与监控室相隔 1 间房间，两屋之间通过吊顶内钢槽连接。本次设计将济青高铁监测终端、接入交换机设置于该处监控室。监测终端与接入交换机之间通过敷设屏蔽双绞线进行室内布线。通过通信专业提供的主备用各 1×2 Mbps 带宽，主备用各 1 个 FE 接口通道与中心系统联通。终端供电由防洪监控室室内接引，不再新设。

济南工务段、淄博工务段目前尚未设置灾害监测终端。将济青高铁监测终端、接入交换机、通信设备设置于济南工务段、淄博工务段。监测终端与接入交换机之间通过敷设屏蔽双绞线进行室内布线。通过通信专业提供的主备用各 1×2 Mbps 带宽，主备用各 1 个 FE 接口通道与中心系统联通。

通信维护部门配置维护管理监测终端。济南通信站(通信楼)紧邻济南局调度所，监控室内已放置有通信设备等。本次设计将济青高铁监测终端、接入交换机设置于该处监控室。监测终端与接入交换机之间通过敷设屏蔽双绞线进行室内布线。通过通信专业提供的主备用各

1×2 Mbps 带宽，主备用各 1 个 FE 接口通道与中心系统联通。终端供电由监控室室内接引，不再新设。

信息维护部门配置维护管理监测终端。济南局信息技术所位于济南局一号楼一层，尚未设置灾害监测终端。本次设计将监测终端、接入交换机设置于该处监控室。监测终端与接入交换机之间通过敷设屏蔽双绞线进行室内布线，网络交换机通过楼内敷设的六类线连接至一层网络机房，继而与中心系统联通。终端供电室内接引，不再新设。

四、监控单元

接入点监控单元由系统主机、数据接收和发送模块、继电器组合模块、防雷单元、网络接口和机柜等设备组成，并设置双套冗余的电源设备(每套电源蓄电池组备用时间为 1.5 h)。

监控单元主机模块及各种监测功能模块(不含继电器组合模块)按双机热备配置、支持热插拔，并且双机热备配置的主机和各种监测功能模块在两块不同的电路板上，可实现故障自动切换。

监控单元设置于沿线的 GSM-R 基站、信号中继站、车站、牵引变电所、分区所、AT 所等处的通信机械室。包括监控单元主机，风、雨、雪、异物及地震监测模块，电源设备及防雷单元等设备。共设监控单元 50 套。

五、现场采集设备

(一)风监测点

风速风向计主要布点原则如下：

1. 铁路沿线桥梁及高路堤等区段设置风速风向监测点，设置间距原则上为 5～10 km。青阳隧道口设置风监测点。

2. 风速风向计设在线路的迎风侧，安装于接触网支柱上，距轨面间距(4±0.1)m 处。通过数字内屏蔽电缆与邻近的设置于 GSM-R 基站的防灾接入点监控单元联接。

3. 每处风速风向计按设置两套考虑，采用同类形的设备。

4. 风速风向计避开安装在装有隔离开关、避雷器、下锚等接触网设备的接触网支柱上，采集设备托架与接触网支柱之间加装厚度不小于 10 mm 的橡胶垫片。

根据站前施工图阶段站前专业线路平、纵断面图、特大、大中桥表、路基地段表、隧道表和通信基站点表等资料，并按照《高速铁路设计规范》(TB 10621—2014)的要求，确定风速风向计设置位置及数量，待线路形成后经过现场踏勘调整优化风速风向计位置。设计范围共设置 48 套风速风向计。

(二)雨量监测点

雨量现场采集设备包括雨量计及数据传输单元等设备，共设置 15 套雨量计，布设原则如下：

1. 连续路基区段，有砟轨道线路，雨量监测点的布设间距一般为 15～20 km，根据沿线地形、地貌以及地质、植被等情况，在特殊地段适当加密。

2. 雨量计的布设位置邻近路堤、路堑等易产生塌方、水冲线路的处所。

3. 雨量计设置于接触网杆时，设置于通信基站同侧方向。雨量计安装于接触网支柱上，距轨面间距(3±0.1)m 处。

4. 在满足上述布设原则的情况下，经现场踏勘定测，雨量计设置于邻近的通信基站、中继站等处所内(需征得电务部门认可)。

5. 雨量计避开安装在装有隔离开关、避雷器、下锚等接触网设备的接触网支柱上，采集设备托架与接触网支柱之间加装厚度不小于 10 mm 的橡胶垫片。

(三)雪深监测点

雪深计的布设原则如下：

1. 铁路沿线近 20 年最大积雪深度 3 cm 及以上的区段设置雪深监测点。济青高铁属于我国 0 ℃等温线(秦岭—淮河)以北平原地区，雪深监测点设置间距原则上为 30 km。

2. 雪深监测点均匀布设，曲线路堑地段、线路方向与当地冬季主导风向交叉角度较大的低填方地段、挖方地段、隧道口等处适当增设。

3. 雪深监测点装设雪深计，雪深计安装在无遮掩、宽敞的场所。

4. 雪深计单台配置。

5. 雪深计安装于接触网支柱上，距轨道面的间距为(4±0.1)m，实现对轨道板、轨枕等积雪深度的监测。

6. 综合视频系统在每处设置雪深计的位置设置 1 台摄像机，通过综合视频平台对现场图像进行实时摄像传输。

7. 雪深计避开安装在装有隔离开关、避雷器、下锚等接触网设备的接触网支柱上，采集设备托架与接触网支柱之间加装厚度不小于 10 mm 的橡胶垫片。

根据气象资料及初步设计批复情况，济青高铁全线最大积雪深度达到 3 cm，共设置 10 处雪深监测点。

(四)地震监测点

根据地震烈度表，济青高铁全线大部分区段地震动峰值加速度在 0.10g 及以上，仅济南至邹平、胶州至红岛两处区段地震动峰值加速度为 0.05g。济青高铁在济南至邹平区段设置邹平牵引变电所、分区所 2 处牵引变电设施，其中邹平牵引变电所距离地震动峰值加速度 0.10g 的区段仅有 2.25 km，石济客专在济南东牵引变电所设置了地震监测点，考虑到系统联动的可实施性，在邹平牵引变电所、分区所设置地震监测点。

地震监测点主要布点原则如下：

1. 地震监测点设置符合 P 波监测的需求，布设间距为 25 km。

2. 地震加速度计、强震动记录器双套配置，2 台地震加速度计间距不小于 40 m。

每处地震监测点设置 2 套地震仪，室外地震仪仪器墩基础的安装由建筑、结构专业负责设置，需满足《地震台站建设规范强震动台站》(DB/T 17—2006)的要求。地震仪仪器墩基础上设置砖混结构顶，砖墙侧壁开维护用门，砖墙侧壁开通风口以保证通风。

济青高铁设置 12 处地震监测点，在 6 处牵引变电所、6 处分区所设置有地震监测点。

(五)缆线敷设及防护

1. 风 监 测

风现场采集设备至防灾接入点监控单元之间采用信号数字内屏蔽电缆，主要设置原则见表 3-16-1。

表 3-16-1　风监测点室外缆线设置表

风监测点	
现场监测点至监控单元的距离	电缆型号
3 000 m 以下	SPTYWPL23 型 16B
3 000 m 及以上	SPTYWPL23 型 24B

2. 雨、雪监测

雨及雪现场采集设备至防灾接入点监控单元之间采用信号数字内屏蔽电缆，主要设置原则见表 3-16-2。

表 3-16-2　雨监测点及雪监测点室外缆线设置表

雨监测点及雪监测点	
现场监测点至监控单元的距离	电缆型号
3 000 m 以下	SPTYWPL23 型 12B
3 000 m 及以上	SPTYWPL23 型 16B

3. 地震监测

地震现场采集设备至防灾接入点监控单元之间采用信号数字内屏蔽电缆 SPTYWPL23 型 21B。接入点监控单元至相关信号列控中心之间采用铝护套综合扭绞信号电缆 PTYL23-12 芯，接入点监控单元至相关牵引供电控制中心之间采用室内屏蔽电缆 ZR-RVVP8×2.5。

4. 电缆接地

所有区间线路两侧缆线均做防雷接地保护，所有区间线路进入机房之前均做防雷接地。室外电缆钢带(铝护套)应采取分段单端接地方式，每段电缆不超过 3 km，外皮单点就近接入综合接地端子。电缆引入机房的接地连接，按《高速铁路信号工程施工技术规程》(Q/CR 9607—2015)12.3.4 条第 3 款的要求施工。

5. 阻燃性要求

灾害监测系统引入章丘北、邹平、青州北、临淄北、高密北各车站的缆线采用低烟、无卤、阻燃型缆线，以进站信号机为界采用低烟、无卤、阻燃型缆线。

引入设置监控单元的 GSM-R 基站、中继站、信号楼、牵引变电所、分区所的室内防灾缆线及防护材料采用阻燃型，实施原则如下。

回楼缆线长度不超过 650 m，引入章丘北、邹平各车站的缆线采用低烟、无卤、阻燃型缆线，引入设置监控单元的 GSM-R 基站、中继站、信号楼、牵引变电所、分区所的室内防灾缆线及防护材料采用阻燃型。

回楼缆线长度超过 650 m，机房端回楼 500 m 范围内引入青州北、临淄北、高密北各车站的缆线采用低烟、无卤、阻燃型缆线，机房端回楼 500 m 范围内引入设置监控单元的 GSM-R 基站、中继站、信号楼、牵引变电所、分区所的室内防灾缆线及防护材料采用阻燃型。

其他场所、区段采用常规型缆线。

GSM-R 基站、信号中继站、牵引变电所、分区所、车站通信机械室内线缆穿放于防静电地板下方的阻燃型走线槽内，数据线和电源线分别穿放于两个走线槽。过桥、过路、引入时直埋电缆采用钢槽或钢管防护。

6. 缆线防护

站房、GSM-R基站、信号中继站、牵引变电所、分区所通信机械室内线缆穿放于防静电地板下方的走线槽内，数据线和电源线分别穿放于两个走线槽。过桥、过路、引入时直埋电缆采用钢槽或钢管防护。

在灾害监测系统信号电缆及电力电缆敷设地点，设置易于识别的警示和保护标识。在直埋光电缆转弯处或直线敷设区段每300 m处设置标识石。

桥梁专业在灾害监测电缆上、下桥处预留锯齿形槽口，同时在桥上光、电缆引下孔洞沿桥体至地面间设置电缆钢槽，并设置砖砌围桩防护。

灾害监测电缆在区间内通过通信、信号电缆槽敷设，下桥、路基边坡引下通过通信电缆槽敷设。

在设置有现场监控单元的通信基站、车站、中继站、牵引变电所、分区所等处，路基专业需在其附近预留防灾专业所需的过轨钢管。线路两侧通信信号电缆槽处设置手孔，房屋所在一侧坡脚外设置手孔，预埋下坡防护管。

（六）备品备件

根据《中国铁路总公司关于印发高速铁路自然灾害及异物侵限监测系统维护试行办法的通知》(铁总运〔2013〕142号)相关规定“3.2.8设备的备品备件原则上按照以下规定配备，有特殊要求的设备按照有关规定执行”。

1. 现场监测设备：风、雨、雪传感器、地震加速度计及数据传输单元、现场控制器主要部件按照实际安装数量的5%配备，至少配备1台。异物监测网单元(1延米/单元)按照实际安装数量的3%配备。地震记录仪按照线路对应的铁路局配置数量不少于1台。

2. 监控单元：监控单元主机、采集模块、电源模块、防雷模块、异物侵限监测模块等关键板件每工区按照实际安装数量的8%配备；UPS电源(及电池)、防灾系统专用配电箱每车间按照实际配置数量的5%配备；继电器按照实际配置数量的5%配备。

3. 光电缆：按运用每百公里备用同型号光电缆500 m，至少配备200 m。

六、电　源

灾害监测系统用电均为一级负荷，采用UPS电源系统供电。

本次设计各防灾接入点监控单元的通信机械室配置电源模块或UPS各2台，每台电源模块或UPS不间断供电时间为1.5 h。现场监测设备的供电，利用现场信息监测设备至监控单元至间敷设的信号电缆提供电力传输。

UPS电源及电池配置用于通信电源及环境监控系统对其进行电压、电流等数据采集接口，并满足通信电源及环境监控系统接入时所需要求。

七、防雷及接地

设置于室外的现场监测设备均装设防雷装置，现场采集设备通过敷设接地缆线与预留在路基、梁端电缆槽内的接地端子相连。设置在现场的风、雨、雪监测设备，不安装在设置有隔离开关、避雷器、下锚的接触网杆上，以免受雷电流影响、损坏设备。现场采集设备通过敷设接地缆线与预留在路基、梁端电缆槽内的接地端子相连，接入点与其他设备在贯通地线的接入点间间距不小于 15 m。

所有区间线路两侧缆线均做防雷接地保护，所有区间线路进入机房之前均做防雷接地。

室外电缆钢带（铝护套）采取分段单端接地方式，每段电缆不超过 3 km，外皮单点就近接入接地端子。电缆引入机房的接地连接，按《高速铁路信号工程施工技术规程》（Q/CR 9607—2015）12.3.4 条第 3 款的要求施工。机房内设备通过接地缆线与室内接地端子排连接，纳入综合接地。设置于室内、外的灾害监测系统设备均接入综合接地系统，接地电阻值不超过 1 Ω。

第十七章　客运服务系统设计

第一节　客票系统设计

一、客票系统总体构成

客票系统是以席位管理和交易处理为核心，建立广泛的销售渠道，适应多种售检票及支付方式和灵活的营销策略的实时交易系统。

该次设计各站检票采用自动方式、售票采用人工及自动相结合方式。采用路局集中管控模式。客票系统由路局客票中心系统、车站系统两级构成，其中在沿线各客运站新设车站级客票系统，利用济南局既有自动售检票中心系统及青荣城际扩容的济南局客票中心系统。客票系统的票制采用纸质磁介质客票。

二、济南局客票中心系统及自动售检票中心系统

因济青高铁引入济南局，对济南局既有客票系统扩容磁盘存储阵列 1 套。

三、济南局实名制验证中心设备

根据《铁路自助实名制核验设备暂行技术条件》的通知（铁总运〔2017〕41 号）的规定，并结合济南局需求，通过济青高铁变更设计新增 2 台实名制验证数据库服务器，1 套磁盘存储阵列，2 台应用服务器以及 2 台接入层交换机。负载均衡器、SAN 交换机利用路局端既有设备。

四、车站级客票系统

在各客运车站设置车站级客票系统。其中自动售检票车站级服务器（县级站设应急服务器）、安全防护设备、路由器、核心网络交换机等设置于信息机房，窗口售票机设置于售票室，补票机设置于出站厅补票室。在各客运车站售票厅和进站厅旅客进站流线方向两侧设置自动售票机。根据旅客流向，在进站安检仪靠近进站口的区域设置实名制验证设备，在每个候车区域出口设置实名制复位设备。每一组闸机中均有 1 台闸机为双通道闸机。

地级市车站（包括济南东站、红岛站、潍坊北站、淄博北站、机场站）车站级客票系统机房设备主要包括数据库服务器（含存储）1 台、应用服务器（含存储）1 台。县级市车站（包括胶州北站、章丘北站、邹平站、临淄北站、青州市北站、高密北站）车站级客票系统机房设备主要包括自动售检票应急服务器（含存储）1 台。

依据《铁路客票系统技术条件（铁路局及车站部分）》（铁总运〔2014〕265 号）及《铁路客票安全系统密码子系统升级改造技术方案》（运信网安函〔2015〕384 号）的要求，地级市车站（包括济南东站、红岛站、潍坊北站、淄博北站、机场站）客票安全设备配置了 2 台安全通信平台、2 台防火墙、2 台网络管控器、1 套安全管理工作站以及 4 台客票安全交换机，县级市车站（包括胶州北站、章丘北站、邹平站、临淄北站、青州市北站、高密北站）客票安全设备配置了 2 台安

全通信平台、2 台防火墙、2 台网络管控器、1 套安全管理工作站以及 2 台客票安全交换机。

济南东站为济青高铁与石济客专接轨站。济青高铁在济南东站设置有车站售检票服务器、磁盘阵列、路由器、交换机、安全防护设备、窗口售票机、自动售票机、自动检票机、补票机等设备。石济客专原设计在济南东站设置的客票系统架构与济青高铁相同,终端设备主要有窗口售票机 4 台,自动售票机 4 台,自动检票机 8 台。根据批复意见,济南东站由济青高铁工程统一建设。

红岛站位于济青高铁与青连铁路并线区段。济青高铁在红岛站设置有车站售检票服务器、磁盘阵列、路由器、交换机、安全防护设备、窗口售票机、自动售票机、自动检票机、补票机等设备。青连铁路原设计在红岛站设置的客票系统架构与济青高铁相同,终端设备主要有有窗口售票机 6 台,自动售票机 12 台,自动检票机 12 台。根据批复意见,红岛站由济青高铁工程统一建设。

为满足车站互联网、实名制售票需求,在各自动售票机处安装身份证、银行卡及中铁银通卡的读卡设备;在窗口售票机处安装身份证、学生证的读卡设备。

根据《铁路自助实名制核验设备暂行技术条件》的通知(铁总运〔2017〕41 号)的规定,在车站设置自助式实名制验证闸机和二层接入交换机。各进站口各设置 1 台实名制复位终端(每组实名制验证设备中有 1 台具备实名制复位功能)和 1 台公安比对查验终端。

五、计算机网络

(一)局　域　网

车站级客票系统局域网网络均采用 1 000 Mbps 以太网专用。并采用二级物理架构,由核心层和接入层交换机组成,核心层采用千兆核心骨干交换机,接入层采用百兆交换机,接入层交换机通过双星型链路与核心层网络交换机互联。

(二)广　域　网

各车站客票系统通过通信专业设置的专用传输通道接入济南局客票中心系统。济南东、红岛、潍坊北、淄博北各站带宽为主备用各 5×2 M,接口类形为 FE(e)口。其余各站带宽为主备用各 2×2 M,接口类形为 FE(e)口。

六、系统接口

(一)与旅客服务信息系统接口

客票系统在车站与旅服系统不设接口,在路局自动售检票系统通过隔离网闸和安全交换机与中心级旅客服务信息系统进行信息交互,包括从旅客服务系统获取列车到发信息,及向旅客服务系统提供车站进出站客流信息、售票、检票信息等进行客流疏导的基础信息及票额信息。

(二)与 FAS 系统接口

客票系统通过干接点单方向接收车站火灾报警系统火灾报警信息,实现火灾情况下紧急开放检票机,疏导旅客安全疏散。

第二节　旅客服务信息系统

旅客服务信息系统以信息的自动采集为基础,以为旅客提供全方位信息服务为目标,实现客运车站广播、显示、监控等功能,运用多样化的服务手段为旅客提供优质的服务,实现旅客服务的信息化。

采用路局集中管控运维模式。旅客服务信息系统由路局级旅客服务信息系统及车站旅客服务信息系统构成。旅客服务信息系统各子系统设备根据《铁路旅客车站客运信息系统设计规范》(Q/CR 9140—2018),结合站房建筑平立剖及功能,按照以人为本的设计理念进行设置,满足车站内旅客、生产及管理人员的信息需求。

一、路局级旅客服务信息系统

济南局既有旅服中心设备包括旅服系统数据库服务器为 IBM x3850 x5 2 台,应用服务器 IBM x3850 x5 4 台,接口服务器 IBM x3650 2 台,身份认证服务器 IBM x3650 2 台。已接入青荣城际和德大铁路的共 18 个车站。青荣城际和德大铁路均无大型客站,合计 22 个标准站。石济客专先于济青高铁开通,石济客专济南局管界内合计 3 个标准站。综上所述,济青高铁接入路局平台前已接入 25 个标准站。按照集成管理平台配置技术条件的要求,既有 2 台数据库服务器共能接入 30 个标准站,余量仅剩 5 个标准站;既有 4 台应用服务器共能接入 32 个标准站,余量仅剩 7 个标准站。

根据地方要求增加面积后的站房规模,济青高铁济南东站、淄博北站、潍坊北站、红岛站、机场站均为大型车站,章丘北站、邹平站、青州市北站、高密北站、临淄北站、胶州北站为中小型车站,济青高铁共计 21 个标准车站数据规模。与济青高铁同步开通的青连铁路青岛西站为大型车站,奎山、岚山西、董家口为小型车站,青连铁路共计 5 个标准车站数据规模。济青高铁与青连铁路共计 26 个标准车站,需对旅服中心系统进行扩容。

按照集成管理平台配置技术条件的要求,每台数据库服务器支持 15 个标准站的数据处理能力。新增 2 台数据库服务器加入集群。

按照集成管理平台配置技术条件的要求,每台应用服务器支持 8 个标准站的数据处理能力。新增 3 台应用服务器加入集群。

综上所述,根据济青高铁和青连铁路共计 26 个标准车站数据规模,需对旅服中心系统进行扩容,扩容 2 台数据库服务器、3 台应用服务器、2 台身份认证服务器、2 台 SAN 交换机以及 2 套存储设备。

根据济南局为济青高铁设置 1 个旅服综控台的具体需求,本次设计为济青高铁旅服综控台新设相关系统终端设备,主要包括 3 台旅服信息系统终端(3 套 1 机 4 屏,2 主 1 备)、1 台 TDMS/OA 系统复示终端,见表 3-17-1。

表 3-17-1 路局旅服系统扩容设备配置表

序号	设备名称	详细配置	单位	数量
1	数据库服务器		台	2
2	应用服务器		台	3
3	身份证认证服务器		台	2
4	存储设备		块	1
5	SAN 交换机		台	2
6	旅服综控台终端	1 机 4 屏	台	3
7	TDMS/OA 复示终端		台	1

二、车站旅客服务信息系统

沿线各车站设置车站级旅客服务信息系统，新设旅客服务信息系统包括车站管理平台、综合显示子系统、客运广播子系统、时钟子系统、入侵报警子系统、门禁系统及安检仪等。此外，济南东站设置查询系统、求助系统、车站客运作业管理系统（无线 AP 系统）；红岛站、潍坊北站设置查询系统、求助系统。车站视频监控设备接入综合视频平台。

（一）应急管理平台

旅客服务信息系统在路局设置集成管理平台主机，实现统一指挥和管控。在沿线车站设置车站管理平台/应急管理平台，在路局旅服中心丧失控制权的情况下，启动车站管理平台，执行站控模式。

车站管理平台集成综合显示、广播、时钟等系统，按运营需要制作业务模板，根据列车到发、检票等相关业务信息，自动生成广播计划和导向揭示计划，实现综合业务操作。并对各子系统设备进行集中监控和报警管理。

车站设置车站管理平台/应急管理平台，包括数据处理服务器（地级市车站及机场站各设 2 台，县级市车站各设 1 台）、应用服务器（地级市车站及机场站设）、接口服务器（县级市车站设）、身份认证服务器、网络及安全设备、应急业务操作设备、网络管理终端、维护终端、车站语音设备等。

（二）综合显示系统

综合显示系统以播放列车运行信息、导向信息、客票信息、车站人员通告信息、其他交通工具运行信息为主，同时为旅客提供本地或目的地的气象信息、广告、新闻等资讯。

沿线各车站均设置进站大屏、票额屏、候车引导信息屏、检票屏、售票窗口屏、进站通道屏、站台信息屏、出站通道屏、出站信息屏、到发通告屏、LCD 信息屏等显示终端。

（三）客运广播系统

车站广播系统覆盖售票厅、进站大厅、车站出口、候车区域、检票区域、站台、工作区域、贵宾厅、公共区域等。

车站的检票口、服务柜台、售票厅、站台等处放置人工呼叫站进行人工插播。在候车室、售票厅、出站厅等处所设置噪声检测设备，系统根据背景噪声自动调节该区域广播音量。

候车大厅、售票厅及站台设置无线呼叫站。

车站广播采用分布式广播布置方式，广播控制主机设置在信息机房，功放设备设置在信息机房或信息设备配线间，采用就近布置的原则，根据现场邻近的扬声器总功率选用适当的规格。扬声器功放数量采用主备用方式：主备用比例为 4∶1。

（四）视频监控系统

视频监控系统由站房公共区（含安检区域）、售票室内视频监控系统构成。摄像机均采用高清网络摄像机。其中，视频监控范围为公共候车区、进出站厅、售票厅、站台、进出站地道或天桥等公共区域，涉及公共安全的摄像机，视频存储时间均不小于 15 d。根据《铁路客运服务信息系统设计规范》（TB 10074—2016）3.5.7.4 的相关规定：票据库、进款室等重点治安防范区域的摄像机视频信息存储时间不小于 15 d，其余摄像机（主要监视区域为办公区走廊、办公区楼扶梯等）视频存储时间不小于 3 d。（不涉及公共安全的办公区、票据库、进款室摄像机存储时间尚无公安规范，目前以客服规范为准）。

站房公共区视频监控系统主要由前端音视频采集设备（摄像机、拾音器）及视频服务器、系统管理站、视频显示设备等组成。其中视频服务器、存储设备、系统管理站等设备由通信综合视频监控系统统一考虑，前端视频采集设备等由信息专业负责。

售票室视频监控系统独立构建，不纳入综合视频监控系统，由售票室摄像机、硬盘录像机DVR构成。

车站摄像机均采用网络高清摄像机，站房综合楼内的摄像机采用就近供电的方式，站台摄像机通过设置在站台端的配电箱供电。摄像机与防雷箱装在一处，设置在雨棚下的摄像机通过雨棚柱引下接地线与接地端子连接。网络摄像机采用网线或光缆＋光纤收发器的方式进行数据传输。视频存储设备、视频交换机由通信专业设置，室内端光纤收发器、数据配线架、视频交换机设置在通信机械室或配线间。

（五）时钟系统

沿线各站设置时钟子系统，主要由NTP母钟、子钟、维护终端构成。路局旅服中心系统通过以太网接口从通信“时间分配系统”获取标准时间，按标准时间信号同步子钟统一进行时间显示，为旅客服务信息系统提供统一时间信号。NTP母钟从车站级旅服集成平台获取时钟信号，具备多路数字式及指针式输出接口，用于驱动不同类形车站子钟。

（六）入侵报警系统

入侵报警系统由报警主机、布控键盘、声光报警器、报警按钮和双鉴探测器组成。实现对售票室、票据库、进款室的入侵报警监控。

报警主机设置于公安值班室，负责接收现场传输来的报警信号，提供电子地图显示、进行防区设置、布/撤防设置和系统配置管理，并存储报警记录。在售票室设置报警按钮，在票据室、进款室、财务室等需要设防的场所设置双鉴探测器。

沿线各车站信息机房、信息设备配线间、售票办公区出入口设置门禁系统。实现信息机房、信息设备配线间及售票办公、票据室、进款室等重点区域的刷卡进入。

（七）安　检　仪

为确保旅客列车运行安全，沿线各车站进站口设置旅客行包安全检查仪。根据《中国铁路总公司关于明确新建铁路旅客车站安检仪设置有关要求的通知》（铁总建设〔2016〕242号）的规定，安检仪均采用具备航空认证标准的双源双视角X光安检仪。

各客运车站VIP独立进站通道内各增设1台小型安检仪。安检仪应包括安检门、动力延长器、金属探测器等附属设施。手持金属探测仪按照每台安检仪配置4套考虑。安检仪视频监控接入综合视频系统，在每个VIP候车室操作员台设置1台视频监控终端。

（八）查询系统

济南东站、红岛站、潍坊北站、淄博北站设置查询系统。

各站综合服务台设置2台查询设备。

查询终端通过光缆接入旅服系统接入交换机。

为便于维护更新，查询终端设备应具备通过工业级VPN远程进行更新的功能。

（九）求助系统

济南东站、红岛站、潍坊北站、淄博北站设置求助系统。求助主机及录音仪设置在信息机房，在综合控制室、客运值班室设置求助值班分机，在各站站台、售票厅、出站厅、无障碍卫生间设置招援求助按钮。其中各站台求助按钮的设置原则为每站台 2 个。

（十）车站客运作业管理系统

济南东站近期同时有济青、石济、郑济 3 个方向的客流，对车站的旅客服务信息管理水平提出了高要求。本次设计在济南东站设置车站无线 AP 系统，主要包括网管与终端定位服务器、接入交换机以及无线 AP 现场设备。将多个无线接入点 AP 形成的各自的无线信号覆盖区域进行交叉覆盖，各覆盖区域之间无缝连接。所有 AP 与有线骨干网络相连，所有无线终端通过就近的 AP 接入网络。为避免 AP 间的同频干扰，必要时对同信道的 AP 功率进行适当调整，保证客户端在一个位置可见的同信道 AP 较强信号只有一个，同时满足信号强度的要求。

济南东站无线 AP 由网管与终端定位服务器（2C×8 核，2.6 GHz，16 GB 内存）2 台、汇聚交换机 2 台、车站 POE 交换机 10 台、车站无线接入 AP 设备等组成。

设置在现场的无线接入 AP 现场设备由 POE 交换机供电，POE 交换机通过电缆接入邻近的配电箱。

（十一）计算机网络

1. 局 域 网

车站级旅客服务信息系统局域网网络采用 1 000 Mbps 以太网。旅客服务系统在信息机房设置三层千兆核心交换机，在各配线间根据终端数量配置相应的接入层交换机。

2. 广 域 网

济南东、红岛、潍坊北、淄博北各车站旅客服务信息系统通过通信专业设置的主备用各 5×2 M 数据网通道与路局中心沟通，接口类形为 FE 口。

章丘北、临淄北、邹平、青州北、高密北、胶州北、机场各车站旅客服务信息系统通过通信专业设置的主备用各 2×2 M 数据网通道与路局中心沟通，接口类形为 FE 口。

第十八章　工程接口设计

第一节　专业间接口设计概述

一、站前工程接口设计

路基工程接口设计主要是与桥梁、涵洞等横向构筑物共同组成无砟轨道线下基础。因此，路基工程接口设计主要包括接触网立柱基础、声屏障立柱基础、综合接地电缆、过轨管道、防灾及监控系统之间的接口设计。

桥梁设计涉及的接口专业众多，包括轨道、线路、路基、站场、房建、环保、通信、信号、电力及电气化、综合接地、防灾等专业。桥梁与其他专业的接口设计需要统筹考虑。

隧道工程接口设计主要包括过轨及综合接地设计、桥隧相连及桥隧间短路基设计、排水系统设计。

站场与线路的土石方分界里程为站场与线路的路基横断面设计、排水设计、防护栅栏设计、用地范围设计等工作及工程数量计算的分界点。土石方分界里程以内为站场专业计列，分界以外为路基专业计列。

二、站后工程接口设计

通信工程接口设计主要包括系统内部接口、外部接口、与土建工程接口。其中内部接口分别是与传输系统、电话交换及接入系统、数据通信系统、专用移动通信系统、调度通信系统、会议电视通信系统、应急通信系统、时钟及时间同步系统、通信电源、防雷及接地系统、综合视频监控系统、通信电源及环境监控系统、综合布线系统、通信线路接口；外部接口分别为与信号系统、电力供电系统、牵引供电系统、接触网、房建与暖通、防灾安全监控系统、信息系统、综合接地之间接口；与土建工程接口包括与路基、隧道、桥梁、站场、房建、暖通、通信区间房屋维修道路的接口。

信号专业与相关专业存在比既有线更多更复杂的接口关系，主要包括与站前专业接口和"四电"专业内部接口；其中与站前专业接口主要包括桥、隧、路基、站场、房建等专业、轨道专业房建、暖通专业、行车专业等接口；"四电"专业内部接口主要包括与通信、信息(即与防灾安全监控系统)、电力、暖通专业、牵引供电专业接口。

第二节　接口设计原则与要点

一、站前工程接口设计原则与要点

(一)路基工程接口设计

1. 两侧沿接触网柱基础外侧贯通设置一条预制钢筋混凝土通信、信号、电力电缆槽，电缆槽布置执行《铁路路基电缆槽》[通路(2010)8401]相关要求。

电缆槽及手孔在路基基床表层级配碎石压实达到标准后，在两侧路肩上采用机械切割出台阶后进行安装，安装手孔位置尽量避开声屏障立柱基础、接触网支柱基础。

2. 接触网立柱基础

接触网立柱基础在路基基床表层级配碎石铺设前，在路肩外采用钻孔(干钻)灌注施工，可以与通信信号电缆槽同时施工。基础周围的空隙采用沥青混凝土填补。

3. 声屏障立柱基础

声屏障立柱基础在路基基床表层级配碎石铺设压实后实施切割、开挖，上部结构采用二次浇筑方式连接。基础周围的空隙采用沥青混凝土填补。声屏障设置于路肩宽度范围以外。

4. 综合接地电缆

综合接地电缆路肩两侧各设一根，考虑与通信、信号、电力的连接和铺设对路基施工的干扰，综合接地电缆铺设于两侧电缆槽底部基床底层填料中。电缆槽底部预留孔道将综合地线引入电缆槽。

5. 过轨管道

通信、信号及电力电缆过轨管道，埋设于基床底层中，具体埋设位置及根数根据有关专业需求确定。

6. 防灾及监控系统

(1)一般路堤地段特别是软土、松软土、高堑坡及陡坡地段建立沉降观测、边坡变形监控系统，以确保高速铁路路基工程施工和运营安全。

(2)防护栅栏：济青高铁进行全封闭，在路基部分两侧设计钢筋混凝土防护栅栏，采用(2012)8001标准图实施。

(二)桥梁工程接口设计

1. 轨　　道

正线一般地段铺设CRTSI型双块式无砟轨道，部分段落采用CRTSⅡ型板式无砟轨道。与正线紧邻的到发线采用CRTSI型双块式无砟轨道，其他到发线采用混凝土宽枕的有砟轨道；正线桥梁道岔区采用埋入式无砟轨道结构，铺设无砟轨道的到发线道岔区采用轨枕埋入式无砟轨道结构。不同轨道板铺设段落和轨道结构与梁面之间的高度详见轨道专业图纸及相关文件；相关联络线采用有砟轨道，根据轨道结构的相关要求，正线铺设双块式无砟轨道的桥台后需设置搭板，具体台后预留搭板开槽详见《长昆客专(长玉段)桥通-Ⅱ-13》，桥隧相连地段台后不设搭板。

2. 通信、信号、电力

桥上设置通信、信号和电力电缆槽，并在梁、墩台和基础等结构内设置综合接地系统。综合接地贯通线布设于信号电缆槽内，与信号电缆槽合用。

综合接地对铁路桥及框构桥等均进行设置，按[通号(2009)9301]图及经规标准〔2009〕273号“关于《铁路综合接地系统》通用参考图通号(2009)9301局部修改的通知”的相关内容施工。

贯通地线按照《中国铁路总公司关于进一步加强客专工程桥梁地段综合贯通地线防盗工作的通知》(铁总运〔2013〕64号)要求，埋设于电缆槽保护层内。

信号、通信、电力电缆槽贯通布设，梁部浇筑前预留好电缆槽连接钢筋，电缆槽后期浇筑。

正线桥涵通用设计已考虑桥上通信、信号和电力等，电缆槽按梁图实施。

联络线桥上设置通信、信号，电力电缆槽。通信、信号电缆槽设在右侧；电力电缆槽设在左侧。电缆槽采用玻纤聚酯电缆槽。

电缆上下桥时，在梁端预留锯齿孔，并在梁上预埋钢板，焊接固定电缆的支架，桥墩上利用预留预埋件的方式固定电缆。

(1)电缆上下桥设置。在信号中继站附近，设置信号和电力电缆上下桥设备。在通信 GSM-R 基站附近，设置通信和电力电缆上下桥设备。在牵引变电所、分区所、AT 所附近，设置牵引供电、电力和通信电缆上下桥设备。在电力配电所附近，设置电力和通信电缆上下桥设备。

(2)除牵引变电所、分区所、AT 所附近的牵引供电、电力和通信电缆上下桥设备外，其余每处电缆上下桥时，在同一个桥墩上两孔梁的梁端(包括线路左右两侧)都预留锯齿孔和预埋槽道。

3. 电缆上下桥

在站后专业指定的桥墩面上预埋上下桥电缆爬架，与桥墩一并浇筑完成。爬架垂直桥墩面直线向上布设，爬架间距根据电力专业提供数据确定。

4. 接 触 网

接触网立柱基础位于梁面或桥墩上，根据接触网专业提供的尺寸和位置与梁体、桥墩一并浇筑，并预埋接地端子。

关于接触网支柱基础、接触网电缆上桥预留孔洞的具体位置，请详见接触网专业提供的图纸。预制正线箱梁施工前，与接触网专业核对，减少预制梁接触网基础错误问题。连续梁施工根据接触网接触类形选用梁部悬臂板相应加固钢筋布置图。

联络线简支梁桥上接触网支柱，架设在钢托架上，电化托架设置在桥墩上，按照联络线桥梁桥墩相应参考图办理。施工前核对接触网坠陀是否与避车台位置干扰，无干扰后再行施工。

5. 环保设施

声屏障立柱基础位于电缆槽外侧，与遮板一并浇筑，根据原铁道部正式发布的桥梁段声屏障通用图预埋。

部分地段桥上预留声屏障基础，在制梁前确认具体预留声屏障基础的里程范围后方可施工。如声屏障设置段落调整，将引起二期恒载的变化，注意相应调整桥上遮板、电缆槽竖墙与梁部的连接钢筋、梁部预应力布索和支座吨位等。箱梁、T 梁上声屏障及栏杆等后期安装构件安装牢固。

6. 隧　　道

济青高铁桥梁与隧道洞口相连或相距较近的工点较多，桥隧相连地段桥梁台尾与隧道洞口之间预留 3 cm 的结构缝。施工过程中合理安排桥、隧的施工组织和施工工序，减少施工干扰、减少施工困难。桥台两侧的边坡的处理与隧道保持一致并顺接，如遇隧道边、仰坡存在危岩、落石和设置主动、被动防护网，桥梁范围内边坡按照隧道要求延续设置。

7. 路　　基

小桥涵地基处理措施采用与路基一致的原则处理。注意核对涵洞涵底高程与地基处理的协调性。有沟渠、水流、沟槽的位置未设涵洞的路基工点在施工前与设计进行确认有无涵洞，确认后方可施工。

路基地基处理施工之前核实地基处理措施(如 CFG 桩、管桩等)与桥台基础的相互关系，确保路基地基处理措施与桥台基础之间有一定距离，满足桥台基础施工要求。

桥台与路基衔接的过渡段内设置检查台阶，按路基专业图纸施工。

施工时注意核对涵洞涵顶横断面与两侧路基横断面是否一致，桥台锥体横向断面型式与台后路堤是否一致，确认一致时方可施工。尤其对于台后路堤如为支挡结构，桥台锥体采取相同的结构或相应的措施，以与路基结构保持顺接。

桥台若与路堑相连，施工过程中合理安排桥、路基的施工组织和施工工序，减少施工干扰、减少施工困难，节约工程投资、保证工程质量。桥梁范围内设置抗滑桩时，先施工抗滑桩防护工程，再施工桥梁主体工程，以免发生安全事故，如龙形溪大桥的长方台。

8. 车站站房

济青高铁存在多座车站，车站内的专业接口较多，因此，高架站大桥与站台结构、雨棚柱结构关系密切，结构相互影响，并且受规划标高的控制，施工前多方落实，确认稳定后再行施工。非高架站旅客地道受站房结构控制进出口标高和里程位置，待站房稳定后再行施工，并且注意站场内路基与旅客地道施工的工序，防止相互干扰。

9. 救援疏散通道

为便于应急意外及养护维修的需要，当桥长超过 3 km 时，每隔 3 km(单侧 6 km)设置一处，并相应设置指示引导装置。救援疏散通道的设置和桥下维修通道、绿色通道及地面道路统筹考虑。在隧道群中桥梁根据逃生系统的需要设置必要的疏散通道。

(三)隧道工程接口设计

1. 分界里程确定原则

(1)斜切式洞门

以洞门斜切面与左线内轨顶面的交点里程取整为洞口里程和隧路分界里程。

(2)其他有挡墙工程的洞门

洞口里程即为隧路分界里程，分界里程外的轨下工程由路基专业设计，洞口挡墙有特殊要求的由隧道专业负责设计，路基专业配合；利用路基专业桩板墙做隧道挡墙的由路基专业设计。

(3)桥隧相邻

台尾与洞口间距 2 m 以下(台尾施工放坡开挖范围)，桥台与隧道洞口间采用全刚性设计，完整硬质岩地段无需换填，其余地段采用 C25 混凝土换填，深度至洞口仰拱最低处，宽度至洞口隧道边墙外缘，由隧道专业完成。台尾为隧桥分界里程，台尾与洞口间距 2 m 以上，桥隧间路基工程由路基专业完成设计，洞口里程即为隧路分界里程。

2. 过轨及综合接地设计

信号专业牵头，电力、通信、信息及站前各专业配合，系统研究过轨的系统方案，提出本专业过轨位置和要求，然后进行系统研究，合理设置，尽量合并设置，确定方案后分别提交相关专业，保证系统经济合理。同时对于接地的要求和设置位置进行充分沟通，一次做到位，避免造成后续拆改。

3. 桥隧相连及桥隧间短路基设计要求

对隧道进口与等高线交叉角度较小，边仰坡刷坡较高，设置挡翼墙或锚固桩的段落，为降低刷方高度，降低挡翼墙设置难度，尽量让桥台设置在挡翼墙范围之外(受梁高及梁下检修井空 1.5 m 要求，桥梁较路基刷方高 4.5 m 左右)，桥隧之间设短路基。短路基采用特殊设计的混凝土结构，使桥、隧、路之间的刚度均匀，满足轨道平顺性的要求。

4. 排水系统设计

综合考虑隧道洞口排水设计，隧道天沟接入路基天沟或引排至地势低洼处，隧道侧沟及中心排水管沟接入路基或桥梁侧沟，最终形成地表径流排泄。线路专业统筹末端排水设计。

（四）站场工程接口设计

1. 房　　建

(1)站台墙高度、站台宽度及长度由站场专业提出要求，房建专业设计站台墙及站台铺面，并计算工程数量。

(2)站台栅栏及站名牌由房建专业设计并计算工程量。

(3)站场专业计算维修工区最外侧的围墙工程数量，其他围墙由房建专业计算工程数量。

(4)站场专业计算与线路路基一体部分的房屋土石方数量，独立房屋及站房的土方由房建专业计算。

2. 轨　　道

(1)贯通车站正线的轨道工程及设计为无砟轨道的到发线、工区库内线路由轨道专业设计并计算工程数量，道岔由站场专业设计并计算工程数量。

(2)无砟轨道与有砟轨道之间的过渡段，其设计原则由轨道专业提供，工程数量由站场专业计列。

3. 路　　基

(1)站场内客专系统以及普速系统中需要路基特殊处理地段的路基边坡及防护由路基专业计列，站场普速系统一般路基设计边坡防护由站场专业计列。客运车场范围内的地基处理及加固措施由路基专业设计完成。

(2)站内路桥(涵)、路隧过渡段的工程数量由路基专业设计并计算工程数量，但工程数量由路基专业提供给本专业调配。

4. 四　　电

站内综合电缆的布置，站场专业计算综合电缆过轨的钢管防护的数量，其他综合管沟、电缆槽及检查井的数量由“四电”专业计算，将计算结果反馈站场专业一并计列。

二、站前与站后工程接口设计

（一）通信工程与相关专业接口设计

1. 通信系统内部接口

(1)传输系统与其他子系统接口见表 3-18-1。

表 3-18-1　传输系统与其他子系统接口

子系统名称	通信其他子系统	接口种类	工程界面
传输系统	无线、数据网、电话、调度、时钟及时间同步	64 K/2 M/155 M	通信机房配线架外线侧
	应急、环境及监控、视频监控	FE	传输设备 FE 端口
	电源及接地	−48 V 电源及地线	通信电源设备输出分配端子及通信机房地线盘接线端子
	通信线路	光缆	光缆终端分配端子的外线侧

(2)电话交换及接入系统与其他子系统见表 3-18-2。

表 3-18-2　电话交换及接入系统与其他子系统接口

子系统名称	通信其他子系统	接口种类	工程界面
电话交换与接入系统	传输	2 M	通信机房传输设备配线架外线侧
	交换机	2 M	铁通交换机机房配线架外线侧
	综合布线及其他	自动电话、音频接口	通信机房音频配线架外线侧
	电源及接地	−48 V 电源及地线	通信电源设备输出分配端子及通信机房地线盘接线端子

(3)数据通信系统与其他子系统接口见表 3-18-3。

表 3-18-3　数据通信系统与其他子系统接口

子系统名称	通信其他子系统	接口种类	工程界面
数据网系统	传输	POS 155 M	通信机房传输设备配线架外线侧
	会议电视系统、综合布线及其他	FE	通信机房以太网交换机端口
	电源及接地	−48 V 电源及地线	通信电源设备输出分配端子及地线盘接线端子
	时钟及时间系统	FE	时间同步设备 FE 端口

(4)专用移动通信系统与其他子系统接口见表 3-18-4。

表 3-18-4　专用移动通信系统与其他子系统接口

子系统名称	通信其他子系统	接口种类	工程界面
专用移动通信系统	传输设备	2 M	以传输 DDF 架为界，DDF 架(不含)～基站、直放站设备的电缆和跳通由本系统负责
电源及接地等系统	电源	电源线	以高频开关电源为界，高频开关电源(不含)～本系统设备的电缆由本系统负责
	接地	地线	以地线排为界，地线盘(不含)本系统设备的电缆由本系统负责
	调度通信系统	2 M	以传输 DDF 架为界，DDF 架(不含)至 MSC(DDF 架)的电缆由本系统负责
	时钟及时间同步系统	2 M、FE	时钟及时间同步系统设备输出接口
	通信综合网管系统	FE	数据网以太网交换机输出端口(预留)

(5)调度通信系统与其他子系统接口见表 3-18-5。

表 3-18-5　调度通信系统与其他子系统接口

子系统名称	通信其他子系统	接口种类	工程界面
调度通信系统	传输	2 M	通信机房传输设备配线架外线侧

续上表

子系统名称	通信其他子系统	接口种类	工程界面
调度通信系统	电源及接地	—48 V 电源及地线	通信电源设备输出分配端子及地线盘接线端子
	通信线路	电缆	电缆终端分配端子的外线侧
	综合布线系统	电缆	通信机房调度设备音频配线架外线侧
	时钟及时间同步系统	2 M、FE	时钟及时间同步系统设备输出接口
	专用移动通信系统	2 M	以 GSM-R 核心网 MSC 的 DDF 架为界，DDF 架（不含）至调度所调度交换机的电缆由本系统负责

（6）会议电视通信系统与其他子系统接口见表 3-18-6。

表 3-18-6 会议电视通信系统与其他子系统接口

子系统名称	通信其他子系统	接口种类	工程界面
会议电视系统	数据网	FE	数据网设备配线柜外线侧口
	综合布线	FE	会议室数据接线面板
	电源及接地	220 V 电源及地线	通信电源设备输出分配端子及地线盘接线端子

（7）应急通信系统与其他子系统接口见表 3-18-7。

表 3-18-7 应急通信系统与其他子系统接口

子系统名称	通信其他子系统	接口种类	工程界面
应急通信系统	传输	FE	通信机房传输设备配线架外线侧
	电源及接地	电源及地线	通信电源设备输出分配端子及地线盘接线端子

（8）时钟及时间同步系统与其他子系统接口见表 3-18-8。

表 3-18-8 时钟及时间同步系统与其他子系统接口

子系统名称	通信其他子系统	接口种类	工程界面
时钟及时间同步系统	传输系统	2 M	时钟同步设备配线架外线侧
	数据网系统	FE	时间同步设备 FE 端口
	接入网系统	FE	时间同步设备端口
	调度系统	FE	时钟同步设备配线架外线侧
电源及接地等系统	GSM-R 系统	2 M	时钟同步设备配线架外线侧
		FE	时间同步设备端口
	电源及接地	—48 V 电源及地线	通信电源设备输出分配端子及地线盘接线端子

(9)通信电源与其他子系统接口见表 3-18-9。

表 3-18-9　通信电源系统与其他子系统接口

子系统名称	通信其他子系统	接口种类	工程界面
电源系统	电源及环境监控系统	电源输出及信息采集接口	电源系统输出端子及信息采集端子
	传输系统、接入网系统、数据网系统、GSM-R移动通信系统、调度通信系统、会议电视系统、应急救援指挥系统、时钟及时间同步系统、电源及环境监控系统、综合视频监控系统	−48 V 电源/220 V	通信电源设备输出分配端子

(10)防雷及接地系统与其他子系统接口见表 3-18-10。

表 3-18-10　防雷及接地系统与其他子系统接口

子系统名称	通信其他子系统	接口种类	工程界面
防雷及接地系统	移动通信系统、综合视频系统、通信电源系统	防雷保护装置	
	传输系统、接入网系统、数据网系统、GSM-R移动通信系统、调度通信系统、会议电视系统、应急救援指挥系统、时钟及时间同步系统、电源及环境监控系统、综合视频监控系统	地线	地线盘接线端子

(11)综合视频监控系统与其他子系统接口见表 3-18-11。

表 3-18-11　综合视频监控系统与其他子系统接口

子系统名称	通信其他子系统	接口种类	工程界面
综合视频监控系统	传输系统	FE	通信机房传输设备以太网端口。
	数据网系统	FE	以太网交换机端口
	电源系统	电源及地线	电源设备输出分配端子上和地线排端子
	电源及环境监控系统	FE	以太网交换机端口
	综合布线系统	FE	视频监控终端至视频网络的接头及连线
	通信线路	光电缆	视频机柜的配线端子(室内)
		光电缆	室外控制箱的配线端子

(12)通信电源及环境监控系统与其他子系统接口见表 3-18-12。

表 3-18-12　通信电源及环境监控系统与其他子系统接口

子系统名称	通信其他子系统	接口种类	工程界面
电源及环境监控系统	电源系统	电源输出及信息采集接口	电源系统提供输出端子、信息采集端子
	传输	FE	传输设备 FE 端口
	综合网管、视频系统	开关量串行接口或以太网接口	通信机房内综合配线架侧或以太网交换机端口

(13)综合布线系统与其他子系统接口见表 3-18-13。

表 3-18-13　综合布线系统与其他子系统接口

子系统名称	通信其他子系统	接口种类	工程界面
综合布线系统	电话交换与接入系统	自动电话、音频接口	通信机房音频配线架外线侧
	数据网系统	FE	以太网交换机端口

(14)通信线路与其他子系统接口见表 3-18-14。

表 3-18-14　通信线路与其他子系统接口

子系统名称	通信其他子系统	接口种类	工程界面
通信线路	传输系统	ODF 架	光缆终端的 ODF 外线侧
	GSM-R 系统	ODF 架	光缆终端的 ODF 外线侧
	综合布线	配线架	通信机房外缆终端的配线架

2. 通信系统与外部接口

(1)通信系统与信号系统接口见表 3-18-15。

表 3-18-15　通信系统与信号系统接口

序号	接口	需求及内容	界面
1	传输系统	RBC 中心至调度所双 2 M 专用数字通道光接口 RBC 与 GSM-R 核心网传输通道(2 M 光接口)	信号机房 ODF 模块(信号专业设)外线侧
2	传输系统	CTC(2 M 光接口)	信号机房 ODF 模块(信号专业设)外线侧
3	传输系统	TSRS 通道(2 M 双通道,2 M 光接口)	信号机房 ODF 模块(信号专业设)外线侧
4	传输系统	集中监测(2 M 光接口)	信号机房 ODF 模块(信号专业设)外线侧
5	传输系统	信号车间网管(2 M 光接口)	信号机房 ODF 模块(信号专业设)外线侧
6	电源及环境监控	集中监测(2 M 光接口)	电务段传输设备
7	GSM-R 系统	CTC(2 M 光接口)	GSM-R 系统的 GPRS 接口服务器 GRIS 与信号 CTC 系统连接,分工界面在信号机房传输设备的模块(信号专业设)外线侧
8	GSM-R 系统	列控(2 M 光接口)	GSM-R 系统交换机 MSC 的 PRI 接口与列控 RBC 系统分界面在信号机房 ODF 模块(信号专业设)外线侧
9	传输及接入系统	信号安全数据网网管(FE 电口)	电务段传输设备
10	传输及接入系统	监测系统时钟同步(FE 电口)	电务段传输设备
11	通信线路	信号安全数据网 2×6 芯光纤	车站信号机房及信号中继站、线路所机房的 ODF(信号专业设)外线侧

(2)通信系统与电力供电系统接口见表 3-18-16。

表 3-18-16　通信系统与电力供电系统接口

序号	接口	需求及内容	界面
1	通信电源设备	通信设备供电回路电源线,一级负荷	由电力专业提供二路可靠的交流供电至通信机房,并设置配电箱。配电箱出线侧至通信设备由通信专业负责。
2	传输系统	电力 SCADA 设备通过 FE 光口与传输系统 MSTP 设备互连,接口位于电力设备的 FE 光口处	箱变 ODF 模块(通信专业设)外线侧

(3)通信系统与牵引供电系统接口见表 3-18-17。

表 3-18-17　通信系统与牵引供电系统接口

序号	接口	需求及内容	界面
1	通信电源设备	所亭内通信设备供电电源,一级负荷	在电气化所亭由电化专业提供二路可靠的交流供电至通信机房,并设置配电箱。配电箱出线侧至通信设备由通信专业负责
2	传输系统	地方电力调度及信息采集	所亭内通信提供传输设备
3	传输系统	电气化 SCADA 设备通过 FE 电口与传输系统 MSTP 设备互连	由变电专业提供远动通道组网要求、通信接口要求、被控站资料、通信设施配置资料,通信专业提供通信接口。变电专业与通信专业的分界在 SCADA 设备进线侧,由通信专业提供 SCADA 系统设备至通信设备的电缆

(4)通信系统与接触网接口见表 3-18-18。

表 3-18-18　通信系统与接触网接口

序号	接口	需求及内容	界面
1	GSM-R 漏缆	接触网支柱	通信专业明确隧道外挂设漏缆的区段及挂设荷载,接触网专业根据通信专业提供的资料计算受力,并明确增加辅助杆的必要性。接触网专业在本区段接触网支柱上预留漏缆挂设条件,通信专业按计算结果提供给相关专业接口预留资料

(5)通信系统与房建、暖通接口见表 3-18-19。

表 3-18-19　通信系统与房建、暖通接口

序号	接口	需求及内容	界面
1	室内空调、隧道基站洞室内空调、隧道直放站通风设施	通信机械室工业级空调,独立控制	暖通专业设置
2	室内消防设施	通信机械室消防设施	给排水专业设置

(6)通信系统与防灾安全监控系统接口见表 3-18-20。

表 3-18-20 通信系统与防灾安全监控系统接口

序号	接口	需求及内容	界面
1	通信基站房屋要求	基站面积、分割金属网、空调、单独通道铁门、独立的照明控制、电力配电盘预留位置	通信专业在基站内为防灾专业设置独立的防灾机房中间用金属网分割,基站内共用空调,设独立的照明控制开关,并留出供防灾设备维护人员进出的单独通道。基站防灾机房内考虑电力配电盘的设置位置。
2	通道要求	区间监控单元与防灾监控数据处理设备之间	2×2 M 带宽采用不在同一主板的 2 个 FE 口。接口界面在通信基站传输设备的 FE 接口外线侧。
3	通道要求	防灾监控数据处理设备到客专调度所防灾监控终端设备	2×2 M 带宽采用不在同一主板的 2 个 FE 口。接口界面在路局调度所传输设备的 FE 接口外线侧。
4	通道要求	防灾监控数据处理设备至工务终端(路局工务处、工务段)之间	2 M 带宽采用 E1 接口。接口界面在路局工务处、工务段传输设备的 E1 接口外线侧。

(7)通信系统与信息系统接口见表 3-18-21。

表 3-18-21 通信系统与信息系统接口

序号	接口	需求及内容	界面
1	旅客服务通道要求	各站信息机房到信息分所	2 M 带宽采用不在同一主板的 FE 口。接口界面在传输设备的 FE 接口外线侧。
2	票务系统通道要求	各站信息机房到信息分所,信息分所至广铁集团信息中心	2 M 带宽采用 E1 接口。 接口界面在传输设备的 E1 接口外线侧。
3	视频监控要求	各站预留摄像机接入条件	接口界面在视频编码器设备的视频输入接口侧。
4	办公管理信息系统	各站信息机房到信息分所,信息分所至广铁集团信息中心	2 M 带宽采用不在同一主板的 FE 口。接口界面在传输设备的 FE 接口外线侧。
5	公安管理信息系统	各站信息机房到公安分处	2 M 带宽采用 E1 接口。 接口界面在传输设备的 E1 接口外线侧。
6	综合维修管理信息系统	维修工区信息机房至信息分所	2 M 带宽采用不在同一主板的 FE 口。接口界面在传输设备的 FE 接口外线侧。

(8)通信系统与综合接地接口见表 3-18-22。

表 3-18-22 通信系统与综合接地接口

接口	需求及内容	界面
“四电”系统接地	接地极、接地要求	“四电”系统负责将本系统需接地的设备与综合接地系统预留的接地端子进行栓接

3. 与土建工程的接口配合

(1)路基。路基为本系统在线路两侧提供通信电缆槽,并间隔一定距离或在特殊地段(如大中桥、隧道两头)设置光电缆手孔,在手孔处预埋过轨及引下护坡或引出路基钢管,以便通信光缆过轨及分支引出。

(2)隧道。隧道专业为本系统在隧道两侧提供通信电缆槽,并在长大隧道间隔一定距离在大避车洞内底部设置余长电缆腔,设置光电缆接头/余留手孔,在手孔处预埋过轨、分支钢管,以便通信光缆过轨及分支引出。

(3)桥梁。桥梁为本系统在桥两侧提供通信电缆槽,并间隔一定距离预留通信光缆上、下桥条件。

(4)站场。车站范围内为本系统站台和自站台端头至出站信号机处站场两侧设置站场通信电缆槽,并与区间及站台电缆槽相连。在特定位置设置光电缆手孔,在手孔处预留穿越站场的防护钢管及引出分支钢管,以便通信光缆过轨及分支引出。

(5)房建、暖通。沿线在车站、段所、区间接入点等处设置通信机房;其中区间基站采用独立机房,区间基站满足五十年不遇洪水水位要求,通信机房的环境、装修满足相关的技术指标。为避免光、电缆布线及通信设备安装对建筑物结构造成破坏,土建工程中为通信系统预留沟槽管洞;在车站内提供满足通信系统建设要求的光缆进线、配线室。各新建站站台由房建专业设置通信管道人孔以及提供站台电缆槽道并引至通信机械室引入口处。本系统会议电视会场装修专业的接口界面在会议室内的交流电箱及地线盘(装修专业提供)输出端子侧。综合布线系统负责会场信息接入数据网系统间的布线。

(6)通信区间房屋维修道路。根据 2012 年 3 月发布的《铁路房屋建筑设计标准》(TB 10011—2012)第 2.2.2 条中"房屋选址应考虑道路交通条件"的要求,为了方便运营维修作业,通信区间基站考虑设置维修道路,满足中小型抢险维修车辆进出,并与主干公路交通网衔接。

(二)信号工程与相关专业接口设计

1. 与站前专业接口

(1)信号专业编制列控数据根据相关专业提供的线路允许速度、线路坡度、桥及隧道里程、分相区等信息以及转换后的运营里程进行设计。

(2)桥、隧、路基、站场、房建等专业根据信号专业要求设计电缆槽道、电缆井、手孔以及过轨防护钢管等。

(3)信号专业与站场专业共同确定联锁道岔及非联锁道岔的范围,对股道站台长度与位置予以协商沟通。信号专业根据联锁道岔类型配套转辙设备。

(4)信号专业与轨道专业接口包括:

①轨道专业结合信号设备平面布置调整配轨并对胶接绝缘节设置进行设计;

②轨道专业根据信号专业要求对无砟轨道钢筋进行绝缘处理;

③应答器安装在有护轮轨地段轨道专业负责护轮轨的梭头设计或处理;

④信号专业根据轨道专业提供的有砟/无砟过渡段、辅助轨及钢轨伸缩器设置范围进行信号设备布置;

⑤轨道专业根据转辙机位置设置转辙机承台。

(5)信号与房建、暖通专业接口设计包括:

①房建专业根据信号专业要求设计信号设备及办公用房;

②房建专业根据区间中继站要求设计中继站基础及院墙等设计;

③暖通专业根据车站等级、信号专业要求配置信号设备及办公用房通风、空调及气消设施。

(6)信号与行车专业接口设计符合如下规定：

①信号专业根据行车专业提供的闭塞方式、牵引计算机布点资料设计区间信号设备；

②信号专业根据行车专业提供的调度区划分资料设计行车调度台设备。

2. 与“四电”专业内部接口

(1)与通信接口

通信专业为济青高铁 CTC 系统、RBC/TCC/TSRS/CBI、信号集中监测系统、道岔融雪系统、道岔缺口视频监测系统、电务综合监督系统、远程控制终端设置车站等提供所需的传输通道，并在信号机械室、值班室、综合维修段、工区及保养点配置自动电话和值班电话。

GSM-R 无线通信提供用于 CTCS-3 级系统车地间列控信息的双向传输。

信号设备房屋环境监测统一纳入通信系统设计。

(2)与信息(灾害监测系统)接口

信息专业完成安全防灾监控系统以及该系统设备至信号设备室相关报警信息传输通道的设计；信号专业完成报警信息的接收以及相关信号系统的设计。主要接口条件：

①安全防灾监控系统将预测的灾害，如风、雨、雪等报警信息通过调度命令方式传给调度所调度指挥人员，行车调度员接受命令后通过信号 CTC 系统以下达临时限速命令的方式传给列控系统。

②安全防灾监控系统将塌方、落物等落物报警接点条件直接传给沿线车站联锁和地面列控中心(TCC)，济青高铁无异物侵线，无此类接口。

③各站列控中心预留地震监控子系统接口条件。

(3)与电力专业接口

电力专业设计满足信号设备用电量及用电要求、信号设备房屋(行车室)防雷及接地要求、综合接地系统的要求、信号生产房屋用电设备平面布置及要求等。并完成车站或中继站信号设备房屋(综合站房)共用接地装置与贯通地线的接地连接。

(4)与牵引供电专业接口

牵引供电为信号专业提供变电所、分区所、开闭所位置及平均电流、最大电流、有效电流、穿越电流等牵引电流情况，以备选择适当的扼流变压器型号。信号专业为其提供连接可连接吸上线的扼流变压器参考位置。

(5)与接触网专业接口

信号专业根据接触网专业提供的分相区转换后的运营里程进行列控数据设计。

“四电”专业、房建、暖通具体接口设备及专业分工界面见表 3-18-23。

表 3-18-23　“四电”专业、房建、暖通具体接口设备及专业分工界面

序号	接口	需求及内容	界面	备注
一	信号系统与通信系统			
1	传输及接入	RBC 至 CTC 中心冗余 2×2 M 专用数字通道	信号机房 DDF 架(信号专业设)外线侧	济南东 3 套 RBC
2	传输及接入	RBC 与 GSM-R 网络移动交换机(MSC)间接口，ISDN-PRI	信号机房 DDF 架(信号专业设)外线侧	RBC 需 2×2 M 通道

续上表

序号	接口	需求及内容	界面	备注
一	信号系统与通信系统			
3	传输及接入	CTC车站至CTC中心广域网通道(冗余2 M)FE光接口	信号机房ODF架(信号专业设)外线侧	
4	传输及接入	TSRS至CTC中心通道(2×2 M)电接口	信号机房DDF架(信号专业设)外线侧	济南东1套TSRS
5	通信线路	信号安全数据网2×6芯光纤,不同物理径路	车站、中继站机房的ODF架(信号专业设)外线侧	
6	传输及接入	车站至电务段集中监测通道(FE),光接口	信号机房ODF架(信号专业设)外线侧;	
7	传输及接入	道岔视频缺口监测通道(10 M数字通道)	信号机房ODF模块(信号专业设)外线侧	
8	传输及接入	电务综合监督通道(2×2 M)电接口	信号机房DDF模块(信号专业设)外线侧	
9	传输及接入	道岔融雪通道(2×2 M)电接口	信号机房DDF模块(信号专业设)外线侧	
10	通信线路	远程控显24芯光纤,不同物理径路	车站、远程控显车站机房ODF架(信号专业设)外线侧	
11	传输及接入	信号集中监测(FE),光接口;环境监测复示终端	信号机房ODF模块(信号专业设)外线侧	信号机房环境监控,由通信专业统一设计
12	GSM-R系统	CTC(2×2 M)	GSM-R系统的GPRS接口服务器GRIS与信号CTC系统连接,分工界面在信号机房传输设备的接口外线侧	利用既有
二	信号系统与灾害监测系统			
1	异物侵限灾害报警	电缆通道	信号机械室分线盘进线端	济青高铁无
2	风雨雪预警	预警信息传给CTC系统	防灾专业在CTC调度台设复示终端	
3	地震报警	电缆通道(预留)	各站列控中心预留地震报警系统接入条件	
三	信号系统与电力供电系统			
1	信号电源设备	信号设备供电回路电源线,一级负荷	信号机械室电力配电箱出线端	
2	道岔融雪装置	380 V电源,二级负荷	室外电气控制柜电源进线端	
3	信号用房防雷	避雷网、引下线及防雷接地网,接地汇流排	等电位端子排;地网接入综合接地系统	

续上表

序号	接口	需求及内容	界面	备注
三	信号系统与电力供电系统			
4	贯通地线20 m范围内建(构)筑物接地	系统接地	综合接地系统端子(含端子)	接地端子,由站前预留
四	信号系统与牵引供电系统			
1	吸上线	区间空扼流变压器位置	信号专业提供用于连接吸上线的空扼流变设计参考位置	牵引供电专业核实上线间距满足有关规范要求
2	电分相	接触网提供电分相断电标设置里程	信号专业设置自动过分相应答器组	
3	电气化干扰防护	交流电力牵引区段信号设备距带电体要求	交流电力牵引区段,信号设备外缘距接触网带电部分距离不少于2 m	
五	信号系统与房建、暖通系统			
1	室内电磁屏蔽及防静电措施	预埋钢筋和防静电措施	房建专业根据信号专业要求设置	
2	室内空调	信号电源室、微机室、继电器室24 h不间断专用空调	暖通专业设置	
3	生产用房		房建专业设置	

(三)电力工程与相关专业接口设计

1. 与路外单位或部门的接口

沿线新建10kV配电所。各配电所外部电源由业主牵头,设计院配合,与地方供电部门办理用电手续,与规划部门确定电源线路径路,与路外单位或部门接口见表3-18-24。

表3-18-24　与路外单位或部门的接口

序号	电力供电系统	供电部门	接口界面
1	接引电源	电源分布情况、系统接线	有关协议、来往公文
2	电源接取	供电变电站、供电电源接入点的系统电压和位置	按供电协议要求

2. 与"四电"外的接口

(1)与站前土建专业的接口通用接口原则及要求

全线桥、隧及路基两侧预置电力电缆槽,电力电缆槽道净空尺寸不小于200 mm×300 mm(宽×深),采用盖板式电缆槽结构型式。桥、隧及路基预留电缆槽需平缓连通。电缆保护管采用热浸塑钢管,弯曲半径不小于0.6 m。电缆保护管埋设时两端用泡沫填充剂或软布等封堵,并在每根管中预

设两根 ϕ4 mm 铁丝以便穿缆。电缆保护管管口接口打磨光滑，防止穿缆时刺破线缆。

(2)与桥梁专业的接口原则及要求

电力电缆有上(下)桥要求的桥墩(具体墩号根据区间牵引变电所、分区所、通信基站、信号中继站、电力供电箱变等的分布确定)，桥梁专业在与桥墩相应的梁端二侧设置锯齿形槽口，相应箱梁及桥梁墩台预留滑槽，以便供电电缆上、下桥梁时采用钢槽防护，锯齿形槽口及引下分别设置在桥梁墩台两头梁端。

(3)与隧道专业的接口原则及要求

隧道内所设变电所每个空间相应的位置预埋过轨 ϕ150 mm 热浸塑钢管 4 根、ϕ100 mm 热浸塑钢管 10 根。

(4)与路基专业的接口原则及要求

在设有牵引变电所、分区所、通信基站、信号基站、线路所及部分有光线直放站的地方预埋过轨管，每处过轨左右两侧均预留上下路基的电缆槽。预埋过轨管为 ϕ150 mm 热浸塑钢管 4 根、ϕ100 mm 热浸塑钢管过轨管 6 根。

(5)与站场专业的接口原则及要求

站场范围线路外侧均设置电力电缆槽道，并与桥梁、隧道、路基、站台的电缆槽道贯通。干线电力电缆槽设置分支电缆槽引入站房和站场范围内各房屋。站场内(不含高架车站)设电缆过轨道防护管，防护管采用 ϕ150 mm 或 ϕ100 mm 热浸塑钢管，在设有电缆过道管处设维修手孔或电缆井。过道管、手孔或电缆井的预留按照提站场资料进行管线布置。

3. 与“四电”集成内部专业接口

“四电”集成内部专业接口见表 3-18-25。

表 3-18-25　“四电”集成内部专业接口

一	电力系统	信号系统	接口界面
1	信号设备供电回路电源线	信号电源设备	配电箱(柜)低压开关出线端子
2	共用接地	综合地线	综合地与共用接地预留的接线端子
二	电力系统	通信系统	接口界面
1	通信设备供电回路电源线	通信电源设备	配电箱(柜)低压开关出线端子
2	电力远动终端	远动通道	RTU 的通信端子(光纤接口或网线接口)
3	配电所综自系统	远动通道	控制室内通信设备接线端子
三	电力系统	接触网	
1	接触网远动开关电力线	区间及非所亭附近的接触网远动开关电源	区间及非所亭附近接触网开关位置及电源要求由接触网专业提供，电力专业专业负责提供接触网开关的电源电缆，接口界面在现场控制箱上口。接触网专业在控制箱内自配 ATS
四	电力系统	牵引变电	
1	10kV 综合负荷贯通线	牵引变电所	牵引变电所所用变环网柜高压侧

续上表

四	电力系统	牵引变电	
2	RTU、综自系统	PSCADA	配合调试
五	电力系统	防灾系统	
1	防灾设备供电	防灾设备	配电箱(柜)低压开关出线端子

4. 接触网的接口

表 3-18-26 对接触网与各专业的接口进行了说明。

表 3-18-26　接口配合表

1. 行车专业接口	接触网专业提供电分相中性段位置给行车专业，由行车专业检算分相设置是否满足动车组运行要求，检算确认设置合适后，接触网最终确定分相位置
2. 与路基接口	H 型钢柱及硬横跨柱采用机械钻孔灌注桩钢筋混凝土基础；供电线钢柱采用现浇混凝土基础；下锚拉线客运专线区段采用机械钻孔灌注桩钢筋混凝土基础，普速区段采用现浇混凝土整体柱式基础。 接触网基础需要考虑与电缆槽位置的配合，并与路基一体化施工。路基区段接触网支柱立杆位置由路基专业根据侧面限界、电缆槽位置、声屏障位置等各种因素综合确定。 接触网保护线上下行并联连接电缆过轨的保护套管由路基专业预留，过轨采用高强 HDPE 管。 正线两侧路基上钢柱基础配筋与综合地线可靠连接，作为接地系统的接地极使用。 接触网提供下锚坠砣、开关操作机构等设施位置，CPⅢ桩设置时需与上述设施错位设置，避免相互冲突
3. 与桥梁接口	客运专线箱梁桥接触网支柱及拉线基础一般采用桥梁面预留螺栓基础，拉线基础与锚柱在同一片梁上
4. 与站房或其他雨棚接口	无站台雨棚柱车站内，接触网与雨棚柱合架，雨棚柱上预留底固定接触网腕臂支持结构、下锚装置和附加导线
5. 与信号专业接口	接触网保护线或回流线通过信号扼流圈中点与钢轨连接，间隔一般不大于 1 500 m，并接入综合接地系统。 接触网专业应将设计的电分相中性区位置及断合标等提供信号专业，由信号专业设置应答器，纳入列控自动过分相系统
6. 与环保专业接口	在环保专业设置声屏障的地方，接触网专业应与环保专业密切配合，协调确定声屏障与接触网设施(支柱、坠坨、开关等)的位置，确保施工后不发生干扰
7. 与牵引变电专业接口	提供接触网电动隔离开关数量及位置，由牵引变电专业提供电动隔离开关操作电源、控制方式，纳入远动设计
8. 与防灾专业接口	防灾减灾措施、防灾监控设施与接触网合架的接口设计，提供接触网设备安装位置，防灾装置设置时需避开，不能安装时同一支柱
9. 与站场专业接口	提供线间立杆和基础尺寸要求，配合站场专业进行站场综合管线接口设计。 站台线路间设置有接触网支柱时，敷设热浸镀锌扁钢，并通过分支引接线与接触网支柱基础上预留的接地端子等电位连接
10. 与车辆专业接口	接触网根据车辆专业提供分段及开关设置原则进行接口设计，检查库前、后由接触网提供开关，控制纳入车辆控制系统

第十九章　高性能混凝土及耐久性设计

第一节　概　　述

高性能(耐久性)混凝土是指采用普通原材料、常规施工工艺，通过掺加外加剂和掺合料配制而成的具有高工作性、高强度、高耐久性的综合性能优良的混凝土。高性能(耐久性)混凝土是一种新型的高技术混凝土，是在大幅度提高普通混凝土性能的基础上，以耐久性为主要设计指标，针对不同用途和要求，采用现代技术制作的低水胶比的混凝土。高性能混凝土制作的主要技术途径是采用优质的化学外加剂和矿物外加剂，前者可改善工作性，生产低水胶比的混凝土，控制混凝土坍落度损失，提高混凝土的致密性和抗渗性，后者可参与水化，起到胶凝材料的作用，改善界面的微观结构，堵塞混凝土内部孔隙，提高混凝土的耐久性。做为一种新型建筑材料，同以往所使用普通混凝土相比，高性能混凝土工作性能本身具有显著的优点，抗裂性能、抗氯离子渗透性能、抗碱骨料反应性能、护筋性能、耐磨性能、相对耐久性都有了显著的提高，但作为一种建筑材料，本身也必然存有一定的缺陷，如对使用环境、材料质量、材料温度、混凝土拌和、混凝土运输、混凝土浇筑振捣的要求相对更为严格。

一、高性能(耐久性)混凝土特点

高性能(耐久性)混凝土具有丰富的技术内容，基本特征是按耐久性进行设计，保证拌和物易于浇筑和密实成型，不发生或尽量少发生由温度和收缩产生的裂缝，硬化后有足够的强度，内部孔隙结构合理而有低渗透性和高抗化学侵蚀。高性能耐久性混凝土的特点如下。

(一)强　　度

满足设计强度和弹性模量等各种要求，用 56 d(国标为 28 d)标准养护试件来评定混凝土结构的强度，其原理是：降低混凝土前期发展强度、减小混凝土前期升温速率，防止混凝土前期水化热大升温过快而导制混凝土开裂，从而提高混凝土耐久性。

(二)工 作 性

高工作性是高性能(耐久性)混凝土必须具备的首要条件，即高流动性、高抗分离性、高间隙通过性、高填充性、高密实性、高稳定性；同时具备低成本的技术经济合理性。拌和料呈高塑或流态，流动性好、可泵送，抗离析，坍落度经时损失小，便于浇筑密实。

(三)耐 久 性

一般指混凝土的抗裂性、护筋性、耐蚀性、抗冻性、耐磨性、抗氯离子渗透性及抗碱一骨料反应性等，根据结构的设计年限、所处的环境类别及等级等确定。

(四)多组份的矿物外掺料

掺粉煤灰、矿粉、硅粉等是提高混凝土内部结构致密性，提高混凝土抗氯离子渗透能力，是提高混凝土耐久性能的必要条件。

（五）低水胶比、低水化热、低升温和降温速率

这是保证混凝土有较好耐久性的前提条件。

（六）体积稳定性

在凝结硬化过程中和硬化后的体积稳定，水化热低，抗收缩，不产生微细裂缝，徐变小。

二、高性能（耐久性）混凝土的质量控制内容

高性能（耐久性）混凝土的质量控制内容：高性能混凝土配合比设计，高性能混凝土及耐久性，高性能外加剂（聚羧酸系减水剂）在客运专线工程中的应用，高性能混凝土施工温度控制，高性能混凝土外观质量缺陷原因分析及预防措施，高性能混凝土搅拌站，高性能混凝土的应用及生产质量控制等。

三、高性能（耐久性）混凝土设计的影响因素

根据《铁路混凝土结构耐久性设计暂行规定》，结合长昆客运专线湖南段的情况和特点，济青高铁主要存在碳化环境、化学侵蚀环境、冻融破坏环境等腐蚀环境类形，具体如下。

（一）碳化环境

济青高铁全线各地年平均相对湿度不低于 60%，济青高铁全线按 T2 等级考虑；当同时位于地上或地下水位变动区（如浸水地区），按 T3 等级考虑。

（二）化学侵蚀环境

济青高铁全线各段根据地表水、地下水试验成果按“化学侵蚀环境条件特征”分段确定等级。

（三）冻融破坏环境

济青高铁全线各地区最冷月平均最低气温超过 2.5 ℃，本段不考虑冻融破坏环境影响。

因此主要考虑碳化环境、化学侵蚀环境作用影响，其中化学侵蚀环境根据各段地表水、地下水化验结果确定等级，不同部位混凝土结构选用相应的标号；当不存在化学侵蚀环境的一般路基地段，最低混凝土最低标号、最小保护层厚度依据“碳化环境”决定，即按 T2 等级考虑。

第二节　高性能（耐久性）混凝土的技术标准和要求

一、耐久性要求

耐久性要求详见表 3-19-1。

表 3-19-1　混凝土的耐久性指标

序号	检验项目	标准	备注
1	坍落度	《普通混凝土拌和物性能试验方法标准》(GB/T 50080—2016)；符合设计要求	基本检验项目
2	泌水率		
3	抗压强度	《普通混凝土力学性能试验方法标准》(GB/T 50081—2019)；符合设计要求	
4	抗裂性	《普通混凝土长期性能和耐久性能试验方法》(GE/T 50082—2009)；无裂缝	

续上表

<table>
<tr><th>序号</th><th>检验项目</th><th colspan="2">标准</th><th>备注</th></tr>
<tr><td rowspan="5">5</td><td rowspan="5">电通量</td><td colspan="2">《普通混凝土长期性能和耐久性能试验方法》(GB/T 50082—2009);符合设计要求</td><td rowspan="5">基本检验项目</td></tr>
<tr><td>混凝土强度等级</td><td>100 年</td></tr>
<tr><td><C30</td><td><1 500</td></tr>
<tr><td>C30～C45</td><td><1 200</td></tr>
<tr><td>≥C50</td><td><1 000</td></tr>
<tr><td>6</td><td>含气量</td><td colspan="2">《普通混凝土拌和物性能试验方法标准》(GB/T 50080—2016);符合设计要求</td><td>引气混凝土除应进行基本检验项目外，尚应增加含气量</td></tr>
<tr><td>7</td><td>弹性模量</td><td colspan="2">《普通混凝土力学性能试验方法标准》(GB/T 50081—2019);符合设计要求</td><td>预应力混凝土除应进行基本检验项目外，尚应增加弹性模量</td></tr>
<tr><td rowspan="6">8</td><td rowspan="6">抗冻性</td><td colspan="2">《普通混凝土长期性能和耐久性能试验方法》(GB/T 50082—2009);符合设计要求</td><td rowspan="6">冻融破坏环境除应进行基本检验项目外，尚应增加抗冻性。硬化混凝土气泡间距系数应小于300 μm</td></tr>
<tr><td>环境作用等级</td><td>100 年</td></tr>
<tr><td>D1</td><td>≥F300</td></tr>
<tr><td>D2</td><td>≥F350</td></tr>
<tr><td>D3</td><td>≥F400</td></tr>
<tr><td>D4</td><td>≥F450</td></tr>
<tr><td>9</td><td>气泡间距系数</td><td colspan="2">符合设计要求</td><td>冻融、盐结晶破坏环境除基本检验项目外，增加气泡间距系数</td></tr>
<tr><td>10</td><td>氯离子扩散系数</td><td colspan="2">《普通混凝土长期性能和耐久性能试验方法》(GB/T 50082—2009)</td><td>氯盐环境除应进行基本检验项目外，尚应增加氯离子扩散系数。氯离子扩散系数(56 d)DRCM[×(10～12)m²/s)]</td></tr>
<tr><td rowspan="5">11</td><td rowspan="5">56 d 抗硫酸盐结晶干湿循环次数</td><td colspan="2">《普通混凝土长期性能和耐久性能试验方法》(GB/T 50082—2009)</td><td rowspan="5">盐类结晶破坏环境除应进行基本检验项目外，尚应增加56 d 抗硫酸盐结晶干湿循环次数</td></tr>
<tr><td>环境作用等级</td><td>100 年</td></tr>
<tr><td>Y1</td><td>≥KS90</td></tr>
<tr><td>Y2</td><td>≥S120</td></tr>
<tr><td>Y3</td><td>≥S150</td></tr>
<tr><td>12</td><td>抗蚀系数</td><td>见混凝土质量验收标准附录 F</td><td>化学侵蚀环境除应进行基本检验项目外，尚应增加抗蚀系数</td><td>化学侵蚀环境除应进行基本检验项目外，尚应增加抗蚀系数</td></tr>
</table>

续上表

序号	检验项目	标准		备注
13	抗渗性	《普通混凝土长期性能和耐久性能试验方法》(GB/T 50082—2009)	隧道衬砌混凝土、梁体混凝土除应进行基本检验项目外，尚应增加抗渗性	隧道衬砌混凝土、梁体混凝土除应进行基本检验项目外，尚应增加抗渗性
14	碱含量	水泥、矿物掺和料、外加剂及水的碱含量之和		基本计算项目，所有配合比均应进行
15	三氧化硫含量	水泥、矿物掺和料、外加剂及水的三氧化硫含量之和		
16	氯离子含量	水泥、矿物掺和料、粗骨料、细骨料、外加剂及水的氯离子含量之和		

二、其他要求

当骨料的砂浆棒膨胀率大于等于0.20%且小于0.30%时，除混凝土碱含量满足有关规定外，还采取掺加矿物掺和料等抑制碱与骨料反应的技术措施，并经试验证明抑制有效。

混凝土中由水泥、矿物掺和料、骨料、外加剂和拌和用水等引入的氯离子总含量不超过胶凝材料总量的0.10%，预应力混凝土结构的氯离子总含量不超过胶凝材料总量的0.06%。混凝土中三氧化硫的最大含量不超过胶凝材料总量的4.0%。

一般矿物掺和料的掺量范围仅限于使用普通硅酸盐水泥的混凝土。对于预应力混凝土结构，粉煤灰的掺量不超过30%。严重氯盐环境与化学侵蚀环境下，粉煤灰的掺量大于30%，或磨细矿渣粉的掺量大于50%。盐类结晶破坏环境下，混凝土的含气量大于4.0%，硬化混凝土气泡间距系数小于300 μm。冻融破坏环境下，硬化混凝土气泡间距系数小于300 μm。预应力混凝土含气量控制为2.0%～4.0%。

第三节　高性能(耐久性)混凝土配合比设计

一、确定初步理论配合比设计参数

耐久性混凝土配合设计，首先确定配合比设计参数，分以下步骤。

1. 根据设计图纸确定施工部位、强度等级、环境等级、设计使用年限。

2. 根据设计强度和环境等级确定具体混凝土抗压强度，混凝土的抗原压强度同时满足设计的力学抗压强度要求和耐久性要求。不同环境下，桥梁灌注桩和隧道混凝土的抗压强度满足表3-19-2要求，其他满足表3-19-3要求。

表 3-19-2　桥梁灌注桩、隧道衬砌用混凝土的最低抗压强度等级

环境类别	环境作用等级	灌注桩		隧道衬砌	
		钢筋混凝土	素混凝土	钢筋混凝土	素混凝土
碳化环境	T1	C30	C30	C30	C30
	T2	C35	C30	C35	C30
	T3	C40	C30	C40	C30
氯盐环境	L1	C40	C35	C40	C35
	L2	C45	C35	C45	C35
	L3	C50	C35	C50	C35
化学侵蚀环境	H1	C35	C35	C35	C35
	H2	C40	C40	C40	C40
	H3	C45	C45	C45	C45
	H4	C45	C45	C45	C45
盐类结晶破坏环境	Y1	—	—	C35	C35
	Y2	—	—	C40	C40
	Y3	—	—	C45	C45
	Y4	—	—	C45	C45
冻融破坏环境	D1	—	—	C35	C35
	D2	—	—	C40	C40
	D3	—	—	C45	C45
	D4	—	—	C45	C45

注：本表中的抗压强度等级是按混凝土在标准条件下制作并养护 56 d 时的抗压强度值确定的。

表 3-19-3　除桥梁灌注桩、隧道衬砌用混凝土外混凝土最低抗压强度等级

环境类别	环境作用等级	设计使用年限					
		100 年		60 年		30 年	
		钢筋混凝土和预应力钢筋混凝土	素混凝土	钢筋混凝土和预应力钢筋混凝土	素混凝土	钢筋混凝土和预应力钢筋混凝土	素混凝土
碳化环境	T1	C30	C30	C25	C25	C25	C25
	T2	C35	C30	C30	C25	C30	C25
	T3	C40	C30	C35	C25	C35	C25
氯盐环境	L1	C40	C35	C35	C30	C35	C30
	L2	C45	C35	C40	C30	C40	C30
	L3	C50	C35	C45	C30	C45	C30

续上表

环境类别	环境作用等级	设计使用年限					
		100年		60年		30年	
		钢筋混凝土和预应力钢筋混凝土	素混凝土	钢筋混凝土和预应力钢筋混凝土	素混凝土	钢筋混凝土和预应力钢筋混凝土	素混凝土
化学侵蚀环境	H1	C35	C35	C30	C30	C30	C30
	H2	C40	*	C35	C35	C35	C35
	H3	C45	*	C40	*	C40	*
	H4	C50	*	C45	*	C45	*
盐类结晶破坏环境	Y1	C35	C35	C30	C30	C30	C30
	Y2	C40	*	C35	C35	C35	C35
	Y3	C45	*	C40	*	C40	*
	Y4	C50	*	C45	*	C45	*
冻融破坏环境	D1	C35	C35	C30	C30	C30	C30
	D2	C40	*	C35	C35	C35	C35
	D3	C45	*	C40	*	C40	*
	D4	C50	*	C45	*	C45	*
磨蚀环境	M1	C35	C35	C30	C30	C30	C30
	M2	C40	*	C35	C35	C35	C35
	M3	C45	*	C40	*	C40	*

注：1. 对于钢筋混凝土和素混凝土，本表中的抗压强度等级是按混凝土在标准条件下制作并养护 56 d 时的抗压强度值确定的；

2. 对于钢筋的配筋率低于最小配筋率的混凝土结构，其混凝土的最低抗压强度等级要求与本表中钢筋混凝土的要求相同；

3. * 表示不宜使用素混凝土，如果不得使用素混凝土，混凝土的最低强度等级与钢筋混凝土一致，且应采取有效的防裂措施；

4. 可更换小型构件的混凝土强度等级不应低于 C30。

3. 根据所设计的混凝土的抗压强度、环境等级、成型方式确定混凝土的最大水胶比、最小胶凝材料用量、最大胶凝材料用量、矿物掺和料掺量、混凝土含气量。

4. 根据混凝土的强度等级和环境等级确定混凝土的耐久性指标

5. 根据混凝土的结构类型和成型方式确定新拌混凝土的工作性，一般情况下混凝土的工作性满足表 3-19-4 要求。

表 3-19-4　混凝土的工作性指标

结构/构件类型	成型方式	工作性(入模时)	
		评价方法	指标
轨枕	振动台	增实因数法	1.05～1.40
接触网支柱(方)		维勃稠度	≥20 s
Ⅰ型轨道板	附着式振动	坍落度法	≤120 mm
Ⅱ型轨道板		坍落度法	≤160 mm
Ⅲ型轨道板		坍落度法	≤120 mm
电杆	离心机	坍落度法	≤100 mm
接触网支柱(圆)		坍落度法	≤100 mm
桩、墩台、承台、T梁、道床板、底座、涵洞、隧道衬砌、仰拱、路基支挡等	振捣棒(斗送)	坍落度法	≤140 mm
桩、墩台、承台、箱T梁、道床板、底座、涵洞、隧道衬砌、仰拱、路基支挡等	振捣棒(泵送)	坍落度法	≤200 mm
桩	自密实	坍落度法	≤220 mm
		扩展度法	≤600 mm
充填层		扩展度法	≤750 mm

6. 混凝土的浆体体积满足表 3-19-5 的要求。

表 3-19-5　不同强度等级混凝土的浆体体积限值

强度等级	浆体体积
C30～C50(不含 C50)	≤0.32
C50～C60(含 C60)	≤0.35
C60 以上	≤0.38

注:浆体体积即单位体积混凝土中胶凝材料、水和空气所占的体积。

二、高性能(耐久性)混凝土配合比选定试验的检测项目

混凝土根据设计使用年限、环境条件和施工工艺等进行设计。并通过计算、试配、试件检测和试浇筑后确定。混凝土配合比选定试验的检验和计算项目符合表 3-19-6 的规定。当设计对混凝土的耐久性指标有更高要求时,其配合比的要求另行研究确定。

表 3-19-6　混凝土配合比选定试验的检验和计算项目

序号	检验项目	试验方法	备注
1	坍落度或维勃稠度	《普通混凝土拌和物性能试验方法标准》(GB/T 50080—2016)	基本检验项目
2	泌水率		

续上表

序号	检验项目	试验方法	备注
3	凝结时间	《普通混凝土力学性能试验方法标准》(GB/T 50080—2016)	基本检验项目
4	抗压强度	《普通混凝土力学性能试验方法标准》(GB/T 50081—2019)	
5	电通量	《普通混凝土长期性能和耐久性能试验方法》(GB/T 50082—2009)	
6	含气量	《普通混凝土长期性能和耐久性能试验方法》(GB/T 50080—2016)	
7	弹性模量	《普通混凝土拌和物性能试验方法标准》(GB/T 50081—2019)	仅对预应力混凝土或当设计有要求是
8	抗冻等级	《普通混凝土力学性能试验方法标准》(GB/T 50082—2009)	仅对处于冻融破坏环境的混凝土或对耐久性有特殊要求的混凝土
9	气泡间距系数	《铁路混凝土工程施工质量验收标准》(TB 10424—2010)附录 E	仅对处于冻融破坏、盐类结晶破坏环境的混凝土
10	氯离子扩散系数	《普通混凝土长期性能和耐久性能试验方法》(GB/T 50082—2009)	仅对处于氯盐环境的混凝土
11	56 d 抗硫酸盐结晶破坏等级	《普通混凝土长期性能和耐久性能试验方法》(GB/T 50082—2009)	仅对处于盐类结晶破坏环境的混凝土
12	胶凝材料抗蚀系数	《铁路混凝土工程施工质量验收标准》(TB 10424—2010)附录 F	仅对处于硫酸盐化学侵蚀环境的混凝土
13	抗渗等级	《普通混凝土长期性能和耐久性能试验方法》(GB/T 50082—2009)	仅对隧道衬砌混凝土
14	收缩		仅对无砟轨道底座板混凝土、双块式轨枕道床板混凝土、自密实混凝土
15	徐变	《普通混凝土长期性能和耐久性能试验方法》(GB/T 50082—2009)	仅对新材料、新工艺施工的预应力混凝土
16	碱含量	水泥、矿物掺和料、外加剂及水的碱含量之和	基本计算项目
17	三氧化硫含量	水泥、矿物掺和料、外加剂及水的三氧化硫含量之和	
18	氯离子含量	水泥、矿物掺和料、粗骨料、细骨料、外加剂及水的氯离子含量之和	

注：1. 化学侵蚀环境下，混凝土胶凝材料的 56 d 抗蚀系数不得小于 0.80；

2. 盐类结晶破坏环境下，混凝土的气泡间距系数应小于 300μm；3. 钢筋混凝土中由水泥、矿物掺和料、骨料、外加剂和拌和用水等引入的氯离子总含量不应超过胶凝材料总量的 0.10%，预应力混凝土结构的氯离子总含量不应超过胶凝材料总量的 0.06%；混凝土中三氧化硫的含量不应超过胶凝材料总量的 4.0%。

混凝土中的碱含量符合设计要求。当设计无具体要求时，混凝土碱含量满足表 3-19-7 的规定。

表 3-19-7　混凝土最大碱含量　　单位：kg/m^3

设计使用年限		100 年	60 年	30 年
环境条件	干燥环境	3.5	3.5	3.5
	潮湿环境	3.0	3.0	3.5
	含碱环境	2.1	3.0	3.0

注：1. 混凝土的碱含量是指混凝土各种原材料的碱含量之和。其中，矿物掺和料的碱含量以其所含可溶性碱量计算。粉煤灰的可溶性碱量取粉煤灰总碱量的 1/6，矿渣粉的可溶性碱量取矿渣粉总碱量的 1/2，硅灰的可溶性碱量取硅灰总碱量的 1/2。

2. 干燥环境是指不直接与水接触、年平均空气相对湿度长期不大于 75%的环境；潮湿环境是指长期处于水下或潮湿土中、干湿交替区、水位变化区以及年平均相对湿度大于 75%的环境；含碱环境是指直接与高含盐碱土体、海水、含碱工业废水或钠(钾)盐等接触的环境；干燥环境或潮湿环境与含碱环境交替变化时，均按含碱环境对待。

3. 对于含碱环境中的混凝土结构，当其设计使用年限为 100 年时，除了混凝土的碱含量应满足本表要求外，还应使用非碱活性骨料；当其设计使用年限为 30 年、60 年时，在限制混凝土碱含量的同时，还应对混凝土表面作防水、防碱涂层处理，否则应换用非碱活性骨料。

第二十章　经验体会与问题探讨

第一节　地 质 勘 察

一、广泛收集地质资料，加强地质分析，做好地质选线

勘察过程中，广泛搜集相关地质资料，在线路方案研究过程中，发现主要地质问题为煤矿、铁矿采空塌陷、活动断裂、膨胀性岩土等地质问题。济青高铁沿线分布大量煤矿、铁矿及硬质黏土矿，尤其在淄博境内桓台县、高新区、张店区、临淄区集中分布大面积煤矿、铁矿，开采历史悠久，采空情况复杂，对线路方案的选择受采空区影响极大。为绕避采空区，在勘测阶段做了多条线路方案比选工作，特别针对煤矿、铁矿采空区情况进行了多次、大量的收集资料、地质调绘和勘察工作，预可研及可研阶段进行了采空区选线地质选线工作，避开了大范围煤矿、铁矿采空区，初步设计及施工图阶段针对沿线局部零星矿区采空区进行了详细勘察，查明了采空区范围，针对性进行了线路优化调整，有效避开了采空区影响范围，济青高铁目前已通车运营，没有因地质问题出现方案反复。

二、健全组织机构，明确分工及流程，有效组织地勘和超前预报工作

根据各专业提供的工点设置情况，在充分翔实的现场地质调查的基础上，依据规范、勘察大纲、技术要求，明确与施工单位的分工界面、实施流程，有针对性地布置勘察工作，快速、安全、可靠地完成地质勘察工作。现场设立了超前预报指挥部和预报小组，明确超前预报指挥部和预报小组人员职责，做到“地质专业统筹预报工作；物探专业基于地质开展工作，预报成果及时反馈，动态化预报”。

三、制定周密计划，明确实施大纲，实现地勘质量安全工期目标

针对中国铁设生产计划安排，制定了详细的地质勘察实施计划，并进一步细化分解到各合作单位的勘探指标，根据计划进度配置现场生产能力，困难工点提前进行协调、修路等准备工作。编制了“济青高铁青阳隧道超前地质预报实施大纲”及“济青高铁青阳隧道超前地质预报实施细则”，明确了预报内容、预报方法及技术要求。勘察过程中，项目部加强现场勘探安全、质量管理，制定了“济青高铁地质勘探标准化管理细则”，发布了钻探作业、工程试验作业、物探作业、水文地质作业、原位测试作业等五项作业指导书，没有因勘察原因引起重大Ⅰ类变更设计。确保了勘察质量、安全、工期目标的实现。

四、采用先进综合勘察手段，提高工作效率，降低地勘成本

通过采用钻探、原位测试、物探、简易勘探等相结合的方法，相互验证和补充，来查明沿线各类工程建筑物的工程地质及水文地质特征。针对活动断裂带采用了地震反射法、直流电测深等综合物探，结合地质调查、钻探、槽探等手段查明了活动断裂分布位置、影响范围，有效缩

短了勘察周期，节约了钻探量，提高了探查精度，为设计提供可靠依据。针对线路附近水源地抽水引起地面沉降问题，在充分收集区域地面沉降资料基础上，进行地面沉降模拟计算，同时布置水文长期观测孔进行地下水位长期监测，并提出可靠工程措施建议。

五、加强专业培训，规范地勘标准化工作，提高地勘能力

针对济青高铁特点，中国铁设组织了多项专业培训。如2014年12月20日组织三个地勘项目部人员开展了济青高铁地质勘察技术培训会，主要内容有：济青高铁地质勘察重点、难点及应对措施，勘察质量、安全、环境保护等。2015年10月5日，召开了铁路隧道超前地质预报培训会，培训内容分三部分：一是该领域专家作“超前地质预报工作实施中管理与实践的经验总结”报告；二是讲解隧道超前地质预报标准化作业；三是作“铁路隧道超前地质预报安全培训”。2016年5月30日、2016年12月10日、2017年3月10日分别对前一阶段超前预报工作中的主要问题进行了培训交流，对完成的超前预报工作进行了认真总结和学习，就遇到的问题提出需要注意的环节和事项，吸取经验教训，做好过程控制。通过这些专业培训，规范了勘察标准化工作，快速提高了各超前预报专业人员的勘察能力。

六、做好配合施工，弥补地勘不足，把好地勘最后一关

配合施工是地质勘察工作的重要工作，可以及时处理施工过程中出现的地质问题，弥补原勘察中的不足，为地质勘察把好最后一道关。中国铁设认真做好配合施工工作，根据需要及时进行补充地勘工作，确保了济青高铁建设的顺利进行，获得相关参建单位的好评。

第二节　桥梁工程

济青高铁设计时采用了(66.5＋142＋66.5)m连续槽形梁拱、144 m尼尔森提篮系杆拱桥、(40＋70＋70＋40)m连续槽形梁、大调高量球型钢支座等新技术、新结构，其中(66.5＋142＋66.5)m连续槽形梁拱、144 m尼尔森提篮系杆拱桥、(40＋70＋70＋40)m连续槽形梁均为同类桥梁中的最大跨度，设计难度较大，可借鉴的资料甚少。

一、(66.5＋142＋66.5)m连续槽形梁拱

青连红岛特大桥跨越改移青兰高速公路采用(66.5＋142＋66.5)m预应力混凝土连续槽形梁与中跨钢管混凝土加劲拱组合结构。随着我国铁路网的不断完善，铁路项目出现了要求桥梁结构的跨越能力大、占用净高小的严格要求。连续槽形梁拱具有边中跨比小、梁高矮的特点，适应于边中跨比小且净空受限的特殊工点，但由于该结构构造及受力较为复杂，目前在铁路建设中罕有应用。

二、144 m尼尔森提篮系杆拱桥

邹淄特大桥跨越济青高速公路采用144 m尼尔森提篮系杆拱桥。高速铁路桥梁中，列车荷载占总荷载比例大，列车速度快，给桥梁带来了强烈地冲击振动，对桥梁结构刚度和动力性能要求很高。随着拱桥跨度的不断增加，主跨大约在128 m时，蓝格尔拱和洛泽拱在合理的经济指标内渐渐不能满足高速铁路的行车舒适性、安全性要求。

与蓝格尔拱和洛泽拱相比，济青高铁 144 m 尼尔森提篮系杆拱桥具有以下特点：

1. 用斜吊杆来替代蓝格尔拱、洛泽拱中的竖直吊杆，动力性能好，能提供很好的行车安全及舒适性指标。

2. 结构跨度大，建筑高度低，直梁、曲拱、斜吊杆极具韵律和美感，在高速铁路建设中具有良好的推广应用价值。

3. 144 m 尼尔森提篮系杆拱桥的跨度排在高速铁路同类桥梁前列，为后续类似桥梁的设计提供了参考。

三、大调高量支座(图 3-20-1)

沿线鲁北平原覆盖厚层第四系松散土层，分布多个地下水水源地，由于地下水超采造成地下水水位埋深逐年加大，形成了淄博桓台、寿光市、穿越蔬菜大棚区、潍坊市、昌邑市及高密市等地下水降落漏斗。由于各地取用水量逐步增加，各降落漏斗逐步加大、加深。水位下降造成了弱透水层和含水层孔隙水压力降低，黏性土层中孔隙水被挤出，使黏性土产生压密变形，从而引起地面沉降。地面沉降为一种区域性地质灾害，属于大面积相对均匀的沉降，但不排除局部产生不均匀沉降的可能性。对铁路的影响主要表现在长期的地面沉降引起的高程损失会影响河流泄洪能力、桥梁连续梁的稳定以及无砟轨道的安全使用。

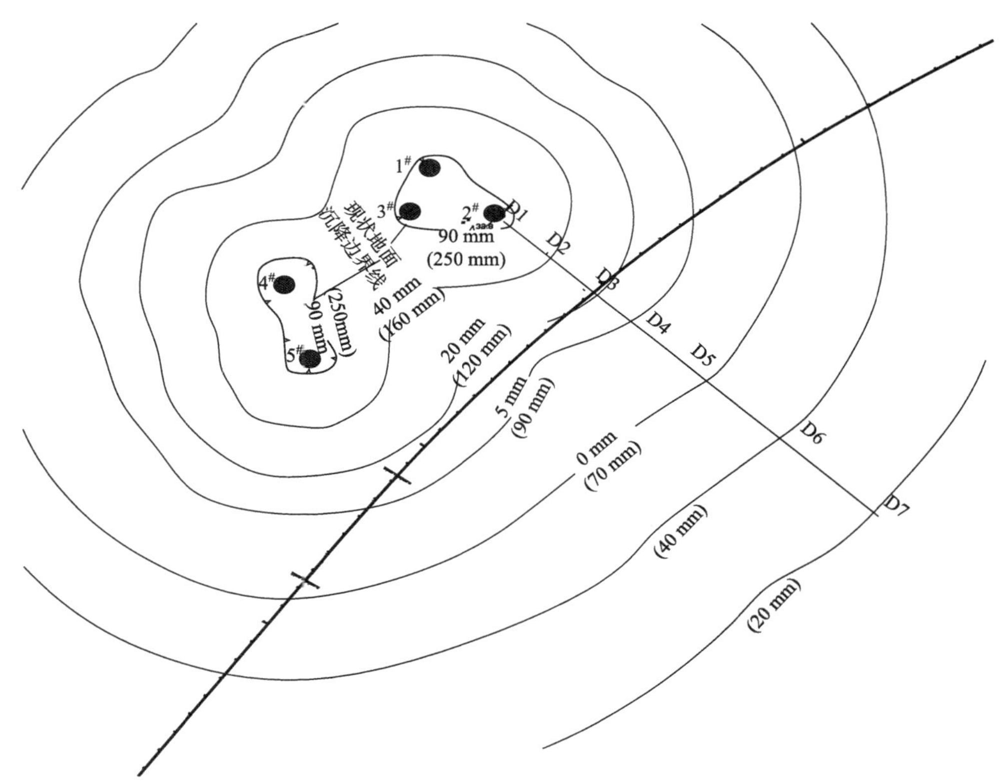

图 3-20-1　大调高量支座

注：图中所标数值为地面总沉降量；不加括号的沉降量为南闫水源地正常开采工况下的地面总沉降量；加括号的沉降量为南闫水源地正常超采工况下的地面总沉降量；以上沉降量数据仅为根据搜集资料进行的初步计算。

距离线位较近的有周村南闫水源地地下水降落漏斗、潍寒漏斗及高密漏斗。南闫水源地位于 DK64＋000～DK65＋000 北侧，最近取水井距离线位约 490 m，通过计算不同沉降等高线的沉降差最大值为 30 mm，考虑一定的富余量，将沉降量取值为 60 mm。

济青高铁建设范围内涉及较大面积的区域沉降区，涉及的桥梁有：邹淄特大桥部分段落、淄博特大桥、临青特大桥、潍坊特大桥、潍河特大桥、跨荣潍高速公路特大桥部分段落以及跨海青铁路特大桥部分段落。由于区域沉降区范围广，区域内梁型种类多，原 TJQZ 系列支座调高量仅为 20 mm，不满足使用要求，因此编制了大调高量支座系列图纸。

第三节　隧道工程

济青高铁位于山地与平原交接地带，主要地貌类形有鲁西北平原区、低山丘陵区、胶莱平原区。青阳隧道全长 10.1 km，为山东省境内最长的隧道。胶州机场隧道全长 7.3 km，为山东省境内最长的明挖隧道。

一、济南东部地区地层情况特性和爆破实施技术

青阳隧道地处济南东北章丘与邹平交界区域，围岩以白垩系下统青山组玄武岩、安山岩为主，岩体强度高、颗粒细、耐磨，单轴抗压强度最大可达 160 MPa，打眼钻孔时间长，爆破进尺不理想。玄武岩、安山岩是火成岩，中性的钙碱性喷出岩，在青阳隧道内性状为柱状节理。局部段落节理裂隙发育，呈碎块状压密结构，或因构造影响，岩体强烈破碎。隧道围岩级别以Ⅱ、Ⅲ、Ⅳ级为主，但光面爆破成型较难控制。

在该区域爆破采用节能环保水压爆破开挖技术，爆破块度减小，炮眼利用率提高，在隧道开挖施工中应用可达到节约炸药、控制成型、提高施工效率、节能减排等方面效果，有着明显的技术、经济、环保优势，值得引进推广。

二、青阳隧道微振动控制爆破技术

隧道开挖使用炸药爆破，爆破时出现巨大的声音和振动，可能对隧道周围的居民造成干扰，因此在隧道范围有居民居住地的情况下采用控制爆破技术手段，减少爆破施工振动对居民生活环境的影响。采用的爆破炸药不含有毒物质。

青阳隧道一段范围内下穿靠近乡村房屋，根据《爆破安全规程》(GB 6722—2014)和相关技术要求评估应考虑的振速、距离、钻孔数量、爆破所需炸药量等，最终确定 DK40＋850～DK43＋420 段施工时采取微振动控制爆破，设计采用电子雷管等精准起爆材料，严格控制一次装药量及开挖进尺，大幅降低爆破振速，确保隧道施工不影响居民的正常生活。

三、不良地质膨胀岩段落隧道综合设计技术

(一)荷载计算

根据详勘报告提供数据在隧道的不同部位，如底板、仰拱、边墙、拱部综合考虑膨胀力的方式和比例

(二)荷载组合

膨胀性引起的附加接触压力荷载，等同于温度荷载，按可变荷载参与组合计算，可按照荷

载规范中相关规定计算。

(三)工程措施

1. 采取阻水和隔水的措施，避免运营期隧道周边水与膨胀性泥岩的接触，避免膨胀性岩体的天然含水量发生变化，从而避免膨胀力的发生。

2. 膨胀性引起的附加接触压力荷载，等同于温度荷载，计算中按可变荷载考虑，不考虑二次膨胀或重复膨胀工况。

3. 膨胀性岩体中的结构设计，采取“抗与放”相结合的原则，尽量利用结构的正常变形来释放膨胀力引起的附加接触压力荷载。

四、建议补充完善运营期间对铁路隧道安全保护技术标准及要求

1. 隧道控制保护区范围内，在工程竣工后，地面超载或卸载不大于20kPa，并不进行有碍隧道安全的一切工程活动(如基坑开挖、打桩、井点降水等)，地下水限制开采范围为隧道外侧各200 m。

2. 在已建隧道两侧或顶上进行加载或卸载的建筑施工时，采取可靠的技术措施。并对新建的建(构)筑物对于区间隧道的影响进行可靠的分析计算，满足隧道保护的技术标准。

3. 须征得建设方、铁路运营单位和隧道设计单位的同意后，方可在隧道控制保护区范围内进行工程建设。

4. 建议建设单位对济青高铁竣工后的控制保护区进行如下控制：在规划控制线范围内(线路中线外各20 m的范围，胶州机场隧道总宽度为45 m)的隧道上方，新规划的建构筑物需与胶州机场隧道同期实施，待胶州机场隧道竣工后严禁修建新的建构筑物。

在规划控制线范围外与铁路线路安全保护区范围之间的隧道侧上方，严格控制规划对济青高铁影响很大的新建建(构)筑物，如若规划，应当进行安全评估，并须征得铁路运营单位的同意并签订安全协议后，方可在隧道控制范围内进行工程建设。

五、胶州机场隧道泵房增设检修通道

胶州机场隧道纵断面坡度为W形坡，隧道区间内共设置三个检修通道，均设置在机场地面用地范围内，勘察设计过程中经建设单位组织与机场建设单位沟通，机场方面不同意在三处泵房位置设置独立检修通道，以减少互相干扰。

因机场规划调整，机场建设指挥部同意1号泵房地面排水路由，同意2号泵房及3号泵房独立检修通道(与机场景观相结合)及地面排水路由。

第四节　轨 道 工 程

一、主要技术创新点

(一)CRTSⅢ型板式无砟轨道

路基、桥梁、隧道地段CRTSⅢ型板式无砟轨道均为单元结构，轨道板采用带挡肩双向先张预应力混凝土结构，有效减少了混凝土结构裂纹。轨道板设置承轨台，可使冰雪融化后迅速排走，避免对扣件系统性能和耐久性产生影响。调整层采用自密实混凝土，提高了结构耐久性。

(二)优化轨道板型式

在标准轨道板(P5600、P4925、P4856)的基础上设计了P5600A(用于有砟无砟过渡段)、P4925B(大跨连续梁端部)、P3710(特殊伸缩梁)等三种轨道板,满足了不同区段轨道板布板设计需求,最大限度地减少了轨道板种类。

(三)大跨连续梁布板设计

桥梁温度变化伸缩、收缩徐变、列车启动制动等因素对梁缝值影响较大。为了确保扣件间距满足设计要求,提出了梁端采用底座悬出及设置B型轨道板相结合的设计措施,具有适应性强,成本较低、施工简单,养护维护方便等优点。

(四)聚氨酯固化道床

活动断裂DK208+597.78~DK213+150(线路长度2.942 km)范围采用聚氨酯固化道床,行车速度高达300 km/h。聚氨酯固化道床既有有砟轨道结构的弹性,又有无砟轨道的整体性强、稳定性好和少维修的特点,很好地满足了高速行车的要求。

二、设计亮点

(一)聚氨酯固化道床(图3-20-2)

聚氨酯固化道床是一种弹性整体道床结构,其优点如下:具有良好的弹性、整体性和稳定性;避免道砟间的错位移动,可持久保持道床的弹性;道床的累积变形缓慢,养护维修工作量少;具有良好的协调变形能力;具有良好的减振、降噪功能;可维修性好。

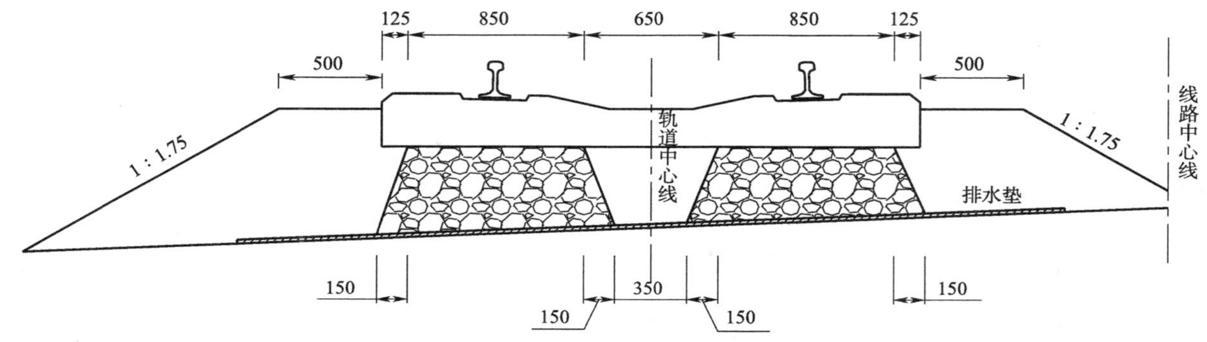

图3-20-2 聚氨酯固化道床断面图(单位:cm)

活动断裂DK208+597.78~DK213+150范围采用有砟轨道,行车速度300 km/h,根据国内相关研究成果及项目建设经验,按聚氨酯材料对道床进行固化,同时优化轨道结构设计,取消道床表面道砟胶措施,减少了工程投资。

(二)CRTSⅢ型板式无砟轨道布板、制板、精调一体化设计

济青高铁主要采用CRTSⅢ型板式无砟轨道,配套采用自主研发的布板、制板、精调一体化软件,实现对轨道工程设计建造各个环节提供技术支撑。从设计布板,轨道板模具检测,成品板检测验收,施工布含底座放样、轨道板铺设、轨道板精调等各个环节,提供精准数据,获得高精度几何定位,大幅提高轨道施工进度和质量,为轨道工程顺利地保质保量完成提供了前提条件。

第五节 路基工程

一、跨越活动地质断裂带路基工程

(一)工程特点

济青高铁有3.072 km路基位于安丘—莒县断裂带内,该断裂带属于晚更新世～全新世活动断裂,根据地震安全性评估报告,未来有错断地表的可能,需采取抗断措施。线位于DK209+140、DK210+670及DK212+650穿越安丘—莒县断裂主干断裂,断裂带内发育断层角砾、黑色断层泥等,膨润土化强烈,地质条件较差,易造成不均匀沉降变形,工程风险较高。经过方案论证,该段采用有砟轨道及路基形式,路基最大填高10.8 m,最大挖深11.7 m。

(二)路基工程采用的主要对应措施

针对活动断裂带地质情况以及线路轨道的高标准要求,路基工程采取了路基面宽度每侧加宽、边坡坡度放缓、路堤本体内进行加筋、跨越主断裂地基采用螺杆桩、管桩桩网结构(桩+桩帽)对地基进行加固以及路基基底、排水沟及侧沟、天沟基底采用三七灰土封闭等措施,同时设置沉降变形观测系统,根据断裂带的变形大小及特性,分析评估对路基变形影响程度。

(三)运营情况

自济青高铁通车运营以来该段路基工程表现良好,有砟轨道运营速度维持在300～310 km/h。尤其在前期试验阶段,行车最好速度达到385 km/h,路基状态平稳可靠,未出现超限的沉降变形,为后续类似工程提供了强有力的借鉴和参考。

二、深厚松软土地基无砟轨道沉降变形控制

1. 济青高铁沿线大部经过平原区,路堤填方较高,地层以深厚松软土为主,给无砟轨道路基沉降变形控制带来潜在的不利风险,同时地下水位变化易引起地基土层发生沉降变形,也对路基变形控制产生不利影响。

2. 路基工程应对措施

设计中主要采取深层地基加固桩(CFG桩、管桩、螺杆桩及钻孔灌注桩等)、堆载预压等措施来控制沉降,桩基采用以桩网结构为主,辅助以桩筏结构。对于地下水位升降变化引起的区域沉降问题,在沉降检算满足要求的情况下,结合地下水位对设计桩长进行适当调整,保证水位与桩底位置留有一定距离;对于路桥过渡段的不均匀沉降问题,采取了对路桥过渡段范围内桩型优化、桩长适当加长,并于桩顶设筏板结构以控制差异沉降。

3. 运营情况

自济青高铁通车运营以来,松软土无砟轨道路基工程表现良好,状态平稳可靠,未出现超限的沉降变形,同样为后续类似工程提供了强有力的借鉴和参考。

第六节 信号工程

一、上序专业优化设计细节避免调整引起的相关专业变化

任何专业在互提施工图资料前应进一步优化设计细节,与相关专业充分沟通并征求设备管理单位意见,避免后期进行调整引起相关下序专业设计反复。

二、重视列控数据前期准备工作

列控数据是列控系统可靠运行的重要基础，是保障列车运行安全的关键数据，需要根据运营里程、运营速度，依据列控基础数据编制相应的数据表格。由于大量数据需要编写且每更新一次数据工作量非常巨大，数据修改后还需要设备厂家进行列控软件修改调试试验，因此尽早明确运营里程和设计里程的关系、确定线路运营速度、及时提供列控基础数据对列控数据的编制非常重要。重视列控数据前期准备工作可以避免列控数据在动态调试后修改从而引起重复的动态试验造成的工程浪费，有利于对投资控制和保证建设周期。

三、组织综合管线的站前站后配合

区间线路两侧设置区间贯通电缆槽，需要处理好并线桥梁、区间出岔处、桥隧、桥路、路隧过渡段等特殊区段的衔接关系。

由于设备房屋距离线路侧电缆槽有一定的距离，电缆的引上引下、跨越水沟和各类障碍物等都需要有具体的可实施方案。站内管线存在多专业平行和交叉问题，既有沿线路方向的干线和分支电缆槽，又有大量的横穿轨道的管线，同时存在标高冲突问题，因此，需要站场专业统筹考虑，各专业密切配合。

施工过程中由于设计施工周期短、各相关层面的技术储备不完善，在实际工程实施中尚存在预留预埋不到位、工艺不达标，甚至遗漏的现象，建议在今后的工作中能够保证站前、站后更充分的沟通、制定合理的设计施工周期，保证预留预埋更确切到位。

四、重视综合接地设计预留工作

综合接地工程是复杂的系统工程，为防止因电磁感应现象对人员和设备产生的危险采取了一系列的防护措施，从涉及的专业来看，有信号、通信(有线、无线)、信息、电气化、电力、机械、站场、轨道、桥梁、隧道、路基、房建、环评等专业，从接地的需求来看，主要包括建筑物的防雷、强弱电设备系统的工作接地、保护接地、防过电压接地、防静电接地、屏蔽接地等；为保障综合接地预留工程的顺利推进，建议在施工前组织接地施工技术交底、明确参建各方工程界面，同时对 U 形槽、地下车站等特殊工点综合接地内容进行单独设计，保证综合接地预留预埋更确切到位。

五、及早明确设计前提条件

工程建设中一些突出问题主要与需求有关，如列车的运营交路，上下线兼容，运营管理模式，车站设备维护管理分界，维护管理体制等系统性问题，作为设计前提和边界条件，在设计之初即形成上下较为统一的意见。此外工程需要包括的设计内容如过轨防护、弱电电缆隔离防护、运营里程等有待相关部门尽早推进或确认，否则沟槽管线封闭完成后再行实施，施工会非常艰巨。

第七节 通信工程

一、通信专业的设计特点及难点

(一)通信系统设计涉及的系统多、工点多

通信系统有传输、接入、调度、无线、数据网、视频监控、会议电视、应急救援、电源、动环等

许多子系统，同时还要为各相关专业提供通道，不仅涉及济青高铁的工点，同时还要考虑引入至既有的调度所、通信站、路局不同站段等处的通道需求，调查的工作量大，情况变化比较快。在设计的过程中，与铁路局、建设单位充分沟通，并与施工单位密切配合，按需提供设计资料，保证了设计工作的顺利进行，也保证了济青高铁的开通。

（二）通信系统产品种类多，技术更新快

通信技术发展快，产品更新快，在设计中，设计院坚持“尽量采用成熟可靠的先进技术”的原则。在设计各系统方案时，尽量采用其他工程应用过的、有开通经验、能更好满足铁路通信系统使用的先进技术。

二、技术创新点

（一）多线路无线系统统筹规划设计

济青高铁与石济客专、邯济胶济联络线并线区段，无线通信系统统筹规划基站位置，充分利用石济客专既有基站，在实现济青高铁单网交织冗余覆盖的同时，满足其他线路覆盖需求。

（二）地下车站覆盖方案重点设计

针对青岛机场站为地下车站的情况，首次在设计时提出对站台进行 GPS/北斗卫星信号覆盖，避免产生停靠列车因搜不到卫星信号而无法发车的情况。

（三）首次在设计中设置铁塔监测系统

为保证高铁运营安全，首次在设计中设置铁塔监测系统，实现对车站、沿线通信铁塔的沉降、风速风向、水平度、垂直度等参数的实时监测，对异常状态进行告警、预警，记录和分析相关数据，避免产生通信铁塔因落物、沉降或倾覆后危及安全行车的安全隐患。

第八节　信 息 工 程

一、信息专业的设计特点及难点

（一）信息系统内部子系统多，结构复杂

信息系统有客票、旅服（含综合显示，广播，视频监控、入侵报警、时钟、安检等）、办公、公安等许多子系统。并且所有子系统都与旅客铁路出行体验感受息息相关，需要从旅客感受、车站运营成本效率等多个角度进行统筹考虑。此外，各路局、各站都有自己特定的使用习惯，调查与配合的工作量大，情况变化比较快。

在设计的过程中，与铁路局、建设单位充分沟通，并与施工单位密切配合，按需提供设计资料，保证了设计工作的顺利进行，也保证了济青高铁的开通。

（二）信息系统产品种类多，技术更新快

信息最近几年技术发展快，产品更新的快，在设计中，设计院坚持“尽量采用成熟可靠的先进技术”的原则。在设计各系统方案时，尽量采用其他工程应用过的、有开通经验、能更好满足铁路信息系统使用的先进技术。

二、技术创新点

自助实名制核验设计：根据《关于推广应用铁路自助实名制核验闸机有关事项的通知电

报》(铁总客电〔2018〕48号)的相关要求,结合济青高铁各车站的旅客情况,将自助实名制核验设备运用到铁路实名制核验的设计当中,进一步为旅客提供了快速智能的实名制核验手段。

第九节 防灾设施

近些年随着我国高速铁路的发展,防灾专业作为保证铁路安全运营的重要专业,其技术体制发生了日新月异的变化灾。为了减少风、雨、雪、地震等自然灾害对行车安全的影响,减少灾害造成的人员及财产损失。需要根据线路特点,对防灾方案不断优化,及时对新的信息技术进行研究。

一、与铁路安全运营息息相关,设计受现场情况影响大

防灾系统由风、雨、雪及异物侵限和地震监测等子系统组成。其中每一个被监测因素都与铁路的日常安全运营息息相关。在防灾系统设计时需要结合沿线的水温气候情况,地质参数等进行设计,设计过程中所需现场调查的工作量较大。

在设计过程中,与铁路局、建设单位充分沟通,并与施工单位密切配合,按需提供设计资料,保证了设计工作的顺利进行,也保证了济青高铁的开通。

二、防灾系统产品种类多,技术更新快

随着国家对铁路安全运营的越发重视,最近几年防灾相关技术发展快,新技术、新产品如雨后春笋般不断涌现。在设计中,设计院坚持“尽量采用成熟可靠的先进技术”的原则。在设计各系统方案时,尽量采用其他工程应用过的、有开通经验、能更好满足铁路防灾系统使用的先进技术。